성령에 관한 우리의 논의는 종종 성경의 가르침에 대한 열린 탐색보다는 자신의 경험이나 신학적 입장에 대한 열정적 변호의 형태를 띠곤 한다. 그래서 대화가 겉돌 때가 많고, 실질적 소통은 찾아보기 어렵다. 성령론의 권위자인 터너는 무엇보다도 먼저 매우 꼼꼼한 주석가이다. 이 책의 장점 중 하나는 어느 극단에도 치우치지 않는 균형으로, 이 균형은 신학적·정치적 조율의 결과가 아니라 철저한 성경 읽기의 산물이다. 그런 점에서 이 책은 다양한 신학적 입장을 견지하는 우리 모두에게 반성적 숙고를 위한 좋은 도움이 될 수 있다. 우리의 대화가 종종 서로 다른 본문에 대한 엇갈린 호소인 경향이 있다는 점을 생각하면, 이 책이 신약의 성령론 교재라 할 만큼 포괄적인 점 역시 큰 장점이다. 학생들에게는 신약의 성령론을 개관하는 교재로, 또 다른 이들에게는 성경적 균형을 유지하도록 돕는 대화 상대자로 이 책이 큰 기여를 하리라 생각한다.

권연경 | 숭실대학교 기독교학과 신약학 교수

터너의 『성령과 은사』는 전통적 복음주의와 오순절적 은사주의가 극단적으로 대립해 왔던 주제인 성령·은사론 분야에서 양 진영을 연결하면서 궁극적으로 둘 사이의 일치를 위한 가교 역할을 자임한다. 터너는 한편으로는 전통적인 복음주의를 따라 성령의 구원론적 역할을 강조하면서도, 다른 한편으로는 오순절적 은사주의자들처럼 성령의 능력으로서 은사적 측면들(방언, 예언, 치유 등)이 오늘날 교회에 나타날 수 있는 가능성을 열어놓는다. 오늘날 한국교회가 직면한 성령·은사론과 관련된 많은 혼란과 대립 한가운데서 이 책은 그 문제의 성경적 기반을 공고히 밝혀주고, 그러한 대립 사이의 진정한 대화 가능성을 열어주는 길잡이로서 역할을 훌륭히 해낼 것으로 기대한다.

양용의 | 에스라성경대학원대학교 신약학 교수

신약의 교회 안에서 나타난 예언, 방언, 그리고 신유의 은사는 오늘날 (특히 은사주의) 교회에서 나타나는 은사들과 어떤 관계가 있을까? 터너는 치밀한 성경 해석과 심도 있는 조직신학으로 볼 때 은사 중지론이 설 자리란 없다는 사실과, 오늘날 교회에서 나타나는 이 은사들이 신약의 현상과 어떻게 유사한지를 보여준다. 아직까지 이 주제에 관해 막스 터너를 넘어서는 치밀성과 논리를 보여준 책을 찾기 어려울 정도로 이 책은 뛰어나다. 복음주의와 은사주의 노선에서 성서학과 현장 사역자들에게 큰 도움을 주는 최고의 명저라 해도 과언은 아닐 것이다.

이민규 | 한국성서대학교 성서신학 교수

이 책이 영국에서 처음 출판되었을 때, 나는 이 책을 통해 큰 유익을 얻었다. 특히 일부 신학자들이 주장하고 있는 은사중지론에 대해 성경신학적인 입장에서 적절하게 비판을 가하지 못하다가, 이 책에서 아주 탁월한 비판의 논리를 찾고 매우 기뻐하였다. 한국교회에서 수많은 성도들이 성령을 강력하게 체험하고 있지만, 이런 체험들을 성경신학적으로 올바로 설명해주는 신뢰할 만한 책을 찾기가 쉽지 않은 상황에서, 이 책이 번역되어 이런 간격과 공백을 아주 훌륭하게 메워주니 대단히 기쁘게 생각한다. 터너 박사는 성령과 은사에 대한 오순절/은사주의적 입장과 전통적인 복음주의적 입장 사이에서 아주 지혜롭게 균형을 잡아주고 있다. 목회자들과 신학생들 그리고 성령 사역에 관심 있는 평신도들에게 이 책을 적극 추천한다.

홍인규 | 백석대학교 신학대학원 신약학 교수

막스 터너의 이 책은 신약 교회와 오늘날에 성령이 어떻게 역사하는지를 좀 더 깊이 있게 탐구하고자 하는 모든 사람들을 위한 필독서다. 세심한 학자의 시선과 지혜로운 판단력을 과시하는 이 책은 이 분야의 전문가들뿐 아니라 일반 독자들과도 훌륭하게 소통하고 있다. 이 책은 성령의 은사들과 관련된 현행의 믿음들이 형성하는 짙은 안개 속에서 자신의 길을 찾고 성경에 근거한 지식과 체험에 이르고자 하는 독자들에게 큰 도움을 줄 것이다.

I. 하워드 마샬 | 애버딘 대학교 신약학 명예교수

이 책은 1960년대에 은사주의 운동이 시작된 이래로 출간된 성령론에 관한 논의 중 가장 뛰어난 연구서다. 터너의 이 책은 신학적 스펙트럼의 양극단 모두를 아우르면서 도전하고 있으며 성령론적 교회 일치를 위한 사려 깊은 공헌을 하면서 "평안의 매는 줄로 성령이 하나 되게" 하신 것을 지키는 데 큰 기여를 할 것이다.

헨리 R. 리덜리 | 스털링 칼리지 신학 및 목회학 교수

THE HOLY SPIRIT AND SPIRITUAL GIFTS

Then and Now

Max Turner

막스 터너 지음   김재영·전남식 옮김

The Holy Spirit and Spiritual Gifts

성령과 은사

신약은 성령에 대해 무엇을 말하고
오늘날 성령의 은사는 어떻게 나타나는가

새물결플러스

차례

2부 신약 교회와 오늘날의 성령의 은사들

■ 일러두기

1. 이 책의 1부는 김재영이, 2부는 전남식이 번역하였다.
2. "은사적"과 "카리스마적"이 문맥에 따라 혼용되고 있으나 동일한 의미를 지닌 다른 표현이다.

서문

∽

이 책은 학위를 받을 수 있는 개방 신학 대학(the Open Theological College, Cheltenham)의 교수진 한 명에게서 그 대학의 3학년 과목으로 성령과 은사에 대한 반 학기짜리 강좌(half-module)를 작성해달라는 부탁을 받고서 진전된 것이지만, 그 내용은 이미 내가 런던바이블칼리지(London Bible College)에서 가르칠 때에 착수한 것이었다. 그러나 이 책이 그렇게 해서 작성되었던 "절반짜리 강좌" 그 자체는 아니다. 그것은 단지 앞으로 다루어야 할 많은 주제들을 시사하고 있었던 과정에 대한 기본적인 자료들 중 하나일 뿐이다. 세상에는 우리가 반응해야 할 다른 중요한 작품들도 많이 있으며, 직면해야 할 흥미로운 다른 물음들도 많이 있다. 보는 바와 같이 이 책은 심화 수준의 교재에 속하며, 분주한 목회자와 교회 리더들 그리고 여타의 좀 더 일반적인 독자들도 쉽게 다가갈 수 있는 책이다. 대부분의 장들은 런던바이블칼리지의 학부 과정(BA) 학생들에게 했던 강의들을 약간 개정한 형태이다. 책에서 종종 발견되는 축약되어 있는 부분은 강의를 하면서 좀 더 부연 설명하려고 했던 의도에서 비롯된 것이다. 이 책의 분량을 제한하기 위해서 많은 부분을 "축약된" 형태 그대로 두었다.

이미 말했듯이 이 책은 역사를 갖고 있다. 강의로 분주한 교수였던 나는 이미 내가 다른 형태로 발표했던 것 중에서 부분적으로 편집하여 수록하지 않을 수 없었다. 제2장과 제4장, 제5장은 『예수 복음서 사전』(Dictionary of Jesus and the Gospels)에 있는 "성령"에 대한 나의 기고문에 크게 의지하고 있다(이 기고문 자체가 1987년 아버딘[Aberdeen]의 학생들에게 했던 강의에 대부분 빚진 것이다). 제3장은 『사도행전 신학』(The Book of Acts and Its Theology, eds. I. H. Marshall and D. Peterson)에 수록되어 있는 한 에세이를 약간 줄인 것이다. 이 책은 1세기 배경 속 사도행전(Acts in Its First-Century Setting) 시리즈의 제6권이다. 아마도 더 중요한 사실은 제12-20장이 정기간행물인 Vox Evangelica 15(1985), 7-64쪽에 처음으로 발표한 긴 기고문을 수정한 수정본이라는 점이다. 이 기고문은 1984년 알텐키르헨(Altenkirchen)에서 열린 유럽 복음주의 신학자 협회(the Fellowship of European Evangelical Theologians)의 세 차례 세미나에서 발표되었던 원고를 편집한 것이었다. 그곳의 분위기는 주로 (종종 날카롭게) "은사중지론 입장" 이었다. 이런 사실은 나의 "대답" 가운데 있는, 그런 입장에 대한 (대개는 암묵적이지만) 계속적인 비판을 설명해줄 수 있을 것이다. 그러나 복음주의 연맹(Evangelical Alliance)에 속한 일치와 진리 위원회(Committee on Unity and Truth, ACUTE)의 일원으로서 나는 오순절적/은사주의적 복음주의와 좀 더 전통적 형태들의 복음주의 사이의 하나됨을 찾고자 하는 모든 노력을 지지하려고 한다. 이와 관련해서 이 책의 제2부는 변증이 아니라 일종의 가교 역할을 할 것을 의도하고 있다. 그 주장들 가운데 많은 주장을 독단적인 선언들로 듣기보다 일종의 시험적인 물음들(tentative questions)로 들어야 할 것이다.

이 책의 목적은 신약성경에 나타난 성령의 은사의 의의를 탐구하고자 하는 것이다. 이 책은 두 부분으로 이루어져 있다. 제1부는 성령에 대한 구약과 중간기의 견해들을 간략하게 검토하며 시작한다. 이 첫 장에서 나는 그 시대들의 전환기에 성령이 주로 계시와 지혜와 영감을 받은 연설을 가능하게 하는 "예언의 영"으로 이해되었음을 주장한다. 그러나 슈바이처(Schweizer)와 멘지즈(Menzies) 등은 성령이 구원론적으로 필수적이지 않고 단지 어떤 종류의 봉사를 위해 능력을 부여하는 것이었다고 결론을 내리지만, 나는 유대교에서조차도 "예언의 영"의 이 은사들(선물들)이 오로지 능력을 부여하는 것만이 아니라 회복된 공동체의 "삶/생명" 자체인 것으로, 그리고 그 공동체의 거룩함의 권능인 것으로 예견될 수 있었다고 주장한다. 제2-8장은 누가, 요한, 바울이 이 이해를 발전시켰으며, 믿는 자들에게 주어진 성령의 선물을 "예언의 영"에 대한 기독교화된 버전으로 보고 있다고 제시한다. 정확히 "예언의 영"**으로서** 성령은 구원받은 공동체의 "삶/생명"을 제공하고 봉사 및 선교를 위한 능력 부여를 **동시적으로** 제공한다. 그리하여 제9-11장은 성령의 선물(주어짐)에 대한 현대 **신학**과 조직 **신학**을 향해 나아가면서 신약 증거의 의의를 탐구한다. 제10장에서는 성령 받음에 대한 고전적인 오순절적 두 단계 견해가 좀 더 광범위한 은사주의와 연결된 단일 단계의 회심-입회(one stage conversion-initiation) 패러다임으로 대체될 필요가 있음을 주장한다. 제11장에서는 신약성경의 증거가 후일의 성령에 대한 삼위일체적 이해의 근거를 어느 정도로 예비하고 있는지 검토한다. 그러나 "신약성경의 증거"를 말함에 있어 한 가지 중요한 단서가 붙어야 할 것이다. 지면의 제약상 신약성경의 성령론에 대한 세 주요 증인들(누가-행전, 요한, 바울)로 탐구가 제한받지 않을 수 없었다.

제2부는 세 가지 원형적인 "성령의 은사들"(예언, 방언, 치유) 및 신약 교회에서의 이 은사들과 다른 영적 은사들의 성격과 목적에 대한 검토로 시작한다(제12-15장). 그런 다음 (주로 워필드[Warfield]에게서 비롯된) 은사중지론에 대해서 논한다. 은사중지론은 이 은사들이 주로 신약성경의 책들을 쓰는 일에 필수적인 계시를 제공하기 위해, 그리고 정경이 완성될 때까지 교회를 지도하기 위해, 신적 계시의 담지자들인 예수와 사도들에게 하나님의 인증(attestation)으로서 주어졌다는 주장이다. 에드가(Edgar), 파넬(Farnell), 개핀(Gaffin), 마스터스(Masters) 등등의 추론은 신약성경 기자들이 사도들과 그 동역자들의 죽음과 함께 그러한 영적 은사들이 그칠 것을 예견했다는 것이다. 이 견해는 제16장에서 검토되고 있다. 거의 모든 신약학자들은 그러한 견해를 신기한 골동품처럼 취급해버리겠지만, 최소한 은사중지론은 흥미로운 형태로 그러한 영적 은사들의 진정한 성격과 목적

의 문제를 제기한다(비록 그 입장의 "대답"은 진지한 신약학계와 초기교회사학계에서는 전혀 받아들일 수 없는 것이긴 하지만 말이다). 이어지는 장들은 오순절 및 은사주의 갱신 운동들 가운데서 주장되고 있는 예언, 치유, 방언의 성격과 의의를, 같은 용어로 언급되고 있는 신약성경의 은사들과 연관하여 탐구한다. 이 책은 문제의 그 현상이 어느 정도로 그러한 운동들에만 독특한지, 그리고 그러한 은사들을 받기 위해서 회심 이후 어떤 위기 체험(crisis experience, 결정적 체험)이 실제로 **필요하다**는 점을 지지하는 무슨 신학적 혹은 경험적 이유가 있는지 여부를 물음으로써 마친다.

아마도 이 책의 범위에 관해서 두 가지 점을 더 언급할 필요가 있겠다. 첫째, 이 책에서 이루어지고 있는 논의는 주로 복음주의 저자들 및 비교적 "보수적인" 다른 저자들(오순절주의적이든, 은사주의적이든, 좀 더 전통적인 복음주의자든 간에)을 염두에 두고 쓰였다. 이 말은 다른 진영에서 나온 신학에 대해 경청하지 않겠다는 태도를 지니고 이 책을 썼다는 것이 아니라, 다른 곳보다는 앞에서 말한 집단들이 성령론에 대해 지닌 더 지대한 관심을 반영하고 있다는 뜻이다. 만일 기독론이나 교회론에 대한 책이었다면, 틀림없이 훨씬 더 광범위한 대화 상대들이 있었을 것이다.

둘째, 신약 과목에서 인접 분야로 넘어가서 오늘날의 신약성경의 증거를 활용하는 문제에 대해 묻는 것이 흔치 않은 일임을 나는 의식하고 있다. 나는 이 쟁점에 대한 맹렬한 논쟁에 대해서 어느 정도 알고 있으며, 신약학계와 조직신학이 서로에게서 배워야 한다고 믿는 사람들 편에 속해 있다. 런던바이블칼리지에서 훈련받은 사람들은 그들이 사역을 감당해나가면서 신약 연구와 현대 신학의 지평들을 융합시킬 것이라는 기대를 받을 것이다. 이러한 사실에 비추어볼 때, 어떤 신약 과목들은 최소한 조직신학을 향한 첫 걸음을 떼어야 한다는 사실이 그리 비합리적으로 여겨지지 않는다. 아쉬운 점이 있다면, 지면의 제약 때문에 관련 쟁점들에 대해 더 충분한 논의가 이루어지지 못했다는 것이다.

감사의 말

이 책은 많은 사람들에게 큰 빚을 지고 있다. 특별히 언급할 분들은 다음과 같다.

(1) 간행물과 책 가운데 발표되었던 글들을 수정하여 이곳에다 하나로 엮을 수 있게끔 허락해준 *Evangelical Quarterly*, *New Testament Studies*, *Novum Testamentum*, *Vox Evangelica* 및 InterVarsity Press, Paternoster Press의 편집자들에게 감사드린다.

(2) 원고를 읽고 많은 오류를 잡아준 안토니 빌링턴(Antony Billington)에게 감사드린다.

(3) 지속적인 자극의 원천이 되어준 아버딘과 런던바이블칼리지의 학생들에게 감사드린다.

(4) 많은 점을 교정해주었을 뿐 아니라 목차를 늘려주고, 정선된 참고 도서 목록을 제공해주며, 색인을 다듬어줌으로써 이 책의 유용성을 크게 향상시켜준 Paternoster Publishing의 일리아 쿠안트(Elria Kwant)에게 감사드린다.

(5) 나의 가족, 특히 아내 루시(Lucy)에게 감사한다. 그들의 지속적인 사랑의 지원이 없었다면 이 프로젝트는 시들어버렸을 것이다. 이 책을 아들 던컨(Ducan)과 딸 애비(Abbie)에게 헌정한다. 그들은 나에게 그들이 상상할 수 있는 것 이상의 기쁨을 주었으며, 내가 "그래도 또다시" 서재로 들어갔을 때 불평하지 않는 은혜를 베풀어주었다!

약어표

A1CS | *Acts in its First-Century Setting* (Carlisle: Paternoster, 1995)

ABD | *The Anchor Bible Dictionary*, ed. D. N. Freedman (6 vols.; New York: Doubleday, 1992)

ANRW | *Aufstieg und Niedergang der römischen Welt*, ed. H. Temporini and W. Haase (Berlin: de Gruyter, 1980)

ATR | *Anglican Theological Review*

BAGD | W. Bauer, *A Greek-English Lexicon of the New Testament and Other Early Christian Literature*, eds. W. F. Ardnt, F. W. Gingrich and F. W. Danker (Chicago: University of Chicago, 1979)

Beasley-Murray | G. R. Beasley-Murray, *John* (Waco: Word, 1987)

BBR | *Bulletin of Biblical Research*

BDF | F. Blass, A. Debrunner, and R. W. Funk, *A Greek Grammar of the New Testament* (Cambridge: CUP, 1961)

Bib | *Biblica*

BJRL | *Bulletin of the John Rylands Library*

Brown | R. E. Brown, *The Gospel according to Saint John* (2 vols.; London: Chapman, 1971)

BSac | *Bibliotheca Sacra*

BTB | *Biblical Theology Bulletin*

BZ | *Biblische Zeitschrift*

Carson | D. A. Carson, *The Gospel according to John* (Leicester: IVP, 1991)

CUP | Cambridge University Press

CBQ	*Catholic Biblical Quarterly*
DBSupp	*Dictionaire de la Bible, Supplement*
DJG	*Dictionary of Jesus and the Gospel*, eds. J. B. Green and S. McKnight (London: IVP, 1993)
DPL	*Dictionary of Paul and his Letters*, eds. G. F. Hawthorne and R. P. Martin (London: IVP, 1993)
DSD	*Dead Sea Discoveries*
DSS	Dead Sea Scrolls
EDNT	*Exegetical Dictionary of the New Testament*, eds. H. Balz and G. Schneider (3 vols.; Grand Rapids: Eerdmans, 1990-93)
ERT	*Evangelical Review of Theology*
EtB	*Etudes Bibliques*
ETL	*Ephemerides Theologicae Lovanienses*
EvQ	*Evangelical Quarterly*
EV	English Version (EVV = English Versions)
ExpT	*Expository Times*
Fitzmyer	J. A. Fitzmyer, *The Gospel According to Luke* (2 vols.; New York: Doubleday, 1981, 1985)
GNB	Good News Bible
HeyJ	*Heythrop Journal*
HTR	*Harvard Theological Review*
IBS	*Irish Biblical Studies*
Int	*Interpretation*
ITP	Intertestamental Period
ITQ	*Irish Theological Review*
IVP	Inter-Varsity Press
JASA	*Journal of the American Scientific Association*
JANES	*Journal for Acient Near-Eastern Studies*
JBL	*Journal of Biblical Literature*
JET	*Journal of Empirical Theology*
JETS	*Journal of the Evangelical Theological Society*

JJS	*Journal of Jewish Stidies*
JPT	*Journal of Pentecostal Theology*
JSNT	*Journal for the Study of the New Testament*
JSP	*Journal for the Study of the Pseudepigrapha*
JSS	*Journal of Semitic Studies*
JTS	*Journal of Theological Studies*
LXX	Septuagint (Greek Bible)
MMS	Marshall, Morgan and Scott
MT	Masoretic Text (Hebrew Bible)
NEB	New English Bible
Neot	*Neotestamentica*
NIDNTT	*New International Dictionary of New Testament Theology* eds. L. Coenen, E. Beyreuther, H. Bietenhard and C. Brown (4 vols.; Carlisle: Paternoster / Grand Rapids: Zondervan, 1986)
NIV	New International Version
NJB	New Jerusalem Bible
NRSV	New Revised Standard Version
NRT	*La Nouvelle Revue Theologique*
NovT	*Novum Testamentum*
NT	New Testament
NTS	*New Testament Studies*
OT	Old Testament
OUP	Oxford University Press
OTP	*Old Testament Pseudepigrapha*, ed. J. H. Charlesworth (2 vols.; London: Doubleday, 1983, 1985)
PBI	Pontifical Biblical Institute (Rome)
RB	*Revue Biblique*
REB	Revised English Bible
RefR	*The Reformed Review*
Rel	*Religion*
RevRel	*Review for Religions*

RevSR	Revue des Sciences Religieuses
RSPT	Revue des Sciences Philosophiques et Théologiques
RSR	Recherches de Science Religieuse
RSV	Revised Standard Version
SAP	Sheffield Academic Press
Schnackenburg	R. Schnackenburg, The Gospel According to St John (3 vols.; London: Burns & Oates, 1968-82)
SE	Studia Evangelica
Sem	Semitica
SJT	Scottish Journal of Theology
SLJT	Saint Luke's Journal of Theology
SNTU	Studien zum Neuen Testament und seiner Umwelt
ST	Studia Theologica
TDNT	Theological Dictionary of the New Testament
Theol	Theology
TrinJ	Trinity Journal
TS	Theological Studies
TynB	Tyndale Bulletin
TWNT	Theologisches Wörterbuch zum Neuen Testament
TZ	Theologische Zeitschrift
UPA	University Press of America
VoxEv	Vox Evangelica
WTJ	Westerminster Theological Journal
ZNW	Zeitschrift für Neutestamentliche Wissenschaft
ZTK	Zeitschrift für Theologie und Kirche

지면상의 유익을 얻고자 표준적인 주석서들은 (처음 한 번 제목을 제시한 이후로는) 제목을 제시하지 않은 채 다음과 같이 본문에 언급하고 있다.
예. Haenchen, 135 (= E. Haenchen, Acts of the Apostles [Oxford: Blackwell, 1971], 135).

1부

신약 성령론의 발전

1장

신약 성령론의 배경

: 구약과 "중간기" 유대교에서의 성령

I. 구약이 유대교에 물려준 "하나님의 영"의 유산

구약성경은 하나님의 영에 대해 다양하면서도 조금씩 파편적으로 말했다.[1] 그 언어는 강력하게 은유적이었다. 그리고 종종 생생한 경험을 전달하는 언어였다. 그러나 그 언어는 읽는 이로 하여금 성령에 대한 "신학"을 형성하게 하는 데는 거의 도움이 되지 않는 것이었다.

그러한 문제 중 하나는 사용된 히브리어 "루아흐"가 때에 따라 폭풍을, 때로는 "숨/호흡"을, 때로는 "생명력"이나 "생명"을 가리키고 있다는 점이었다. 그래서 그 단어가 하나님의 영을 가리키는 루아흐인지를 확정 짓기가 그리 쉽지 않았다. 창세기 1:2에 대한 여러 영역본만 비교해봐도 그 문제가 확연히 드러나게 된다. NIV는 "하나님의 영은 물 위를 운행하시니라"(and the Spirit of God was hovering over the waters)로, NRSV는 (구약성경의 가장 오래된 번역 중 하나인 아람어 타르굼역과 마찬가지로) "하나님의 바람이

---

1   구약에서의 성령에 대한 간략하지만 쓸 만한 개관으로는 다음과 같은 책들이 있다. E. Schweizer, *The Holy Spirit* (London: SCM, 1981), ch. 2 혹은 A. Heron, *The Holy Spirit* (London: MMS, 1983), ch. 1이나 표준이 되는 사전의 항목들. 더 나은(상세한) 것으로는 다음 책들이 있다. G. T. Montague, *The Holy Spirit: Growth of a Biblical Tradition* (New York: Paulist Press, 1976), chs. 1-8; L. Neve, *The Spirit of God in the Old Testament* (Tokyo: Seibunsha, 1972); W. Hildebrandt, *An Old Testament Theology of the Spirit of God* (Peabody: Hendrickson, 1995, 『구약의 성령 신학』, 이레서원 역간).

수면을 휩쓸더라"(while a *wind* from God swept over the face of the waters)로 옮기고 있다. 그러므로 이 구절이 하나님의 영이 창조에 참여하셨다는 견해를 표현하는 것인지 불분명했다. 성령이 창조에 개입했다는 견해를 지지하기 위해서 대개 인용되고 있는 다른 참조 구절들에도 마찬가지로 애매한 부분이 있다.[2]

다른 잠재적인 문제점은 구약성경의 자료와 관련해서 독자가 "야웨의 영"이 하나님과 어떤 관계가 있는가 하는 물음을 제기했을 때 일어났다. 신약성경의 몇몇 저자들은 성령을 온전한 하나님으로, 성부와 성자와 더불어 하나이신 위격(인격자)으로 생각하게 되었던 것으로 보이지만(제11장을 보라), 그러한 견해는 구약성경에서는 (설혹 있다 할지라도) 아주 힘들게 분별될 수 있다. 실로 성경을 읽는 유대인 독자들에게 묻는다면, 아마도 대부분은 마치 한 사람의 "영"이 그의 "활력"이거나 "생명"이듯이 성령을 활동하는 하나님 **자신**의 생명과 활력이라고 설명하기가 쉬울 것이다. 따라서 어떤 행위를 수행하는 "야웨의 영"에 대해서 말한다는 것은 바로 그러한 행위를 수행하는 "야웨의 팔"이나 "야웨의 손"에 대해서 말하는 것과 비슷했다. 즉 그것은 행동하시는 **야웨 자신**을 언급하는 방식의 하나로, 그 자신의 보이지 않는 임재/현존의 연장인 것으로 이해되었을 것이다. 그리하여 이사야 63:10이 "그들이 반역하여 주의 성령을 근심하게 하였으므로 그가

---

2 예를 들어 시 33:6이 "여호와의 말씀으로 하늘이 지음이 되었으며, 그 만상을 그의 입기운(루아흐)으로 이루었도다"라고 말했을 때, 이것이 하나님의 성령을 가리키는가, 아니면 (시적으로) 창조의 명령이 발하여지는 숨을 가리키는, "그의 입의 호흡"을 가리키는가? 마찬가지로 모든 하나님의 피조물들에 대해서 말하고 있는 시 104:30은 "주의 영을 보내어 그들을 창조하사"라고 말했다. 그런데 이 말이 창조 세계 안에서의 성령을 가리키는 것인가, 아니면 단순히 하나님의 루아흐는 살아 있는 유기체들에게 하나님이 주시는 "생명력"을 말하는가? 아니면 창 2:7의 경우처럼 최초의 사람 아담에게 숨을 불어넣으셨던 것과 같은 "생명의 숨"인가?(참조. 시 104:29; 욥 27:3; 33:4; 34:14-15)
  이 각각의 경우에 "하나님의 영"(the Spirit of God)이라고 해야 하는지 아니면 "성령"(Holy Spirit)이라고 해야 하는지 불분명하다("성령"이라는 말은 구약성경에서 오직 두 군데, 시 51:11과 사 63:10-14에서만 발견된다).

돌이켜 그들의 대적이 되사 친히 그들을 치셨더니"라고 말했을 때, 유대인은 자연스럽게 이 말씀이 광야에서의 이스라엘이 야웨 자신을 슬프게 했던 사실을 뜻하는 것으로 읽었을 것이다. 모세와 70인의 장로들을 통해서 이스라엘 가운데 하나님의 내적인 영이 임재하시고 활동하셨던 것으로 말이다. 그렇지만 유대인의 지혜에 대해 특별한 관심을 지닌 사람들은 아마도 성령을 하나님 자신의 작용하고 있는 "정신"(mind)이나 "의지"(will)라고 보는 경향이 더 있었을 수 있다(참조. 사 30:1-2; 40:12-14; Wisdom of Solomon 7-9장; Philo, *Creation* 135, 144; *Special Law* 4:123; *The Worse Attacks the Better*, 80-81, 83-84; *On Noah's Work as Planter*, 18; *Allegorical Laws*, 1.142).

간단히 말해서 구약성경은 하나님의 영의 통상적인 행위들에 관해서 어떤 점을 시사해주는가? 성령은 우선적으로 두 가지 점에서 표현되었다.

(1) 하나님의 보이지 않는 권능의 활동.

(2) 계시와 지혜 가운데에서의 하나님의 임재/현존.

이 두 가지 점에서 하나님의 영은 전형적으로 **이스라엘 가운데서 그리고 이스라엘을 위해서** 행하시는 하나님의 **언약적** 활동들과 연결되어 있었다. 그러므로 성령의 역사의 자리는 거의 독점적으로 그 거룩한 나라에만 제한되어 있었다.

1. 이스라엘의 과거 가운데서의 야웨의 영

이스라엘 안에서 성령은 이스라엘의 **지도자들** "위에", "더불어" 혹은 "안에"(이 말들은 서로 바꾸어 쓸 수 있는 말이다) 있으면서 그들이 하나님의 권능을 가지고서 행하게 하거나 하나님의 뜻을 드러내도록 하는 것으로 언급되었다. 따라서 하나님의 루아흐는, 위기의 때에 하나님의 언약 백성들을 위해서 분연히 일어나도록 옷니엘(삿 3:10), 기드온(삿 6:34), 입다(삿 11:29)와 같은 사사들에게 주어지는 카리스마적인 능력(charismatic endowment)으로 그려졌다. 처음 보았을 때에는 참으로 이상하게 보이는, 삼손을 통해서 분출된 성령의 권능(이를테면 14:6, 19; 15:14-15)은 이 이스라엘의 수호자(champion)에 대한 하나님의 보호하심으로,[3] 그리고 이스라엘의 대적들을 패배시키기 위한 것으로 이해되었던 것처럼 보인다(삿 14:19과 15:14).

(그냥 거센 힘으로 발휘된 게 아니라) 좀 더 개인적인/인격적인 수준에서 역사하는 경우, 야웨의 영은 모세에게 임한 능력(endowment)으로 인식되었다(민 11:17, 29). 그 능력을 통해서 모세는 하나님의 지시에 따라 이스라엘을 해방시키고 이끌었다. 여호수아 역시 비슷한 능력을 부여받은 것으로 이해되었다(민 27:18 및 기타 등등). 똑같은 능력이 70인의 장로들에게도 나누어졌으며(11:25-29), (모세와 더불어서) 분쟁을 판결하고 중재하도록 그들에게 지혜를 주었다(참조. 느 9:20, 회고적 전망에서). 하나님의 지혜와 특별한 권능 역시 하나님의 영이 예배용 기구들을 만들었던 장인들에게 부여한 것으로 이해되었다(출 28:3; 31:3; 35:31). 성경의 연대기 중에서 후대에 하나님의 영은 사무엘상 10:1-11에서의 사울의 경우와 같이 이스라엘의 왕들을 통해서, 특히 사무엘상 16:13 및 다른 곳의 경우에서처럼(참조. 슥 4:6) 다윗을 통해서 이스라엘을 위해 그의 의로운 통치의 보이지 않는 홀을 권능으로 행사하셨다.

아마도 이러한 다양한 구약의 사건들 대부분 가운데서 하나님의 영은 하나님과 사람 사이의 소통의 통로로서 활약하였다. 이것이 바로 유대교에서 이해하게 된 "예언의 영"이었다. 성령은 카리스마적인 지도자에게, 왕에게, 심지어 제의 도구를 제작하는 목수에게, 특히(반드시 그렇게만 된 것은 아니라 할지라도) "예언"이라고 명명된 신탁적 담화(oracular speech)의 현상을 통해서 하나님의 뜻과 지혜를 알렸던 것으로 이해되었다. 그 "예언" 가운데서 야웨의 메시지가 꿈이나 비전(환상) 또는 말을 통해서 성령에 의해 주어졌던 것이다. 그러므로 하나님의 계시는 초기 예언(민 11:25-29; 24:2; 삼상 10:10; 19:20에서처럼)과 고전적인 예언에서 직간접적으로 성령에게로

---

3   참조. 삿 14:6(삼손이 위협하는 사자를 찢어버림); 15:14-15.

소급되었다. 미가 3:8과 호세아 9:7은 "예언자"(prophet)와 "성령의 사람"을 사실상 동일시했다. 비슷한 메시지가 에스겔 11:5-25과 다른 곳(사 48:16; 61:1-3; 슥 7:12)에서 표현되었다.

2. 성령에 대한 이스라엘의 장래 기대

구약성경에서 성령의 사역은 거의 예외 없이 지도자들과 예언자들에게 제한되어 있는 것으로 보인다. 그들의 책임은 성령을 통해서 야웨의 지시 (direction, 지침)를 그의 백성들에게 전달해주는 것이었다. 이와는 대조적으로 미래에는 **모든** 이스라엘이 예언의 영에 동참할 것으로 기대되었다 (욜 2:28; 참조. 민 11:29). 실로 하나님에 대한 그와 같은 직접적인 지식이 새 언약의 소망의 핵심을 차지하고 있었다. 새 언약에서는 각 사람이 스스로 "여호와를 알게" 될 것이었다(렘 31:34). 따라서 미래는 하나님의 영이 (사 32:15; 44:3; 겔 39:29의 경우에서처럼) 아낌없이 퍼부어지는 것으로, 그리고 하나님의 영광과 권능의 계시로(합 2:14) 특징지어지는 시기일 것이라 기대되었다. (구약 전승의 몇몇 내용들에 의하면) 이 일은 부분적으로 의로운 예언자적 해방자를 통해서(신 18:15; 사 61장), 그리고/또는 지혜와 권능의 영을 부여받은 어떤 한 왕을 통해서(사 11:1-9) 달성되었다. 그러나 하나님의 백성들 가운데서의 성령의 보편화는—광야에서의 마른 뼈들의 집단적인 부활과 같이(참조. 겔 37장)—이스라엘의 깊은 실존적인 갱신으로 이어질 것으로 예견되었다. 그것은 인류의 마음 자체를 순종하는 마음으로 재창조하는 것에 해당되는 것이었다(렘 31:31-40; 겔 36:24-29; 참조. 그러한 소망에 대한 유사한 개별적인 표현으로는 시 51:10-14).

성령의 이러한 다양한 활동이 유대교 안에서 어떻게 이해되었는가 하는 좀 더 구체적인 물음에 대해서 보다 자세하게 살펴보도록 하자.

II. 유대교에서 "예언의 영"인 성령[4]

유대교에서 성령에 대한 가장 광범위한 이해는 나중에 "예언의 영"이라 일컬어지게 된 것과 비슷한 것이었다. "예언의 영"이라는 용어는 타르굼(기원전 1세기에서부터 중세까지의 회당에서 행하여졌던 히브리 성경을 아람어로 풀이한 번역)들[5] 가운데서만 **규칙적**이 되었지만, 기독교 이전의 저작인 「희년서」(31:12),[6] 및 필론의 글(*On Flight and Finding* 187[7] 및 *Life of Moses* 1.277)[8]에서도 사용되었다. 그리고 (타르굼들에서 사용된 것과 같은) "예언의 영"이라는 어구가 가리키고 있는 개념과 같은 것은 더 오래되었다.[9] 유대 전통 바깥에 있는 어떤 외부인에게는 "예언의 영"이라는 명칭이 오도될 가능성이 있다. 사실 "예언의 영"이라는 용어를 가지고서 유대인들은 예언보다 더 폭넓은 어떤 것을 의미했다. 즉 성령이 전형적으로 최소한 다음 네 가지 상이한

---

4   유대교에서의 성령에 대한 쓸 만한 간략한 개요들은 Bieder and Sjoberg, "Πνεῦμα κτλ", *TDNT* VI: 367-75 및 375-89; J. D. G. Dunn, *Christology in the Making* (London: SCM, 1980), 132-6; M. E. Isaacs, *The Concept of Spirit* (London: Heythrop Monographs, 1976), chs. 2,3,5 및 6; Schweizer, *Spirit*, ch. 3; David Hill, *Greek Words with Hebrew Meanings* (Cambridge: CUP, 1967), 205-41 및 Montague, *Spirit*, chs. 7-11을 보라. 좀 더 확대되어 있으며 더욱 중요한 자료들로는, J. Breck, *The Origins of Johannine Pneumatology* (Crestwood: St. Vladimir's Seminary Press, 1991); R. P. Menzies, *Empowered for Witness: The Spirit in Luke-Acts* (Sheffield: SAP, 1994), chs. 2-5; M. Turner, *Power From On High* (Sheffield: SAP, 1996), chs. 3-5; J. R. Levison, *The Spirit in First Century Judaism* (Leiden: Brill, 1997)이 있다.

5   그것은 특히 전기 예언서 및 후기 예언서들에 대한 *Targum Jonathan*에 흔하다(여기에는 탄나임[기원후 200년 이전의 랍비 전승]과 아모라임[기원후 200-500년] 자료가 포함된다). 또한 모세오경에 대한 *Targum Onqelos*(비교적 초기다)와 *Targum Pseudo-Jonathan*(모세오경에 대한 것이지만, *Onqelos*보다는 후대이며[아마도 기원후 7세기에 최종적으로 편집되었을 것이다], 그 윤색에 있어서 훨씬 더 해석이 덧붙여졌다)에도 있다.

6   "그리고 예언의 영이 [이삭의] 입에 임하였다." 그리하여 그는 레위와 유다를 축복했다. *Jubilees* (기원전 2세기 중반에 작성됨)에 대한 간편한 텍스트로는 *OTP* 2:35-43을 보라.

7   "또 다른 [대목]에서⋯오직 70인의 장로들에게만 부여된 예언의 신적 성령에 대해 말하면서⋯." 알렉산드리아의 그리스어권 유대인이었던 Philo은 기원후 25-40+년에 글을 썼다.

8   "[발람]은 곧장 '사로잡히게' 되었다. 그리하여 그에게 예언의 영이 임했다."

9   상세한 고찰로는 Turner, *Power*, ch. 3을 보라.

유형의 은사들을 감화시켜주면서, 하나님과 어떤 한 사람 사이에서 소통의 기관으로서 활약하는 것을 의미했다.

1. "예언의 영" 개념의 원형적인 은사들[10]

관련되어 있는 성령의 활동들을 검토하되, 그 활동들이 묘사되고 있는 빈도의 순서대로 검토해보도록 하자.

(1) 유대교의 저작들 가운데서 "예언의 영"은 가장 흔하게, 은사적(charisma-tic) 계시와 지도를 제공한다[11]

랍비들과 타르굼들 가운데서 나타나는 이러한 종류의 활동의 예들은 여기서 모두 언급하기에는 너무나 많다. 그렇지만 그 예들 중 많은 것이 또한 엄밀하게 "중간기"에 속하는 것으로 보기에는 오히려 너무 후대의 것이다. 그러나 가말리엘(아마도 바울을 가르쳤던 가말리엘의 손자로서, 주로 기원후 80-90년에 가르쳤다)에 대해 언급하고 있는 한 가지 텍스트는 전형적인 예로서 충분히 제시될 수 있을 것이다.

> 라반 가말리엘이 아코에서 케지브로 가고 있었다. 그는 길을 가던 중에 값이 싼 빵 한 덩어리를 발견했다. 그는 자기 종 타비(Tabi)에게 "그 빵을 가져오라"고 말했다. 그는 한 이방인을 보았다. 그가 그 이방인에게 말했다. "마베개(Mabegai)야, 네가 이 빵 덩어리를 가져가라." 랍비 레위(R. Le'ii)가 [그에 대해

---

10 더 충분한 진술로는 앞의 책, ch. 3을 보라.

11 앞의 책, §2(A)에서 우리는 이 "카리스마적 계시"를 다음과 같이 정의하였다. "한 개인의 심령상에 일어난 어떤 유형의 이벤트"로서, 말하자면 해당 개인(혹은 관찰자)이 하나님으로부터 임하는 계시적 지식의 전달이라 여기게 되는 사건을 말한다. 중간기 유대교에서는 문제의 지식이 원형적으로는 환상의 경험이나 꿈 혹은 말씀을 들음으로(혹은 이러한 것들의 어떤 조합을 통해서) 주어진다. 그리고 그 지식은 미래에 대한 어떤 선지식이나 현재 세상 혹은 천상의 영역에 대한 어떤 측면에 관한 계시적 통찰을 그 내용에 포함할 수 있다.

서 알아보려괴 그를 뒤쫓아갔다.…그가 그에게 말했다. "그대의 이름이 무엇인가?" 그가 그에게 대답했다. "마베개입니다." 그가 그에게 말했다. "그럼, 네 평생에 라반 가말리엘이 너를 만난 적이 있었느냐?" 그가 그에게 말했다. "없었습니다." 이 사건을 바탕으로 해서, 우리는 라반 가말리엘이 성령에 의해 영감되었음을 알게 된다(*Tosefta Pesahim* 2.15).[12]

여기서 분명하게 "예언의 영"은 "예언하는 일" 일반과는 아무런 상관이 없다. 오히려 가말리엘의 제자들은 만일 가말리엘이 문제의 그 사람을 이전에 결코 만나본 적이 없었다고 한다면, 가말리엘에게 마베개의 이름을 알려준 것은 성령이었음에 틀림없을 것이라고 추론하고 있다. 이 예에서 드러난 것은 물론 단지 무심코 일어난 사소한 일이다. 이것은 몇몇 오순절주의자들이나 은사주의자들이 "지식의 말"(word of knowledge)이라고 부르는 그런 것과 유사하다. 그러한 계시의 선물들이, 실제로는 그 자체가 "예언"이 아니며 예언으로 인도해주지 않음에도 불구하고, 일정하게 "예언의 영" 덕분인 것으로 돌려진다. 이는 은사적인 계시가 예언적 담화의 통상적인 **기반**을 제공하기 때문이다. 구약성경과 유대교에서 대부분의 "예언"은 직접적으로나 급작스럽게 고무되어 터져 나오는 발설이 아니라 이전에 주어진 어떤 계시에 대해서 그 대상인 청중에게 전해주는 것이었다. 성령에 의해서 제공된 계시의 내용으로 봐서는 당연히 이것이 가말리엘의 경우보다 훨씬 더 중요했을 것이다!

랍비들과 타르굼의 예들은 앞서 시사했듯이 풍성하다. 예언의 영에 의해서 이

---

12 미쉬나는 처음에는 구전으로 가르쳐졌으나 곧 기원후 2세기 말에 성문화된 방대한 랍비 문헌이다. 이 성문화는 탄나임 시대(*tannaim*, 기원후 10년에서부터 200년에 이르는 랍비 학파들)와 후대의 아모라임 시대(*amoraim*, 미쉬나 작성에서부터 탈무드 작성에 이르는 탄나임 이후 시기)를 나누는 획기적인 작품이다. "보완"을 뜻하는 토세프타(*Tosefta*)는 미쉬나에 있는 법률 토론에 "덧붙여진" 자료였다. 많은 토세프타 구절들이 그에 대응하는 미쉬나와 함께 탈무드 안에 나란히 정리되어 있다.

런 일이 알려졌다.

아브라함에게, 한 여인이 언젠가 온 도시를 구원할 것임이 계시되었다([Abel]
Tanḥuma [Buber] ירא §12).

이삭에게, 에서의 후손들이 야곱의 후손들을 압제할 것임이 계시되었다(*Midrash
Psalms* 10.6).

리브가에게, 에서가 생각한 내용이 계시되었다(*Midrash Psalms* 105.4 [참조. *Targum
Pseudo-Jonathan Gen.* 27.5, 42]).

야곱에게, 요셉이 보디발의 아내에게 "삼켜질" 위험에 처해 있음이(*Genesis Rabbah*
84.19), 그(야곱)가 라헬과 함께 장사되지 않을 것임이(*Midrash Ha-Gadol Gen.* 513),
그가 에브라임과 므낫세에게 안수하고 축복해야 함이(*Num. Rab.* 14.5), 그리고 (기
근 동안) 애굽에 양곡이 있음이(*Fragmentary Targum Gen.* 42.1) 계시되었다.

요셉에게, 베냐민 안에서 건설되는 두 개의 성전이 있을 것임이(*Gen. Rab.* 93.12),
그리고 야곱이 마음이 편하지 않음이(*Pesiqta Rabbati.* 3.4 참조. *Fragmentary Targum
Gen.* 37:33 등) 계시되었다.

미리암에게, 구원자 모세가 태어날 것임이("Pseudo-Philo" = *Biblical Antiquities* 9.10 //
Babylonian Talmud, tractate *Soṭah* 11b) 계시되었다.

모세에게는, 애굽의 그 십장이 곧 바로 모세가 그에게 가하게 될 운명을 받아 마
땅하다는 사실이(*Exodus Rabbah* 1.28과 평행구절들[!]), 그리고 미래의 성전이 파괴
될 것(*Tanḥuma* תבא §1)과 성전 예배가 에스라 아래서 회복될 것임이(*Jalqut* שפטים
§915 등) 계시되었다.

이스라엘 일반에게, 애굽인들이 그들의 보화를 감추어놓았음이(*Mekilta Pisḥa* 13
[출 12:36에 대해]), 그리고 그들에 대한 바로의 전략이(*Mek. Shirata* 7 [출 15:9-10])
계시되었다.

기생 **라합**에게는, 추격자들이 사흘 만에 되돌아갈 것임이(*Ruth Rab.* 2.1) 계시되
었다.

솔로몬에게는, 성전을 위해 일하는 바로의 일꾼들이 그해 안에 장례용 수의를
필요로 하게 될 것임이(*Num. Rab.* 19.3) 계시되었다.

그리고 다른 일시적인 극단적인 예에 대해서는 이제 그만 하고, **랍비 시므온 벤 요하이**(Rabbi Simeon ben Yoḥai)에게는, 농부가 시므온에게 자기가 발견한 척했던 그 시체가 사실은 그 농부 자신이 묻었던 시체였음이 계시되었다(j. Shebi 9.1과 평행구절들).

가장 재미있는 예 가운데 하나는 랍비 메이르(Meir)이다(3세대 탄나임: 대략 기원후 150년경. 이 스토리는 예루살렘 탈무드에 처음으로 등장한다[Sotaḥ 1.4]. 물론 여기에 제시되어 있는 더 충분한 텍스트는 Num. Rab. 9.20에서 왔다). 랍비 레위(대략 300년)의 사위 랍비 제카리야가 다음 사건을 전해주었다. 랍비 메이르는 매주 안식일에 회당에서 정기적으로 강론을 해왔다. 한 여인이 그 강론에 참석했다. 그 여인은 그의 강론을 계속해서 들어왔다. 한번은 그가 한 시간이나 늦게까지 강론을 했다. 그녀가 돌아가서 집에 들어가려고 했을 때, 불이 꺼져 있는 것을 알았다. 그녀의 남편이 그녀에게 말했다. "당신은 어디에 가 있었느냐?" 그녀가 남편에게 말했다. "강론을 듣고 있었습니다." 남편이 그녀에게 말했다. "만일 그 설교자에게 가서 그 면상에 침을 뱉지 않는다면 이 여자는 집에 들어오지 못할 것이다." 랍비 메이르는 성령으로 말미암아 이 모든 일을 보았다. 그래서 그는 눈에 통증이 있는 척하면서 선언했다. "만일 눈에다 대고 마법을 훅 불 수 있는 기술이 있는 여인이 있다면, 그 여자를 찾아와서 내 눈에 불 수 있도록 하라." 그녀의 이웃들이 그녀에게 말했다. "그대가 집으로 되돌아갈 수 있는 기회가 왔다. 그대가 그런 마법을 행할 수 있는 여자로 행세하고 랍비의 눈에다 침을 뱉어라." 그녀가 그에게 왔을 때, 랍비가 그녀에게 말했다. "그대가 눈에 마법을 불어넣을 수 있는 기술을 갖고 있는가?" 랍비의 면전에서 겁을 먹은 그녀는 아니라고 대답했다. 랍비가 그녀에게 말했다. "그렇다 해도 내 눈에 일곱 번 침을 뱉으라. 그러면 그 눈이 나을 것이다." 그녀가 침을 뱉은 후에 랍비가 그녀에게 말했다. "가서 남편에게 말하라. '그대는 나에게 한 번만 그리 하라고 했지만, 나는 일곱 번 뱉었노라!'고…."

「집회서」 48:24에 따르면,[13] 이사야가 "마지막 일들을 보았던" 것은 "권능의 성령에 의한" 것이었다. 그래서 "시온에서 애도했던 자들을 위로했다"(마찬가지로, *1 Enoch* 91:4에서[14] 에녹은 므두셀라와 그의 자녀들에게 성령이 그에게 임할 때에 "앞으로 영원히 그대에게 일어날 모든 일을 내가 그대에게 보여줄 것이다"라고 약속한다. 참조. "회고적인" 예언적 계시로, *4 Ezra* 14:22. 그러한 계시에 대해서는 뒤를 보라).[15]

(2) "예언의 영"은 은사적 **지혜**를 제공한다[16]

이것은 (비록 랍비들의 경우에는 드물긴 하지만) "예언의 영"에 속한 것으로 돌려지는 두 번째로 가장 흔한 은사이다. 후대 유대교에 의해서 일정하게 언급되고 있는 성경의 원형적인 예들은 성령으로 충만하여 언약적인 기구들을 세공하는 일에 있어 온갖 지혜를 갖게 된 브살렐(출 31:3), 마찬가지로 성령을 받아서 이스라엘을 이끌어나가고 판결을 내릴 수 있게 된 70인의(혹은 72인의?) 장로들일 것이다. 성경의 증거 외의 전형적인 예로는 필론의 「모세의 생애」(*Life of Moses*) 2.265을 가리킬 수 있을 것이다. 그 문맥에서 필론은 안식일과 관련된 모세의 지시 사항들을 논의한다. 그 지시 사항

---

13 또한 집회서라고도 불리는 Sirach는 기원전 2세기 초엽에 히브리어로 작성되었고, 벤 시라의 손자에 의해 대략 기원전 132년에 그리스어로 번역되었다. 본문은 어느 외경에나 모두 실려 있다.

14 *1 Enoch*은 주로 기원전 2세기의 편집 작품이지만, 그 세기들의 전환기에 편집되었다. 텍스트로는 *OTP* 1:13-89을 보라.

15 또한 (예를 들어) Philo, *On Dreams* 2.252; *Biblical Antiquities* (또한 Pseudo-Philo 혹은 LAB로 일컬어지기도 한다) 9.10; 31.9을 보라.

16 *Power*, ch. 3 §2(B)에서 나는 두 개의 용어를 구별했다. 그것은 "카리스마적인 지혜의 **전달**"(charismatic *communication* of wisdom)과 "카리스마적인 지혜의 **주입**"(charismatic *infusion* of wisdom)이다. 앞의 말은 신적 지혜를 전달하는 단독적인 카리스마적 사건(아마도 즉시 의식되었을 것이다)을 가리킨다. 즉 개인의 영혼 안에서 일어난 이벤트로서 그 인식이 하나님에 의해 바뀌었음이 인지되고, 그렇게 됨으로써 특정한 상황에 대한 분석의 증진이 일어나든지, 다루는 기술이나 문제를 다루는 능력이 개선되는 경우이다. "지혜의 카리스마적 **주입**"이란 그러한 일련의 사건들을 가리키고자 함이다. 이는 사실상 상당 기간에 걸쳐 일어나는 과정으로, 그 수혜자가 반드시 의식적으로 인지하기보다는 관찰한 자들이 도출하는 경우이다.

들 가운데 계시되어 있는 지혜에 깊은 인상을 받은 필론은 그것을 하나님이 주신 것으로 간주하며 이렇게 말한다.

> 이런 종류의 추측들(안식일에 대한 모세의 가르침)이 예언과 너무나 흡사하다는 점은 말할 필요조차 없다. 만일 성령이 마음을 진리 자체로 인도해주고 있지 않다면, 마음이 어떤 목표에 똑바로 도달할 수 없기 때문이다.

필론의 이러한 뜻깊은 언급은 대체로 "지혜"가 "예언의 영" 덕분으로 돌려지는 **이유**를 설명해준다. 필론의 관점에서 은사적인 지혜는, 아무런 도움을 받지 않고서는 인간의 마음이 그 지혜를 획득할 수 없다는 점에서, 은사적인 계시와 유사하다. 그러한 이해가 가능하기 위해서는 하나님이 성령을 통해 개입하셔서 마음을 지도해주셔야만 한다. 마찬가지로 「에스라 4서」 14:22에서,[17] 에스라는 "저에게 성령을 보내주소서. 그러면 제가 태초부터 세상에서 일어난 모든 일을 기록하겠습니다"라고 요청한다. 이 요청은 은사적인 **계시**로 이해되어야 함이 거의 확실하다. 그러나 은사적 지혜와의 밀접한 관계는 에스라가 기도에 대한 응답으로서 자신이 받은 바를 표현할 수 있도록 **지혜**와 **이해**로 가득 찬 잔을 받는 맥락에 잘 드러나 있다(25, 40-41절).

또 하나의 의미심장한 예가 「집회서」 39:6에 제공되어 있다. 율법 연구에 헌신한 지혜로운 사람을 칭찬하는 대목에서 그 지혜자는 자신의 소망을 이렇게 표현한다.

> 만일 위대하신 주께서 그리 원하신다면, 그가(즉 자신을 율법에 바친 사람이) **이해의 영으로 충만하게** 될 것이며, 그가 지혜의 말을 쏟아내고 기도로 주님께 감사할 것이다.

---

17 대략 기원후 100년경에 팔레스타인에서 작성된 묵시. 텍스트로는 *OTP* 1:525-3을 보라.

여기서 분명히 은사적 지혜는 하나님께 영광을 돌리는 하나님에 대한 기쁨으로 특징지어지며 그 지혜자를 카리스마적인 교사가 되도록 해주는 생생한 열정과 하나님의 말씀에 대한 이해를 의미한다. 그것은 바울이 에베소서 1:17-20과 3:16-21에서 기도로 간구하고 있는 것과 5:18b-20에서 에베소 교인들에게 추천하고 있는 바와 아주 유사하다.[18]

(3) "예언의 영"은 때때로 엄습적으로 임하는, 감동된 예언적 설교를 제공한다

"엄습적"이라는 말은 성령이 그 사람에게 임할 때에 그들이 사로잡혀서 감동을 받아 말하게 된다는 뜻이다. 이것은 통상적인 형태의 예언과는 사뭇 다르다. 통상적 형태는 직접적으로 감동을 받는 것이 아니라 이전에 (아마 며칠 전이나 몇 주 전에) 주어진 어떤 계시에 대해서 목표가 되는 청중에게 전해주는 일과 관련되어 있다. 요세푸스[19]가 비이스라엘인으로서 선견자이자 점치는 자였던 발람에게 돌리고 있는 예를 이러한 엄습적 예언 설교 형태의 예로 볼 수 있을 것이다. 그 맥락은 민수기 23-24장에 있는 이야기이다. 거기에서 모압 왕 발락은 발람에게 억지로 이스라엘에 예언적 저주를 발하도록 만들기를 원했다. 이스라엘은 발락의 왕국인 모압을 위협하고 있었다. 발람은 그 대신에 이스라엘을 위한 축복의 예언을 받았다. 발락이 발람에 대해서 화를 냈을 때, 발람은 이렇게 대답한다(이것은 민 22:38; 24:12-14을 반영하고 있다).

---

18 다른 예로는 출 31:3에 대한 타르굼들; *Frg. Tg. Num.* 11:26-27; *Tg. Onq. Deut.* 34.9; *Jos. and As.* 4:9; Josephus, *Ant.* 10.239; *Jub.* 40.5; Philo, *Jos.* 117; *Giants* 24; Sir 39.6; *Sus.* 45b (Theod); Wis. 7:7; 9:17-18; 그리고 참조. 1QH 12.11-13; 13.18-19; 14.12-13.

19 귀족 제사장 가문 출신의 바리새인이었던 요세푸스(기원후 37-100+년)는 유대 전쟁 시기 동안 갈릴리에서 장군으로 있었으나 베스파시아누스의 손에 투항하였다. 요세푸스는 예언하기를, 베스파시아누스가 황제가 될 것이며, 자신은 그의 후견을 받게 될 것이라 했다. 그는 나중에 티투스(Titus)를 따라 로마로 갔으며, 그곳에서 자신의 (친로마적이면서도 동시에 변증적인) *Jewish War*(대략 75-79년)를 저술했으며, 나중에 그의 20권짜리 *Antiquities of the Jews*(대략 93-95년)를 썼다.

발락,…그대는 그 문제 전체에 대해서 생각해보았는가? 그리고 그대는 우리가 하나님의 영에 사로잡혔을 때, 이와 같은 주제들에 대해서 아예 침묵해야 한다고 생각하는가 아니면 말해야 한다고 생각하는가? 이는 그(성령)가 자신이 원하는 대로 그러한 언어와 말을 발설하도록 하고 그에 대해서 우리는 의식하지 못하기 때문이다(Josephus, *Antiquities* 4.119).

대체로 "엄습적인" 예언 설교의 예들은 팔레스타인 유대교에서보다는(여기서는 그런 현상이 드물게 나타난다) 헬레니즘 유대교에서 더 흔한데, 특히 점술적인 예언에 대한 그리스 철학 사상에 빚지고 있는 저자들 가운데 흔하다.[20] 그러한 생각들은 선지자/예언자가 실제로 자기가 무슨 말을 하고 있는지 **의식하고 있지 못한** 것처럼 그러한 예에 반영되어 있다. 이것은 인간의 마음과 생각은 신의 마음에 의해 사로잡힐 때에 밀려나거나 가려진다는 그리스 사상으로 소급된다. (엄습적인 예언적 담화에 대한 또 다른 중요한 예들은 민 11.26-27; *Jubilees* 25.14; 31.12; Philo, *Special Laws* 4.49; *Life of Moses* 1.175 및 277; *Bib. Ant.* 28.6에 대한 타르굼들에 의해 제공된다.)

(4) "예언의 영"은 때때로(그러나 극히 드물게) 엄습적으로 감동된 은사적 찬양 혹은 예배를 제공한다

이 예는 유대교에서, 오순절이나 다른 사람들이 처음 성령을 받았을 때(예를 들어, 행 10:46; 19:6) 일어난 방언 현상에 가장 근접하는 유비이다. 아마도 가장 명백한 유대교의 예들은 사무엘상 10장과 19장에 있는 사울 전승과 연결되어 있는 예들일 것이다. 예를 들면, 사무엘상 10:6에서 사무엘은 사울에게 그가 기브아에 다가갈 때에 한 무리의 선지자들/예언자들을 만나게 될 것이라고 말한다. 마소라 텍스트는 계속해서 이렇게 말한다. "야웨의 영이 그대에게 권능으로 임할 것이고, 그대는 그들과 더불어서 예언할 것

---

20 뒤의 제12장을 보라.

이며, 그대는 다른 사람으로 변할 것이다." 타르굼은 이것을 바꾸어 이렇게 읽는다.

> 그리고 **야웨로부터 예언의 영이 나와** 그대 위에 머물 것이며, 그대는 그들과 함께 **찬양의 노래를 부를 것이고**, 그대는 다른 사람으로 바뀌게 될 것이다.

그다음에 비슷한 변화들이 사무엘상 10:10과 19:20, 23에 반복되어 있다. 「에녹1서」에는 두 가지 점에서 비슷한 이해가 제시되어 있다. 「에녹1서」 71:11에서 메시아적 인물인 에녹은 자신이 어떻게 하늘로 올라갔는지, 그리고 어떻게 지극히 거룩한 천사들과 하늘의 불의 강들을 보았고, 이어서 하나님 자신을 바라보았는지를 얘기한다. 에녹은 이렇게 말한다. [하나님을 보면서] "나는 바닥에 엎드렸으며…그다음에 권능의 영에 의해서 축복하며, 영광을 돌리고, 찬양하면서 큰 목소리로 외쳤다." 비슷한 이해가 앞서 61:7, 11, 12에서도 발견된다. 그러나 이번에 "생명의 영 가운데서"(7절) 그리고 "믿음"과 "지혜", "인내"와 "자비"(11, 12절)의 영 가운데서 카리스마적인 지혜를 가지고 하나님을 송축하며 높이고 예배하는 자는 천상의 전체 회중이다.

우리는 모든 이스라엘이 출애굽기 15장에 나오는 승전가(소위 "모세의 노래")를 노래하도록 카리스마적으로 감동을 받는 효과를 내기 위해 다양한 형태로 수집되어 있는 또 하나의 전승을 랍비들 가운데서 발견한다. 이 전승의 이른 초기 형태들 중 하나가 (출 14:23-31에 대한) 「메킬타 베샬라흐」(*Mekilta Beshallaḥ*) 7에 보존되어 있는데,[21] 그 내용을 다음과 같이 묘사하고 있다.

---

21 메킬타(*Melkita*)는 출애굽기에 나오는 몇 가지 중요한 텍스트에 대한 주로 법적인 방향의 주해(midrash)이다. *Beshallaḥ*는 13:17에서부터 14장까지를 다룬다. 핵심적인 내용은 탄나임 시대(tannaim—힐렐에서부터 미쉬나 집성까지의 유대 현자들의 시기)로 소급될 수 있지만, 실질적으로는 아모라임 시기(amoraic period, 기원후 200~400+년)에 편집되었다.

말씀으로 세상을 존재하게 하신 그분 앞에서 믿음은 위대하다.…랍비 느헤미야는 이렇게 말한다. 단 한 개의 계명이라도 참된 믿음으로 받아들이는 자는 누구나 성령이 그 사람의 위에 임할 자격이 있다는 사실을 그대가 어디에서 입증할 수 있겠는가? 우리는 이것이 우리 조상들의 경우였음을 발견한다. 그들이 믿었던 그 믿음에 대한 보상으로서 그들은 성령이 그들 위에 머무를 자격이 있다고 여김을 받았다. 그래서 그들은 "그들이 야웨를 믿었다"고 되어 있듯이 소리 내어 그 노래를 할 수 있었다. 그리하여 모세와 이스라엘의 자손들이 노래했다(출 14:31; 15:1; 참조. *Exodus Rabbah*, 23.2).[22]

카리스마적 계시, 카리스마적 지혜, 엄습하는 예언의 발언, 엄습하는 카리스마적 찬양은 "예언의 영"과 원형적으로 연결되어 있는 네 가지 은사들이다. 앞으로 살펴보겠지만, 성령/예언의 영과 이따금씩 연결되는 다른 은사들도 있다. 물론 이 점은 논란이 분분한 영역이다. 유대교에서 일정하게 성령에게 돌려지는 카리스마(은사/선물)의 유형들에 대한 앞의 기술은 유대교의 성령론들에 무미건조한 획일성이 있다는 그릇된 인상을 주기 쉽다. 그러나 그런 의도는 전혀 없다. 유대교에는 실로 괄목할 만한 다양성이 있었다.[23] 하지만 이것은 신적인 성령이 가능하게 했던 은사가 어떤 것이냐의 차원이라기보다는 개인 및 민족의 삶을 위한 개별 은사들의 중요도 면에서 그러했다.

---

22 J. Z. Lauterbach, *Mekilta de Rabbi Ishmael* (Philadelphia: JPSA, 1933-35), 252-3에서 인용. 참조. *Bib. Ant.* 32.14 (드보라가 성령에 의해서 찬양을 한다). *Testament of Job*, 48-50장은 욥의 딸들이 영적인 장식 띠를 두르고 있어서, 그 띠가 그 딸들로 하여금 천사의 방언들을 포함하여 카리스마적인 찬양을 하도록 만드는 것으로 묘사한다.

23 그 다양성에 대한 (좀 지나친) 묘사로는, 예를 들어 Breck, *Origins*, chs. 4-6을 보라.

2. 소위 "예언의 영"의 중단과 성령의 보편적 복귀에 대한 소망

흔히 유대교는 최후의 정경적 선지자/예언자들(참조. *Tosefta Sotah* 13.3-4) 이후에는 성령의 완전한 철회를, 즉 종말 때까지 지속되는 중단을 믿었다고 주장된다. 이것이 잘못된 이해에 근거하고 있다는 점은 거의 확실하다(앞으로 제12장에서 살펴볼 것이다). 많은 유대인들이 예언의 영에 대한 경험이 (아마도 경건한 지혜라는 의미에서는 제외하고) 자기들의 시대에는 비교적 드물었다고, 그리고 질적인 면에서나 권능의 면에서 결핍이 있었다고 생각했다고 말하는 것이 훨씬 더 진실에 가까울 것이다. 어째서 그랬는지를 묻고자 한다면, 한 가지 중요한 대답은 그 민족의 죄 때문이었다는 것이었다(참조. *B. Sanh.* 65b). 이에 호응해서 종말에는 예언의 영이 회복된 이스라엘의 모든 사람에게 퍼부어질 것이라는 소망이 있었다(특히 욜 2:28-32[=MT 3:1-5]에 근거해서). 따라서 「민수기 라바」(*Numbers Rabbah*)[24] 15.25은 이렇게 진술한다.

> 거룩하신 자, 그에게 복이 있을지어다. 그가 말씀하셨다. "이 세상에서 오직 극소수의 개인들만이 예언을 해왔다. 그러나 장차 올 세상에서는 모든 이스라엘이 선지자/예언자가 될 것이다." 이렇게 말씀하셨듯이 말이다. "그리고 그 후에 내가 나의 영을 모든 육체에게 부어줄 것이며, 너의 아들들과 너의 딸들과 너의 늙은이들 등이 예언하게 될 것이다"(욜 3:1). 그러한 것이 랍비 아바(R. Abba)의 아들, 랍비 탄후마(R. Tanḥuma)의 해설이다.

이 일은 이스라엘에게 하나님과 그의 뜻(의지)에 대한 직접적인 지식을 갖

---

24 *Numbers Rabbah*는 성경의 책들에 대한 일련의 **설교적인** 주해들(midrashim) 중 하나이다. 민 15장 이후의 섹션은 해당 이름을 가진 랍비의 것으로 돌려지는 미드라쉬적 편집인 *Tanḥuma*에서 나왔다(대략 기원후 350-375). *Num. Rab.*의 편집이 후대에 속하는 것이긴 하지만, 초기의 자료를 포함하고 있다.

게 해줄 것이며, 따라서 에스겔 36:27(*Deut. Rab.* 6.14; *Targum Ezek.* 36:25-26: 참조. *B. Ber.* 31b-32a)의 소망을 성취하는 지속적인 순종을 진작시킬 것이다. 그러는 동안에 성령이 성경에 있는 지혜와 계시의 보고(寶庫)를 제공했으며, 몇몇 경건한 이스라엘 백성들은 최소한 예언의 영을 어느 정도 소유했다고 생각하게 되었다.[25] 따라서 누가복음 1-2장에 나오는 스가랴, 시므온, 안나와 같은 성령의 사람들은 1세기 팔레스타인의 컨텍스트 가운데서 벗어나 있었던 사람들이 아니었다고 볼 수 있다. 필론과 벤 시락은 예언의 영을 "지혜자"라는 더 넓은 범위에까지 확대하였다. 그에 비해서 쿰란 공동체는 그들의 모든 구성원들이 성령에 대한 종말론적 약속을 어느 정도 공유한다고 여겼던 것으로 보인다.

3. 논란거리 문제들: 권능의 행위의 원천이자 윤리적 갱신의 감동으로서의 "예언의 영"

TDNT에 기고한 성령에 대한 자신의 유명한 기고문에서, 에두아르트 슈바이처는 다음과 같이 주장했다.

> 누가는 성령이 예언의 영이라는 전형적인 유대적 사상을 채택한다.…이 때문에 누가는 치유의 기적들이나 원시 공동체의 공동생활과 같은 강력한 윤리적 효과들을 성령 덕분으로 돌리지 않는다(*TWNT* VI: 407 [영역본은 오역했다] *TDNT* VI: 409).

여기에 두 가지 중요한 주장이 들어 있다.

---

25 우리는 가말리엘(Gamaliel)과 메이르(Meir)의 사례들을 지적했다. 참조. R. Akiba (in *Lev. Rab.* 21.8)와 Simeon ben Yoḥai (*j. Shebi* 9.1)도 있다.

(1) 이 견해에 따르면, 유대교에서의 성령은 물리적/감촉의 영역에서가 아니라 오로지 인지적(혹은 인지 이전의) 층위에서만 활동한다. "예언의 영"으로서의 성령은 불구자를 고치거나 나병환자를 정결하게 하지도 않으며, 오히려 계시나 지혜를 주거나 발언—슈바이처에게는 주로 설교를 의미했다—을 하도록 감동하시는 일이 그에게는 자명한 것으로 보인다.

(2) 슈바이처에게, 유대교에서의 성령은 명백히 구원론적으로 필수적인 선물이 아니라 특별한 과업들을 행하도록 권능을 부여해주는 것이다(그리고 함의상 누가에게도 동일한 점이 적용된다). 그의 이해에 있어서 한 사람이 "구원을 받기" 위해서는 예언의 영의 선물이 필요하지 않다. 오히려 하나님은 이미 구원 공동체의 일원이 된 사람들에게 이 선물을 주신다. 그리고 그 선물은 부가적 선물(*donum superadditum*, "덧붙여지는 선물" 혹은 "두 번째 축복"이라고도 말할 수 있겠다)로 주어진다. 슈바이처의 입장은 특히 오순절 학자인 멘지즈의 글들에 의해 강화되고 있다. 멘지즈의 박사학위 논문이 최근에 『누가-행전에 초점을 맞추어 살펴본 초기 기독교 성령론의 발전』(*The Development of Early Christian Pneumatology with Special Reference to Luke-Acts*)이라는 제목으로 출판되었다.[26]

그러나 유대교에서의 "예언의 영"에 대한 슈바이처/멘지즈의 이해에 반대되는 강력한 논증들이 있다. 우선, 비록 앞뒤가 맞지 않는 것처럼 보이지만, **유대교는 권능의 기적들이 "예언의 영"에서 기인하는 것으로 보고 있는** 듯하다.[27] 즉 유대인들은 "예언의 영"을 "**오로지 '예언적' 현상에 대한 감동을 주는 성령**"으로만 생각하지 않았고, "성령이 전형적으로 '예언적' 현

---

26 (Sheffield: SAP, 1991). 이 논문은 뒤이어 좀 더 편리한 형태로 새로운 *Journal of Pentecostal Theology Studies* 시리즈 중 *Empowered For Witness*라는 제목으로 간행되었다(Sheffield: SAP, 1994).

27 M. Turner, "The Spirit and the Power of Jesus' Miracles in the Lucan Conception", *NovT* 33 (1991), 124-52 (특히 132-6). 더욱 자세하게는, *Power*, ch. 4을 보라.

상들과 연관되어 있지만 또한 여타의 경우에서는 '권능의 영'으로 계시되
었다'고 생각했다. 70인역과 좀 더 자유로운 성경 "번역본들"인 타르굼들
은 기적적인 권능을 의미하는 문맥에서, 즉 대적들을 이긴다거나(Tg. Jon.
삿 3:10; 참조. 6:34; 11:29; 13:25; 14:6, 19; 15:14) 선지자/예언자가 다른 장소
로 옮겨지는 곳에서(왕상 18:12; 왕하 2:16; 겔 2:2; 3:12, 14; 8:1; 11:1, 24 등) "성
령"이라는 단어를(심지어 후자의 경우에는 "예언의 영"이라는 말까지도) 보유하고
있다. 그리고 열왕기하 2:9-15에서 엘리사가 물을 가르는 그 권능은 구체
적으로 그에게 임한 "예언의 영"에 의한 것이라고 타르굼에 밝혀져 있다.
그 "역본들" 이외에서는 「바룩2서」(21:4; 23:5)[28]와 「에스라4서」(6:39-41)에
서, 또한 랍비들의 글 여러 곳에서 창조와 부활의 저자인 성령을 발견할
수 있다.[29] 그리고 더 지적할 수 있는 것으로는, 기적적인 행위들의 권능으
로서 성령은 팔레스타인 「성경고대사」(Biblical Antiquities, 27.9-10; 36.2), 요세
푸스의 헬레니즘 저작들(Antiquities 8.408) 및 무엇보다도 뒤에서 논의되고
있는 이사야 11:1-4에 대한 묵상에 근거한 "메시아" 전승들에 분명히 나
타난다는 점이다. 이러한 예들은 다른 여러 면에서 그의 대적들에 대한 메
시아의 "능력"의 원천인 성령이라는 사상을 취하고 있다.

또한 우리는 "예언의 영"인 성령이 그 어떠한 의미심장한 직접적인 윤
리적 영향력을 끼치는 것으로 예상되지 않았다는 슈바이처의 주장에 도전
해야 한다. 조사를 해보면, 그 반대가 진실에 더 가깝다는 점이 드러난다.
유대교의 다양한 분파들이 "예언의 영"을 그러한 중요한 혹은 변화를 일으
키는 계시와 윤리적 갱신을 일으키는 지혜를 제공해주는 것으로, 또한 이
러한 활동이 거의 불가피하게 하나님 앞에서 참으로 진정한 인간 실존이

28 "오 내 기도를 들으소서! 땅을 창조하신 주여, 말씀으로 궁창을 만드시고, 성령으로 하늘의
   높이를 고정시키신 분이시여…"(21:4); "지정된 수가 차지 않는 한, 어떠한 피조물도 다시 살
   지 못할 것이다. 이는 나의 영이 살아 있는 것을 창조하기 때문이다…"(23:5).
29 Power, ch. 4을 보라. 참조. m. Sot. 9.15; Gen. Rab. 96.5 (그러나 오직 후기의 한 사본에서만);
   Exod. Rab. 48.4; Cant. Rab. 1.1 §9과 Pesiq. R. 1.6. 그리고 또한 뒤의 제8장을 보라.

되는 데[30]—저자들이 "구원"이라는 말을 통해서 뜻하는 그런 장래의 상태를 위해서—사실상 본질적인 것으로 간주했던 것으로 드러난다.[31]

쿰란의 경우 이 점이 분명하다. 쿰란 공동체는 스스로를 종말론적 구원의 시작을 누리고 있는 공동체로 간주했다. 그 구원의 시작은 주로 성령의 역사로 돌려졌다. 다음의 주장들은 쿰란 찬송시들에서만 뽑은 것으로서, 그 점을 적절하게 보여주고 있다.

오 주님, 내가 당신을 찬양함은 당신이 당신의 권능과, 내가 넘어지지 않도록 나에게 부어주신 당신의 성령으로 나를 붙잡으셨음이니이다. 그리고 당신은 악한 자의 전투 앞에서 나에게 힘을 주셨습니다(1QH 7.6-7).

…당신이 확실한 진리로 나를 받쳐주셨나이다. 당신이 나를 당신의 성령으로 기쁘게 하시고 이날까지 [내 마음을 여셨나이다](1QH 9.32).

…오 나의 하나님, 당신이 내게 주신 성령에 의해서 내가 당신을 알며, 당신의 성령으로 말미암아 내가 당신의 놀라운 권고를 경청하나이다. 당신의 지혜의 신비 가운데서 당신은 나에게 지식을 개방해주셨으며, 당신의 자비 가운데서 [당신이 나를 위해서] 당신의 권능의 샘물을 [열어놓으셨나이다](1QH 12.11-13).

…그리고 내가 당신으로부터 오는 이해를 통해서, [재를] 향한 당신의 선의 가운

---

30 따라서 *Targum Pseudo-Jonathan*은 그 점을 일반화하기 위해서 창 6:3을 수정하기까지 한다. 그리하여 주께서 이렇게 말씀하신다. "내가 그들로 하여금 선행을 행하도록 그들 속에 나의 성령을 두지 않았던가?" 지혜 전통에서는 더욱 풍성하여, Philo은 그 첫 사람의 총체적인 성별과 순종 및 덕성을 그 사람 안에서 온전하게 흘러나오는 신적 성령의 맥락에서 설명할 수 있으며(*Creation*, 144), 모세와 70인의 장로들—그리고 다른 모든 지혜자—에게 임한 예언의 영을 의로운 모든 여정에서 이끌어가시는 성령으로서 그 특성을 말할 수 있었다(*Giants*, 55; 참조. 28-29, 47, 53). 이러한 예는 우연한 언급들이 아니라 그의 성령론의 핵심이다. 즉 신적 성령에 대한 경험은 하나님의 합리적이며 도덕적인 정신에의 참여이다. 또한, *Test. Simeon* 4.4; *Test. Benj.* 8.1-3; *Test. Levi* 2.3B7-8, 14 (manuscript E); *Joseph and Asenath* 4.11을 참조하라.

31 M. Turner, "The Spirit of Prophecy and the Ethical/Religious Life of the Christian Community", in M. Wilson (ed.), *Spirit and Renewal: Essays in Honour of J. Rodman Williams* (Sheffield: SAP, 1994), 166-90, 혹은 좀 더 충분하게는 *Power*, ch. 5을 보라.

데서 당신의 성령을 [나에게 쏟으셨고], 당신을 이해하도록 나를 가까이 이끄셨나이다(1QH 14.12b-13).

…그리고 주의 종인 나를 당신은 지식의 영으로 총애하셨나이다(1QH 14.25).

…굽혀 절하고 나의 범과들을 [다 고백하면서] 내가 [당신의 지식의] 영을 구할 것입니다. 당신의 [거룩]의 영에게 연합하여 내가 진리와 마음의 온전함 가운데서 당신을 [섬길 수 있도록] 그리고 내가 [당신의 이름을] 사랑할 수 있도록, 당신의 언약의 진리를 굳게 잡을 것입니다(1QH 16.6-7).

…그리고 당신은 당신의 긍휼의 영과 당신의 영광스러운 광채를 통해서 나에게 (당신의) 총애를 베푸시나이다(1QH 16.9).

…그리고 내가 압니다. 사람은 당신을 통하지 않고서는 의로울 수 없음을. 그러므로 당신이 [내게] 주신 성령으로 당신에게 탄원합니다. 당신의 종에게 [영원히] 당신의 [총애를] 온전하게 베푸시고, 성령으로 나를 정화시켜주시고, 당신의 풍성한 자비를 따라서 당신의 은혜로 나를 당신에게 가까이 이끄소서(1QH 16.11b-12).

…내 안에서 육체의 영을 씻겨내기 위해서…당신의 종…그의 마음에…당신이 당신의 성령을 뿌리셨나이다(1QH 17.25-26).[32]

여기서 "예언의 영", 즉 계시와 지식과 지혜를 주는 영은 진리와 하나님의 율법과 지식을 즐거워한다(9.32; 12.11-13). 그리고 하나님에게로 이끌어간다(14.12b-13). 그러나 그러한 비전과 이해로 말미암아 정화시켜주는 과정을 통해서 그리한다(16.11b-12). 계시하는 영은 그 자체가 구원하는 영이 되었다. 그 영은 회복된 공동체의 변화받은 "삶"과 의로움을 유지시켜주는 기반 자체이다. 이 새로운 종류의 실존은 성령이 주신 이해에 의해서

---

32 Menzies는 이 모든 것이 쿰란 증거의 후대의 것들에 속한다고, 따라서 기독교 운동의 출범 직후의 것이라고 주장한다. 그 점은 분명하지 않다. 어쨌든 이것들은 전체적으로 봐서 같은 시기에 나오며, 그 당시 유대인들이 "예언의 영"을 어떻게 구원론적으로 필수적인 것으로 생각할 수 있었는지를 보여준다.

일어난(참조. 4Q434), 에스겔의 새 창조의 맥락에서 비쳐진다([겔 36:26-27을 반영하는] 1QH 17.25-26; 4Q504.5과 1QS 4.20-23도 마찬가지다). 브렉(Breck)은 그 점을 다음과 같이 정리한다.

> 사해 공동체의 생각 가운데서…"성령", "주님의 영", "진리의 영"이라는 호칭은 토라에 대한 참된 이해를 드러내주며 신실한 자들로 하여금 다가올 임하심에 대한 준비로서 의로운 일들을 수행하도록 이끌어주는 신적인 성령(divine Spirit)을 대변한다.
>
> …그 신적 성령의 기능은…일반적으로 **계시적**이며 동시에 **구원론적**이라고 말할 수 있다.
>
> 성령은…그 성령이 하나님의 의지에 대한 정확한 해석과 의로운 수고의 형태로 그 의지에 대한 신자의 윤리적 반응을 감동시킨다는 점에서, 본질적으로 해석학적 기능이라 말할 수 있는 것을 행사한다.[33] (브렉 강조)

나는 본질적으로 동일한 견해가 에스겔 36장에 대한 후기 랍비 전통들 가운데서도 견지되고 있으며[34] 다른 곳에서도 유사한 입장이 견지되고 있다고 주장한다. 또한 메시아에게 임하는 성령에 대한 유대적 개념들 가운데서도 중요한 증거를 찾을 수 있다.

4. 메시아에게 임하는 성령

"예언의 영"의 특별한 사례는 **메시아에게 임하는 성령**의 경우였다. 유대교의 주요 흐름은 강력하게 성령을 받은 메시아를 기대했다. 그 성령은 (메시아의 역동적 의로움과 "야웨에 대한 경외"의 기반으로서 주님에 대한 독특한 지혜와 지

---

33   처음 두 개의 인용은 *Origins*, 161에서 왔으며, 세 번째 인용은 *Origins*, 163에서 왔다.

34   Turner, *Power*, ch. 10, §2.7을 보라.

식을 제공하는) 예언의 영인 **동시에** 권능의 영(즉 반대에 대항해서 해방의 통치를 행사하는 "강력"의 영)이다. 그 모델은 우선적으로 다윗이다. 특히 지혜와 지식과 강력의 영으로 부여받은 이사야 11:1-4의 "다윗과 같은" 인물이다. 타르굼은 이사야 11:1-2을 다음과 같이 옮기고 있다.

> [1] 이새의 **자손들**에게서 한 **왕**이 나올 것이다. **그 메시아**는 그의 **아들들의 아들로부터 나와 추앙을 받게** 될 것이다. [2] 그의 위에는 **그 예언의 영**, 지혜와 이해(총명)의 한 영, 지략과 강력의 한 영, 야웨에 대한 지식과 경외의 한 영이 임할 것이다.[35]

> (굵은 글씨는 타르굼 번역자가 히브리 본문에 덧붙인 부분이다)

「에녹1서」 49:2-3; 62:1-2(여기서는 그 영을 "의의 영"으로 묘사함으로써 메시아적 인물에게 성령이 부여하는 윤리적 차원이 강조되어 있다);「솔로몬의 시편」 (*Psalms of Solomon*) 17:37; 18:7; 1QSb 5.25; 4Q215 iv.4; 4QpIsa[a] 7-10 iii.15-20; 4QMess ar(=4Q536) 3 i.4-11;「타르굼 이사야」(*Targum Isaiah*) 11:1 등에서 여러 다양한 "메시아적" 초상을 제공하는 것이 바로 이사야의 언어를 강하게 반영하고 있는 이 조합이다.[36] 유대교의 메시아 소망의 좀 더 드문 흐름 역시 성령을 부여받는 인물들을 포함하고 있다. 말라기 4:5(Sir. 48.10)에 근거한 엘리야와 같은 예언자든지, 제사장적 메시아

---

35 이 독법에 대한 변호로는 C. A. Evans, "From Anointed Prophet to Anointed King: Probing Aspects of Jesus' Self-Understanding", in *Jesus and His Contemporaries* (Leiden: Brill, 1995), 437-56, 특히 449-50을 보라. (Chilton을 포함해서) 다른 사람들은 "예언의 영"의 자리에 "야웨 앞에서부터 온 한 영"이라 읽는다. 그러나 이렇게 읽는다 해도 우리의 주장에 자료상의 영향을 미치지는 않는다. "야웨 앞에서부터 오는 영"은 텍스트의 문맥상 (그 용어가 다른 곳에서 사용되고 있듯이) 지혜와 지식 등등을 제공하시는 성령을 "예언의 영"으로 확인하고 있기 때문이다.

36 쿰란 구절들에 대해서는, C. A. Evans, "Jesus and the Messianic Texts from Qumran: A Preliminary Assessment of the Recently Published Materials", in *Jesus*, 83-154을 보라.

이든지(이를테면 1QS 9.10-11; *T. Levi* 18), 신명기 18:15-1에 근거한 예언자와 유사한 모세라든지(이를테면 1QS 9.10-11), 이사야 42:1-2에 근거한 종인 전령이든지, 이사야 61:1-2에서 유래한 해방을 가져다주는 종-전사라든지(이를테면, 11QMelchizedek; 참조. 4Q521), 혹은 이러한 것들의 조합이 그 예이다. 각 경우에서 성령 부여의 특질은 약간씩 다른 뉘앙스를 지닐 수 있다. 그러나 지혜와 계시 그리고 어떤 종류의 권능의 행위들을 조합하고 있다.[37]

III. 결론

중간기 유대교 문헌에 나타나는 성령은 무엇보다 "예언의 영"이었다. 따라서 성령으로부터 기대되었던 가장 전형적인 은사들은 다양한 유형의 은사적 계시, 은사적 지혜, 그리고 급작스럽게 엄습해오는 은사적 발언이었다. 그러나 그렇다고 해서 예언의 영이 (4Q521에 있는 치유 및 죽은 자의 부활을 포함하는) 다른 종류의 권능의 행위들과 연결되는 것을 배제시킨 것은 아니었다. 또한 "예언의 영"은 단순히 거의 윤리적인 영향은 없는 부가적인 선물(*donum superadditum*)이 아니었다. 성령의 계시적이면서 지혜를 부여하는 역할들은 (많은 영역에서) 변혁적이기 때문에 잠재적으로 구원론적인 것으로 이해되었다. 여러 메시아적인 인물들 가운데서 예언의 영은 또한 급진적으로 윤리적인 방향을 지닌, 야웨에 대한 지식과 경외의 영 및 통치를 위한 지혜와 권능의 영이 될 것임이 예견되었다.

---

37 Turner, *Power*, ch. 4, §3, 및 ch. 5, §2.9과 §3을 보라.

2장

공관복음서 전통에 나타난 예수와 성령

예수의 요단강 경험[1] 가운데서 예수가 받은 성령의 선물의 성격은 20세기의 중요한 세 가지 논쟁에서 중심을 차지했다. (i) 궁켈(Gunkel) 시대 이래로 제기되었던 예수의 "종교"와 바울의 "종교"의 관계에 대한 확대된 논쟁(이것은 일종의 대립적 관계로 진술되었는데, 즉 예수는 성부와 그의 나라를 전파한 데 비해 바울은 성자를 전파했다는 것이다), (ii) 예수에게 주어진 성령이 과연 견신례에 대한 패러다임을 제공하는가의 여부에 대한 20세기 중반 초엽의 논란들, 그리고 (iii) 과연 예수의 요단강 경험이 권능을 부여해주는 "제2의" 은혜이자 장차 이루어질 그리스도인의 "성령 세례"의 패턴이었는가의 물음에 대한 고전적 오순절주의자들과 좀 더 전통적인 개신교 교파 사이의 유사한 논란.

20세기 신약성경의 성령론에 대한 가장 중요한 책들 중 하나를 쓴 제임스 던(James Dunn)은 자신의 책에서 그 논란들을 하나로 묶어 제시했다.[2] 던은 세 가지 방면으로 싸움을 벌였다. 그는 중생의 성령의 선물이 물세례 예식에 자동적으로 주어진다는 성례전주의의 주장을 반대했다. 그리고 오순절주의자들과 견신례주의자들에 반대해서는, 주어지는 선물이 회심-입

---

1   막 1:10, 11=마 3:16, 17=눅 3:21, 22.

2   J. D. G. Dunn, *Baptism in the Holy Spirit: A Re-examination of the New Testament Teaching on the Gift of the Spirit in Relation to Pentecostalism Today* (London: SCM, 1970).

회(conversion-initiation)를 넘어서서 (심지어 몇 년 후에) 주어지는 "두 번째 축복"(second blessing)이 절대 아니며, 언제나 회심-입회와 **밀접하게 연결해서**, 즉 물세례로 표현되는 회심적 회개라는 인간의 행위에 대한 하나님의 구원의 행위로서 주어진다고 주장했다. 이 성령의 선물(주어짐)은 신자들에게 용서에 대한 그리고 종말론적 새 창조와 아들됨에 대한 지식을 제공해준다. 성령을 받는다는 것은 그 계약금(downpayment, 착수금)이자 하나님 나라의 첫 열매를 받는 것이다. 던은 이것이 바로 예수의 요단강 경험이 의미하는 모든 것이라고 주장한다.[3] 그 성령은 예수에게 새 창조의 아들 됨과 하나님 나라에 대한 종말론적 성령으로서 내려왔다. 그 내려옴은 시대의 전환을 표시했다. 적어도 오직 홀로 성령의 새로운 경험에 돌입하셨던 예수에게는 옛 언약이 새 언약에 자리를 내어주었으며, 사탄이 통치하는 시대가 지나가고 있었고, 하나님 나라가 임했다. 그러나 이것은 그 제자들이 오직 **오순절 이후에만**, 즉 예수가 갈보리에서 자신의 죽음 가운데서 성령의 정화의 불길/하나님 나라를 자기 안에 받아들인 이후에야 들어갈 수 있었던 경험이었다.[4] 예수의 "종교"와 바울의 "종교"는 이렇게 뚜렷이 볼 수 있도록 투명하게 연결되어 있다. 예수의, 성령을 통한 하나님 경험은 새 언약의 삶(생명)과 아들됨에 대한 이후의 모든 그리스도인의 경험의 원형이며, 이 성령의 새 창조의 은사가 없이는 "구원"의 경험은 전혀 있을 수 없다.[5]

앞으로 살펴보겠지만, 바울에 대한 던의 분석은 대체로 설득력이 있다. 그러나 던은 복음서들의 경우에는, 특히 누가복음과 사도행전의 경우에 있어서는 그다지 성공적이지 못하다. 슈바이처의 분석에 기초해서 세워

---

3 요단강에서의 예수의 경험에 대한 Dunn의 진술을 보려면, *Baptism*, ch. 3을 보라.

4 Dunn, *Baptism*, ch. 4을 보라.

5 이 관점은 Dunn의 나중의 책 *Jesus and the Spirit* (London: SCM, 1975)에서 더욱 명시적으로 발전되었다.

나가면서, 로저 스트론스태드(Roger Stronstad),[6] 로버트 멘지즈 등은 던과는 반대로 누가복음에서 예수에게 임하시는 성령은 "예언의 영"이라고 주장한다. 멘지즈에 따르면, 누가는 자기 독자들이 예수의 요단강 경험을 제자들의 "성령 세례"에 대한 부활절 이후의 경험에 대한 패러다임을 제공하는 것으로 파악하라는 의도를 가졌다는 것이다. 모든 것을 고려해볼 때, "예언의 영"의 선물은 오로지 선교를 위해 힘을 주는 예언자적 권능 부여(prophetic empowering)라는 것이다. 그것은 (바울의 경우에서처럼) 아들됨과 새 언약의 삶의 기반으로서 중생과 연결되고 구원론상 필수적인 성령의 선물, 곧 사람들을 사르크스(*sarx*, 반역적인 인간 본성인 "육체")의 힘으로부터 구속해내는 권능이 아니다. 오히려 누가에게 성령은 **이미** 구원 공동체의 일원인 믿음의 사람들에게만 주어진다.[7] 성령은 개인이나 공동체의 윤리적인 갱신과는 거의 무관하며, 복음을 요단강에서부터 예루살렘으로, 그다음에 교회 시대에는 땅 끝까지 밀고 나가는 선교와 증거의 추진력으로서 임한다.[8] 이미 살펴보았듯, 슈바이처와 멘지즈의 경우, 치유와 귀신 축출이라는 수반되는 표적들까지도, 유대교에서의 "예언의 영"이라는 이 개념과 누가-행전에서의 그 짝이 되는 개념에서 배제되고 있다.

던과 멘지즈는 예수와 제자들에게 임한 성령의 선물의 성격에 대해 근본적으로 다른 상호 경쟁적인 가설들을 제공하고 있다. 이 장과 다음 장에서 이 두 입장의 두드러지는 약점들을 지적하고, 우리가 생각하는 유대교에서부터 누가-행전 및 바울에게로 이르는 발전들에 대한 좀 더 개연성

---

6   *The Charismatic Theology of Saint Luke* (Peabody: Hendrickson, 1984).

7   Menzies, *Development*, chs. 6-11; *Empowered*, chs. 6-11을 보라.

8   Hans von Baer의 개척자적인 학술 논문, *Der Heilige Geist in den Lukasschriften* (Stuttgart: Kohlhammer, 1926)은 성령에 대한 누가의 편집자적 관심을 구원사의 추진력으로, 특히 증거에 힘을 부여해주는 것으로 입증한 첫 작품이었다. 물론 von Baer는 이 "예언의 영"을, 그 이후에 Schweizer와 Menzies가 하듯이, 아들됨의 성령, 윤리적 갱신의 성령, 해방시키는 기적들을 수행하는 권능의 성령에 대립되는 것으로 이해하지 않았다. von Baer의 중요한 기여에 대해서는 제3장 이하를 보라.

있는 설명을 진행해보도록 하겠다. 지금 이 장에서는 공관복음서들이 예수에게 임한 성령을 어떻게 이해했는가 하는 물음을 제기하고, 지면이 허락하는 한도 내에서 주로 누가복음에 제한해서 논하도록 하겠다(누가복음은 마가 자료와 Q 자료를 가져다가 합치고 개작하며, 거기에 상당히 덧붙이고 있다).[9]

I. 복음서의 예수 탄생 서사에 나타난 성령(눅 1-2장)[10]

1. 기대하는 이스라엘 중에서 "예언의 영"으로 나타난 성령

(복음서들 중에서 오직) 누가복음만이 예수의 수태와 탄생, 아동기와 관련하여 여러 예언적 활동을 기록하고 있다. 누가복음 1:41-42과 1:67에서, 엘리사벳과 스가랴는 엄습해오는 예언적 발언 가운데서 예언의 영을 경험한다(여기서 그 엄습적인 성격에 대해 누가가 애용하는 어구는 성령에 "충만하여"이다). 그리고 그 결과 구원의 인식과 확신의 신탁들(oracles)이 주어진다. 시므온 역시 은사적인 계시(2:26 및 아마도 2:38의 안나의 경우도), 인도(2:27)

---

9   복음서들의 증거를 전체적으로 개관하지만 복음서 저자들의 구별된 관점들을 밝히려는 시도를 하지 않으면서도 예수와 성령에 대한 전반적인 그림을 제시하는 책으로는 G. F. Hawthrone, *The Presence and the Power* (Waco: Word, 1991)를 보라. "역사적 예수"와 성령에 대한 좀 더 비평적인 기술로는, C. K. Barrett, *The Holy Spirit and the Gospel Tradition*, (London: SPCK, 1966) 및 Dunn, *Jesus*, 11-92을 보라. 마태복음 안에서의 예수와 성령에 대해서는, (예를 들어) Montague, *Spirit*, ch. 24을 보라. 마가복음에서 같은 주제를 찾으려면, M. R. Mansfield, *"Spirit and Gospel" in Mark* (Peabody: Hendrickson, 1987); Montague, *Spirit*, ch. 20; J. E. Yates, The Spirit and the Kingdom (London: SPCK, 1963)을 보라. 주목할 만한 다른 최근의 작업으로는 다음이 있다. B. Charette, "'Speaking Against the Holy Spirit': The Correlation Between Messianic Task and National Fortunes in the Gospel of Matthew", *JPT* 3 (1993), 51-70; 같은 저자, "'Never Has Anything Like This Been Seen in Israel': The Spirit as Eschatological Sign in Matthew's Gospel", *JPT* 8 (1996), 31-51; C. S. Keener, *The Spirit in the Gospels and Acts: Divine Purity and Power* (Peabody: Hendrickson, 1997)가 있다.

10 누가복음의 탄생 내러티브 안에 나타난 성령에 대해 상세하게 다룬 글과 도서 목록을 보려면, Turner, *Power*, ch. 6을 보라.

및 예언적인 발설(2:29-35)을 받는다. 이것은 유대교에서의 예언의 영에 대한 그림과 아주 밀접하게 부합된다. 그래서 이곳에서 누가가 이스라엘의 "옛 언약" 시기에 대한 이상화된 모습을 그리고 있고, 그 시대가 예수와 교회의 시기로 이어지는 것으로 그리고 있다고 제시되며(폰 베어와 던), 또한 그 성령의 활약이 사도행전에 묘사되어 있는 성령의 활약과 매우 흡사한 점은 기독교를 유대교의 연속이자 성취로 확립하려는 누가의 의도에서 비롯된 것이라고 제시되기도 한다(M. A. 슈발리에[Chevallier]의 경우).[11] 멘지즈는 소위 종말까지 이스라엘로부터 성령이 거두어졌다는 광범위한 신념과 누가복음 1-2장에 나오는 성령의 활동들에 대한 강력한 기독론적 초점(성령을 경험하는 자는 이스라엘의 메시아적 구원을 기대하고 있는 사람들이다)에 호소하면서, 오히려 여기서 누가가 "옛 언약"의 이스라엘에 속한 시기 일반이 아니라 이스라엘에 대한 "예언의 영"의 종말론적 **회복**의 여명을 그리고 있다고 본다. 이 입장들 각각은 위의 사례들이 성령의 비상한 활동을 그리고 있다는 가정에 근거하여 다른 식으로 세워진다. 그러나 경우에 따라서 거룩한 사람들을 통해서,[12] 특히 성전과 관련하여 드러나는 그리고/혹은 중요한 해방자의 탄생에서 드러나는 "예언의 영"이라는 생각에 관해서는 거의 예외가 없다. 오히려 그러한 생각은 충분히 예상 가능한 것이었다. 새롭고 종말론적인 어조를 띠고 있는 것은 바로 이 장들 가운데서 (세례) 요한과 예수와 관련하여 성령에 대해 언급되고 있는 내용이다.

2. 세례 요한에게 임한 성령

하나님의 백성에게 회복되는 성령의 종말론적 성격은 예언자로서의 세례

---

11 M. A. Chevallier, "Luc et l'Esprit a la Memoire du P. Augustin George (1915-77)", *RSR* 56 (1982), 1-16을 보라.

12 심지어 랍비들조차도 때때로 예언의 영을 체험하는 경건한 개인들에 대해서 언급한다(*t. Pesaḥ* 2:15; *Lev. Rab.* 21:8; *j. Šeb.* 9:1 및 *j. Soṭa* 1:4 [그리고 평행구절들]을 보라).

요한에 대한 묘사 안에 있는 특유한 면모에 확실히 드러나 있다. 만일 세례 요한이 가장 큰 자라면(눅 7:26-28), 그 까닭은 그가 더 온전한 종말론적 방문 이전에 회개를 통하여 이스라엘 가운데 회복이 시작되게 만드는 대망의 "엘리야"의 역할을 성취하기 때문이다(눅 7:27; 말 3:1[참조. 말 4:5]).[13] 이 견해는 유년기 내러티브들뿐만 아니라 지극히 높으신 이의 예언자인 요한(1:76)과 지극히 높으신 이의 아들인 예수(1:32) 사이의, 급이 다른 평행 대구법 사이에 조심스럽게 새겨져 있다. 지극히 높으신 이의 아들은 약속된 구원을 실효화하기 위해서 오시는 분이다. 이뿐만 아니라 그러한 견해는 요한을 특정하게 "주의 백성을 예비시키기 위해 엘리야의 성령과 권능 가운데서 그 아들 앞에 올 자"(눅 1:17은 다시 말라기 전승을 강하게 반영한다)로 확인하는 대목에서도 나타난다.[14] 요한의 종말론적 지위 및 역할과 일치하게 요한에게 임하는 성령의 은사는 전례가 없는 것이다. 요한은 그의 어미의 모태에서조차도 "성령으로 충만"하다(1:15). 그러므로 요한은 자궁 안에서조차도 메시아직을 짊어진 자를 기쁨으로 알아보며(1:41, 44), 출생하면서 성령(혹은 인간의 "영"일 수도 있다) 안에서 성장하고 강하게 된다(1:80).

3. 메시아인 "하나님의 아들"의 수태와 성령

이스라엘 가운데서의 성령의 새로운 종말론적 성질은 특히 메시아의 수태에서 성령이 맡은 역할과 관련해서 확실하게 드러난다(1:32-35, 참조. 마

---

13   이 점은 Conzelmann에 의해 부인되고 있다. 하지만 J. A. Fitzmyer, *Luke the Theologian* (London: Chapman, 1989), 86-116을 보라.

14   유대교에서 "성령과 엘리야의 권능"을 이어서 병기한 방식은(아마도 누가 이전에 해당할 것이다) 통상적으로는 기적을 행하는 예언자를 시사하는 것이겠지만, 누가의 편집 가운데서는 오히려 세례 요한이 강력하게 설교한다는 점을 의미한다. 눅 7:21-23에 따르면, 기적들이 예수와 세례 요한을 구별시켜주며, 세례 요한의 제자들에게 예수가 진실로 그 "오실 분"임을 자신들의 스승에게 전해줄 증거로 제공되고 있다.

1:18). 마리아에게서 태어난 아이는 "지극히 높으신 이의 아들"로 추앙되며, 다윗의 종말론적 보좌가 주어진다(1:32-33). 이는 그가 보통의 정상적인 결혼 관계 가운데서 태어날 아이가 아니기 때문이다(1:35). 피츠마이어(Fitzmyer)가 인정하듯이, 나이 든 부모에게서 세례 요한이 수태하게 되는, 1:5-25에 나오는 거의 기적에 가까운 사건에 이어지는 그 내러티브의 점층법적인 병렬은 이 수태가 성령의 창조 활동에 의해 일어난 예수의 **동정녀(처녀) 수태**임을 의미한다.[15] 천사가 맡아 전해주는 말씀은("지극히 높으신 이의" 새 창조의 "권능"으로 인식되는[참조. 1:35b]), 성령의 활동을 통해 태어나는 그 아이가 "거룩한 이, 하나님의 아들"이 될 것임을 말할 것이다. 이 전승과 관련해서 우리는 여섯 가지 관련 사항을 지적할 수 있다.

(1) 이 대목은 분명하게 예수를 이사야 11:1-4의 유대교적 발전에서 만나게 되었던 것과 똑같은 종류의 다윗적인 메시아적 소망들의 성취로서 제시하고 있다. "하나님의 아들"이라는 명칭은 시편 2:7과 사무엘하 7:11-14의 메시아적 용례를 취하고 있다(참조. 4QFlorilegium i.10-12). 후자의 경우 이 명칭은 특히 다윗 가문 출신의 대망의 통치자를 가리킨다. 그리고 아주 충격적이게도 "큰 자"가 될 것이며, "하나님의 아들"이자 "지극히 높으신 이의 아들"로 환호받을 자로 기대되는 그 왕의 후계자는, 4Q246에 따르면 타르굼 이사야 11장에 대한 중요한 암시들을 지니고 있는 한 대목에서 "영구한 나라"를 받아 마땅한 분이다.[16] "다윗의 집"으로부터 한 "처녀"(parthenos)가 출산할 것에 대한 하늘로부터의 고지(눅 1:27)는 사실상 이사야 7:14에 나오는 임마누엘 예언의 말을 풀이하는 형태로

---

15 Fitzmyer, *Luke*, 338. 그는 1:35에 동정녀 수태에 대한 어떠한 실제적인 함의도 있을 수 없다고 부인했던 이전의 입장을 철회한다(참조. "The Virginal Conception of Jesus in the New Testament", *TS* 34 [1973], 541-75).

16 C. A. Evans, *Jesus*, ch. 3, 특히 107-11을 보라.

주어져 있으며, 1:32-35에 나오는 그 "아들됨"이 갖는 근본적으로 다윗적인/메시아적인 의의를 확증해줄 뿐이다.

(2) 누가복음 1:35에서 성령은 나중에 마리아가 그녀의 찬가를 발하게 해주는 "예언의 영"과 똑같은 성령으로 이해될 수 있을 것이지만, 여기에서 멘지즈까지도 인정하듯, 그 성령은 우선적으로 **새 창조의 기적을 행하시는 권능이다.**[17]

(3) 문제의 "새 창조"의 특정한 형태는 본질적으로 이스라엘의 회복과 연결되어 있는 것으로 제시되어 있다. 이 점은 1:35에 있는 구약성경 구절들에 대한 암시에 나타나 있다. "지극히 높으신 이로부터" 마리아에게 "임한" 성령에 대한 언급은 (70인역) 이사야 32:15(이스라엘의 "새 출애굽"에 대한 대목[32:15-20]의 시작)을 명확히 암시하고 있는 것으로 확인된다. 그리고 하나님의 권능이 마리아를 "덮을 것"(*episkiazein*)이라는 누가의 진술은 (70인역) 출애굽기 40:35과 하나님의 임재의 구름(참조. 눅 9:34)에 대한 암시임이 거의 확실하게 확인되었다. 이 구름은 하나님의 영광을 이스라엘의 진영 안으로 인도해 들이고, 이스라엘이 광야를 통과하여 약속의 땅에 이르도록 인도해주었다. 정리하자면, 메시아적인 "하나님의 아들"과 관련한 성령의 창조의 활동은 그 하나님의 아들이 이스라엘의 회복의 원천을 구현하고 그 원천이 될 것임을 확인해준다.

(4) 여기 누가의 작품의 첫 부분에서 성령은 의심할 바 없이 심원한 윤리적인 방향도 지니고 있다. 성령의 행동 **때문에**, 태어나게 될 자는 "'거룩한 이'라고 불리게 될 것이다"(1:35b). 이미 지적했듯이, 이것은 이사야 11:1-4로부터 성립한 소망들과 일치한다. 그 본문에서

---

17 유대교가 성령을 권능 및 창조의 역사와 연결시킬 수 없었다는 근거 위에서 1:35의 진위성에 대해 논쟁할 필요가 전혀 없다. 이 견해는 간단히 말해서 부정확한 견해임을 살펴보았다. 성령은 겔 37:9-10, 14; *2 Bar.* 23:5; *m. Soṭa* 9.15; *Pesiq. R.* 1.6과 *Cant. Rab.* 1.1 §9에서 새 창조/부활의 권능과도 연결되어 있다.

성령의 메시아는 성령이 부여하신 지혜와 지식과 야웨에 대한 경외함에 근거해 있는 근본적인 의를 드러낸다.

(5) 드 종(H. J. de Jonge)이 보여주었듯이, 성령에 의한 수태의 결과가 누가복음 2:41-51에서 특별한 **지혜** 및 **"아버지"**로서의 하나님에 대한 **지식**의 맥락에서 묘사되어 있다. 이 점은 이사야 11장의 소망들을 발전시킨 무리들 가운데서 다윗 계열의 메시아에 대해 기대되었던 점일 것이다.[18] 이미 예수는 이스라엘의 지도자들을 깜짝 놀라게 하는 지혜를 보여주고 있으며, 그의 육신의 부모에 대한 의무를 뛰어넘는 그의 하늘 아버지에 대한 의무(2:49)와 독특한 신적인 "아들됨"을 알고 계신다(여기의 *ho patēr mou*["나의 아버지"]를 10:22; 22:29; 24:49에 나오는 동일한 표현과 비교해보라). 누가는 2:50에서 마리아와 요셉이 예수가 한 말씀의 중요성을 이해하지 못했다는 점을 편집자로서 지적함으로써, 이 하나님의 아들됨의 깊이를 강조한다.

(6) 이상의 사실들은 제임스 던의 견해와는 정반대의 견해를 보여준다. 이상의 사실들에 비추어볼 때, 예수가 "새 언약"의 실존과 종말론적인 "아들됨"이라는 말로 제임스 던이 의미하는 바를 성령을 받은 후나 또는 수세 후에야 비로소 처음으로 경험하기 시작했다고 주장한다는 것은 거의 불가능하다. 만일 성령에 대한 세례 요한의 경험자체가 일종의 종말론적인 새로움이었다면, 예수의 경험은 그 새로움을 능가한다. 게르트 슈나이더(Gerd Schneider)가 말하듯, "예수는 요한처럼 단지 성령으로 충만한 정도가 아니라 오히려 예수의 **존재**자체가 성령에 기인한다."[19]

---

18 H. J. de Jonge, "Sonship, Wisdom, Infancy: Luke II. 41-51a", *NTS* 24 (1977-78), 317-54.

19 *Lukas*, 53. 참조. G. Schneider, "Jesu Geistgewirkte Empfängnis (Lk 1, 34f)", *Theologisch-Praktische Quartalschrift*, 119 (1971), 105-16.

II. 세례 요한의 약속: 막 1:8//마 3:11 = 눅 3:16[20]

세례 요한은 자신의 세례 주는 활동을 "성령과 불로 너희에게 세례를 주실" 오실 그분의 세례 주는 활동과 대조한다(더 이전의 Q 버전이 그러하듯이; 마가는 "불"을 생략하고 있다). 문제의 "너희"는 (단지 의인만이 아니라) 모든 이스라엘이다. 구문론상으로 "성령과 불"은 아마도 헨디아디스(hendiadys, 두 단어를 병치시킴으로써 하나의 의미를 표현하는 그리스어 표기 방식—옮긴이)일 것이다 (즉 성령과 불로 구성되는 단 한 차례의 세례이지, 의인들에게는 성령 세례, 악인들에게는 불 세례가 아니다).

세례 요한이 원래는 오직 불 세례의 형태로 올 심판만을 약속했을 것인지(불트만), 아니면 "바람과 불"의 형태로 임할 심판을 약속했을 것인지(베스트[Best]의 경우)에 대한 사변[21]은 불필요할 뿐 아니라 검증 불가능하다. 상당수의 학자들이 어떤 종류의 "성령-과-불"의 종말론적 쇄도(eschatological deluge)라는 개념은 묵시문학 계열의 유대교 안에서 충분히 이해할 수 있다고 상당히 정확하게 주장했다. 예를 들어, 악인을 파멸시키고 의인을 정화시키는 종말론적인 불 흐름이나 불의 넘침 혹은 불의 홍수(노아의 홍수에 상응하는 불의 홍수; 참조. 단 7:10; 1QH 3.20-36; *1 Enoch* 67:13; *4 Ezra* 13:10-11)가 등장하는 것을 볼 수 있다(참조. *T. Isaac* 5:21-25; *T. Abr.* 13). 또한 성령을 깨끗이 정화시키는 "불" 심판과 연결시키는 것도 전통적이다. 특히 이사야 4:4과 1QS 4:21-22을 참조하라.[22]

그러나 여기에는 때로 너무 가볍게 넘겨버리는 문제점들도 있다. 우선

---

20 세례 요한의 약속의 전승사와 의미에 대한 상세한 논의에 대해서는 Turner, *Power*, ch. 7을 보라.

21 E. Best, "Spirit-Baptism", *NovT* 4 (1960), 236-43: Best는 Q를 따라 나오는 타작의 이미지로부터, 그리고 세례 요한이 틀림없이 사용했을 히브리어/아람어 루아흐가 "바람"과 "영" 둘 다를 뜻할 수 있다는 관찰로부터 실마리를 찾는다. 그렇지만 누가 "바람"으로 "세례를 주는가?"

22 이러한 점들은 Dunn이 유능하게 지적했다. J. D. G. Dunn, "Spirit and Fire Baptism", *NovT* 14 (1972), 81-92.

묵시문학서들이 정확히 "성령-과-불"의 홍수에 대해 말하지는 않는다. 둘째, 유대교에서 신적인 영의 홍수는 메시아가 아니라 하나님으로부터 나올 것이라고 기대될 뿐이다(물론 *4 Ezra* 13:8-11은 아마도 메시아로부터 나오는 불꽃과 불을 내뿜는 숨의 흐름을 기대하는 것에 가깝다고 볼 수 있을 것이다). 사실 이것이, 나와 있는 그대로의 세례 요한의 약속의 진정성(authenticity)에 대한 주요 반론이다. 다시 말해서 **하나님**의 영을 부어주는 어떠한 **인간** 행위자에 대한 약속이란 생각할 수조차 없다는 것이다(*T. Jud.* 24:2-3은 정확히 그리스도인의 삽입으로 의심받고 있다). 그 이유는 제11장에서 자세히 설명될 것이다.

그러나 그러한 고찰은 세례 요한의 약속에 대한 오해일 것이다. 세례 요한은 메시아가 이스라엘을 성령으로 "푹 잠기게 한다"고 말하지 않는다(또한 메시아가 성령을 "수여한다"고도 말하지 않는다). 그리스어 동사 밥티제인(*baptizein*, "세례를 주다")은 때때로 은유적으로 "홍수에 잠기다" 혹은 "압도되다"라는 뜻으로 사용될 수도 있지만, 거의 확실하게 세례 요한이 사용했을 아람어는 타발(*tabal*)일 것이며, 그 용어는 그와 비슷한 의미로 사용되지 않았다. 그 용어는 간단히 "잠그다" 혹은 "목욕하다", (물에 담금으로써) "씻는다"는 뜻을 의미했다. 이 뜻 가운데서 마지막 것이 세례 요한의 의미에 대한 열쇠를 제공할 것이라고 본다. 즉 세례 요한은 회개와 용서를 통해서 이스라엘을 씻겨주는 자신의 물 의식을, 장차 임할 하나님의 통치의 대리자가 시행할 더 강력한 세례(즉 이스라엘을 씻기는 일[과 숙청하는 일])와 대조한다. 이 경우 우리는 세례 요한이 이사야 11:1-4을(그리고 *1 Enoch* 49:2-3; 62:1-2; *Pss. Sol.* 17:32; 18:7; 1QSb 5.24-25; 4Q215 iv. 4; 4QpIsa^a Fragments 7-10 iii. 15-29 등에서와 마찬가지로 사 9:2-7을) 강력하게 성취하는 메시아적 인물에 대한 전통적인 기대를 넘어섰다고 가정할 필요가 전혀 없다. 심판과 구원 둘 다 시행하면서 그와 같이 결정적 권위가 있는, 성령에 고취된 계명, 불타는 의로움, 극적인 권능의 행위들로 다스릴 인물의 당도는 그 자체로 성령-과-불로 그가 이스라엘을 정화시키신다는 은유를 제시하기에 충분

할 것이다(참조. *Targ. Isa.* 4:4. 여기서 "심판의 성령"과 "불의 성령"은 각각 메시아가 가지고 있는 강력한 심판권과 박멸권이 된다). 이 견해에 대한 지지는 3:17의 근접 문맥에서 찾을 수 있다. 세례 요한의 시각에서 볼 때, 오실 그분의 과업은 (대개 주장되고 있듯이) 이스라엘에서 쭉정이와 알곡을 가려내는 것도 아니며, 그의 손에 들려 있는 도구가 타작하는 도리깨도 아니다. 세례 요한은 그가 이미 자신의 설교와 세례 사역을 통해서 가르는 과정을 성취했다고 이해했다. 그의 관점에서 볼 때, 남은 일은 장차 오실 이가 "타작 마당을 정하게 하사"(17b절), 이미 분류되어 있는 알곡과 가라지를 처치하는 것이다. 그래서 그 일에 맞게 오실 그분은 손에 키(*ptuon*, 여기서 한글로 "키"로 번역된 영어 단어는 spade이며, 이 단어는 "쇠스랑"에 해당한다―옮긴이)를 들고 오신다.[23] 간단히 말해서 3:16-17의 두 부분은 동일한 메시지를 전달한다. 즉 오실 그분이 성령의 맹렬한 불의 권능으로 이스라엘을 정화/회복시킬 것이라는 것이다.

성령과 불로 씻음/정화의 이미지는 복음서 저자들에 의해 (i) 예수의 사역 가운데서의 성령에게, (ii) 성령에 대한 예수의 주재권 가운데서 교회를 통한 예수의 사역의 지속에, (iii) 심판과 재창조라는 최종적인 행위에 적용될 수 있었음이 분명하다. 그 행위를 어느 한 사람에게 **독점적으로** 적용해야 할 것이 요구되지 않았다. 마가가 예수 수세 시의 성령 수납과 강력한 사역을 세례 요한의 약속에 대한 성취로 보았다는 예이츠(Yates)의 생각은 아마도 옳을 것이다.[24] 그러나 예수가 성령을 받으신 일을 오직 그 점에만 제한시킨 것은 잘못이다. 이는 마가에게 있어 그리스도에 대한 계시와 하나님의 통치의 나타남의 극적인 새 국면은 부활 사건들 가운데서 출발하기 때문이다. 주석가들은 누가가 오순절에서 세례 요한이 한 약속의

---

23   오실 자의 도구는 쇠스랑(spade)이며, 그가 타작 마당을 청결하게 쓸어버리기 위해서 오신다는 견해에 대해서는, R. L. Webb, "The Activity of John the Baptist's Expected Figure at the Threshing Floor (Matthew 3.12 = Luke 3.17)", *JSNT* 43 (1991), 103-11을 보라.

24   Yates, *Spirit*.

성취를 보았다고 올바르게 제시하고 있지만, 그것을 마치 누가가 (이스라엘을 변혁시키며 회복시키는 정화와 땅 위에 "불"을 던지는 일[12:49]을 위하여 성령에 의해 힘을 받아서 이루어진) 예수의 메시아적 사역이 이미 세례 요한의 말을 성취하기 **시작했다고** 생각했음을 부인하는 것처럼 이 사실에만 제한시키는 것은 잘못된 것이다.

III. 광야에서 성령이 임하다

복음서들은 세례 요한을 **광야**에서 주의 길을 예비하며, 이사야 40:3의 맥락에서 이 장소를 설명하고 있는 자로 묘사한다(막 1:3과 평행구절들). 이것은 이사야서의 새 출애굽 신학에 근거를 둔 사상들의 반복되는 중간기 패턴을 환기시키려는 것이었다. 그것은 소망에 해당했다. 곧 하나님이 (이스라엘을 구현하며 "다윗의" 그리고 "모세의"[참조. 사 42:1-7] 특징들을 지니고 있는 성령의 권능을 받는 종을 통해서[사 61:1-2]) 이스라엘의 대적들(그 당시 부분적으로 우상숭배와 이스라엘의 소경됨 배후에 자리 잡고 있는 영적인 세력들로 확인된 대적들)을 멸하시고 이스라엘을 변화된 광야를 통과하여 그 종이 통치하게 될 회복된 시온으로 인도하는 "그 길"을 따라 양 떼를 치며 이끌어가실 것이라는 소망이다. 이 "기쁜 소식"을 이스라엘에게 알려주는 일은 이스라엘의 "위로"가 될 것이며 이스라엘에게 "구원"의 기쁨을 제공해줄 것이다. 이 패턴은 유대교에 광범위하게 반영되어 있다(참조. 1QS 8.12b-16a; 9.17-20; 4Q176; Sir. 48:24-25; T. Moses 10:1-8; Pss. Sol. 11 등). 그리고 이 패턴은 마가복음과 Q 문서에 있는 성령에 대한 전승들 전체에 엮여 있으며, 누가복음에서 확대되어 있다.[25]

---

25 마가가 이 주제를 자신의 복음서의 지배적 **이데올로기**로 삼아 작업하고 있다는 주장, 즉 그 공동체가 그 자신을 (유대교에 대항하는) "참 이스라엘"로 이해하면서 이스라엘의 토대를 놓

1. 예수가 성령을 "받다": 막 1:10-11=마 3:16-17=눅 3:21-22[26]

제임스 던은 복음서 저자들에게 있어 예수가 물에서 나온 이후에야 성령을 받는다는 점을 올바르게 관찰하고 있다(그리고 누가복음에서는 예수가 기도하고 있는 동안에 성령을 받는다). 그러므로 예수의 세례는 첫 기독교 "성례"(the first Christian "sacrament")가 아니었다.[27] 엄밀하게 말해서, 공관복음서들은 예수가 성령을 객관적으로 "받으신 일"을 실제로 기록하지 않고, 성령의 내려옴을 포함하고 있는 **환상**(vision)을 기록하고 있다. 마태복음과 누가복음에서 "하늘(들)이 열렸다"는 구절은 환상 체험의 시작을 지적하기 위한 표준 형식이다. (참조. 사도행전 7:56; 10:11 등["하늘이 **갈라짐**"이라는 마가의 다른 단어 사용은 단순히 사 64:1의 언어를 사용함으로써 이사야의 새 출애굽 신학과의 연결점들을 강조한다]). 그러한 환상들의 구조 안에서, 보이는 것과 들리는 것은 서로를 해석해준다. 이런 식으로 봤을 때, 환상의 핵심은 **그 시간부터 성령이 메시아적 과업을 행하게끔 해주는 권능으로서 예수와 함께하실 것이라는 것이다.** 이 과업의 다윗적 측면은 예수를 "너는 내…아들이라"(막 1:11b과 평행구절들)고 언급하고 있는 목소리 가운데에서 시편 2:7을 사용하고 있다는 점에 시사되어 있다. 그러나 아마도 초점은 종이자 전령(Servant-Herald)으로서 앞으로 맡게 될 예수의 역할에 더 맞춰져 있을 것이다. 이 역할은 예수를 향한 말씀의 두 번째 부분에 있는 이사야 42:1-2에 대한 암시에 어렴풋이 예시되어 있다("내 사랑하는 아들이라, 내가 너를 기뻐

고, (다시 토대를 놓는) 순간들 가운데서 그 기원들을 열거하는 상징 세계에 대한 이해로 삼고 있다는 주장에 대해서는 R. E. Watts, "The Influence of the Isaianic New Exodus on the Gospel of Mark", 미출간 박사학위 논문, Cambridge, 1990을 보라. 누가복음 안에서의 이 주제의 특별한 중요성에 대해서는 M. L. Strauss, *The Davidic Messiah in Luke-Acts : The Promise and its Fulfillment in Lukan Christology* (Sheffield: SAP, 1995), 285-97과 Turner, *Power*, ch. 9, §4을 보라.

26 좀 더 충분히는 Turner, *Power*, ch. 8. §1을 보라.

27 Dunn, *Baptism*, ch. 3.

하노라" 막 1:11c과 평행구절들: 참조. 사 53:7과 61:1-2). 이 "종-전령"의 역할은 아마도 비둘기 주제에 의해서도 강조되는 듯하다. 성령이 한 마리의 비둘기처럼 내려오는 것을 본다는 것은 아마도 전령으로 혹은 믿을 만한 메신저로서(참조. b. Git 45a; b. Sanh. 95a), 그리고 좋은 소식을 가지고 오는 자로서(참조. 창 8:11)의 비둘기에 대한 상징을 환기시킬 것이며, 또한 예수에게 임한 성령을 메시아에 관한 "좋은 소식"을 선포하는 권능으로 해석해준다.

이 환상 체험을 단순히 이미 예수에게 임한 성령의 절박한 중요성을 그에게 알려주는 것으로 이해하는 것도 가능할 것이다. 즉 예수가 기적의 수태에서 받은 그 성령이 그를 통해 메시아로서의 과업을 감당하도록 바야흐로 권능을 주려는 것으로 보는 것이다. 예수가 성령이 자기에게 내려옴을 "본다"는 사실이 하늘로부터 "진짜" 두 번째로 내려옴을 함축한다고 볼 필요는 없다. 하늘로부터 보자기에 싸인 부정한 짐승들이 내려오는 것을 본 베드로의 환상(행 10:11)이, 그가 죽여서 먹도록 진짜 짐승들이 땅바닥에 내려졌음을 의미하지 않듯이 말이다. 우리는 환상을 환상으로 취급해야 한다. 그러나 예수의 요단강 체험이 예수 안에서와 예수를 통해서 이루어지는 성령의 활동들의 어떤 극적인 새로운 연쇄적 사건의 출발과 일치한다는 사실이 각 복음서에 나타나고 있다. 마가 전통과 Q 전승은 둘 다 예수가 즉시 성령에 의해 재촉을 받아 혹은 "이끌려" 광야에서 사탄과 겨루도록 보냄을 받았음을 기록하고 있다. 광야에서 겨루었던 사탄과의 이 싸움은 앞으로 있을 사역의 열쇠였다(뒤를 보라).

제임스 던은 (뷔히젤[Buechsel]과 폰 베어 이래로 이루어진 긴 주해 전통에 따라) 여기서의 그 "선물"(gift, 주어진 것)을 종말론적 아들됨 가운데서 성령을 체험하는 예수의 **패러다임적인** 체험(*paradigmatic* experience of the Spirit), 새 시대 "생명", 하나님 나라의 생명 등의 맥락에서 주로 설명하고, 단지 부차적으로만 권능 부여(empowering)로 설명하고자 시도한다. 그러나 앞에서 간략히 제시한 종류의 메시아적 소망들을 지닌 사람은 누구나 즉시 이 내러티브가 메시아에게 권능을 부여하는 일에만 관련되지는 않지만 우선적으로 그 일과 관련되어 있음을 인식할 것이다. 특히 누가에게 있어서, 예수는 이미 신자들이 열망하게 될 자녀됨보다 더 깊이 하나님의 아들됨을 체험했음이 명백하다(참조. 1:35; 2:41-52). 누가에게 있어 요단강에서 예수가 성령을 "받음"으로써 덧붙여진 아들됨 그 이상의 어떠한 차원은 일반적인 패러다임적 성격보다는 좀 더 특정하게 메시아적 성격을 띤 것이다.[28]

2. 성령과 광야에서의 사탄의 패배: 막 1:12-13//마 4:1-11=눅 4:1-13, 14[29]

광야에서 예수에게 임한 성령은 그를 광야로 더 깊이 인도하여 사탄과의 시험으로 이끈다. 그러나 마가복음이나 마태복음에는 그 대결 자체에서의 성령의 역할에 대해서는 아무 언급이 없다. 그러나 누가복음에 있는 편집상의 변화는(4:1a) 그 강조점이 "성령의 충만함을 입은" 자가 (하나님에 의해서) **광야 시험 가운데로 인도되고 있다는 점과 그가** (참조. "성령 가운데") **메시아로서의 권능을 부여받는다는 사실을** 드러내는 방식으로 이끌림을 받는다는 점을 확실하게 드러낸다. 그 마지막 "시험들"은 광야에서의 이스라엘을 반영한다. 그러나 그 광야에서 이스라엘은 "반역하여 주의 성령을 근심하게 하였지만"(사 63:10), 이스라엘의 새 대표자는 계속해서 신실하고 그 시험하는 자를 이긴다. 누가는 이렇게 이기게 된 이유가 성령이 예수에게 새로운 깊이의 은사인 지혜와 통찰력을 제공하기 때문인지의 여부는 명시하지 않는다. 이 지혜와 통찰력은 대망하는 메시아의 가공할 의로움의 기반이다(1 Enoch 49:2-3; Pss. Sol. 17:37; 18:7; 1QSb 5.25; Tg. Isa. 11:1-2 등). 그러나 그러한 점은 아마도 추론 가능할 것이다. 그렇지 않다면, 이 시험 기간에 그가 "성령에"(in the Spirit, 성령 가운데서) 인도함을 받았다는 이 편집상의

---

28 M. Turner, "Jesus and the Spirit in Lucan Perspective", *TynB* 32 (1981), 3-42을 보라.

29 더 충분히 다룬 내용과 참고 도서로, Turner, *Power*, ch. 8, §§2-3을 보라.

진술이 마땅히 달리 어떤 점을 가리킬 수 있겠는가?[30]

그런 다음에 예수가 "성령의 능력으로"(in the power of the Spirit. 성령의 권능 가운데서) 갈릴리로 복귀했다는 누가복음 4:14에 있는 편집자의 언급은 예수에게 선물로 주어진 성령의 "권능"을 부각시킬 뿐 아니라 또한 사탄과의 성공적인 대결이 "마귀에게 눌린 모든 사람을 고치셨다"는 예수의 후일의 성공의 뿌리임을 가리킨다(행 10:38; 참조. 눅 11:21, 22). 이렇게 볼 때 전체 단락(눅 4:1-14)은 하나님의 메시아인 아들 안에서의 이스라엘의 새 출애굽의 시작과, 이스라엘의 해방을 성취할(뒤를 보라) 종-전사(Servant-Warrior)로서 사로잡힌 자에 대한 예수의 승리를 통해 이루어지는 "흐름의 전환"을 말하는 것으로 보인다.

IV. 예수의 사역 가운데 나타난 성령

1. 성령의 메시아와 귀신 축출 및 성령 모독

마태복음 12:28(=Q: "그러나 내가 하나님의 성령을 힘입어 귀신을 쫓아내는 것이면 하나님의 나라가 이미 너희에게 임하였느니라")은 명시적으로 예수의 귀신 축출은 그가 성령으로 힘을 입은 덕분이며, 그 예들은 하나님의 통치가 뚫고 들어온 것을 명백히 드러낸다고 결론을 내린다. 우리가 손에 넣을 수 있는 어떠한 유대 자료도 축귀를 성령과 직접 연결시키거나 축귀 현상을 하나님 나라의 도래에 대한 증거로 드러내놓고 해석하지 않기 때문에, 이 점은 놀랍다. 예수가 성령의 권능을 힘입어서 귀신을 쫓아낸다는 이 동일한 전제가 성령 훼방죄에 대한 마가 전승의 경고 안에 들어 있다(막 3:28-30 // 마 12:31-3). 이것은 바로 선행되는 말씀과 더불어서(강한 자에 대한 결박의 비유:

---

30 확인을 위해서는 Turner, *Power*, ch. 8, §2을 보라.

막 3:27 // 마 12:29) 생각의 연결점에 실마리를 제공해줄 수 있다.

"성령 모독 / 훼방" 죄목에 대한 가장 분명한 구약적 배경은 이사야 63:10이다. 거기에는 광야 세대의 비뚤어지고 눈이 먼 반역이 "그의 성령을 근심하게 했으며" 하나님을 그들의 대적으로 바꾸어놓았다는 고발이 들어 있다. 마찬가지로, 강한 자에 대한 결박의 비유에 가장 가까운 구약의 병행 대목은 이사야 49:24-26로 널리 인정되고 있다. 그 구절은 전사이신 야웨가 군사들로부터 포로가 되어 있던 자들을 탈환하시며 힘센 자를 노략하여, 즉 이스라엘을 놓이게 하여 온 인류가 야웨가 이스라엘의 구원자이심을 알게 하실 것이라는 새 출애굽 주제를 담고 있다. 중간기에—그로부터의 구출이 기대되는—이 "대적들"은 특히 벨리알의 권세들로 이해되었으며, 메시아는 그 새 출애굽의 해방을 가져오는 하나님의 일꾼으로 간주되었다. 예를 들어, 「단의 유언」(Testament of Dan) 5:10-13[31]과 11QMelchizedek이 그렇다. 그러므로 새 출애굽의 소망들은 어째서 (이미 전통적으로 성령에 의해서 이스라엘을 그 원수들로부터 구출해내도록 힘을 받는 자로 간주되고 있었던) 그 메시아가 귀신을 쫓아내는 일과 연결되어야 하는지, 그리고 다시 이 소망들이 하나님의 통치의 도래와 연결되어야 하는지에 대한 개연성 있는 배경을 제공해준다. 또한 그러한 구속의 행위들을 **하나님의** 역사(God's work)로 인정하기를 거절하는 반역적인 태도를 "성령에 대한 모독 / 훼방"으로 명명하는 배경도 제공해준다.[32]

누가복음 11:20은 마태복음 12:28에 표현되어 있는 Q 어록을, 축귀가

---

31 참조. 또한 *Testament of Zebulon* 9:8 및 *Testament of Levi* 18:12.

32 누가는 성령을 훼방하는 모독죄의 말씀을 다른 정황으로 전환시켰다(12:10-12). 문제의 "모독죄"는 아마도 성령의 권능으로 설파되는 복음에 대한 완강한 반대 가운데서 하나님의 구속적인 주도권에 반대하는 완고하며 반항적인 불신앙을 의미하는 것일 것이다(Fitzmyer의 견해도 그렇다). 이 주제는 사도행전을 지배하고 있는 주제이다. "성령 훼방 / 모독죄"가 시련과 시험이 오는 상황 가운데서 그리스도인이 성령에 의해 재촉을 받는 예수에 대한 고백을 하지 못하고 실패하는 것을 가리킨다는 다른 제안(Schweizer, George, Menzies 등)은 누가복음과 사도행전에서 전혀 추적할 수 없다.

성령이 아닌 "하나님의 손가락"에 기인하는 것으로 바꾸어놓았다. 흔히 이에 대해서 누가가 성령을 (유대교에서처럼) "예언의 영"으로 간주했기 때문에 성령이 기적의 권능이기도 함을 받아들일 수 없어서 이렇게 바꾸었다고 주장되었다. 그러나 이것은 잘못된 대조에 근거한다(제1장을 보라). 그리고 누가의 변환은 다른 맥락에서 더 쉽게 설명될 수 있다. "하나님의 성령"에서 "하나님의 손가락"(출 8:19에 대한 명확한 언급임)으로 용어를 변환시킨 것은 아마도 누가의 "모세와 같은 선지자" 기독론 때문인 것으로 보인다. 그러나 아마도 그 말은 여전히 성령을 **가리킨다**(구약에서 "여호와의 손"이라는 병행 용어는, 이를테면 겔 37:1에서 성령을 가리키는 것으로 해석되었다. 참조. *Joseph and Aseneth* 8:9. 여기서 요셉은 "이 처녀를 축복하시고, 그녀에게 당신의 성령을 새롭게 하시고, 당신의 감추어진 손으로 그녀를 새롭게 만드시옵소서"라고 기도한다).

2. 성령과 치유의 기적들

질병이 직·간접적으로 사탄적이라고 간주되었던 만큼(예를 들어, 행 10:38; 눅 13:10-15 등), 치유를 메시아적인 구출의 일부로 예상할 수 있을 것이다. 치유는 이스라엘을 대적들로부터 해방시키는 성령을 받은 메시아의 행위들로 간주될 수 있다(참조. 마 11:2). 치유와 뚫고 들어오는 하나님의 통치에 대한 선포들 사이의 강력한 연결은 그 견해를 지지한다(특히 눅 9:2과 10:9, 11 // 마 10:7-8). 이에 덧붙여 예수가 눈먼 자가 보고, 저는 자가 걷고, 나병 환자가 깨끗함을 받고, 귀머거리가 듣고, 가난한 자들에게 복음이 전파된다는 점을 들어 세례 요한의 의심에 대답하셨음을 전하는 Q 전승(마 11:5 // 눅 7:21, 22)은 이사야의 새 출애굽 텍스트들의 메들리(29:18; 35:5-7; 42:18)를 환기시킨다. 그중에는 가장 중요한 이사야 61:1-2도 포함되어 있다. 따라서 이 전승은 이사야가 말하는 기름 부음을 받은 메시아 예언자-해방자(Prophet-liberator)에게 임한 성령에게서 기적들이 기인하는 것으로 여기고 있는 듯 보인다.

흥미롭게도, 쿰란의 새로 출간된 단편인 4Q521은 특히 이사야 61장에서 이끌어오고 있으며, 메시아의 출현과 더불어 일어나는 기적들에 대한 유사한 수집을 예기하고 있다. Q 전승과 마찬가지로, 그 단편은 놀랍게도 "죽은 자들 가운데서 부활들"이 있을 것을 언급하고 있다. 이 점은 이사야서 본문들 자체가 전혀하지 않는 말이다. 그리고 그 본문이 그 해석을 불확실하게 만드는 간극들을 갖고 있긴 하지만, 이러한 기적들이 (이사야 61장의) 성령을 통해서 메시아가 행하는 것임을 말하는 것 같다.[33]

마찬가지로, 마태는 명확하게 편집상으로 치유의 일들을 이사야 42:1, 2의 종-전령(Servant-Herald)에게 임한 성령으로 추적해 들어가고 있다(마 12:15-21). 누가복음의 기적 전승 안에 있는 엘리사나 모세와 같은 예언자에 대한 암시들(7:11-17; 9:10b, 28-36; 10:1-12; 13:32, 33)은 경쟁적인 설명을 제공하는 것이 아니라, (새 출애굽 문맥들과 다른 곳에서 예견되고 있는) 예언적이며 좀 더 전통적인 메시아적 견해들의 결합을 반영하고 있는 것으로 받아들여야 할 것이다.

3. 예수에게 임한 성령에 대한 이사야 61:1, 2의 맥락에 따른 해석

세심한 편집적인 연결 고리들을 사용해서(4:1과 4:14), 누가는 이사야 61:1, 2의 성취의 맥락에서 3:21, 22에서 예수에게 주어진 성령의 "선물"을 해석한다(4:18-21). 특이한 본문 인용 형태와 여타의 누가적인 특징이 아닌 요소들은 누가가 4:16-30의 내용을 어떤 자료로부터 받았음을 시사한다.[34]

---

33 이 단편과 눅 7:20, 21 (Q)과의 관계에 대해서는 J. J. Collins, "The Works of the Messiah", *DSD* 1 (1994), 98-112; J. D. Tabor and M. O. Wise, "4Q521 'On Resurrection' and the Synoptic Gospel Tradition: A Preliminary Study", *JSP* 10 (1992), 149-62를 보라. 기적이 메시아에게 임한 성령에 의해서 역사된다는 주장에 대해서는 Turner, *Power*, ch. 4, §3을 보라.

34 이 대목에 대한 전승사적 검토에 대해서는 Turner, *Power*, ch. 9 §§1-3을 보라.

그러나 누가는 그 내용에 계획적인 의의를 부여했다.

예수에게 임한 성령을 설명하기 위해 이사야 61:1, 2을 사용하고 있다는 사실은 기독론적이며 구원론적인 의의 둘 다를 갖는다. 이사야 61:1, 2은 당시 유대교에서 벨리알의 권세들에 대한 예속으로부터 "가난한 자들"(=구원받을 필요가 있는 이스라엘)의 "해방"과 메시아적 희년에 대한 새 출애굽적인 소망들을 포함시키기 위해서 이해되었다(11QMelch; 4Q521과 비교해보라).[35] 그 인용이 이런 식으로 이해되었다는 사실은 이사야 58:6에서 "압제 당하는 자를 자유하게 하며"라는 주제어를 삽입했다는 점에 의해 제시된다. 예수는 이스라엘에 대한 다양한 형태의 사탄적인 압제로부터 이스라엘을 "풀어주기" 위해서 성령에 의해 권능을 받은 자라 주장한다. 이 일에 치유와 축귀가 포함된다는 점은 누가복음 7:21(누가의 편집)과 7:22(Q), 그리고 사도행전 10:38(이 구절은 눅 4:18-21의 언어를 반영하고 있다. 또한 참조. 예를 들어 눅 13:10-15)을 보면 분명히 나와 있다. 그러나 또한 그것이 이러한 것들을 넘어서서 하나님에 대한 이스라엘의 우상숭배적인 "눈멂"과 "귀먹음"으로부터의 놓임을 포함한다는 사실(참조. 8:4-15; 행 28:26, 27)은 이사야 61:1, 2이 팔복(마 5:3-6; 눅 6:20, 21)을 형성하고 있는 방식에 명백히 나와 있다.

기독론적으로 이사야 61:1, 2(그리고 42:1, 2) 및 새 출애굽 주제의 활용은 좀 더 전통적인 제왕적 메시아 주제보다는 모세와 같은 선지자를 제시하는 것으로 보인다. 그러나 그 두 주제는 대립적이기보다는 상보적이다. 그 메시아가 다윗적이냐 모세적이냐 여부는 성령론에 단지 약간의 차이만을 낼 뿐이다. 두 인물 모두 권능과 구출 행위 가운데서 성령을 체험할 것이 기대된다. 그리고 둘 다 은사로 주어지는 **지혜**의 성령을 경험한다. 모세 모티프는 왕적인 모티프보다는 훨씬 더 쉽게 은사적인 **계시**의 원천인 성

---

35   참조. R. B. Sloan, *The Favorable Year of the Lord: A Study of Jubilary Theology in the Gospel of Luke* (Austin: Scholar, 1977).

령 및 그 결과로 주어지는 기초적이며 권위적인 가르침에 대한 강조를 가능하게 해준다. 그러나 결국 최종적으로 분석해볼 때, 공관복음서들은 놀랍게도 예수가 계시를 받으시는 점에 대해서는 침묵하고 있다(사도행전에서는 제자들이 계시를 받는다는 사실에 대해 수차례 나온다는 점과 누가복음에 그러한 언급이 거의 결핍되어 있다는 점을 대조해보라. 겨우 3:21, 22; [10:18?] 및 10:22뿐이다). 그리고 이것은 결코 특정하게 성령에게서 기인하는 것으로 여겨지지 않는다. 또한 예수는 근본 토대를 이루는 **가르침**을 주시는 분으로 제시되어 있지만, 그 내용의 권위는 성령으로부터 비롯되는 것이 아니라 오히려 그 자신의 권위인 것으로 제시되어 있다("내가 너희에게 이르노니…"). 성령은 다른 사람들에게 영향을 끼치는 예수의 말씀과 행위를 **통해서** 역사하는 권능이 되었다.

V. 결론

예수와 성령에 대한 공관복음서들의 묘사, 특히 누가의 묘사에서의 주요 강조점은 슈바이처, 스트론스태드, 멘지즈 등의 견해를 지지한다. 그들은 예수의 요단강 체험을 (제임스 던이 주장했듯이) 그를 "새 언약적 삶"이나 "종말론적 아들됨"으로 이끌어주는 것이 아니라 사명을 위해 권능을 부여해준다는 맥락에서 보았다. 누가복음 10:21만이 예수에 대한 성령의 심리학적 효과에 대해 말한다. 그리고 여기에서조차도 "예수께서 성령으로 기뻐하시며 말씀하셨다"는 표현은 예수 자신의 종교적 삶과 인식에 주어지는 어떤 혜택을 부각시켜주기 위한 것이 아니라, 그 뒤에 나오는 말씀의 내용이 은사적이며 계시적이라는 점을 지칭하는 데 더 기여한다. 너무나 많은 신학적 결론들을 이러한 침묵으로부터 이끌어내는 것은 지혜롭지 못하다. 그러나 복음서들은 그 독자들에게 요단강에서의 예수의 성령 받음이 하나님 앞에서의 그 자신의 삶에 어떤 기여를 했느냐를 설명하기보다는, 예수가 기대되는 성령의 메시아임과 또한 자신의 사명을 위해서 그렇게 권능을 받았음을 확신시켜주는 데 더 관심이 있었음이 명백히 드러날 것이다. 나중의 저작들 가운데서 제임스 던은 점차적으로 누가에게 있어 예수에게 임한 성령은 우선적으로 (비록 독점적이지는 않지만) 예언적 권능 부여의 맥락에서 이해되어야 한다는 점을 인정하고 있으며,[36] 성령이 예수에게 종말론적 아들됨과 새 언약적 삶에 대한 원형적인 기독교 경험을 가져다준다고 보았던 그의 초기의 주장이 누가복음 1:35을 적절히 고려하지 않았음을 인정하기까지 했다.[37]

슈바이처 및 멘지즈와 더불어 우리는 누가가 예수에게 임한 성령을 주로 가외로 부가(*donum superadditum*)되는 "예언의 영"으로서 제시하고 있다는 점에 동의해야 한다. 그러나 우리는, 누가가 단 한 차례 돌발적인 송영(눅 10:22) 이외에는 명시적으로 "예언의 영"의 원형적 은사들 중 어떤 것도 예수에게 돌리고 있는 경우를 발견할 수 없다. 예수에게 임한 이 "예언의 영"은 좀 더 특정하게, 이러한 부여의 독특한 메시아적 버전이다. 이러한 관심은 어째서 누가가 예수에게 임한 성령을 권능의 역사들과 연결시키는 일에 대해 전혀 실질적으로 유보하지 않는지를 설명해줄 수 있다(슈바이처와 멘지즈의 의견과는 반대된다; 참조. 1:35; 4:18-25; 7:21, 22; 행 10:38). 성령을 받은 메시아에 대한 전승들은 이스라엘을 해방시키기 위해서 성령에 의해 권능을 부여받도록 되어 있는 분을 기대했다. 그리고 이사야서의 새 출애굽 소망들의 맥락 안에서 이 "해방"은 즉시 치유와 축귀의 기적들에까지 확대되었다.[38] 마찬가지로 (슈바이처와 멘지즈와는 반대로) 성령의 메시아 전

---

36 참조. Dunn, *Christology*, 138-43.

37 J. D. G. Dunn, "Baptism in the Spirit: A Response to Pentecostal Scholarship on Luke-Acts", *JPT* 3 (1993), 3-27, 특히 17.

38 누가가 성령을 권능의 기적과 거리를 두어 이해했다는 Menzies와 Schweizer의 주장에 대한 반대로는 M. M. B. Turner, "The Spirit and the Power", 124-52을 보라. Menzies는 "Spirit and Power in Luke-Acts: A Response to Max Turner", *JSNT* 49 (1991), 11-20에서 답변하고 있다. 이에 대한 세 번째 답변으로는 Turner, *Power*, chs. 4 and 9을 보라.

승들은 그에게 임한 지혜와 지식과 야웨에 대한 경외의 성령을 통해 담대한 의로움을 드러내도록 부여받은 자를 기대했다(그는 그 일을 통해서 이스라엘을 정화할 자였다). 그리고 누가복음 4:1b은 이 점을 반영한다. 동일한 전승들은 또한 어느 정도 메시아의 가르침을 **통해** 역사하는 은사적 권능인 성령을 기대한다. 성령은 그 가르침에 감동적인 권위와 영향력을 제공한다. 이것은 유대교가 보는 바 "설교의 권능"으로서의 성령과 가장 가깝다. 이 점은 기독교의 성령론 안에서 특징적인 강조로 부상하게 된다.[39]

메시아의 자질로서의 성령에 대한 명백한 강조는 또한 누가가 예수를 성령에 대한 다른 모든 그리스도인들의 경험에 대한 하나의 전범으로 제시하고 있다고 너무 쉽게 단정하지 않도록 경고한다. 예수가 성령을 받은 시기와, 성령과 더불어 그가 받은 자질의 성격은 그의 독특한 사명에 호응하는 독특한 요소들을 갖게 하는 것으로 기대될 수 있을 것이다.[40]

---

39 이 논의를 자세히 보려면 M. M. B. Turner, "The Spirit of Prophecy and the Power of Authoritative Preaching in Luke-Acts: A Question of Origins", NTS 38 (1992), 66-88을 보라.

40 참조. Turner, "Jesus and the Spirit", 3-42.

3장

사도행전에 나타난
성령의 선물

: 이스라엘의 회복과
증거의 권능인 "예언의 영"[1]

I. 도입

이번 장의 이 도입부는 먼저 누가의 성령론의 주요 요점들을 정리할 것
이다. 그 주요 요점들에 대해서는 학계에서 동의가 이루어져 있는 것으로
보인다.[2] 그런 다음에, 이어지는 부분에서 우리가 다루게 될 논란의 영역들
을 부각시킬 것이다. 그 후 II에서는 사도행전에서의 성령이 (유대적인) "예
언의 영"을 기독교화한 버전으로 이해될 수 있음을 주장한다. III은 누가가
이 선물을 회심-입문(conversion-initiation)에서 (통상적으로) 주어지는 것으
로 간주하고 있음을 시사한다. 그리고 IV에서는 누가에게 있어 "예언의 영"
은 누가가 이스라엘의 "구원"으로 이해하고 있는 바에 필수적이라는 점을

---

1   이것은 "The 'Spirit of Prophecy' as the Power of Israel's Restoration and Witness"의 축
    약본이다. 이 글은 I. H. Marshall and D. Peterson (eds.), *Witness to the Gospel: The Theology
    of Acts* (Grand Rapids: Eerdmans, 1998), 327-48에 수록되어 있다. 그리고 참조. Turner,
    "The Spirit in Luke-Acts: A Support or a Challenge to Classical Pentecostal Paradigms?"
    VoxEv 27 (1997), 75-101. 언급된 모든 쟁점들은 Turner, *Power*가 상당히 더 자세하게 다루
    고 있다.

2   공간의 제약상 Forschung에 대한 공식적인 리뷰는 삼간다. 학계의 발전에 대한 기술로는
    Turner, *Power*, chs. 1-2을 보라. 관련 문헌에 대한 다른 종류의 조사로는 F. Bovon, *Luke the
    Theologian: Thirty-three Years of Research (1950-1983)* (Allison Park: Pickwick, 1987), ch. 4;
    Menzies, *Empowered*, ch. 1 및 O. Mainville, *L'Esprit dans l'Oeuvre de Luc* (Montreal: Fides,
    1991), 19-47을 보라.

보임으로써 III의 내용이 왜 그러한지를 설명하려고 시도한다.

1. 누가의 성령론에 대하여 의견 일치가 이뤄진 영역들

한스 폰 베어(Hans von Baer)는 (편집비평의 선구자로서) 방법론에서나 성령에 대한 특히 누가의 관점을 발견하고자 하는 의도에 있어서 그 이후 학계의 의제를 설정해놓았다. 다음과 같은 점에서 그 이후의 연구는 한스 폰 베어의 작업에 대해 사소한 수정과 변형 이상의 것을 제공하지 못했다.

(1) 누가의 성령론 자료의 본질적인 배경은 유대적이며, 구약에 깊이 뿌리박고 있다

폰 베어는 특히 라이제강(H. Leisegang)의 의견에 반대하면서 누가가 성령에 대한 자신의 개념을 그리스 신화나 점술을 통한 예언에서 어떠한 의미 있는 특성도 끌어내지 않았다고 주장했다.[3] 성령은 단순한 "실체"(substance)가 아니라 이스라엘의 하나님 자신의 권능을 부여하고 구원하는 활동의 현존, 곧 자신의 위격과 활력을 역사 가운데 스스로 알리시는 (계시하시는) 연장(extension)이다. 그러나 폰 베어는 누가의 성령론에 대한 구약적 배경을 주장하면서, 또한 좀 더 발전된, 특히 기독교적인 요한 및 바울의 성령 묘사와 대조되는 점이 있음을 확인하고 있다. 그리하여 그 이래로 누가-행전에서의 성령은 종종 성령으로부터 기인한 광범위한 카리스마적 활동의 범위에서나 그 활동들을 묘사하는 데 쓰인 언어의 면에서

---

3   H. Leisegang은 예언적 성령에 대한 Philo의 개념이 πνεῦμα에 대한 그리스 개념들과 교회에서의 개념들 사이의 다리를 놓았다고 주장했다(참조. *Der Heilige Geist: Das Wesen und Werden der mystisch-intuitiven Erkenntnis in der Philosophie und Religion der Griechen* [Berlin: Teubner, 1919]). 그의 두 번째 연구는 사실상 공관복음서들의 모든 성령 관련 자료를 헬레니즘에서 도출된 것으로 이해하려고 시도하고 있다. 참조. 그 책의 제목: *Pneuma Hagion: Der Ursprung des Geistesbegriffs der synoptischen Evangelien aus der griechischen Mystik*. 두 번째 책에 대한 분석과 비평을 보려면, 그중에서도 von Baer, *Geist*, 여러 곳; C. K. Barrett, *Spirit*, 특히 3-4; 10-14; 36-41을 보라.

나 성격상 "구약적"이라고 간주되어왔다.[4] 물론 누가의 자료가 성령에 대한 중간기 이해들의 특징 및 상당한 기독교적 발전도 반영하고 있음이 대개 확인되고 있는 만큼, 그 언어와 사상들을 "초기 유대 기독교적"이라고 보는 것이 거의 확실히 더 안전하긴 하지만 말이다.

(2) 성령은 누가의 구원사 안에서 통일성을 제공하는 주제이자 추동력으로, 이 구원사가 이끌어가는 선교(mission, 혹은 사명)의 정당화를 제공한다

누가의 성령론의 소위 헬레니즘적 성격에 대한 폰 베어의 중심적인 반론들 중 하나는 누가-행전에 나타나는 성령의 다양한 현시들을 다 연결시켜볼 때, 그것들이 다 함께 이 특징적인 유대적 주제(Jewish motif)에 기여한다는 것이었다. 누가복음 1-2장에서 성령은 이스라엘을 구속할 메시아의 탄생을 가져오며(1:32-35), 바야흐로 전개될 구원 사건들과 관련된 예언들을 제공하고(1:42, 43, 67-79; 2:25-32), 주의 길을 예비하는 엘리야적 선구자에게 권능을 부여한다(1:15, 17). 그리고 누가복음 3-4장에서, 성령은 구속적인 사명을 위한 예수의 메시아적인 권능 부여로서 임하며, 오순절은 교회의 사명을 위한 마찬가지의 권능 부여를 가져온다. 그 일에 대해서 성령은 출범시키는 자로(참조. 특히 행 2:4; 8:29; 10:19, 44; 11:12; 13:2, 4 등), 추진해나가는 권능으로(눅 24:49; 행 1:8; 4:31; 9:17, 31), 중요한 결정들을 내릴 때의 인도자로(16:6, 7; 19:21; 20:22, 23), 그리고 특히 가장 미묘한 순간에 전체적인 노력에 정당성을 부여하는 자로(참조. 5:32; 8:17, 18; 10:44, 45, 47; 11:15-18; 15:28) 남는다.[5] 폰 베어에게 있어, 이러한 성령의 여러 활

---

4 특히 G. W. H. Lampe, "The Holy Spirit in the Writings of Saint Luke" in D. E. Nineham (ed.), *Studies in the Gospels: Essays in Memory of R. H. Lightfoot* (Oxford: Blackwell, 1955), 159-200; A. George, "L'Esprit Saint dans l'Oeuvre de Luc", *RB* 85 (1978), 500-42 (특히 513-15; 528-9); Chevallier, "Luc", 1-16; Mainville, *L'Esprit*, 특히 323-32.

5 참조. Shepherd. 그의 (더 폭넓은) 논제는 누가의 글에서의 성령의 기능이 "내러티브 신빙성을 알리는 신호"로서 누가-행전 전체를 통해 복음에 대한 확증을 제공하려는 것이라는 것이다(W. Shepherd, *The Narrative Function of the Holy Spirit as Character in Luke-Acts* [Atlanta:

동들은 구원사를 세 개의 확실히 구별되는 시기로 나누어준다(각 시기는 성령의 활동의 그 나름의 독특한 유형[들]에 의해서 특징지어진다).[6] (1) 예수의 수세로 끝이 나는 약속의 구약 시대,[7] (2) 성령에 의해 오직 예수만이 권능을 받는 공생애 시기(참조. 눅 4:14, 18-21; 세례 요한은 눅 3:19-21에 있는 언급을 통해 출발에서부터 효과적으로 제거되었고, 그 기간은 예수의 승천으로 끝맺음 되며, 편집을 통해 부각된 행 1:12-26의 "성령 없는" 사이 기간이 있다),[8] (3) 오순절 성령에 의해 증거를 위한 권능을 부여받은 교회의 시기. 앞으로 보겠듯이, 이러한 시기 구분의 의의는 논란을 불러일으키는 것이었다.

(3) 누가복음에서 성령은 대체로 "예언의 영"이다. 사도행전에서는 특히 "증거를 위한 권능 부여"로 제시되어 있다

폰 베어는 성령이 본질적으로 각 시기에 속하는 "예언의 영"이라고 보았다. 주로 누가복음 1-2장에 있는 신탁의 전언으로, 예수의 사역 가운데서 나타났던 종말론적 해방과 하나님의 통치를 선포하는(그리고 권능 있는 말씀으로 이러한 일을 효과 있게 하는) 독특한 메시아적 능력으로, 또한 교회의 시기에는 감동을 통해 일어난 예수에 대한 증언의 권능으로 각각 다르게 나타났다는 것이다. 이 세 번째 시기와 관련해서, 폰 베어는 누가복음 24:49과 사도행전 1:8(사도행전의 초입이 되는 편집상의 언급에 해당하는 텍스트들)에 주목한다. 이 텍스트들은 성령을 무엇보다도 증거의 권능으로 묘사하고 있다.[9] 또한 폰 베어는 오순절 성령 강림 때에 행한 베드로의 설교에

Scholars, 1994], 247 그리고 여러 곳).

6 특히 *Geist*, 111을, 또한 Part 1 (43-112) 대부분을 보라.

7 그러나 von Baer는 1:3을 새 시대의 시작으로 말할 수 있다고도 한다. 그 새 시기는 "der Geist Gottes als Wesen des Gottessohnes in dieser Welt erscheint"(이 세계 안에 하나님의 아들의 본질인 하나님의 성령이 나타난) 시대이다(*Geist*, 48).

8 *Geist*, 79-85.

9 앞의 책, 84.

주목하는데, 그 설교는 모든 그리스도인에게 주어진 성령의 약속을 요엘에 의해 약속된 "예언의 영"의 선물로서 묘사한다(2:17, 18, 33 및 38, 39). 또 폰 베어는 사도행전의 내러티브가 (비록 다른 방식이긴 하지만) 거듭해서 성령을 증거와 연결시키는 방식에 주목한다.

(a) 특히 유대인들을 향한 하나님 자신이 행하시는 복음 증거라는 하나의 선물로서(2:33-36; 참조. 5:32), (b) 자기 백성들에 대한 하나님의 증거로서, 즉 하나님은 성령을 주심으로써 자신의 백성에게 그들이 자기 백성임을 증거하심으로써(특히 15:8; 참조. 5:32), (c) 신자에게 복음 증언의 확실한 **보증**(*assurance*)의 중개자로서,[10] (d) **증거를 하도록 하는** 감동(*inspiration*)으로서(특히 4:31),[11] (e) 증거의 **내용**(*content*)을 더 극적이고 효과적으로 만드는 카리스마타(은사들)를 제공해주는 자로서(즉 이를테면 설교할 때에 더불어 일어나는 표적과 기사들과, 설교를 강화시켜주는 은사적 지혜와, 설교에 힘을 실어주는 감동의 여러 형태들을 포함한다), (f) 증거의 **내용**(*content*)의 일부로서(행 2장!), (g) 증인들의 주재자로서(인도하고 격려해주는 등의).[12]

폰 베어의 견해와 마찬가지로, 누가의 성령론에 대한 주요 저작들은 점차적으로 성령을 "예언의 영"으로 묘사하는 누가의 성향을 강조했다. 물론 그 주요 저작들은 누가의 그 성향으로부터 상당히 다른 결론들을 도출하긴 했지만 말이다.[13]

---

10 von Baer에 따르면, 행 2장에서 성령은 그리스도와 주(주재자)이신 예수의 승귀에 대한 (단순한 "믿음"을 넘어서는) 담대한 확신을 제공한다(*Geist*, 99).

11 *Geist*, 102-3.

12 그러므로 성령은 Gunkel의 "벌거벗은 초자연적 권능"으로 격하될 수 없다(von Baer, *Geist*, 103-4; 184-92을 보라).

13 Von Baer의 강조를 발전시킴에 있어서 가장 주목할 만한 것은 Lampe, "Spirit"; Schweizer, "πνεῦμα"; G. Haya-Prats, *L'Esprit Force de l'Eglise* (Paris: Cerf, 1975); Stronstad, *Theology*; Menzies, *Empowered*; Mainville, *L'Esprit*이다.

(4) 이에 상응하여, 누가는 개인의 영적·윤리적·종교적 갱신의 힘으로서의 성령에 대해
서는 상대적으로 거의 관심을 기울이지 않는다

궁켈은 사도행전에 반영되어 있는 초기 공동체에서의 성령이 (특히 예언과
방언 등과 같은 기적적 언사에 속하는) 노골적인 초자연적 권능이었다고 주장
했으며, 이는 단순히 원인과 그 직접적인 결과로만 분별되는 것이었다. 그
는 어떤 신적 계획을 진전시키거나 어떤 신학적 목표를 향해 역사해나가
는 덜 "은사적인" 활동들의 감동이라는 측면에서 성령을 바라보지 않았다.
따라서 은사적인 "예언의 영"인 성령은 일상의 그리스도인의 생활에 거의
혹은 아무런 연관성을 기대할 수 없었다.[14] 폰 베어는 그러한 묘사의 약점
들을 지적했다. 누가에게 있어 문제의 그 기적의 언사는 주로 그리스도에
대한 증거였다. 그리고 성령은 명백히 교회의 선교의 추동력이었으며, 좀
더 일반적으로 말하자면 구원사의 추동력이었다. 성령은 사실상 모든 기
독교 증거의 배후에서 인식될 수 있는 것으로 보였다. 그것은 단지 아주
명백한 초자연적인 사건들에서만 분별될 수 있는 것이 아니었다. 유비적
으로 말해서, 교회를 세웠던 은사적인 파라클레시스(*paraklesis*, "위로", 9:31),
기쁨(4:33; 13:52)과 야웨에 대한 경외(5:1-10)를 주신 성령은, 또한 요약부
에 묘사되어 있는 회중들의 좀 더 일반적인 공동체 삶의 배후에서도 마땅
히 추적될 수 있다(특히 2:42-47; 4:32-37).[15] 예수의 종교적 삶과 초기 교회
들의 종교적 삶 사이에는 공통점이 거의 없다는 종교사학파의 주장과는
대조적으로, 폰 베어는(뷔히젤과 함께) 누가에게 있어 성령이 예수의 (하나님
의) **아들됨**(*sonship*)의 삶의 권능(눅 1:35; 3:22)이며, 마찬가지로 교회의 삶의
권능이었다고 주장했다.[16] 그러나 폰 베어는 이러한 결론들을 지지해주는
증거가 비교적 단편적(斷片的)이라는 데 동의했다. 즉 그는 누가가 개인의

---

14 Gunkel, *The Influence of the Holy Spirit* (Philadelphia: Fortress, 1979), 특히 1-71을, 그리고
Gunkel에 대해서는 Turner와 Menzies(주 2에서처럼)를 보라.

15 *Geist*, 185-92.

16 *Geist*, 16-20.

영적 갱신에서의 있어서 성령의 역할에 대해서는 **비교적** 적은 관심을 보였음을 인정했다. 성령은 최우선적으로 은사적인 권능의 부여(charismatic empowering)로 그려져 있다. 그 이후 그 "적은 관심"조차 사실상 거의 없다고 여겼던 사람들이 있었지만(예를 들어, 앞서 검토했던 슈바이처와 멘지즈의 견해), 아야-프라(Haya-Prats)의 세심한 연구는(그 자신은 여러 점에서 폰 베어보다는 궁켈에 더 가깝다) 이런 견해가 섣부름을 보여주었다.[17] 다른 학자들(특히 제임스 던)[18]은 성령에 의한 아들됨의 새 언약적 삶(new covenantal life of sonship)을 누가의 성령론의 중심으로 삼고자 시도했지만, 이미 살펴보았듯이 이것 역시 수정이 필요했다.[19]

(5) 누가의 성령론은 성령에게 그리스도 중심적인 기능들을 부여한다는 점에서 유대교를 넘어서서 전개된다

비록 누가의 성령론이 "예언의 영"이라는 유대적 개념에 많은 빚을 지고 있지만, 누가는 다음과 같은 점에서 통상적인 유대적 개념들을 넘어서고 있다. (i) 누가는 성령을 그리스도-사건에 대한 주요 증인으로 삼고 있다(카리스마적인 설교는 이 점에 집중되어 있다). 그리고 (ii) 그는 높여지신 메시아를, 하나님의 자리에서 그 자신의 집행권을 통해 이 성령을 "부어주시는" 분으로 제시한다(행 2:33). 또한 성령 **안에서**(즉 환상과 다른 카리스마적인 체험들 가운데서) 현존하시며 제자들에게 알리시고, 그들을 통해 자신의 영향력을 확대시키는 분으로 제시한다.[20] 따라서 "주의 성령"은 사실상 "예수의

---

17   *L'Esprit*, ch. 6.

18   특히 *Baptism*, chs. 2-9.

19   James Dunn 자신은 계속해서 누가가 성령에 의해 매개되는 종말론적 아들됨의 체험을 거의 전적으로 무시했다고 비판했다(*Jesus*, 191). Dunn의 좀 더 최근의 기고문들은 누가에게 있어 성령이 진정으로 현저하게 예언의 영이라는 점을 받아들인다("Baptism", 8; 참조. 이전의 *Jesus*, 189-91).

20   *Geist*, 39-43; 80-5; 99; 174.

영"도 된다(참조. 16:6, 7). 그리고 예수는 의미심장하게도 구원을 위해서 자신의 이름을 부르는 자들을 (예수 그리스도의 이름으로 받는 세례를 통해서) 구원하시는 요엘 2:28-32(3:1-5 LXX /MT)의 "주"와 동일시된다(참조. 행 2:21, 33-36, 38, 39).[21] 폰 베어는 누가-행전이 성령을 "보혜사"(the Paraclete, 즉 예수 자신이 승천을 통해 물러나게 되었을 때 변호자이자 계시자로서 활동하는 예수의 인격적인 임재; 이 용어의 사용에 관하여 뒤의 제5장의 자세한 설명을 보라—옮긴이)로 삼는 데까지는 나가지 않고 있음을 세심하게 살핀다. 또 누가가, 바울이 제시하듯, 성령을 천상의 주와의 인격적인 연합을 중보해주며 신자에게 그리스도의 종말론적 아들됨을 철저하게 인쳐주는 "그리스도의 영"으로 명확하게 제시하고 있지도 않음을 조심스럽게 지적했다. 그러나 폰 베어는 누가가 좀 더 발전된 이러한 개념들의 중요한 요소들을 지니고 있음을 인지했다. 그리고 몇몇 학자들은 누가의 사상의 이러한 측면을 좀 더 끌어내고자 시도했다.[22]

---

21 *Geist*, 93-4. 참조. G. Staehlin, "Τὸ πνεῦμα Ιησοῦ" (Apg. 16.7), in B. Lindars and S. S. Smalley (eds.), *Christ and Spirit in the New Testament* (Cambridge: CUP, 1973), 229-52 및 뒤의 제11장을 보라.

22 참조. Stählin과 Turner(뒤의 제11장에서처럼). Mainville(*L'Esprit*, 333 [참조. 또한 337])은 사도행전에서의 성령을 "예수께서 부재하실 때의 예수의 임재"라고까지 기술한다. 그렇게 함으로써 의식적으로 요한의 보혜사에 대한 Raymond Brown의 묘사를 환기시키면서, 그 묘사를 사도행전에서의 성령에 적용하고 있다(물론 주17의 단서를 보라). G. W. MacRae는 사도행전의 성령론이 누가-행전을 "부재적 기독론"을 묘사하는 것으로 보는 견해에 대한 가장 큰 도전임을 인정한다("Whom Heaven Must Receive Until the Time", *Int* 27 [1973], 151-65). Robert O'Toole 및 여타의 학자들은 정확히 행 18:10과 같은 본문들(예를 들어, 눅 21:15; 행 2:14-38; 5:31; 9:4-5[22:7; 26:14], 9:34 등과 더불어서)이 누가의 기독론을 가장 참되게 표상하고 있다는 유력한 설명을 했다. 그것은 오히려 구원론적인 편재의 일종이며, 그 구원의 임재의 주요 수단이 성령이다(참조. O'Toole, *The Unity of Luke's Theology* [Wilmington: Glazier, 1984], 특히 chs. 2-3; 또한 그의 에세이, "Activity of the Risen Christ in Luke-Acts", *Bib* 62 [1981], 471-98을 보라).

2. 누가의 성령론에 대하여 의견 일치가 이뤄지지 않은 영역들

다음의 (밀접하게 연결되어 있는) 질문들에 대해서는 첨예한 불일치가 존재한다. (i) 사도행전에 나오는 성령은 오직 요엘서의 "예언의 영"이었는가?(아니면 성령에 대한 구약의 다른 약속들에 근거한 더 광범위한 선물이었는가?) 그리고 은사(카리스마타)와 영향의 범위를 이 선물 탓이라고 보아야 하는가? (ii) 누가는 성령을 회심-입문(conversion-initiation)과 어떻게 연결시키고 있는가? (iii) 누가에게 있어 성령은 단순히 카리스마적인 권능을 부여하는 부가적인 선물(donum superadditum)이었는가? 아니면 성령 역시 구원론적 기능들을 지니고 있었는가? 이어지는 부분에서 이러한 질문들을 차례대로 다루도록 하겠다.

II. 사도행전에서 "예언의 영"으로 묘사된 성령

사도행전은 모든 그리스도인에게 주어진 성령이 요엘이 약속한 그 "예언의 영"임을 함축하는가? 두 노선의 증거는 이 질문에 대해 명확하게 긍정적으로 답변한다. 첫째, 2:38, 39에서 그리스도인들에게 약속된 성령의 선물의 성격은 아주 명확하다. 그것은 요엘이 말하는 예언의 영이라는 선물이다. 베드로의 연설을 듣고 있었던 청중은 베드로가 아주 신중하게 오순절을 요엘의 성취라는 맥락에서 설명했을 때 베드로가 성령의 다른 선물에 대해 말하고 있다고 생각할 수 없었을 것이다(참조. 2:15-21, 33). 그리고 베드로는 세례를 받는 모든 사람이 "성령을 선물로" 받는다고 말하면서, 계속해서 요엘 2:28-32(LXX 3:1-5)의 표현을 참조한다.

그러므로 이 에팡겔리아(ἐπαγγελία, "약속"; 참조. 2:33)가 "너희와 너희 자녀"에게 제공되었다는 그의 확인은 성령이 "너희 아들들과 딸들에게" 부어지게 될 것이라는 요엘의 약속을 취하여 재확인한다(2:17). 그러므로 베드로가 그 약속이 하나님이 부르시는 "모든 사람"에게 주어진 것이라 주장할 때(참조. καὶ πᾶσιν, 2:17), 그의 주장의 근거는 "내가 나의 영을 **모든 육체**에게 부어주리니"(2:28a[3:1a])라는 요엘의 주장에 있다. 그리고 토이스 에이스 마크란(τοῖς εἰς μακράν, "먼 데 사람")이라는 어구 역시 요엘에서 끌어온 말이다(LXX 3:4; MT 3:8). 마지막으로, 그 선물이 "주 우리 하나님이 자기에게로 부르는" 모든 자에게 주어진다는 마지막 말은 요엘의 신탁의 마지막 말들(2:32[3:5b]: "여호와의 부름을 받을 자")을 암시하고 있는데, 이는 앞서 베드로가 인용하지 않았던 부분이다.

이처럼 베드로는 언급한 보편성의 기반을 위해서만이 아니라 결과적으로는 약속된 선물 자체의 성격 때문에 요엘의 예언을 자구 그대로 끌어오고 있다.

둘째, 사도행전의 나머지 부분에서, 성령은 일관되게 "예언의 영"에 대해 유대교에서 원초적인 원형(proto-typical)으로 간주했던 바로 그 선물들의 원천으로 그려져 있다(앞의 제1장을 보라).

(1) 따라서 성령은 **계시적인 환상과 꿈**의 저자이다: 2:17에서는 기획에 따라, 행 7:55, 56에서는 특정하게(그리고 누가는 9:10-18; 10:10-20; 16:9, 10과 18:9, 10; 22:17, 18, 21; 23:11이 보여주듯, 아마도 그러한 환상/꿈의 인도를 성령에게 돌렸을 것이다[참조. 이 문맥들에 등장하고 있는 구체적인 성령에 대한 언급, 10:19; 16:6, 7]).[23]

(2) 성령은 **계시의 말씀**이나 **교훈**을 주시거나 **인도해주신다**: 1:2, 16(=구약); 4:25(=구약); 7:51(=구약); 8:29; 10:19; 11:12, 28; 13:2, 4; 15:28; 16:6, 7; 19:21; 20:22, 23; 21:4, 11; 28:25(=구약).

(3) 성령은 **은사적인 지혜**나 **계시적인 분별력**을 부여하신다: 눅 21:15과

---

23 Haya-Prats(*L'Esprit*, 4)와는 반대로.

행 5:3; 6:3, 5, 10; 9:31; 13:9; 16:18.

(4) 성령은 **갑작스레 튀어나오는 은사적인 찬양**의 감동을 주신다. 이를
테면, 오순절 성령 강림의 날에 터져 나온 방언들: 2:4; 10:46; 19:6.

(5) 성령은 **은사적인 설교 혹은 증거**의 감동을 주신다: 행 1:4, 8; 4:8,
31; 5:32; 6:10; 9:17. 또는 **은사적인 교훈**을 주신다: 9:31; 13:52;
18:25(?) 등. 이것은 엄밀히 말해 유대교에서 기대되지는 않았지만,
예언의 영으로서의 성령이라는 유대적 개념의 명백한 연장이며, 누
가가 말하는 기독교 이전의 자료로부터 유래한다.[24]

세례 요한의 약속에 대한 구체적인 언급(1:5; 11:16) 및 신자들이 성령을 받
을 것이라는 언급(2:17, 18, 33, 38, 39에서 요엘의 선물로, 10:44, 45, 47; 11:15;
15:8에서는[25] "같은 성령"으로 명확하게 특정화되어 있는 언급들)과 더불어, **위의 제
시는 사도행전에 나와 있는 성령에 대한 언급들을 거의 망라하고 있다.**[26] 그
러므로 누가는 신자들에게 약속된 "그 약속"이 요엘이 말한 "예언의 영"의
기독교적 형태인 것으로 간주하고 있음이 명백하다. (제임스 던과 크레머[J.
Kremer]의 견해와는 반대로) 누가는 요엘의 성령에 이어서 (겔 36장과 같은) 종
말론적 성령에 대한 다른 구약성경의 예언들을 덧붙임으로써 좀 더 복합

---

24 Turner, "The Spirit of Prophecy", *NTS* 38 (1992), 특히 68-72, 87-8을 보라.

25 신자들이 성령을 받는 것에 대한 다른 언급들로는 8:15, 16, 17, 18, 19 및 19:2, 6을 보라.

26 예언의 영에 대한 원형으로 간주할 수 있는 은사들의 범주들에 직접적으로 딱 들어맞지 않
는 경우는 단 여덟 개가 있다: (1) 행 5:3, 9은 아나니아와 삽비라가 그들의 거짓으로 성령에
게 "거짓말하고" 또한 성령을 "시험"(testing)한다고 언급한다. (2) 행 6:5과 11:24은 카리스
마적인 "믿음"을 성령에게서 온 것으로 돌린다. 그리고 13:5은 마찬가지로 카리스마적인 "기
쁨"을 성령에게서 온 것으로 돌린다. (3) 8:39은 성령이 빌립을 사로잡아서 멀리 옮겼다고 말
한다. (4) 10:38은 예수 자신이 성령과 권능으로 기름 부음 받았다고 언급한다. (5) 20:28에
서는 성령이 감독자들을 임명하는 것으로 묘사되어 있다. 그럼에도 불구하고 이 모든 경우는
다 "예언의 영"의 활동에 관련된 것으로 이해될 수 있다. Turner, *Power*, ch. 13, 특히 §2.2를
보라.

적인 "성령 약속"을 합성해내지 않는다.[27] 그런 의미에서, 사도행전 2:14-39은 진정으로 사도행전 성령론의 기획(프로그램)에 해당한다.

누가의 성령론이 "예언의 영"이라는 유대적 개념들에 근거해 있다는 결론은, 그렇기 때문에 누가가 기적들이나 공동체의 윤리적 삶을 성령에 기인하는 것으로 돌릴 수 없었다는 주장의 기반이 되었다(특히 슈바이처와 멘지즈의 경우처럼). 그러나 이러한 결론들은 도전받을 수밖에 없다. 우리가 살펴보았듯이, 그 결론들은 유대교 안에서의 "예언의 영"에 대한 부적절한 진술에, 더 특별하게는 기대되었던 다윗 계열의, 그리고 연관되어 있는 메시아적 인물들에게 임하는 성령에 대한 부적절한 진술에 근거해 있다. 또한 우리는 누가의 복음서를 포함해서 복음서들이 어떻게 성령을 받은 메시아에 대한 전통적인 묘사를 도출하며, 특히 새 출애굽의 소망들이라는 맥락에서 발전시키고 있는지를 지적했다. 누가 자신이 직접 예수의 독특한 종말론적 아들됨과 거룩함, 메시아적 지혜와 헌신을 성령으로부터 비롯되는 것으로 돌리고 있다(1:35[참조. 2:40-52]; 4:1b). 또한 누가는 성령을, 예수가 해방시키는 행위들을 성취하실 때 사용하셨던 권능으로 보고 있다(4:14, 18-21[기획에 따라]; 7:21, 22; 11:20; 행 10:38 등). 만일 누가가 메시아에 대한 "예언의 영"이라는 유대적이며, 유대-기독교적인 사상들을 취하고 또한 강화시켰다고 한다면, 그에 대한 입증 책임은 "예언의 영"으로서의 성령에 대한 누가의 이해가 누가로 하여금 불가피하게 성령을 사도행전에 있는 기적들과 연결시키거나 사도행전에 묘사되어 있는 공동체의 종교적이며 윤리적인 변화와 연결시키는 일을 배제하게 했을 것이라고 주장하는 사람들에게 맡겨져야 한다. 이 문제에 대해서는 IV에서 다시 살펴보도록 하겠다.

---

27 이 점에 대해서는 Dunn, *Baptism*, 21-22에 반대하고 있는, R. P. Menzies, "Luke and the Spirit: a Reply to James Dunn", *JPT* 4 (1994), 115-38, 특히 131-3을 보라.

III. 성령의 선물과 회심-입문

이 주제는 몇 개의 싸움에서 주요 접전지였다. 사도행전은 견신례주의 입장(Confirmationist position—성령의 선물이 오순절에 주어진 일은 통상적으로 회심 이후에 사도들/감독들의 안수로 전달된다는 입장: 손튼[Thornton], 딕스[Dix], 아들러[Adler])을 옹호하는 자들이나, 성례전주의 입장(Sacra-mentalist position—오순절 성령은 통상적으로 물세례 의식에 의해서 전달된다는 입장: 람프[Lampe], 비즐리-머리[Beasley-Murray])을 옹호하는 자들의 워털루(Waterloo)임이 입증되었다.[28] 현재 옹호되고 있는 입장들은 다음과 같다. (i) 사도행전은 전혀 일관된 기준이 없다(그러나 자료들 혹은 행습들의 다양성을 반영하고 있는데, 예를 들어 케스넬[Quesnel]이 그러하다).[29] (ii) 기준은 회심-입문 패턴이다. 이 패턴 가운데서 회심의 회개/믿음은 세례로 결정화(結晶化)되며, 성령은 전체 과정과 연결해서 수납된다(제임스 던의 입장이 그러하다).[30] (iii) 기준은 성령이 회심과 "구원"에 이어서 주어진다는 것이다(즉 사명을 위한 예언적 권능 부여라는 부가적 선물로서: 스트론스테드, 맹빌[Mainville], 멘지즈의 입장). 증거는 다음과 같은 한에서 이 입장들 중 두 번째 입장을 지지한다. (a) 2:38, 39이 패러다임적으로 성령의 선물을 회심의 믿음과 세례에 연결시키고 있는 한에서, (b) 성령의 선물을 그리스도인으로서 세례를 받는 일보다 확실히 나중에

---

28 특히 G. W. H. Lampe, *The Seal of the Spirit* (London: SPCK, 1967²)과 Dunn, *Baptism* (여러 곳)을 보라. 참조. 또한 Bovon, *Luke*, 229-37 ("The Holy Spirit and the Laying on of Hands"의 제목 아래 있는 글). R. M. Price, "Confirmation and Charisma", *Saint Luke's Journal of Theology* 33 (1990), 173-82은 사도행전에서의 성령이 부가적인 선물이라는 토대 위에서 사도행전에서의 견신례주의 입장의 성령 신학을 주장한다.

29 M. Quesnel, *Baptises dans L'Esprit* (Paris: Cerf, 1985). 이전의 추종자들의 좋은 리뷰와 함께 있다. 참조. 또한 Haya-Prats와 Shepherd, Quesnel에 대한 비판으로는, Turner, *Power*, ch. 12, §2.2.4을 보라.

30 *Baptism*, chs. 4-9; 마찬가지로, G. T. Montague, "Pentecostal Fire: Spirit-Baptism in Luke-Acts" in K. McDonnell and G. T. Montague, *Christian Initiation and Baptism in the Holy Spirit* (Collegeville: Liturgical Press, 1991), 22-41.

오는 한 시점으로 연기하고 있는 유일한 대목은 사도행전 8:12-17이며, 8:16은 이것이 예외라는 점을 함축하고 있다는 점에서(만일 성령이 **통상적으로** 세례 이후에 주어졌다면, 그 언급은 군더더기가 될 것이다), 그리고 (c) 2:38, 39의 패러다임이 여러 경우에 전제되어 있음이 틀림없다는 점에서(행 8장 이전과 그 이후로는 특히 다음을 참조하라. 2:41; 8:36-38; 16:15, 33; 18:8 등). 그 경우들에서 사람들은 명시적으로 믿음을 갖게 되었거나 세례를 받게 되었다고 되어 있다. 그러나 그곳에서 성령을 받았다는 사실은 언급되어 있지 않다(즉 독자들은 [8:16의 경우에서처럼] 그 점이 달리 언급되지 않는 한 그러한 회심의 믿음과 세례가 성령이 선물로 주어지는 일과 함께 이루어졌다고 가정해야 할 것이다).

사도행전 19:1-6은 종종 반대의 예로 받아들여졌다. 그러나 아마도 그런 예가 아닐 것이다. 비록 세례 요한의 세례만을 경험했지만(이 점은 예수의 제자들도 마찬가지였다), 성령의 감동을 받아 예수에 대해 전했던 설교자였던 아볼로(행 18:24-28)와는 아주 대조적으로—비록 아볼로가 "더 정확하게" 그 도에 대해서 가르침을 받았을 수는 있지만, 이 언급이 그가 기독교 세례를 다시 받게 되었다든가 안수를 통해 성령을 받게 되었음을 의미할 수는 없다[31]—에베소의 열두 "제자들"은 성령이 주어진다는 사실도 들어보지 **못했고**, 그리하여 다시 **세례를 받는다.** 즉 바울은 그 제자들을 마치 회심의 과정에 있는 사람들로 대한다.[32] 그들의 세례의 근거였던 바울로부터 그들이 "들은"(19:5a) 새로운 "소식"은 무엇인가? 그 소식은 세례 요한이 회개와 오실 메시아를 선포했다는 소식일 수 없다(만일 그들이 그 사실을 고백하지 않았다면, 바울로서는 애초에 그들이 진정한 메시아의 "제자들"이라고

---

31 Shepherd, *Function*, 228-9과는 반대로.

32 이러한 핵심적인 특징들은 에베소 제자들이 아볼로에게서 회심한 자들이며, 아볼로와 마찬가지로 온전한 그리스도인이었다는 Menzies의 견해를 개연성이 없는 것으로 만든다(Menzies의 *Development*, 268-77; *Empowered*, 218-25을 보라. 유사한 입장이 H. S. Kim, *Die Geisttaufe des lukanischen Doppelwerks* [Berlin: Lang, 1993], 212-38에 의해서 견지되고 있다).

단정할 수 없었을 것이다). 19:4에 있는 정보 중 유일하게 다른 항목은 **예수가** 바로 그들이 소망하고 있었던 그 메시아라는 것이다. 그러나 만일 그것이 그들이 "들었던" 새로운 점이라고 한다면, 그들이 곧이어 "주 예수 안으로 세례를 받았다"는 것은 거의 의아스럽지 않다. 그들은 아직은 온전한 **그리스도인** 제자들이 아니었던 것이다. 어떤 이유에서인지 누가는 그들을 19:4에 이르기까지 거의 그리스도인인 것처럼 묘사했기 때문에,[33] 핵심은 **그런 다음에 성령이 평소와 마찬가지로 그들의 회심-입문 패키지의 일부로서 주어진다는 점, 즉 19:5과 19:6 사이에 아무런 의미심장한 "지연"도 함축되어 있지 않다는 점이다**(그리고 19:3에 있는 바울의 질문은 성령이 **정상적으로는** 기독교 세례와 연결해서 주어진다는 사실을 전제로 하고 있으며, 이는 곧 세례가 이 선물로 이끌어주지 않았다면, 세례에 의문을 품어야 한다는 것이다).

이 사실은 사도행전에 나타난 성령의 선물의 성격에 대해 우리에게 무엇을 전하는가? 폰 베어는 (궁켈에 반대하여) 만일 성령이 **모든 사람에게, 회심 때에** 주어진다면, 그 선물이 순전히 카리스마적인 권능의 부여라고 생각할 수 없다고 주장했다.[34] 이제는 그 관찰을 통해서 제기된 쟁점들을 살펴볼 차례이다.

IV. 부가적인 선물인가, 구원론적 필수인가?

앞서 지적했듯이(앞의 I.3), 사도행전에서 성령의 선물은 무엇보다도 예수를 증거하는 일에 대한 예언적 권능 부여(prophetic empowerment)라는 일

---

33 Käsemann, Wilkens, Wolter의 개연성 없는 설명에 대한 마땅한 비판으로는 무엇보다도 C. K. Barrett, "Apollos and the Twelve Disciples of Ephesus", W. C. Weinrich (ed.), *The New Testament Age: Essays in Honor of Bo Reicke, Vol. 1* (Macon: Mercer, 1984), 29-39과 Menzies, *Development*, 268-70을 보라.

34 *Geist*, 190-2.

반적인 일치가 있다. 보통 이 사실은 두 가지 중 하나로 해석되어왔다. (i) 고전적인 오순절 전통에 속한 학자들(특히 스트론스태드와 멘지즈)[35]은 누가가 제자들에게 주어진 오순절의 선물을 **예수의 요단강 체험과 병행되는 것으로**, 따라서 오로지[36] 사명에 힘을 부여해주는 부가적인 선물(donum superadditum)인 것으로 이해하고 있으며(눅 4:18-21 // 눅 24:47-49; 행 1:8; 2:11),[37] 이 제자들의 오순절 체험이 모든 신자를 위한 전범으로 취급되었다고 주장하는 경향이 있다. (ii) 아야-프라와 멩빌은 좀 더 광범위한(교회론적으로 지향되어 있는 것들을 포함하는) 목적들에 기여하는 카리스마적 부여를 주장한다.

1. 성령은 오로지 선교를 위한 권능의 부여인가?

확실히 이 해석은 유지하기에는 너무 좁은 견해이다. 그리고 예수의 경우와의 병행점들을 가지고 논증하는 것은 양날을 가진 칼이 될 수도 있다.[38]

---

35 Stronstad, *Theology*, 51-2; Menzies, *Development*, 198-207; *Empowered*, 168-75. 그러나 J. B. Shelton, *Mighty in Word and Deed: The Role of the Holy Spirit in Luke-Acts* (Peabody: Hendrickson, 1991), chs. 10-11도 참조하라.

36 "오로지, 배타적으로"에 대해서는 Stronstad, *Theology*, 12; Menzies, "Luke and the Spirit", 119, 138-9을 보라.

37 누가가 제공하고 있는 요단강과 오순절 사이의 병행점들은 오랫동안 관찰되어왔다. 특히 von Baer, *Geist*, 8; Talbert, *Literary Patterns*, 16; Chevallier, "Luc", 5; Stronstad, *Theology*, ch. 4; L. O'Reilly, *Word and Sign in the Acts of the Apostles* (Rome: PBI, 1987), 29-52; Mainville, *L'Esprit*, 285-6, 291; Menzies, *Development*, 201 (n.2), 206-7을 보라.

38 Dunn, *Baptism*, chs 3-4은 제자들이 오순절에 오로지 새 언약과 종말론적 아들됨 가운데 들어간다는 점을 입증하기 위해서만 동일한 병행점들을 활용하고 있다. 그러나 병행점들로부터 끄집어낸 그 논의는 세심하게 분석할 필요가 있다. 누가의 다섯 번째와 마지막 부분에서 고난을 향해 나아가는 예수의 여정과 사도행전 다섯 번째와 마지막 부분에서의 바울의 여정 사이의 많은 병행점들은 그 두 고난이 대칭적인 신학적 의미를 지녔음을 의미할 가능성이 거의 없다. 요단강/오순절 병행점들의 경우에, 예수는 성령의 압박을 받아서 요단강으로 오는 반면에(1:35) 제자들은 그에 상응하는 아무런 경험이 제시되어 있지 않기 때문에, 그 주장은 "양날을 가진 칼"이 된다. 따라서 오순절은 눅 3:22에 대한 권능 부여의 병행점만이 아니라

분명 누가는 사도들에게 주어진 성령의 선물을 증거를 위해 권능을 부여해주시는 것으로 부각시킨다(눅 24:47-49; 행 1:8). 그러나 그 까닭은 증거의 확장이 사도행전의 중심 플롯 중 하나이기 때문이다. 그리고 열둘(특히 베드로)은 이 일에서의 리더들이다(최소한 행 15장에 이르기까지). 마찬가지로 근접 문맥은 사명을 위한 권능의 부여와 함께 바울에게 성령이 주어짐에 초점을 맞추고 있는 것으로 보인다(9:17). 그러나 만일 그렇다면(그리고 명백하지는 않지만) 13장 이후의 누가의 서술을 지배하게 될 주제는 바울의 선교라는 사실에 비춰볼 때 그러한 강조는 전적으로 이해할 만하다. 그러나 누가가 이 선물을 이 리더들에게 **오로지** 선교적인 권능의 부여로서만 역할한 것으로 생각했다고 단정할 필요는 거의 없다. 유대교도 초기 기독교도 그러한 생각에 대한 준비가 없었다. 그리고 어째서 누가가 그러한 선물을 **보편적인** 선물로, 그리고 통상적으로 회심(conversion) 때에 주어지는 것으로 생각해야 했는지를 이해할 수 없게 될 것이다(앞의 III을 보라).

누가는 분명 모든 회심자들이 다메섹의 바울처럼(9:20) 즉시 나가서 전파한다고 믿지 않는다. 오히려 2:42-47에 나오는 누가의 패러다임적인 요약에 따르면, 신자들은 교훈을 받고, 식탁 교제와 예배에 동참하며, 교회 공동체의 삶에 참여한다. 예루살렘에서 대체로 설교하고 전파하며 표적을 행하면서 "하나님의 말씀의 사역"을 감당했던 이들은 일반적인 일단의 신자들이 아니라 사도들이었다(6:2; 참조. 4:33). 이 일에 스데반(참조. 6:8, 10)이나 빌립(8:5-40, 참조. "전도자"[21:8])과 같이 특별히 능력을 받은 어떤 사람들이, 혹은 예외적인 경우에서처럼, 베드로와 요한의 "친구들"의 집(4:23, 31)이 사도들과 합세한다. 사도행전 8장을 넘어서도 그 이야기는 마찬가지다. 누가가 대다수의 그리스도인이 다른 형태로 된 말로 하는 증거에 참여했다고 믿었을 가능성이 많지만, (좀 놀랍게도) 그는 어느

눅 1:35에서 끌어낼 수 있는 예수의 경험의 요소도 반드시 포함해야 한다고 주장할 수 있다. 이 경험은 제자들의 경우에는 결여되어 있다.

곳에서도 (회심한 지 얼마 되지 않은 신자는 말할 필요도 없고) 교회의 보통 신자가 활발하게 말씀을 전파한다고 진술하고 있지 않다. 오히려 이 일은 빌립, 바울, 바나바, 요한 마가, 실라, 디모데, 아볼로, 즉 전도자들과 그 동역자들(누가는 틀림없이, 이름을 들지는 않았지만 훨씬 많은 이가 그들 중에 있음을 알고 있었을 것이다. 참조. 8:4;[39] 11:19, 20 등)에게 맡겨졌던 것으로 보인다.

다시 말하지만, 성령이 사마리아인들에게도 주어지고, 고넬료의 집안과 에베소의 "열두 제자"에게도 주어졌지만, 이 주어짐이 오로지 선교를 위한 권능의 부여라는 어떠한 제시도 나타나지 않는다. 사실상 누가는 이 사람들 중에서 그 누구도 어떤 종류의 전도 활동과 연관 짓지 않고 있다.[40] 마지막으로, 이 견해는 선교적인 권능의 부여와는 거의 혹은 전혀 무관하지만 교회의(혹은 교회 안에 속한 개인들의) 영적인 삶에 기여하는 사도행전에 있는 성령과 관련된 본문 전체에 대해서 모른 체하는 경향이 있다. 이러한 점들을 고려하기 위해서는 무엇보다도 아야-프라의 연구조사로 눈길을 돌려야 한다.

---

39 행 1:8은 "다" 흩어졌다고 일반화하고 있다. 그리고 8:4은 "흩어진 자들이 두루 다니며 말씀을 전했다"고 전한다. 그렇지만 나중 구절은 8:1의 "다"를 반복하지 않는다. 그러므로 "각 사람"이 다 말씀을 전파했다는 뜻일 수 없고, 단지 그들이 흩어져 나간 결과 말씀이 (어떤 이들에 의해서) 전파되었다는 뜻일 뿐이다.

40 Stronstad, Shelton, Menzies는 다양하게 다음과 같이 주장했다. (1) 그 은사를 부여해주는 안수 행위(8:17과 19:6)는 선교를 위한 임명의 안수(ordination)다. (2) 고넬료 집안의 주어짐에는 행 2장의 전도에 기여했던 하나님의 기이한 행사에 대한 증거와 동일한 예언적 표출이 수반되어 있다. 그러므로 그 주어짐은 성령을 전도를 위한 권능 부여로 제시한다. (3) 나중의 정리 대목들은 사마리아, 가이사랴, 에베소에서의 교회 성장에 대해 말하고 있고, 따라서 관련된 집단들에게 주어진 성령을 선교를 위한 권능 부여로 확인하고 있다. 그러나 이 각각의 주장은 특수한 탄원으로 보인다. M. Turner, "Empowerment for Mission?' The Pneumatology of Luke-Acts: An Appreciation and Critique of James B. Shelton's *Mighty in Word and Deed*", VoxEv 24 (1994), 103-22, 특히 114-17을 보라. 좀 더 최근에는 J. M. Penney, *The Missionary Emphasis of Lukan Pneumatology* (Sheffield: SAP, 1997)가 그 주장을 새롭게 선보였다. 그에 대한 대답으로는 Max Turner, "Every Believer as a Witness in Acts? — in Dialogue with John Michael Penney", *Ashland Theological Journal* 30 (1998), 57-71을 보라.

2. 교회의 카리스마적 권능 부여인 성령

멩빌과 아야-프라는 누가에게 있어 성령이 무엇보다도 선교의 추동력임을 인정하면서도, 이것이 전부가 아님을 확인한다. 사실상 직접적인 전도의 의미를 전혀 갖고 있지 않으며, 오히려 분명히 교회 자체의 유익을 위한 성령의 활동들에 대해 말하고 있는 많은 텍스트들 중에서 가장 주목할 만한 것은 5:3, 9(아나니아와 삽비라의 죄는 성령에게 거짓말을 하고 있는 것으로서 성령이 교회의 성결을 감찰하고 있음을 암시함); 6:3(성령으로부터 지혜를 부여받은 자들이 논란의 정황 가운데서 구제의 문제에 봉사하도록 임명되고 있음); 11:28(기근에 대한 아가보의 예언 덕분에 안디옥 교회가 구제를 준비할 수 있게 됨); 20:28(성령이 교회에게 지도자들을 지명함)이다. 상당수의 다른 텍스트들이 순전히 개인적인 예언들과 연결되어 있다(예를 들어 행 20:23; 21:4, 11에 나오는 바울에 대한 경고의 예언들). 물론 교회에 유익을 주거나 교회의 방향을 가리켜주는 어떤 카리스마타(은사들)는 또한 이차적으로 선교학적 의의를 지닌다. 교회 안에서의 유대인들과 이방인들 사이의 관계를 명료하게 밝히는 일뿐만 아니라, 사도행전 15:28에서 성령에 의해 촉발된 결정은 아마도 이방인들에 대한 선교를 좀 더 쉽게 해주었을 것이다. 마찬가지로 주님에 대한 경외 가운데서, 성령의 위로 가운데 살고 있는 교회들은 회심자(개종자)들을 이끌 것을 기대할 수 있다(9:31). 바나바와 같이 은사를 받은 자들의 격려와 도전을 받는 교회들이 그러하듯이 말이다(11:24). 하나님의 은혜로 말미암아 심지어 배척을 당할 때조차도 "기쁨과 성령이 충만하게" 되는 선교사들(13:52)은 틀림없이 그로써 다음 차례의 선교 활동을 위한 새 힘을 얻는다. 그러나 이러한 것들은 누가의 내러티브 가운데서 때로 사건들에 대한 진술을 연결하면서 시사되고 있는 **부차적인** 선교적 **효과들**일 뿐이다. 그것들은 문제의 카리스마타(은사들)의 일차적인 목적이 아님이 명확하다. 다른 그리스도인들과 마찬가지로, 누가는 분명 성령이 외부인들을 교회 안으로 이끌도록 교회에게 권능을 부여할 뿐만 아니라, 교회 안에 있는 사람들의 유익을 위해서도 존재한다고 생각했다.

또한 아야-프라는 과연 성령이 그리스도인의 일상생활에서 어떤 역할을 하는지에 대해 특별히 주목했다.[41] 그러나 이 점에서 그는 궁켈에게 동의하는 경향이 있다. 누가는 세례로 표현된 회개하는 믿음을 죄에 대한 용서의 형태로 된 "구원"을 가져오는 것으로 여긴다. 그리고 예수는 자신의 "이름" 안에서, 자신의 "이름"을 통하여 그 공동체에 "임재"(현존)한다. 성령은 이 모든 것을 받은 사람들에게 주어진다. 그래서 부가적인 선물로서 주어진다. 만일 성령이 때때로 "지혜"(눅 21:15; 행 6:3)와 "기쁨"(13:52; 참조. 눅 10:21) 혹은 "믿음"(6:5; 11:24)으로 사람을 채운다면, 이러한 일은 보통의 그리스도인의 덕목들에 대한 예외적이며 강력하게 카리스마적인 강화(intensifications)에 해당한다. 성령은 기독교적인 믿음, 기쁨, 지혜의 보통 수준에는 요구되지 않는다. 이는 누가에게 있어 이러한 것들이 아무런 외부적인 도움이 없이도 이루어질 수 있는 인간의 가능성의 영역 안에 속하는 것이기 때문이다. 또한 아야-프라는 교회의 새로운 삶에 대한 요약들(2:42-47; 4:32-37) 가운데에는 아무것도 성령에게서 직접적으로 기인한 것이라 여길 만한 것이 없다는 점에 동의한다. 그러나 이러한 것들이 오순절과 "작은 오순절" 기사(Little Pentecost)에 곧 이어서 등장하고 있기 때문에, 누가가 성령을 그 기사들 속에 기록되어 있는 도덕적이며 종교적인 삶의 한 부분의 감동인 것으로 이해했을 가능성이 있음을 인정한다.[42] 이 마지막 인정은 아마도 자제하면서 한 말일 것이다. "성령의 이스라엘"에 대한 기대가 가지고 있는 내러티브상의 긴장이 사도행전 2:1에서부터 2:38-39까지 조심스럽게 형성되어 있다. 그렇지만 회심에 대한 정리와 이 공동체의 삶(2:40-47)은 성령에 대해서 **단 한 마디도 언급하지 않는다.** 이 장치

---

41 *L'Esprit*, ch. 6.

42 앞의 책 156, 162. Shephard의 좀 더 긍정적인 내러티브비평적 주장들을 보려면 *Function*, 167, 170-3을 보라.

는 독자로 하여금 새 공동체의 전반적인 역동성의 원인이, 여기에 언급되어 있지 않은 약속된 성령의 도래와 카리스마타(은사들)라는 가정을 가지고 그 긴장을 해소할 것을 요청한다. 물론 이러한 이야기는 "예언의 영"이 윤리적 갱신과는 아무런 상관이 없다고 생각하는 사람들의 저항을 받을 수 있다. 그렇지만 그러한 가정은 증거에 대한 심각한 왜곡에 근거한 것으로 보인다. 유대적인 종교 문화 환경에서, "카리스마적 지혜"(유대교에서 "예언의 영"으로부터 기인되는 것으로 돌려지는 두 번째로 가장 흔한 은사)는 믿음에 대한 역동적인 갱신된 이해를 제공해줄 것이 정확히 기대되었다. 그 믿음은 다른 사람들을 향한 카리스마적인 가르침 안으로 흘러들어 가거나, 카리스마를 받은 사람과 가르침을 소개받는 사람들 가운데서 기꺼운 순종과 예배/감사를 불러일으킨다(참조. 이러한 요소들을 결합하고 있는 구절로는 이미 Sir. 39:6이 있다).[43] 이에 비추어볼 때, 앞에서 성령과 지혜와 기쁨 혹은 믿음이 "충만한" 것으로 묘사된 사람들의 경우는 성령의 역사의 종류가 아니라 정도에 있어서만 예외적인 것으로 간주되어야 할 것이다. 그 동일한 "예언의 영"이 공동체 안에서 변혁을 일으키시는 하나님의(그리고 그리스도의) 임재에 대한 강력한 느낌을 설명해주는 것으로 기대되었다. 그러므로 종말론적인 "예언의 영"이 보편적으로 주어지게 되었다는 베드로의 약속을 듣는 유대인이라면 누구나 마땅히 성령이 공동체를 종교적·윤리적으로 갱신하는 권능일 것이라고 기대할 수 있었을 것이다. 나는 입증 책임이 누가 그렇게 생각하지 않았다고 주장하는 사람들에게 있다고 본다.

이 사실은 과연 누가가 이 카리스마적인 "예언의 영"이 동시에 구원론적으로 필수적인 것이라고, 즉 이스라엘 자신의 회복을 이루어내는 권능이라고 함축하고 있느냐 하는 물음을 제기한다.

---

43 참조. 또한 제1장, II, §§3-4에 있는 텍스트들; Philo, *Giants*, 55과 여러 곳; *T. Simeon* 4:4; *T. Benj.* 8:1-3 등.

3. 이스라엘 회복의 카리스마적 권능인 성령?

이미 지적했듯이, 성령의 메시아에 대한 누가의 묘사는 이스라엘의 회복
에 대한 소망들을 배경으로 하고 있다. 누가복음 1-2장은 이스라엘을 속
량하고 변화시킴으로써 회복하고, 이스라엘을 이방인들을 향한 빛으로 삼
을 **다윗 계열의** 메시아에 대한 소망을 상기시키고 있다(참조. 1:32-33, 35,
68-79; 2:25, 26, 29-35, 38). 누가는 전승 자료를 사용하고 있는데, 이 자료
는 하나님의 "거룩한" 아들인 예수의 수태를 성령에게로 추적하고 있으
며, 이것을 이사야 32:15에 대한 암시와 결합함으로써 이스라엘의 갱신의
원천인 성령(눅 1:35)에게로까지 소급하여 추적하고 있다. 오실 자가 성령
과 불로 세례를 주실 것이라는 세례 요한의 약속 역시 이 시나리오에 속하
며, 이사야 4:4과 11:1-4에 대한 유대적 성찰을 발전시키고 있을 가능성
이 높다. 세례 요한 자신은 이스라엘을 체로 쳐 걸러내면서 메시아를 위해
준비시켰다. 그 메시아는 성령에 의해 권능을 받아서 맹렬하며 정화시키
는 의로운 통치를 통해 마침내 시온을 정결하게 하실 것이다. 누가에게 있
어, 예수의 사역은 이 일을 출범시킨다. 그것은 이스라엘의 ("죄인들"까지도
포함하는) 모든 영역에 대한 호소이다. 이스라엘의 변혁에 참여하고, 보그
(Borg)가 말하는 "자비의 패러다임"(paradigm of mercy)에 기초해 있는 화해
의 공동체가 되라는 호소이다.[44] 이 자비의 패러다임은 해방하는 힘 가운
데 거하시는 하나님의 화목의 임재/현존(=하나님 나라)에 의해 감동을 받고
가능케 되는 패러다임이다.[45] (대부분의 유대교에서와 마찬가지로) 누가에게 있

---

44 M. J. Borg, *Conflict, Holiness, & Politics in the Teachings of Jesus* (Lewiston: Mellen, 1984).

45 다른 접근들에 의해서 도달된 비슷한 결론들로는 예를 들어 Ben F. Meyer, *The Aims of Jesus*
(London: SCM, 1979); G. Lohfink, *Jesus and Community* (London: SPCK, 1985)를 보라. 참
조. 또한 L. D. Hurst, "Ethics of Jesus", J. B. Green and S. McKnight (eds.), *Dictionary of Jesus
and the Gospels* (Leicester: IVP, 1992), 210-22. 이러한 것들은 역사적 예수를 논하기 위한
시도들이다. 그러나 누가는 가장 최선의 증거 몇 가지를 제공하며, 그의 편집 가운데서 비슷
한 그림을 그리고 있다. I. Howard Marshall과 J. O. York는 마리아의 찬가 가운데서 예견되

어 이것이 바로 "구원"이다. 그 내용은 단지 "죄 용서"와 미래의 복에 대한
확신(이는 이미 율법주의적인 유대교에 전제되어 있었던 것들이다)이 아니다.[46] 대
망의 하나님의 용서는 더 구체적으로 말해서 압제당하고 슬픈 이스라엘
의 상태가 보여주는 이스라엘에 대한 하나님의 징계를 제거해주게 될 용
서이다. 그리고 소망의 구원은 마찬가지로 이스라엘을 두려움 없이 거룩
함과 의로움 가운데서 "평화"의 공동체로서 하나님을 자유롭게 섬기도록
해방시켜주는 구원과 메시아의 통치이다(참조. 눅 1:68-79).[47] 이 구원은 제
한적이기는 하지만 성령에 의해 권능을 부여받은 예수의 행위와 가르침
을 통하여 그의 제자들 가운데서 현재의 일이 되었다(참조. 특히 4:18-21).[48]

고 있는 "상반되는 역전"(bi-polar reversals)이 예수의 사역과 가르침 가운데서 성취될 것이
며, 이것들이 지적하고 있는 제자도의 삶 가운데서 성취될 것으로 보인다는 점을 상당한 정
도로 보여주었다(I. H. Marshall, "The Interpretation of the Magnificat: Luke 1:46-55" in C.
Bussmann and W. Radl [eds.], *Der Treue Gottes Trauen* [Freiburg: Herder, 1991], 181-96; J.
O. York, *The Last Shall Be First: The Rhetoric of Reversal in Luke* [Sheffield: SAP, 1991]). 참조.
Turner, *Power*, ch. 11.

46 유대인들은 (괴거에 그렇다고 생각했듯이) 구원을 달성하기 위해서 율법의 각 조목을 완선
하게 지킬 필요가 있다고 믿었던 "율법주의자들"(legalists)이 아니었다. 본질적으로 대부분
의 유대인은 하나님이 자신들을 선택하셨으며, 하나님이 자신들을 **은혜로** 영원한 생명을 얻
도록 정해놓으셨다고 믿었다. 그리고 (이를테면, 엄청난 죄를 회개하지 않으므로써) 의도
적으로 언약을 어길 경우에만 그 유대인이 새 창조에 들어가지 못하게 금지될 것이라고 믿
었다. 그렇지 않을 경우, 회개와 희생 제사와 대속죄일 등은 모두가 죄인을 향한 하나님의 자
비하심에 대한 증거로서, 또한 용서를 받게 하기 위해 하나님이 정해주신 수단으로서 존재
했다. 이처럼 유대인은 하나님의 은혜와 부르심에 대한 감사의 **응답**으로서 율법을 준수했다
(구속받은 질서 가운데서 한 자리를 얻기 위해서 준수했던 것이 아니다). 이러한 신념 유형을
(의도적으로 "율법주의"[legalists]와 대조하기 위해서) "노미즘"(nomism, 율법주의 또는 신
율주의)이라 일컫고 있다.

47 참조. N. T. Wright, *The New Testament and the People of God* (London: SPCK, 1992, 『신약성
서와 하나님의 백성』, CH북스 역간), part III (Judaism), 그리고 누가에 대해서는 373-83. 또
한 K. Stalder, "Der Heilige Geist in der lukanischen Ekklesiologie", *Una Sancta* 30 (1975),
287-93. 그리고 Turner, *Power*, chs. 5, §3; 11; 13 및 14, §3을 보라.

48 Conzelmann은 "구원"이 다만 이 시기에 제한되었다고 주장하기 위해 von Baer의 세 시기
틀을 사용했다. Dunn (*Baptism*, chs. 3-4)은 동일한 틀을 사용해서 제자들이 다만 오순절 이
후에야 구원을 직접 경험하기 시작했을 뿐이라고 주장했다. Conzelmann의 견해에 대한 반
대 의견으로는, 예를 들어 I. H. Marshall, *Luke: Historian and Theologian* (Carlislie [Exeter]:

그러나 수난의 사건들은 철저한 변화를 촉진한다. 콘첼만(Conzelmann)에게 있어, 물론 수난은 사탄의 복귀를, 그리고 과거 공생애의 "사탄 없이" 이루어졌던 시기에 대한 기억의 수준으로 "구원"이 격하되는 미래를, 그리고 종말에 대한 소망을 의미한다. 이에 반하여, 프랭클린(Franklin)은 누가복음 19:11-27, 22:14-30, 23:42, 43, 24:49 등이 모두 하나님의 변화를 일으키는─그의 메시아 왕을 통한─통치가 수난을 통해 약화되기보다는 오히려 **강화될 것**을 내다보고 있다고 올바르게 관찰했다. 이에 답하면서 사도행전 2:33-36은 예수가 왕권과 권력(power, 권능)의 최고 윗자리, 하나님 우편에 있는 다윗의 "주"의 보좌에 올랐음을 주장한다. 프랭클린과 멩빌 둘 다 강조했듯이, 이것은 누가의 기독론과 구원론의 절정이며, 누가복음 1:32, 33에 있는 약속의 성취이다.[49]

그러나 야곱의 집에 대한 이 회복적인 다윗의 통치(눅 1:32, 33)가 어떻게 하늘 보좌로부터 이행되는가? 그리고 공생애의 예수에 의해 시작된 "구원"이 어떻게 제자들 가운데서 계속해서 유지되고 강화되는가? 누가복음 24:47과 사도행전 1:3-8은 오직 한 가지 가능성을 제공한다. 즉 이미 예수가 그 구원을 출범시켰던 한 가지 수단, 말하자면 지금 그 메시아의 집행의 권능으로서 부어진 성령이다(행 2:33). 열두 제자들과 그들을 중심으로 하고 있는 공동체가 구원의 메시지를 "땅 끝까지" 전함으로써(행 1:8; 참조. 13:47) 이사야 49:6의 열방을 향한 빛으로서의 운명을 성취할 수 있게 할 바로 그 "예언의 영"은, 그리하여 또한 야곱을 일으켜 세울 권능이자 이

Paternoster, 1997 [1970]); E. Franklin, *Luke: Interpreter of Paul, Critic of Matthew* (Sheffield: SAP, 1994), 13-26과 249-61을 보라. James Dunn의 견해에 대한 반대 의견으로는 Turner, "Jesus and the Spirit", 특히 29-34; Menzies, *Development*, chs. 6, 8 and 9; Turner, *Power*, chs. 9 and 11을 보라.

49 E. Franklin, "The Ascension and the Eschatology of Luke-Acts", *SJT* 23 (1970) 191-200; 같은 저자, *Christ the Lord* (London: SPCK, 1975), 29-41; 같은 저자, *Luke*, 249-61. Mainville은 행 2:33이 누가-행전 전체의 문학적·신학적 열쇠라고 주장한다(*L'Esprit*, 여러 곳). 참조. Turner, *Power*, ch. 10.

스라엘의 보전된 자들을 회복할 권능이 될 것이다(참조. 사 49:5, 6). 따라서 누가는 편집상으로 "아버지의 약속"(1:4)을 세례 요한의 말과 동일화시킨다. 즉 예수는 이제 세례 요한이 약속했던 대로 "성령으로" 그들에게 "세례를" 주실 것이다(1:5, 그리고 1:6에 나오는 질문은 이 일이 이스라엘을 정화하는 일/회복하는 일과 따라서 열방에 대한 이스라엘의 약속된 "통치"[참조. 단 7장]와 연결될 수 있음을 제자들이 바르게 인식하고 있음을 보여준다).[50] 그리고 이 성령은 "위로부터" "그들 위에 임할" 것인데(1:8; 참조. 눅 24:49), 이것은 이사야 32:15(70인역)과 성령을 통한 이스라엘의 회복의 약속(32:15-20)에 대한 분명한 또 하나의 암시를 보여준다. 간단히 말해서 사도행전으로 진입하는 초입부 본문 내용들은 성령의 선물이 단지 증거에 대한 권능을 부어주는 일만이 아니라, 개인과 회중 가운데서의 "예언의 영"의 다양한 활동이 또한 다 같이 이스라엘의 변혁/구원을 실효 있게 해주는, 공동체 안에서의 하나님의 숙청 및 회복의 권능을 구성하게 될 것임을 제시한다.[51] 후자의 사상적 흐름은 사도행전 여러 곳에서 발전되고 있다.

(1) 오순절 기사(2:1-13)는 상당히 의도적으로 시내 산 신현 사건에 대한 유대적 기사들을 반영하고 있다(오순절 기사는 필론의 기사에 의존해 있지는 않지만 상당히 비슷하다).[52] 그리고 예수는 (복음서에서처럼) 단지

---

50 세례 요한의 약속은 분명 (Menzies의 주장처럼) 그 제자들이 증거하고 이스라엘을 바꾸어놓도록 권능을 부여받게 될 것에 대한 확신으로 격하될 수 없다. 강조된 "너희"(가 세례를 받으리라)는 이스라엘에 대한 예수의 메시아적인 숙청(청결)의 대상들로서 (이스라엘의 나머지 사람들과 더불어) 그들을 포함한다. 세례 요한의 약속에 대한 누가의 개념에 대한 이러한 더 폭넓은 회복에 대한 견해로는 Kim, *Geisttaufe*; Turner, *Power*를 보라.

51 또한 D. L. Tiede, "The Exaltation of Jesus and the Restoration of Israel in Acts 1", *HTR* 79 (1986), 278-86; Kim, *Geisttaufe*를 보라.

52 이 장면에서 모세/시내 산과의 병행되는 점들을 물리치기 위해 Menzies가 한 시도(*Development*, 235-41; *Empowered*, 189-201)는 다소 의도적인 것처럼 보인다. 그가 제시한 대안적인 신현적(theophanic) 병행점들은 사도행전이 제공하고 있는 시내 산 신현에 대한 가장 중요한 병행점들을 결여하고 있기 때문이다. 그 신현들은 회집한 하나님의 백성 앞에서 일어난 지상

다윗 계열의 메시아로서만이 아니라 모세와 같은 예언자로서도 하나님의 우편으로 높여진다(참조. 또한 3:18-23). 특히 그가 이스라엘의 실존의 결정적인 새 국면의 초입에서, 그리고 놀랍게도 시내 산과 유사한 신현 현상들 가운데서, 자기 백성에게 주는 근본적인 중요성을 지닌 선물을 받기 위해 높은 곳에 오르시는 것은 모세와 같은 예언자로서 하는 행동이다(2:33, 34; 참조. 출 19:3; 시 68:18[특히 타르굼역]; Josephus, *Anti*. III. 77-78 등).[53]

(2) 사도행전 2:42-47과 4:32-35에 요약되어 묘사되고 있는 그 공동체의 생활은 누가복음 1-2장에서 소망하고 있는 구원과, 그리고 예수의 설교의 중심 논지 및 목표와 일치한다. 그 공동체는 두려움이 없이 하나님께 예배를 드리며, 거룩함과 의로움 가운데서 하나님을 섬기며, 베풂이 있는 부자들을 통해서 가난과 궁핍이 사라지는 공동체, 압제자들이 없는 공동체로서 열둘이 이끄는 화해의 이스라엘이다.[54] 예수의 소망들의 이 "성취"가 갑자기 부상하게 된 것이 예수가 야곱에 대한 그의 통치를 확대하고 시온을 청결하게 하는 "세례"를 주는 수단인 성령으로부터 말미암은 것이 아니라면 무엇으로부터 비롯된 것이겠는가? 물론 성령이 그와 같은 활동을 수행하는 것은 "예언의 영"으로서의 활동이 **아니라고** 가정할 필요는 전혀

에서의 한 사건에 관심을 기울이지도 않으며, 이스라엘을 위한 구속사적 전환점에 일어나지도 않고, 이스라엘의 구속자가 하나님 앞에 올라간 일 뒤에 따라오지도 않으며, 만방에 이르는 기적적인 연설을 포함하고 있지도 않다. 좀 더 균형 잡힌 평가로는 A. J. M. Wedderburn, "Traditions and Redaction in Acts 2.1-13", *JSNT* 55 (1994), 27-54을 보라.

53 J. Dupont, "Ascension du Christ et don l'Esprit d'apres Actes 2.33", Lindars and Smalley (eds.), *Christ and Spirit*, 219-28; M. Turner, "The Spirit of Christ and Christology", H. H. Rowdon (ed.), *Christ the Lord* (Leicester: IVP, 1982), 168-90, 특히 174; 같은 저자의 *Power*, ch. 10, §§1-2을 보라.

54 D. P. Seccombe, *Possessions and the Poor in Luke-Acts* (Linz: SNTU, 1982), 200-9; York, *Last*, 62을 보라. 회복된 공동체에 대한 참여로서의 "구원"에 대해서는 Joel B. Green, *The Theology of the Gospel of Luke* (Cambridge: CUP, 1995); Turner, *Power*, ch. 13을 보라.

없다.[55] 사도들과 여타의 예언자적 인물들의 카리스마적인 가르침 가운데서, 공동체의 카리스마적인 찬양 가운데서, 복음 및 그 함의를 즐거이 파악하게 하는(아마도 그렇게 함으로써 가난한 자들을 보살피는 사랑이 움직이게 해주는) 영적인 지혜 가운데서 경험되는 성령은 회중 가운데 있는 명백한 "열정"과 하나님의 변화시켜주는 임재에 대한 감각을 설명하는 데 적절할 것이다.

(3) 세례 요한의 약속 가운데 자리 잡고 있는 이스라엘을 "정결하게 씻겨줌" 혹은 숙청이라는 사상은 아나니아와 삽비라 사건에서(참조. 5:3, 9), 그리고 고넬료 사건에서 가장 현저하게 등장한다. 후자와 관련해서, 예수가 성령을 통해 시온을 숙청/정결하게 하실 것이라는 세례 요한의 약속이 "기억"되고 있는 단 한 차례가 이방인들이 과연 "깨끗"할 수 있는지(행 10장의 초점)를 묻는 와중이라는 사실은 결코 우연일 수 없다. 예언의 영에 그들이 참여한다는 사실은 고넬료의 집안이 그 성령을 통해 그 메시아가 정결하게 하시고 회복하시는 "이스라엘" 가운데서 한몫을 차지한다는 점을 보여준다. 따라서 그들은 세례를 받도록 허락되고 있으며, 나중에 베드로는 하나님이 "믿음으로 그들의 마음을 씻기셨음"을 지적한다(15:9).

처음에 베드로와 교회를 깜짝 놀라게 만들었던 이 전체 사건은 이스라엘의 소망에 대한 어떤 재해석으로 인도했다고 여겨진다. 3:19-26에서, (다 함께) 아브라함의 자손으로서 메시아를 중심으로 이루어지는 이스라엘의 민족적 회복은 마침내 창세기 22:18에 약속된 그 복의 보편화로 이어질 것이 기대되었다. 그러나 15:14-18을 보면, 원칙적으로 이스라엘의 회복은 완결된 것으로(단지 디아스포라에게로 더 확대되어 나갈 뿐이라고) 말하는 것으로 보인다. 따라서 이제는 이방인들이 유입되는 종말론적인

---

55 Shephard, *Function*, 167에 대한 반대 견해로는 Turner, *Power*, ch. 13을 보라.

106

때라는 것이다. 누가복음 1-2장에 나오는 소망들은 (비록 좀 놀라운 방식이 긴 하지만) 대부분 성취되었다.[56]

결론을 맺자면, 누가의 "예언의 영"을 부가적인 선물로 격하시키기는 어렵다. 분명 "증거에 힘 실어주기"(권능 부여하기) 이상의 많은 것이 있다. 사명에 기름을 부어주는 성령의 바로 그 은사들(카리스마적인 계시, 지혜, 예언, 설교, 송영)은 또한 공동체를 양육하고 형성시키며 청결하게 해주어 그 공동체를 이스라엘의 회복의 소망들을 뒷받침해주는 메시아의 "평화"의 공동체로 만들어나간다. 이 선물이 없이는 제자들이 예수의 사역 가운데서 경험했던 그 "구원"에 대한 **지속적인** 경험은 전혀 있을 수 없다. 그리고 그 경험을 심화하는 일은 전혀 없을 것이다(만일 빌립과 사도들이 8:17에서 허락된 그 성령이 없이 떠났다고 한다면, 사마리아인들에 대해서도 비슷한 경우를 말할 수 있을 것이다). 그것은 하늘에 오르신 주께서 이스라엘을 청결케 하시고 변화시키는 통치를 행사하는 수단이며, 그의 구원을 땅끝까지 증거하는(1:8; 13:47) 이사야서의 종으로서 이스라엘을 사용하시는 수단이다. 이 점에서 누가의 성령 이해는 보통 단정되고 있듯이 바울이나 요한의 성령 이해와 그리 다르지 않다.[57]

---

56 참조. J. Jervell, *Luke and the People of God* (Minneapolis: Augsburg, 1972), 특히 41-74. 만일 누가가 이스라엘이 다시 대규모로 믿음으로 되돌아오는 어떤 일을—그에 대해서는 거의 징후가 없지만—예견하고 있다고 한다면, 그것은 그가 알고 있는 교회 가운데서 일어날 것이다. 즉 예루살렘에 좌정한 메시아에 의해 다스려지는 성전-과-토라 중심의 민족 이스라엘이 아니라 하나님의 우편에 있는 다윗의 보좌에 앉은 메시아에 의해 형성되고 다스림을 받는 교회 가운데서 이스라엘이 성령에 속하는 이스라엘로 변하는 것일 것이다. 누가가 눅 1-2장에 대한 좀 더 문자적이며 시온-중심적인 성취를 기대하고 있다는 주장에 반대하는 의견에 대해서는 H. Räisänen, "The Redemption of Israel: A Salvation-Historical Problem in Luke-Acts" in P. Luomanen (ed.), *Luke-Acts: Scandinavian Perspectives* (Göttingen: Vandenhoeck & Puprecht, 1991), 94-114을 보라. 참조. Turner, *Power*, ch. 10 §3, ch. 13 (여러 곳, 그러나 특히 §3).

57 이 비교의 전개에 대해서는 Turner, "The Spirit of Prophecy", Wilson (ed.), *Spirit*, 186-90을 보라. 또한 누가의 성령론과 바울의 성령론의 관계에 대해서는 A. W. D. Hui, "The Concept

V. 결론: 누가의 성령론과 사도행전의 신학

누가의 성령론은 누가의 신학적 시도에 대해 어떤 점을 전해주고 있는가? 이스라엘의 다윗 계열의 메시아이자 모세와 같은 예언자 아래서 이스라엘의 회복을 가져오는 카리스마적 권능으로서의 "예언의 영"에 대한 누가의 그림은 **이데올로기적인 동기를 갖고 있는 것으로 보인다.** 즉 누가는 교회가 세워지는 순간에 비추어서 교회를 설명하며, 그렇게 함으로써 교회를 정당화하려고 시도하고 있다(그리고 이 점은 그의 성령론의 소위 구약적 특성의 많은 부분을 설명해준다).[58] 교회가 교회로서의 진정한 정체성을 발견하게 되는 것은 교회가 (오닐[J. C. O'Neill]이 주장하듯이)[59] 이스라엘과 유대교를 떠날 때라고 독자를 설득하는 일과는 거리가 멀게, 누가는 교회가 이스라엘에 대한 약속들의 성취라고 주장하고자 한다. 누가가 모세와 같은 예언자에게 청종하지 않는 자들을 이스라엘 민족에서 배제시키고 있고, 누가복음 1-2장의 약속들이 대부분 **오순절 이후의 공동체**인 사도행전 15장에서 성취되고 있다는 그의 믿음이 이 점을 지지한다. 그리고 이에 덧붙여 그 사실은 그가 (제4복음서[요한복음]의 저자와 마찬가지로) 기독교가 여전히 하나님의 "이스라엘"이라는 주장을 놓고서 (헬레니즘적인) 유대교와 활발하게 경쟁하고 있을 때에 글을 쓰고 있음을 시사해준다.[60] 과연 누가가 교회의 카리스마적인 출발에 대한 이상화된 묘사를 통해서 (이를테면) 당시의 제도화되고 있는 교회에 도전을 주려고 시도하고 있는지 여부는 아주 불분명하다. 그가 "예언의 영"이 여전히 모든 신자들에게 가능하다고 믿었다는 점은 거의 의심할 바 없다(참조. 행 2:39을 보라!). 그리고 그는 자기의 기록이 성령

---

of the Holy Spirit in Ephesians and its Relation to the Pneumatologies of Luke and Paul", 미출간 박사학위 논문, Aberdeen 1992, 여러 곳을 보라.

58 마찬가지로 Chevallier, "Luc", part II.

59 J. C. O'Neill, *Theology of Acts in its Historical Setting* (London: SPCK, 1970).

60 참조. Kim, *Geisttaufe*, 243-4.

에 대해 더욱 크게 의존하도록 격려할 것이라고 예상했을 것이다. 유일한 문제는 과연 누가가 (김희성[Kim]이 말하듯) 자신이 시정하고 "강화하고자" 했던, 교회의 비-카리스마적인 영역에 대해 알고 있었음을 보여주는 충분한 증거가 있는가 하는 것이다.[61] 누가 시대의 교회에 대한 가장 명료한 자취를 제공해주는 유일한 대목(행 20:25-35)은 여러 가지 문제점들을 그려주고 있지만, 그들 가운데서 성령의 쇠퇴는 나타나지 않는 것으로 보인다.

---

61 에베소의 "열둘"을 누가 시대의 비-카리스마적 그리스도인 집단들(마가 공동체?)에 대한 암호로 해석하려는 Kim (*Geisttaufe* 209-38)의 시도는 18:24-19:6의 난제들에 대한 가장 쉬운 해결이 결코 될 수 없다(이에 대해서는 앞을 보라).

4장

요한복음 1-12장에
나타난 성령

제4복음서에 나오는 성령에 대한 묘사는 많은 점에서 누가-행전과 흥미로운 유사점 및 상이성을 보여주고 있다. 두 경우 모두 성령은 "예언의 영"에 대한 유대적 이해의 특별한 기독교적 발전으로 이해될 수 있다. 두 경우 모두 성령은 십자가와 부활을 지나서 예수 자신이 부여해주시는 것이며, 두 경우 모두 성령은 제자들에게 증거에 대한 능력 부여로서 주어진다.[1] 누가와 마찬가지로, 요한 역시 예수를 (사 11:2-4에 근거한) 성령의 메시아로 제시한다. 그러나 누가와는 달리, 요한은 어디에서도 축귀나 병 고침의 해방의 행위들을 성령에게로 돌리지 않는다. 그리고 요한에게 있어 예수에게 임한 예언의 영은 무엇보다도, 특히 예수의 가르침과 설교의 말씀 가운데서 하나님을 **계시하는** 권능으로 이해되고 있다. 이 사실은 요한에게는 중대하다. (앞으로 보겠듯이) 요한은 "계시"를, 그리고 그 계시를 이해

---

1   누가-행전과 요한복음에서의 성령의 관계에 대해서는 W. H. Lofthouse, "The Holy Spirit in the Acts of the Apostles and in the Fourth Gospel", *ExpT* 52 (1940-41), 334-6; R. T. Stamm, "Luke-Acts and Three Cardinal Ideas in the Gospel of John", in J. M. Myers, O. Reinherr and H. N. Bream (eds.), *Biblical Studies in Honor of H. C. Alleman* (New York: Augustin, 1960), 170-204; J. McPolin, "Holy Spirit in Luke and John", *ITQ* 45 (1978), 117-31; M. A. Chevallier, "⟨⟨Pentecôtes⟩⟩ lucaniennes et ⟨⟨Pentecôtes⟩⟩ johanniques", in J. Delorme and J. Duplacy (eds.), *La Parole de Grace: Études lucaniennes à la Mémoire d'Augustin George* (Paris: Recherches de Science Religieuse, 1981), 301-14; 같은 저자, "Apparentements entre Luc et Jean en matiere de pneumatologie", in J. N. Aletti et al., *À Cause de l'Évangile : Études sur les Synoptiques et les Actes* (Paris: Cerf, 1985), 377-408을 보라.

하는, 성령이 가능하게 해주는 지혜/통찰을 구원에 들어가는 바로 그 수단으로 간주하기 때문이다. 이 장에서 우리는 먼저 예수를 분명하게 성령을 부여받은 자로 묘사하고 있는 두 대목(1:32-34; 3:34-36)을 간략히 검토해보고, 그다음으로 세 개의 담화(요 3, 4, 6장)를 살펴보도록 할 것이다. 이 담화들은 그 가운데서 성령과 말씀과 구원의 계시 사이의 관계를 명료화하고 있다.

I. 성령을 부여받은 예수: 요 1:32-34과 3:34-36

1. 요한복음 1:32-34

요한의 기사는, 아버지를 계시하는 성육하신 로고스로서의 예수를 선포하는 서론부(1:1-18)에서 출생이나 유아기 장면에 대한 아무런 기록이 없이 예수가 성령을 받은 일에 대한 세례 요한의 증거(1:32-34)로 도약한다. 케제만(Käsemann),[2] 슈바이처[3] 등은 요한이 자신의 로고스 기독론을 선호해서 예수가 성령을 받으신 점을 격하시키고 있다고 주장했다. 결국 그들은 (3:12, 13에서와 같이) 아버지로부터 내려왔다고 주장하는 그분이 계시를 공급하기 위해서 성령을 필요로 할 리가 거의 없는 것 같다고 주장한다. 어

---

2 E. Käsemann, *The Testament of Jesus according to John 17* (London: SCM, 1968), 20-26.

3 "πνεῦμα" 438, "누가가 택한 방식은 요한을 만족시켜주지 못한다. 요한은 영감(inspiration) 사상을 완전히 버린다. 그 이유는 이 사상이 하나님과 예수 사이의 구별을 강조하기 때문이다. 그 구별은 제3자에 의해서만, 즉 성령에 의해서만 극복될 수 있는 구별이다. 만일 그리스도 사건이 진정으로 시대들(aeons)의 전환점으로 이해되어야 한다면, 모든 것은 아버지가 주시는 어떤 선물이 아니라 아버지 자신이 진정으로 그 자리에서 대면되어야 한다는 사실에 달려 있다. 그러므로 성령에 의한 그리스도의 수태나 세례를 받으실 때 그리스도가 성령을 받으셨다는 언급이 전혀 없다.…1:33에서 성령이 예수께 내려와 임하심은 단지 예수가 신의 아들이심에 대한 증거일 뿐이다."

느 정도는 그들이 말하고자 하는 요점을 인식할 수 있다. 그리고 3:31, 32
이 복음서 저자 자신의 말이든 예수의 말이든 간에 그 점을 명확히 드러내
주는 면이 있다.

> 위로부터 오시는 이는 만물 위에 계시고 땅에서 난 이는 땅에 속하여 땅에 속
> 한 것을 말하느니라. 하늘로부터 오시는 이는 만물 위에 계시나니, 그가 친히
> 보고 들은 것을 증언하되 그의 증언을 받는 자가 없도다.

그러나 펠릭스 포르쉬(Felix Porsch)와 개리 버지(Gary Burge)는 이것이 요한
의 증거(evidence)에 대한 일방적인 제시임을 보여주었다.[4] 그들은 요한의
복음서에서 우리가 보게 되는 예수에 대한 첫 번째 모습이 (부분적으로 예
수의 환상에 대한) 세례 요한의 증언을 통해서 얻어진다는 사실을 강조한다.
그리고 세례 요한의 증언은 자기가 성령이 성자 위로 내려와 그에게 "머무
르는" 것을 보았다(1:32, 33)는 것이다. 여기에 쓰인 언어는 이사야 11:2에
대한 70인역과 타르굼역본들을 반영하고 있다.[5] 그러므로 예수께 임한 성
령은 다윗 계열의 메시아에게 우리가 중간기 유대교 대부분에서(그리고 눅
1-2장에서) 지적했던 그런 종류의 하나님의 지혜와 총명과 지식을 부여해
주는 것으로 제시되어 있다. 그러나 앞으로 살펴보겠지만, 요한복음 안에

---

4 F. Porsch, *Pneuma und Wort. Ein exegetischer Beitrag zur Pneumatologie des Johannesevangeliums* (Frankfurt: Knecht, 1974); G. M. Burge, *The Anointed Community: The Holy Spirit in the Johnnine Community* (Grand Rapids: Eerdmans, 1987), 71, 72과 81-110. 내가 보기에 Burge의 경우는 요한복음에서의 성령 기독론의 입장을 지나치게 진술했다. 이에 대한 비평을 보려면 Max Turner and Gary M. Burge, "The Anointed Community: A Review and Response", *EvQ* 62 (1990), 253-64, 특히 254-5, 261-3을 보라.

5 Burge, *Anointed Community*, 53-8을 보라. Burge는 동사 "메네인 에피"(*menein epi*, "위에 머물다")를 강력한 지속적인 의미로 해석하기를 원한다(즉 성령이 예수 위에 영구히 거주하게 되었다). 그러나 세례 요한이 성령이 아들 위에 영구히 임하는 "영구성"을 목격했을 리 없다. 그리고 비둘기처럼 내려옴에 대한 어휘적인 문맥에서 "메네인 에피"는 단지 "앉다, 내려앉다"를 의미한다. 말할 필요도 없이 요한은 성령이 영구적으로 "그 위에 머물렀다"고 믿었을 것이다. 그러나 여기서는 그것이 요점이 아니다.

서는 그 강조점이 어떻게 예수가 성령으로부터 계시를 **받는가**에 있지 않고, 어떻게 예수가 성령을 통하여 계시를 **나누어주는가**에 있다.

2. 요한복음 3:34-36

3:34을 보면, "하나님이 보내신 이는 하나님의 말씀을 하나니 이는 하나님이 성령을 한량 없이 주심이니라"라고 되어 있다. 이 구절의 요점은 (튀싱 [Thüsing],[6] 포르쉬,[7] 그리고 NRSV가 취하고 있듯이) 예수가 성령을 한량 없이 주시기 때문에, 예수가 하나님의 말씀을 하신다는 것이 될 수 없다. 물론 이런 해석이 **문법적으로는** 가능하긴 하다. 오히려 이 구절은 "하나님이 **예수에게** 성령을 한량없이 주시기 **때문에** 예수가 하나님의 말씀을 하신다"는 뜻임에 틀림없다. 다른 곳에서 구약성경의 저자들에게 이해되고 있는 바와 의도적인 대조가 이루어졌을 가능성이 있다. 랍비 아하(Aḥa, 대략 290-330?년)는 이 저자들을 "선지자들"(혹은 예언자들)이라 언급하면서, "선지자들 위에 임하는 성령은 **다만 일정 정도만** 그들 위에 임한다"고 말했다고 한다. 이 말은 각 선지자가 자신이 내놓은 글 가운데서 성령이 계시해주신 분량만큼만 할당받았다는 뜻이다(Leviticus Rabbah 15:2).[8] 그러므로 **요한의** 요점은 예수에게 주어진 (계시의) 성령이 **한량없이** 주어짐은 예수를 통해서 오는 계시의 완전성(perfection)에 상응하는 것일 것이다. 그 계시는 율법과 예언자들을 **능가하는** 계시를 제공한다.[9]

---

6   W. Thüsing, *Die Erhöhung und Verherrlichung Jesu im Johannesevangelium* (Münster: Aschendorff, 1960), 154-55.

7   *Pneuma*, 104-105.

8   이전에 유사한 이해가 존재했다고 가정하지 않는 한, 이 대조적인 "병행점"이 요한의 해석자를 도울 수는 없음이 명백하다.

9   참조. G. R. Beasley-Murray, *Gospel of Life: Theology in the Fourth Gospel* (Peabody: Hendrickson, 1991), 53-4. 이것은 많이 등장하고 있는 요한의 교체 모티프 중 두 번째 것을 구성한다. 이 교체 모티프에서 요한은 예수께서, 그리고 그가 제공해주는 계시가 유대교의 주

그 비슷한 이해가 3:35b에서 확인되는 것으로 나타난다. 그 부분에서 아들에 대한 아버지의 사랑의 결과는 "아버지께서 만물(모든 것)을 다 그의 손에 주셨다"는 것이다. 누가복음 10:22 // 마태복음 11:27에서처럼, 이것은 예수가 우주적인 권력을 받았다는 것이 아니라 **계시** 전체가 아들에게 주어졌다는 뜻이다. 그렇게 해서 아들은 "하나님의 말씀을 말한다"(3:34). 그런 다음에 3:36은 자연스럽게 결론을 이끌어낸다. 만일 하나님의 계시 전체가 아들을 통해서 나누어진다면, 그 계시를 받아들이면 "생명"을 얻게 되고, 그 계시를 거부하는 것은 곧 하나님을 거부하는 것이다. 그리고 그렇게 거부할 경우 하나님의 진노 아래 남아 있게 된다. 그런 다음 요한은 세례를 받으실 때에 예수께 주어진 성령의 선물을 **그의 충분한 계시의 수단으로, 특히 다른 사람들에게 그 계시를 나누어줄 권세의 수단으로** 묘사하는 것으로 보인다.

이 사실이 지닌 함의는 지금부터 우리가 살펴볼 주요 강화들 가운데서

요 기둥들을 무색하게 한다는 담대한 주장을 한다. 이미 서문에서 요한은 성육하신 로고스/지혜로서 예수와 그의 가르침이 율법을 능가하며, 은혜와 진리 가운데서 아버지를 분명하게 계시한다는 점을 지적했다(1:17, 18). 2장은 포도주가 물보다 더 낫듯이, 예수 안에 있는 계시가 율법을 뛰어넘으며, 예수가 유대교의 다른 중심 기둥인 성전을 대체한다는 점을 함축한다. 예수는 "참 성전"이며, 자기 백성 가운데 거하시는 하나님의 거하시는 곳이자, 그 교제의 수단이다. 다른 장들은 이 주장을 뒤따른다. 3장에서는 그 아들에 대한 믿음을 통한 성령으로 말미암는 **새로운 출생**이 하나님의 통치의 종말론적 복들에 들어가는 조건인 이스라엘 민족으로 자연적으로 출생하는 것을 대체한다는 점을 배운다. 4장에서는 율법이 아니라 예수의 가르침들이 **생수**이며, **참된 예배**는 단순히 성전에서 얻을 수 있는 것이 아니라 예수의 계시에 대한 수납을 통해 매개되는 성령 가운데서 이루어진다는 점을 배운다. 6장에서는 예수가―혹은 특히 십자가상에서의 자신을 내어주시는 그의 행동이―광야에서의 참 만나이며, 7장에서는 그리스도가 주시는 성령이 광야에서의 **참된 생수**임을, 즉 이스라엘이 광야에서 배회할 때에 이스라엘이 향유했던 더 못한 만나와 물이라는 선물들에 대응하는 종말론적 선물임을 배운다. 8장에서 그의 날은 아브라함의 기쁨임을 배운다(8:56). 그래서 만일 유대교가 율법과 자체의 전승을 백성들의 발걸음을 생명으로 인도해주는 등불이라고 주장한다면, 예수께서 바로 그 빛이며 그 **생명**이고(8장과 9장), 그 길이며 그 **진리**이다(14장). 유대 지도자들이 아니라 그가 양 떼를 위해 주시는 **목자**에 대한 하나님의 약속의 성취이다(10장). 그리고 그 안에서 이스라엘의 민족적 상징인 **포도나무** 상징이 진정으로 내주한다(15장). 진정으로 그 안에 장래의 삶에 대한 모든 구약의 소망에 관한 성취가 이루어지게 된다. 이는 그가 **부활**이며 **생명**이기 때문이다(11:25).

더 충실하게 나타난다.

II. 요한복음 1-12장에 나타난, 구원을 계시하는 지혜의 원천인 성령

이 주제를 명료하게 다루기 위해서, 제4복음서에 등장하고 있는 순서와는 다른 순서로 그 대목들을 검토하고자 한다.

1. "생수"의 제공: 4:10, 13-14

요한복음 4:10에서 예수는 사마리아 여인에게 좀 신비스럽게 말씀하신다. "네가 만일 하나님의 선물과 또 네게 "물 좀 달라" 하는 이가 누구인 줄 알았더라면 네가 그에게 구하였을 것이요, 그가 생수를 네게 주었으리라." 독자는 상당히 자연스럽게 예수가 주신다는 이 "생수"가 무엇인지 알고 싶어진다. (4:13, 14에 따르면) 오직 그 물만이 참으로 갈증을 해소해주는 물이며, 믿는 자 안에서 마치 샘물처럼 "영생을 향하여 솟아나는" 물이다.

유대교에서 "생수"는 확실하게 하나님의 종말론적 구원의 상징으로 사용되고 있다. 이사야 55:1에는 구원으로의 초청이 물로의 초청으로 표현되어 있다. "오호라 너희 모든 목마른 자들아, 물로 나아오라." 그리고 스가랴 14:8에서는 종말론적 구원이 "그날에 생수가 예루살렘에서 솟아나서 절반은 동해로, 절반은 서해로 흐를 것이라. 여름에도 겨울에도 그러하리라"라는 약속으로 선언되어 있다(그리고 독자는 이 물을 겔 47:1-12에 나오는, 종말론적 성전으로부터 흘러나오는 물에 대한 유사한 묘사와 비교해볼 수 있을 것이다). "영원한 생명"으로 인도하는 구원의 믿음을 불러일으키기 위해서 기록된(20:30, 31) 요한복음의 맥락에서, 영원한 생명을 향해서 솟구쳐 오르는 "생수"에 대한 이 언급은 진정 "구원"을 의미함에 틀림없다. 그러나 그것은 또 하나의 질문으로 이끈다. 예수가 베풀어주시는 이 "구원"은 어떤 형태인가?

그 질문은 "생수"가 또한 성령을 주심에 대한 전통적인 유대적 상징이기도 하다는 인식을 갖게 해준다(참조. 사 44:3;[10] 1QS4.21[11] 등등). 요한이 여기서 "생수"에 대한 약속을 성령으로 이해할 것을 의도하고 있다는 점은 4:23에 암시되어 있다. "…때가 오나니 곧 **이때라**…." 이때는 참으로 예배하는 자들이 아버지께 **성령 안에서** 그리고 진리 안에서" 예배하는 때이다. 7:37-39에서 요한은 구체적으로 (종말론적 성전으로부터 나오는 것으로서) 신자 안에서 신자로부터 솟구쳐 나오는 "생수"를 성령과 동일시하고 있다.

> 명절 끝날 곧 큰 날에 예수께서 서서 외쳐 이르시되 "누구든지 목마르거든 내게로 와서 마시라. [38]나를 믿는 자는 성경에 이름과 같이 그 배에서 생수의 강이 흘러나오리라" 하시니, [39]이는 그를 믿는 자들이 받을 성령을 가리켜 말씀하신 것이라. 예수께서 아직 영광을 받지 않으셨으므로 성령이 아직 그들에게 계시지 아니하시더라.[12]

---

10 "내가 갈급한 땅에 물을…너의 자손에게 나의 성령을…부을 것이다."

11 "그(하나님)가 모든 추악함과 거짓을 (그에게서 다 씻기 위해서) 그에게 진리의 성령을 부어줄 것이다."

12 이 대목은 37b-38절을 일종의 수미상관으로 취함으로써 기독론적으로 이해해왔다.

누구든지 목마르거든 내게로 와서
마시라, 그가 나를 믿는 자이다

이렇게 볼 때, 7:38b은 생수가 메시아로부터 흘러나올 것이라는 성경의 약속들(광야에서의 반석의 원형으로서, 출 17:1-6; 시 78:15, 16 등)을 시사함으로써 그 초청을 지지하도록 읽힐 수 있다. 이 견해는 Beasley-Murray, Brown, Bultmann, Dunn, Painter, Porsch 등의 여러 학자들의 지지를 받고 있다. Burge, *Anointed Community* 88-93을 보라. 그도 동의하고 있다. 이 견해가 비록 매력적이긴 하지만, 그에 대한 반대 논증이 더 설득력 있다. 그 반증에 대해서는 J. B. Cortes, "Yet Another Look at John 7:37-38", *CBQ* 29 (1967), 75-86; M. Turner, "The Significance of Receiving the Spirit in John's Gospel", *VoxEv* 10 (1977), 24-42 (특히, 29-31); Carson, 321-9을 보라.

그러므로 그것이 바로 예수 자신이 그 여인에게 나누어주실 수 있다고 말씀하시는 그 **성령**이라는 구원의 선물인 것으로 보인다(4:10).

그러나 이 사실은 독자에게 또 하나의 명백한 질문을 남긴다. 비록 이 여인이 예수께 구했다 할지라도, 예수는 어떤 종류의 성령의 구원의 선물을 이 여인에게 나누어줄 것인가? 7:39이 확인하고 있듯이, 어떠한 직접적인 성령의 "수여"도 십자가와 부활을 통한 예수의 영화를 기다려야 한다. 이 조건은 4:23에 있는 말씀 가운데도 유지되고 있다. "때가 오나니"(The hour is coming…, 그 시간이 다가오고 있다). 즉 믿는 자들이 성령과 진리 안에서 아버지를 예배하게 될 때이다. 그러나 바로 그 말씀은 어떤 식으론가 그 미래의 "때"가 이미 동터오기 시작했다는 주장을 담고 있다. "때가 오나니 **곧 이 때라**…." 그리고 바로 이 "곧 이 때라"와 일치하게, 예수는 만일 그 여인이 그 물을 구했다면 자기가 그 여인에게 생수를 주었을 것이라고 말씀하신다. 그러나 그럴 경우 여기서 예수가 언급하고 있는 생수/성령의 선물은 어떤 방식의 선물일 수 있는가?

가장 개연성 있는 대답은 예수의 말씀과 연결되어 있는 또 하나의 구약과 유대적인 연상어 세트에 주목할 때에 얻어진다. 상쾌하게 해주며 생명을 주는 물은 또한 하나님의 **지혜**의 상징이기도 하다. 예를 들어, 잠언 13:14은 지혜를 "생명의 샘"이라 일컫는다. (이미 언급한 바 있는) 이사야 55:1에서도 목마른 자들에게 마시라고 초청하고 있는 그 구원의 물은 하나님의 지혜와 가르침이다. 지혜와 (그 지혜를 최고조로 표현하고 있는) 하나님의 율법에 대한 비슷한 이해가 자주 발견된다(참조. 이를테면, Sirach 24:23-29; CD 3.16; 19.34; 그리고 *Sipre Deut*. 11.22, §48).[13] 요한복음 4:13과 공명하는 「집회서」 24:21에서 지혜가 이렇게 말하고 있다. "나에게서 먹는 자는 더욱 허기질 것이며, 나에게서 마시는 자는 더욱 목마를 것이다." 「집회서」의 요점은 하나님의 지혜를 발견하는 자들이 그 지혜가 너무나 달콤하고 맛

---

13 "물이 세상의 생명을 위한 것이듯, 토라의 말씀도 세상의 생명을 위한 것이다."

있음을 알게 되어 그 지혜를 계속해서 더 공급해주기를 바라게 될 것이라는 것이다. 그러나 요한은 그 사상에서 한 걸음 더 나아가, 예수로부터 신적 지혜를 마시는 그 사람은 완전히 만족하게 된다고 말한다.

이 사실은 예수가 나누어주실 "생명수"라는 선물에 대한 실마리를 제공해준다. 진실로 그것은 성령인데, 특정한 방식으로 행동하시는 성령이다. 즉 예수의 성령이 스며들어 있는 가르침을 통한 하나님의 구원의 지혜에 대한 계시자로서 행하시는 성령이다(참조. 뒤의 6:63에 대한 내용). 성육하신 지혜인 예수[14]는 한 사람을 재창조하고 "생명"을 제공해주는 새로운 계시적 지혜를 나누어준다. 그러나 그는 정확히 아버지께서 한량없이 성령을 주신 분으로서 그렇게 한다(3:34). 그래서 구원하는 계시의 "말씀"/지혜와 그 안에서(그리고 그 말씀/지혜를 통해서) 활약하시는 성령이라는 바로 이 조합을 공생애 시기 안에서라도 "성령 안에서와 진리 안에서" 하나님에 대한 어느 정도 예배를 불러일으키는 상쾌한 "생수"로서 그분의 말씀에 진정으로 "청종"하는 자들이 경험한다.

2. 참 떡과 음료를 주시는 분: 요 6:32-58, 60-66

요한복음 6장에 나오는 강화의 주요부는 예수를 비판하는 청중이 예수께 도전하는 말로 제시한, "그는 하늘에서 그들에게 떡을 주어 먹게 하였다"는 성경 말씀(출 16:4, 15)을 섬세하게 설명한 것이다. 예수가 답변하신 방식은 랍비의 미드라쉬 설교와 비슷하다. 예수는 먼저 그 구절을 쉽게 풀이한다("모세가 너희에게 하늘로부터 떡을 준 것이 아니라 내 아버지께서 너희에게 하늘로부터 참 떡을 주신다"[32, 33절]는 해석에 가까운 말씀을 주신다). 그런 다음에 한

---

14 1:1-18의 로고스는 지혜에 대해 유대교가 말하는 바와 온전하게 일치하기 때문에, 예수를 "성육신하신 지혜"로 그 서론부가 그리고 있다고 말하는 것은 전적으로 합당하다. 물론 그것이 전부는 아니지만 말이다. 이 점에 대해서는 예를 들어 Brown, Schnackenburg, Beasley-Murray를 보라.

구절 한 구절 설명한다.

첫째, 예수는 "하나님이 주시는 그 떡"의 참된 성격을 논한다(만나는 하나님이 주시는 진짜 떡에 대한 단지 하나의 모형[type, 예표]일 뿐이었고, 예수 자신이 생명을 주는 떡이시라고 주장한다: 6:32-40).

둘째, 초점은 "하늘로부터 온 떡"에 있다. "어떻게 요셉의 아들이 '하늘에서부터 오는 떡'을 줄 수 있는가?"라고 유대인들이 중얼거린다. 그러자 예수가 대답하신다: 6:43-48.

셋째, 담화는 "먹게 될 떡"에 집중한다: 6:49-51, 52-58.

마지막으로, 전체가 서두의 성경 말씀과 풀이를 반복하는 방식으로 정리되고 있다: 6:57, 58.[15]

또한 미드라쉬 방식과 마찬가지로, 예수는 그 모세오경의 본문을 연관성이 있는 예언서의 대목, 곧 이사야 54-55장을 가지고서 설명한다. 이사야 54:13의 "네 모든 자녀는 여호와의 교훈을 받을 것이니"가 6:45에서 공식적으로 인용된다. 그리고 이사야 55:1[16]은 전체 담화에 대해 일종의 주제가 되며, 따라서 "떡"에서 6:35에서의 상쾌하게 해주는 "음료"라는, 달리 소개가 없이 등장한 주제로의 확대를 설명해준다. 이 담론 전체의 배후에 깔려 있는 전제는 하나님이 만나를 주신 일은 "생명/삶"을 위해서 훨씬 더 중요한 것, 즉 토라/지혜를 주시려는 하나님의 의도에 대한 상징이었다는, 랍비적이며 좀 더 일반적인(신 8:3에 근거해 있는) 가정이다. 필론은 상당히 분명하게 신명기 8:3을, 만나 사건이 율법이라는 하나님의 더 높은 선물을 가리킨다는 의미로 해석한다(Decalogue 16-17). 그리고 다른 곳에서 필

---

15 P. Borgen, *Bread From Heaven* (Leiden: Brill, 1965)을 보라.

16 "오호라! 너희 모든 목마른 자들아, 물로 나아오라. 돈 없는 자도 오라. 너희는 와서 사먹되 돈 없이, 값없이 와서 포도주와 젖을 사라. 너희가 어찌하여 양식이 아닌 것을 위하여 은을 달아 주며 배부르게 못할 것을 위하여 수고하느냐?"

론은 만나라는 선물을 하나님이 주시는 지혜의 선물에 대한 표징이라 보고 있다(참조. *On the Change of Names* 260).

> 실로 성경은 "보라, 내가 너희에게 하늘에서부터 양식을 비처럼 내린다"(출 16.4)라고 하신다. 천상의 지혜 말고, 하늘로부터 비처럼 내리는 어떤 양식을 그가 말할 수 있단 말인가? 하늘의 지혜는 덕을 사모하는 영혼들에게 풍성한 분별력(prudence)의 선물을 주시며 그의 은혜로 우주를 덮으시는 분에 의해서 위로부터 내려온다(참조. *Preliminary Studies* 173-4; *Allegorical Interpretation* 3.162-3).

하늘의 만나가 지혜라는(혹은 지혜의 표징이라는) 견해는 또한 랍비들의 말에서 추적된다. 「출애굽기 라바」(*Exodus Rabbah*) 25.7은 잠언 9:5의 "너는 와서 내 식물(bread)을 먹으며 내 혼합한 포도주를 마시라"라는 말씀을 제시하면서 만나를 해석한다. 출애굽기 16장의 문자적인 만나로부터 6:32b의 "하늘로부터 오는 참 떡"으로 진행한 예수의 방향은 (i) 널리 예상되고 있었던 일이며, (ii) **진정 생명을 주는 하나님의 교훈 혹은 지혜가 어디에서 발견될 수 있느냐라는 쟁점의 도입**으로 이해될 수 있다.

강화의 핵심 측면들은 다음과 같은 점에서 즉시 확인된다.

(1) 6:35에서, 예수에게로 와서 그를 믿는 자는 "결코 주리거나 목마르지 않을" 것이 약속되어 있다. 담화가 오직 "떡"만을 언급하고 있기 때문에 **목마르다**라는 이 언급은 놀라움으로 다가온다. 그 약속은 4:14에 있는 생수에 대한 약속과 아주 유사하다. 그 결합은 이사야 55:1을 연상시킨다. 그러나 좀 더 구체적으로 6:35a의 "나"의 정체성 진술은 6:35b의 이 초청이 바로 이어지면서 「집회서」 24장에 나오는 연속적인 언급과 직접적인 병행을 이루고 있다. 「집회서」에는 먼저 지혜가 자신을 선재하는 창조주라고 확인하고, 그다음에 사람들에게 "나를 원하는 너희는 내게로 와서 내가 낳은 산물에서 실컷

먹으라"고 초대한다(24:19). 그리고 계속해서 "나를 먹는 자들은 더욱 허기지게 될 것이며, 나를 마시는 자는 더 마시려고 목마르게 될 것이다"라고 말한다(21절. 참조. Sir. 15:3. "[지혜가] 그 사람에게 이해력으로 먹이고, 그 사람에게 마실 지혜의 물을 줄 것이다"). 이것이 전체 강화에 대한 하나의 열쇠이며, **예수가 자신을 지혜와 토라 가운데서의 그 지혜의 구현을 초월한다는 맥락에서 묘사하고 있음**을 보여준다.

(2) 6:51b은 두 번째 "열쇠"를 제공해준다. 예수는 문제의 "하늘의 떡"을 (6:35a에서처럼) 자신과 동일시할 뿐 아니라 좀 더 구체적으로 세상의-생명을-위한-내-살이라 확인한다.[17] 여기까지에서의 이 강화의 지혜-중심적인 문맥 안에서 볼 때, 이것은 성찬의 떡을 가리키는 것이 아니라,[18] **하나님의 지혜의 최고 계시로 이해된 예수의 죽음**을 가리킨다(참조. 3:14, 15). 6:51b의 "먹음"은 문자적인 것이 아니라, 35절에 있는 "먹음"과 "마심"의 은유를 단순히 반복한 것이다. 그것은 (6:35에서와 같이) 예수를 "믿는 일" 혹은 예수께 "나오는 일"을 가리켰다. 간단히 말해서, **예수를 믿는 것은 십자가와 높아짐이 그를 하나님의 아들과 하나님의 지혜로 계시하고 있음을 더할 나위 없이 믿는 것이다.**

(3) 만일 6:35이 주린 자들에게 와서 값없이 떡을 먹고 목마른 자들에게 상쾌한 물(혹은 우유? 아니면 포도주? 참조. 사 55:1)을 마시라는 지혜의 초청의 외침을 반영하고 있다면, 6:53-58에서 호소하는 초대는 돌연 살과 피를 공급해준다는 겉보기에 끔찍한 초청으로 바뀐 것처럼 보인다(이 초대는 겔 39:17에 나오는 묵시론적 맹금류들에게만 유혹거리가 될 수 있는 그런 초청이다). 불트만이 여기서 교회에 속한 어떤 주석

---

17 RSV와는 반대다. RSV는 시내산 사본에 근거해서 "세상에게 생명을"(for the life of the world)을 명사 "육체"(flesh)에 연결시키지 않고 동사 "주는"(give)에 연결시키고 있다.

18 이 점과 관련된 전통적인 로마 가톨릭 해석의 문제점들에 대해서는 6:43-51에 대한 Lindars의 글을 보라.

자의 개입을 의심한 것은 전혀 놀랍지 않다! 그러나 이 강력하게 지혜 중심적인 문맥에서의 요점은 문제의 그 살과 피가 6:35에 나오는 하늘의 **지혜**(="참 떡")를 먹고 마시는 일과 상응한다는 것이다. 그리고 그곳에서처럼 이러한 것들은 35절이 예수를 "믿는 일"로 확인하고 있는 순전히 은유적인 의미에서 먹고 마시는 것이다. 좀 더 정확하게 (6:53에서) 은유로 소화되어야 할 그 "살"과 그 "피"는 (6:51b에서처럼) 하나님의 지혜를 최고로 표현한 예수의 **죽음**을 확인하는 두 가지 다른 방식일 뿐이며, 문제의 그 상응하는 "먹음"과 "마심"은 순전한 믿음으로 십자가라는 궁극적인 계시를 이해하고 그 계시에 의해 살아간다는 의미에서 "이것을 받아먹으라"는 은유다.

(4) 이 강화에서 결정적인 새로운 단계가 6:60-68에서 등장하게 된다. 예수의 강화는 제자들조차도 깜짝 놀라게 만들었다. 그리하여 이제는 그 제자들까지도 "투덜대기" 시작한다(6:61; 참조. 6:41). 그런 그들의 형편에다 대고 예수는 6:62의 공개적인 질문을 던진다. "그들이 그가 하늘에서부터 내려온 떡이라는 주장 때문에 아연실색한다면, 자기가 다시 하늘로 올라가는 것을 보게 되면 그들의 의심이 풀리겠느냐?"라고 예수는 대꾸하신다. 물론 이것은 진정 순전한 질문이다. 이는 예수가 **십자가를 통해서** 하늘로 올라가실 것이기 때문이다. 그래서 믿음이 없는 자들에게 예수의 "승천"은 그의 주장의 충격적인 점을 해소해주기는커녕 오히려 더 심화시킬 것이다.[19]

---

19 Brown과 Bornkamm은 예수의 질문이 6:35-50에 연결되지, 소위 성만찬 담화(Eucharist discourse)에 연결되지 않는다는 대범한 주장을 편다. 그들은 그 담화를 편집자가 삽입한 것으로 본다. 그들에 따르면, 제자들을 대경실색하게 만드는 것은 단순히 예수가 하늘로부터 내려온 떡이라는 주장이라는 것이다. 예수가 자신의 몸을 세상을 위한 생명으로 주실 것이며 사람들은 그의 몸을 "먹어야" 하며 그의 피를 "마셔야" 한다는, 계속해서 이어지는 주장은 그 충격을 더 심화시킬 내용이겠지만, 검토의 대상에 들어 있지 않다.
그러나 Schnackenburg와 C. K. Barrett가 올바르게 지적하고 있듯이, Bornkamm의 입장의 문제점은 여전히 예수의 답변의 일부를 차지하고 있는 63절이 계속해서 "육은 무익하다"(영원한 생명을 준다는 점에 있어서)는 점을 설명하고 있으며, 6:35-50이 "육"이라는 단어를

(5) 이 모든 사실은 이 강화의 절정으로 이끌어준다. 6:63, "살리는 것
은 영이니 육은 무익하니라. 내가 너희에게 이른 말은 영이요 생명
이라." 6:63a에 있는 생명을 주는 것은 영(성령)이라는 주장 때문에
놀랄 필요가 없다(특히 뒤에 있는 요 3장에 대한 설명을 보라). 언뜻 보기
에 더 수수께끼 같은 말은 6:63b이다. 문맥상으로 이 말은 6:51b,
53-58에 있는 예수가 "먹으라"고 주는 "살"에, 즉 그의 죽음에(그의
죽음은 믿음을 가진 자들 이외에는 모든 자들에게 그의 "올라감"을 감추게 될
것이다: 6:62!) 연결되어야만 한다. 그 경우 "육은 무익하다"는 말은
예수가 십자가상에서 자신의 살과 피를 내어주시는 성육신적인 내
어줌은 그 자체로는 구원론상으로 효과가 없다는 뜻으로 보인다.
이 점에서 6:63a과 6:63b이 중대한 기여를 한다. 즉 십자가 자체는
(던이 주장하듯)[20] **개인에게 성령이 그 사건을 하나님의 구원하시는 지
혜로서 조명**해주지 않는 한, 그리하여 "생명"을 이끌어내지 않는 한
그저 음울한 처형에 불과할 뿐이다. 그다음 6:63b에서 성령이 이
일을 달성하는 수단이 소개된다. 그것은 예수 자신의 계시적인 지
혜/가르침이다. "내가 너희에게 이른 말은 영이요 생명이라." 요한
복음에서 이것은 대체로 오직 부활절 사건들에서의 예수의 "영화"
이후에만, 그리고 그 뒤에 이어지는 성령의 주어짐 이후에만 진정
으로 가능하게 된다. 그러나 다른 복음서 저자들과 마찬가지로 요
한복음서의 저자는 예수의 말을 듣는 사람들이 최소한 그 사역 가
운데서 종말론적 실질들을 경험하기 시작했다고 인정한다. 그 실질

전혀 언급하고 있지 않다는 점이다. 그렇지만 6:51-58은 여섯 차례나 그 단어를 언급하고
있다. 그러므로 6:60-63이 6:35-50보다는 6:51-58에 더 직접적으로 연결되어 있는 것으로
보인다. 이것은 그 충격이 단순히 하늘로부터 내려온 떡이라는 예수의 주장이 아니라 더 정
확하게 하늘로부터 내려온 그 떡이 죽음 가운데서 주어지는 그의 "몸"이라는 점이며, 이 몸이
어떤 식으로인가 "흡수되어야"(appropriated) 한다는 점을 의미한다.

20 J. D. G. Dunn, "John VI—A Eucharistic Discourse?" *NTS* 17 (1970-71), 328-38.

들은 그들이 예수의 부활과 승귀 이후에 더욱 충분하게 파악하고 누리게 될 실질이었다. 그래서 6:63b이 현재 시제로 되어 있다.[21]

그런 다음에 6:63b의 "내 말이 영이요 생명이다"라는 주장에서 우리는 4:10-14, 23에 있는 주장과 비슷한 주장을 만나게 된다. 그 말은 사실상 예수의 계시적인 말씀이 곧 "생명"으로 인도해주는 신적인 종말론적 지혜와 이해를 제공해주는 성령의 경험이라는 말이다. 물론 이 주장은 요한복음 구원론의 핵심에 해당한다. 요한에게 있어 인류의 근본적인 문제는 하나님에 대한 불신앙과 흑암과 무지로 표현되어 있는 하나님으로부터의 소외이다. 그 소외를 극복하기 위해 필요한 것은 하나님의 계시자, 빛, 지식(Knowledge)이다. 정확히 그것을 제공해주는 일이 바로 성령의 권능을 받은 아들의 사명이다(참조. 8:28; 14:10; 15:22-24). 예수의 계시적인 말씀이 사람

---

21 Dunn이 볼 때, 성령이 생명을 준다는 주장, 그리고 (갈보리에서의 예수의 죽음의) 몸은 아무 소용이 없다는 주장은 예수의 승천에 대한 진술과 함께 취급해야 한다 (Dunn에 따르면) 그 둘을 함께 묶어서, 요한은 6:51-58에 있는 충격적인 주장을 해소해줄 유일한 것이 (십자가를 통한) 예수의 승천과 성령의 선물임을 말하고 있다는 것이다. "우리가 성육한 그리스도의 몸을 먹고 피를 마시는 것은 다른 보혜사인 그리스도의 성령을 믿음으로 수납함을 통해서이다"("John VI", 338). 분명 이 주장에는 부분적인 진실이 들어 있다. 그러나 이 주장이 6:63b을 공정하게 다루는 것은 아니다. 그 하반절은 보혜사 전체의 수납이라기보다는 성령에 푹 담겨진 예수의 **말씀**의 수납을 제시하고 있다. 그것이 핵심이다. 그리고 요한에 따르면, 예수의 말씀들은 **이미** (단지 앞으로 "그리 될 것"이 아니라) "성령과 생명이다". 6:63b은 공생애 사역 가운데서 예수에게 임한 성령이 이미 어떤 종류의 생명의 떡(그리스도 중심적인 하나님에 대한 계시의 지혜)을 "먹음"을 허락하고 있다는 뜻으로 취하는 것이 가장 자연스럽다. 그 먹음은 연대기적인 순서로서가 아니라 신학적으로 갈보리에서 예수가 자기 몸과 피를 주신 일에 의존한다. "내가 너희에게 이른 말은 영(성령)이요 생명이라"는 말씀에 대한 다른 설명─실현된 종말론을 함축하지 않는 해석─도 있을 수 있지만, 그러한 시도들은 다음에 이어지는 요한복음의 말씀에 부합되지 않는다. "그러나 너희 중에 믿지 아니하는 자들이 있느니라." 이것은 요한이 예수를 어떤 사람들이 그의 공생애 동안에 **진정 믿었던 것으로** 간주했음을 함축할 수밖에 없다. 그 문맥에서 이것은 예수의 말씀들을 성령-과-생명으로 경험했던, 그리하여 공생애 동안에 하늘로부터 내려온 떡을 먹었던 사람들을 가리킴에 틀림없다. 실로 베드로는 이어서 그렇게 주장한다. "주여, 영생의 말씀이 주께 있사오니⋯우리가 주는 하나님의 거룩하신 자이신 줄 믿고 알았삽나이다." 참조. "Anointed Community", 257-61, 266-7에 있는 Turner와 Burge 사이의 논쟁을 보라.

들을 해방시켜준다(8:31-36). (충만한 의미에서) 그의 말씀을 "듣는 일"이 곧 그 말씀을 통해서 변혁을 가져오는 성령을 경험하는 일이며, 그렇게 해서 "생명"을 맛보는 것이다(6:63과 이 장 바로 다음에 있는 부록 "요한복음에 나타난 구원, 계시, 예수의 죽음"을 보라).

3. "위로부터" 태어남과 "물과 성령으로" 태어남: 요 3장

이 강화는 말할 필요 없이 그 뒤에 이어지는 대부분의 내용에 대한 일종의 가이드 역할을 하고 있다. 요한복음 3:3에서 예수는 "사람이 위로부터 태어나지 않으면 하나님 나라를 볼 수 없다"고 주장한다. 내 생각에, NRSV는 그리스어 "아노텐"(anothen)을 "새로"나 "다시"가 아니라 "위로부터"로 바르게 번역했다. 그 단어는 3:31에서 "위로부터 오시는 이"라고 말할 때에 요한이 사용하고 있는 단어와 똑같다. 그 경우 "위로부터 태어남"은 그저 "**하나님으로부터** 태어남"에 대한 우회적인 표현이 된다. 그러므로 니고데모에게 하신 예수의 주장은 만일 **하나님**이 사람을 낳지 않으신다면, 그 사람은 하나님의 종말론적 통치와 그 혜택을 경험하지 못하게 될 것이라는 것이다. 그러므로 3:4에서의 니고데모의 물음은 이 점을 입증하고, 3:5에서의 예수의 명료한 설명을 유도하기 위한 것이다. "진실로 진실로 네게 이르노니 '사람이 물과 성령으로 나지 아니하면 하나님의 나라에 들어갈 수 없느니라.'"

여기서 설명에 해당하는 "'물과 성령으로' 태어남"은 헨디아디스(hendiadys)라 일컬어지는 특별한 구문으로, **단일 사건**을 가리킴에 틀림없다. 그것은 물과 성령의 어떤 식의 조합을 통해 성취되는 단일한 은유적인 "출생"을 가리킨다. 이것은 예를 들어 다음과 같은, 그 절에 대한 꽤 편만한 설명들을 배제시킨다.

(a) 이 말은 ("물"을 정자를 가리키거나 실제 출산 이전에 일어나는 양수의 터짐에

대한 완곡어법인 것으로 취해서) "네가 먼저 자연적으로 태어나고 나중에는 영적으로 태어나야 한다"는 뜻일 수 없다. 이는 요한이 붙여놓은 말을 떼어놓는 해석이기 때문이다.

(b) 같은 이유로 그 말은 "네가 먼저 요한의 세례에 복종하고 그 이후에 성령을 받음으로써 "하나님으로부터 태어나야" 한다"는 뜻일 수 없다.

그 단어 구문이 단일 사건을 가리킨다고 보는 사람들은 "'물과 성령으로' 태어남"이라는 그 어구가 (부활 이후의) 기독교 세례를 가리키는 것으로 취해왔다. 그러나 그 해석의 한 가지 문제점은 3:10에서 예수는 니고데모가 성경과 신학에 대한 그의 지식을 가지고서 예수가 하시는 말씀을 이해할 수 있었을 것이라고 전제하신다는 점이다. 제4복음서의 담화들이 의도적으로 역사적 예수와 요한 자신의 시대의 부활한 그리스도 사이를 분리시키고 있는 중간의 벽을 허물기 위해 이루어졌다고 보는 한에서, "기독교 세례"는 진정 그 복음서 저자가 이차적으로 지적하고 있는, 교회 안에서의 실질일 수 있다. 그러나 역사적인 맥락상으로는 그것이 직접적인 의미는 아니다. 만일 "'물과 성령으로' 태어남"이 성경에 대한 니고데모의 지식을 가지고서도 그가 이해할 수 있을 것으로 기대하고 있는 것이라고 한다면, 린다 벨빌(Linda Belleville)이 보여주었듯이 가장 개연성 있는 설명은 에스겔 36:25-27에 있는 약속이다.[22]

> [내가] **맑은 물을** 너희에게 **뿌려서** 너희로 정결하게 하되 곧 너희 모든 더러운 것에서와 모든 우상 숭배에서 너희를 정결하게 할 것이며, [26] 또 새 영을 너희 속에 두고 새 마음을 너희에게 주되 너희 육신에서 굳은 마음을 제거하고 부드러운 마음을 줄 것이며 [27] 또 **내 신을** 너희 속에 두어 너희로 내 율례를 행하게 하리니 너희가 내 규례를 지켜 행할지라.

---

22 Belleville, "'Born of Water and Spirit': John 3:5", *TrinJ* 1 (1980), 125-41.

이 대목에서 우리는 이스라엘의 (물로 이루어지는) 종말론적 정화에 대한, 그리고 참된 아들로서의 순종을 낳는 하나님의 새 창조의 행위를 통한 거의 동시적인 변혁에 대한 약속을 본다. 즉 그 아들됨은 하나님의 내주하시는 성령에 의해 감동을 받고 유지되는 새로운 아들됨이다. 이 에스겔 본문이 실제로는 물과 성령에 의한 "하나님으로부터의 새 **출생**"에 대해서는 말하고 있지 않지만, 예수의 언어가 얼마나 전적으로 적합한가를 보기는 어렵지 않다. 참으로 순종하는 아들됨의 생명을 보장하는 하나님의 재창조 행위는 사실상 새 출생/새 창조다. 그리고 에스겔의 약속에 대한 그와 같은 이해가 이미 기독교 이전의 문헌인 「희년서」(Jubilees) 1:23-25에 나타나 있다.

> …그리고 내가 그들 안에 거룩한 한 영을 **창조**할 것이다. 또한 내가 그들을 **정결하게 씻어** 그들이 나를 따르는 일에서 벗어나지 않게 될 것이다.…그들은 나의 계명들을 행하게 될 것이며, 나는 그들의 **아비**가 되고, 그들은 나에게 **아들들**이 될 것이다. 그리고 그들은 "살아 계신 하나님의 **아들들**"이라 일컬어질 것이다.

여기서 "새 창조"의 선물은 "아들됨"이라는 선물과 동일시되고 있다.

니고데모는 자연스럽게 성령이 **어떻게** 이 새 창조의 행위를 불러일으키는가를 묻는다. 예수의 대답(3:12-18에 있다)은 사람들이 정순한 믿음을 가지고 십자가에 못 박힌 일/영화 가운데서 "들려 올려진" 자를 "바라볼" 때 (광야 이야기와 마찬가지로) 그 새 창조가 일어날 것이라는 것이다.

요한이 이 대목에서 더 명확하게 그 문제를 다루고 있지는 않지만, 다른 곳에서 요한이 하고 있는 말에 비춰봄으로써 그 일이 "어떻게" 일어나는가에 대해 좀 더 명확하게 채워넣을 수 있을 것이다. 요한에게 십자가는 아들이 자기를 내어줌 가운데서 계시된, 세상에 대한 아버지의 사랑이다. 물론 모든 자가, 예수가 십자가에 못 박히신 일 가운데서 그 의의를 보지는 못한다. 그러한 관점은 오직 **성령의** 활동을 통해서 그 사람에게 펼쳐진다(6:63). 즉 성령이 예수에 대한 증언을 통해서 활동하실 때, 성령은 듣는 자로 하여금 예수의 십자가와 승귀를 아버지에 대한 아들의 계시로서 이해할 수 있게 해준다. 그리하여 그 사람이 그러한 믿음에 **도달하게 될 때** 이 계시는 돌 같은 마음을 부드러운 육질의 반응하는 마음으로 변모시킨다. 간단히 말해서 "위로부터의 출생"이라는 요한식의 구원은 대체로 사랑의 자기 계시라는 **신적** 사건인 그리스도 사건에 대한 성령의 조명을 통해 실행된다. 이러한 종류의 충만한 기독교 "믿음"은 분명히 예수가 죽음과 부활과 성령의 선물을 통해서 "영화롭게" 되기 전에는 올 수 없다. 그러므로 공생애 동안의 예수에 대한 "믿음"은 단지 부분적이다. 그러나 성령에 푹 적셔 있는 예수의 가르침(6:63; 4:10-14, 23)은 이미 그 제자들을 정순한 기독교 신앙을 **향해** 나아가도록 하는 데 있어서 중대한 역할을 하고 있다.

III. 요한복음 1-12장에 나타난 "예언의 영"인 성령

지금까지 우리가 검토한 항목들에서 우리는 즉시로 ("예언의 영"으로서) 성령이 카리스마적인 계시, 감동된 연설 및 영적 지혜/이해를 주신다는 유대적 이해를 추적할 수 있다. 계시의 성령을 한량없이 소유하고 있는(3:34) 예수 안에서, 그 예수를 통해서, 구원의 계시적 지혜라는 최상의 선물이 나누어진다. 의심할 바 없이 요한은 예수에게 성령이 주어짐으로써 예수가 신적 지혜의 전형이 되는 가르침을 줄 수 있게 되었음을 뜻하고 있다. 그러나 요한은 또한 그 이상의 것을 확증하기를 원한다. 그는 예수의 가르침을 **통해** 성령이 듣는 자들의 마음속에 도달한다는 점을 말하고 싶어한다. 그래서 예수에게 임한 성령이 듣는 자에게도 영향을 준다. 따라서 6:63은 우리에게 예수의 말씀을 "듣고 믿는" 자들에게는 예수의 말씀 자체가 성령과 생명에 대한 경험이라고 말한다. 요한복음 4장의 용어로 말하자면, 성령에 푹 담겨 있는 예수의 가르침은 듣는 자 가운데서 영생에 이르도록 솟아나올, 그리고 그 사람에게 성령 안에서, 진리 안에서 예배할 수 있는 어떤 잠정적인 정도의 능력을 제공해주는 "생수"이다. 요한복음 3장의 틀 가운데서 말하자면, 성령은 갈보리에서 진행된 험악한 처형을 조명하여 사람들로 하여금 이 처형 사건이 그 아들이 자기를 내어준 행위 가운데서 계시되는 아버지의 사랑에 대한 결정적인 계시로 보도록 해준다. 그리고 정순한 신앙의 이 영적인 "봄"(seeing)의 예상되는 효과는 "위로부터의 출생"이라는 극적인 재창조이다. 요한복음 6:60-63에서도 마찬가지 점이 지적된다. 이 모든 것은 만일 성령이 그 계시를 그들에게 열어 보여주지 않는한, 사람들이 예수의 사역이나 그의 죽음 가운데서 객관적으로 주어진 예수의 계시를 이해할 수 없음을 말하고자 한다. 그래서 오직 성령이 그렇게 하심으로써, 예수가 생명을 제공하신다.

여기서 (쿰란의 경우에서와 마찬가지로) "예언의 영"은 구원론상으로 필수적인 선물이 되었음을 볼 수 있다. 요한은 사람의 마음에 그리스도 사건의 의의를 펼쳐 보여주시는 성령의 계시적 활동이 없이는 구원을 경험할 수 없음을 말하는 것으로 나타난다. 이 점은 파라클레토스(보혜사)에 대한 가르침 가운데서 확인될 것이다. 이제 그 점에 대해서 검토하도록 하자.

부록

요한복음에 나타난 구원, 계시, 예수의 죽음

지금까지 우리는 요한이 예수가 구원의 계시를 나눠주신다는 점을 대단히 강조한다는 점을 살펴보았다. 요한복음 1:18에서 예수는 하나님의 결정적인 계시이다. 요한복음 3장에서 새로운 출생을 가져오는 것은 아들 안에 있는 하나님의 계시에 대한 영적 이해(spiritual understanding)이다. 요한복음 4장에서는 예수가 사마리아 여인에게 "생수"를 제공하신다. 그 생수는 성령을 한량없이 소유하고 계시는 분을 통해 성령에 의해 제공되는 "계시의 지혜"로 이해된다(3:34). 요한복음 6:60-66에서는 신적 지혜의 최고봉인 예수의 삶과 죽음 그 자체로는 아무런 소용이 없고, 오직 그 말씀이 성령 안에서 조우(encounter)될 경우에만 "생명"을 가져다준다는 점이 분명하게 지적된다. 이 모든 사실은 요한에게 있어 구원은 **계시**로 말미암는 것임을 시사한다고 할 수 있다. 불트만은 이 점이 지니고 있는 논쟁적인 함의를 표현한 첫 번째 인물이다. 말하자면, "죄에 대한 대속으로서의 예수의 죽음 사상을 요한복음에서는 전혀 찾을 수 없다"는 것이다.[23] 본질적으로 그의 주장은 다음과 같다.

(1) 요한에게 있어, 인간의 진정한 곤경은 하나님에 대한 불신앙, 어둠, 무지라는 말로 표현되는, 하나님으로부터의 소외이다. 이러한 것들이 인류의 죄이다. 그러한 것들은 죄에 의

---

23 R. Bultmann, *Theology of the New Testament* (London: SCM, 1952), vol. 2, part 3.

해서 유발된 것이 아니다. 그러나 만일 그것이 사실이라면, 한 사람에게 필요한 것은 달래주는 희생제물이 아니라 하나님에 대한 계시자, 빛, 지식이다.

(2) 예수는 정확히 이런 것들을, 십자가를 통해서가 아니라 성육신에서부터 영화에 이르기까지의 그의 사역 전체를 통해서 제공하신다. 십자가는 단지 순종의 최종적인 행위일 뿐이며 영광에 이르는 디딤돌일 뿐이다.

(3) 예수가 행하려고 온 그 유일한 "일"은 "생명"을 계시하는 일이다. 따라서 예수는 최고 품질의 포도주를 제공하실 수 있다. 그 포도주는 최후까지 간수되었다(2:1-11). 그리고 예수는 목마른 모든 자를 해갈시켜주며, 마시는 자에게 영원한 생명을 주는 생수를 제공하실 수 있다(4:13-14). 더욱 특별하게 예수는 사람들이 먹을 필요가 있는 진짜 떡(양식)이시며, 그 떡을 제공해주신다(6:35). 그는 사람들을 어둠에 두지 않는 빛이시며(8:12; 9:5), 사람들을 죽음 가운데 두지 않으시는 부활이며 생명이시다(11:25, 26). 그는 사람들을 죄와 거짓과 죽음 등에 두지 않는 진리이시다(8:21-36; 14:6).

불트만에 따르면, 예수는 독특한 요한식의 기독론 때문에 정확히 이 독특하게 요한적인 것들을 제공해주실 수 있다. 요한은 예수를 (유일하게) 하늘로부터 내려오시고(3:13), "들려짐"을 통해서(3:13, 14) "그가 이전에 계셨던 곳으로" 다시 올라가시는 인자임을 강조한다. 홀트그렌(Hultgren)이 설명하듯, 그 결과는 "인자이신 예수는 그가 땅으로 내려오시기 이전에 아버지와 가졌던 친밀함을 공유하고 계신 분이시며, 그러므로 아버지를 계시하실 수 있다"(주 24를 보라). 도입부의 로고스 기독론에서도 비슷한 메시지가 선언되고 있다. 그리고 그 메시지가 (요한에게서 독특하게 강조되고 있는) "아들" 기독론 가운데도 존재한다. 아들은 아버지에게서 "보냄을 받았다"(참조. 3:17; 5:23). 그리고 아들은 "떠나" 아버지에게로 "되돌아갈" 것이다(13:1; 14:12 등). 이 독특한 기독론적 초점의 요점은 예수가 유일하게 아버지를 계시하신다는 것이다. 그 사실은 아버지와 예수의 하나됨(10:30, 38; 14:8-11)이라는 반복되는 주제에 의해서, 그리고 예를 들어 비록 유대인들(즉 불신자들)이 자신들은 안다고 생각하지만 사실은 그를 모르고 있는데, 그것은 그들이 그를 보내신 아버지를 모르기 때문(7:27, 28)이라는 충격적인 확언들에 의해서 강조되고 있다. 그래서 역으로, 또한 더욱 극적으로, 그들은 아버지를 모른다. 그들이 아버지를 계시할 수 있는(1:18) 예수를 모르기(8:19) 때문이다. 예수에 대한 무지의 의의는 이제 명확해진다. 이러한 무지는 그에 상응하는 하나님에 대한 무지를 낳는다. 그리하여 이 모든 것은 예수가 (바울의 경우에서처럼) 죽도록 보냄을 받거나 주어진 것이 아니라 사람이 되고 계시자가 되기 위해서, 그리하여 인류의 구세주가 되기 위해서 보냄을 받고 주어진 것이라는 뜻이다(참조. 요한복음 17:3, "영생은 곧 유일하신 참 하나님과 그가 보내신 자 예수 그리스도를 아는 것이니이다").

예수의 단 한 가지 **사역**(계시)은 (a) 여러 표적들과, (b) 그 표적들을 해석해주며 그 표적들을 넘어서는 예수의 말씀들로 이루어지는(8:28; 14:10; 15:22-24) 다양한 "사역들" 가운데서 성취된다. 그러나 이러한 표적들과 가르침들은 모두 예수를 가리키며, 그의 아버지와 하나됨을 가리킨다. 예수는 단지 구원의 떡과 음료와 빛과 생명을 **제공하실 뿐 아니라** 그 자신이 바로 이러한 것들**이시다.** 불트만이 지적하듯이, 예수의 유일한 사역은 계시해주는 일이다. 그러나 그가 계시해주는 것은 그가 계시자라는 것이다.

(4) 요한에게 있어, 제자들을 정결하게 해주고 새롭게 해주는 것은 예수의 계시적인 가르침이다. "너희는 내가 일러준 말로 이미 깨끗하여졌으니"(15:3; 참조. 13:10; 17:17). 예수의 말씀은 성령과 "생명"에 대한 경험이다(6:62). 그 말씀들 가운데서 계속해서 지냄으로써 사람들은 속박에서 풀려나 자유를 얻게 된다(8:31-34). 그리고 제자들은 예수가 하신 말씀을 통해서 "거룩하게 되고" 또한 "깨끗하게 된다"(17:17).

(5) 그 어디에서도 요한은 예수의 죽음이 대속의 희생제물을 제공한다고 주장하지 않는다. 비록 그러한 이해가 때때로 그릇되게 요한이 말하고 있는 내용(1:29; 3:16; 17:9 등) 속에 집어넣어져서 읽혔으며, 또한 요한1서 1:7, 2:2, 4:10에 있는 교회론적 해설에 의해 덧붙여지긴 했지만 말이다. 그리고 비록 이러한 것들이 덧붙여진 해설이 아니며, 요한이 때때로 우연히 예수의 죽음을 대속적인 희생제물이라는 전통적인 언어로 제시했다 할지라도, **그것은 여전히 그의 작품 가운데서 외래적인 요소일 것이다.** 즉 요한의 복음서 대부분에서 명확하게 등장하는 저자 자신의 구원론과 일치하지 않는다고 여겨진다.

그러므로 불트만의 주장의 핵심은 진정으로 요한적인 구원론은 대속적인 희생제물을 필요로 하지 않을 뿐만 아니라 전혀 자리를 차지하지 않는다는 것이다. 구원은 하나님에 대한 지식 가운데서 새 출생을 낳는 계시에 의해 온다. 만일 우리가 잠시 동안 십자가에 대한 불트만의 부정적인 진술들을 접어둔다면, 불트만은 진정 진실에 매우 근접하고 있다. 어떤 점에서 요한은 성령을 예수의 가르침 가운데서, 그 가르침을 통해서 활동하시며, 예수와 아버지(성부)를 계시해주는 지혜를 비추어줌으로써 한 사람의 마음과 정신에까지 도달하며, 그럼으로써 불신의 구름들을 흩어버리고 믿는 자의 삶과 정서 가운데서 하나님을 보좌에 모셔 들이게 해 마음을 변화시킨다. 그렇다면 요한이 말하고 있는 바는 성령이 사람들에게 아들을 "보여줌"으로써 아버지에 대한 자녀의 사랑과 순종 가운데로 그들을 인도해준다는 것인가? 이것이 바로 요한이 생각하기에 사람들이 다시 태어나는 것인가? 틀림없이 여기에 중요한 진실이 있음은 사실이다. 하지만 다음과 같은 세 가지 근본적인 점에서 수정되고 보완될 필요가 있다.

1. 우리는 요한복음 가운데서 십자가를 하찮은 것으로 만들 수 없다

포어스텔(J. T. Forestell)은 요한이 요한복음 안에서 십자가를 하나님의 계시의 최고의 순간으로 간주한다는 점을 설득력 있게 보여주었다.[24] 따라서 요한은 세 차례나 의도적으로 "들렸다"(hypsōthēnai, 휘프소테나이)라는 동사의 이중적인 의미를 활용한다. 그 단어는 "십자가에 달렸다"는 뜻과 "높여졌다"는 두 가지 의미를 띨 수 있다. 3:14, 15, 8:28, 29("너희가 인자를 든 후에 내가 그인 줄을 알고 또 내가 스

---

24 J. Forestell, *The Word of the Cross: Salvation as Revelation in the Fourth Gospel* (Rome: PBI, 1974), 또는 좀 더 간결하게는 A. Hultgren, *Christ and his Benefits* (Philadelphia: Fortress, 1988) ch. 8. 앞 페이지의 인용은 Hultgren의 책 p.147에서 취한 것이다.

스로 아무것도 하지 아니하고 오직 아버지께서 가르치신 대로 이런 것을 말하는 줄도 알리라")과 특히 12:32("내가 땅에서 들리면 모든 사람을 내게로 이끌겠노라")을 보라. 이에 대해서 요한은 이렇게 덧붙인다. "이렇게 말씀하심은 자기가 어떠한 죽음으로 죽을 것을 보이심이러라." 그러나 그 말은 그 이중적인 의미를 밝힐 뿐이다. 십자가 형을 당하는 일 그 자체가 **자연스럽게** "땅에서 높이 들리는 일"로 묘사될 수 없으며, 십자가의 죽음에서 예수가 모든 사람을 자기에게로 이끌었던 것도 아니기 때문이다. 그 두 묘사는 예수의 승귀와 그 이후의 일에 더 합당하다. 그러나 그 단어의 활용은 십자가 자체가 예수의 승귀(높아짐)의 일부임을 강력하게 제시한다. 마찬가지로 복음서 안에 있는 모든 것은 예수의 "**영화**"의 "그때"를 향해 진행된다. 예수의 "승천/승귀"가 그의 영화의 일부이긴 하지만, 그"때"의 진짜 초점은 십자가에 달리심이다. 따라서 겟세마네 동산의 기도와 동일한 요한복음 12:27에 있는 기도에서 우리는 "지금 내 마음이 괴로우니 무슨 말을 하리요? 아버지여, 나를 구원하여 이"때"를 면하게 하여 주옵소서. 그러나 내가 이를 위하여 이때에 왔나이다"라는 말을 듣는다. 그래서 예수가 그 바로 앞에서 "인자가 영광을 얻을 때가 왔도다"(12:23)라고 말했을 때, 그가 말하는 때는 바로 예수의 십자가에 달리심에 대한 것이다. 이 모든 것은 요한에게 있어, 십자가가 구원을 제공하는 계시의 중심을 차지한다는 뜻이다. 십자가는 계시된 신적 지혜의 최고이다(6:51-58; 참조. 3:14-16). 불트만이 하려고 하듯이 십자가를 그렇게 하찮게 여길 수 없다.

2. 우리는 십자가에서 객관적인 대속의 요소를 제거할 수 없다

포어스텔은 요한복음에서 십자가가 객관적으로 죄를 대속하지 않는다고 주장함으로써 불트만의 일반적인 논지를 유지하려고 시도한다. 십자가는 예수 안에서 드러나는 우리를 향한 하나님의 사랑에 대한 최고의 계시일 뿐이며, 따라서 십자가에서 우리는 예수가 기꺼이 우리를 위해 자기의 목숨을 내려놓기까지 하신다는 점을 배운다는 것이다. 우리의 불신앙과 적대성을 극복하는 것은 바로 그 사랑의 계시라는 것이다. 따라서 우리는 어떠한 종류의 객관적인 속죄에 의해서가 아니라 계시에 의해서 구원을 받는다는 것이다.

이것은 만족스럽지 않다.[25] 만일 예수의 죽음이 실질적으로 객관적인 어떤 것을 성취하지 않았다면, 그가 도대체 사람들을 위해서 자기 목숨을 내려놓고 있었다고 어떻게 말할 수 있는지 알 수 없다. 그리고 자기 아들을 십자가에 달리도록 내어놓으신 하나님, 또한 그 아들의 죽음의 끔찍함에 더 많은 시선이 가도록 하는 그런 죽음에 내어놓으신 하나님은 사랑보다는 왜곡되어 있음을 더 드러낼 뿐이라고 생각할 수도 있다. 그러나 그렇지 않다. 포어스텔이 옳다. 요한은 십자가를 하나님의 사랑의 최고 계시로 보고 있다. 하지만 십자가는 예수가 달성해야 했던 특별한 일로 이해될 때만 하나님의 사랑에 대한 계시로 여겨질 수 있다. 초기 교회의 공통적인 설명이 예수가 우리 죄악에 대한 속죄물로서 죽으셨다는 것이었듯이, 그리고 이것이 또한 요한 서신서들 가운데서도 유지되고 있듯이(요일 1:7; 2:2; 4:10), 요한복음을 읽는 독자들이 십자가를 그런 식으로 이

---

25 M. Turner, "Atonement and the Death of Jesus in John—Some Questions to Bultmann and Forstell", *EvQ* 62 (1990), 99-122.

해해야 함은 거의 확실하다. 예수를 세상 죄를 지고 가는 하나님의 어린 양으로 언급한 요한 자신의 말(1:29, 32)은 그 복음서의 시작에서부터 그러한 해석을 하도록 격려한다고 볼 수 있다.

3. 새 출생을 가져오는 성령의 선물은 오직 십자가 이후에야 참으로 허락된다(요 7:37-39; 20:22)

만일 구원이 요한복음 안에서는 오로지 예수의 성령에 푹 적셔진 계시를 통해서만 임하는 것이라면, 우리는 요한이 예수의 공생애 기간 **동안에** 성령이 주어지고 그리하여 새 출생이 개시되었음을 주장할 것으로 기대할 수 있을 것이다. 이는 무엇보다도 예수가 계시를 주셨기 때문이다. 예수가 사마리아에서 한 여인에게 영원한 생명에 이르도록 솟구쳐 오를 "생수"를 제공하시는 것으로 보이는 경우에서와 4:23에서 "때가 오나니 곧 **이 때라**. 아버지께서는 자기에게 이렇게 예배하는 자들을 찾으시느니라"라고 주장하실 때에 그 점에 매우 가까워진다. 그러나 요한은 이 점을 두 개의 다른 대목으로 제약한다. 그 두 대목 모두 예수의 영화 **이후에야** 성령의 선물을 자리매김하고 있다. 그 대목은 요한복음 7:37-39과 20:21, 22이다. 3:15, 16과 더불어서 이 대목들은 핵심적으로 "위로부터 태어남"이라는 결정적인 순간을 십자가와 부활 **너머로** 넘기고 있다.

결론

요한은 진정으로 구원이 계시에 의해 매개된다고 믿는다. 그는 성령이 이미 예수의 사역 가운데서 사람들의 마음에 도달하고 있으며, 그들로 하여금 성령에 푹 적셔진 예수의 가르침을 통해 장차 임하게 될 것을 음미하게 해주고 있었다고 믿고 있다. 그러나 요한은 그 계시가 당시에는 여전히 미완이었으며, 따라서 성령이 공생애의 시간 안에서는 진정 생명을 갖다주지 못했다는 점을 알고 있다. 따라서 그는 제자들을 정순한 믿음과 이해(깨달음)에 도달할 수 없었던 것으로 묘사한다. 예수가 나누어주는 계시는 예수 자신의 십자가에 달림과 높아짐에 결정적으로 집중될 것이다. 이 십자가에 달림과 높아짐은 죄를 객관적이고 유일회적으로 단번에 영원히 다루며, 동시에 화해를 얻기 위해서 하나님이 어떤 일을 행하려고 준비하셨는가를 보여준다. 이 모든 일이 완결된 지금은 예수를 통해서 성령이 주어질 수 있다. 그리하여 이제 사람들은 진정한 참 신앙에 도달할 수 있으며, 성령에 푹 담겨진 예수의 계시가 이제 그들의 삶을 완전하고 심오하며 변혁을 일으키도록 장악할 수 있다. 그러나 성령은 예수의 십자가와 승귀에 주로 집중함으로써 이 일을 하신다(3:14-16; 6:51-58). 간단히 말해서, 불트만은 그가 긍정적으로 주장한 점에서는 옳았지만, 그가 거부했던 점에서는 틀렸다.

5장

요한복음 14-16장에 나타난 성령

: "보혜사"에 대한 약속

때때로 "표적들의 책"(the Book of Signs)이라 불리는[1] 요한복음 1-12장은 성육신과 계시라는 추(pendulum)가 내리막으로 크게 내려간 것이라 볼 수 있다. 그다음 13-20장은 그 내리막에 상응하여 죽음, 부활, 성부 옆으로의 승귀라는 오르막을 제공하고 있다. 이 모든 것을 다 함께 모아서 요한은 예수의 "영화"(glorification)를 그린다.[2] 그 전환점은 13:1이다. "…예수께서 자기가 세상을 떠나 아버지께로 돌아가실 때가 이른 줄 아시고…."

이 "때"의 도래는 12:23, 27에 어느 정도 예고되어 있다. 그렇지만 그곳에서는 예수의 공적 사역의 마지막 말씀에 관심이 주어져 있다. 그래서 예수의 증언에 대한 배격을 언급하며 끝마친다. 그것은 그 추의 진동에서 가장 밑바닥 지점이다. 세상의 빛은 믿기를 거부하는 사람들(12:37-41) 혹은 부분적으로 믿지만 자신들의 믿음을 고백하기를 겁내는 사람들(42, 43절)로부터 자신을 감춘다(12:36a). 13장에 이르러서 예수는 오로지 제자들에게만 주의를 제한시킨다. 그리고 이어지는 장들 전체는 예수의 죽음과 승귀 및 그 일들의 결과에 집중한다. 십자가는 (부활에 비추어볼 때) 아들 가운데 있는 성부의 사랑을 최고조로 계시해주고(참조. 3:14-16; 8:28; 12:32)

---

1   C. H. Dodd, *The Interpretation of the Fourth Gospel* (Cambridge: CUP, 1953), 289; R. E. Brown, 1:cxxxviii-cxxxix.

2   그러므로 R. E. Brown(앞의 책)은 이 장들에 "영광의 책"(the Book of Glory)이라는 제목을 붙인다.

모든 사람을 자기에게로 이끄는 인자의 "들려짐"으로 보이기 때문에 (예수의 공생애의 밑바닥이라기보다는) 상승하는 오르막 길의 일부로 그려진다.[3]

"고별 담화들" 혹은 "예수의 유언"[4]이라 불러도 좋을 13-17장은 특히 예수에 의해 시작된 계시적 증언이 어떻게 그의 영화를 넘어서서 그 제자들에게, 그리고 그 제자들을 통해서 계속될 것인지에 초점을 맞추고 있다. 이 맥락 가운데서 우리는 요한복음 14-16장에 있는 보혜사 성령에 대한 요한의 독특한 가르침을 접하게 된다. ("보혜사"는 파라클레토스[paraklētos]의 번역어로 우리말 성경에서 주로 쓰이고 있지만, 이는 정확한 뜻을 전달하는 번역어가 아니다. 다만 이 책에서는 그 뜻과 별개로 성경의 일반적 용례를 따라 "paraclete"를 "보혜사"로 번역하였다. 파라클레토스의 정확한 뜻과 번역어에 대해서는 이어지는 논의를 보라 — 옮긴이)

I. 예수가 "다른 보혜사"로 성령을 약속하다: 파라클레토스의 의미와 개념적 배경

요한은 세 개의 단락(14:16-26; 15:26, 27; 16:7-15)에서 "보혜사"(paraklētos: 14:16, 26; 15:26; 16:7)로 활약하실, 오실 성령이라는 선물에 대해(14:26), 혹은 "진리의 영"에 대해(14:17; 15:26; 16:13; 참조. Jub 25:14; T. Jud. 20:1-5; 1QS 3.18-25) 말한다. 이 셋 중 여기서 주로 쓰이고 있는 용어는 "보혜사"(Paraclete)이다. 그래서 매번 성령이 그 뒤에 언급될 때 맨 처음에 도입

---

3   이 주제에 대한 간략한 개관으로는 G. R. Beasley-Murray, ch. 3, "The Lifting Up of the Son of Man"을 보라.

4   J. Becker, "Die Abschiedsreden Jesu im Johannesevangelium", ZNW 61 (1971), 215-46; R. W. Paschal, "The Farewell Prayer of Jesus: A Study of the Gattung and Religious Background of John 17", 미출간 박사학위 논문, Cambridge, 1982; E. Bammel, "The Farewell Discourse of the Evangelist John and its Jewish Heritage", TynB 44 (1993), 103-16.

되는 것이 바로 이 용어이다(14:26; 15:26; 16:7). 그러므로 이 용어의 의의를 조사해보아야 할 것이다.

그리스어로 그 단어는 형태상으로 수동태 동사형 형용사로, 특히 법정이나 어떤 잠재적으로 대립적인 상황에서 조언이나 지원 혹은 도움을 주기 위해 "곁에 있도록 요청을 받은 자"를 가리킨다. 전형적으로 파라클레토이는 예를 들어 더 높은 상급 당국에 대해 어떤 사람을 대신해서 개입하거나 사법상의 절차 가운데 그들의 입장을 지원해주기 위해서 중개자나 중재자 혹은 지원하는 증인으로 행동하는 사람이다. 그러므로 "변호자"(Advocate, 대변자/옹호자)가 통상적으로는 최상의 번역일 수 있다. 만일 단지 전문적인 법률적 대변인을 지칭하는 것이 아니라 충분히 광역적인 의미를 취한다면 말이다(이러한 전문적인 법률적 대변인은 유대나 그리스의 법정 절차에서는 상대적으로 알려지지 않았다).[5] 그리고 실제로 후기 랍비 유대교에서는 "변호자"라는 표현으로, 차용어인 페라클리트(p'raqlit)를 사용하기 시작했다(참조. Pirqe Aboth 4.11). 그러한 의미는 분명하게 요한1서 2:1에 적합하다. 그러나 요한복음에서는 "보혜사"에게 실질적으로 돌려지고 있는 역할들이 (15:26; 16:8-11에서만 명시적으로 나타나는 법정적인 기능과 더불어서)[6] 주로 그 제자들에게 예수를 가르치고 계시하며 해석해주는 일이기 때문에, 파라클레토스의 다른 의미들이 옹호되게 되었다. 이러한 의미들에는 다음과 같은 것들이 포함된다.

---

5 기독교 이전의 세계에서 paraklētos가 결단코 단순히 법률적 기능을 하는 전문 용어일 수 없었다는 점에서 K. Grayston ("The Meaning of PARAKLETOS", JSNT 13 [1981], 67-82)의 견해에 동의하지만, 그럼에도 Grayston은 대부분의 예가 공통적으로 갖고 있는 "대변성"의 의미를 깎아내리고 있다고 말해야 할 것이다.

6 때때로 "변호자"라는 의미에 반대해서 이 마지막 구절들에서 성령이 변호를 제공하기보다는 기소하는 역할을 한다는 주장이 제기되어왔다. 그리고 이 때문에 어미 -(e)tos로부터 수동적인 의미보다는 능동적인 의미를 도출하는 것이 요구된다고 주장되었다. 그러나 유대 법정과 그리스 법정에서 한쪽 편을 위해 법률적 자문자나 대변자로 부름을 받은 사람은 (유대 법정에서의 "증인들"과 마찬가지로) 상대편과 그들의 증인들에 대해서 기소하는 역할을 할 수 있었다고 볼 수 있다.

(a) "위로자"(Comforter)—데이비스(J. G. Davies)는 "격려하다"라는 뜻의 동사 "파라칼레인"(*parakalein*)에서 효과적으로 파라클레토스를 끄집어냄으로써 그러한 의미를 주장했다.[7] 그러나 요한은 그 동사를 전혀 사용하지 않고 있다. 그리고 데이비스의 어원론에 따르면, 수동태형 형용사보다는 능동태형 형용사가(파라클레토스[*paraklētos*]보다는 오히려 파라칼론[*parakalon*]이) 되어야 한다.

(b) "권유자"(Exhorter)—그리하여 대략적으로 바레트(C. K. Barrett)는 연관된 단어 파라클레시스(*paraklēsis*, "권고", "격려")로부터 권고자라는 이 의미를 끄집어내어 보혜사가 기독교적인 파라클레시스(즉 권고)의 배후에 있는 성령인 것으로 이해한다.[8] 그러나 이 견해 역시 위에 언급된 것과 유사한 난점들이 존재한다.

(c) "조력자"(Helper)—불트만은 자신이 만다야 영지주의 자료(Mandaean sources)에서 발견한 다양한 "조력자들"과의 다소 강제된 언어학적이며 개념적인 연상을 기초로 해서 이 의미를 주장했다.[9] 그러나 (i) 요한은 다수의 조력자들이 아니라 (제자들과 지상에서 함께하는) 단일 보혜사에 대해서 말하고 있다. (ii) 불트만이 만다야 영지주의 자료에서 "조력자"로 번역한 야와르(*yawar*)라는 용어는 오히려 "(천상의) 빛을 지닌 자들"을 의미한다고 주장할 수 있다. (iii) 이 인물들은 만다야 영지주의 문서에서 전혀 법정적인 기능들을 갖고 있지 않다. "조력자"라는 용어(참조. GNB)는 아마도 좀 다른 근거들 위에서 스폰서들/중재자들/중개자들이 도움을 제공한다고, 그리고 보혜사의 기능들은 아주 광범위해서 일차적으로 법정적인 의미를 허용할 수 있다고 주장될 법하다. 그러나 그럴 경우 이 용어는 이중적인

---

7   J. G. Davies, "The Primary Meaning of Παράκλητος", *JTS* 4 (1953), 35-8.

8   C. K. Barrett, "The Holy Spirit in the Fourth Gospel", *JTS* 1 (1950), 1-15.

9   참조. *Theology*, 1:164-83; 2:1-92.

불이익을 당한다. 이 용어는 16:8-11에 나오는 명백한 법정적 어조들을 상실한다. 그리고 부적절하게도 제자들보다 성령이 더 열등함을 시사할 수 있다.

(d) "조언자"(Counsellor)—이 단어는 RSV와 NIV 번역이 채택하고 있다. 그리고 이를테면 필론의 「창세기」(On Creation) 23 같은 곳에서 어떤 근거를 찾을 수 있다. 그곳을 보면, 저자는 하나님이—(오직 하나님은 한 분뿐이시며, 그 외에 아무도 없기 때문에) 어떠한 파라클레토스 없이—자신이 앞으로 존재하게 만들 창조세계에 혜택들을 수여하기로 결정하는 것을 말하고 있다. 여기서 "조언자" 혹은 "충고자"라는 말이 적절하며, 요한복음에서 말하는 성령에게서 기인하는 가르침과 계시의 역할을 쉽게 설명할 수 있을 것으로 보인다(14:26: 16:13). 그러나 필론의 용례는 비교적 특이하게 "옮겨진"(transferred) 의미인 것으로 보이며, 따라서 파라클레토스가 좀 더 일정한 누군가의 입장에 대한 옹호라는 함의를 **지닐 수 없을 경우에만** 호소력이 있을 수 있는 것 같다.

아마도 "변호자"(advocate)가 가장 안전한 번역일 것이다(그래서 NRSV에서는 이 단어를 다시 채택했다). 물론 어째서 요한이 이 용어를 선택했는지 그 이유에 대해서는 아직 설명해야 한다. "변호자/대변자"라는 의미를 받아들인 학자들은 일반적으로 구약성경과 중간기 문헌의 다양한 중재자이자 변호자로 나선 천사들의 예에서 그 "배경"을 찾는다(모빙켈[Mowinckel]과 요한손[Johansson]의 경우).[10] 오토 베츠(Otto Betz)는 좀 더 구체적인 테제를 개진한다. 즉 요한이 주로 쿰란 공동체의 우주적 이원론("진리의 영"이 "미혹의

---

10 S. Mowinckel, "Die Vorstellung des Spaetjudentums vom heiligen Geist als Fürsprecher und der johanneische Paraklet", ZNW 52 (1933), 97-130. N. Johansson, Parakletoi (Lund: Gleerup, 1940).

영"과 우주적 투쟁을 벌이는)에 근거해서 보혜사/진리의 영을 생각했으며, 자신의 고유한 구도 가운데서 빛의 영들의 천군들의 리더인 천사장 미가엘을 "진리의 영"으로 연상하는 쿰란 공동체의 연상에서부터 보혜사의 좀 더 "인격적인" 측면들을 끄집어냈다는 것이다.[11] 그 논의는 복잡하다(그리고 영어권 독자를 위해서는 존스톤[Johnston]과 버지가 잘 리뷰해놓았다).[12] 그러나 이러한 배경 연구들을 (특히 베츠를) 따라잡는 일은 편집된 전체(the redactional whole)를 만족스럽게 설명해주기보다는 오히려 보혜사에 대한 요한의 묘사의 다양한 **특징들**을 조명해주는 데 그쳤음을 언급할 필요가 있겠다. 그래서 앞으로 요한이 제시한 내용의 주요 특징들을 검토할 필요가 있다.

II. 예수의 계승자, 대리자, 임재인 보혜사

변호자로서의 성령에 대한 요한의 묘사는 그러한 관념에 대한 역사적인 배경이 충분하지 못하지만, 예수를 모델로 하고 있음이 분명하다. 이 점은 두 가지 면에서 지적될 수 있다. 첫째, 그 점은 "(같은 종류의) 또 하나의 (allos) 보혜사"에 대한 예수의 약속에 의해 시사되어 있다. 그리스어 알로스 (allos)는—헤테로스(heteros), 곧 "다른"(종류가 다른)과는 대조적으로—"(동일 종류 가운데서) 또 하나의"를 뜻한다. 둘째, 레이몬드 브라운(Raymond Brown)이 예수에 관해 요한이 말하고 있는 바와 성령에 대해 약속되어 있는 바 사이에서 발견한 신중한 병행적 성격으로부터 유추될 수 있다.[13] 예를 들어,

---

11 O. Betz, *Der Paraklet* (Leiden: Brill, 1963).

12 G. Johnston, *The Spirit-Paraclete in the Gospel of John* (Cambridge: CUP, 1970), ch. 7; Burge, *Anointed Community*, 10-24.

13 R. E. Brown, "The Paraclete in the Fourth Gospel", *NTS* 13 (1966-67), 113-32, 혹은 좀 더 간략하게는 같은 저자의 "Appendix V: The Paraclete", in *The Gospel According to Saint John* (2 vols.; London: Chapman, 1971), 1135-44을 보라.

(a) 둘 다 아버지로부터 "나와서/주어져" 세상 속으로 "보냄을 받는다"
(3:16, 17; 5:43; 16:27, 28; 18:37 // 14:26; 15:26; 16:7, 8, 13).

(b) 둘 다 "거룩하다"고 일컬어지며(6:69 // 14:26), "진리"에 의해 그 특징
이 규정된다(14:6 // 14:17; 15:26; 16:13).

(c) 예수가 위대한 교사이듯(참조. 13:13, 14), 보혜사는 "너희에게 모든
것을 가르칠" 것이다(14:26). 그리고 메시아가 하나님에 대해 증거
하고 모든 것을, 특히 자신에 대해서와 아버지에 대해서 알려주듯
(4:25, 26; 참조. 1:18; 3:34-36 등), 변호자 성령도 영화롭게 된 아들에
대해서 증거할 것이며 알려줄 것이다(15:26, 27; 16:13, 14).

(d) 또한 예수가 세상에게 확신을 주고 죄를 확증하듯이, 그리고 그럼
에도 불구하고 세상이 그를 "영접하지" 않았듯이(1:12 등), 변호자
성령의 과업도 세상에게 확신을 주고 그 죄를 확증해주는 것이되,
세상은 성령도 영접하지 않는다(14:17; 15:18-26).[14]

이와 같은 관찰은 (요한에게 있어) 예수와 보혜사 성령이 서로 유사하게 대
응되는 주체들이며 혹은 최소한 대응되는 유사 기능들을 수행한다는 점
을 시사한다. 그러나 좀 더 정밀한 관찰을 할 수 있다. 이러한 대응적인 유
사성의 정황(Sitz-im-Leben)은 (뮐러[U. B. Müller]가 주장했듯이)[15] 유대적인 장
르인 "고별 담화"의 통상적인 관심사이다. 말하자면 그 관심사는 하나님의
사람이 주도적으로 이루어놓은 결정적인 일이 그의 죽음 이후에도 어떻게
계속해서 유지될 것인가를 확립하고자 하는 것이다. **예수가 이제까지 보혜**

---

14 비슷하지만 좀 더 종합적인 리스트를 보려면 R. E. Brown, 1135과 1140-1을 보라. 참
조. 또한 G. Bornkamm, "Der Paraklet im Johannesevangelium", *Geschichte und Glaube,
Gesammelte Aufsaetze* (Munich: Kaiser, 1968) vol. 3, 68-89; Burge, *Anointed Community*,
139-42.

15 U. B. Müller, "Die Parakletenvorstellung im Johannesevangelium", *ZTK* 71 (1974), 31-
78.

사로서 활약해왔다. 이제는 성령이 그 역할을 이어받게 될 것이다. 그래서 요한은 성령이 예수를 대체하고 예수의 "보혜사"의 역할/기능들을 이어받아 감당하는 것으로 묘사한다.[16]

그러나 보혜사는 예수가 떠나가실 때 단순히 대체 인물로서 혹은 대신으로 그들에게 오지 않는다. 그와 같은 생각은 세 가지 면에서 보완된다.

(1) 14:17 끝부분이 시사할 수 있듯이, 그 제자들은 이미 보혜사를 "진리의 영"인 것으로 알고 있다. 그들은 예수의 계시적 지혜를 통해서 그 점을 이미 경험했다. 바로 동일한 이 성령이 그들 가운데 내주할 것이다.[17]

(2) 더 중요하게는, 오실 성령은 단순히 예수의 임재/현존을 **대체**하지 않는다. 성령은 아버지와 영화롭게 된 아들의 임재/현존을 그 제자들에게 매개해주신다(14:16-26).

이와 같이 14:16-18에서, 그리고 19절에서 성령의 선물에 대해 그들에게 다짐해주었기 때문에, 예수는 제자들을 "고아와 같이" 버려두고 떠나지 않고, "세상"이 그를 볼 수 없는 방식으로 그들에게 오실 것이다. 예수는 그를 사랑하는 제자 누구에게나 자신을 나타내실 것이다(14:21). 14:22에서 이 말의 의미가 무엇인지 유다가 압박하는 질문을 던지자, 예수는 (만일 제자가 그를 사랑하면) 자신과 아버지께서 그 제자에게로 찾아와서 그 제자에게서 거처를 삼게 될 것이라고 다시 주장한다(14:23). 제자들에 대한 예수의 (아버지와 더불은) 귀환의 약속들은 예수의 재림

---

16 간략히 다룬 글로는 John Wijngaards, *The Spirit in John* (Wilmington: Glazier, 1988), 31-78, ch. 9. "Successor to Jesus"을 보라.

17 그러나 14:17의 문헌 전승과 해석 둘 다 의심스럽다. Beasley-Murray (242-3)는 "너희는 그를 안다"와 "그는 너희와 함께 거하신다"는 주장 가운데서 그 동사들을 (부활절 이후의 가능성들을 위해) 예기적 현제 시제들(proleptic present tenses)로 읽는다.

을 가리킬 수 없다(재림 사건은 세상이 다 볼 수 있는 공개적인 사건이 될 것이
기 때문이다). 또한 수수께끼 같은 예수의 말씀도 부활 이후의 출현을 가
리킬 수 없다. 이는 그 출현 사건들이 그 제자들의 사랑에 어떤 식으로
도 의존하지 않았기 때문이다. 또한 그러한 출현들은 그 제자들과 더불
어 거주하기 위해서 아버지와 아들이 오시는 것이라고 보는 것은 전혀
자연스럽지 않다(참조. 14:23). 예수가 제자들에게로 되돌아옴에 대한 두
차례의 확언이 보혜사 성령에 대한 약속들 중간에 끼어 삽입돼 있으며
(14:14-17; 14:25, 26), 또한 (유대교에서) "예언의 영"이 계시 중에 임하시는
하나님의 임재로 간주되었기 때문에, 대부분의 주해자들은 아버지와 아
들의 임재와 자기 계시를 매개해주실 이는 바로 약속된 성령이라고 추
론한다. 이 점을 거부하는 주해자들은(이를테면, 비즐리-머리)[18] 그리스도
와 아버지께서 그 제자들에게 자신들을 어떻게 나타내실 수 있는지 말
해주지 못하며, 또한 (그리스도와 성부께서 그렇게 할 수 있다면) 어째서 요한
이 성령이 주어질 필요가 있다고 생각하는지를 전혀 설명하지 못한다.

(3) 성령은 단지 예수의 대신(substitute)이 아니라 예수 자신의 사절이
며 집행 권력이기도 하다. 즉 성령은 아버지로부터 "예수의 이름으
로" 보냄을 받는다(14:26). 혹은 예수 자신이 친히 아버지로부터 성
령을 "보내신다"(15:26; 16:7).

이러한 보완 사항을 포함시켜서, 보혜사/변호자가 특별한 역할을 하는 성
령이라는 레이몬드 브라운의 의견에 우리가 최소한 부분적으로 동의할 수
있을 것이다. 말하자면 성령은 예수가 아버지와 함께 계시는 동안 그리스도
인 안에서, 그리스도인과 더불어 계시는 예수의 개인적/인격적인 임재/현
존이라는 것이다.[19] 누가-행전과 바울의 경우에서처럼, 요한에게 있어 성

---

18 *John*, 258; 참조. *Gospel*, 81-2.

령은 마찬가지로 그리스도의 영이다.[20]

III. 제자들을 가르치는 분인 성령-보혜사

에스킬 프랑크(Eskil Franck)가 1985년에 요한복음에서의 보혜사에 대한 움살라 대학교 박사학위 논문에 대한 제목―보혜사의 주요 기능들을 종합하는 제목―을 정하고자 했을 때, 그가 선택한 제목은 적절하게도 "가르쳐진 계시"(Revelation Taught)였다.[21] 만일 우리가 보혜사의 기능들을 묘사하고자 한다면, 위로자나 변호자 혹은 다른 어떤 기능보다도 가르치는 교사의 기능이 으뜸이라고 프랑크는 주장한다. 이 주장의 기반은 주로 두 개의 핵심 구절인 요한복음 14:26과 16:12-15에서 찾을 수 있다.

이 두 구절 중 첫 구절은 보혜사의 하는 일이 그 제자들에게 예수의 가르침을 기억나게 해주고 그 가르침을 그들에게 명료하게 밝혀주는 것이라

---

19 Brown, 1141 (이 입장은 H. Windisch, *The Spirit-Paraclete in the Fourth Gospel* [Philadelphia: Fortress, 1968]으로 소급되는 입장인데, Windisch는 보혜사를 예수의 다른 자아(*alter ego*)라 일컬었다. 그러나 우리는 요한이 파루시아에 나타날 것이라는 예수의 약속들을 취해서 그 약속들을 그 대신에(파루시아에 대한 소망이 실패했기 때문에: Brown, 1141-3) 성령 가운데서 임하시는 것으로 만들어버렸다는 Brown의 도발적인 결론에 동의할 필요는 없다. 참조. Burge, *Anointed Community*, 143-47.

20 다른 강조점들과 더불어서 A. L. Mansure, "The Relation of the Paraclete to the Spiritual Presence of Jesus in the Fourth Gospel", 미출간 박사학위 논문, Boston, 1950; Bornkamm, "Der Paraklet"; E. Bammel, "Jesus und der Paraklet in Johannes 16", in Lindars and Smalley (eds.), *Christ and Spirit*, 198-217; J. T. Forstell, "Jesus and the Paraclete in the Gospel of John", in J. Plevnik (ed.), *Word and Spirit: Essays in Honor of D. M. Stanley* (Willowdale: Regis College, 1975), 151-97; A. Nossol, "Der Geist als Gegenwart Jesu Christi", in W. Kasper (ed.), *Gegenwart des Geistes* (Freiburg: Herder, 1979), 132-54; Burge, *Anointed Community*, 137-47; J. Ashton, *Understanding the Fourth Gospel* (Oxford: OUP, 1991), 466-70 (우리 마음에 계승자로서의 보혜사와 그리스도의 임재로서의 보혜사 사이의 잘못된 대립을 제시하고 있다)을 보라.

21 E. Franck, *Revelation Taught: The Paraclete in the Gospel of John* (Lund: Gleerup, 1985).

는 사실을 확립하고 있다. "보혜사 곧 아버지께서 내 이름으로 보내실 성령 그가 너희에게 모든 것을 가르치고 내가 너희에게 말한 모든 것을 생각나게 하리라." 다알(Dahl)이 올바르게 지적했듯이 이것이 요한복음을 여는 한 가지 열쇠이다.[22] 요점은 공생애 기간 동안의 예수의 가르침에도 불구하고, 제자들은 여전히 이해하지 못하고 완전히 우왕좌왕하고 있다는 것이다. 그들은 예수가 행해오셨고 말씀하고 계셨던 바의 의도와 의의를 볼 수 없었던 것으로 그려져 있다. 오직 예수의 영화와 성령의 주어짐과 더불어서만 그들이 "기억하고" 이해한다(참조. 2:22에 이 점이 명시적으로 진술되어 있다). 성령이 오시기까지, 마치 모든 것은 분명한 말이 아니라 비유로 되어 있는 것과 같다(16:25). 물론 그것이 요한에게 있어 십자가와 승귀 이전에는 진정한 믿음이 가능하지 못한 이유의 한 부분이다. 보혜사가 설명해주신다. 버지가 먼저 무스너(Mussner)를 인용하면서 적절하게 논급했듯이 말이다.

> 예수의 말씀은 "기억에 의해 재생될 뿐만 아니라 동시에 믿음을 위해 펼쳐진다." 성령은 단순히 기계적으로 작용하는 것이 아니라 해석적으로도 역사한다.[23]

그러나 근본적으로 중요한 점은 해석되는 것이 정확히 **예수**의 계시라는 점에 주목하는 것이다. 요한은 이 역사적인 끈을 놓지 않는다. 보혜사의 할 일은 독립된 계시를 제공해주는 것이 아니라 무엇보다도 역사적 계시의 의의(significance)를 설명해주고 도출해내는 것이다.[24]

---

22 N. A. Dahl, "Anamnesis—Memory and Commemoration in Early Christianity", in *Jesus in the Memory of the Early Church* (Minneapolis: Augsburg, 1976, 11-29), 29.

23 *Anointed Community*, 212.

24 이 항목과 다음 항목에 대해서는 Burge, *Anointed Community*, 211-17; 참조. Wiingaards, *Spirit*, ch. 10; Franck, *Revelation*, 여러 곳을 보라.

요한에게 이것은 중대하다. 교회가 온갖 적그리스도의 영들에게 에워싸일 때, 교회는 애초에 교회가 받은 말씀에 머물러야 한다고 요한1서 2:24은 주장한다. 그리고 만일 교회의 멤버들이 이미 성령의 기름 부음을 받았다면, 그래서 전혀 다른 교사들이 필요 없다면(요일 2:27, 요한이 염두에 두고 있는 것은 새 계시들을 주장하는 거짓 교사들이다) 그 기름 부음이 **가르치는 것은** 정확히 그분 안에 그리고 그들이 처음에 받았던 그분의 말씀 안에 거하라는 것이다.

하나의 다른 강조점을 지니고는 있지만 마찬가지 입장이 두 번째 구절인 요한복음 16:12-15에서 유지되고 있다. 또한 이 구절은 보혜사에 대한 요한의 마지막 언급이다. 여기서 보혜사는 교회를 더 깊고 아마도 한 걸음 더 진전된 진리 안으로 이끌어준다.

> [12]내가 아직도 너희에게 이를 것이 많으나 지금은 너희가 감당하지 못하리라. [13]그러나 진리의 성령이 오시면 그가 너희를 모든 진리 가운데로 인도하시리니 그가 스스로 말하지 않고 오직 들은 것을 말하며 장래 일을 너희에게 알리시리라. [14]그가 내 영광을 나타내리니 내 것을 가지고 너희에게 알리시겠음이라.

이 구절은 어떤 집단들에서는 성령이 교회의 교의(dogma)를 낳을 것을, 그리고 다른 집단에서는 성령이 종말의 사건들에 대한 예언적 시간표를 제공하는 일에 관여하신다는 암시로 취해져왔다. 그러나 그 둘 중 어느 견해도 고려되어 있지 않다는 점을 지적해야 하겠다. 성령이 안내하여 그 안으로 인도해주시는 "그 진리"는 주로 예수가 몸으로 보여주시고 가르치셨던 진리 혹은 그 진리와 연결되어 있는 것들이다. 그것은 분명 비록 제자들만이 그 자리에 참여할 수 있었다 할지라도(16:12) 그들이 함께했던 최후의 만찬석상에서 예수가 **선언하고자 하셨던** 것들을 가리킨다. 그 강화의 문맥 가운데서 예수가 분명 설명할 수 있기를 원하셨던 것은 (그들이 참여했던) 그 자신의 사역의, 그리고 특히 곧 다가올 자신의 죽음과 영화의 더 충만

한 의미였다. 이는 제자들이 그 의미를 충분히 파악하지도 못했으며, 설상
가상으로 그들이 그렇게 할 채비도 되어 있지 않았기 때문이었다. 따라서
나중에 그들에게 그러한 사실들을 알려주고(계시하고) 설명해주는 일이 성
령에게 맡겨져야 했다.

물론 이 모든 것은 요한에게 있어 성령의 할 일이 주로 그 제자들에게
명료하게 해주는 것이라는 뜻이다. 이미 핵심적으로 계시된 진리에 대한
제자들의 이해를 심화시키는 것이다. 요한복음에서 성령의 주요한 과업은
특별한 종류의 카리스마적 지혜를 제공하는 것이다. 즉 그리스도 안에서
이루어진 역사적 계시의 의의에 대한 참된 파악이 이루어지게 해주는 것
이다. 이 점은 성령이 자신의 권위로 말하지 않고 오직 예수께 속한 것들
에 대해서만 말할 것이라는 진술 가운데 확인되어 있다(16:13). 이것은 정
확히 아버지가 아들에게 계시하도록 주신 것들을 가리킨다(참조. 16:15). 그
전망을 펠릭스 포르쉬가 깔끔하게 정리했다.

> 예수는 세상 속으로 들어오심으로써 진리를 가져와 진리가 현존하게끔 하
> 신다. 보혜사 성령은 이 진리를 개봉하시며, 믿는 자들이 그 진리 안으로 들어
> 올 수 있도록 입구를 만든다.[25]

심지어 16:13의 마지막 부분에 있는, 성령이 "장래 일들"을 선포하는 분
이라는 언급조차도 성령이 **교회의** 장래를 계시하실 것이라는 확언 중심으
로 이해될 수 없다. 기억할 필요가 있는 사실은, 예수가 하신 말씀의 관점
에서 보았을 때 가장 중요한 "장래 일들"(things to come, 앞으로 일어날 일)은
정확히 예수의 "영화"(glorification)의 사건들이며, 그 사건들의 의미에 대한

---

25 *Pneuma*, 300; 참조. H. Schlier, "Der Heilige Geist als Interpret nach dem Johannesevangelium",
in V. Kubina and K. Lehman (eds.), *Der Geist und die Kirche* (Freiburg: Herder, 1980), 165-
79.

명확한 이해이다. 그러므로 이 전체가 사실상 14:26과 정확히 동일한 말을 하고 있다고 **볼 수 있을 것이다.**[26]

그러나 이것은 그 말씀의 범위를 너무 좁게 제약하는 것일 수 있다. 결국 예수가 하시는 말씀은, 성령이 자신이 **듣게 될 것**(그가 들었던 것이 아니라)을 알려주실 것이라는 말이다. 그러므로 "모든 진리"와 "앞으로 일어날 일들"(장래 일)을 다른 어떤 것이 아닌 오로지 예수의 영화의 의미에만 제한시키기는 어려울 것이다. 그러므로 요한에게 있어 보혜사의 **주요** 기능이 그리스도 사건의 의미를 드러내주는 것임을 인정하는 것이 현명할 것이다. 그러나 거기에는 아마도 나중에 다른 시간대와 다른 장소에 속하는 교회에게 그리스도 사건의 **결과들**(consequences)을 계시해주는 일도 포함될 것이다.

요한계시록은 적절한 예를 하나 제공해준다. 요한계시록은 핵심적으로 요한 시대의, 공격을 당하고 있는 교회를 위해 어린 양이 권좌에 오른 승귀의 의미를 보여준다(4-5장). 이제 개선한 어린 양은 보좌에 앉아 있으며, 운명의 두루마리를 개봉한다. 그리고 무소불위의 전제적인 로마 제국은 신성모독적인 예배의 요구에 대한 종말론적 심판을 당할 것이다. 오직 어린 양과 그에게 충성된 교회만이 승리할 수 있다. 그리고 인자가 그들에게 힘을 주기 위해서 교회들 가운데로 다니신다.

그리스도 사건을 조명해주고, 믿는 자들에게 그리스도와 그의 의미를 계시해주는 성령은 당연히 다음과 같은 존재로 간주된다.

---

26 이 지점에서 C. K. Barrett는 모호하다. 그는 "장래 일들"(things to come)이 원래의 문맥에 비추어봐서는 그런 식으로 읽힐 수도 있지만, 독자들의 정황에서는 그렇게 읽히지 않을 것이라고 생각한다.

(1) **예언적 은사들**의 원천(영적인 이해로 이끌어주는 지혜를 주는 보혜사는 분명 "예언의 영"이라는 좀 더 일반적인 유대적 개념의 발전이기 때문이다).[27]

(2) 교회 안에서 **가르치는 은사들**의 원천(요한 자신의 역할과 같이).

(3) 회중들이 성령과 진리 안에서 드리는 **예배**의 권능(참조. 4:24. 그리고 보혜사가 진리의 영이라 일컬어진다는 점에 주목하라[14:17 등]). 그리스도 사건에 대한 성령의 계시와 조명은 찬양과 예배를 낳기 때문이다.

(4) 믿는 자의 **새로운 윤리적 생활**의 힘. 성령이 죄를 확증하고(참조. 16:8), 일상생활에서 예수의 가르침의 의의를 알려주며, 제자로 하여금 아버지와 아들의 임재/현존을 의식하게 해주고 그분들과 교통할 수 있게 해주기 때문이다.

IV. "변호자"인 보혜사와 기독교 선교(요 15:26, 27; 16:7-11)

지금까지 예수가 자신과 같은 또 하나의 보혜사로서 성령을 약속하신다는 사실과 성령이 아버지와 승귀된 아들의 임재/현존을 매개할 것으로 기대되고 있다는 사실, 그리고 이 진리의 영이 예수의 말씀과 행위의 의미를 믿는 자들에게 명확하게 밝혀주신다는 점을 지적했다. 그렇지만 (아직까지는) 어째서 성령이 **변호자**(Advocate)라고 불렸는지가 여전히 불분명하다. 그래서 왜 상당수의 학자들이 그러한 번역은 파라클레토스(paraklētos)라는 단어에 대한 오역일 뿐이라고 말했는지를 어렵지 않게 알 수 있다. 그러나 그러한 견해는 요한이 우주적인 **재판**(a cosmic trial)이라는 메타포 아래서 예수의 사역과 가르침을 광범위하고 변증적으로 제시하고 있다는 사실

---

27 요한 공동체에서의 성령과 예언에 대해서는, 이를테면 Boring의 파격적인 제시를 보라. M. E. Boring, "The Influence of Christian Prophecy on the Johannine Portrayal of the Paraclete and Jesus", *NTS* 25 (1978), 113-23; 참조. 또한 M. E. Isaacs, "The Prophetic Spirit in the Fourth Gospel", *HeyJ* 24 (1983), 391-407을 보라.

을 충분히 진지하게 고려하지 못하고 있다.[28] 성령의 사역 전체가 지니고 있는 법정적 성격은 바로 이 문학적 배경 가운데서 분명해지며, 또한 (앞의 의미에서의) "변호자"라는 번역어도 정당화되며 심지어 그렇게 번역할 것이 요구된다.

요한의 "재판"의 배경 가운데서 문제의 쟁점은, 과연 예수가 진정으로 하나님의 최종적인 현현이자 아버지로부터 온 진짜 아들로서 그를 아는 것이 유대교가 제공했던 가능성들을 능가하는 "생명"인가(참조. 20:31!) 하는 것이다. 보냄을 받은 자로서 예수는 세상에 대해 하나님의 구원 진리를 납득시킬 사명이 있다. 예수는 이 구원의 진리를 체현하며 계시하신다. 그리고 이 "사명"(미션)이 요한복음을 지배한다(그리고 5:31-47 내에서만 예수는 자기편에 다섯 "증인들"을 거론한다). 자신이 그 송사의 주요 "변호자"인 것이다. 그 송사는 그 제자들이 포함되어 있는 사건이다. 십자가와 승귀를 통해 예수가 부재하게 될 때가 닥쳐오지만, 그 때문에 제자들을 "고아들처럼" 버려두는 일은 없다.[29] 즉 그들의 송사에 대한 변호자 없이 두지 않으신다(유대교에서, 아동들[및 대개 여성들]은 법정에서 증언을 할 수 없었다. 그들의 아버지가 그들을 대변했다. 그래서 고아는 어떤 다른 변호자가 있지 않는 한 힘이 없었다. 정확히 그 점을 여기서 지적하고 있다). 또한 하나님이 변호자 예수를 통해서 시작하신 송사가 그가 떠남으로써 잠잠해지고 사라져버리지 않도록 하실 것이다. 오히려 이제는 그 제자들이, 예수가 "보냄을 받았듯" 보냄을 받는다(20:21; 참조. 17:17, 18). 그리고 하늘에 오르신 주님으로부터 보냄을 받은

---

28 특히 A. E. Harvey, *Jesus on Trial: A Study of the Fourth Gospel* (London: SPCK, 1976); A. A. Trites, *The New Testament Concept of Witness* (Cambridge: CUP, 1977), 78-124; 혹은 좀 더 간결한 리뷰로는 A. Billington, "The Paraclete and Mission in the Fourth Gospel", in Antony Billington, Tony Lane and Max Turner (eds.), *Mission and Meaning: Essays presented to Peter Cotterell* (Carlislie: Paternoster, 1995), 90-115 (특히 95-101)을 보라.

29 NIV와 NRSV는 정확히 번역하고 있다. 그러나 RSV의 "desolate"는 그 점을 놓치고 있다. 참조. D. E. Holwerda, *The Holy Spirit and Eschatology in the Gospel of John* (Kampen: Kok, 1959), 26-85, 특히 38-48.

성령이 그 송사에 대한 지상에서의 예수의 변호자 역할을 이어받도록 그
들에게 주어진다(15:26, 27; 16:7b-11).[30] 성령이 우두머리(the chief)인 예수
의 역할을 담당하고, 그 제자들의 증언은 성령의 휘하에 들어간다는 점이
15:26-27에 명시되어 있다.

[26]내가 아버지께로부터 너희에게 보낼 보혜사 곧 아버지께로부터 나오시는 진
리의 성령이 오실 때에 그가 나를 증언하실 것이요, [27]너희도 처음부터 나와 함
께 있었으므로 증언하느니라.

"변호자"로서의 성령의 기능이 지닌 법정적인 의미는 16:8-11에 가장 명
백하게 제시되어 있다. 16:8은 보혜사가 오실 때, 그가 죄에 대해서, 의에
대해서, 심판에 대해서, 세상을 "폭로"(expose) 혹은 "책망"(convict)할[31] 것
임을 단언한다. 이 점이 좀 난해한 9-11절에 기록되어 있다.[32] 이 말씀은

---

30   요한에게는 성령이 그 제자들을 위한 변호자가 된다는 것과 성령이 예수의 송사의 변호자가
     된다는 것 사이에 아무런 긴장이 없음이 분명하다. 물론 후자가 주 강조점이지만, 제자들이
     이 송사에 헌신하게 되었다. 즉 그 송사가 그들의 송사이기도 한 것이다.

31   엘렝케인(elengchein)은 책망하다, 부끄럽게 하다, 가책하다, 탓하다, 저항하다, 해석하다, 노
     출시키다, 조사하다를 의미할 수 있다. 3:20에서 그 악한 자는 자기의 악한 행위들이 "노출"되
     지 않도록 빛으로 오지 않는다. 8:46에서는 예수가 "너희 중에서 누가 내게 잘못되었다는 점
     을 입증할 수 있느냐", 즉 내가 죄인이라는 점을 보여보라고 묻는다. 이것이 유일한 다른 용
     법이다. 그러므로 "폭로하다/노출시키다"가 가장 만족스러운 번역일 것이다. 그러나 "가책하
     게 하다"에 가장 가까운 의미에서의 폭로이다. 흥미롭게도 Brown과 Porsch는 보혜사가 세
     상의 진짜 죄악성과 예수의 의로움과 세상에 임할 심판을 제자들에게 노출시킴으로써 그 제
     자들을 위로한다는 뜻으로 본다(참조. M. F. Berrouard, "Le Paraclete, defenseur du Christ
     devant la conscience du croyant [Jean 16,8-11]", RSPT 33 [1949], 361-89). 그러나 이것
     은 문맥에 거의 어울리지 않는다. 그 문맥은 하나님 앞에서의 재판이다. 그 재판정에서 "세상"
     은 주요 대적의 입장을 갖는다. 핵심은 세상이 틀렸음을 그 제자들이 다시 확신해야 한다는
     것이 아니라 대적하는 "세상"이 예수에 대한 증언 때문에 침묵하게 되고 정죄될 필요가 있다
     는 것이다.

32   그 의미는 아마도 (RSV나 NIV보다는) JB(예루살렘 바이블)와 NEB(신영국역)가 가장 적절하
     게 번역했을 것이다. 즉 "첫째, 죄에 관해서—그들이 나를 믿기를 거부한다는 점에서. 그다음
     으로, 의에 관해서—내가 아버지에게로 갈 것이고 너희가 더 이상 나를 보지 못할 것이라는

다음과 같은 뜻이 아닐까 한다.

(a) 성령은 예수에 대한 세상의 불신앙이 **세상의 죄의 진정한 핵심**이라는 점을 세상에게 압박하여, 죄에 관해서 세상을 폭로하고/가책을 느끼게 한다.

(b) 성령은 의(*righteousness*)에 대해서 세상을 폭로하고/가책을 느끼게 한다. 즉 세상이 예수를 **불의하다**고 간주했고, 그리하여 그렇게 형을 집행했지만, 성령은 예수의 죽음과 그가 세상으로부터 떠나간 일이 사실상 아버지 곁으로 그가 **올려진 일**이었으며, 따라서 예수의 의로움에 대한 변호였다는 점을 역설한다.

(c) 성령은 심판에 대해서 세상을 폭로하고/가책을 느끼게 한다. 즉 성령은 "세상" 임금이 정죄당하도록 송사를 압박한다. 세상 임금은 악한 권력자로서 사람들을 장악하고 사람들을 세상에 보내어 그리스도를 죽이고 계속해서 그리스도를 반대하도록 만든다. 그러나 세상 임금의 정죄는 예수의 정당성 입증(vindication)으로 드러난다.[33]

언뜻 보기에 이 모든 것은 성령이 믿는 자에 대해 독립적으로 활약하신다는 점을 시사할 수 있다. 그러나 이것은 변호자 성령이 (단지 제자들과 나란히 세상 속으로 주어지는 것이 아니라) **그 제자들에게 주어진다**는 사실을 간과하고 있다. 16:8-11과 16:12-15의 연결의 의미를 잘 봐야 한다. 성령은 **정확히 제자들에게, 그들을 통해서, 진리를 계시하고 그 진리의 의미를 가르치심으로**

점에서. 마지막으로, 심판에 관해서—세상 임금이 정죄당했다는 점에서." 다른 역본들은 "라는 점에서"(in that)로 되어 있지만, RSV와 NIV는 "때문에"(because)라고 옮기고 있다. 이것은 분명 전혀 다른 의미로 이끌어간다. 그 다른 의미에 대해서는 Carson이 가장 유능한 변호를 제공하고 있다. 아쉽게도 지면 제한상 더 이상의 논의를 생략한다.

33 여기서 우리는 Brown; Carson; Billington, "Paraclete", 102-8과 Burge, *Anointed Community*, 208-10이 제시한 대안들보다는 Beasley-Murray, 280-3 (참조. "Ministry," 76-77)에 더 가깝다.

써 죄와 의와 심판에 대해서 세상을 책망하실 것이다. 16:8-11은 성령이 독립적인 증언을 제공한다는 뜻이 아니다. 요한은 교회를 통한 증언이 아닌 성령의 어떠한 증언도 알지 못한다. 그러나 마찬가지로, 오직 제자들만이 성령이 그들에게 예수 및 예수의 삶과 죽음과 부활의 의미를 계시해준 자들로서 자신들의 증언을 할 수 있다. 그런 점에서 가르치는 분(교사)이자 계시해주는 분(계시자)으로서 성령이 또한 "보혜사" 혹은 변호자가 되시는 것이다. 제자들로 하여금 이러한 일들을 이해할 수 있게 함에 있어, 교사이자 계시자로서 성령은 믿는 자들을 적대하고 있는 세상에 대항해서 자기들의 입장을 제시할 수 있는 진술서를 제공해준다. 그 계시자는 그러한 깨달음이 신앙 공동체에 제공해주는 지원을 통해서 그리고 그들을 **통해서** 계시자 자신이 반대편에게, 반대편을 대항해서 하실 수 있는 강력한 증언을 통해서 교회의 변호자의 역할을 감당한다.[34]

V. 예비적 결론

성령에 대한 요한의 가르침의 실태는 다음 장에서 도출하도록 하겠다. 그러나 다음 세 가지 유의미한 결론들은 그 분석까지 기다릴 필요가 없을 것이다.

(1) 보혜사에 대한 가르침이 어느 정도까지 "예언의 영"으로서의 성령에 대한 유대적 개념에 근거해 있는가가 분명해질 것이다. 보혜사는 다름 아닌 카리스마적 계시와 지혜를 제공하여 이것을 신학과

---

34 성령의 계시적이며 가르치는 기능들을 대변자로서의 성령의 역할의 일부로 보는 비슷한 이해에 대해서는 예를 들어 Porsch, *Pneuma*, 222-7; Burge, *Anointed Community*, 37-8; 201-21; Beasley-Murray, *Gospel*, 70-81; Billington, "Paraclete", 101-2, 110-11을 보라.

실천(프락시스)에 통합시킬 수 있게 하시는 분이다.

(2) 동시에 보혜사 성령은 부가적인 선물, 즉 "두 번째 은혜" 이상이라는 점이 명확해질 것이다(참조. 제3장). (a) 예수의 승천 이후 시기에서는 보혜사 성령이 아버지와 아들이 그 제자들에게 자신들의 임재/현존을 소통하실 수 있는 유일한 길이 될 것이다. 아들 안에서 아버지를 아는 것 그 자체가 "영원한 생명"임을 말하는 복음서에서 (참조. 17:3), 이것은 오로지 "예언의 영"이 "구원론상으로" 필수적임을 의미할 수 있다. (b) 또한 (카리스마적인 지혜의 주어짐을 통한) 성령의 조명 역시 구원론상으로 필수적이라는 점이 드러난다. 재창조를 가능하게 하는 복음에 대한 제대로 된 **이해**에는 바로 성령의 조명이 요구된다는 점에서 그렇다.

(3) 또한 동시에 보혜사 성령은 누가-행전에서와 마찬가지로, 모든 점에서 "선교의 추동력"이다. "변호자"라는 성령의 호칭 자체가 이 복음서에서의 성령의 중심적 기능을 우리에게 일깨워준다. 즉 그리스도 사건에 대한, 그리고 아들과의 교통 가운데서 획득되는 하나님의 "생명"에 대한 효과적인 증언을 제공함으로써 우주적인 재판을 계속해서 진행시켜나가는 것이다. 그러나 바로 여기에서 상당수의 신학자들이 제시한 요한복음에서의 구원론적 성령과 누가-행전에서의 선교를 추진시켜 나가는 예언적 성령 사이의 대조는 그릇된 대조임이 드러난다.

6장

요한의 교회와 그 안에
주어진 선물인 성령

이번 장에서는 고전적인 오순절주의자들과 좀 더 전통적인 복음주의 사이의 논란의 중심으로 이끌어주는 네 가지 질문을 다루도록 하겠다. (i) 언뜻 보면 요한복음 20:22은 제자들에게 성령이 선물로 주어짐을 기록하고 있는 것처럼 보인다. 그러나 그것이 성령이 진짜 주어진 것이었는가, 아니면 단지 장래에 주어질 것에 대한 약속인가? 만일 그것이 진짜로 성령이 허락된 것이었다면, (ii) 이 선물의 의미는 무엇이었는가? 그것이 보혜사를 완전히 주신 일이었는가, 아니면 어떤 식으론가 좀 모자라게 주어진 것이었는가? 만일 보혜사가 완전히 주어진 일에 좀 모자라는 것이었고 그 제자들이 요한복음의 그 기록 이후에 보혜사로서의 성령을 받는 것이라면, (iii) 이것은 그 제자들이 성령을 두 단계로 체험한다는 뜻인가? 그리고 (iv) 다시 그것은 요한의 교회에 속한 그리스도인들은 이처럼 두 단계로 성령을 받는 것이 정상이라고 생각했다는 뜻인가?

I. 요한복음 20:22은 예수가 성령을 부여한 일인가?

성령이 (요 20:19-23이 함축하고 있듯이, 부활하신 주일 저녁에 소규모의 제자 집단에게가 아니라) 오순절에 120명에게 주어졌다고 말하고 있는 누가-행전에 있는 "경쟁이 되는" 기사를 의식하면서, 테오도루스(Theodore of Mopsuestia,

대략 350-428년)는 요한복음의 단락은 어떤 식으로도 성령이 실제 허락된 일에 대한 것이 아니라고 주장했다. 그가 볼 때, 그것은 오순절에 임하신 성령에 대한 상징적 **약속**의 시연(試演)이었을 뿐이었다. 그 견해는 콘스탄티노플 공의회(533년)에서 정죄되었다. 그러나 도널드 카슨(Don Carson)에 의해서 부활되었다. 카슨은 "그리고 그가 숨을 내쉬면서 '성령을 받으라'고 말씀하셨다"는 번역을 주장한다.[1] 카슨이 볼 때, 예수의 내쉼은 성령이 아들로부터 혹은 아들을 통해서 나올 것이라는 표시였다. 그리고 "성령을 받으라"는 명령은 요한복음에 나오는 수많은 명령들과 마찬가지로 단지 미래적인 일(merely future reference)만을 가리킬 뿐이다.[2] 나는 세 가지 이유에서 이 설명에 난점이 있다고 생각한다.[3]

(1) 내가 알고 있는 한, 동사 엠-퓌사오(em-phusaō)는 단순히 "숨을 내쉬다"를 의미할 수 없다. 오히려 그 동사의 어근들이 시사하듯 (엠-은 "안"을 의미하는 전치사 엔[en]에서 나왔다) 그 동사는 "불어넣다" 혹은 "입김을 불어넣다"(혹은 아마도 겔 21:31; Tob[5] 6:9에서처럼), "향해서 불다"를 의미한다.[4] 만일 요한이 단지 예수가 "숨을 내쉬셨다"고 말하고자 했다면, 틀림없이 에크-퓌산(ek-phusan)이나 (혹은 가능성은 덜하지만) 에크프네인(ekpnein)을 썼을 것이다.

(2) 도널드 카슨의 해석을 의심하는 두 번째 이유는 요한이 사용하고 있는 동사가 극히 드문 예라는 사실이다. 그러나 그 동사는 매우 기

---

1 Carson, 652.

2 자세한 논의는 Carson, 649-56을 보라.

3 Carson의 입장은 Hatina에 의해 정밀하게 비판적으로 검토되었다. T. R. Hatina, "John 20,22 in its Eschatological Context: Promise or Fulfiment?", *Bib* 74 (1993), 196-219.

4 Carson은 Sirach 43:4이 문제의 동사를 사용해서 태양이 "맹렬한 증기를 토해낸다"고 말하고 있다고 주장한다. 그러나 여기서 대다수의 텍스트들은 동사 에크-푸산("내쉬다")를 사용한다.

억할 만한 두 대목에서 사용되었다. 하나는 창세기 2:7에서 하나님이 아담에게 생명의 호흡을 불어넣으신 일을 가리킬 때 사용되었으며, 다른 하나는 에스겔 37:9에서, 이스라엘의 마른 뼈들 속으로 유비적으로 생명의 성령의 새 창조의 숨을 불어넣은 일을 가리킬 때 사용되었다. 따라서 「솔로몬의 지혜서」 15:11이 그 동사를 사용할 때, 필론의 경우들에서와 마찬가지로 창세기 2:7의 인용인 경우임은 놀라운 일이 아니다.[5] 간단히 말해서, 매우 드물게 나타나는 동사인 "숨을 불어넣다"는 그 용례가 창세기 2:7(및 겔 37:9에 있는 관련된 본문)을 환기시키는 경향이 있으며, 하나님이 생명/성령의 숨을 존재자들 속으로 불어넣으시는 하나님의 행위들을 환기시킨다고 볼 수 있다.

(3) 「솔로몬의 지혜서」 15장에서와 필론의 창세기 2:7에 대한 언급에서, 그 최초의 사람에게 "불어넣어진" 것은 단순히 "생명의 숨"이 아니라 더욱 정확히 **신적 성령**(divine Spirit)이다.[6] 요한이 환기시키는 동사인 에네퓌세센(enephusēsen)을 사용하고, 즉시 이 동사에 "성령을 받으라"라는 말로 짝을 지어놓을 때, 그의 유대인 독자들은 분명 이것이 구약성경과 그들 자신의 해석 전통에 있는 불어넣음의 사건과 비견될 수 있는, 성령을 불어넣는 실제적인 사건이었다고 이해했을 것이다. 즉 그러한 독자들은 20:22을 "그가 '성령을 받으라'라고 말씀하시면서 (그들 속으로) 생명의 숨을 불어넣으셨다"[7]고 풀이했을 것이다. 물론 각 제자에게 문자적으로 숨을 불어넣어주는 일을 그리

---

5   *The Worse Attacks the Better*, 80; *Allegorical Laws*, 1.33 (cf. 37); 3.161; *Creation*, 135; *On Noah's Work as a Planter*, 18, etc.

6   Philo은 창 2:7에 대한 70인역에 따라서 내쉬어진 것이 프노에(pnoē)임을 알고 있지만("생명의 숨"; 참조. *Allegorical Laws*, 1.33 그리고 특히 42), 대개 이것을 신적인 프뉴마라고 해석한다(*Allegorical Laws*, 1.37; 3.161 [여기서 그는 실제로 인용 중에 프노에를 프뉴마로 대체시킨다], *On Creation*, 135; *The Worse Attacks*, 80, 83; *On Noah's Work*, 18, 24, 44).

7   따라서 Tatian, D, syr^cur은 대명사 아우토이스("그들")를 덧붙이고 있다.

거나 성령을 그들 모두에게 문자적으로 내뿜어주는 것으로 상상할 필요는 없다. 그 에네퓌세센은 단지 이 부활 이후의 출현의 전반적인 신학적 **의미**(theological *significance*)를, 특히 "성령을 받으라"라는 예수의 말씀의 효과를 표현하는 내레이터의 방식을 표현하는 것일 것이다. "성령을 받으라"는 말씀은 아마도 실행적 발언(performative utterance—묘사된 그 행위를 불러일으키는 발언)으로 이해될 수 있을 것이다. 이 마지막 제안이 정확한 것이든 그렇지 않든지 간에, 복음서 저자의 에네퓌세센의 사용은 그 에피소드를 통해서 어떤 식으론가 예수가 새 창조의 성령을 실제로 **나누어주셨다**는 점을 시사하려는 의도가 있음이 분명하다. 이제 다음 질문으로 진행해보도록 하자.

II. 요한복음 20:22에서 부여된 성령의 선물의 성격은 무엇인가?

1. 요한의 오순절?

만일 제자들의 회복 및 재위임과 더불어 부활 이후의 출현이 창세기 2:7과 에스겔 37:9을 반영하는 것이라면, 성령의 선물은 같은 점에서 요한복음 3:3, 5의 재창조의 성령과 연결되어야 한다. 그 성령은 에스겔 36:25-27의 성취로서, "위로부터 태어남" 혹은 새로운 "생명"이라는 새 창조를 불러일으키는 성령이다. 물론 이것은 요한복음 3:14-16과 충분히 잘 부합된다. 그 구절은 그 "위로부터의 태어남"이 오직 믿음의 깨달음을 가지고서 십자가를 파악할 때에만 달성될 것을 내다보고 있다. 또한 그 구절은 성령의 "생수"가 오로지 예수의 영화 이후에야 비로소 믿는 자로부터 터져 나오기 시작한다는 점을 강조한다. 따라서 브라운의 주석은 요한이 요한복음 20:22에서 성령이 **확실히** 주어졌다는 점을 못 박고 있다고(그래서 다른 경우를 전혀 기대하고 있지 않다고) 주장했다. 이것은 "요한의 오순절"이다.

지금 여기에 성령이 새로운 출생으로서, 성령의 세례로서, 생수로서, 보혜사로서 주어졌다는 것이다. 브라운의 입장은 폭넓은 지지를 받았다.[8] 그래서 그의 주요 논지를 간략히 정리하자면 다음과 같다.

(1) 복음서 전체에서 요한은 생명의 선물을 십자가 및 승귀, 그리고 올바른 믿음에 묶어놓고 있다. 그리고 제대로 된 믿음은 오직 이러한 사건들(십자가, 승귀) 이후에만 온전히 가능하게 된다(참조. 3장; 6장; 13:8-10).

(2) 요한복음 7:39은 특히 성령의 선물을 예수의 영화(즉 그의 십자가와 승귀)에 연결시킨다. 그리고 이 연결은 십자가에서 창이 예수의 옆구리를 뚫어서 물과 피를 쏟아내는 때에 극적이 된다(19:34). 이것은 그 배에서 생수의 강(=성령)이 흘러나오리라는 약속을 반영한다(7:38).[9]

(3) 20:19에서 예수의 승천과 영화가 완성된다. 요한복음 20:17에서 예수는 마리아에게 자신이 아직 아버지께로 올라가고 있기(is ascending) 때문에(그러나 아직은 완전히 올라가지 않았기 때문에) 자기를 만지지 말라고 금하신다. 그러나 나중에 이 승천의 과정은 완결

---

8   Brown의 입장(2:1022-4, 1036-45)은 부분적으로 (여러 학자들 중 특히) 다음과 같은 이들에게 예견되어 있었다. Bernard (1928); Bauer (1933); Archimandrite Cassien, *La Pentecôte johaninique* (Paris: Editeurs Reunis, 1939); Bultmann; C. K. Barrett; C. S. Mann, "Pentecost, The Spirit, and John", *Theol* 62 (1959), 188-90; Betz, *Paraklet*, 165-9; H. Schlier, "Zum Begriff des Geistes nach dem Johannesevangelium" in J. Blinzer, O. Kuss and F. Mussner (eds.), *Neutestamentliche Aufsätze* (Regensburg: Pustet, 1963), 234-6, F. M. Braun, *Jean le Théologien* (Paris: Lecoffre, 1966), 225ff. 그 입장은 다음과 같은 이들에 의해서 광범위하게 받아들여지고 더 발전되었다. M. A. Chevallier, "《Pentecôtes》", 301-14; Schnackenburg, 321-8; Beasley-Murray, 380-84 및 *Gospel*, 79-81; R. W. Lyon, "John 20:22, Once More", *Asbury Theological Journal* 41 (1988), 73-85; Burge, *Anointed Community*, 114-49; Hatina, "John 20, 22."

9   이것은 물론 7:37, 38의 "그리스도 중심적" 강조를 전제로 한다. 앞서 우리는 이 점에 반대하는 주장을 했다.

되었음이 분명하다. 왜냐하면 요한은 예수가 실제로 도마에게 그의 손을 자신의 상처 속에 넣어보라고 청하셨다고 말하고 있기 때문이다(20:27). 그래서 요한에게 있어 승천은 아마도 주일 아침과 저녁 사이에 완결되었을 것이다.[10]

(4) 이것은 또한 보혜사에 대한 약속들과 일치한다. 예수는 보혜사가 주어지도록 하기 위해서는 자신이 (죽음으로써) 떠나갈 필요가 있다고 확인하셨다(16:7). 그리고 이 조건 역시 명확히 성취되었다. 따라서 브라운에 따르면, 부활의 저녁에 예수는 생명을 제공해주며, 그 이후부터 다른 보혜사로서 그 제자들과 함께하게 될 성령을 주신다.

(5) 이곳에서 주어진 성령은 정황상으로 선교와 연결되어 있다(특히 20:21과 20:23을 보라). 그리고 그 성령이 그 제자들을 통해서(요 14-16장; 특히 16:8-10에 따라서) 예수의 송사를 변론하는 그 보혜사임에 틀림없다.

브라운이 자기의 입장을 개진한 이래로, 이 논지에 대해서 다음과 같은 몇 가지 논지가 덧붙여졌다.

(6) 요한복음 20:22은 제4복음서에, 그리고 성령에 대한 현저한 주제에 적합한 내러티브의 종지부를 이룬다. 이 복음서가 말씀(=예수: 참조. 1:3)을 통한 창조 기사로 개시했듯이, 이 복음서는 그 말씀에 의해서 생겨난 새 창조로 종결된다.[11] 만일 태초에 하나님이 아담에게 생명의 호흡을 불어넣으셨다면, 성령이 충만하신 예수도(3:34;

---

10 Bultmann, 691을 보라.

11 Hatina는 겔 37:9에 대한 타르굼역이 하나님의 메므라(*Memra*, 말씀)를 성령을 주시는 일을 작정하는 행위자로 기술하고 있다는 점에서 요 20:22과 가깝다고 관찰한다. 그의 글 "John 20, 22", 216을 보라.

7:38[성령이 중심이 아니라 그리스도가 중심이다]) 자신의 속에서부터 (20:22) 생명을 주는 성령을 나누어주신다.[12] 그리고 복음서의 거의 첫 부분에서 세례 요한이 예수를 세상 죄를 치워버리시고 성령으로 세례를 주실 분이라고 선언하듯이(1:29[36]과 1:32), 요한복음 20:20-23은 그 제자들의 회복 및 그들이 성령으로 세례를 받았음과 그들이 세상의 죄악들을 풀어주는(혹은 매는) 능력이 있음을 말한다.[13]

(7) 예수가 제자들을 "고아들처럼" 버려두지 않고 그들에게 보혜사를 허락하실 것이라는 약속(14:16-18)에 따라서, 요한은 예수의 부활-승천과 성령의 임하심 사이에 아무런 시간상의 격차(gap)를 남겨두지 않는다. 예수 자신이 그의 부활 이후의 출현이 끝맺기 전에 성령을 나누어줌으로써 자신의 약속을 성취하신다.[14]

이 테제의 강점이 분명히 있다. 그리고 원래 요한복음이 20:30, 31에서 종결되었다고 생각한다면, 그리고 섣부르게 요한복음과 사도행전을 조화시키기를 거부한다면, 그 강점은 더욱 많다. 비록 제4복음서 기자가 오순절에 대해서 알고 있었다고 확신할 수 있다 할지라도(흔히 그 점이 의심되고 있지만), 복음서 저자가 예수의 죽음과 부활과 승귀 가운데서 이루어진 그의 영화와의 신학적인 관계를 끄집어내기 위해서 그 선물의 결정적 순간을 개진했다고 추측할 수 있을 것이다. 요한의 증거가 다른 기자들의 증거와 어떤 관계가 있는지를 성찰하기 전에 요한의 증거의 독특한 점에 귀 기울

---

12 Burge, *Anointed Community*, 87-98, 137-47이 그렇다.

13 J. Swetnam, "Bestowal of the Spirit in the Fourth Gospel", *Bib* 74 (1993), 556-76을 보라. 그러나 Swetnam은 성령의 선물을—십자가상에서(19:33)는 성령이 진리의 분별을 위해 주어지며, 20:22에서는 용서를 매개해주는 사명을 위해 권위를 부여하는 것으로—구분한다. 불행하게도 요한에게 있어 보혜사의 부활 이후의 선물은 둘 다에 필수적이다.

14 Burge, *Anointed Community*, 133, 136-9, 148-9.

이고, 요한으로 하여금 요한이 되도록 해야 한다.

그러나 비록 그렇게 말했지만, "요한의 오순절"이 **요한복음 자체 내에서부터** 문제점들을 지니고 있다는 점에 주목할 필요가 있다. 물론 이러한 문제점들은 "오순절"이라는 그 용어 자체가 누가의 일정에 지나치게 많은 우선권을 준다는 비교적 사소한 고려에서부터 출발한다.[15] 그렇지만 두 가지 다른 고려 사항이 훨씬 더 중요하다. 첫째로, 20:22에 있는 성령 부여가 요한복음 14-16장에 발표된 보혜사에 대한 약속의 조건들이 완전히 성취되기 **전에** 이루어졌다는 점이다. 둘째로, 20:22, 23에 뒤이어 나오는 내러티브 자료 가운데서 독특한 "보혜사"의 활동 중 그 어떤 것도 나타나지 않는다는 점이 너무나도 뚜렷하다는 것이다(성령이 예수의 가르침을 기억나게도 하지 않으며, 명료화해주지도 않고, 그 제자들도 증거하지 않는다. 그들은 "세상"은 고사하고 도마조차도 확신시키지 못한다). 이 두 가지 문제가 지니고 있는 몇 가지 중요한 측면을 좀 더 자세히 검토해 보도록 하자.

(a) 브라운의 구성에서 중요한 것은 20:19로, 영화(glorification)가 완성되고, 따라서 성령을 주시는 조건들이 이루어졌다는 것이다. 그러나 이런 해석이 진정 설득력이 있는가? 십자가와 부활이 요한복음에서 영화의 일부분임은 물론 사실이다. 그러나 이 일은 예수가 성부에게로 또한 아들의 이전 영광으로 완전히 복귀함로써만 **완결되는** 일이다(참조. 17:5). 그 "승천"은 예수가 이 세상으로부터 하늘로 전적으로 옮겨지지 않는 한 완성된 것이 아니다. 그리고 부활 이후의 출현이(20:26-29과 21장에서처럼) 계속되는 동안에는 그 과정이 아직 완성되지 않은 상태이다. 예수 자신이 부활 이후에 한 "자신이 아직 올라가지 않았다"는 주장(20:17)은 방금 전에 지적한 점을 확인해주

---

15 Brown 자신이 지적한 바와 같다(1039; Cassien에 반대해서). 참조. 또한 Schnackenburg, 3.325-6.

는 경향이 있고, 또한 요한이 예수가 아직 완전히 "떠나지도" 않으셨고 완전히 "영화롭게 되지도" 않았음을, 따라서 성령을 충만히 주시는 조건도 아직 채워지지 않았음을(참조. 7:39) 확실하게 강조하고 있었다는 점을 시사하고 있다.

예수가 마리아에게는 만지지 말라고 하셨다가 도마에게 자기를 만지도록 허락하셨기 때문에 그 과정이 20:27에서는 완결되었음이 틀림없다는 주장은 인위적인 듯하다. 마리아는, 예수가 아직 이 세상을 떠나가지 않았고 곧 떠날 것이기 때문에 예수에게 "매달리지" 말라는 부탁을 받았지만, 도마는 오직 이렇게 해야만 그가 믿음을 갖게 된다면 예수의 상처를 만져보라는 허락을 받았다. 그렇게 서로 다른 지시는 예수의 승천 과정상의 다른 단계에서 나온 것이 아니라 그 제자들의 다른 필요들에서 비롯된 것이다.[16]

그러므로 성령의 풍성한 오심, 보혜사의 도래를 위한 조건은 아직 다 성취되지 않았다. 예수가 아직 완전히 영화롭게 되지 않았던 것이다.

(b) 어째서 예수가 보혜사 성령을 내려주시는 일에 임재하실 수 없는지에 대한 (요한복음 안에서의) 하등의 이유가 없다는 버지의 주장은 16:7에 대한 부자연스러운 해석이다. 어떤 문맥에서는 "보내다"(pempô)가 "보내는 자"와 받는 자들 사이의 공간적인 분리를 함축하지 않으면서도 "위탁"이라는 의미를 지닐 수 있지만, "내가 **떠나지** 않으면…보혜사가 너희에게로 오지 않을 것이다. 만일 내가 가게 되면 내가 너희에게 보혜사를 **보낼** 것이다"라는 순서는 정확히 예수가 보혜사가 주어지는 현장에 있지 않을 것임을 시사하

---

16 이 점에 대한 입증과 문헌에 대해서는 Turner, "Spirit in John", 2-29 및 각주 39-9을 보라.

고 있다. 14:26과 15:26의 시각에 대해서도 비슷한 점을 지적할 수 있다. 이 세 개의 말씀은 함께 하늘에 계신 아버지로부터, 아버지의 우편에 계신 아들과 더불어 성령을 보내신다는 좀 더 일반적인 기독교 전승을 환기시켜준다(참조. 행 2:33; 갈 4:6 등). 이에 반대되는 강력한 이유들이 없는 한, 20:22을 아버지와 아들로부터 보혜사를 파송하시는 일에 대한 이전의 진술들과 짝을 이루는 것으로 생각할 수 없다.

(c) 한 가지 지적할 점은 브라운의 가설이 예수의 **대체자**(replacement)이자, 예수의 임재의 **대리**(substitute)로서 보혜사의 성격에 대한 초점을 제대로 고려하지 못하고 있다는 점이다. 핵심은 그 보혜사가, 예수가 하늘에 계실 때의 예수의 임재로서의 성령이라는 것이다. 보혜사는 예수를 대체하고 예수의 임재를 매개하기 위해서 임하신다. 그러나 만일 20:22이 보혜사의 주어짐에 대한 것이라면, 독자는 예수 **자신이** 계속해서 등장하고 있다는 점에 놀라지 않을 수 없을 것이다(20:26-29과 21장에서). 요한의 관점에서 볼 때, 예수가 완전히 하늘로 올라가기까지는 보혜사의 오심의 중요한 측면들은 불필요하다. 그 동전의 반대면은, 만일 보혜사가 마침내 주어지는 것이라면, 예수가 나타나는 사건들이 **불필요하다**는 것이다. 요한복음 **14-16장이 가르치고 있는 모든 사실에서 볼 때, 도마는 그 제자들 가운데서 활발하게 활동하고 있는 보혜사를 통해 확신을 가져야 한다.**

(d) 그렇기 때문에 상당수의 학자들이 과연 20:22이 진정으로 성령의 선물을 명확하게 그리려는 의도를 갖고 있는지에 대해 의구심을 갖는 점은 놀라운 일이 아니다. 비록 창세기 2:7에 대한 암시가 중요하기는 하지만, 뒤이어지는 내러티브에는 그 제자들이 (1:33이 약속하고 있듯이) 마침내 분명하게 성령으로 세례를 받았다든지, (7:38, 39이 함축하고 있듯이) 생수로 가득 차게 되었다든지, 하늘의 변호자로서 하나님 자신의 자기 계시적 임재로 능력을 입었다는 암시가 전

혀 나타나지 않는다. 그들이 (누가의 경우에서처럼) 새로운 깨달음에 이르게 되면서 그들의 마음이 뜨거워졌다거나 그들이 기뻐했다는 얘기조차 읽을 수 없다(그들이 기뻐했다는 언급은 20:20에, 즉 성령을 받기 **전에** 언급되어 있다). 소위 이 "확정적인" 사건에 제자들 중 한 사람(도마)은 참석조차 않고 있다. 일주일 뒤에 예수가 제자들에게 나타나셨을 때에 아직도 제자들은 문을 잠그고 있다. 그리고 요한복음 21장에 있는 요한 전승들은 약간 어안이 벙벙한 상태의 제자들이 선교적 열정과 목적은 고사하고 어떤 측면에서는 아직 이해도 못하고 있었다는 점을 시사한다. 그리고 그들은 이전에 익숙했던 일상생활, 곧 물고기 잡는 생활로 되돌아간다. 이 모든 것은 내러티브상으로 20:22에 주어진 선물의 결과가 전혀 나타나지 않고 있다는 뜻이다. 그 제자들 편에서도 전혀 반응이 없고, 보혜사도 그 뒤로 이어지는 장면에서 그들을 통해서 혹은 그들 가운데서 활동하고 있지 않고, 과연 도마가 이 "확실한 선물"을 받았는지의 여부에 대해서도 어떤 암시도 나타나지 않는다. 간단히 말해서, 성령론의 언어로 말하자면, 요한복음 20-21장은 너무나도 용두사미격이어서 과연 20:22의 보혜사가 앞서 약속되었던 "생수"의 유일하면서도 확실한 수요를 가리키고 있는지에 대한 의문이 일어나게 된다.

따라서 요한 자신의 내러티브의 현저한 특징들은 요한복음 20:22이 보혜사에 대한 약속의 성취라는 인상을 뒤집어버리는 것처럼 보인다. (대체적으로 "요한의 오순절"이라는 설명을 받아들이고 있는) 슈나켄부르크(Schnackenburg)가 "예수의 떠나감 이후에 보혜사가 떠맡게 될 기능들은…20:22에서는 아직 드러나지 않는다.…아직은 보혜사의 의미에서 성령의 효과가 초점이 아니다"라고 인정하지 않을 수 없었다는 점은 시사적이다.[17] 그래서 기억

---

17 Schnackenburg, III, 326.

하겠듯이, 카슨에게는 보혜사의 이러한 "실질적 부재"가 요한복음 20:22
을 오순절을 가리키는 순전히 상징적인 행위인 주요 이유들 중 하나이다.
(홀베르다, 던, 포르쉬를 포함해서) 다른 학자들은 이러한 보혜사의 부재를 통
해서 요한복음 20:22에 나오는 성령의 선물을 보혜사로서의 성령의 선물
과 다양한 방식으로 구별하지 않을 수 없고, 또한 요한이 후자의 사실(보혜
사로서의 성령의 주어짐)이 (다른 복음서들의 경우에서와 마찬가지로) 연대상으로
자신의 서술 범위를 넘어서기 때문에 그 사실을 기록하지 않았다는 점을
도출하지 않을 수 없다고 느꼈다.

2. 요한복음 20:22에 대한 다른 식의 설명?

요한복음 20:22은 오직 사도들에게만 성령을 준 특별한 경우로서, 그들
에게 죄 사함의 권세를 수여하고 있다고 주장하는 크리소스토무스에서부
터 홀베르다에 이르는 해석의 노선은 제쳐놓는 것이 좋겠다. 이 견해는 극
복할 수 없는 난점들을 갖고 있다. 특히 이 견해는 성령을 동사 "에네퓌세
센"(enephusēsen)에 명백히 함축되어 있는 새 창조의 주제와 연결시키는 데
실패하고 있다.[18]

창세기 2:7과 에스겔 37:9에서 새 창조 주제에 대한 후자의 암시를 뽑
아내면서, 상당수의 해석자들은 웨스트코트(Westcott)가 암시했던 대조를
발전시켰다. 웨스트코트는 유월절의 선물을 "그리스도에 의해서 그들에
게 전달된 새 생명"이라 말하고, 그것이 "오순절에 성령의 임함에 있어 필
수적 조건이었다"고 말했다.[19] 이러한 종류의 대조는 어빈(H. M. Ervin) 등에
의해 고전적 오순절주의 패러다임을 지지하기 위해서 설명되었는데, 그
패러다임은 새 출생(=요 20장)이 잠시 잠깐 "성령 세례"(=행 2장//요 14-16

---

18 이 점에 대한 상세한 내용과 비판에 대해서는 Turner, "Spirit in John", 32-3을 보라.
19 Westcott, 295.

장)에 선행된다는 것이다.[20] 본질적으로 고전적 오순절주의 패러다임을 무너뜨리기 위해서 책을 썼던 제임스 던조차도, 요한복음 20장이 사도들의 새 창조와 요한이 이것을 승천 이후 나중에 일어날 보혜사의 오심으로부터 일시적으로 분리된 것으로 생각했음을 그린다고 인정할 태세였다. 제임스 던은 요한이 이것을 오순절 이후의 시기에 대한 규범적인 패턴을 제공하기 위한 것으로 간주했을 것임을 강력하게 거부한다는 점에서 어빈 및 여타의 오순절주의 해석자들과 다르다(뒤를 보라).[21]

요한이 자기의 독자가 20:22의 사건을 종말론적 새 창조의 맥락에서 이해할 것을 의도했다는 사실은 우리가 볼 때 사실상 창세기 2:7/에스겔 37:9에 대한 암시에 의해 확인되고 있다.[22] 적절한 질문들은 어떻게 이것이 이전의 것에 연결되느냐 하는 것이며, 더욱 중요하게는 어떻게 이것이 보혜사에 대한 약속들의 성취와 연결되느냐 하는 것이다.

(1) 이 쟁점들 중 첫 번째에 대해서, 우리는 (특히 제임스 던과 버지에게 있는) 요한복음 20:22을 결정적인 종말론적 새로움으로 만들려는 경향은 공생애 사역 자체의 시기에 개시된 종말론의 강력한 요소를 평가절하한다고 여겨진다.[23] 요한이 예수의 영화 사건 이후까지는

---

20 H. M. Ervin, *These Are Not Drunken, As Ye Suppose* (Plainfield: Logos, 1968), 25-33; 같은 저자의 *Spirit-Baptism: A Biblical Investigation* (Peabody: Hendrickson, 1987), 14-21.

21 Dunn, *Baptism*, ch. 14, 특히 178-82.

22 M. Wojciechowski, "Le Don de L'Esprit Saint dans Jean 20.22 selon Tg.Gn 2.7", *NTS* 33 (1987), 289-92은 여기서 창조/재창조의 성령에 대한 암시를 인정하지 않는다. 그 대신에 창 2:7에 대한 타르굼역본에 비추어 생명의 원천으로서가 아니라 오히려 **말씀** 혹은 **언변**의 원천으로서의 신적 숨을 그리고 있다고 생각하는 것으로 해석하기를 선호한다. 따라서 요 20:22은 영감을 받은 언설에 대한 약속, 즉 방언과 설교에 대한 약속이 된다(Lyon, "John 20:22", 80도 그렇다). 그러나 그가 실수했음이 분명하다. *Onqelos, Neofiti, Pseudo-Jonathan*에서 언급되고 있는 것은 "영감된 언변"의 은사가 아니라 언설을 **가능하게 하는** (인간의) 영을 창조적으로 나누어주는 것이기 때문이다. 즉 (Philo의 경우에서와 마찬가지로) 깨달을 수 있는 인간의 능력과 그러한 깨달음을 표출할 수 있는 능력을 창조해주는 것이다.

23 참조. Turner, "Spirit in John", 특히 29-31; Turner and Burge, "Anointed Community",

진정한 믿음을 온전하게 그릴 수 없었음을 인정한다 할지라도, 우리는 요한이 공관복음서의 시작된 종말론에 대한 그 자신의 시작된 종말론을 갖고 있다는 사실을 간과해서는 안 된다. 공관복음서들의 경우, 하나님 나라는 단지 귀신 축출과 치유 사건 가운데서뿐만 아니라 예수 자신의 사역 가운데 현존하는 것으로 되어 있으며, 무엇보다도 경멸의 대상이 되었던 세리들과 죄인들에게까지 확대되는 아버지의 화해의 사랑에 대한 자기계시 가운데 현존하는 것으로 되어 있다. 요한은 이 점에 대한 자기 나름의 대응하는 짝을 갖고 있다. 그 자체가 "성령이자 생명"(6:63)이며 "생수"(4:10, 13, 14, 23)인 예수의 말씀은 (비록 아직은 온전한 믿음이 아니라 할지라도) 이미 진짜 믿음에 부응한다. 6:64의 시각에서 볼 때, 비록 믿지 않는 제자가 있다 할지라도 (함의상) 나머지는 믿고 있다. 따라서 13:10에서 예수는 (유다를 제외하고는) 그 제자들이 **깨끗하다**고 말씀하실 수 있으며, 15:3은 그들이 예수가 말씀하신 그 말씀을 통해서 "깨끗"하게 되었다고 밝힌다.[24] 개시된 종말론의 이 요소에 비추어, 우리는 20:22에 있는 그 사건이 성령과 말씀의 생명을 주시는 경험들의 **전체 과정** 가운데서 그 절정에 달하는 것으로 더 잘 이해된다고 주장했다. 그 과정은 제자들이 일찍이 자신의 계시적인 지혜가 곧 성령과 생명(6:63)이신 분과 조우한 일에서부터 확장되어 나온 것이다. 필론과 타르굼역본들 가운데 있는 아담의 창조에 대한 이해와 유사하게, 요한복음 20:22은 성령이라는 결정적인 재창조의 선물 가운

257-61.

24 "씻음"이라는 말에는 요 3:5과 그 배경으로서 겔 36장에 있는 "물과 성령을 통한 출생"이라는 말이 울려 나온다. 물론 13:10에서 문제의 그 단어는 최종적으로는 예수의 영화 사건을 통해서 달성될 그런 씻음에 관한 것이다(참조. J. D. G. Dunn, "The Washing of the Disciples" Feet in John 13.1-20", ZNW 61 (1970), 247-52. 그러나 예수의 가르침을 통하며, 그리고 가르침 가운데서 이 씻음의 현재적 요소가 효력을 발휘한다.

데서 새 인류가 도래하는 최종적인 단계를 그리고 있다. 성령은 마침내 믿음에 대한 진정한 "이해"(=지혜)를 확보한다.[25] 이스라엘의 마른 뼈에서 하나님 백성의 부활과 재구축은 이제 어떤 의미에서 본질적으로 완결되며(참조. 겔 37:9) 새로운 공동체는 그 새 생명에 근거해서 출범할 채비를 갖춘다.[26]

(2) 두 번째 쟁점은 더욱 미묘하다. 여기서 우리는 두 개의 반대되는 위험을 피할 필요가 있다. 첫째 위험은 20:22을 오순절에 주어지는 선물로부터 지나치게 예리하게 구별하는 위험이다. 그리하여 마치 두 개의 완전히 구별되는 선물이 있다고 말할 정도로 요한복음에서의 성령을 철저하게 구분 짓는 것이다. 요한은 성령에 대한 다른 많은 **체험들**이 있음을 알고 있을 수 있지만, (다른 신약 기자들과 마찬가지로) 요한은 오직 **단 한 차례의** 성령의 선물에 대해서만 말하고 있다(7:39; 20:22).[27] 그리고 20:22에서의 선물은 분명히 보혜사의 약속들과 연결되어 있다. 최소한 20:21b에 있는 위임이 고별 담화의 주도적인 주제를 이어받고 있으며, 20:23이 분명 선교적 함의를 지니고 있는 한에서 그렇다(20:19-23과 눅 24:46-49 사이의 접촉점은 통상적으로 지적되는 점이다).

두 번째 반대편의 위험은 보혜사에 대한 약속들이 완전히 요한복음 20:22에만 국한되어 버리는 위험이다. 이미 살펴보았듯이 성령은 오직 요한이 적어놓은 기록을 **넘어설 때에야** 근본적으로 보혜사로서 활동하신다는 증

---

25 참조. 앞서 이루어졌던 Wojciechowski에 대한 수정.

26 참조. W. Dumbrell, "The Spirit in John's Gospel", in B. G. Webb (ed.), *Spirit of the Living God* (Homebush West, NSW: Anzea, 1991), 77-94은 대체로 20:22에 대한 우리의 이전의 진술을 받아들이고 있으며, 내가 겔 37장에 대한 암시에 내재해 있는 집단적 차원을 놓쳤다고 제시한다.

27 이것이 바로 요한복음에 대한 이전의 글이 빠졌다고 느낄 수 있는 위험이다.

거가 있다.

포르쉬는 (슈나켄부르크를 밀접하게 추종하면서) 요한복음 20:22을 나중에 보혜사가 **될** 성령의 선물로서 말하고 있다는 점에서 가장 민감한 해석자라 할 수 있다.[28] 그러나 이 해석조차도 새 출생의 권능으로 먼저 받아들여진 성령과 나중에 보혜사로서 전적으로 **다르게** 받아들여진 성령 사이의 급진적인 분리를 피할 정도로 요한복음 20:22과 나중의 보혜사의 활동들 사이의 충분한 결합을 표현하지는 못하고 있다. 그 둘 사이의 너무나도 중요한 다리는 아마도 (a) 만일 (필론과 타르굼 역본들에서와 같이) 그리스도 사건에 대한 지혜/깨달음의 선물로서 이해될 경우,[29] 창세기 2:7//에스겔 37:9에 대한 암시에, 그리고 (b) 방금 지적했듯이, 20:21b과 20:23에 있는 선교적 암시를 통해서 나타나는 20:22과 보혜사 전승 사이의 연결에 있을 것이다.

III. 요한은 제자들이 성령을 두 단계로 경험한다고 보았는가?

우리는 이 질문에 대해서 조건부적으로 그렇다고 대답할 수 있을 것이다. 요한은 성령이 제자들 가운데서 활약하며, 제자들에게 하나의 신학적 "선물"로 "주어진" 것으로 보고 있는 것으로 보인다. 그렇지만 예수의 "승천"의 완결에 의해 분리되어 있는 두 개의 시간 순서적인 단계 가운데서 실현된 것으로 보고 있다고 여겨진다. 첫째, 성령은 예수를 통해서 ("객관적인" 계시와 "주관적인" 깨달음이라는 이중적인 의미에서) 성령의 지혜를 나눠줌으로써 제자들을 부활한 이스라엘의 새 창조의 생명으로 데리고 가신다. 이 일은 공

---

28 *Pneuma*, ch. 2, §1 및 376-77.

29 M. Hengel, "The Old Testament in the Fourth Gospel", *HBT* 12 (1990), 19-41 (30)도 그렇다.

생애 가운데서 시작된 장기간의 과정 가운데서 일어난다. 그러나 이 일은 요한복음 20:22의 특별한 순간 가운데서 절정에 달한다. 둘째, 그 일에 뒤이어 예수가 지상에서 전적으로 떠남과 더불어 요한은 성령의 오심을 예수에 대한 대체로 그린다. (i) 예수가 제자들과 지속적으로 함께하는 수단으로서, (ii) 그리스도 사건에 대해 가르치고 그 사건을 조명하는 분으로서, (iii) 그리고 그 사건을 활용하는 분으로서, (iv) 세상에 대한 증거의 기반이자 수단으로서 그린다. 해석자가 요한이 보혜사에 대한 이 "보냄"을 (오순절과 같이) 뚜렷히 단일회적인 역사적 경험에 의해서 시작된 것으로 그리고 있다고 결정할지의 여부는, 혹은 해석자가 이 "보냄"을 그러한 종류의 여러 경험들로서 이해하기를 선호하느냐[30] 아니면 모멘텀을 얻되 아무런 인지할 만한 출발의 순간이나 이어지는 순간들이 있는 하나의 "과정"으로 이해하기를 선호하느냐 하는 것은 주로 해석자가 제4복음서의 저자/편집자가 오순절 전승을 의식하고 있었다고 믿고 있느냐에 주로 달려 있을 것이다. 우리가 볼 때, 대다수의 주석가들과 마찬가지로, 요한은 "오순절" 전승을 알고 있었을 것이라 여겨진다. 그러나 그것은 부차적인 문제이다.

더욱 중요한 것은 성령의 선물이라는 하나의 타원(one ellipse)의 두 점이 어떻게 연결되어야 하느냐 하는 것이다. 칼뱅에서부터 호스킨스(Hoskyns)에 이르는 일련의 주석가들은 유월절의 선물을 오순절의 약정이라 언급했다. 그러나 그런 진술이 무슨 뜻일 수 있는가? 어떻게 성령의 유월절 체험과 승천 이후의 체험이 단 하나의 성령 "받음" 혹은 "선물"로 연결되는가? 여기서 비교적 분명한 대답을 제공할 수 있다. 비록 두 개의 (혹은 그 이상의) 초점이 있긴 하지만, **요한복음 20:22과 보혜사의 약속들을 신학적으로 "단일" 선물로 가장 밀접하게 연합시켜주는 것은 은사적 지혜와 깨달음의 저자로서의 성령의 기능이다**(물론 바로 그것이 "예언의 영"으로서 활약하시는 성령이다). 계시적이며 변화를 일으키는 "지혜"를 나누어줌으로써 공

---

30   참조. Hatina, "John 20,22", 200-1; 204-6.

동체의 종말론적 재창조를 불러일으키시는 "예언의 영"에 대한 이러한 인식의 면에서, 요한은 쿰란에서의 성령 이해에 가깝다(참조. 앞의 제1장, II, §3).

IV. 요한은 제자들의 두 단계 경험이 교회에서 되풀이된다고 여기는가?

제임스 던과 마찬가지로, 이 질문에 대한 대답은 "아니다"이다. 승천과 보혜사의 주어짐 이후에 그 제자들이 성령에 대한 두 단계 체험을 다시 갖지 않을 것이라는 점이 분명하다고 여겨진다. 예수의 영화 사건은 이제 완결되었다. 그리고 예수에게 기대되었던 기능들 전체를 수행하도록 성령이 주어졌다. 예수의 가르치는 사역의 긴 과정에 대한 (승천 이후의) 병행적인 수단이 전혀 없다. 예수의 승천 이후에 (요한적인 용어상으로) 그 자체가 구원인 계시에 대한 이해를 가능하게 해주면서 그리스도 사건을 전개해주는 계시자-교사로서 주어지는 이는 성령-보혜사이다. 바로 이 보혜사가 부활하신 주님에 대한 지속적인 지식과 더 심오한 깨달음의 유일한 수단이다. 요한의 용어로 그것은 "영원한 생명"(영생)에 대한 지속적인 체험이다(17:3; 참조. 앞의 제4장과 제5장). 그러므로 성령-보혜사의 수납은 영원한 생명의 필요충분조건이다. 그러나 정확히 이러한 은사들을 가능하게 한다는 점에서 보혜사는 그리스도 사건에 대한 자신의 지지를 확실하게 하며, 그렇게 함으로써 제자들의 증거에 힘을 실어주며, 그렇게 함으로써 대 법정에서 예수처럼 다른 "변호자"로서의 역할을 수행하는 것이다.

7장

바울 서신에 나타난 성령 (1)

: 바울의 성령론을 확립하기 위한
방법론의 문제

성령에 대한 바울의 가르침과 관련해 다양한 설명들을 일견해보면, 바울의 성령 신학이 어떤 식으로 구성되어야 하는가에 대한 의견 일치가 아직은 거의 없다는 점이 드러난다.[1] 세 가지 요소가 그 문제를 복잡하게 만든다. 첫째, 성령에 대한 바울의 가르침은 주로 그가 다른 문제들에 대해 다루는 중에 부수적으로 언급되어 있다(심지어 고전 12-14장에서도 마찬가지다). 그래서 이러한 점은 성령에 대한 바울의 가르침을 체계화하기 어렵게 만든다. 둘째, 바울의 가르침은 바울이 23년에 걸쳐 쓴 그의 글들 가운데에 제공되어 있다. 그리고 그가 직면한 상황은 아주 광범위한 상황이다. 따라서 그가 이와 같은 여러 다른 상황과 관련해서 그의 신학을 표현했다고 믿을 만한 이유가 있으며, 그 말은 그의 신학이 **발전했음**을 의미한다. 그렇지만 그럴 경우 정확히 어느 때, 어느 자리에다 바울의 "신학"을 자리매김하느냐 하는 문제가 발생하게 된다. 셋째, 다른 저자들과 비교해볼

---

1   다음과 같은 학자들이 서로 다른 분석적/발전적 접근 방법을 제시하였다. Montague, *Spirit*, chs. 12-19, F. W. Horn, *Das Angeld des Geistes: Studien zur paulinischen Pneumatologie* (Göttingen: Vandenhoeck & Ruprecht, 1992) 및 Fee, *Presence*, Part 1. 이러한 접근 방식은 철저히 다른 주제적 제시와 대조적이라고 말할 수 있을 것이다. 이를테면, 다음이 주제적인 접근 방식을 취하고 있다. E. Schweizer, *TDNT* VI (1968): 415-37; T. Paige, *DPL* 404-13 및 Fee, *Presence*, part 2. Gordon Fee의 책 제2부에서 검토된 주제들은 여전히 주요한 바울식 카테고리들이다. 그리고 D. Guthrie, *New Testament Theology*가 있다. Guthrie의 책의 "주제들"은 좀 더 조직신학적이다.

때, 바울은 성령을 창의적으로 아주 **많은** 주제들에 연결시킨다. 그래서 무엇이 주변적이며 무엇이 중심적인지를 구별하기 어렵게 만든다. 이번 장에서는 이 복잡한 요인들 중에서 두 번째 요인에 주로 집중하고자 한다. (그 중요한 변형 두 가지 중에서) 먼저 비교적 전형적인 비판적 "발전" 시나리오를 기술한 다음, 그 접근 방법을 평가하도록 하겠다.

I. 호른과 멘지즈의 중요한 발전적 접근 방법들

칼 돈프리드(Karl Donfried)의 다음과 같은 주장은 비평적인 신약학계의 주류를 대변한다.

바울 신학 분석의 적절한 출발점은 데살로니가전서여야 한다. 그 이유는 특히 데살로니가전서가 바울의 초기 신학에 대한 열쇠를 내포하고 있기 때문이다. 그러므로 우리는 여기에 바울의 후기 신학을 이해하는 열쇠도 있다고 주장할 수 있다.[2]

물론 그의 가정은 (i) 데살로니가전서가 바울의 가장 초기 서신이라는 것이며(그는 40-44년경까지 이르게 잡는다), (ii) 바울의 후기 신학이 (극적 전환이나 심지어 이전의 "핵심 사상"의 대체를 내포하기보다는) 그의 앞선 사상들의 전개와 상황화적 발전의 맥락에서 이해될 수 있다는 것이다.

호른(F. W. Horn)은 이와 같은 접근 방식에 대한 간명한 예를 제공한다.[3]

---

2   K. P. Donfried and I. H. Marshall, *The Theology of the Shorter Pauline Letters* (Cambridge: CUP, 1993), 64.

3   Horn의 입장은 다음 사전에 들어 있는 그의 기고문 "Holy Spirit"을 통해서 영어를 읽을 수 있는 독자들이 살펴볼 수 있을 것이다. D. N. Freedman (ed.), *The Anchor Bible Dictionary: Volume 3* (New York: Doubleday, 1992), 265-78 (신약에 대해서); 271-6 (바울에 대해서).

그래서 그 예를 먼저 검토하고자 한다. 그다음에 멘지즈를 다루도록 하겠다. 그는 약간은 좀 더 급진적 전환을 가정하고 있는 듯하다.

1. 호른의 입장

호른은 바울의 성령론을 세 단계로 구분한다.

(1) 데살로니가전서가 대표하는 초기 교훈

여기서 성령은 대체로 네 가지 면에서 기능하는 "예언의 영"이다.[4] (i) 바울의 복음 선포에 권능을 부여함으로써 듣는 자들이 인내하는 믿음을 갖도록 만드는 효과를 줌(1:5, 6). (ii) 핍박을 당하는 중에도 기쁨을 불러일으킴(1:6). (iii) 공동체 가운데서 나오는 분별되고 경청되어야 할 예언적 발설들의 원천으로서(5:19-21). (iv) 신자들로 하여금 이전의 부도덕하고 부정직한 생활에서 돌이켜 "거룩함 중에" 거하도록 그들을 불러내는, 하나님이 신자들에게 주시는 (지속적인) 선물로서(4:8). 이 단계에서 성령은 아직도 여전히 근본적으로, (그의 후기 저작에서처럼) 이를테면 "(예수) 그리스도의 성령"(롬 8:9; 빌 1:19)이나 "그의(하나님의) 아들의 영"으로서(갈 4:6)의 기독론적인 성령이 아니라, "하나님의 성령"이다.

(2) 고린도전서가 대변하는 성령 열광주의와의 논란이 지배하는 중간 시기

이 단계에서 고린도 교인들은 자신들이 세례 가운데서 성령을 받음으로써 혈과 육의 세계가 아니라 이미 우선적으로 천상의 세계/성령의 세계(참조. 고전 4:8)에 속해 있다고 주장한다(고전 6:11; 12:13). 이방인들 혹은 헬레니즘 문화권에 속한 사람들로서 그들은 불가피하게 이 내주하시는 성

---

4 이 용어는 Horn의 것이 아니라 필자의 것이다. 그리고 성령에게 돌려지는 주요 기능 중 두 가지, 곧 선포와 예언에 대한 권위 부여(empowering, 권능 부여)에 의해서 정당화된다.

령의 선물을 강력한 신적 **실체**로서, 천상의 세계의 일부분으로서, 그리고
─파루시아 때에 있을 구원을 기다리는 기간 동안의 예언과 선포를 위한
환영은 받지만 꼭 필요하지는 않은 능력의 부여가 아니라─구원 그 자체
의 완전한 도래로서 이해했다.[5] 호른에 따르면, 바울은 그들의 세례 신학
은 받아들이지만, 그들의 과도한 실현된 종말론은 배척한다. 그는 그들이
아직 하늘의 영역에 속하는 "영적인 몸"이 아니라고 주장한다(그 일은 부활
때에 일어난다; 고전 15:45-49). 그리고 바울은 땅에서의 역사적 공동체를 "세
워나가는" 은사들에 비추어서 (그들이 천상의/영적 신분과 억압으로부터의 자유
에 대한 최고의 증거로 여기는) 방언을 상대화시킨다(고전 12-14장). 바울은 우
리가 부활을 통해 영적인 몸이 될 때까지는 우리가 세례의 선물로부터 비
롯되는 영적 생명이 드러나게 되는 일은 육체적인 신체(바울은 6:19에서 "소
마"[soma]를 삽입한다)와 그리스도의 은유적인 몸인 공동체 가운데서(고전
12:12-31) 일어난다고 (고린도의 방임주의와 개인주의에 대항해서) 주장한다. 또
한 이 세례를 통해 주어지는 은사는 그리스도 사건과 분리되지 않는다. 받
게 되는 것은 천상의 실체가 아니라 그리스도, 곧 생명을 주시는 성령이다
(고전 15:45). 그러므로 성령을 받는 것은 그리스도의 주재권과 권능 아래로
들어가는 것이다.

**(3) 고린도후서, 갈라디아서, 빌립보서, 로마서가 대표하는 유대 기독교 율법주의와의
논란이 지배하는 후기 단계**

이 단계는 바울의 성령론에서 가장 중요한 신학적 시기로 간주된다. 그 이
유는 논란 때문에 바울이 가장 독특한 기여를 하게 되기 때문이다. 유대화
하고자 하는 그리스도인들에 대항해, 고린도후서 3상에서 바울은 성령이
모세 언약을 대체하는 새 언약의 영이라고 주장한다. 따라서 생명을 주는

---

5   참조. 이에 대한 특이한(내가 보기에는 전적으로 그릇되었지만) 진술로는 Schweizer, *TDNT*
VI (1968), 415-16을 보라.

성령은 죽음을 다루는 토라에 대해 대립적인 관계를 갖는다(고후 3:6). 이 성령/토라 및 성령/문자(*gramma*) 대립 명제는 갈라디아서 3-4장과 로마서 7-8장에서 광범위하게 발전된다. 서로 나란히, 갈라디아서 5:13-6:10과 로마서 7-8장에서 바울은 "육체"의 권세와 "성령"의 권세 사이의, 대단히 독특한 자신의 두 번째 대립 명제를 발전시킨다. 여기서 율법은 본질적으로 무관한 것으로 그려진다. 그 이유는 인류의 문제가 바울이 "육체"를 따르는 실존으로 명시하고 있는 악과 반역에로의 총체적인 속박이기 때문이다. 율법은 죄-육체의 동맹을 극복함에 있어 무능하다(특히 롬 7:13-25). 그러나 성령은 그것을 극복할 수 있다(갈 5:16, 17, 19-25; 6:8, 9; 롬 8:1-13). 그리하여 성령을 받는 일은 구원의 **필수조건**("육체를 따른" 실존으로부터의 구원은 성령 없이는 불가능하기 때문이다)이자 **필요조건**(무능한 율법은 아무것도 기여할 것이 없기 때문이다)이 된다.

만일 바울 이전의 전승과 심지어 혹 데살로니가전서까지라도 성령의 선물을 받음이 구원에 **필수적인지**의 여부에 대해 그다지 명확하지 않다고 한다면, 의심할 바 없이 바울의 **후기** 단계에 이르러 바울은 성령을 "구원과 관련된 성령"(soteriological Spirit)으로 보고 있는 것일 수 있다. 거기에는 바울의 이전의 견해들로부터 어떤 **발전**이 있는 것이며, 그 발전은 바울이 그의 사역 활동의 여러 위기들에 직면해 자신의 성령론을 작업해가면서 일어난다. 그렇다면 문제는 그 "발전들"이라는 것이 단지 이미 이전 단계들에 (잠재적으로) 있었던 것이 펼쳐져나온 것이냐 아니면 그 내포된 발전이 전적으로 **새로운 종류의 진화**에 더 가까운 것이냐 하는 것이다. 앞으로 보게 되겠지만, 호른의 견해는 전자와 일치하며, 이에 대해서 멘지즈의 견해는 사실상 후자를 주장했다.

2. 멘지즈의 입장

『초기 기독교 성령론의 발전』(*The Development of Early Christian Pneuma-tology*)

에서 멘지즈는, 바울 이전의 성령론에서 성령은 구원에 필수적이지 **않았고**, 단지 그리스도인들로 하여금 섬길 수 있도록 (특히 교회의 사명/선교의 부분에서) 그들에게 주어진 "예언의 영"이라는 권능 부여의 선물이었을 뿐이라고 주장한다.[6] 멘지즈에 따르면 그러한 변화는 바울이 「솔로몬의 지혜서」 9:9-18(아마도 기원후 38-40년경의 작품일 것이다)에 있는 것과 같은 가르침에 접촉함으로써 촉발되었을 것이다.

「솔로몬의 지혜서」에서 중요한 부분은 9:17-18이다.

> 만일 당신께서 지혜를 주지 않았다면,
> 그리고 위로부터 성령을 보내주지 않았다면
> 누가 당신의 지략을 배웠겠습니까?
> 그리하여 땅에 거하는 자들의 길들이 바로 잡혔고
> 사람들은 당신을 기쁘게 하는 것이 무엇인지를 배웠고
> 지혜로 말미암아 구원을 받았습니다.

멘지즈의 이해에 의하면, 이것은 토라에 있는 하나님의 뜻을 이해하고 그 뜻에 의해서 살아갈 수 있을 인간의 가능성에 대해 지극히 비관적인 유대교의 한 분파를 대변한다. 만일 인간이 구원을 받을 수 있으려면, 그러한 이해를 가질 수 있게 해주는 성령을 하나님이 각 사람에게 주셔야만 한다. 멘지즈에 따르면, 사도 바울은 성령이 이렇게 해주시는 일을 생각하면서

---

6   *Development*, ch. 12은 주로 바울 서신들 가운데 들어 있는 바울 이전의 전승들에는 성령을 구원론적으로 필수적으로 만들었던 전승이 전혀 없음을 보여주려는 시도이다. 그는 Dunn과 더불어서, Schweizer 그리고 고전 15:44-45; 갈 5:22, 23 혹은 고전 6:11에 있는 성령에 대한 언급들은 바울 이전에 해당하는 것이 전혀 없다는 J. S. Vos의 주장(*Traditionsgeschichtliche Untersuchungen zur pauliinischen Pneumatologie* [Assen: Van Gorcum, 1973], 26-33) 및 다시 유대교는 성령을 종말론적 구원의 원천으로 이해하지 않았다는 그의 주장(*Untersuchungen*, 33-77)에 반대해서, 롬 1:3-4에 나오는 "육체/성령" 반대 명제는 전승이 아니라 바울의 재구성임을 주장한다(285-95). 우리는 고전 15장과 갈 5장에 대해서는 Vos에 대한 Menzies의 주장을 받아들일 수 있지만, 다른 점들은 받아들일 수 없다.

인간이 성령의 선물 없이는 그리스도 안에 있는 하나님의 구원의 지혜를 깨달을 수 없다는 사실을 깨닫게 되었다는 것이다. 그러나 그러한 깨달음이 없이는 인간은 멸망을 향해 가며, 그리하여 성령의 선물이 구원에 필요하게 된다는 것이다. 멘지즈에 따르면, 바울은 맨 먼저 이 사실을 고린도전서 2:6-16에서 설명하고 있는데, 그 결과 근본적으로 새로운 종류의 성령론을 낳게 되었다는 것이다. 그리하여 "예언의 영"이 "구원론적 영"으로 진화되었다는 것이다.

II. 호른과 멘지즈의 발전적 접근 방법들에 대한 평가

1. 호른의 입장에 대한 평가

우리가 호른과 동의하는 몇몇 중요한 점에 대해서는 나중에 밝히도록 하겠다. 먼저 그의 입장에 있는 두 가지 서로 다른 문제점을 지적하도록 하자.

(1) 연대 문제

초기의 데살로니가전서(돈프리드의 추정에 근거해서 기원후 41-44년)에서 "후기"의 바울 서신들로의 발전에 대한 깔끔한 도식은 사도행전을 배격하고 있는 바울 연대기에 근거해 있다. 사도행전은 데살로니가 방문이 소위 "제2차 선교 여행" 중에 이루어진 것으로 보고하고 있다. 이 여행은 기원전 49-50년 이전에 이루어졌다고 보기는 어렵다. 그렇다면 데살로니가전서는 가장 일찍 잡는다 할지라도 기원후 50년 가을에 (고린도에서) 쓰였을 것이다. 고린도전서와 후서는 그 후 4-5년 만에(후서의 경우는 55년 봄에), 그리고 로마서는 57년에 기록되었다.[7] 이렇게 될 경우 확실한 "발전"이 이루어질 만한 많은 시간이 제공되지 않는다(16년이 아니라 5년밖에 안 된다). 그리고 바울이 표현한 신학적 주제들은 본질적으로 이미 그가 철저히 생각

했던 것이며, 바울의 서신서들 안에 있는 그의 변호에 나타나는 모든 관
련 구절들은 새로운 상황의 "발전"에 따라 나타난 것이라고 쉽게 말할 수
있다.

그러나 좀 더 심각한 문제점은 갈라디아서에 있다. 호른의 발전 테제는
갈라디아서에 분명하게 나타나 있는 육체/성령 그리고 율법/성령의 대립
명제들이 후대에 이루어진 것으로, 즉 고린도전후서가 기록된 **이후**에 오
는 것으로 볼 것을 요구한다. 그러나 사도행전은 갈라디아의 로마령에 대
한 바울의 선교가 소위 "제1차 선교 여행" 시기에 이루어진 것으로 전하고
있다. 그리고 갈라디아서 2장에 언급되어 있는 그의 예루살렘 방문은 갈라
디아서가 사도행전 15장에 나오는 사도들의 회의(기원후 49년?) **이전**에 기
록되었을 것이며, 따라서 심지어 데살로니가전서보다 한두 해 **이전**에 쓰였
을 수 있다는 점을 시사한다.[8] 갈라디아서의 작성 연대에 대한 논쟁은 지
금도 계속 진행중이다. 그러나 초기 저작 연대에 대한 주장은 쉽게 일축
시킬 수 없다. 그리고 그 주장들은 어떠한 단순한 발전 이론에 대한 과도
한 확신에 대해서도 의구심을 제시한다. 바울의 성령론 대부분이 이 편지
에 간단간단하게 나오고 있기 때문이다.[9] 이것은 이미 일찍이 기원후 49년
에(그의 다메섹 도상 경험 이후 대략 15년 동안에) 바울이 성령론의 주요 노선들
을 발전시켰으며, 그가 직면한 여러 다른 상황들을 통해서 단순히 그의 다
른 강조점들이 도출되고 있을 뿐임을 시사한다고 볼 수 있다. 데살로니가
전서의 "성령론"이 갈라디아서의 "성령론"보다 좀 더 단순하다는 점은 인
정될 수도 있고, 그러한 점은 그 서신서들에 대한 호른의 순서를 지지하

7   이를테면, F. F. Bruce, *New Testament History* (London: Nelson, 1969), chs. 24-5; C. H.
     Hemer, *The Book of Acts in the Setting of Hellenistic History* (Tübingen: Mohr, 1989), ch. 6 특
     히 270-76을 보라.

8   Hemer, *Book*, chs. 6-7을 보라.

9   갈라디아서에서의 성령에 대한 설명으로는 Fee, *Presence*, ch. 6; Montague, *Spirit*, ch.
     16; Dunn, *Baptism*, 106-15 혹은 같은 저자, *The Theology of Paul's Letter to the Galatians*
     (Cambridge: CUP, 1993), 59-63, 104-14, 130-2, 135-6을 보라.

는 강력한 논증으로 여겨질 수도 있다. 하지만 이러한 종류의 주장은 의심스럽다. 데살로니가전서에는 성령론 그 자체가 (살전 5:19-21까지는) 특별히 중요하게 취급되고 있지 않으며, (빌립보서와 마찬가지로) 다양한 주제를 취급하고 있는 "우정"을 나누는 서신(friendship letter)인 것으로 보인다. 비록 바울이 데살로니가전서를 20년 후에 썼다 하더라도 그가 지금의 데살로니가전서 가운데서 표현하고 있는 성령론에서 훨씬 더 발전시켜 썼을 가능성은 별로 없어 보인다.[10]

(2) 데살로니가전서 4:8이 후대의 "발전들"을 예견하고 있다는 문제

비록 우리가 갈라디아서를 논란에서 배제시킨다 할지라도, 데살로니가전서 자체에 또 다른 문제가 하나 남아 있다. 5:19, 20에서 성령은 상당히 명확히 "예언의 영"이지만, 데살로니가전서 4:8의 표현은 바울이 이 단계에서도 성령을 에스겔 36-37장에 나오는 성령에 대한 새 언약의 약속들에 대한 성취로 이해했음을 시사한다는 점이다. 데살로니가전서 4:8은 이렇게 말한다. "그러므로 [이것을—즉 부도덕에서 벗어나 거룩함에 이르라는 바울의 권면을] 저버리는 자는 사람을 저버림이 아니요, 너희에게 그의 성령을 주신 하나님을 저버림이니라." 여기서 "(성령을) 주시다"라는 동사와 에이스 휘마스(eis hymas, "너희 속으로")의 좀 낯선 결합은 매우 희귀하다. 이 결합은 의심할 바 없이 에스겔 37:6, 14(참조. 11:19과 36:26, 27)에 대한 그리스어 구약 역본(70인역)에서 끌어온 것이다. 그 역본에서 "내가 너희 속으로 나의 성령을 줄 것이요, 그리하여 너희가 살게 될 것이다"라는 문장은 "내가 너희 속으로 나의 성령을 넣을 것이며, 그리하여 너희가 살게 될 것이다"를 뜻한다.[11] 그러나 만일 데살로니가전서 4:8이 에스겔 36-37장을 반영

---

10   이와는 대조적으로 고린도후서, 로마서, 갈라디아서의 유대화주의자들과의 조우의 맥락에서 바울이 성령 모티프를 잘 활용하고 있는 것에 비추어볼 때, 빌 3:1-21에 있는 반유대화주의 부분에 나타나는 성령론은 놀랍게도 미발달되어 있다.

11   자세한 내용은 Fee, Presence, 50-3을 보라. 바울은 갈 4:6과 고후 1:22에서 "우리의 마음속으

하고 있다면, 이것은 다시 (호른이 기꺼이 인정하듯이) 바울이 **이미 고린도후서 3장과 그 이후의 서신들에서 유대화주의자들에게 대항하는 그의 논증들 가운데 강력한 무기로서 그 신학적 견해를 사용하기 상당 시간 전에 그 회중 가운데서의 "예언의 영"을 에스겔이 약속한 새 언약의 "생명을 주시는" 재창조의 성령으로서 이해했음을 함축한다.** 이 점에 비추어볼 때, 고린도후서 3장에 표출되어 있는 성령 / 율법의 대립 명제는 바울의 **성령론**에서 근본적인 새 단계나 국면을 나타내지 않는다. 그것은 에스겔 36:26, 27에 내재해 있는 대립 명제를, 돌에 새겨진 율법이 약속된 구원에 대해서는 부적절하게 만드는 방식으로 상황화시키고 있을 뿐이다. 아마도 단순히 데살로니가의 개종자들을 향한 어떠한 특정한 기독교 유대화 운동이 없었기 때문에, 데살로니가전서에서 바울이 이신칭의의 언어를 사용하고 있지 않고, 또한 그가 고린도후서나 갈라디아서나 로마서에서 사용하고 있는 대립 명제를 설명하지 않았던 것으로 보인다.

호른의 설명의 몇 가지 측면에 대한 비판을 해보았는데, 이번에는 호른의 의견에 대해 근본적으로 동의할 수 있는 점 한 가지를 지적해보고자 한다. 호른이 바울의 대립 명제들(성령 / 육체, 성령 / 문자, 성령 / 토라)의 구체적인 공식을 우선적으로 상황적이며 변증적인 것으로 보고 있다는 점은 옳다고 여겨진다. 바울이 그러한 대립 명제들을 촉발시킨 유대화주의 운동과 부닥치기까지는 그 명제들이 그가 명확하게 표명하고 있었던 신학적 가르침의 일부를 이루고 있었다고 믿을 하등의 이유가 없다. 불행하게도 우리는 그와 같은 유대화주의 운동의 대응이 얼마나 일찍 바울로 하여금 이러한 노선을 따라 생각하도록 만들었을 것인지를 알 수 없다. 만일 데살로니가전서가 실제로 바울의 가장 초기의 서신이었다고 하더라도(그 점에 대해서 나는 의심하지만) 그 발전들은 분명하게 그 서신 가운데 예견되어 있었다.

로"라는 같은 표현을 사용하고 있다.

2. 멘지즈의 입장에 대한 평가

멘지즈에 따르면, (i) 바울이 구원론적인 성령론을 표명한 첫 번째 인물이 었으며, (ii) 바울이 「솔로몬의 지혜서」에(혹은 「솔로몬의 지혜서」가 사용했던 전통들에) 친숙했기 때문에 그것을 기반으로 해서(고전 2장에서) 먼저 그렇게 했고,[12] (iii) 이 점이 그 이전의 기독교 전통과의 첨예한 단절을 대표했다. 우리는 멘지즈의 입장이 가지고 있는 네 가지 문제점을 지적하고자 한다. 이 문제점 중 몇 가지는 우리가 호른과 공감하고 있는 몇 가지 일치점들을 도출시킬 것이다.

(1) 바울의 구원론적 성령론은 고린도전서보다 앞서며, 「솔로몬의 지혜서」가 아니라 에스겔 36-37장에 기반을 두고 있다

앞서 살펴보았듯이, 바울이 고린도전서를 쓰기 몇 년 전에 바울은 이미 데살로니가전서 4:8(및 1:4, 5, 8)에 일종의 구원론적 성령론을 표출했으며, 그 것은 (「솔로몬의 지혜서」가 아니라) 에스겔서에 근거해 있었다.

(2) 이 구원론적 성령론은 아마 바울보다도 앞설 것이다

이미 살펴보았듯이, 멘지즈는 바울 이전에는 어떠한 그리스도인도 성령에 게 구원의 기능을 돌리지 않았음을 보여주려고 시도한다. 그러나 호른이 관찰하고 있듯이 신약성경 전체에 걸쳐서 "하나님이 우리에게 성령을 **주셨다**"[13]와 "하나님의 성령이 **너희** 속에 거하신다"[14]와 같은 확실한 단언들이 일정하게 나타나는 것은 이러한 언명들이 **전승적인** 공식임을 시사한다. 의미심장하게도, 그러한 언명들 역시 에스겔 11:19, 36:26, 27, 37:6, 14에

---

12 Menzies, *Development*, ch. 13.

13 행 5:32; 15:8; 롬 5:5; 11:8; 고후 1:22; 5:5; 살전 4:8; 딤후 1:7; 요일 3:24; 4:13.

14 고전 3:16; 6:19; 롬 8:9, 11; 엡 2:21; 벧전 2:5.

서 나온 것으로 보인다. 만일 그렇다면, 바울 이전의 기독교적 요소들은 성령을 에스겔이 말한 새 언약의 생명의 새롭게 하시는 성령임을 고백했던 것으로 보인다.[15]

바울 이전의 고백들로 보이는 다른 경우들도 마찬가지다. 고린도전서 6:9-11이 반드시 세례 때에 하는 고백은 아니라는 멘지즈의 말은 옳게 보인다.[16] 그렇지만 6:11b의 표현은 그 문맥에서 어울리지 않는다. 그래서 (호른을 포함해서) 대부분의 학자들은 그 표현이 **전승**의 한 부분에 대한 인용인 것으로 본다.[17] 바울은 "너희 중에 이와 같은 자들이 있더니 [그러나 너희가] 주 예수 그리스도의 이름과 우리 하나님의 성령 안에서 씻음과 거룩함과 의롭다 하심을 받았느니라"라고 단언한다(참조. 딛 3:5). 이 부분에 따르면, 하나님은 그리스도의 이름으로, 또한 성령을 **통해서** 세 가지 동사들의 행위들을 수행하신다(이 동사들 각각은 회심 때에 발생하는 일을 가리키는 보충적인 방식이다). 그리하여 믿는 자의 과거를 씻어내는 일, 그 사람을 하나님을 향해서 거룩하게 하는 일, 그리고 죄로부터 석방되는 신자 개인의 주관적 체험이 **성령의** 활동으로 돌려진다. 따라서 그 구절은 명확하게 구원상의 의의를 성령에게로 돌리고 있다. 그리고 다시 한번 그 구절은 에스겔 36:25-27에 근거한 것으로 보인다. 에스겔서의 그 문맥은 물로 씻음과 거룩하게 함과 과거의 죄악들에 대한 용서의 사상들이 함께 표출되어 있기 때문이다.[18]

---

15 우리는 이 장 앞부분에서 언급했던 Schweizer의 견해를 강력하게 배격할 필요가 있다. Schweizer는 사도행전에서의 성령과 바울 이전의 공동체에서의 성령을 단순히 파루시아의 구원 때까지 도움을 주는 "기적적인 권능들"로 본다(*TDNT* VI: 415-16). 그리고 이것을 천상적인 실체로서의 프뉴마에 대한 좀 더 일반적인 헬라적 이해 가운데 근거해 있는 바울의 성령에 대한 "구원론적" 이해와 대조시킨다. 핵심은 오히려 공동체 가운데서의 성령이 성령의 임재와 활동을 통한 공동체의 새로운 창조에 대한 에스겔의 종말론적 약속이라는 점이다.

16 Menzies, *Development*, 296-300.

17 Horn, "Holy Spirit", 269을 보라.

18 에스겔서에서, 이스라엘을 정결케 하며 하나님께 구별되게끔 거룩하게 만들고, 하나님의 용서를 제공하는 것은 은유적인 물 뿌림이다. 피는 그 동사들을 문맥상으로 결정되어 있는 것

(3) 고린도전서 2:6-16과 「솔로몬의 지혜서」 9:17-18의 연결은 결정적이기보다는 사소하다

우선, 멘지즈는 「솔로몬의 지혜서」 9장이 (NRSV가 제시하듯이) 하나님의 백성 각자에게 구원의 지혜를 제공하는 성령의 선물에 대해 말한다고 생각하면서 아마도 그 9장을 잘못 해석한 것으로 보인다. 이 디아스포라 저자(「솔로몬의 지혜서」 저자)는 구원의 지혜가 하나님의 성령이 오직 율법과 선지자들 가운데서 구원의 지혜를 계시하신 유대 세계에서만 발견된다고 주장함으로써, 몰려드는 헬레니즘의 접근에 반대하도록 유대인들을 자극하고 있다.[19] 둘째, 고든 피(G. D. Fee)가 주장하듯이, 고린도전서 2장은 성령에 의해 허락되는 비의적인 지혜에 대해서 말하지 않는다(2:12, 13에 있는 반어법을 비극적으로 오해하지 않는 한). 오히려 고린도전서 2장은 십자가에서 계시된 하나님의 묵시론적 지혜에 대한 앞의 파악을 가능하게 해주는 성령에 대해 말한다. 고린도전서 12:8(이 구절은 너무나도 암시적인 면이 강해서 우리에게 아무것도 전해주지 않는다) 이외에 바울이 성령과 지혜를 연결시키고 있는 유일한 곳은 에베소서 1:17이다. 그곳에서 저자는 하나님에 대한 지식 가운데서 지혜와 해석의 성령이 믿는 이들에게 주어지기를 기도하고 있다. 여기에 나오는 단어의 배경은 이사야 11:1, 2 및 그에 의존하고 있는 묵시론적 전통(이를테면, *1 Enoch* 49:2-3; 61:11-12)이지, 「솔로몬의 지혜서」가 아니다.[20]

으로, 즉 "씻었다"가 직전에 묘사된 죄악들의 더러움의 제거에 상응하며, "거룩하게 되었다"는 구별되어 하나님의 새 생명에게 바쳐졌다는 말에 상응하며, "의롭다 함을 받았다"는 6:1, 7, 9에 있는 "아디카이"(*adikai*)에 호응하는 것으로 설명하려고 시도한다. 그러나 바울은 여기서나 다른 곳에서도 죄악들을 "더러움"이나 "불결"이라 지칭하지 않고 있으며, 그러한 것이 "씻겼다"고 말하지도 않는다(이 단어는 바울에게서는 다시 찾을 수 없는 동사이다).

19   Turner, "The Spirit of Prophecy", *NTS* 38 (1992), 84 n.36을 보라.

20   바울이 Wisdom of Solomon에 크게 의존하고 있다는 견해에 대한 반대로는 Fee, *Presence*, 911-13 (또한 고전 2:6-3:2에 대한 93-112)을 보라.

(4) "예언의 영"과 "구원론적 성령"에 대한 멘지즈의 대립 명제는 허위 명제이다

데살로니가전서 4:8에서 믿는 자를 거룩함 가운데로 이끄는 생명을 주는 새 언약의 성령은 또한 데살로니가전서 5:19, 20에서의 공동체에 대한 예언적 발설을 하게 하시며, 애초에 1:5, 6에 따른 바울의 강력한 복음 신포를 통한 믿음으로 그 제자들을 이끌어주었던 바로 그 "예언의 영"이시기도 하다. 마찬가지로 고린도전서 6:11에서 제자를 씻겨주고 거룩하게 하며, 죄에서 석방시켜주시는 구원론적인 성령은 고린도전서 12:8-10, 14:2(및 고전 12-14장과 좀 더 일반적으로는 롬 12장)에 나오는 방언과 예언과 지혜와 지식의 말씀을 주시는 "예언의 영"과 동일한 성령이시다. 호른이 관찰하고 있듯이, 성령은 바울 서신 전체에서 언제나 계속해서 "예언의 영"이다. 그것이 바로 바울 서신서 전체에 걸쳐서 바울의 성령론에 변함없이 일정하게 나타나는 세 가지 점 가운데 하나이다(나머지 두 가지는 복음의 선포가 성령에 의해서 이루어진다는 것과 성령의 선물이 "성령에 따라 걸어가라"는 서약과 나란히 병행해서 나타난다는 것이다).[21]

좀 더 구체적으로, 성령이 고린도전서 2장에서 구원론적으로 **필수적**이게 되는 것은 바로 그 성령이 정확히 "예언의 영"으로서 활약한다는 점에서임을 지적할 수 있겠다. 바울의 요점은 성령이 없는 사람들은 십자가에 있는 하나님의 구원의 지혜를 이해할 수 없다는 것이다. 그러므로 여기서 진정한 기독교 신앙이 가능하도록 해주는 것은 성령의 계시와 조명이다(고전 2:9-11). 유대교에서처럼, 그것은 계시하시는 "예언의 영"이며, 요한의 경우에서처럼 구원하시는 것은 바로 성령이 주시는 계시이다. "예언의 영"이 구원론적으로 필수적이 되는 것은 정확히 바로 (요한의 경우에서처럼) 이 융합을 통해서이다.

멘지즈가 바울의 구원론적 성령이 누가-행전 가운데 있는 "예언의 영"과는 근본적으로 다르다고 생각하는 또 하나의 이유는, "예언의 영"이 어

---

21   Horn, "Holy Spirit", 275. 비슷한 논조로, J. D. G. Dunn, "Baptism in the Spirit", 3-27을 보라.

떻게 해서 고린도전서 6:11에 함축되어 있는, 그리고 갈라디아서 5-6장과 로마서 8장에 배어 있는 성령과 육체의 대대적인 대립 명제 가운데 들어 있는 윤리적 변화의 효력을 지닐 수 있는지를 이해할 수 없다고 여기고 있기 때문이다. 그러나 유대교에서와 사도행전 그리고 요한복음에서 우리가 이미 살펴보았듯이, 이 점에 대해서는 전혀 문제가 없다. 지혜와 계시 가운데서 하나님의 임재를 가져오는 "예언의 영"은 또한 예배를 불러일으킨다(그러므로 이를테면 살전 1:6이 말하는 호응하는 기쁨도 불러일으킨다). 그리고 예언의 영이 제공하는 지혜와 계시는 단순히 중립적인 사실들이나 데이터 혹은 명제들이 아니라 하나님과 그분의 뜻에 대한 변혁을 가져오고 거룩으로 이끄는 인식이다. 그러므로 "성령을 따라", "성령에 의해 인도함을 받는" 자로서 살아간다는 것은(인도한다는 동사는 "예언의 영"의 계시적 자극을 시사한다) 하나님과 더불어 하나님 앞에서 순종하는 아들로서의 삶을 살아간다는 것이다. 1:18에 있는 지혜와 계시의 성령에 대한 간구가, 성령을 받는 자가 그 속사람이 강화되고, "하나님의 온전한 충만함으로 가득 차게" 되도록 그리스도와 그의 사랑에 대한 이해가 가능하게 할 것을 예견하는 에베소서 3:16-19에서보다 이 점이 더 명확하게 드러나는 곳은 없을 것이다. "하나님의 온전한 충만함으로 가득 차게" 된다는 것은 하나님과의 전적인 일치 가운데 그의 화목케 하시는 주권 아래서, 즉 에베소서 4-6장의 "새 사람"(새 인류)의 윤리 가운데서 완벽하게 살아간다는 뜻이다. 따라서 계시와 지혜를 가능하게 하시는 "예언의 영"은 잠재적으로 윤리적인 면에서의 변화를 불러오는 권능이다.[22]

III. 결론 및 가야 할 길

아직은 우리가 바울 사상의 의미심장한 **발전**에 대한 중요한 진술을 제공할 만한 명확한 입장에 있지 않다. 처음부터 바울은 성령을 "예언의 영"으

로 인식하고 있음을 보여준다. 그러나 이 인식을 에스겔 36-37장과 연결
시키고 있으며, 그리하여 유대교의 일부와 사도행전과 바울 이전의 몇몇
전승들과 요한의 경우에서와 같이 "예언의 영"을 구원론상 필수적인 것
으로 만들고 있다. 발전적인 정황에서 정리된 성령론이 성령에 대한 바울
의 기본적인 이해에 대한 그의 창의적인 상황화를 선명하게 제시해줄 수
는 있지만, 만일 그것이 바울의 성령 신학의 "발전" 단계에 대한 연대기라
고 여긴다면 이는 잘못된 것일 것이다. 따라서 다음 장에서는 특별히 바울
적인 강조점들을 집중적으로 조명하고자 시도하면서 그 자료를 **주제별로**
(*thematically*) 다루어보도록 하겠다.

---

22 이 문제에 대해서 필자는 "The Spirit of Prophecy and the Ethical /Religious Life of the
Christian Community" in M. W. Wilson (ed.), *Spirit*, 166-90; alternatively, *Power*, ch. 5에
서 언급했다.

8장

바울 서신에 나타난 성령 (2)

: 특징적 주제들

I. 새 언약과 이스라엘의 회복의 영인 성령

바울은 자신의 가장 이른 서신서들 중 한 곳에서(살전 4:8) 성령의 선물을 틀림없이 에스겔 36-37장을 내비치고 있는 용어로 언급하고 있다. 이미 지적했듯이, 이러한 에스겔서의 활용은 아마도 이미 그리스도인 집단들 가운데서 "전통"이었을 것이다. 이제 그 점과 그 전통에 대한 바울의 용례를 좀 더 상세하게 검토해보도록 하겠다.

1. 유대교와 바울 이전 기독교에서의 구약의 약속과 그 해석

예레미야 31:31-34에서 새 언약이, 이스라엘이 어긴 언약(그리하여 그들을 유배로 이끌게 된 언약)을 대체할 것이 약속되었다. 이전의 언약과 마찬가지로, 새 언약은 온 백성을 향해 선포되었다. 그러나 그 새로움은 세 가지 요소로 구성될 것이었다.

(1) 하나님의 법이 돌비 위에가 아니라 그 백성들의 정신에 그리고 그들의 마음에 기록될 것이다(33b-c절).

(2) 하나님에 대한 지식은 매개되어 전달되지 않고 직접적으로 올 것이다(34절, "그들이 다시는 각기 이웃과 형제를 가리켜 이르기를 '너는 여호

와를 알라' 하지 아니하리니 이는 작은 자로부터 큰 자까지 다 나를 알기 때문이라…").

(3) 그 결과는 순종이 될 것이다(32c절과 대조하라).

유배지의 예언자 에스겔은 36-37장에서 특히 36:23-28에서 이 약속을 거론한다. 비록 에스겔이 실제로 예레미야의 "새 언약"이라는 표현을 사용하고 있지 않다 할지라도, 그는 언약 공식을 사용하고 있다(36:28, "너희가… 내 백성이 되고, 나는 너희 하나님이 되리라"). 그리고 그 약속의 내용이 예레미야 31:31-34과 딱 맞는다. 그 내용은 (렘 31:34b과 마찬가지로) 용서와 씻음의 대 사건에 근거해 있으며, 예레미야가 약속했던 것과 같은 내적인 변화와 하나님에 대한 새로운 지식을 분명하게 기술하고 있다. 그리하여 에스겔은 36:26에서 "또 새 영을 너희 속에 두고 새 마음을 너희에게 주되 너희 육신에서 굳은 마음을 제거하고 부드러운 마음을 줄 것이며…"라고 말한다. 이것은 완고한 본성(굳은 돌 같은 마음)을 제거하고 그 마음을 반응적인 본성으로 대체해주실 것에 대한 약속이다. 에스겔은 하나님에 대한 그 백성들의 결과적인 순종이 하나님의 내주하시는 성령에 의해 달성될 것임을 27절에 덧붙인다. "또 내 신을 너희 속에 두어 너희로 내 율례를 행하게 하리니 너희가 내 규례를 지켜 행할지라."[1]

그러나 유배지에서 복귀하여 복구된 기간은 커다란 실망이었다. 그리하여 유대인들은 예레미야와 에스겔의 말에 대한 더 깊은 종말론적 성취

---

1 겔 37장은 가장 자연스럽게 동일한 약속에 대한 보완적 환상으로서 이해된다(그리고 이 점이 반복되고 있는 "내가 나의 성령을 너희 속에 넣어줄 것이다"[37:14, 참조 37:5, 6, 10])에 의해서 강조되고 있다. 이것은 36:27을 다시 취한 것이다[참조. 11:19]). 이는 우선적으로 **문자적인 종말론적 부활에 대한 예언이 아니라**(비록 나중에 유대인들과 그리스도인들에 의해서 그 점도 가리키는 것으로 이해되게 되었지만) 무엇보다도 그 민족의 "재탄생"에 대한 예언이다. 광야에 널브러져 있는 "죽은 뼈들"은 그 죄악들 때문에 생명을 주시는 하나님으로부터 단절되어 유배지에 처해 있는 이스라엘의 "죽음"을 상징한다(37:11이 밝히고 있듯이). 에스겔서의 맥락에서, 그 예언은 그 민족을 하나님 자신과 그들의 고토로 회복시켜주시겠다는 하나님의 약속과 관련되어 있다.

를 대망하였다.「희년서」1.22-25(기원전 2세기)은 에스겔과 예레미야의 예언들을 하나로 합쳐서 그 예언들을 이스라엘의 장래의 소망에 속한 것으로 해석한다.

> 내가 그들의 반역을 알고 있다.…그리고 그들은 그들의 죄악들과 조상들의 죄를 고백하기까지 순종하지 않을 것이다. 그리고 이 일 후에 그들이 온전히 정직함과 그들의 온 마음과 그들의 온 영혼으로 나에게 돌아올 것이다(참조. 신 6:5; 30:10). 그리고 나는 그들의 마음의 포피를 잘라낼 것이다.…그리고 내가 그들 가운데 거룩한 한 영을 창조할 것이다(시 51:12; 참조. 겔 36:26). 그리고 내가 그들을 씻겨줄 것이다(참조. 겔 36:25-27a). 그리하여 그들이 그날로부터 영원히 내게서 돌이키지 않게 될 것이다(렘 32:40). 그리고 그들이 나와 나의 계명들에 딱 붙좇을 것이며, 나의 계명들을 성취할 것이며(겔 36:27b; 렘 31:34), 나는 그들의 아비가 될 것이고 그들은 나의 자식들이 될 것이다(렘 31:9, 20). 그리고 그들이 살아 계신 하나님의 자식들이라 일컬어질 것이며, 모든 천사와 영이…이들이 나의 자식들임을, 그리고 내가 올바름과 의로움 가운데서 거하는 그들의 아비임을, 그리고 내가 그들을 사랑하고 있음을 알게 될 것이다.

아마도 이 소망들은, 1QH 17.25-26, 4Q504.5 및 1QS 4.20-23의 저자(들)에게 있어서는 벌써 그 공동체 가운데서 부분적으로 실현되고 있었을 것이다. 초기 기독교의 해석자들도 비슷한 노선에서 교회 안의 성령을 이해하게 되었다. 만일 사도행전이 초기 성령론의 대표라고 한다면, (주로) 유대 기독교 안에서 "예언의 영"이 이스라엘을 정결하게 씻겨주고 회복하는 권능이자 이스라엘의 증거의 권능으로 이해되고 있었던 어느 시기를 가리켜 준다(제3장을 보라). 사도행전의 저자가 이것과 연결해서 구체적으로 에스겔 36장을 암시하고 있지는 않지만, 다른 그리스도인들이 어떻게 그런 식으로 연결 지었을 것인지를 알기는 어렵지 않다. 그들이 그 공동체 가운데서 카리스마적인 성령의 다시금 새롭게 하시는 효과들을 인지했기 때문이다. 바울 자신도 데살로니가전서 4:7, 8에서 별 다른 논평이나 설명 없이 그 해석 전통에 호소하고 있다.

2. 고린도후서 3장에 나타난 새 언약의 성령

유대화의 영향에 반대해서, 바울은 고린도후서 3:3-18에서 급진적이며 변증적인 그리스도 중심적 방식으로 구약의 약속들로부터 이 흐름을 취한다.

(a) 3:3에서 바울은 자신의 사역을 분명하게 대조시키면서, 하나님의 성령이 돌판 위에가 아니라 사람의 마음에 기록하신 사역이라고 말한다. "돌판"에 대한 언급은 3:18까지 바울의 설명을 지배하고 있는 또 하나의 구절인 출애굽기 34장에 대한 변증적인 암시이긴 하지만, 이 언급에 나타나는 적극적인 암시는 예레미야 31장과 에스겔 36장이다.

(b) 3:6에서 바울은 구체적으로 자신을 새 언약의 종이라고 지칭한다. 이 새 언약은 나중에 그가 일컫는바 유대인들이 읽었던 "옛 언약"과 대조된다(14절).

(c) 이 새 언약은 "성령의 언약"(6절), "성령의 경륜"(8절)으로서 외적으로 새겨진 법전을 구성하고 있는 언약에 대조된다.

(d) 옛 언약과 그 율법은 죽이는 것으로(6절), 죽음을 초래하는 것으로(7절), 정죄로(9절) 묘사되는 데 비해 새 언약의 성령은 "생명"(3:6)과 의로움(9절)을 가져오는 것으로 언급된다. 옛 경륜이 속박을 가져온 데 비해, 새 경륜 가운데서는 성령이 자유를 가져다준다(17절).

(e) 옛 언약의 율법 수여에 수반되어 있었던 영광은 사라져가는 영광이었다. 그 영광의 미약해짐은 모세가 썼던 수건 뒤에 감추어져 있었다(13절 및 출 34:29-35을 보라). 바울에 따르면, 실로 전체 옛 경

류은 이스라엘로 하여금 그 율법을 참으로 이해하지 못하도록, 이스라엘의 주를 "보는 일"을 방해하는 수건이 가려져 있는 것과 같은 경륜이었다(14, 15절). 이와는 대조적으로, 새 언약의 영광은 전적으로 그 옛 언약의 영광을 뛰어넘는다(9절 이하). 그 영광은 사라져가기는커녕 증가한다. 이는 신자들이 주님을 가릴 아무런 수건이 없이 주님(=그리스도)의 영광을 보기 때문이다. 그리고 그렇게 할 때에 그들이 한 단계의 영광에서 다른 단계의 영광으로 변화되어간다고 바울은 주장한다(3:17, 18).[2]

(f) 한 개인이 하나의 상태에서 다른 상태로 이전하는 방식이 16절과 17절에 시사되어 있다. 출애굽기 34:34에 따르면 모세가 주님 앞에 들어가 주님에게 말씀드릴 때에 그 수건을 제거하곤 했듯이, 그리스도 안에 있는 하나님의 영광을 감추고 있는 수건은 한 사람이 출애굽기 34:34의 그 "주님"에게로 나아갈 때에 제거된다. 바울은 16절과 17절에서 그 주님을 (유비적으로) 성령과 동일시하고 있다(17절).[3]

---

2 3:18의 "우리가 다"는 (단지 사도적인 메신저들로 이루어진 바울파를 가리키는 것이 아니라) 신자들 일반을 가리킨다는 주장과 여기에서 "카토프트리조메노이"(κατοπτριξόμενοι)는 (이를테면, L. J. Belleville, *Reflections of Glory: Paul's Polemical Use of the Moses-Doxa Tradition in 2 Corinthians 3.1-18* [Sheffield: JSOT Press, 1991], 특히 279-81과는 반대로, "반영, 반사"[reflecting]가 아니라) "바라봄"(beholding)을 의미한다는 주장에 대해서는 Fee, *Presence*, 314-20을 보라. N. T. Wright는 그 구절이 모두가 그리스도인들의 공동체 안에서 성령의 역사의 영광을 본다는 뜻이라고 이해한다: "Reflected Glory: 2 Corinthians 3:18" in L. D. Hurst and N. T. Wright (eds.), *The Glory of God in the New Testament: Studies in Christology in Memory of George Bradford Caird* (Oxford: Clarendon, 1987), 139-50.

3 Gunkel로부터 Ingo Hermann (*Kyrios und Pneuma: Studien zur Christologie der paulinischen Hauptbriefe* [Munich: Kösel, 1961], 여러 곳)에 이르는 일련의 해석자들은 3:17a에 있는 명사구 "주님"이 그리스도를 가리키며, "'주'는 성령이시다"라는 전체 구절이 부활하신 그리스도와 성령을 동일시하고 있다고 주장해왔다. 그러나 이 주장은 두 가지 점을 놓치고 있다. (1) 오히려 바울은 그가 방금 전에 인용했던 출 34:34의 인용구에서 언급된 "주"(즉, 야웨)와 동일시하려고 시도한다는 점이다. (2) 고린도후서의 전후 문맥에서, 바울은 출애굽기의 그 대목을 유비적으로 **성령에게 적용한다**는 점이다. 그가 3:17a+b을 통해서 확보하고자 하는 것은 바로 이 "동일시"이다(즉 바울의 유비에서 출애굽기의 그 대목에서 모세가 돌아보고 있는 그 "주님"에 대한 상응하는 역할을 지금 하고 있는 이는 바로 성령이시다). J. D. G. Dunn, "II Corinthians

다시 말해서, 만일 우리가 그 이미지를 제거한다면, 바울이 우리에게 말하고 있는 바는 믿는 이들이 받게 되는 성령에게로 돌이킴으로써 율법의 굴레와 옛 언약의 눈먼 상태를 뒤로 하고, 사람이 새 언약의 실존 상태로 돌입하게 된다는 것이다.[4]

이 새 언약의 성령론과 관련해서 우리는 다음과 같이 세 가지 점을 관찰할 수 있을 것이다.

(1) 바울의 도식 가운데서 성령이 구원과 관련된다는 점이 명확히 나타난다. 약속된 새 언약의 본질은 하나님이 자기의 성령을 사람들 가운데 집어넣으시며, 그렇게 함으로써 그들 가운데에 새 마음과 새로운 순종을 창조하실 것이라는 것이었다. 그래서 바울은 에스겔의 약속이 신자들에 대해서 성취되었다고 주장한다. 이것은 바울에게 있어 성령의 수납이라는 것이 속사람을 "중생시키며" "생명"과 새 언약의 관계와 순종을 가져다주는 내주하시는 성령을 받아들이는 것임을 의미한다. 이러한 관찰은 어째서 바울이 성령 받음을 아주 밀접하게 회심(conversion)에 연결시키는지를 이해할 수 있도록 해준다.[5] 그는 성령 받음을 "견신례"(Confirmation)나 여타의 (고전적 오순절주의자들이 이해했듯이) "성령 세례"와 같은 어떤 두 번째 축복의 맥락에서 설명하지 않는다. 이 선물이 없이는 새 창조도 전혀 없을 뿐만 아니라, 새 마음이나 새 영도 전혀 없으며, "생명"도 전혀 없으며, 새 언약 관계도 전혀 존재하지 않는다. 말하자면 새 언약의 성령이 없이는 가장 흔히 이해하는 의미에서의 기독교적 실존은 전혀

3.17—'The Lord is the Spirit'", *JTS* 21 (1970), 309-20; Belleville, *Reflections*, 특히 255-7을 보라.

4 이를테면, Dunn, *Baptism*, 135-8; Fee, *Presence*, 296-320을 보라.

5 이를테면, Dunn, *Baptism*, chs. 10-13을 보라.

존재하지 않는 것이다.

(2) 바울의 뚜렷한 옛 언약 / 새 언약, 성령 / 문자(gramma), 성령 / 토라 대
립 명제들은 신약 성령론에 대한 그의 독특한 기여의 일부분이다.[6]
여기서 그는 어떤 형태의 유대화를 꾀하는 반대에 대항해서 이 대
립 명제들을 설명한다. 마찬가지로 그는 다른 곳에서 유대화주의에
대한 자신의 비판의 일부로서, 그리고 유대화주의의 영향력에 대
항하기 위해서 그 대립 명제들을 전개한다. 주로 주목을 받는 것이
성령 / 토라의 대립 명제인데, 이 명제는 특히 갈라디아서 3:1-4:7,
4:29, 5:1-6, 13:24, 로마서 7:4-6, 8:1-30(그리고 참조. 빌 3:2, 3)에
나타나 있다. 이러한 문맥들에서 핵심은 토라가 죄악된 인간에게는
그 토라가 지시하고 있는 아들로서의 순종의 "삶"(life, 생명)을 살아
가게 하는 데 무능력함이 입증되었다는 것이다(또한 그래서 율법이 그
대신에 정죄와 "죽음"의 수단이 되었다는 것이다). **오직 성령만이 이 삶과 순
종을 살아갈 수 있게 하는 데 필요하며, 그것으로 충분하다**고 바울은
주장한다(그리고 성령의 수납은 결과적으로 모세 언약에 대한 투신을 구원론
적으로 적실하지 않게 만든다).[7]

(3) 그러나 동시에 관찰해야 할 점은 고린도후서 3장의 성령론이 "예
언의 영"의 개념에서 벗어남을 대변하지 않는다는 것이다. 따라서
유대교를 눈멀게 하는 오해의 "수건"을 제거해주는 이는 출애굽기
34:34의 "주님"이신 **성령**이다. 그리고 이에 대한 가장 자연스러운
설명은, 성령이 정확히 케리그마에 대한 똑바른 이해를 낳는 지혜

---

6 이 대목에서 단지 우연적일 뿐인 첫 번째에 대해서는 W. S. Campbell, "Covenant and New
Covenant", in DPL, 179-83을 보라. 두 번째에 대해서는 예를 들어 롬 2:29; 7:6을 보라.

7 (갈 5:16-18과 롬 7:13-25을 죄와 순종 사이에서 신자가 현재에는 교착 상태에 있음을 시사
하는 것으로 해석하는 사람들에게 반대하여) 하나님의 "생명"을 가능케 함에 있어서 성령의
충분성에 대한 맹렬한 옹호에 대해서는 Fee, *Presence*, 816-26 및 876-83 (참조. 또한 J. M.
G. Barclay, *Obeying the Truth: A Study of Paul's Ethics in Galatians* [Edinburgh: Clark, 1988],
chs. 4 and 6)를 보라.

혹은 계시를 가능하게 함으로써 그러한 목적을 달성한다는 것이다. 그리하여 바로 이 성령이 "주님(즉 그리스도: 3:16-18)의 영광"을 지속적으로, 또한 변화를 불러오도록 "바라보는 일"을 가능하게 해준다고 언급된다. 이 두 행위는 성령이 에스겔 36장을 계속해서 더 성취하게끔 하는 방식으로 그리스도 사건에 대한 계시자이자 동시에 조명자로서(즉 "예언의 영"으로서) 행하신다는 점을 전제로 한다. 비록 고린도후서 3장과 요한복음 3장이 상당히 다른 언어로 말하고 있음에도, 그 밑에 깔려 있는 성령론은 에스겔 36장에서 끌어오고 있다는 점에서 놀랍게도 유사하다. 이제는 이 언어 및 이와 관련된 언어의 집단적이며 종말론적 차원들에 주목하도록 하자.

II. 고린도후서 3-5장에 나타난 새 창조의 영인 성령

이미 구약성경에서 새 마음과 새 영을 주심은 일종의 창조의 행위로 간주되었다. 예를 들어 시편 51:10에서 참회자는 "하나님이여, 내 속에 정한 마음을 창조하시고 내 안에 정직한 영을 새롭게 하소서"라고 부르짖는다. 여기서 창조 / 새 창조, 그리고 새 마음과 새 영이라는 말은 개인의 갱신과 하나님께로의 회복에 대한 메타포이다. 유대교가 이 말을 취해서 개인의 회심(개종)에 적용할 수 있었다는 점은 전혀 이상하지 않다. 따라서 「요셉과 아스낫」(*Joseph and Aseneth*)에서 요셉은 아름다운 이집트 여인 아스낫의 "회심"(conversion, 개종)을 위해 기도한다(요셉은 그녀가 유대교로 개종하기 전까지는 결혼할 수 없다). "주 하나님…만물에게 생명을 주시고, 만물을 어둠에서 생명으로 불러내신 이여…이 처녀에게 복을 주시사, 주님의 성령으로 그녀를 다시 새롭게 하시고, 주님의 감추어져 있는 손길로 그녀를 새롭게 만들어주시어, 그녀가 주님의 생명으로 말미암아 새롭게 살아나게 해주시옵소서"(8:9).

바울이 "그런즉 누구든지 그리스도 안에 있으면 새로운 피조물이라"(고후 5:17; 참조. 갈 6:15)고 단언할 때, 이 구절과 고린도후서 3장의 새 언약의 언어를 다 비슷한 입장을 따라서 설명하고자 하는 유혹을 받을 수 있다. 고린도후서 5:17은 고린도후서 3장에서 취급되었던 주제들의 연장이자 발전이기 때문에, 에스겔에 의해 약속된 하나님 백성의 "새 창조"와 중생이라는 바울의 언어를 내주하시는 하나님의 성령을 통해서 **개인의** 마음과 영이 내적으로 갱신되는 일에 대한 강력한 메타포들인 것으로 설명하고플 것이다. 그러나 이러한 입장은 두 가지 이유에서 불만족스럽다.[8] 첫째, 이 입장은 구약성경에 있는 새 언약의 약속들이 지배적으로 집단적인 초점을 갖고 있음을 소홀히 하고 있다. 에스겔 36-37장은 예언자 에스겔의 개인주의에도 불구하고 의로운 백성인 그 **민족의** 재창조에 관한 것이다. 그리고 새 창조 언어에 주어지는 비슷한 집단적인 차원이 이를테면 이사야 65-66장에 잘 제시되어 있다.[9] 바울은 빌립보서 3:2, 3(및 그 문맥)의 반유대화주의 변증 가운데서와 이를테면 고린도전서 12-14장(특히 12:12-28; 14:12, 26), 고린도후서 13:13, 로마서 12:4-8 등과 같은 좀 더 목회적인 정황 속에서 하나님의 백성들 가운데서 성령의 이 새 언약/새 창조 사역이 지니고 있는 집단적(교회적) 차원을 반영시키고 있다. 둘째, 묵시론들, 랍비저술들, 초기 기독교의 묵시론적 종말론에서 "새 창조"는 역사 가운데서의 이러한 민족의 부흥을 가리키거나 그리스도인들이 파루시아와 연결 짓는 어떤 상태(참조. 벧후 3:13, "우리는 그의 약속대로 의가 있는 곳인 새 하늘과 새 땅을 바라보도다"; 참조. *1 En* 51:4-5; *2 Bar* 73-74; 계 21-22장 등)를 가리켰다. 바울 자신은 후자의 견해를 공유하고 있는 것으로 보인다(참조. 롬 8:18-25). 그리고 그는 고린도후서 앞부분에서 부활과 새 창조에 대한 자신의 소망을 해명

---

8   특히 A. J. D. Aymer, "Paul's Understanding of *KAINE KTISIS*: Continuity and Discontinuity in Pauline Eschatology", 미출간 박사학위 논문, Drew University, 1983, 84-101을 보라.

9   특히 65:17, 18을 보라. 이 구절은 새 하늘과 새 땅의 창조라는 언어를, 예견되는 예루살렘의 변화를 말하는 방식으로 사용하고 있다.

했다(고후 4:16-5:10). 그러므로 바울이 개종자(회심자)들을 "새 창조"(새로운 피조물)의 예라고 말할 때에 아마도 그가 내주하시는 성령의 역사에 의해 그들이 마음과 영과 관계 가운데서 새 백성이 되었을 뿐만 아니라, 이 새로운 상태는 그 자체가 훨씬 더 큰 일, 곧 우주적 갱신의 시작이었다는 사실을 마음에 두고 있었을 것이다. 그러므로 각 사람의 "회심"(개종)은 세 차원의 "새 창조"이다. 그것은 말할 필요 없이 개인의 갱신이면서 또한 교회 안에서 하나가 된 하나님 백성으로서의 "이스라엘"의 재창조의 일부이며,[10] 이 두 가지는 모두 종말론적 새 창조의 첫 할부금이다.

바울이 성령에 의한 새 창조의 각각의 행위를 아직은 완성되지 않은 새 창조의 일부라고 간주하고 있음을 생각해볼 때, 바울이 성령의 선물을 일종의 "보증금"(arrabōn, 고후 1:22; 5:5; 참조. 엡 1:14)이라 일컬었다는 것은 전적으로 자연스러운 것이다. 이는 교회 안에서 개인적이며 집단적인 새 창조를 이끌어내시는 성령의 활동은 어떤 의미에서 종말론적 질서의 "첫 할부금"을 하나님이 주시는 것이며, 장차 임하게 될 것을 보증해주는 것이기 때문이다.[11] 동일한 사상을 바울이 표현하는 또 다른 방식은 신자들을 "성령의 첫 열매들"(롬 8:23)을 소유하고 있는 것으로 말하는 것이다. 즉 성령에 대한 믿는 자들의 경험은 마치 추수 때에 "첫 소출"(첫 열매들, aparchē)이 앞으로 있을 더 많은 소출을 보장하는 것과 같다는 것이다.[12] 로마서의 문맥에서, 장차 올 "완전한 추수"는 부활과 다시 새롭게 된 창조세계이다.

마찬가지로 성령은 하나님의 백성들에 대한 하나님의 "날인"(sphragis)

---

10 이 주제는 에베소서에서 가장 분명하게 설명되어 있다. Turner, "Mission and Meaning in Terms of 'Unity' in Ephesians", in Billington, Lane and Turner (eds.), *Mission and Meaning*, 138-66.

11 "아라본"(ἀρραβών)이라는 용어는 지불금에 대한 공탁금이나 첫 할부금을 가리키는 단어로, 나머지 잔금을 다 내겠다는 보증이었다. 따라서 문제의 품목에 대한 법적 주장을 확보하게 해주는 것이다. J. Behm, "ἀρραβών", *TDNT* 1:475; G. Burge, "First Fruits, Down Payment", *DPL*, 300-1을 보라.

12 참조. A. Sand, "ἀπαρχή", *EDNT* 1:116-17; Burge, *DPL*, 300-1.

이라 불릴 수 있다. 즉 그들에 대한 하나님의 소유권에 대한, 그리고 그들을 되사실 뜻에 대한 표시이다(고후 1:22—실로 여기서 첫 할부금과 날인이라는 두 사상이 결합되어 있다: "그가 또한 우리에게 인치시고 보증으로 우리 마음에 성령을 주셨느니라"). 그러므로 바울에게, 성령은 장차 임할 시대의 권세이다. 그것은 그리스도 사건을 통해 우리 안에서 예기적으로 역사하는 권능이며, 우리 개인의 실존과 집단의 실존을 끝을 향해 밀고 나가는 힘이다. 그 끝을 우리가 (창조세계와 함께) 대망하면서 신음하고 있다(롬 8:22, 23).

그러므로 바울은 유대교의 두 시대론(two-age doctrine)을 자신의 기독교적 수정을 거친 안경을 통해서 새 언약과 갱신된 창조세계에 대한 약속들로 읽는다. 그리고 여기에 강력한 그리스도 중심적인 차원도 존재한다.

III. 새 창조 "인간"과 그리스도의 영

우리가 지금까지 논의한, 에스겔 36장의 함축을 지니고 있는 새 언약의 성령론은 인류에 대한 급진적인 재구성을 함의하고 있다. 로마서 5-8장이 생생하게 그려내고 있듯이 회심-입문은 지금 믿는 자들의 과거 옛 사람에 대한 죽음과 매장이며, 새로운 종류의 인류(인간)로 불러냄이다.

그러나 정확히 말해서, 그와 같은 "과거 / 지금"의 구절들 가운데서 바울은 믿는 자들이 과거에 그랬던 그 "사람", 그리고 그들이 되어가고 있는 "새 남녀들"의 그 "사람"에 대해서 복수 형태로 말하지 않는다. 그리스도 바깥에 있는 모든 인류는 어떤 의미에서 바울에게는 한 "사람"으로 비쳐질 수 있다. 그 이유는 한 사람이 모두를 표시하며, 그들의 실존에 그의 반역과 죄의 성격을 가지고 도장을 박아놓았기 때문이다. 그 한 사람은 아담이다 (참조. 롬 5:12-21; 고전 15:20-22, 45-49).[13] 따라서 바울은 이렇게 쓰고 있다.

---

13 간략한 조사와 문헌에 대해서는 L. J. Kreitzer, "Adam and Christ", DPL, 9-15을 보라.

"우리가 알거니와 우리의 옛 사람(*ho palaios anthrōpos*, 그 옛 사람)이 예수와 함께 십자가에 못 박힌 것은 죄의 몸이 죽어 다시는 우리가 죄에게 종노릇 하지 아니하려 함이라"(롬 6:6; 참조. 골 3:9; 엡 4:22).[14]

이렇게 "그 옛 사람"(아담)을 벗어버림과 호응해서, 바울은 그리스도의 실존을 단순히 새 "남자들"과 "여자들"의 창조로서만 생각하지 않고, 오히려 모든 신자들 가운데서의 한 새 사람, 즉 그리스도의 창조라고 생각하는 듯하다. 그러므로 바울은 "누구든지 그리스도와 합하기 위하여 세례를 받은 자는 그리스도로 옷 입었느니라"(갈 3:27)고까지 말한다. 그리고 마찬가지로 그는 로마의 그리스도인들에게 "오직 주 예수 그리스도로 옷 입고 정욕을 위하여 육신의 일을 도모하지 말라"(롬 13:14)고 교훈한다. 후기 바울 서신들에서는 이것이 그 "옛 사람"을 벗고 그 "새 사람"을 입는 일 사이의 간단한 대립 명제로 축소된다(골 3:9, 10; 엡 4:22, 24). 믿는 자들 가운데서 계속해서 "갱신되어가고 있는" 이 "새 사람"에게는 옛 소외들—이를테면 헬라인들과 유대인들 사이의 소외들—이 있을 자리가 전혀 없고, 오히려 "그리스도가 전부이며 모두 안에 있다"(골 3:10, 11).[15] 따라서 창조된 그 "새 사람"—에스겔이 약속한 그 새 마음과 새 영—은 바울에게서는 믿는 자들 가운데 있는 "그리스도"와 다름 없는 것으로 판명되는 것 같다. 그래서 아마도 바울이 이렇게 단언하고 있는 것으로 보인다. "내가 그리스도와 함께 십자가에 못 박혔나니 그런즉 이제는 내가 사는 것이 아니요, 오직 내 안

---

14 비록 그 마지막 대목에서 그 개념이 소외와 죄악들에 의해서 특징지어지는 인류의 "유형"에 대한 것이긴 하지만 말이다.

15 M. Barth and H. Blanke, *Colossians* (New York: Doubleday, 1994)는 골 3:10의 "*neos (anthrōpos)*"[새 사람, 새 인류]를 "새 본성"(new nature—NED, RSV)이나 "새 자아"(new self—NJB, NRSV)로 번역하는 것이 "이 구절의 온전한 의도를 충분히 발휘하지 못하게 한다"고 분별하고 있다. 그 이유는 정확히 그러한 번역들이 그 표현 가운데 함축되어 있는 기독론적인 의취를 적절하게 끄집어내는 데 실패하고 있기 때문이다(411-12). 바울에 있어 옛 사람/새 사람의 대조에 대해서는 D. S. Dockery, "New Nature and Old Nature", *DPL*, 628-9을 보라.

에 그리스도께서 사시는 것이라"(갈 2:20).

좀 더 정확하게 성령은 이 일과 어떤 식으로 관련되어 있는가? 오직 에 베소서 3:16, 17에서만 바울은(혹은 어떤 제자는) 성령을 그 "속사람"/"마음" 가운데서 그리스도의 내주에 명시적으로 연결시키고 있다. 그러나 이전의 편지들에 있는 두 가지 중요한 암시들이 동일한 방향을 가리켜주고 있다.

(1) 그리스도가 이제는 바울 자신 안에 그리고 바울을 통해서 살고 계신다는 갈라디아서 2:20의 바울의 주장에 대한 가장 즉각적인 설명은 갈라디아서 4:6에 있는 "너희가 아들이므로 하나님이 아들의 영을 우리 마음 가운데 보내사 아빠 아버지라 부르게 하셨느니라"는 단언에서 찾을 수 있다. "그의 아들의 성령"이라는 표현(뒤의 VI을 보라)은 높아지신(승귀된) 아들의 집행력(the executive power)이신 성령을 나타내며, 그리고 결정적으로 여기서는 **제자 가운데서 예수의 하나님의 "아들됨"을 재현해주시는 성령**이다(이 아들됨이 이 문맥에서는 예수의 독특한 아들로서의 기도 가운데 표현되어 있다).[16] 후자는 성령을 믿는 이들의 새 언약의 아들됨의 수단인 동시에 그들 가운데서 그리스도께서 "사시는" 수단으로 만들어준다.[17]

---

16 예수의 아바 기도(Abba prayer)에 대해서는, 간략하게 J. D. G. Dunn, "Prayer" in *DJG*, 617-25, 특히 618-19을 보라.

17 어떤 학자들은 4:6a("너희가 아들이므로")을 하나님이 그들에게 자기 아들의 성령을 보내기 전에 갈라디아 신자들이 벌써 그리스도인들이었음을 의미하는 것으로 해석했다. 그리하여 성령의 보내심이 고전적 오순절주의적인 의미에서 해석되었다. 가장 최근에는 이를테면 H. D. Hunter (*Spirit-Baptism: A Pentecostal Alternative* [Lanham: UPA, 1983], 35-6)와 H. M. Ervin (*Conversion-Initiation*, 86-8)이 그렇게 해석하고 있다. 그러나 James Dunn이 보여주었듯이(*Baptism*, 113-15) 이러한 해석은 바울의 주장과 그 주장이 문맥에 대해 갖고 있는 관계에 대한 전적인 오해이다. 바울은 유대인 신자들과 이방인 신자들이 그리스도에게로 회심(개종)하기 전의 상태를 자신들의 유산을 기다리고 있는, 법적으로 어린아이의 시기에 속해 있는 "아들들"과 비교하고 있기 때문에, "너희가 아들들이기 때문에 하나님이 우리 마음속에 그의 아들의 성령을 보내신다"고 말할 수 있는 것이다. 경험적으로 말해서 그러한 "자녀들"은 그들이 성인이 된 시기/유산을 물려받게 되는 시기가 되기까지는 노예들보다 더 나을 것

(2) 또 하나의 중요한 구절은 로마서 8:9, 10이다. 바울은 "만일 너희 속에 하나님의 영이 거하시면 너희가 육신에 있지 아니하고 영에 있나니"(8:9a)라는 주장을 먼저 시작한다. 여기서 바울은 모든 인류를 "육신 안"이라고 지칭된 반역의 영역에 속해 있는지, 아니면 순종을 낳는 새 언약의 내주하시는 성령을 소유하고 있는지, 따라서 성령의 영역에 속한다고 말할 수 있는지의 여부에 따라 대별한다. 바울은 여기서 성령을 아주 자연스럽게 "하나님의 영"이라고 부른다. 이것은 에스겔 36-37장에 있는 새 언약의 약속의 "나의 영"을 반영하고 있다.

그러나 좀 더 충격적인 것은, 바울이 그다음에 이어지는 문장들 가운데서 이 점을 어떻게 설명하고 있는가 하는 것이다. 8:9b에서 바울은 믿는 이들 가운데서 살아 계신 "하나님의 성령"에 대한 언급에서, "누구든지 그리스도의 영이 없으면 그리스도의 사람이 아니다…"라는 주장으로 진행한다. 그런 다음에 이어서 "또 [만일] 그리스도께서 너희 안에 계시면…"(8:10)이라는 문장을 시작한다. 8:9을 보면, "하나님의 영"과 "그리스도의 영"이라는 두 표현이 동일하

이 없다(4:1-3; 참조. 3:23, 24). 그때까지 그들이 가지고 있는 것은 전부 그들이 어른이 될 때와 관련되어 있는 약속일 뿐이다. 그래서 바울의 요점은 하나님이 이제는 자신의 택한 아들(자식)들을 그들이 어른이 되는 시기까지 이끌어왔다는 것, 즉 하나님이 그들을 유대인이나 이방인들로서 그들의 영적인 어린아이의 상태에서 불러내어 어른으로서의 아들됨의 자유 가운데로 불러들이셨다는 것이다. 객관적으로 말해서, 하나님은 그리스도 사건과 성령을 부어주심으로써 이 일을 성취하셨다. 그리고 주관적으로는, 각 개인별로 하나님의 아들의 성령으로서 경험되는 바로 그 성령을 받아들임으로써 성취되는 것이다. 예수가 하나님을 "아바"로 알고 계셨듯이, 이제 그리스도인은 하나님을 하나님의 아들의 성령으로서 역사하시는 성령의 선물을 통해서 경험한다. 이것은 절대로 두 번째 축복(second blessing)이 아니다. 이 선물은 그리스도인들이 "아바" 아버지로서의 하나님과 관련짓게 되는 수단이다. 그것은 하나님에 대한 우리의 아들됨의 모체에 다름 아니다. 이 결론은 롬 8:15의 밀접한 평행 구절에 의해 다시 확인된다. 그곳에서 성령은 **양자의 성령**으로 일컬어지고 있으며, 그 성령에 의해 우리가 "아바! 아버지!"라 부르짖는다. 지도적인 오순절주의 신약신학자인 Gordon Fee 자신도 비슷한 결론을 내리고 있다는 점은 매우 시사적이다: 그의 *Presence*, 406-12을 보라.

게 성령을 가리키는 지시어임이 분명하다(참조. 또한 8:4-6, 11, 13-16, 23-27에 나오는 신적인 성령에 대한 다양한 다른 표현들). 그러나 "그리스도의 영"으로서의 성령에 대한 묘사는 부활하신 주님의 임재와 활동을 믿는 자의 삶 가운데로 이끌어들이는 일을 하시는 성령의 역할에 주목하게 만든다. 그러므로 8:10과의 연결은 이 점을 더욱 정치(精致)하게 만든다. 비록 바울이 아무런 설명 없이 신자가 "그리스도의 영"을 소유하고 있음에 대한 언급에서 "그들 안에 그리스도께서 계신다"라는 언급으로 진행할 수 있다 할지라도, 우리는 당연히 이 문맥에서 "그리스도의 영"은 다름 아닌 사람들 가운데서 경험되는 그리스도의 성품과 생명을 창조하시는 일을 하시는 하나님의 성령을 말한다고 결론을 내릴 것이다(참조. 11절). 고든 피가 논하고 있듯이, "그 논의와 문맥의 모든 것은 '너희 안에 계신 그리스도'(Christ in you)는 단순히 '너희 안에 계신 그리스도의 영'이나 혹은 이번 경우에 더 부합되는 표현으로 '그의 성령으로 말미암아 너희 안에 계신 그리스도'를 제시한다."[18] 그런 다음, 10b-11절은 8:9, 10과 연결된다면, 믿는 자들 안에 있는 [하나님의] 성령이 생명과 부활-구속에 대한 그들의 보장이라고 결론을 내리게 된다.

정리하자면, 에스겔과 유대 전승이 예견하고 있는 인간 실존의 새 창조의 갱신은 내주하는 성령에 의해 신자 가운데 계시는 그리스도로 바울에 의해서 해석되고 있다는 것이다. 이 일의 기반이 되는 성령의 선물은 ("두 번째 축복"이 아니라) 명백히 구원에 필수적이다. 이제는 믿는 자 안에서의 이 역사(役事)의 목표를 살펴보도록 하자.

---

18 Fee, *God's Empowering Presence* (Peabody: Hendrickson /Carlisle: Paternoster, 1994, 『성령』, 새물결플러스 역간), 548.

IV. 성령의 역사의 종말론적 목표: 고전 15:42-49

내주하는 성령으로 말미암아 자신들 안에서 그리스도를 경험하는 신자들의 현재 경험은 최종적인 것이 아니다. 바울에게 있어, 그 경험은 단지 성령의 사역의 종말론적 목표에 대한 희미한 미리 맛보기일 뿐이다. 그 목표는 이미 그리스도 안에서, 그리스도에 의해서 달성되었다. 이는 부활을 통해 그리스도가 바울이 일컫는바 "신령한 몸"(*sōma pneumatikon*, 소마 프뉴마티콘: 고전 15:44, 46)이 되었기 때문이다. 이 몸은 (*sōma psychikon*[소마 프쉬키콘]이 "영혼"[프쉬케, *psychē*]으로 이루어진 몸이 아니듯) 영(spirit)으로 이루어진 몸이 아니라 성령의 새 창조에 호응하는 몸과 성령의 주재권을 철저히 반영하는 몸을 말한다. 여기서 명료화를 위해 몇 가지 점을 지적하도록 하겠다.

(1) 고린도전서 2:14, 15의 경우에서와 같이, 프쉬키코스(*psychikos*)와 프뉴마티코스(*pneumatikos*) 사이의 대조에서 프쉬키코스라는 형용사는 성령을 소유하고 있으며 성령에 의해 살아가는 사람들과는 대조되는 "본성적인"(natural, 중생하지 못한) 인간을 가리킨다.

(2) 고린도전서 15:45에서의 창세기 2:7(70인역)의 사용은 15:44-46의 대조를, 자연 질서의 일원으로서 처음 (인간) 생명 존재(15:45= *psychē zōsa*[프쉬케 조사]=아담)에게 주어진 몸의 유형(따라서 *psychos* [프쉬코스]의 몸)과 성령에 의해 특징지어지는 종말론적/부활 질서에 속한 몸의 유형(*pneumatikos*의 몸) 사이의 대조로 표현한다.

(3) 이러한 진술이 함의하는 바는 바로 성령의 새 창조의 행위에 의해서 부활이 발생한다는 것이다.[19] 그래서 바울은 빌립보서 3:21과 로

---

19 M. M. B. Turner, "The Significance of Spirit-Endowment for Paul", *VoxEv* 9 (1975), 56-69: 참조. Dunn, "Spirit", *NIDNTT* 3, 702: 같은 저자, "1 Corinthians 15:45—Last Adam, Life-giving Spirit", in Lindars and Smalley (eds.), *Christ and Spirit*, 127-42을 보라.

마서 8:11에서 분명하게 이에 가까운 진술을 하고 있다.[20] 그러한 견해는 이를테면 「바룩2서」 21:4, 23:5, 「에스라4서」 6:39-41, 그리고 m. Sota 9.15,[21] 특히 우리가 「창세기 라바」(Genesis Rabbah) 14.8, 96.5(어떤 사본들), 「출애굽기 라바」(Exodus Rabbah) 48.4, 「아가 라바」(Canticles Rabbah) 1.1 §9, Midr. Ps. 85과 「페시크타 라바티」(Pesiqta Rabbati) 1.6에서 찾을 수 있는 랍비들의 가르침과 잘 부합된다. 이 모든 구절들은 에스겔 37:14의 "내가 나의 성령을 너희 속에 넣어줄 것이며 그리하여 너희가 살게 될 것이다"라는 약속에 대한 부활의 소망에 근거를 두고 있다.[22] 비록 연대가 늦은 것이긴 하지만, 이러한 랍비 교훈들은 지극히 시사적이다. 에스겔 36:25-27에 근거해서 그렇게 많은 것을 세워나가는 바울은 (a) 그리스도인 공동체

---

20 그러나 Gordon Fee는 바울이 부활을 성령에게 기인하는 것으로 여긴다는 사실을 부정한다 (Presence, 808-11). 롬 8:11b에서, Gordon Fee는 ℵ A C 등등의(그리고 ["너희 안에 거하시는 그의 성령을 통하여"라고 옮기고 있는] 대부분의 현대 출판본들의) 독법보다는 텍스트 이본들인 B D F 등등의 독법을 지지한다. 그리하여 Gordon Fee는 그 구절이 기칠게 말해서 "만일 하나님의 성령이 너희 속에 계시다면, 그것이 바로 하나님께서 예수를 그리 하셨듯이 너희를 생명으로 일으키실 것이라는 사실에 대해 너희에게 주시는 하나님의 보증이다"를 의미한다고 해석한다: Presence, 543, n.205를 보라. 그러나 비록 그의 텍스트 독법을 하나의 가능성으로 인정한다 할지라도, 그 보장의 논리는 정확히 성령을 통해서 하나님이 (예수의 경우에서나 신자들의 경우에서나) 부활의 행위를 달성하신다고 가정할 경우가 훨씬 더 확실하다. (10절에서 죄 때문에 몸이 죽음에 처해질 수밖에 없는 것으로 말하고 있는 바로 그 문맥에서) 성령을 "생명"이라 확인하고 있는 것도 그러한 뜻을 시사한다. Gorden Fee와는 대조적으로 Horn은 예수의 부활을 성령의 역사로 인식하는 것이 종말론적 성령을 받았다는 교회의 주장의 바로 기초라고 생각한다("Holy Spirit", 267; Angeld, 91-115). 그러나 이것은 올바를 수 없다. 부활을 구체적으로 성령께 돌리는 초기 전승은 전혀 존재하지 않기 때문이다(딤전 3:16조차도 그렇다. 이 점에 대해서는 Gordon Fee를 보라).

21 여기에는 랍비 핀카스 벤 아이르(대략 200년경)의 유명한 말이 포함되어 있다. "죄를 피하는 일이 덕스러움으로 이끌어주며, 덕스러움은 성령의 [선물]로 인도해주며, 성령은 죽은 자의 부활로 인도해준다."

22 Horn은 또한 2 Macc. 7:22; Jos. and As. 8:9 및 18개의 축도 중에서 두 번째에 호소한다. 그러나 앞의 두 개는 부적절하며(첫 번째 것은 신적인 성령이라기보다는 생명의 숨을 가리키며, 두 번째 것은 육체의 부활이 아니라 내적인 갱신에 관련되어 있다), 마지막 것의 텍스트는 불안정하다.

에 대한 새로운 창조 가운데서 이 약속이 성취된 일과, (b) 에스겔 37장의 부활과 같은 부활을 통해 이루어지는 새 창조에 대한 더욱 충만한 종말론적 소망의 기초인 성령 사이의 연결을 즉시 이해했을 것이다.[23] 그와 같은 연결은 성령과 관련하여 바울이 "첫 소출" 및 "첫 할부금"(첫 보증)과 같은 메타포들을 사용하고 있는 사실을 즉시 이해할 수 있게 해준다(앞의 II을 보라). 그리하여 제임스 던은 이렇게 논평한다.

> 바울에게 있어 **성령의 선물은 전체 인간의 구속의 첫 부분이며, 믿는 자가 신령한 몸이 될 때 끝이 나게 될 그 과정의 시작이다.** 즉 그때 믿음의 사람은 오로지 성령에 의해서만 결정되는 존재 양식 가운데로 들어가게 된다.[24]

(4) 바울에게 있어, 부활한 예수를 본다는 것은 곧 성령의 모든 역사의 최종적인 목표를 보는 것이었다. 이는 연약하게 능욕을 당하면서 십자가에 달린 이가 영광스러운 소마 프뉴마티콘(신령한 몸)으로 부활한 것을 보는 것은 새 창조 자체 및 그 창조의 원리적인 초점의 개현(開顯, disclosure)을 받아들이는 것이었기 때문이다. 영화롭게 된 예수를 보는 것은 믿는 자들 가운데서의 성령의 역사의 종말론적 절정, 곧 성령이 신자들 가운데서 단지 **시작해놓은** 그 과정의 끝을 바라보는 것이었다. 따라서 바울은 "우리가 흙에 속한 자(아담)의

---

23 바울이 부활을 성령에게 기인하는 것으로 돌렸다는 가장 제대로 된, 설득력 있는 주장은 Müller가 하고 있다. D. Müller, "Geisterfahrung und Totenauferweckung: Untersuchungen zur Totenauferweckung bei Paulus und in den ihm vorgegeben Überlieferungen", 미출간 박사학위 논문, Christian-Albrecht-Universität, Kiel, 1980. 불행하게도 Gordon Fee는 Müller나 Horn에 대해 언급하고 있지 않다.

24 *Jesus*, 311 (Dunn의 강조). 성령이 부활의 몸을 발생시킨다고 Dunn이 실제로 진술하지는 않지만 이렇게 말하고 있다.

형상을 입은 것 같이 또한 (부활을 통하여) 하늘에 속한 이(마지막 아담: 그리스도)의 형상을 입으리라"(고전 15:49)라고 말할 수 있다.

그래서 "[우리는] 구원하는 자 주 예수 그리스도를 기다리노니, 그는…우리의 낮은 몸을 자기의 영광의 몸의 형체와 같이 변하게 하실" 것이다(빌 3:20, 21). 바울에게 부활과 그 부활이 이끌어주는 생명은 참된 구속과 해방과 아들됨이다(롬 8:18-24a).[25] 이와는 대조적으로, 내주하는 성령으로 말미암아 믿는 자들 가운데서 창조된 새로운 인간 실존은 아직은 겨우 드러나는 고린도후서 4장의 "속사람"이다. 오직 마지막에 이르러서야 새 몸 가운데서 새 창조가 영광 중에 드러나게 될 것이다. 바울이 골로새서 3:4에서 주장하듯이, 그때에 그 새 생명이 부활하신 그리스도의 현현임을 알게 될 것이다. 믿는 자의 생명은 당분간 그리스도 안에 감추어져 있다.

V. 그리스도의 형상을 닮아가는 일에 있어서 "이미"와 "아직" 사이의 종말론적 긴장을 만드는 성령

믿는 자들 가운데서 새 창조를 이미 시작하신 성령은 궁극적으로는 부활 때에 천상의 사람의 형상으로 믿는 자들을 변화시키신다(고전 15:49; 롬 8:29; 빌 3:21). 그때까지 믿는 자들은 지금 여기서 "아라본"(arrabōn)으로서의 성령을 경험한다. 새 창조의 시작의 순간에서부터 장차 부활 가운데서의 새 창조의 완성 사이에서 바울은 그리스도의 형상으로의 변화라는 역동적인 과정을 예상한다(고후 3:17, 18). 그러나 이것은 간단히 매끄럽게 진행되는 성장 과정이 아니다. "옛 사람"(old humanity)이 그리스도와 함께 십

---

25 바울의 소망 가운데서의 부활의 위치에 대한 연구와 문헌에 대해서는 L. J. Kreitzer, "Resurrection", in DPL, 805-12을 보라.

자가에 못 박혔음과 그리스도와 함께 죽었음에 대해서 바울이 하고 있는 모든 말(롬 6:6; 갈 2:20; 골 3:9 등)에도 불구하고, 진실은 고린도후서 5:17의 "이전 것은 지나갔으니 보라 새 것이 되었도다"라는 자신 있는 주장이 제시하고 있는 만큼은 명확하지 않다.

(1) 바울에게 있어 믿는 자들은 부활 때까지는 여전히 계속해서 아담과의 유대를 공유한다는 것이 사실이다(고전 15:49). 부활 전까지 믿는 자들의 삶은 아직은 여전히 바울이 일컫는 바 "죽음의 몸"(롬 8:10, 13) 가운데서 살아간다. 아담 가운데 있는 죄와 인간의 연대성의 열매인 죽음은 아직은 여전히 **그리스도인**으로서의 경험이다.

(2) 새 언약의 순종에 대한 약속은 아직까지도 미완성으로 남아 있다. 그리스도 안에 있는 남자나 여자가 더 이상 "육체"와 "죄"의 주재 아래 있지 않지만, 아담과의 유대에서 자유하여 "옛 사람을 벗어 버리라"(골 3:5, 8, 9; 엡 4:22, 25-32; 5:3-5)는 말이나, 죄를 끊으라(롬 6:12, 13 등)는 말을 계속해서 들을 필요가 없을 정도는 아니다. 그리고 고린도전서는 이러한 경고들이 진정으로 필요하다는 점을 의심하는 사람들에게 경각심을 갖게 만든다!

(3) 문제의 핵심은 "육체"(sarx, 사르크스)와의 계속되는 관계였다.[26] 바울이 **부정적인** 도덕적 함의를 가지고서 이 단어를 사용하고 있음이 사실이지만, "육체"라는 이 용어는 물질성이나 성적(性的)인 것과 특별한 관련이 전혀 없다(우상숭배, 점치기, 적개심, 싸움, 질투, 분노, 언쟁, 불화, 분파, 시기와 같은 "육체의 일들"(갈 5:20, 21)을 저지르는 데 몸이 전혀 필요하지 않다). 비록 "육체"라는 이 용어를 (신자에게서나 불신자에게서나) 우리 인간 됨됨이의 심리적 혹은 실질적인 어떤 한 "요소"를 함의

---

26 바울에게서의 사르크스(sarx)의 의미의 범위에 대해서는, 이를테면 R. J. Erickson, "Flesh," in *DPL*, 303-6; Fee, *Presence*, 818-19을 보라.

하는 것으로 취한다 할지라도, 그러한 문맥들에서 이 "육체"라는 바울의 용어를 "죄 있는 본성"(sinful nature, 이를테면 NIV의 고전 5:5; 갈 5:13-19; 롬 7:5; 8:3-13)이라는 말로 번역한다고 해서 그 문맥들에 잘 어울리는 것은 아니다. 육체와 성령 사이의 바울의 대조는 오히려 하나님 **없는** 연약한 인간 실존(따라서 죄에 속하는 우주적 반역에 사로잡혀 있는 실존)과 인류 가운데서 구속적으로 역사하는 하나님 **자신의** 권능과 힘 사이의 **묵시론적** 대조(apocalyptic contrast)를 표현한다.[27] 따라서 그리스도인들은 여전히 "죽을 수밖에 없는 육체의 생명"이라는 도덕적으로 중립적인 의미에서 육체 가운데서 살아가고 있지만, 그들은 "육체에 따라서" 살아가야 할 빚을 지고 있지는 않다. 즉 과거에 그들이 그 일부분이었던 전체 반역의 영역에 따라서 살아갈 채무를 지고 있지 않다. "육체에 따른" 삶은 나의 한 부분 중에서 성령이 반대하는 어떤 인간론적인 한 부분에 따른 삶이 아니라, 옛 인간의 실존적 질서의 총체이다. 신자들에게는 후자의 의미에서의 "육체"는 갈라디아서 5:24이 말하고 있듯이 (갈 6:14의 "세상"과 마찬가지로) 결정적으로 벗겨졌으며, "십자가에 못 박혔다."

그렇지만 그렇게 말한다 할지라도, "육체를 따르는" 삶은 결단코 하나의 가능성으로서 제거되지는 않았다. 그 삶은 잠재적인 위협으로 여전히 남아 있다. 갈라디아서 5:13에서 바울은 그리스도인은 자신의 자유를 육체를 위한 기회가 되도록 허락해서는 안 된다고 경고한다. 믿는 자는 여전히 "자신의 육체를 따라 심을" 수 있으며(갈 6:8), 그 결과로 파멸을 거둘 수 있다. 이 마지막 절에서 재귀대명사(heautou, "그 자신의")의 사용은 옛 생활과의 심각한 지속적인 잠재적 연결을 함축한다. 그리스도인과 비그리스도인의 차이는 애

---

27 갈라디아서에서의 육체/성령의 이원론에 대한 논의로는 특히 Barclay, *Obeying the Truth*, ch. 6을 보라. 좀 더 간략하게는 Fee, *Presence*, 820-6, 876-83을 보라.

벌레의 죽은 껍질처럼 어떤 "죄악된 본성"을 벗어버리고 아름다운 나비로 나오는 것이 아니다. 그러한 변화는 파루시아 때에 이루어질 것이다. 그리스도인과 비그리스도인의 차이는, 비그리스도인은 사르크스(*sarx*, 반역적 본성)에 의해 완전히 전체적으로 결정되어 있지만, 그리스도인은 사르크스로부터 완전히 거리를 두었으며 (사르크스를 십자가에 못 박았고) 성령을 소유하고 있다는 것이다. 그래서 바울은 신자들에 대해 "육체가 성령을 대항해서 싸우고 성령은 육체에 대항해서 싸움을 벌여, 너희가 원하는 것을 너희가 할 수 없다"(갈 5:17)라고 쓸 수 있었다. 물론 이것을 어떤 도덕적 궁지와 죄의 불가피성을 함축하는 것으로 받아들여서는 안 된다. 바울의 요점은 정반대다. 믿는 자는 단순히 자기가 원하는 대로 마음대로 흘러가는 식으로 "자유롭지" 않다는 것이다. 믿는 자는 우주적인 싸움에 돌입해 있다. 그래서 능동적으로 (생명으로 인도해주는) 성령의 편을 들지 않으면, (파멸로 이끌어가는) 육체의 편을 들게 된다는 것이다.[28] 바울은 틀림없이 믿는 자들이 성령을 선택함으로써 성령이 의에 속한 새로운 삶(생명)을 가능하게 한다고 보고 있다. 정확히 그것이 유대화주의를 추구하는 주장들에 대해 반대하여 성령의 충분성을 논하는 바울의 주장이다.[29] 그러나 그는 회심을 통한 육체를 "못 박음"(conversional crucifixion of the flesh, 갈 5:24)이 끊임없이 갱신되어야만 한다는 점을 의식하고 있다. 그리스도인은 육체와 싸워서 육체를 죽여야만 한다(참조. 롬 8:13, "[만일 너희가] 영으로써 몸의 행실을 죽이면 살리니…").[30]

---

28 Barclay, *Obeying the Truth*, 110-19을 보라.

29 앞의 책, chs. 4-6; Fee, *Presence*, 427-38, 821-2, 876-83을 보라.

30 여기서 부수적으로, 우리가 "육체"를 예상할 수 있는 자리에서 바울이 "몸"이라는 단어를 사용하고 있다는 사실은, 그가 얼마나 자동적으로 부활 이전의 신체적인 실존 상태를 죄 가운데서의 잠재적인 반역과 연결 지어 생각하고 있는지를 보여준다.

그 싸움이 얼마나 거칠고 힘들 것이라고 바울이 예상하고 있는
가 하는 것은 상당수의 경합하는 구절들에 대한 주해자의 주해에
달려 있다. 어떤 이는 로마서 7:7-25로부터 윤리적 좌절이라는 매
우 음울한 그림을 도출해낸다.[31] 그러나 이 구절이 그리스도인의
경험을 가리킬 가능성은 별로 없고, 오히려 율법과 벌인 이스라엘
의 갈등을 가리키는 것으로 보인다.[32] 다른 극단에서는 갈라디아
서 5:22, 23에 있는 "성령의 열매"라는 바울의 은유를 가리키면서,
바울이 거기에 언급된 의로운 자질들을 믿는 자의 노력도 거의 없
이 성령이 자동적으로 낳은 것으로 간주했던 증거라고 지적할 수
있다. 그러나 이러한 입장은 그 구절과 그 주위 문맥(특히 5:13, 16-
18)을 잘못 읽는 것이다. 언급된 성령의 그 첫 "열매"는 "사랑"이다.
그러나 바울은 사랑이 값비싼 대가를 치르면서 추구되어야만 한다
는 점을, 그리고 믿는 자들이 그 싸움을 하다가 지쳐 그 싸움을 포
기할 수도 있음을 의식하고 있다(참조. 5:6, 13; 6:4, 5, 9, 10). 그러한
대목들은 바울이 성령을, 믿는 자의 노력 없이도 그리스도인의 삶
가운데 흘러들어오는 어떤 마법적인 "선"(善)의 용액인 것처럼 생각
하지 않고 있음을 보여준다. 만일 성령이 우리를 육체에 대항하는
싸움에 임하게 했다면, 성령은 그 싸움에서 "우리를 이끄신다"(5:18;
참조. 롬 8:13, 14). 그래서 우리의 책임은 "성령과 보조를 맞추어서
전진"하는 것이다(갈 5:25). 갈라디아서의 문맥에서 그리스도인의
삶에 수동성은 전혀 존재하지 않는다. 오히려 "의의 모든 여정 가운
데서 이끌어가면서" 믿는 자들로 하여금 전열을 유지하기 위해 분
투하도록 하는 필론의 "예언의 영"을 연상시킨다(Giants, 55). 케제만

---

31 예를 들어, Cranfield와 James Dunn의 주석들을 보라.

32 이를테면, D. J. Moo, "Israel and Paul in Romans 7:7-12", *NTS* 32 (1986), 122-35; 같은 저
자, *Romans 1-8* (Chicago: Moody, 1991), 해당 부분을 보라.

은 그 문제를 이렇게 정리하고 있다.

> 우리가 세례 가운데서, 세례와 더불어 성령을 주시는 분으로서 영접하
> 는 주님…바로 이 주님이 우리에게 영구적으로 계속해서 새롭게 되어
> 가고 있는 섬김에 임하라고 권면하신다.…오직 우리가 계속해서 순례
> 자의 길을 가고 우리 자신이 그리스도에 대한 충성을 매일 새롭게 떠올
> 리는 한, 우리는 우리가 받은 선물 가운데 거주할 수 있으며, 그 선물이
> 우리 가운데 살아 강력하게 힘을 발휘하면서 거주할 수 있다.[33]

그리고 그리스도인의 생활에 대한 바울의 아곤(*Agōn*, 운동선수의 노
력) 모티프에 대한 광범위한 사용(참조. 빌 2:12, 13; 3:13-16; 고전
9:24-27; 골 1:28, 29 등)도 비슷한 방향을 가리킨다.

(4) 아담과의 유대는 죽음과 죄의 근접성 가운데서만 아니라 하나님에
대한 우리의 지식의 부분적인 성격(참조. 고전 13:8-12) 및 우리가 갖
는 지속적인 고난에 대한 경험 가운데서도(고후 4-6장; 11:21-33; 골
1:24 등) 우리의 현재적 실존에 흔적을 남기고 있다. 그리스도인의
삶이란 전혀 순탄한 변화가 아니다. 그 삶은 "바깥 사람"의 파멸과
내면 사람의 갱신이라는 들쑥날쑥한 과정이다(참조. 고후 4:10, "우리
가 항상 예수의 죽음[=고난들]을 몸에 짊어짐은 예수의 생명이 또한 우리 몸에
나타나게 하려 함이라"). "성령 안에서의 삶"에 대한 바울의 진술은 오
직 부활의 상징에 의해서만 지배되는 것이 아니라 십자가에 의해서
지배된다. (믿는 자에게는) 그리스도 사건의 패턴에 따라서 죽음이 부
활로 인도해주듯이, 성령을 통한 그리스도와의 연합 가운데서 고난
이라는 조금 약한 많은 "죽음들"(참조. 고후 11:23)은 공동체 가운데서

---

33 *New Testament Questions of Today* (London: SCM, 1969), 175. Barclay, *Obeying the Truth*,
214에서 재인용.

그에 호응하는 부활의 분출들로 인도해준다(참조. 고후 1:9; 4:12; 골
1:24).[34]

VI. 그리스도의 영

이미 주목했듯이 바울은 성령을 로마서 8:9에서는 "그리스도의 영"으로,
갈라디아서 4:6에서는 "그의 아들의 영"이라 일컫는다. 빌립보서 1:19에
서는 세 번째로 연관된 표현을 사용하고 있는데, 그것이 "예수 그리스도의
영"이다. 이 표현들은 두 가지 반대되는 면으로 오해될 가능성이 있다.

(1) 그 표현들에 대한 한 가지 오해는 그 소유격을 정의해주는 소유격
으로 취해서, (예수) 그리스도이신 성령으로 보는 것이다. 이 입장은
대개 고린도후서 3:17("주는 영이시니…")과 ("마지막 아담은 살려주는 성
령이 되었다"는 뜻으로 이해된) 고린도전서 15:45에서 바울이 분명하
게 동일시하고 있다는 (궁켈에게까지 추적될 수 있는)[35] 가정에 근거해
있다.[36] 다이스만(A. Deissmann)과 부세트(W. Bousset)에게[37] 이 "동일
시"는 사실상 존재론적인 것이었다. 그래서 "그리스도 안에" 있음(혹

---

34 그리스도의 고난들에 대한 동참에 대해서는 Dunn, *Jesus*, §55에 있는 탁월한 짧은 조사를
    보라. 또한 S. J. Hafemann, "Suffering" in *DPL*, 919-21도 유용하다. 그러나 최상의 연구는
    Hafemann의 출간된 박사학위 논문, *Suffering and the Spirit: An Exegetical Study of II Cor 2,14-
    3,3 Within the Context of the Corinthian Correspondence* (Tübingen: Mohr, 1986)이다.

35 Gunkel, *Influence*, 112-115.

36 참조. Dunn, "I Corinthians 15:45", 139. Gunkel 역시 고전 6:17에 호소했다. 그러나 만일 이
    것이 그리스도=성령을 보여주는 것으로 취해져야 한다면, 그 구절은 너무 많은 것을 증명하
    는 것이 된다. 왜냐하면 그 구절은 동시에 믿는 자도 성령이라는 점을 증명해야만 하기 때문
    이다. 참조. Fee, *Presence*, 132-4.

37 A. Deissmann, *Die neutestamenttliche Formel "in Christo Jesu"* (Marburg: Elwert, 1892); W.
    Bousset, *Kyrios Christos* (원래는 1913; 영역은, Nashville: Abingdon, 1970), 154-5, 160-4.

은 그리스도 안에서 어떤 일들을 행하는 것)에 대한 말은 "성령 안에" 존재한다(거나 행위들을 수행한다)고 말하는 것과 똑같은 뜻이었다. 좀 더 최근에는 그러한 동일시가 해밀턴(Hamilton), 헤르만(Hermann), 제임스 던에 의해 존재론적인 면이라기보다는 주로 기능적인 면에서 언급되었다.[38] 이들 저자들 각자는 서로 다른 방식으로 최소한 **제자의 경험 가운데서는** 그리스도와 성령 사이의 구별이 가능하지 않다고 주장하고 싶어한다.[39]

믿는 자가 성령을 부활하신 주님의 임재로 경험한다고 주장하는 것이 맞을 수는 있지만, 우리는 바울이 어느 곳에서나 그 둘을 "동일시"하고 있다는 사실에는 동의할 수 없다. 제임스 던 자신도 "주는 영이시다"라는 진술이 성령을 그리스도가 아니라 출애굽기 34장 본문의 "주님"과 동일시하고 있음을 보임으로써 헤르만의 결정적인 본문인 고린도후서 3:17을 그 경우에 대한 증거로 받아들일 수 없다고 판단한다(앞을 보라). 그럼에도 불구하고 바울이 고린도전서 15:45b에서는 그리스도를 생명을 주는 성령과 동일시하고 있다는 던 자신의 주장도 더 낫지 못하다. "생명을 주는 영"이 성

---

38 N. G. Hamilton, *The Holy Spirit and Eschatology in Paul* (Edinburgh: Oliver and Boyd, 1957); Hermann, *Kyrios*; Dunn, "I Corinthians 15:45."

39 N. G. Hamilton, *Spirit*, 6; Hermann, *Kyrios*, 140; Dunn, "I Corinthians 15:45", 139; 같은 저자, *Jesus*, 322-3. Hermann의 입장은 실질적으로는 Deissmann의 입장에 가깝다: 참조. 그리스도에 대한 **모든** 언명은 성령-그리스도에 대한 긍정으로, 또한 부활하신 주님의 모든 행위는 성령을 통해서 이루어진 것으로, 이해되어야만 한다는 그의 진술(*Kyrios*, 141). 이와는 대조적으로, James Dunn은 비록 그리스도와 성령이 믿는 자의 **경험** 가운데서는 구별되지 않을 수 있다 할지라도, 바울 자신은 (경험적인 근거가 아니라 신학적 근거에서) 그리스도와 성령을 구별하고 있다고 주장한다: 참조. *Jesus*, 322-3; *Christology*, 147. 여기서 그는 "(하나님의) 성령"이라는 카테고리도 "(높이 되신) 그리스도"의 성령의 카테고리나 상대 카테고리를 하부의 카테고리로 자기 아래 완전히 두지 못하고 있다고 주장한다. 그래서 지금 우리가 다루어야 하는 것이 그리스도-성령이라는 것이다. "그리스도는 성령의 카테고리가 전혀 분명한 자리를 찾지 못하고 있는 것 같은 자리에서 하나님에 대해 어떤 관계를 맺고 있다"(앞의 책, 참조. 148-9).

령을 가리킨다고 볼 수 있을 가능성이 거의 없다. 우리는 그 어구가 그 절의 앞부분에 나오는 아담에 대한 묘사에 대한 대조로, 그리고 부활의 아담에게 더 큰 영광을 부여해주는 대조로 만들어진 어구임을 기억할 필요가 있다. 15:45a에서 아담은 프쉬케 조사(psychē zōsa, 문자적으로 "살아 있는 영혼"[생령])로 묘사되어 있다. 45b절에 있는 그의 기독론적 상대 짝으로 바울은 형용사 "살아 있는"을 더욱 강력한 "생명을 주는"(살려주는)으로 대체한다(이것은 앞서 고전 15:22의 "아담 안에서 모든 사람이 죽은 것 같이 그리스도 안에서 모든 사람이 삶을 얻으리라"에 있는 대조를 발전시키기 위한 것이다). 마찬가지로 바울은 인간론적인 용어인 프쉬케(psyche, "영혼")를 좀 더 긍정적인 함의를 지닌 다른 용어인 프뉴마(pneuma)로 대체시킨다. 이 용어의 선택은 그가 바로 이전에 죽을 수밖에 없는 소마 프쉬키콘(sōma psychikon)을 부활의 소마 프뉴마티콘(sōma pneumatikon, 고전 15:44)과 대조를 했기 때문에 특히 적절했다. 그 결과로 그의 글을 읽는 독자들은 여기서 "생명을 주는(살려주는) 영"이라는 표현을 성령에 대한 언급으로서가 아니라 45a절에 대한 인간론적 대응 짝으로서 받아들일 수밖에 없게 된다. 그렇게 해서 바울이 의미하는 바를 대략적으로 이렇게 풀이할 수 있다. 첫 번째 아담은 창조 질서에 속해서 살아가는 존재가 되었다. 이에 비해 마지막 아담은 성령의 부활 질서에 속하는 생명을 주는(살려주는) 자가 되었다.[40] 따라서 고린도후서 3:17과 고린도전서 15:45도 그리스도와 성령을 동일시하지 않는다. 이는 로마서 8:9, 10도 마찬가지다. 간단히 말해서, "그리스도의 성

---

40 Turner, "Spirit-Endowment for Paul", 61-3; 앞의 책, "Spirit and 'Divine' Christo-logy", 427-9; G. D. Fee, "Christology and Pneumatology in Romans 8:9-11—and Elsewhere: Some Reflections on Paul as a Trinitarian", in J. Green and M. Turner (eds.), *Jesus of Nazareth* (Grand Rapids: Eerdmans/Carlisle: Paternoster, 1994), 312-31, 특히 320-2을 보라.

령"(8:9)과 "너희 안의 그리스도"(8:10)를 동일시할 하등의 이유가 없다. 핵심은 오히려 믿는 자들 안에서 그리스도의 영이 그들 속에 "그리스도"를 발전시킨다는 것이다.[41] 그리스도와 성령의 동일시라는 테제 전체가 잘못되어 있다. 그러므로 다른 곳에서 "그리스도의 영(성령)"과 같은 어구들이 지니는 의의를 들여다봐야 한다.[42]

(2) 이러한 표현들을 오해하는 두 번째 방식은 그 표현들을 믿는 자들 안에 내재하며 그들 속에서 그리스도를 닮는 삶에 대한 영감을 주는 하나님의 영에 다름 아닌 것으로 축소시키는 것이다. 이것이 아주 최근에 자신의 뱀튼 강좌(Bampton Lectures)에서 람프가 유능하게 옹호한 (유니테리언) 입장이다.[43] 람프에게 있어 예수는 선재하지도 않았으며, 그 개인이 새 생명으로 부활하지도 않았다. 오히려 영(Spirit, 성령)으로서 하나님이 특별하게 예수의 삶과 사역과 죽음 가운데서 계시되었으며, 그 결과로 하나님이 믿는 자들 가운데서 자신이 예수 안에서 감동시켰던 그것을 반복하기 시작했다는 것이다. 바로 이 의미에서만 성령이 제자에게 "예수 그리스도의 영"으로서 임하셨다는 것이다.[44] 제임스 던은 어떤 식으로도 람프의 부활 거부를 포용하지 않지만, 던 또한 "예수 그리스도의 영"이라는 구절의 의의에 대한 람프의 입장에 근접하게 나아가고 있다고 여겨진다. 던은 (누가와 요한과는 달리) 바울이 높여지신 예수를 "성령의 주"로 생각하지 않고 오히려 성령이 충만한 자로서 산 그의 삶을 통하여, 그리고 그의 부활-승귀를 통하여 "성령이 예수에 대해서 갖고 있

---

41 앞의 III과 Fee, "Christology and Pneumatology", 323-6을 보라.

42 Turner, "Spirit-Endowment for Paul," 61-5; Fee, "Christology and Pneumatology", 여러 곳; Turner, "Sprit and 'Divine' Christology", 424-34을 보라.

43 G. W. H. Lampe, *God As Spirit: The Bampton Lectures* (Oxford: Clarendon, 1977). 특히 ch. 3을 보라.

44 그리스도-성령에 대한 그의 정의를 보려면 Lampe, *God*, 114을 보라.

는 관계에 의해 그 성령이 형성되고 특성을 갖추게" 되었다고 생각한다.[45] 즉 예수가 "자신의 성격과 인품을 성령에게 새겨 넣었다"는 것이다.[46] 던은 "엘리야의 영"(왕하 2:9, 10)이라는 어구를 빗대서 "그리스도의 영"이라는 어구를 설명하고자 한다. 따라서 예수를 바탕으로 하고 있는 영의 성격을 지닌 성령을 의미한다는 것이다.[47] 좀 더 정확히 말하자면, 그리스도 사건 전체에 의해 그 특성을 부여받고 이제는 그 성격을 믿는 자에게 가하는 그런 성령이라는 것이다. 던의 구성이 람프의 구성과 보여주는 중요한 차이점은 성령이 이 그리스도적 성격을 지상의 예수로부터만이 아니라 십자가에 달리시고 높여지신 주님으로부터도 취한다고 보는 것이다. 그러나 그 경우, 던이 제시하고 있듯이, "그리스도의 영"이라는 용어는 "엘리야의 영"(엘리야의 영과 **같이** 하나님의 영이 부어지는 것을 의미한다)이나 "모세의 영"(민 11장에 있는 70인의 장로들과 하나님이 공유하게 하신 모세에게 임한 예언의 영을 의미한다)과 같이 유대교에서 극히 드물게 나타나는 어구를 유추해서 만들어질 수는 없다.[48] 엘리야의 경우도, 모세의 경우도, 하나님의 영에게 "그들의 성품의 도장을 찍거나 개인적인 개성을 제공"하지 않았다. 오직 한 분만이 이렇게 하셨으니, 바로 **야웨 하나님 자신**이시다. 매우 빈번하게 등장하는 "주의 영"과 "하나님의 영"이라는 표현들은 정확히 하나님의 자기 계시적인 임재와 권능을 의미한다. 그리고 바로 거기에 "그리스도의 영"이라는 바울의

---

45 *Christology*, 145.

46 J. D. G. Dunn, "Jesus—Flesh and Spirit: An Exposition of Romans 1.3-4", *JTS* 24 (1973), 40-68, 특히 59; 참조. 그의 경구적인 표현, "만일 [공생애 사역 가운데서] 성령이 예수에게 그의 권능을 주었다고 한다면, 예수는 성령에게 그의 개성을 주었다"; 참조. *Jesus*, 325.

47 J. D. G. Dunn, *The Partings of the Ways* (London: SCM, 1991), 201.

48 유대교에 나오는 이러한 표현들에 대한 희귀한 예에 대해서는 Turner, "Spirit and 'Divine' Christology", 443을 보라.

언급들의 진정한 의미에 대한 실마리가 있다고 여겨진다. 그러한 표현들을 통해서 바울은 성령이 높여지신 주님의 집행 권세가 되었음을, 즉 성부의 위격과 활동의 연장만이 아니라 주님 자신의 위격과 활동의 연장이 되었음을 확증한다.[49]

결론적으로 바울이 "(예수) 그리스도의 영"이나 "그의 아들의 영"에 대해서 말할 때에, 바울이 엄밀하게 그리스도와 성령을 동일시하고 있지도 않으며, **단지 성령이 예수의 아들됨의 성격을 담지하고 있어서 그 성격을 믿는 자에게 새겨 넣음을 의미하지도 않는다.** 물론 그것이 로마서 8:9, 10과 갈라디아서 4:6에서 바울이 뜻하는 바의 일부분임이 확실하긴 하지만 말이다. 그러나 그러한 의미는 오직 그 표현들의 좀 더 일차적인 의취(意取)로부터 추론된 결과일 뿐이며, 빌립보서 1:19을 설명해주지 못한다.[50] 성령이 "(예수) 그리스도의 영" 혹은 "그의 아들의 영"이라고 말하는 것은 성령이 그리스도의 집행력이자 자기 계시의 현존임을 확증하는 것이다. 다시 말해서, **성령이 이전에 "주의 영" 혹은 "하나님의 영"과 같은 표현들을 통해 야웨에게 연결되어 있는 것으로 여겨졌던 것과 똑같이 높여지신 그리스도에게 연결된다는 점을 확증하는 것이다.** 그것은 단순히 성령이 우리 속에 그리스도를 창조하는 문제나 우리 속에 예수의 아들됨을 (비록 이것이 중요하긴 하지만) 재생산하는 문제가 아니다. 근본적으로 바울이 성령을 (이를테면) "예수 그리스도의 성령"(빌 1:19)이라고 말할 수 있는 것은 부활 이후에 예수가 친히 이 "생명"을 **주시고**(참조. 고전 15:45), 교회의 영적인 은사들과 직분들을 **분배해주시고**(고전 12:5; 엡 4:8-11), **성령을 통해서 자신의 주재권과 임재를 느낄 수 있게 하고 계시기 때문이다.** 해밀턴이 설명했듯이,

---

49 이 점에 대한 변호로는 앞의 글, 424-34.

50 앞의 글, 432.

성령은 주님 자신이 믿음의 모든 의도와 목적들을 위해 자기 사람들에게 은혜를 베풀어주시면서 임재하실 정도로 아주 효과적으로 사람들에게 부활하신 그리스도의 은택들을 전달해주는 자신의 직무를 수행하신다. 성령은 우리가 성령을 보지 않고 오직 주님만을 의식할 정도로 주님을 너무나도 잘 그려주신다.[51]

빌립보서 1:19의 전후 문맥에서 바울이 "예수 그리스도의 성령"을 통해 받을 것이라고 기대하고 있는 것은 그리스도를 닮은 성품이 아니다. 그것은 오히려 고난당하신 그리스도 자신과의 사귐이며, 지금은 만물을 지탱하시는 권능을 소유하고 계신 그분의 지원(support)이다. 성부로부터 나오시듯, 이제는 그리스도로부터 나오시는 영인 그리스도의 성령이 바울의 전체 "그리스도-비밀"(Christ-mysticism)의 핵심이다. 바로 거기에 부활하신 주님과의 하나됨이라는 생생한 의미가 있으며, 바로 그 주님이 친히 믿는 자에게 말씀하시고(이를테면 고후 12:8, 9) 주님 자신이 친히 사셨던 그 삶의 질을 자기 백성들 가운데서 촉진시키신다는 말(이를테면, 살전 3:12)의 의미가 달려 있다.

VII. 결론

아직도 바울의 성령론에서 검토해봐야 할 한 가지 중요한 차원이 있다. 그것은 공동체 가운데서 성령의 은사들을 통해, 그 은사들 가운데서 일하시는 성령의 역사의 집단적인(공동체적인) 차원이다(제15장을 보라). 그러나 이미 몇 가지 중요한 결론들은 얘기했다고 할 수 있다. 바울에게 성령이라는 선물은 단연코 믿는 자들의 구원의 힘이며, "그리스도인의 생활 전체에 절

---

51 *Spirit*, 6.

대적으로 필수적인 구성 요소"이다.[52] 그리스도인의 "삶"은 성령에 의해 시작되며(고전 3장; 갈 3:3-5), "육체"에 대항하는 싸움에서(갈 3장과 5-6장; 롬 8장)와 공동체의 한몸으로서의 새로워진 "사귐" 가운데서(빌 2:1; 고후 13:13) 성령에 의해 유지된다. 그리고 그 삶은 성령 안에서 완성될 것이다(고전 15장). 성령은 믿는 자들의 부활 생명에 대한 "첫 할부금"이다. 이러한 점들은 확실히 누가-행전이나 요한 등등의 다른 곳에서는 발견되지 않는 독특한 바울의 강조점들이다. 그러나 그럼에도 불구하고 성령은 여전히 우리가 그러한 다른 작품들 가운데서 만났던 "예언의 영"이 신학적으로 발전된 것이라고 인정될 수 있다. 무엇보다도 바울은 성령을 그리스도 안에 거하시는 하나님의 자기 계시적인 임재로 본다. 우리는 이 점이 고린도전서 2:7-16과 에베소서 3:16-19(앞의 제7장을 보라) 및 고린도후서 3:16-18의 핵심에 자리 잡고 있음을 지적했다. 각 본문에서 성령은 그리스도 사건을 이해할 수 있도록 계시와 지혜가 가능하게 하신다. 그리고 이 이해는 그 자체가 변화를 불러오는 것으로 인식되고 있다. 물론 바울의 성령/육체라는 주요 대립 명제는 다른 방식의 성령의 역사를 낳는 것으로 이해되었다. 즉 의식의 수준이 아닌 다른 수준에서의 윤리적인 권능 부여의 주입을 낳는다는 것이다. 그러나 이미 살펴보았듯이, 성령에 의해서 "이끌림"(인도함)을 받으며 "성령과 보조를 꾸준히 맞추어야 하는" 우리의 책임을 말하는 바울의 언어는, 오히려 안내를 해주고 어떤 경향을 갖게 하는 예언의 영을 제시한다. 이것은 바울이 성령의 직접적인 계시나 충동(prompting)을 알아내기 위해서 각각의 구체적인 윤리적 결정을 머릿속에 그렸음을 의미한다고 볼 필요가 없다(물론 바울이 이 점이 어떤 기독교적 결정들을 내림에 있어서 중요한 역할을 했다고 믿었을 수는 있지만). 성령은 경건한 리더들의 설교와 가르침을 통해서, 그리고 지혜와 이해의 축적된 은사들 가운데서 복음에 대한 조명을 통해서 효과적으로 "이끌" 수 있다. 그러나 그러한 모든 행위들은

---

52 Fee, *Presence*, 898 (참조. 896-8).

"예언의 영"으로서의 성령의 경계선 안에 들어 있다. 또한 믿는 자들의 마음에 부어진 하나님의 사랑(예를 들어, 롬 5:5)과 믿는 자의 "아들됨"에 대한 성령의 증거(예를 들어, 롬 8:15, 16), 그리고 소위 "성령의 열매"(갈 5:22, 23[참조. 5:25])—그 모든 것은 신령한 지혜의 다른 표현들로 이해될 수 있다—및 풍성하게 나타나는 성령이 고취하시는 기도와 찬양의 다양한 형태들을 설명하기 위해 멀리 나갈 필요가 없다. 우리가 통상적으로 "예언의 영"에 대해 기대할 수 있는 바에서 벗어나는 것으로서 바울이 묘사하고 있는 성령의 유일한 활동은 (만일 그것이 진정 바울의 가르침의 일부라고 한다면) 성령에 의한 부활이다.

9장

성경적 조직신학을 향하여

지금까지 우리는 세 사람의 주요 신약 저자들인 누가, 요한, 바울에게 나타 난 성령의 선물에 대한 분석적 진술을 제공했다. 그 프로그램은 본질적으 로 기술적(descriptive)이며 역사적이었다. 우리는 (예를 들어) "오순절"을 기 록한 누가의 기사에 대한 우리의 지식이, 요한은 언제 성령의 선물이 주어 졌다고 간주했는지에 대한 질문에 답을 제공하도록 하지 않았다. 또한 성 령에 대한 바울의 훨씬 더 풍성한 가르침을 누가의 성령 신학에 대한 우리 의 설명에 보태지도 않았다. 우리는 각 저자의 개념적 "세계"를 각 저자 자 신의 맥락에서 관통해보고자 노력했으며, 각각의 성령론을 거의 배타적 으로 각각이 독립적으로 그리고 있는 사건들 및 과정들, 주제들과 관련해 서, 그리고 각각이 환기시키고 있는 구약성경과 유대적 "배경들"에 비추어 서만 기술하고자 노력했다. 비록 우리가 누가가 스스로 시사하고 있는 것 보다는 바울의 신학에 대해(그리고 또한 가능하게는 요한의 신학에 대해) 훨씬 더 많이 알고 있었다고 믿는다 할지라도 방법론상으로는 이렇게 진행하는 것이 적절하다. 우리는 그 뒤에 이어지는 교회에 그 세 가지 진술들이 어 떻게 신학을 제공해주게 되는가에 대한 질문들을 묻기에 앞서서, 신중을 기하여 그 각각이 교회의 삶 가운데서 성령에 대한 나름의 진술을 제공하 도록 하고, 그 배열과 조화를 경청할 필요가 있다.[1]

---

1 대신에 만일 우리가 그들을 각각 나누어서 듣기 전에 그 셋을 한꺼번에 듣는다고 한다면, 그

그러나 이제까지 우리가 그 각자 분리된 목소리들을 들었다면, 지금부터는 우리가 어떻게 성령에 대한 하나의 "신학"을 향해 진행해나가야 할 것인가, 그러한 구성이 의미심장한가? 그리고 그러한 구성은 대학교 과목에 적절한 자리를 차지하는가를 탐구할 것이다. 물론 가블러(Gabler)의 시대에서부터 현재에 이르기까지 맹렬하게 토론되어왔던 논란거리들이 있다. 이 장에서 우리는 그 논쟁에 대해 간략하게 조사해보고, 우리가 전진할 수 있도록 안내해줄 쟁점들을 집중적으로 조명해보도록 하겠다.

I. "교의신학"으로부터 "성경신학"을 분리하려는 시도

성경이 어떤 종류의 규범을 제공한다고 여기는 어떠한 조직신학(systematic theology)이나 교의신학(dogmatic theology)은 일종의 "성경신학"(a biblical theology, 성서신학)이라 불릴 수 있을 것이라는 느낌이 든다. 그러나 1787년 가블러(J. P. Gabler)는 "성경신학과 교의신학 사이의 고유한 구별과 각각의 특정 목적들에 대한 연설"이라는 제목 아래 그의 유명한 알트도르프 취임 강연(Altdorf inaugural lecture)을 했다. 가블러에게 진정한 성경신학은 무엇보다도 개별 성경 저자들을 그 각각의 역사적 배경 가운데서 다루되, 그들의 신념들과 실천들을 **기술적으로**(descriptive) 연구하는 것이었다. 이와는 대조적으로, 교의신학은 (그중에서도 특히) 성경적·역사적·철학적 고찰들을 통해서 습득된 **규범적**(normative)이거나 **규정적인**(prescriptive) 교회의 가르침이었다.[2] 성경신학과 교의신학 사이의 분리에 대한 요청은 상당히 서로

들의 말을 전혀 듣지 못할 위험을 초래하게 된다. 한편으로, 각각 나누어서 듣기보다는, 나누어져 있는 세 부분들을 하나의 교향곡에 결합시켜서 듣는 것이 최선이라고 주장할 수도 있을 것이다. 그러나 나는 누가, 요한, 바울이 각자에 대해서 연주되어야 할 "부분들"을 제공하는 것이 아니라, 각자가 전체 교향곡에 대한 나름의 변주곡들을 제공하고 있다고 제시하고 싶다.

2 Morgan은 Gabler의 구분을 다음과 같이 번역한다: 교의신학과는 달리, 신약신학은 "그 신

다른 이유들로 여러 다른 분파들에 호소력을 가졌다. 경건주의자들은 성경이 그 시대의 경직된 증거본문 대기 식의 스콜라주의적 개신교를 개혁하도록 성경 저자들의 말을 진지하게 경청하라는 촉구로서 그 분리를 주장할 수 있었다. 그러나 그 시대의 자유주의적이며 합리주의적인 분위기 가운데서 그 분리의 촉구는 (다소 가블러 자신의 의도들과는 정반대로)[3] **독립된 성경신학에 대한 헌장**처럼 들리게 되었다.[4] 바로 1백 년 후인 1897년에 브레데(Wrede)는 소위 "신약신학"(New Testament theology)이 (적절하게 다루어졌을 때!) 도그마와 교회에 대한 적절성에 대한 관심이라는 족쇄로부터 해방된 순전한 역사 분야라고 주장할 수 있었다.[5]

가블러에게서 브레데에 이르는 시기는 성경 분야에서 혁명적인 변화들을 목도했다. 교의신학에 대해서 갖고 있던 관계에서 풀려나면서 성경신학은 그 자체를 해체할 정도에 이르렀다. 신구약이 하나의 성경을 이루었다는 그 중심 전제는 분명 나중에 나온 교회적인 가정이었다. 그렇지만 가블러가 암시하고 있었듯이, 우선적으로 기술적인 분야는 구약신학과 신약신학 사이를 비교적 예리하게 분리하지 않을 수 없었다.[6] 이에 덧붙여서,

---

학이 성경 저자들이 신적인 것들에 대해 생각했던 바를 고수하는 한에 있어 역사적 성격"을 갖는다. "반면에 교의신학은 각각의 신학자가 자신의 이성을 활용해서 신적인 것들을 철학화하여 가르친다는 점에서 교훈적 성격을 지닌다"(R. Morgan, *The Nature of New Testament Theology* [London: SCM, 1973], 3).

3   현재 점차적으로 확인되고 있듯이, Gabler는 교의신학을 향해 하나의 다리를 제공해주게 될 어떤 중간 형태의 "성경신학"을 예상했었다. 그는 그가 "진정한 성경신학"(true biblical theology)이라고 부른 것과 "순전한 성경신학"(pure biblical theology)이라고 부른 것 사이를 구분했다. 진정한 성경신학이란 이제 방금 약술한 역사적이며 서술적인 과제를, 순전한 성경신학이란 역사에 의해서 속박되어 있는 의견들의 더미로부터 영구한 신학적 보편 진리들을 추출해내는 것을 말한다. C. H. H. Scobie, "The Challenge of Biblical Theology", *TynB* 42 (1992), 31-61, 특히 49 이하를 보라.

4   Scobie, "Challenge", 38-40; H. Räisänen, *Beyond New Testament Theology* (London: SCM, 1990), part I; B. S. Childs, *Biblical Theology of the Old and New Testaments* (London: SCM, 1992), ch. 1; 같은 저자, *Biblical Theology in Crisis* (Philadelphia: Fortress, 1970)를 보라.

5   W. Wrede의 에세이에 대한 영역으로는 "The Task and Methods of 'New Testament Theology'" in Morgan, *Nature*, 68-116을 보라.

구약이든 신약이든 어느 쪽에 포함되어 있는 글들 사이의 다양성은 아주 커서 구약"신학"에 대해서나 신약"신학"에 대해서 말하는 것이 진정 정당화될 수 있는 것인지조차 불명확할 정도이다. 예수의 선포, 초기 유대 기독교의 대립적인 입장들(이를테면, 한편으로는 베드로와 야고보의 입장과 다른 편으로는 바울의 입장), 그리고 좀 더 후대의 기록들이 지니고 있는 더 보편교회적인 성향들은 전부 각각 철저히 다른 구원론들과 교회론들을 가지고 있는 것으로 인식되었다.[7] 바우어(F. C. Bauer)에게 구약과 신약 간의 진짜 "신학"은 누가-행전과 에베소서 등이 제공하고 있는 (헤겔적인) 종합을 향한 운동 가운데서 발견되어야 하는 것이었다.

"역사적" 탐구에 의해 발견된 창발하는 다양성이라는 이 쟁점이 틀림없이 중요하긴 하지만, 브레데는 "신약신학"이라는 용어에 대해 두 가지 언쟁을 더 벌였다. 가블러와 여타의 학자들을 따라서 브레데는 (바이스[B. Weiss]와 홀츠만[H. J. Holtzmann]에 반대해서) "신학"이라는 핵심 용어가 그 주제 내용에는 부적합하다고 주장했다. 성경 문헌들이라는 것은 오히려 다양한 종교운동들의 서로 구별되는 믿음과 소망과 실천들을 표현했다는 것이다. 바울의 경우를 예외로 친다 할지라도(그 이유는 그의 신학이 곧 그의 종교였으며, 그의 종교가 곧 그의 신학이었기 때문이다), 이러한 문헌들은 일차적으로 "신학"이나 "가르침"(doctrine, 교리)의 표현들이 아니라 더 광범위한 "종교" 개념의 표출에 해당하는 것이었다. 또한 규정적인 분야라기보다는 역

---

6   최초의 명백한 예는 각각 분리되어 출간된 G. L. Bauer의 *Theologie des alten Testaments* (Leipzig: Weygand, 1796)와 그의 네 권짜리 *Biblische Theologie des Neuen Testaments* (Leipzig: Weygand, 1800-02)이다.

7   이를테면, J. D. G. Dunn, *Unity and Diversity in the New Testament: An Enquiry into the Character of Earliest Christianity* (London: SCM, 1977); J. Reumann, *Variety and Unity in New Testament Thought* (Oxford: OUP, 1991)를 보라. 그러나 다음도 참조하라. D. A. Carson, "Unity and Diversity in the New Testament: The Possibility of Systematic Theology" in D. A. Carson and J. D. Woodbridge (eds.), *Scripture and Truth* (Leicester: IVP, 1983), 65-95; G. E. Ladd, *A Theology of the New Testament* (revised edition, D. A. Hagner [ed.], Grand Rapids: Eerdmans, 1993), ch. 46.

사적이며 기술적인 분야에 속하는 전망에서 볼 때, 신약성경을 유대-기독교 전통 가운데 속한 다른 종교 문헌들로부터 구별시켜놓을 하등의 이유가 없다는 것이다. 그 이래로 학계는 아주 오랫동안 영감론(a doctrine of inspiration)이 정경에 속하는 문헌들에 대해 어떤 특별히 구별된 성질을 부여했다는 견해를 포기하였다. 그리고 그 견해를 배제했을 경우, 그 문헌들은 본래적으로 외경과 위경과 사도적 교부들 등등의 문헌들과 구별될 수 없었다. 분명 어떤 문헌들은 더 위대한 성질을 지니고 있고, 어떤 문헌들은 좀 못했다. 그러나 브레데가 말했듯이, 어떠한 신약 문헌도 "정경"이라는 수식어를 붙이고 태어나지 않았다. 서로 속하지 않았던 것을 하나로 묶고 서로 속했던 것을 따로 분리시켰던 것은 초기 교부들의 교회적인 결정일 뿐이었다.[8] 브레데의 시각에서 보았을 때, 서로 속해 있었다가 나누어진 것들 가운데는 그리스-로마 시대의 다른 종교들(특히 유대교)의 방계 연구였다. 그가 볼 때 그 연구는 기독교의 생성 시기의 형태들에 아주 큰 영향을 끼쳤다. 마지막으로 브레데는 바울의 가르침들 중에서, 예를 들어 "이신칭의"에 대한 그의 견해와 같이 중요한 요소들은 유대교로부터 오거나 하늘에서 (다메섹 도상의 그리스도 현현이나 어떤 다른 계시의 형태로) 내려온 것이 아니라, 그의 이방인 선교의 역사적 우발성 가운데서 등장했으며, 이 선교가 자극했던 유대화주의자들과의 논쟁 가운데서 형성되었다고 주장했다. 이 모든 것은 브레데가 볼 때 "신약신학"이 신기루임을 의미했다. 진정한 과제는 그리스-로마 세계의 더 광범위한 종교적 배경 가운데서 초기 기독교의 역사를 쓰는 것이었다. 브레데는 그 작업을 몸소 실천하기 전에 죽었다. 그러나 소위 종교사학파(Religionsgeschichtliche Schule)라 일컬어지게 된 운동에 속한 다른 멤버들, 특히 부세트, 궁켈, 라이첸슈타인(Reitzenstein)이 그 프로그램을 진행시켰다. 그리고 요하네스 바이스의 사후에 출간된 미완성 『원시기독교사』(History of Primitive Christianity)는 아마도

---

8   Morgan, Nature, 70에 있는 Wrede의 에세이를 보라.

브레데가 그렸던 백과사전적 작업을 제공하는 데 가장 가까웠을 것이다.[9]

만일 거의 한 세기 이상을 건너뛰어서 레이제넨(Räisänen)의 『신약신학을 넘어서』(*Beyond New Testament Theology*, 1990)에 이르면, 브레데의 사고의 결실들을 만나게 된다. 그러나 그의 사고가 함축하는 점 가운데서 몇 가지가 더욱 분명하게 표출되어 있다. 레이제넨에 따르면, "신약신학"은 대학교 커리큘럼이 아니라 오직 신학교 커리큘럼에 맞는 주제일 뿐이라는 것이다. 그 가정은 대학교 혹은 아카데미는 "지식"이 사실들(facts)에 대한 발견의 형태로, 그리고 중립적인 비판적 논증에 기초한 이론 개발의 형태로 획득되는 주제들을 연구한다는 것이다. 그러한 사실들, 이론들, 논증들은 순전히 공적인 영역에 속한다. 즉 그러한 것들은 만인에게 공개되어 있으며, 어떤 신념 체계에 대한 우선적인 수납에 근거하지 않는다는 것이다. 그러나 "신약신학"에 대해서 말하는 것은 27개의 서로 관련 없는 것처럼 보이는 문헌들이 특별한 일관성과 권위를 가지고 있으며, 따라서 그 시대의 다른 종교 문서들과는 분리해서 취급되어야 할 자격이 있다는 순전히 교회의 고백을 전제로 한다는 것이다. 따라서 그러한 문헌들이 어떤 "신학"의 기반을 제공한다고 말하는 것은 다시 한번 교회의 도그마를 표출하는 것에 불과한 듯 보인다. 그러므로 신학교와 성경 대학이 그러한 주제들에 적합한 곳이지 아카데미는 아니라는 것이다. 우리가 대학교에서 얻을 수 있는 것에 가장 가까운 것은 "초기 기독교 사상사" 정도가 될 수 있겠지만, 그것도 영지주의 문헌들에 대해서 정경에 속하는 복음서들에, 혹은 바나바나 클레멘스, 이그나티우스의 것으로 돌려지는 편지들보다 바울 서신들에 특권적인 지위를 부여하지 않아야 한다는 것이다. 그래서 그런 과목이 유대교와 다른 그리스-로마 종교들에 대한 유사한 과복과 나란히 동일한 조건에서 대개 가르쳐지고 있는가에 대해 의심한다. 레이제넨의 입장이 결코 외로운 목소리가 아니라는 사실은 영국과 북미의 대학교들 가운데서

---

9   (London: Macmillan, 1937). 독일어 원본, *Das Urchristentum*은 1917년에 출간되었다.

신학부보다는 종교학부가 점점 늘어나는 추세에서 볼 수 있다.

II. "신학"에 대한 변호

성경 연구의 목표들과 방법들이 브레데에 의해 결정적으로 혁명적이 되었음은 의심할 바 없다. 그러나 초기 기독교의 종교적 관념들에 대한 학술적 연구는 순전히 역사적인 노력이며, 도그마로부터 분리될 수 있다는 그의 주장은 명백히 비판을 받아 마땅했다. 그 거센 비판은 1909년에 아돌프 슐라터(Adolf Schlatter)에게서 나왔다.[10] 슐라터는 매우 신중한 역사가로서 신약성경에 괄목할 만한 발전이 있으며, 브레데의 프로그램의 중요한 요점들이 정확했다는 점을 받아들였다. 그러나 슐라터는 그 문헌들에 대한 역사적 연구를 교의학의 이해관계로부터 분리시키려는 시도는 바람직하거나 가능하지 않다고 판단했다. 그는 "교의학"이 그 자체로 그 역사에 중요한 관심을 기울였으며, 그 역사에 의해서 상당한 형태를 부여받은 비판적 학문 분야라고 올바르게 보았다. "사람은 자신의 삶의 과거를 보되, 그 과거가 우리에게 행사하는 힘을 봄으로써만 그 자신의 삶의 여정에 대해서 명확해진다."[11] 또한 중요하게, 슐라터는 소위 중립적 역사가가 가장 초기 기독교의 종교 사상 가운데서 "중요한" 사건들을 정리하고 중요한 "발전들"을 설명하려고 시도하고자 할 때, **오직 세계의 본질과 좀 더 구체적으로는 문제의 주제 내용에 대한 어떤 전제된 이해를 기반으로 해서만 그렇게 할 수 있다는 점을** (그의 동시대인들 대부분의 사람들보다 훨씬 더 분명하게) 보았다. 그러나 이러한 전(前)이해(pre-understanding)는 공인되지 않고 표명

---

10 Schlatter의 에세이에 대한 영역으로는 Morgan의 책에 수록된 "The Theology of the New Testament and Dogmatics", Morgan, *Nature*, 117–66을 보라.

11 Schlatter in Morgan, *Nature*, 119을 보라.

되지 않은 "도그마"에 다름 아니다.[12] 그래서 슐라터는 브레데 및 그의 동시대의 많은 학자들의 경우에서 문제의 그 "도그마"가 강력하게 반교회적이며 역사적인 환원주의에 해당하고, (초연한 입장에 대한 탐구 자체에) 신약 문헌들의 주장들에 대한 대단한 저항이 담겨 있음을 간파했다. 간단히 말해서, 브레데의 탐구를 추구할 수 있는 안전하며 도그마에서 벗어난 중립적 역사적 토대라는 것은 전혀 존재하지 않는다는 것이다. 비록 서로 구별할 수 있다고는 할지라도, (그리고 각각은 상대 분야의 지나침을 막아주는 일종의 보호자로서) 그 두 분야는 모든 단계에서 상호 의존적이었던 것이다.

오늘날 우리는 인간의 비판적 분석의 중립적 객관성에 대한 계몽주의의 지나치게 자신감에 찬 신념이 지니고 있는 "순박한 실재론"(naïve realism)을 넘어섰다(비록 레이제넨의 추구의 제 측면들은 그와 몇몇 사람들이 여전히 그 실재론에 사로잡혀 있음을 보여주고 있긴 하지만 말이다). 그리고 우리는 현상주의(phenomenalism)로 후퇴하는 근대와 포스트모던의 낙심과 인식 주체 바깥의 사건들이나 실체들에 대한 신빙성 있는 비판적 판단들에 도달할 수 있는 능력이 과연 있느냐 하는 절망을 통과해왔다.[13] 우리는 지금 비판적 실재론(critical realism)의 시기로 돌입하기 시작하고 있다. 비판적 실재론은 이러한 양쪽의 위험들을 피하고 있다.[14] 라이트(N. T. Wright)는 실증주의(positivism)와 현상주의에 대해 반대하면서 이 비판적 실재론을 아래와 같이 정의한다.

---

12 Schlatter, in Morgan, *Nature*, 특히 125-8. 물론 "교의학"을 단지 이전의 조직신학들 중 어떤 것들의 내용, 즉 (이를테면, 하나님의 본성, 인간의 본성, 구속, 교회, 종말론 등과 같은) 신학적 주제들에 대한 순서적인 정리로 생각하는 사람들은 Schlatter의 요점을 충분히 음미하지 못할 것이다. 교의학이라는 말로 그가 의미하는 바는 한 사람의 세계관의 제 측면들에, 특히 그 세계관의 궁극적 관심사에 간여하는 분야를 의미한다. 이 이해에 근거해서 볼 때, 무신론과 이신론(Deism)도 기독교 신학과 마찬가지로 도그마 혹은 신학들이다.

13 한 가지 놀라운 분석으로는 N. T. Wright, *New Testament*, parts I와 II를 보라.

14 B. F. Meyer, *Critical Realism and the New Testament* (Allison Park: Pickwick, 1989)를 보라.

인식되는 사물의 실재를 인식하는 자와는 다른 것이라 인정하는 "인식"의 과정
을 기술하는 방식으로서(그러므로 "실재론"이다), 또한 우리가 이 실재에 대해서
갖는 유일한 접근은 **인식하는 자와 인식되는 대상 사이의 적절한 대화나 혹은 담
화**라는 나선형적인 순환의 길을 따르는 것임을 충분히 인정하는 방식이다(그
러므로 "비판적"이다).[15]

이와 같은 인식론적 프로그램 안에서(그리고 두 학자가 1세기에 대한 비슷한 지
식과 비판적 능력을 가지고 있다고 가정할 때) 철학적 신학 및 조직신학의 내용
과 방법을 가지고 씨름하는 탐구자는 (그가 그리스도인이든 무신론자이든지 간
에) 그 신학이 주로 그 자신의 전이해(pre-understanding)에 속하는 비판적
검토를 거치지 않은 신학을 가진 동료보다는 바울의 신학에 대해서 (혹은
종교적 사상들에 대해서) 좀 더 의미 있는 판단들을 내릴 수 있을 것이다. 한
번 비판적인 입장을 정립한 다음에는, 그 탐구자가 그렇지 않은 학자보다
는 훨씬 더 능력 있게 바울과 "적절한 대화"에 임할 수 있을 것이다.[16]

　　브레데/레이제넨의 "신약신학" 비판 가운데 들어 있는 나머지 세 가
지 점을 간략하게 언급하도록 하겠다.[17] 첫째, 신약성경 문헌들은 신학보다
는 종교에 관한 것이라는 주장은 분명 일종의 현혹이다. 물론 그것은 신약
성경에 있는 모든 부수적인 어구까지도 다 세세하게 검토하는 식의 "신약
신학"에 대한 유익한 균형추였다.[18] 그러나 사람들이 자기들의 "종교" 자체

15　N. T. Wright, *New Testament*, 35.

16　Wright, *New Testament*, 137과 비교해보라. "성경 연구는 신학을 필요로 한다. 이는 오직 신
　　학적 도구를 가지고서만 역사적 주해가 역사상의 인물들이 무엇을 생각하고 계획하고 행하
　　려고 목적하고 있었는지에 도달할 수 있기 때문이다."

17　그들의 본질적으로 근대주의적인 기획에 대한 최근의 예리한 비판으로는 A. K. M. Adam,
　　Making Sense of New Testament Theology (Macon: MercerUP, 1995), chs. 5-6 및 Peter
　　Ballar, *Challenges to New Testament Theology: An Attempt to Justify the Enterprise* (Tübingen:
　　Mohr, 1997), 여러 곳을 보라.

18　예를 들어, Wrede, in Morgan, *Nature*, 73-80을 보라.

의 실천 가운데서 말하고 행동하는 것은 그들이 믿고 있는 신들과 인간관, 창조와 문화 등에 대한 견해에 대해서 많은 것을 전해준다. 그리고 이러한 것들은 기독교든 아니든, 그리고 비판적이든 아니든 간에 모든 "신학들"의 내용이다. "종교"보다는 "종교 사상"에 집중하기를 선호하는 레이제넨 자신의 선호는 "신학"과 결코 구별될 수 없는 것이다.

둘째, "정경"에 속하는 작품들에 대한 집중은 영감 교리가 아닌 다른 근거들 위에서도 정당화될 수 있다. 문제의 문서들 대부분은 정경의 엄밀한 경계에 대한 최종적인 일치가 이루어지기 훨씬 전에 이미 교회에 의해 "사도적"이며, 일차적인 중요성을 갖는 문헌들로서 널리 인정받았다.[19] 그 당시에서부터 이 작품들은 기독교에 대한, 그리고 기독교의 발전하는 신학에 대한 한정적 역할을 감당하게 되었다. 오직 이러한 근거들 위에서만 어떠한 비판적 기독교 신학에서 그 작품들에 주어진 우선적 지위와 그 작품들에 할애된 신약성경 연구라는 특별한 분야를 정당화할 수 있을 것이다. 나는 오늘날에 신학을 구성하는 문제에서 온건한 비평적인 학자가 이 문헌들에 대해서, 아마도 전통적인 저자와 성경 전체에 대한 영감을 견지하고 있는 보수적인 학자와 동일한 무게를 줄 것이라고 여기지는 않는다. 실로 그런 비평적인 학자는 그 문헌들 전부보다는 일부만을(이를테면, "중심적인 증거들") 사용하기로 선택할 것이다. 내 말의 요점은 더 단순한 것으로서, 이러한 사실에도 불구하고 그와 같이 온건한 (혹은 그리 온건하지는 않은) 비평적인 학자들도 여전히 "신약신학"에 대한 활발한 관심사를 정당화할 수 있다는 것이며, 실로 잘 알려져 있는 그러한 신학들이 (여러 사람들 중에서도 특히) 불트만, 큄멜(W. G. Kümmel), 고펠트(L. Goppelt)에 의해서 산출되었다는 것이다.[20]

---

19 대부분의 비평학계의 의견이 그 문서들 중 몇 가지를 사도들의 후대의 제자들에게 돌린다는 사실이 이 점에 크게 영향을 주는 것은 아니다(문제의 그 제자됨이 "밀접한" 관계라고 볼 때).

20 Bultmann, *Theology*; W. G. Kümmel, *The Theology of the New Testament* (London: SCM, 1975); L. Goppelt, *Theology of the New Testament* (Grand Rapids: Eerdmans, 1981-82).

셋째, 이러한 작품들의 글 가운데 내포되어 있는 명백한 교회적 혹은 고백적인 관심사 때문에 그러한 작품들이 (혹은 그에 상대되는 그보다 더 도그마적인 작품들이) 아카데미에서 신학교로 퇴출되어야만 하는 것은 아니다. 물론 어떤 작품들은, 아주 협소하게 교회의 한 분파를 향해 있거나 방법상으로 충분히 비판적이지 못하기 때문에, 혹은 그 둘 다의 이유 때문에 실제로 신학교에 주로 잘 맞을 것이다. 그러나 "신약신학"이 고백적이기 때문에 아카데미보다는 신학교에서 다루어져야 한다는 레이제넨의 제안은 두 가지 점에서 잘못되어 있다. 우선 그 제안은 궁극적인 쟁점들에 관심을 기울이는 모든 학술 연구가 서로 다른 그리고 서로 경쟁하는 (상당히 고백적인) 세계관의 유형들로부터 진행한다는 점을 인식하지 못하고 있다. "중립적인" 관찰이라는 입장은 전혀 존재하지 않는다. 아무런 입장이 없는 견해는 어느 곳으로도 인도해주지 못한다.[21] 그래서 훌륭한 신학 작품들은 종종 단순히 신자들의 공동체를 섬기기 위해서만이 아니라 보다 특별하게 아카데미라는 공적인 광장에서 경합하고 있는 세계관들의 중요한 측면들에 대해 의미심장한 도전을 가하기 위해서 쓰인다.[22] 그 선포에 있어서나 문화에 대한 그에 따른 분석에 있어서나 기독교는 본질적으로 사적인 것이 아니라 공적인 시도이다.

물론 레이제넨은 자신이 초기 기독교 사상의 인문학에 대한 기여에 있어서 학술적인 성찰이라는 전체적인 두 번째 단계가 아카데미에서 한 자리를 발견할 수도 있을 것이라고 생각은 하지만, "신약신학들"에 속하는

---

21 나는 나중의 주장을 Trevor Hart, *Faith Thinking: The Dynamics of Christian Theology* (London: SPCK, 1995), 69 ("Admiring the View from Nowhere"라는 제목이 붙은 장의 결론부)에서 취했다.

22 Hart, *Faith*, chs. 4-5을 보라. 5장의 제목 "Theology as Passionate Quest for Public Truth"는 그의 입장을 제시한다. 또한 N. T. Wright, *New Testament*, ch. 5을 보라. 최근의 신학 저작들 가운데서 대안적 세계관들에 대한 진지한 분석을 제공하고 있는 것으로는, 예를 들어 Alistair McFadyen, *The Call to Personhood* (Cambridge: CUP, 1990)나 Colin Gunton, *The One, the Three and the Many* (Cambridge: CUP, 1993)를 보라.

글은 여기에 속하지 않는다고 적절히 대답할 수 있을 것이다. 그의 요점은 부분적으로, 현실화하는 단계 혹은 해석 단계를 주해 단계와 혼동해서는 안 된다는 것이다. 해석 단계는 1세기가 아니라 20세기에 속하기 때문에 오늘날의 세계를 분석하는 학문 분야들 안에서 논의되어야 한다는 것이다. 그래서 레이제넨은 특히 1세기와 현재 사이의 중간 담을 아주 강력하게 허물어뜨리고자 하는 "신약신학들"(이를테면, 불트만과 고펠트)에 대해서 비판적이다. 그러나 만일 그 관심사가 주해(exegesis)를 집어삼키거나 자료에 대해서 낯선 방식으로 이루어지는 노력을 구축하는 것이라면 그 비판은 적절하겠지만, 다른 한편으로 신약 기자들의 사상을 해명하려는 진지한 노력은 오직 20세기의 해석자들이 그 사상을 일관성 있고 깊이 있게 살펴보려는 노력을 통해서만 드러날 수 있을 것이다. 그 결과는 반드시 (최소한 신약 저자들에 대해서 공명하는 해석자에게는) 잠재적인 "유의미함"(significance)을 지니게 될 것이다. 이것을 개탄스러운 개입으로 바라보기보다는 궁극적인 질문들에 대해 "신약신학들"이 우리를 위해서 신약 기자들이 그리스도 사건 가운데서와 그 사건이 이끌어낸 교회의 등장 가운데에 암묵적으로 함축되어 있는 (혹은 그 질문들에 대해서 드러내고 있는) 대답들을 끄집어낼 수 있다는 점을 인정해야 할 것이다. 따라서 그러한 신약신학들은 기독교 세계관의 토대를 놓는 순간에 어떤 일관성 있으며 믿을 만하며 의미심장한 단언—아카데미에서와 신학교에서 그 뒤에 이루어지는 신학적 성찰에 어떤 가치 있는 언명—이 있는지의 여부를 알아볼 기회를 제공한다.[23] "신약신학"과 교의신학(혹은 조직신학)은 그 두 기관 가운데 마땅히 자리를 차지한다.

---

23   N. T. Wright, *New Testament*, ch. 5을 보라.

III. 성경적 조직신학을 향하여

이 장을 시작하면서 말했듯이, 이제까지 필자는 의도적으로 누가, 바울, 요한의 성령론들을 계속해서 따로 구별해서 다루었다. 이제는 이들 서로 간의 관계에 대해서 묻는 것이 합당할 것이다. 이 관계를 우선은 다음과 같이 기술적인 수준(descriptive level)에서 물을 수 있을 것이다. 그 셋은 성령에 대해서 어느 정도로 통일되어 있고 일관성 있는 견해를 제공하고 있는가? 성령에 대한 진정한 "신약신학"이 존재하는가? 아니면 초기 기독교 성령론에 관해 상당히 다른 증거들에 대해서밖에 말할 수 없을 정도로 다양성이 존재하는가? 그리고 뒤이어서 다양한 구약 문서들의 기여에 대해 마땅한 무게를 두는 성령에 대한 좀 더 광범위한 "성경신학"에 대해 말하는 것이 가능한지의 여부에 대해서 물을 수 있다. 그러한 가능성을 제기하는 것은 분명히 우선적으로 "고백적인" 질문을 취급하는 것이다. 그러나 그렇게 한다고 해서 아카데미의 관심사에서 전적으로 벗어나는 것으로 취급해서는 안 된다. 그 이유는 신구약성경이 조화 가운데서 말하는지의 여부는 기독교 세계관에 대한 평가에 중요한 의의를 갖기 때문이다. 그런 다음 세 번째로 성령에 대한 그와 같은 신약신학 혹은 성경신학이 어제와 오늘의 교회의 신학적 이해에 어떻게 연결되는지를 물을 수 있을 것이다. 이것이 바로 역사신학, 조직신학, 교의신학에 의해서 다른 방식으로 접근되는 과제이다.[24] 이상의 문제 중 어느 것에 대해서든 만족스럽게 답변하기 위해

---

24 "역사신학"(Historical Theology)은 주로 (무엇보다도) (1) 어떤 특정 주제에 대해서나(이를테면, "율법과 은혜") 혹은 좀 더 보편적으로 기독교 사상의 궤적들을, (2) 특정한 주제나(이를테면, "루터, 츠빙글리, 칼뱅의 성만찬 견해") 좀 더 보편적인 주제에 대한 한두 특정 기여자들의 사상을 설명하는 기술적인 학문 분야이다.

"교의신학"(Dogmatic theology)은 ("삼위일체", "계시" 혹은 "성례전"과 같은) 어떤 특정 쟁점에 대한 기독교 신앙에, 혹은 (1) 성경의 증거, (2) 교회의 전통(및 그 둘 사이의 변증의 역사), (3) (철학, 경험 신학, 사회학, 자연 과학 등의) 다른 분야들의 비판적 지식, (4) 개인적이며 교회적인 경험에 비추어서 여러 쟁점들의 전체 범위에 대하여 무엇이 규범적이어야 하는지에 대해 비판적으로 논의하면서도 고백적인 연구이다. 여러 학자들이 이러한 네 가지 요소

서는 한 권짜리 학술 논문을 써야 할 것이다. 그러나 지면 제한 때문에 다음과 같이 간단히 언급하는 것으로 만족하겠다.

(1) 우리가 신약신학, 성경신학, 조직신학 중 어떤 것에 대해 묻고 있든지 간에, 어떤 학자에게는 이것이 순전히 기술적인 학문 분야지만, 다른 학자에게는 그것이 또한 (정도의 차이는 다양하지만) 규정적이거나 규범적인 학문 분야라는 점을 인식할 필요가 있다. 개신교의 보수적인 복음주의 진영 안에 속하는 그리스도인들에게는 구약신학과 신약신학이 아마도 가장 중요할 것이다. 그 이유는 그러한 신자들에게는 이러한 신학들이 나오는 성경이 여전히 무오하게 영감된 하나님의 말씀으로 간주되기 때문이다. 그러한 이해 가운데서는 텍스트 자체가 하나님의 계시가 되며, 신학적 탐구의 진정한 "주제 내용"이 된다(이 진영 가운데서 신학적인 학술 논문집보다는 주석들이 더 선호되는 이유를 부분적으로 설명해주는 요소이다). 신약성경에 대한 그러한 접근 방식의 위험은 이 계시가 그리스도 사건이 **컨텍스트상 지니고 있는** 함축적인 의미들을 설명하고 있거나 전파하는 인간 대행자들 가운데서 그리고 그들을 통해서 주어졌다는 사실을 적절하게 받아들이지 못할 수 있다는 것이다. 예를 들어, 바울의 "신학" 그 자체가

들에 대해서 서로 다른 다양한 무게를 둘 것이다.

"조직신학"(Systematic Theology)은 주로 "역사신학"(이 면에서는 특히 학자들이 규정적인 연구보다는 기술적인 연구를 선호한다)이나 "교의신학"(여기서는 학자들이 좀 더 규정적인 성향을 지닌다)과 중첩되는 방식으로 사용되고 있다. Schleiermacher의 교의학(*The Christian Faith*)은 주로 철학적 신학에 해당하는 작품으로서 성경의 증거에 대해서는 거의 무게를 두지 않고 있다. 이와는 대조적으로 Wayne Grudem의 최근의 *Systematic Theology* (Leicester: InterVarsity Press, 1994)는 그 부제(*An Introduction to Biblical Doctrine*)가 더 적합하다. 그렇지만 역사신학과 교회의 경험(특히 성령론에서)으로부터 온 어떤 기여를 포함시키고 있다. 그 형용사인 "systematic"(조직적/체계적)이라는 말은 대개 검토되고 있는 그 주제 자료가 하부 주제들의 내적이며 논리적인 관계들과 관련해서 혹은 다른 인접 주제들과 관련해서(이를테면, "영혼 불멸에 대한 믿음이 영원한 심판에 대한 견해들과 연결해서 갖는 관계"), 혹은 그러한 주제들의 전반적인 수집과 관련해서 검토되고 있다는 사실에 주목하게 한다.

부분적으로(혹자는 근본적이라고 말할 수도 있을 것이다) 특정한 목회적 위기들에 대한 그의 사려 깊은 대응의 과정 가운데서 발전된 그 정도를 인식하지 못할 경우, 교회가 성경 가운데서 대면하지 않았던 새로운 문제들에 대해 대답하려고 시도하면서 신약성경을 **넘어서**는 그 이상의 가치 있는 신학적 발전을 기대하지 못할 위험을 부추길 수 있다. 그럴 경우, 종교개혁 이후의 표어인 "오직 성경으로"를 단지 성경이 기독교 신앙에 대한 최종적인 권위나 규범이라는 것뿐만 아니라, 기독교적 이해를 위한 다른 유의미한 자원이나 원천이 (이성이나, 교회의 가르치는 직분 또는 그 어떤 것도) 결코 있을 수 없다는 뜻으로 오해할 수 있다.[25] 모든 복음주의자들이 그러한 함정에 빠졌다는 것은 절대 아니지만, 그러한 위험들은 충분히 존재한다.

(2) 이미 말했듯이, "성경신학"이라는 용어는 기술적(descriptive)이며 규정적(prescriptive)인 연구 범위에 사용되어왔다. 그 용어는 자체로 신구약성경의 관계에 대한 물음을 첨예하게 불러일으킨다. 그 질문은 본질적으로 네 가지로 대답되어왔다.[26] (a) 신약성경만이 규범이 되는 성경이다(마르키온에서부터 프란츠 델리치, 하르낙에 이르기까지 많은 이들의 입장). (b) 신약성경이 본질적인 성경이며, 구약성경은 신약의 서문이자 전제이다(대략적으로 말해서, 슐라이어마허와 불트만[27] ─ 만일 신약에 나오는 구약의 사용에 의해서 판단한다고 한다면 대부분의 복음주의

---

25 그러한 입장에 대한 비판으로는 A. N. S. Lane, "*Sola Scriptura*? Making Sense of a Post-Reformation Slogan" in P. E. Satterthwaite and D. F. Wright (eds.), *A Pathway into Holy Scripture* (Grand Rapids: Eerdmans, 1994), 297-327; 또한 R. Lints, *The Fabric of Theology: A Prolegomena to Evangelical Theology* (Grand Rapids: Eerdmans, 1993), ch. 4을 보라.

26 이러한 입장들은 D. L. Baker, *Two Testaments, One Bible: A Study of the Theological Relationship between the Old and New Testaments* (Leicester: Apollos, 1991)에 충분하게 기술되어 있다.

27 특히 그의 에세이들인 "The Significance of the Old Testament for Christian Faith"(1933)와 "Prophecy and Fulfillment"(1949). Bultmann의 입장에 대한 비판적인 진술로는 Baker, *Testaments*, 67-83을 보라.

는 말할 것도 없다). (c) 구약이 본질적인 성경이며, 그 신학적 부록으로 신약을 갖고 있다(판 룰러[A. van Ruler]).[28] 그리고 (d) 구약성경과 신약성경은 함께 똑같이 하나의 성경이다(피셔[W. Vischer],[29] 베이커 [D. L. Baker], 차일즈[B. S. Childs]). 이상의 견해 중에서 오직 (d)만이 "정통적" 고백을 대표한다고 주장할 수 있으나 그 견해가 (b)나 혹은 (c)에 대해 주장되는 내용으로 사실상 환원되지 않으면서 어떻게 그 둘이 "한 성경"이라고 불릴 수 있는지에 대한 문제가 다시 제기된다. 매우 다르게 보이는 이 수집물들을 하나로 묶어주는 동시에 각각에게 동등한 지위를 주는 것이 무엇인가?

교부들과 마찬가지로, 빌헬름 피셔에게는 "그리스도"가 구약성경과 신약성경을 연합시켜주는 중심이었다. 물론 구약학자로서 피셔는 구약성경에 비교적 명백한 메시아 예언들이 드물다는 점을 잘 의식하고 있었다.[30] 그가 "그리스도"를 구약성경의 중심이라고 부름으로써 의미했던 바는 오히려 이스라엘의 경험과 제도들의 전체 패턴이 모형론(예표론)적으로 그리스도를 가리켰지만, 신약성경은 좀 더 직접적인 지시적 방식으로 그리스도를 거꾸로 지적했다는 것이었다. 따라서 피셔에 따르면, 양 성경은 똑같이 그리스도에 대한 **증거**이다. 그러나 그들은 상당히 다른 방식으로 그 증거를 감당하고 있다. 그 둘은 그 중심에 그리스도를 지니고 있는 교창 (antiphonal choir)과 같다. 이러한 종류의 접근 방식을 확대시키면서 브레바드 차일즈는 하나님의 본성과 창조, 언약, 그리스도의 주재

---

28 A. van Ruler, *The Christian Church and the Old Testament* (ET: Grand Rapids: Eerdmans, 1966 / 독일어 원본은 1955).

29 영역으로는 *The Witness of the Old Testament to Christ* (London: Lutterworth, 1949).

30 그러나 구약의 메시아 예언들은 때때로 주장되는 것보다는 훨씬 더 많고 더욱 일관적이다. P. E. Satterthwaite, R. S. Hess, and G. J. Wenham (eds.), *The Lord's Anointed: Interpretation of Old Testament Messianic Texts* (Carlisle: Paternoster, 1995)를 보라.

권, 화해, 율법과 복음, 옛 사람과 새 사람(old and new humanity), 하나님의 통치, 윤리 등에 대한 다양한 구약과 신약 문서들의 서로 다른 증거들 사이의 비슷한 대칭성을 주장한다. 이 사실에 비추어볼 때, "성경신학"은 핵심 주제들에 대한 두 성경(신구약)의 내적 통일성에 대한 연구이다. 혹은 좀 더 정확히 말해서, 그 진짜 주제 내용은 "주제들"이나 텍스트가 아니라, 텍스트들 두 세트가 다르게 증거하고 있는 신적 실재들이다.[31] 그러므로 궁극적으로 "텍스트의 수준에 계속해서 머물러 있는 것은 서로 다른 목소리들을 하나의 조화로운 전체로 묶어주고 있는 핵심을 놓치는 것이다. 오히려 성경신학은 서로 다른 목소리들이 그렇게 다양하게 지적하고 있는 그 신적 실재와 관련하여 그 다양한 목소리들을 들으려는 시도이다."[32]

이것이 "성경신학"의 성격에 대한 일종의 "규정적인" 서술이라는 점이 즉시 명백해질 것이다. 그러나 차일즈의 접근 방식은 그 라이벌이 되는 많은 입장들보다는 세 가지 장점을 갖고 있다. 첫째, 그 접근 방식은 정경 대부분에 대한 세심한 기술적(역사적)이며 주해적인 비평적 성찰에서 진행된다. 차일즈는 구약성경과 신약성경의 집성물 사이에서만 아니라 각 수집물에 속하는 개별 문서들 사이의 다양성에도 귀를 기울이고 있다(차일즈는 구약성경과 신약성경 모두에 대한 충실한 입문서를 썼다).[33] 그리고 그는 텍스트 수준에서의 단편적인 조화(flatland harmonization)에 대한 유혹을 단호히 거부한다. 둘째, 그의 정경적 접근 방식은 "심층 구조"의 통일을 추구하며, 핵심

---

31 Childs, *Biblical Theology of the Old and New Testaments*, 특히 80-90, 『신구약 성서신학』, 은성 역간.

32 앞의 책, 85.

33 B. S. Childs, *Introduction to the Old Testament as Scripture* (London: SCM, 1979); 같은 저자, *The New Testament as Canon: An Introduction* (London: SCM, 1984). 그는 또한 (신학적 석의의 다양한 측면과 관계된) 출애굽기에 대한 주요한 주석을 썼으며, *Old Testament Theology in a Canonical Context*라는 제목 아래 성경으로서의 구약신학을 썼다(London: SCM, 1985).

주제들의 다양성을 들여다본다. 이렇게 해서 그는 (언약이나 구원사나 그 무엇이든 간에) 그 어떤 단일 "중심" 모티프로 그 통일성을 설명하고자 하는 사람들보다 더욱 설득력 있는 신구약성경의 통일성에 대한 진술을 제공한다. 셋째, (그의 단호한 "정경적" 접근 방식으로 결합된) 개별 문서들의 신적 "증거"에 대한 그의 강조는 성경이 증거하고 있는 그 "신적 실재"를 그의 통합의 초점으로 취함으로써 "오직 성경으로"라는 원칙에 공정을 기하면서, 그는 **조직신학과 경험신학의 통찰들에 대해 성경신학이라는 전체 학문 분야를 개방해놓는다.**[34]

(3) 대략적으로 이러한 노선들을 따라서 우리가 "성경적이며 조직적인 신학을 향한"(성경적 조직신학을 향한) 모험을 하게 될 것이다. 우리는 확실히 독특한 분야들의 시각에서 성령에 대한 완전히 분리된 진술들을 제공하려고 시도하지는 않을 것이다.[35] 또한 뒤이어지는 내용의 형태도 정확히 차일즈의 시도와 똑같지는 않을 것이다. 오히려 우리는 조직신학에 대해 구약성경과 신약성경의 증거의 기여를 더 충실히 표현해주는 일종의 매개적인 "성경신학"을 추구할 것이다. (가블러에서부터 차일즈에 이르는) 상당수의 학자들은 서로 다른 방식

---

34 경험신학(empirical theology)이란 (인식 상태를 포함해 세계 가운데서 일어나는 사건들이나 진행들이라는) 실재를 조심스럽게 관찰하여 신학에 대해서 그 발견이 지니고 있는 함의를 비판적으로 성찰하는 것이다. 전형적으로 그러한 연구는 여러 교회 그룹들에 걸쳐 그 현상에 대해 세심한 현장 조사를 진행함으로써 (주해나 이론적 고찰에서 끄집어내거나 좁은 이야기 분석에 기초한) 예언의 행태와 심리학적 체험에 대한 경쟁적인 기술들을 테스트한다. Ottmar Fuchs의 경고는 핵심을 잘 지적하고 있다. "실재에 대한 관찰이 없다면…실천신학은 고사하고 신학이란 존재하지 않는다. 관찰이 적으면 적을수록, 훌륭한 신학적 작업을 달성했다고 주장할 수 있는 점이 더 적어진다"("Charismatic Prophecy and Innovation", *JET* 8 [1995] 89-95).

35 그 둘 사이의 관계들에 대한 더 종합적인 진술로는 이를테면, I. H. Marshall, "Climbing Ropes, Ellipses and Symphonies: The Relation between Biblical and Systematic Theology", in P. T. Satterthwaite and D. F. Wright (eds.), *Pathway*, 199-219 및 D. A. Carson, "Current Issues in Biblical Theology: A New Testament Perspective", *BBR* 5 (1995), 17-41을 보라.

으로 "성경신학"이라는 말을 통해 그들이 의미했던 바의 어떤 두 번째의 그리고 본질적으로 규정적인 단계를 주장했다. 그것은 다양한 증거들에 대한 비판적 저울질과 평가이며, 조직신학과 교의신학에 대한 그 증거들의 잠재적인 기여를 표명하려는 시도였다. 그렇게 해서 나오게 된, 그와 같이 매개적인 "성경신학"(혹은 이번 경우에는 "신약신학")과 교의신학 사이의 대화의 범위와 목적을 제임스 던은 다음과 같이 잘 표현하였다.

> 한편으로 그것들은 동일하지 **않다**.…교의신학은…역사신학뿐 아니라 신약성경에 의해서 혹은 그 안에서 제기되는 주제들과 쟁점들을 수용할 수 있을 만큼 반드시 그 범위가 더 넓어야 한다. 다른 한편으로, 신약성경 자체가 교의 신학의 주제 내용의 일부가 되어야 하기 때문에, 신약신학은 실질적으로 교의신학의 하부 섹션이다. 그러나 신약성경이 지니고 있는 정경적인 힘 때문에, 신약신학이 반드시 더 넓은 그 분야 안에서 어떤 종류의 견제나 통제를 행사해야 한다. 교의신학은 신약신학보다 더 광범위한 대화이다. 그러나 교의신학이 신약신학이 할 말을 가지고 있는 쟁점들을 언급할 때에 반드시 신약신학이 더 폭넓은 그 대화 가운데서 규범적인 역할을 하도록 허용되어야만 한다.[36]

비록 우리가 그 점을 주로 신약성경의 목적으로부터 제시하게 되겠지만, 우리가 머릿속으로 그리고 있는 것이 바로 이런 종류의 대화이다. 누가, 요한, 바울의 성령론에 대한 우리의 기술적인 진술들로부터 좀 더 규정적인 양식으로, 그리고 다른 대화 파트너들인 조직신학과 교의신학과의 관계에 의해서 알게 되는 양식으로 진행하려고 시도할 것이다. 바로 이어

---

36 J. D. G. Dunn and J. P. Mackey, *New Testament Theology in Dialogue* (London: SPCK, 1987), 25-6 (그리고 그 전체 논의를 보라. 1-26).

지는 두 장에서, 우리는 "성령의 선물"에 대해서와 하나님 및 그리스도와 성령의 관계에 대한 그와 같은 진술을 향해 진행해나갈 것이다. 그런 다음, 이 책의 나머지 부분에서는 교회 안에서의 영적인 "카리스마타"(charismata, 은사)에 관한 성경의 증거를 검토하고 오늘날의 교회에서도 비슷한 현상들이 있다는 주장들과의 관계를 평가하게 될 것이다.

10장

믿는 자에게 주어지는
"성령의 선물"에 대한
성경적 조직신학을 향하여

제2-8장에서는 세 사람의 주요 신약 저자들인 누가, 요한, 바울에게 있어서의 성령의 선물에 대한 분석적 기사를 제공했으며, 각자가 제1장에 서술되어 있는 "예언의 영"에 대한 유대적 견해와 같은 종류의 발전으로 간주될 수 있음을 지적했다. 그 서술은 본질적으로 기술적이며 역사적이었다. 그것은 브레데로부터 레이제넨에 이르는 사람들이 예상했을 노선에 상당 부분 일치해서 쓰였다. 그들은 그러한 논의만이 학문적인 신약성경 탐구의 정당한 목표라고 간주한다. 이 장에서는 과연 신자들에게 성령이 선물로 주어짐에 대한 일관된 신약성경의 "신학"이 있는지, 그리고 그 신학이 어떻게 성경신학과 조직신학에 연결될 수 있는지의 문제들을 더 파고들고자 한다. I에서 우리는 누가의 글들과 바울 및 요한의 글들 사이의 다양성을 지적하면서 시작할 것이다. 그런 다음, 이 다양성이 성령의 선물에 대한 두 개의 서로 다른 유형들(하나는 회심, 다른 하나는 그다음에 이어지는 권능 부여에 해당하는 유형)이라는 맥락에서 가장 잘 설명되는지 혹은 단순히 회심-입문(conversion-initiation)에 근본적으로 주어진 성령의 선물의 활약에 대한 서로 다른 강조들인지를 검토할 것이다. 이 부분 전체에서 우리는 1세기의 지평 안에서 가능한 한 멀리 탐구를 진행할 것이다. 그런 다음 II에서 좀 더 현대적인 고찰로 진행하게 될 것이다.

I. 성령의 선물에 대한 신약신학을 향하여

1. 성령의 선물에 대한 신약 성령론의 다양성

우리는 누가의 증거와 바울 및 요한의 증거의 관계 가운데 있는 다양성의 문제와 첨예하게 마주 대하고 있다. 궁켈, 슈바이처, 아야-프라, 스트론스 태드, 멘지즈는 각각 누가에게 있어 성령의 선물(주어짐)은 단지 이를테면 증거를 위한 어떤 특별한 카리스마적인 권능의 부여이며, 바울과 요한에게 있어 개인에게 성령이 주어짐은 본질적으로 기독교적인 "생명"(life, 삶)을 창조하고 어떤 형태로든지 유지시켜주는 데 필수적인 것이라고 주장했다. 학자들 중에서도 특히 스트론스태드와 멘지즈가 아마도 성경적으로 보수적인 학자들이기 때문에 특별한 관심의 대상이라 할 수 있다. 그렇지만 그들은 둘 다 성령이라는 선물에 대한 누가의 신학이 바울의 신학과 첨예하게 구별된다고 주장하고 싶어한다. 특히 멘지즈는 누가가 바울의 편지들을 몰랐으며, 분명 그의 신학에 대해서도 많이 몰랐다고 주장한다.[1] 그는 십자가가 바울의 구원론에서 중심적이긴 하지만, 누가-행전에서는 그렇지 않으며, 심지어 그가 바울의 것으로 돌리는 가르침 가운데서조차도 그렇지 않다고 지적한다. 마찬가지로 누가는 바울의 연설들 가운데서 바울의 구원론적 성령을 의식하고 있다는 아무런 힌트도 보여주지 않는다는 것이다. 이러한 제시의 차이에 직면해서, 누가가 본질적으로 동일한 구원론적 성령론을 갖고 있지만, 람프가 하고 있듯이, 성령의 활동이 지니고 있는 카리스마적/예언적 차원에 대한 "특별한 강조"를 하고 있다고 봄으로써 누가와 바울을 조화시킬 가능성이 있다. 그러나 멘지즈는 그러한 가능성을 배격한다. 그는 누가의 내러티브가 실질적으로 성령의 선물에서 구원론적 차원을 **배제하고** 있으며, 언제나 성령의 선물을 구원의 수납에 뒤

---

1 Menzies, *Empowered*, 241-2.

이어지는 것으로 만들고 있다고 주장한다.[2] 그러므로 누가의 신학은 진정으로 바울의 신학과는 독립적이라는 것이다.

누가는 성령의 선물을 효과적인 증거의 권능의 원천으로서 **오로지** 카리스마적으로(혹은 좀 더 구체적으로는 예언적 관점에서) 묘사한다. 그리하여 누가의 내러티브는 단지 다른 일정이나 강조점 이상의 것을 반영한다. 누가의 성령론은—비록 바울의 성령론에 대해서 **보완적**이기는 하지만—바울의 성령론과는 **다르다.**[3]

그와 같은 주장들이 성령의 권위 문제와 어떤 관계를 갖는지에 대한 문제에 직면했을 때, 멘지즈는 "신학비평"(Theological Criticism)에 대한 하워드 마샬(Howard Marshall)의 글에 호소한다.[4]

마샬은 보수적인 성경론이 "성경은 전체적으로 조화를 이루고 있다"고 가정한다는 점을 지적한다. 그러나 마샬은 이 가정이 다양한 성경 저자들 사이에 신학적 차이점들이 있음을 배제하지는 않는다고 지적한다. 오히려 그 가정은, 존재하고 있는 그 차이점들은 "조화시킬 수 없는 모순들이라기보다는 조화로운 발전 가운데 있는 차이점들"임을 시사한다. 그러므로 나는 성경을 높이 존중하는 견해가 누가와 바울이 동일한 성령론의 전망을 갖고 있음을 요구하는 것이 아니라 누가의 독특한 신학이 궁극적으로는 바울의 신학과 조화를 이룰 수 있으며, 두 전망들이 조화로운 발전이라는 하나의 과정에 기여하고 있는 것으로 볼 수 있다는 점을 요구한다.[5]

---

2 앞의 책, 237 (성령이 오직 이미 구원받은 사람들에게만 주어지고 있음을 보여주기 위해서 눅 11:13; 행 8:4-17; 19:1-7을 인용하고 있다). 이것이 "The Issue of Subsequence"라는 제목의 장(ch. 12) 전체의 문맥에서 하고 있는 말의 전부이다.

3 앞의 책, 237-8.

4 I. H. Marshall, "An Evangelical Approach to 'Theological Criticism'", *Themelios* 13 (1988), 79-85.

5 Menzies, *Empowered*, 240.

원칙적으로 이 말은 맞는 말이다. 우리는 실로 누가의 지평들을 바울의 지평에 성급하게 융합시키지 않으면서 성령론에 대한(그리고 그 성령론이 구원론에 대해서 갖고 있는 관계에 대한) 누가의 증거 전체를 온전히 경청해야 한다. 그러므로 규정적인 신약신학의 첫 번째 과제는 누가와 바울과 요한의 서로 다른 증거들이 어떻게 일치하는지를 해명하는 것이다.

2. 성령을 받음에 대한 두 단계 모델을 통해 시도된 일관성(멘지즈)

나는 멘지즈 박사가 정확히 어떤 식으로 성령의 선물에 대한 누가의 견해와 바울 및 요한의 견해 사이에 일관성을 표출할 것으로 기대하고 있는지를 이해할 수 없다. 하지만 멘지즈의 논의가 지니고 있는 몇 가지 측면은 멘지즈가 주로 단순한 덧붙임의 맥락에서 생각하고 있음을 강력하게 시사하고 있다. 즉 믿는 자들은 (바울과 요한이 동의하고 있듯이) 먼저 회심 때에 (at conversion) 아들됨의 중생을 시키는 구원론적 성령으로서 성령을 받으며, 그다음 어떤 순간에 뒤이어 선교를 위한 독특한 권능의 부여로서 누가식의 "예언의 영"을 받는다는 것이다.[6] 멘지즈에 따르면, 이 후자의 선물의 취득은 규범적으로(그리고 그 선물의 성격에 비추어볼 때 매우 적절하게) 어떤 방언의 분출로 표출된다.[7] 이것은 분명히 두 단계 성령론이다. 그리고 멘지즈는 고전적인 오순절주의의 "후속"론(the classical Pentecostal doctrine of "subsequence")을 폐기하려는 고든 피의 시도에 명백하게 저항하고 있다.[8] 멘지즈는 그렇게 할 경우 누가의 독특한 "예언의 영"의 선물이 회심 시에

---

6 참조. 누가-행전이 "중생에 대해 후속적인 성령의 권능 부여라는 다른 수준"을 시사하고 있다는 Menzies의 묘사(*Empowered*, 252). Menzies는 바울이 고전 12:8-10의 은사들을 성령의 구별된 두 번째 선물의 결과로 보고 있다고 제시한다("Spirit-Baptism"을 보라). 그러나 바울은 그러한 구별을 전혀 명시하지 않는다.

7 앞의 책, ch. 13.

8 앞의 책, ch. 12. Gorden Fee 자신이 오순절주의에 속한 한 사람이다.

구원론적 성령의 주어짐을 말하는 바울과 요한의 성령론 속으로 함몰될 것을 두려워한다. 이것은 성령이 따로 선교를 위해 권능을 부여하실 것에 대한 기대를 축소시키며, 교회에 대한 오순절주의의 기여를 결과적으로 제거하고 말 것이라고 그는 주장한다. 멘지즈는 후속론이 "오순절적 의미에서 성령 세례는 (비록 시간 순서적으로는 아니지만, 최소한 논리적으로는) 회심과 구별된다는 오순절주의 신학과 실천에 중요한 확신을 표명한다"고 주장한다.[9] 물론 이 마지막 주장은 신약성경 연구라는 학문에 대한 고려이기보다는 오늘날의 목회신학적인 고려이다. 그 점에 대해서는 나중에 검토해야 할 것이다.

3. 두 단계 해결책들의 문제점

멘지즈의 입장은 고전적인 오순절주의 입장에 대한 정교한 변호이다. 그러나 두 단계 견해들이 은사주의 운동들의 많은 부분들 안에 있는 오순절주의 전통 바깥에서도 견지되고 있으며,[10] 또한 전통적 감독교파들 중 어떤 사람들에 의해서도 견지되고 있다는 점에 주목하는 것이 필요하다. 이들 감독교회들에 속한 사람들은 견신례(the sacrament of Confirmation)를 지지하기 위해서 비슷한 논증을 사용한다.[11] 멘지즈 자신의 입장에 가장 가까운(그렇지만 전혀 다른 교파 출신의) 사람이 은사주의자인 로버트 프라이스(Robert M. Price)이다.[12] 멘지즈처럼 프라이스 역시 바울의 구원론적 성령론을 누가의 권능 부여의 성령론과 날카롭게 구분한다. 그러나 프라이스는 바울이 말하는 선물이 세례 때에 주어지는 것으로 간주하며, 누가가 말

---

9 앞의 책, 236.

10 H. I. Lederle, *Treasures Old and New: Interpretations of "Spirit-Baptism" in the Charismatic Renewal Movement* (Peabody: Hendrickson, 1988), chs. 2-3을 보라.

11 Dunn, *Baptism*, 여러 곳을 보라.

12 R. M. Price, "Confirmation", 173-182.

하는 선물은 견신례 때에 주어지는 것이라고 할당한다. 그와 같은 견해들이 지니고 있는 난점들에 들어가기 전에, 멘지즈에게 있어서나 프라이스에게 있어서나 이 두 단계 해결책은 일종의 신학적인 구축에 해당한다는 점을 지적함으로써 시작하고자 한다. 이 해결책은 바울과 누가를 조화시키려 하되, 바울과 누가 자신의 지평 바깥에서 조화시키려는 시도에서부터 비롯되고 있다. 멘지즈와 프라이스가 가장 먼저 동의하겠다시피, 누가나 바울은(그리고 다른 어느 신약 기자도) 그리스도인들에게 성령이 주어짐에 대한 이 두 개의 구별된 유형들을 그리지 않고 있다(최소한 오순절 이후에는 아니다).[13] 물론 누가는 때때로 사람들이 성령으로 새롭게 충만하게 된다는 사실을 알고 있다(행 4:31 등에서처럼). 그러나 이것은 언제나 이미 이전에 받았던 예언의 영이라는 동일한 선물에 대한 재충전의 경험(refreshing experience)이다. 이것은 신학적으로 말해서 성령의 구별된 혹은 "다른" 주어짐이 아니다.

그러한 신학에 대한 평가에 도달함에 있어 우리는 다음과 같은 점들을 명심할 필요가 있다.

(1) 멘지즈의 주장은 아마도 오직 누가가 "성령의 선물"이라는 말로 그리고 있는 바가, 회심 때에 성령이 선물로 주어짐에 대한 바울의 이해 가운데 함축되어 있는 활동과 아주 다른 성령의 **독특한** 활동들을 포함했을 경우에만 유효하다는 점이다. 그럴 경우 "성령의 선물"이라는 말로 누가가 의미했던 바가 바울이 성령의 선물을 받았다는 말로 의미했던 바를 이미 경험한 신자에게 원칙적으로 "덧붙여질"

---

13 Price의 명백한 언급을 보라. Price는 바울과 누가의 두 개의 다른 성령론이 "주해적으로 억지로 조화될 수도 없으며 그렇게 해서도 안 되지만, 그 두 성령론은 신학적으로 상당히 쉽게 조화될 수 있다. 우리는 내주하시는 성령은 물 세례를 통해 받지만 성령의 권능 부여는 뒤이어 안수를 통한 견신례 가운데서 받는다고 말함으로써 종합할 수 있다"고 주장한다 ("Confirmation", 181).

수 있을 것이다.

나는 이전의 작업에서 "성령(의 선물)을 받는다"라는 어구가 단순히 한 개인 안에서 성령의 활동들에 대한 **어떤 특정한 연쇄**(a specific nexus)의 출발을 의미한다는 주장을 폄으로써 그러한 견해를 인정했다.[14] 한 개인 안에서 일어나는 성령의 활동들의 새로운 연쇄의 출발을 곧 성령을 두 번째로 받는 것으로 일컬을 수도 있다는 것이다. 우리가 예수의 경우에 주목했는데, 예수는 어떤 의미에서 누가복음 1:35에서 성령을 받았으나, 그 뒤를 이어 계속해서 누가복음 3:21, 22에서와 사도행전 2:33에서 성령을(전적으로 새로운 활동들의 목록들을) "받았다." 이러한 종류의 용법은 두 가지 가능성을 열어주었다. (a) 첫 번째 가능성은 누가, 바울, 요한이 성령의 활동에 대한 다른 목록들을 지칭하기 위해서 성령을 "받는다"는 말을 사용했을 가능성이다. 그래서 서로 모순됨이 없이 근본적으로 다른 방식으로 성령 받음(Spirit-reception)을 회심-입문에 연결시킬 수 있었을 가능성이다. 그리고 (b) 두 번째 가능성은 이들 저자들 각자가 어떤 신자라도 다른 단계마다 성령을 **여러 차례** (다른 종류로) "받는 것"을 생각했을 수 있을 가능성이다. 그리하여 각각의 성령 받음에 대해서 다른 종류의 기능을 그렸을 수 있다는 것이다(예를 들어, 회심이라는 선물과 그 뒤에 사역을 위해 권능을 부여해주는 선물을 받은 것으로). 멘지즈는 이 두 가지 가능성 중에서 첫 번째 경우에, 아트킨슨(W. Atkinson)은 그 두 경우에 다 호소한다.[15]

---

14 Turner, "Luke and the Spirit: Studies in the Significance of Receiving the Spirit in Luke-Acts", 미출간 박사학위 논문, Cambridge, 1980, 35-40; 같은 저자, "Spirit Endowment in Luke-Acts: Some Linguistic Considerations", VoxEv 12 (1981), 55-60; 같은 저자, "Spirit in John", 24-6.

15 W. Atkinson, "Pentecostal Responses to Dunn's Baptism in the Holy Spirit: Pauline Responses", JPT 7 (1995) 49-72, 특히 64-6을 보라. (자신도 오순절주의의 일원인) Atkinson은 누가의 성령-권능 부여 언어의 용례가 형태와 기능에서 바울의 언어 사용과 다

그러나 사실은 무엇인가 하면, 성령의 선물에 대한 바울의 생각은 단지 누가의 생각보다 더 **광범위하고, 그러면서도 누가가 함의하고 있는 모든 것을 다 포함하고 있다는 것이다.** 회심 때에 그리스도인에게 성령이 한 차례 주어짐은 아들됨(sonship, 자녀됨)과 새 창조의 생명(삶)을 가져다주며, 또한 고린도전서 12-14장과 로마서 12장에서 간략히 제시되어 있는 것과 같은 "예언의 영"의 여러 다른 카리스마타(은사들)를 가져다주는 하나님의 권능을 부여해주시는 임재(God's empowering presence)이다. 이러한 것들은 누가의 "예언의 영"에 대한 생각에 원형이 되며, 또한 틀림없이 바울이 선교를 위한 그의 권능 받음의 일부분으로 경험했던(참조. 살전 1:5; 롬 15:18, 19 등) 지혜와 계시와 다양한 종류의 감동을 받은 담화(speech, 설교)의 은사들을 포함한다. 회심 때에 그리스도인에게 허락된 성령의 선물에 대한 바울의 종합적인 이해는 누가가 "덧붙일" 수 있는 그 어떤 것도 남겨두고 있지 않다. 물론 바울은 각 회심자(개종자)가 회심 때에 받게 될 모든 선물들을 다 받는다고 생각하지 않는다. 고린도전서 14장에서 바울은 어떤 사람들에게 통변의 은사를 추구하라고 (14:13), 그리고 예언의 은사를 더욱 추구하라고 권면한다(14:1 등). 그러나 여전히 핵심은 바울이 그들이 회심을 통해 받았던 한 성령의 주권적 활동을 통해서 이러한 것들을 받을 것을 기대하고 있다는 것이다(고전 12:13). **바울은 그들이 그러한 카리스마타(은사들)를 부여받기 위해서 그에 앞서 어떤 두 번째의 성령 주심을 추구해야 한다**

름을 지적하며, (두 번째 가능성에도 불구하고) 사실상 각 신약 기자는 어느 신자에 의해서도 한 성령만을 받는 것을 말한다고 지적한다. 그럼에도 그는 개인들이 성령을 여러 차례 받는다고 그들이 말하는 것을 막을 것이 아무것도 없었으며, 이것은 우리에게 그 글들 사이의 일관성을 성취하는 데 편안한 길을 제공해줄 것이라고 주장한다(특히 70을 보라). (오순절주의자들이 오직 회심 이후의 성령 세례를 위해서만 성령-받음을 사용했다는 인상을 Dunn이 주고 있는 것과는 반대로) 많은 오순절주의가 실제로 성령의 중생시키는 주어짐(선물)과 권능을 부여해주는 주어짐(선물)을 구별했다.

고 제시하지 않는다.[16] 다시 말해서, 성령에 관하여 어떠한 신학적으로 구별되는 두 번째 선물에 대해 언급하지 않음으로써 바울은, 멘지즈가 보았을 때 고든 피가 사도행전을 가지고서 저지르고 있다고 책망하고 있는 바로 그 일을 했던 것이다. 바울은 카리스마적인 성령론과 구원론적 성령론 사이의(만일 진정 그러한 구별이 존재했다고 한다면) 어떠한 첨예한 구별의 가능성도 실질적으로 배제시켰던 것이다.

(2) 마치 누가의 노력은 바울에게 신학적인 뉘앙스를 제공해주고, 그렇게 해서 우리를 위해 비록 바울이 결코 그 점에 대해서는 충분히 명확하게 표현하지 않았다 할지라도 바울이 실제로는 후속적 발생론과 같은 것을 가르치고자 "했음"에 틀림없다는 점을 밝혀주려는 것이었다는 듯이, 바울에 대한 읽기에 그와 같은 구별을 **부과하기 위해 누가를 사용할 수는 없음**이 분명하다. (비록 멘지즈도 프라이스도 그

---

16 Menzies, "Spirit-Baptism", in Ma and Menzies (eds.), *Pentecostalism in Context*(Sheffield: SAP, 1997), 48-59과는 반대이다. 상당수의 오순절 학자들은 바울의 말, ἐν ἑνὶ πνεύματι ἡμεῖς εἰς ἓν σῶμα ἐβαπτίσθημεν(한 성령 안에서 / 으로 우리가 한 몸으로 세례를 받았다)을 고전적 오순절주의적인 의미에서 성령 세례를 가리키는 말로 읽으려고 시도해왔다(아주 최근에는 H. D. Hunter, *Spirit-Baptism*, 39-42). 그러나 바울 안에는 그러한 견해에 대한 아무런 힌트도 없다(Fee, *Presence*, 178-82을 보라). 다른 오순절주의자들, 이를테면 H. M. Ervin, *Conversion-Initiation and the Baptism in the Holy Spirit: A Critique of James D. G. Dunn, Baptism in the Holy Spirit*(Peabody: Hendrickson, 1984)은 12:13a이 회심을 가리킨다는 Dunn의 말에 설득되었지만, 12:13c의 말, καὶ πάντες ἓν πνεῦμα ἐποτίσθημεν("그리고 우리 모두가 다 한 성령을 마시게 되었다")이 후속적인 성령 세례를 가리킨다고 암박했다. 그러나 12:13c을 12:13a의 병행의 일부로 취해서 성령에 대한 회심-입회의 수납을 가리킨다고 보는 것이 더 쉽다. 비록 그것이 후속적인 성령에 대한 체험들을 가리킨다고 할지라도, 권능 부여의 어떤 독특한 선물이 회심-입회 가운데서 받게 된 성령의 동일한 선물에 대한 반복적인 경험이 아닌 다른 것을 의도하고 있다는 아무런 암시가 없다. Gordon Fee 자신은 "바울이 성령의 사람이 "성령을 받을" 수 있는지의 여부에 대한 우리의 머뭇거림을 전혀 갖고 있지 않다"고 주장한다(*Presence*, 741[빌 1:19에 대해서]; 참조. 388[갈 3:5에 대해서], 52[살전 4:8에 대해서], 그리고 720-2[엡 5:18에 대해서]). 그러나 Fee는 이 말로 바울이 부가적인 선물로서의 성령을 두 번째로 구별되게 주시는 일에 대한 어떠한 암시를 주고 있다는 것으로 말하지 않는다. 오히려 Fee는 성령이 그리스도인의 삶의 모든 측면에 대한 열쇠이며, 신자들은 계속해서 애초의 선물에 대한 "지속적인 전유(專有, appropriation)"를 경험한다는 뜻으로 말하고 있다.

렇게 하지는 않았지만) 어떤 사람들은 갈라디아서 4:6과 고린도전서 12:13의 배후에 그와 같은 후속 발생론이 깔려 있다고 주장하려고 시도했는데, 그러한 주장은 그 문맥과 바울의 논의를 오해했기 때문에 생겨난 것일 뿐이다.[17] 고든 피가 보여주었듯이, 그러한 시도들은 단지 비판적인 주해가 아니라 확보되어 있는 이해관계를 텍스트 안으로 집어넣어서 읽는 것일 따름이다. 두 텍스트 모두 회심에 이어지는 성령의 활동들을 함의하고 있지만, 이러한 활동들은 회심 때에 받은 한 성령(one Spirit)의 지속적인 활동들이지, 후속적이며 신학적으로 구별되는 성령 부여에 대한 미묘한 언급은 아니다.

(3) 또한 우리는 이를테면 누가의 증거가 더 높은 신약신학의 수준에서는 이런 식으로, 예를 들어 바울의 성령론이 어쩌다 분간해놓지 않고 남겨놓게 되었던 한 분야, 즉 새 창조와 일상적인 그리스도인의 생활을 가능하게 해주는 성령의 활동들과―"예언의 영"인 성령에 의존해 있는―선교를 위해 권능을 부여해주는 활동들 사이의 차이점을 누가의 증거가 신학적으로 분명하게 구분하고 있다는 식으로 제시함으로써 조화시킬 수는 없다. 제7장과 제8장에서 우리가 살펴보았듯이, 바울에게는 회심과 지속적인 진정한 믿음으로 이끌어주는 십자가에 대한 이해를 가능하게 해주는 분은 정확히 지혜를 부여해주는 계시의 성령, 즉 **"예언의 영"인 성령**이다(갈 3:1-5; 고전 2:10-14; 고후 3:16-18; 4:13; 엡 3:16-19). 성령이 성부와 부활하신 주님의 임재와 인도를 전달해주는 것은 바로 동일한 "예언의 영"으로서이기 때문이다. 또한 성령이 아들됨(자녀로서)의 새로운 삶과 육체와의 싸움에서 그리스도인을 "이끌어주는" 것도 동일한 "예언의

---

17 이를테면, Ervin, *Conversion-Initiation*, 86-8(갈 4:6에 대해서. 그리고 이는 Dunn의 미묘하지만 설득력 있는 주해에 대해 상당히 오해했다) 및 101-2을 보라. Ervin에 대한 비판으로는 W. Atkinson, "Pentecostal Response", 53-7을 보라. 참조. 또한 바로 앞의 각주.

영"으로서 그리하신다(롬 8장; 갈 4-6장). 비록 이것이 그렇다 할지라도, 우리는 한 사람의 신자가 교회 안에서 그리고 하나님의 선교의 일 가운데서 섬기기 위해 신학적으로 구별되는 두 번째 성령의 선물을 받을 필요가 있다고 주장하는 것이 어떤 의미가 있을 수 있는지에 대해서 물어야 한다. 만일 그리스도인이 이러한 구원론적 은택들을 받는 것이 "예언의 영"의 지혜와 계시의 권능으로 말미암아 일어난다면, 진정으로 바로 그 "예언의 영"이 교회 안에서와 하나님의 선교의 일 가운데서 봉사를 할 수 있게 해주는 지혜와 계시와 감동받은 언설을 제공할 것으로 기대될 수 있을 것이다. 물론 어떤 경우에는 그 성령이 주로 신자 자신의 혜택을 위해서 활약하며, 다른 경우에는 주로 그 신자를 통해 다른 사람들의 유익을 위해서 활동한다고 말할 수도 있다. 그러나 이것은 사실 근본에 있어서 두 경우 모두 동일한 원형적인 선물들을 **통해** 같은 "예언의 영"이 역할을 하는 것이기 때문에 아무런 의미가 없는 구별일 뿐이다. 진정 이러한 관찰은 어째서 바울이―그 은사들 중 어떤 것들은 회심 후 어느 정도 시간이 흐른 뒤에 실질적으로 경험될 수 있었을 뿐임을 인식했음이 틀림없음에도 불구하고―봉사와 선교를 가능하게 해주는 은사들을 회심 때에 주어진 한 분 성령에게로 소급해서 추적하는 것이 자연스러운가를 설명해줄 수 있다. 또한 동일한 그 관찰은 성령의 두 차례의 주어짐이 아니라 (회심 때에) 단 한 차례의 주어짐을 기반으로 해서 바울과 누가와 요한 사이의 일관성을 확립하려고 시도해야 한다는 점을 제시해줄 수 있다. 그리고 이것은 단순히 기술적 혹은 주해적인 주장이 아니라 신학적이며 규정적인 논의라는 점을 마땅히 주목해야 할 것이다.

4. 성령 받음에 대한 한 단계 모델을 통해 시도된 일관성

우리는 단일 단계 모델이 바울에게 고유한 것이라고 제시했다. 그 이유
는 "예언의 영"이라는 단일 선물이 본질적으로 동일한 원형적인 선물들
(prototypical gifts)을 통해 구원론적 목적과 권능 부여의 목적에 기여하기
때문이다. 같은 점이 요한에게도 적용된다는 사실은 즉시 분명해진다. 우
리는 요한에게 있어 "구원"과 "새 출생(신생) / 창조"가 계시와 계시적 지혜
를 통하여 임하게 되며, 성령이 한 사람에게 십자가를 아들의 영화로서, 그
리고 세상을 향한 하나님의 구원하시는 사랑에 대한 최상의 계시로서 이
해할 수 있게끔 함으로써 이러한 구원론적 기능들을 수행한다(참조. 요 3장)
는 사실을 살펴보았다. 성령-보혜사는 또한 성부와 성자의 자기 현시적 임
재가 그 제자들과 더불어 살아가게 하시며(14:15-18), 이 교통이 "생명"(life,
삶) 그 자체이다(참조. 17:3). 또한 이미 주목했듯이 바로 동일한 성령-보
혜사가 신자들의 공동체에 그리스도 사건의 의의를 펼쳐내며, 그들을 계
속해서 더 깊은 진리 가운데로 인도함으로써 교회의 선교에 권능을 부여
한다(15:26, 27; 16:7-15). 성령의 이 모든 기능들은 지혜와 계시를 나누어주
는 "예언의 영"으로서의 성령이라는 기저의 개념 가운데 통일되어 있다.[18]
따라서 우리는 오순절 이후에 회심 때에 보혜사로서의 성령을 한 차례 (필
수적으로) 받음이 모든 구원론적이며 후속적인 권능 부여의 기능들을 매개
해주는 것이라고 기대해야 한다. 요한은 승천 이후에 그리스도인들에게
성령이 두 차례 **구별되게** 주어지는 일을 예상하지 않고 있다. 그리고 성령
에 대한 그의 신학은 그러한 주장에 대한 논리를 전혀 남겨주지 않는다.
그런 의미에서 요한과 바울은 같은 입장이다.

누가는 어떤가? 정말로 누가가 다른 패러다임을 제공하고 있는가? 주

---

18 Turner, "Holy Spirit" in *DJG* 347-51과 그곳에 있는 참고 문헌(혹은 앞의 제5-6장)을
    보라.

해에 근거해볼 때, 그렇지 않다고 제시했다. 분명 요한의 경우에서처럼 누가가 예수의 승천 이후에 대해 그리고 있는 내용과 제자들의 오순절 이전의 경험의 관계에는 복잡함이 포함되어 있다. 그러나 오순절 **이후** 그 쟁점들은 비교적 명확하다. 첫째, 이미 살펴보았듯이, 누가는 "예언의 영"이 (행 2:38, 39에서 패러다임상으로 보여주듯이) 회심-입문 때에 주어지는 것으로 예상하고 있다. 사마리아인들은 누가의 유일한 진정한 예외이다. 그래서 누가는 그들의 경우가 **예외라고** 제시하고 있다(8:16). 여기에는 멘지즈의 후속론의 충분한 근거가 들어 있지 않다(프라이스가 제안하고 있는 형태, 즉 세례를 받은 지 몇 년 후에 뒤따르는 "견신례"에 대해서는 훨씬 더 근거가 없다). 기독교의 확장에 대한 서술을 제공하고 있는 누가의 목적은 분명히 "예언의 영"이 선교를 위한 "권능 부여"라는 그의 강조를 설명해준다. 그러나 이미 살펴보았듯이, 누가는 그것을 오로지 그러한 맥락에서만 생각하지는 않는다. 또한 그는 "예언의 영"을 부활하신 주님이 이스라엘을 새 언약의 공동체로, 그리고 이방인들을 향한 빛으로 변화시키고 회복시키면서 이스라엘에게 "세례"(정화)를 주는 것으로 이해한다(1:3-8; 2:1-13, 41-47). 누가에게 있어서도, 구원론적 기능들과 권능 부여의 기능들이 회심 때에 주어진 "예언의 영"의 단 한 차례의 선물을 통해서 허락된다. 물론 권능 부여의 기능들은 성령의 주권에 따라 주권적으로 베풀어지는 것이며, 그리스도인의 생활 가운데서 나중에야 비로소 표현될 수 있음이 사실이지만 말이다. 누가가 성령의 선물에 대해 신학적으로 독특한 개념을 제공하는 것은 아니다. 오히려 누가는 본질적으로 (다른 저자들과) 동일한 신학을 제공하고 있으며, (자신의 신학의 다른 많은 영역의 경우에서처럼) 조금 불충분하게 표현하고 있을 뿐이다.

그러므로 우리는 우리의 주요 세 증인들 각자에게 있어 신자들에게 성령이 선물로 주어짐이 그리스도인의 생활의 경험의 차원 전체를 제공해주며, 그 차원은 **본질적으로** 성격상 카리스마적이라고 결론을 내린다. 그 선물은 회심-입문의 복합체 가운데서 허락된다. 신자들이 받게 되는 "예언의 영"의 원형적 활동들—계시, 지혜와 이해(총명), 그리고 돌발적으로 발생하는 언설 등—은 공동체 가운데서, 공동체를 통해서 하나님의 역동적이며 변혁시키시는 임재를 가능케 한다. 이러한 카리스마타(은사들)는 개인적인 수준과 집단적인 수준에서 작동하며, 복음에 대한 생명을 제공하며 기쁨을 주는 깨달음을(그리고 복음을 적용할 수 있는 능력을) 가능케 해주고, 교회 안에서 다른 사람들에 대한 여러 가지 종류의 섬김을 재촉하고 가능케 하고, 복된 소식을 선포하도록 선교를 추동하고 선교에 권능을 부여해준다.

부활절 이후에 신자들이 성령이 두 차례(혹은 그 이상으로) 아주 구별되게 주어짐을(한 차례는 새 언약의 삶과 자녀됨의 선물로, 후속적으로는 사역을 위해 권능을 제공해주는 선물로) 경험한다는 식으로 말할 수 있는 길이 신약 기자들에게 열려져 있었지만, 그들은 이를 추구하지 않았다. 그렇다고 해서 우리가 이렇기 때문에 각 신자가 회심 때에 "한꺼번에 다 받았음"을 의미하는 것으로 취해서는 안 된다. 누가도 바울도 모두, 카리스마적 표현의 각 순간들의 다양성에서든지 사역의 새 국면과 단계들이 시작될 때든지 간에, 성령에 대한 또 한 차례의 참신한 체험들(참조. 딤전 4:14; 딤후 1:7) 혹은 이러한 체험들의 재충전(참조. 딤후 1:7)이 이어질 것을 예상하고 있다.[19] 누가는 그와 같은 카리스마적인 "순간들"을 가리키기 위해(이를테면, 눅 1:41, 67; 행 2:4; 4:8, 31; 7:55; 13:9), 그리고 사역을 위해 경우에 따라 장기적으로 부여받은 권능을 가리키기 위해(눅 1:15; 4:1; 행 9:17), "성령에 충만하다"와 "성령으로 채워졌다"는 말을 사용할 수 있었다.[20] 그러나 누가나 바울도 "성령(의 선물)을 받는다"라는 표현을 어떤 분명한 두 번째 체험에 대해서는 사용하지 않는다. 그들은 그러한 표현들을 오직 회심-입문 복합체(conversion-initiation complex)와 연결해서만 사용한다. 또한 그 둘 중 어느 누구도 어떤 식으론가 분명하게 구분지어지는, 모든 신자에게 일어날 수

---

19 바울의 견해에 대해서는 특히 Fee, *Presence*, 864, 그리고 ch. 15을 보라.

20 "…으로 채우다/충만하다"라는 말에 대한 누가의 복잡 미묘한(그러나 주로 현상학적인) 용례에 대해서는 Turner, *Power*, ch. 6에 대한 부록(appendix)을 보라.

있는 "두 번째 축복"의 영역("second blessing" realm)으로의 진입을 가리키기
위해 어떤 다른 언어적 표현("성령 안에서 세례를 받는다"든지 혹은 "성령에 충만
하다/성령으로 채워진다"는 표현)을 사용하지 않고 있다. 실로 (바울과는 달리)[21]
누가가 성령에 "충만한" 사람들을 지칭하고 있는 곳에서, 이 말은 오히려
예외적으로 강렬한 성령의 임재와 활동의 특징이 나타나는 사람들에 대해
언급하는 누가의 방식이다. 누가와 바울과 요한이 부활절 이후의 교회 안
에 오순절에 주어진 성령의 선물을 받았느냐 그렇지 않았느냐에 의해 구
별되는 두 계층의 그리스도인들이 존재했을 가능성을 그렸음을 제시하는
분명한 주해적 증거는, 간단히 말해서 전혀 없다. 새로운 기독교적 "예언
의 영"을 결핍하고 있었던 어떠한 "신자들"이 있을 수 있다는 것은 엄밀히
말해서 (행 8장이 시사하고 있듯이) 예외적이며 비정상적인 가능성이었다. 그
이유는 이 선물이(그리고 이 선물이 제공해주었던 카리스마타[은사들]와 더불어서)
구원과 섬김과 선교의 새 생명(삶)의 중심을 차지하고 있었기 때문이었다.

II. 그리스도인에게 주어지는 성령의 선물에 대한 조직신학을
  향하여

이 부분에서 신자들에게 주어지는 성령의 선물에 대한 일종의 "조직신학"
을 구성하려고 시도하지는 않을 것이다(그렇게 할 경우 이미 지나간 내용들을
상당히 반복할 수밖에 없을 것이다). 그 대신에 좀 더 광범위하며 현대적인 고

---

21 성령과 관련해서 바울이 "충만"이라는 말을 사용하고 있는 유일한 예는 엡 5:18에 나온다. 여
    기서 (지혜에 대한[5:15], "주의 뜻"에 대한[5:17] 언급 및 어리석음[5:17]과 술취함[5:18]과
    의 전형적인 대조가 함축하고 있듯이) 그것은 성령이 허락하는 지혜 가운데서 충만하게 살아
    가라는 명령이다. 그 지혜는 (Sir. 39:6에서처럼) 영광송을 낳으며, 상호 복종의 새로운 기독
    교적 생활 스타일을 낳는 지혜이다. 문법적으로 5:18의 "채워지도록 하라"는 명령은 5:19-21
    에 있는 모든 분사들과 5:22-6:9 부분을 지배한다. 이 부분은 21절에 있는 "(서로서로) 복종
    함"이라는 마지막 분사에 의존해 있다.

려에 비추어 우리가 내린 신약성경의 결론들을 어떻게 흡수할 것인지를 살펴보도록 하겠다.

1. 하나님의 내재 및 초월과 관련된 성령

이전의 많은 교파들(로마 가톨릭, 정교회, 개신교)에서 성령은 주로 교회 안에서의 하나님의 내재로 이해되어왔다. 말하자면, 세례와 견신례, 회중의 존재 자체, 말씀의 강독과 주해, 회중의 도고(intercession), 영광송과 성만찬의 집행, 그리고 절제된 기독교적 생활 등은 다 성령에 의해서 유지되는 것으로, 또한 그러한 일들 자체가—비록 슬프게도, 이러한 일들 가운데에 성령에 대한 직접적인 느낌이 거의 혹은 전혀 없다 할지라도—하나님의 백성 가운데 성령이 계신다는 증거로 이해되고 있다. 하나님으로부터 독립해서 자율성을 추구하는 죄악된 인류인 우리는 언제나 성령을 길들이고 제도화하려고 시도하는 위험에 빠져 있다. 이와는 대조적으로, 오순절 운동과 은사주의 운동은 대체로 누가-행전에 나와 있는 성령의 활동들이 **직접적으로 인지되는 것이며 자기를 현시하시는 하나님의 임재임**을 정확하게 인식했다. 대체로 그 활동들이 단순한 인간적인 가능성들을 넘어서서 발생할 때에 그 활동들이 성령의 활동인 것으로 간주된다. 사도행전에서 성령은 하나님의 초월성을 표시한다. (a) 하나님이 주님에 대한 두려움을 심어주는 심판들을 선포하신다는 의미에서(예를 들어, 행 5:1-11), 그리고 성령의 주도가 계속해서 인간적인 기대들을 깨뜨리시고, 교회를 교회가 본성적으로 저항하는 방향으로(예를 들어, 이방인들에게로의 진행) 지도한다는 점에서 공동체를 "뛰어넘으시며 대립하신다"는 측면에서의 초월성. 그리고 (b) 공동체에 말씀을 전하고, 공동체를 강건하게 하며, 외부인들을 향한 공동체의 선포에 권능을 더해주기 위해 신자들을 통해 카리스마적으로 분출하는 초월성. 바로 이 점에서 누가의 묘사는 카리스마적인 성령에 대한 구약성경의 강조와 매우 강력하게 공명하고 있으며, 그렇지 않았다면 우리가 공동체 안에 거하시는 하나님의 내재라는 맥락에서 읽는 경향이 있을 수 있는 바울 가운데 있는 유사한 면들에 대해 우리로 하여금 민감하게 해준다.[22] 신약성경의 성령론의 측면들에는 교회 안에 거하시는 하나님의 내재성을 시사하는 점이 있음을 의심할 필요가 없다. 그 점에 대해서는 오순절주의자들과 은사주의자들이 너무나도 쉽게 무시해왔다. 그러나 이러한 운동들은 우리에게 성령의 초월성과 성령을 기대함에 있어 건강한 존경심을 일깨워주었다.

신약성경 문서들은 또한 성령 안에서의 하나님의 내재를 교회를 넘어 세상과 무생명의 창조 세계 가운데로 확대시키는 교의학적 성령론들에 대해 도전을 가한다.[23] 그렇지만 우리가 (예를 들어) 성령의 활동을 교회 제도들이나 인간 영혼의 내면의 헌신 생활에만 제약한다는 점에 대해서 이전의 성령론들을 비판한 몰트만(J. moltmann)의 비판에 전적으로 찬사를 보낼 수 있다. 성령이 신적 삼위일체성 가운데서의 즐거운 사귐을 닮은 전체 인간들의 온몸을 통한 사귐 가운데서 특별한 표현에 이른다는 몰트만의 주장은 전적으로 옳다. 그럼에도 불구하고, 신약성경이 창조 세계 안에 계신 성령에 관하여 기이하게도 침묵하고 있다는 사실과 더불어[24] "성령의 선물"을 **신자들에게** 강력하게 국한시키고 있다는 점은 우리가 이 모든 것을 그리스도를 인정하지 않고 있는 세상과 어떻게 연결시켜야 하는가에 대하여 (몰트만과 라너[K. Rahner]가 인정하는 것보다 훨씬 더 첨예하게) 의문을 제기하고 있음에 틀림없다.[25]

---

22 이 점에 대한 누가의 기여와 그 점이 지나치게 형식화된 교회에게 가하는 도전에 대해서는 Turner, *Power*, ch. 14, §5.1을 보라.

23 가장 최근의(그리고 창의적인) 시도로는 Moltmann, *The Spirit of Life: A Universal Affirmation* (London: SCM, 1992)을 보라. 그러나 이것은 오해를 피하기 위해서 그의 다른 책 *The Church in the Power of the Spirit* (London: SCM, 1975)과 함께 읽을 필요가 있다.

24 참조. M. A. Chevallier, "Sur un Silence du Nouveau Testament: L'Esprit de Dieu à l'Oeuvre dans le Cosmos et l'Humanite", *NTS* 33 (1987), 344-69.

25 주목할 만한 사실은 *JPT* 4 (1994)에 있는 M. Stibbe (5-16), P. Kuzmic (917-24), F. D.

2. 고전적 오순절주의와 신오순절주의의 두 단계 성령론의 약점[26]

그 논쟁에 대한 현대의 기여자들은 점차로 우리가 성령의 주어짐을 두 개의 구별된 연속적 단계로 나눌 수 없다는 견해를 지지하고 있다. 이 점에 있어 오순절 학자들 중 단연 탁월한 신약학자인 고든 피를 포함해서 주목할 만한 오순절주의 리더들이 후속론과 처음 나타나는 증거에 대한 고전적인 오순절주의의 패러다임을 포기했다는 점은 중요한 사실이다.[27] 또한 고전적 오순절주의 모델을 재진술하고자 시도하는 사람들 대부분이(거기에는 Donald Basham, Dennis Bennett, Roger Stronstad, J. Rodman Williams, Howard Ervin, Robert Menzies가 포함된다) 여전히 주해상 의심스러운 주장에 주로 의존하고 있다는 점 역시 의미심장하다. 그 주장은 (i) 예수의 요단강에서의 권능 부여가 권능 부여를 위한 나중의 기름 부음의 원형에 해당한다는 것과, (ii) (부활절에는 믿고, 오순절에는 성령을 받았던) 제자들의 체험이 패러다임적이라는 것과, (iii) 사도행전 8장이 패러다임적이라는 것이다.[28] 거기에는 회심-입문 때와 일상적인 제자도 가운데서의 성령의 역사가 소위 성령 세례에 해당하는 두 번째 단계에서의 성령의 역사와 (신학적으로) 어떻게 다른가를 구별하지 못하는 뚜렷한 실패가 존재한다.

Macchia (25-33; 그리고 같은 저자의 "The Spirit and Life: A Further response to Jürgen Moltmann", *JPT* 5 [1994], 121-7)과 S. K. H. Chan (35-40) 등이 쓴 논평들은 각각 다른 면으로 Moltmann이 성령 안의 하나님의 내재를 지나치게 과장하고, 하나님의 초월로서의 성령에 대해서는 지나치게 평가절하했다고 말한다는 점이다.

26 Bittlinger와 Lederle를 따라서, 나는 주요 오순절 교단들의 전통적인 입장들에 대해서는 "고전적 오순절주의"라는, 그리고 다양한 은사주의 갱신 운동들 가운데 속해 있는 교단들의 유사한 강력한 두 단계 성령론들에 대해서는 "신오순절주의"라는 용어를 쓴다. 후자는 성령 세례를 받는 "조건들"의 문제와 과연 방언이 하나의 필수적인 "첫 증거"인지에 대해서 다양한 입장들을 채택하고 있다. 유형론에 대해서는 Lederle, *Treasures*, chs. 2-3을 보라.

27 다른 주목할 만한 학자들로는 W. Hollenweger, C. Krust, L. Steiner, R. Spittler가 포함된다. 그리고 Gordon Fee 자신의 입장에 대해서는, 예를 들어 Lederle, *Treasures*, 27-32을 보라.

28 Lederle, *Treasures*, 55-66과 Turner(앞의 제 2-3장 혹은 *Power*, 여러 곳)에 나온 비판을 보라.

가장 첨예한 구분은 가장 초창기의 오순절주의자들이 제공한(그리고 멘지즈가 강력하게 재진술한) 구분이다. 그것은 뚜렷한 오순절 성령이 증거를 위해 권능을 부여하는 직임을 감당한다는 것이다. 그러나 (오순절 후에) 누가는 이러한 성령의 선물을 회심-입문과 연결하고 있지, 신자들의 영적 여정의 좀 더 성숙한 어떤 단계와 연결시키지 않고 있다. 어쨌든 누가의 진술은 모든 그리스도인이 선교사로서 권능을 부여받는다는 인상을 주지 않고 있다. 이미 살펴보았듯이, 더욱 중요하게는 그렇게 해서 그려지고 있는 "권능 부여"(empowering)가 대체로 구원의 생명(삶)에 있어 개인과 공동체에 그리스도의 임재와 지시를 가능하게 해주는 **동일한 지혜, 계시, 감동을 받은 언설**의 은사들에 의존하고 있다는 것이다. 따라서 성령이 최초로 주어지는 것과 후속적으로 성령 세례가 주어지는 것 사이의 이런 유형의 구분은 해소된다. 우리가 관찰한 같은 점에서 신자가 (두 번째 단계의) "성령 세례"를 받음으로써 처음으로 성령의 카리스마타(은사들)를 체험하게 된다는 견해도 타당하지 않다. 믿는 자가 그리스도를 인식하게 되는 것 자체가 오로지 다양한 카리스마타(은사들)의 체험 가운데, 그 체험을 통해서 이루어지는 것이기 때문이다.

그러므로 다른 학자들이 "성령 세례"를 더욱 모호하게 회심의 선물에 대한 어떤 종류의 **강화**(intensification)로(이를테면, 주님과의 관계를 더욱 깊이 체험하는 일과 교회에 대한 섬김 및 세계를 향한 증거 가운데서 권능을 부여해주는 것으로) 해석했다는 점이 그리 놀랍지 않다. 그러나 이러한 종류의 접근 방식은 성령에 대한 엄격한 두 단계 신학을, 우리가 나중에 검토하게 될 몇몇 다른 패러다임들에 대해 그렇게 하듯이 쉽게 지지하지 않는다. 우선 그 접근 방식은 거의 다루기 힘든 추상화에 근거해 있다(어떤 수준의 성령 체험이 회심의 선물에 속하며, 어떤 것이 성령 세례에 속하는가?). 둘째, 이러한 난점 때문에 신학적으로 **구별된** 성령의 선물과 받음이라는 두 번째 체험에 대해 말하는 것은 일관성이 없으며, 그러한 입장을 합리화하려는 불가능한 시도들을 하게 만든다.[29] 그래서 이 패러다임은 분명 우리가 두 종류로 구별된 그리스도인을 찾아야 한다고 제시하고 있지만, 거기에는 (a) 단 한 명의 신약 기자라도 부활절 이후의 신자들에게 주어지는 두 단계로 된 성령의 선물에 대해 언급하고 있다는 증거가 결여되어 있다는 문제점과, (b) 성령 세례라는 것에 참여했던 사람들의 **상당 부분**이 그 "성령 세례" 전과 후에 그리스도인의 제자 됨의 품격과 질에 있어 경험적으로 분명한 어떠한 차이점도 보여주지 못하고 있다는 문제점, 그리고 (c) 전통적인 교회들에 속하는 그리스도인들이 오순절 및 은사주의 교회들에 속해 있는 그리스도인들보다 덜 영적이며 (광범위한 은사들의 범위에 대해서) 은사를 덜 받을 수밖에 없다는 증거가 결여되어 있다는 문제점이 있다(물론 어느 방향으로든 그 주장을 지지하기 위해 최선과 최악을 비교하기란 언제나 용이한 일이다!). 마지막으로, 회심의 선물에 대한 "강화"라는 말로 "성령 세례"를 설명하는 방식들은 소위 이러한 "두 번째 축복"의 선물이 [단일 단계론에서 말하는] 성령 안에서 이루어지는 갱신의 후속적인 강화의 경우들과 어떻게 다른지를 설명하지 못한다.

3. 성령의 선물에 대한 우선적으로 "성례전주의적인" 진술의 약점

성령의 두 번째 수납이 첫 번째 수납의 어떤 불특정한 "강화"라는 관점에서 성령을 받는 첫 번째 수납과 두 번째 수납 사이의 차이점을 이해하려는 시도의 악명 높은 난점을 감안하고, 오순절주의의 패러다임을 대부분의 교단 교회들이 가지고 있는 회심-입문 신학들에 적용시키기 어려운

---

29 Lederle, *Treasures*, 73-96을 보라. 불가능한 해결책들로는, 이를테면 성령 세례는 내적인 역사이지만 회심의 선물은 당사자의 바깥으로부터 임하는 성령의 역사라고 주장하고자 하는 H. Horton과 D. Prince의 시도를 보라(이러한 성령론적 위치 설정은 구약과 신약의 용례 앞에서 맥을 추지 못한다. 성령은 예수와 다른 사람들 "위에" 혹은 "안에" 계신다고 말할 수 있으며, "기드온에게[그리고 다른 사람들에게] 자신을 옷 입혔다"[clothe himself with Gideon] 고까지 언급되어 있다[삿 6:34―옮긴이]. 그렇지만 역할상에 아무런 차이가 없다[Turner, "Spirit Endowment", 47-8을 보라]).

난점을 감안할 때, (Cardinal Suenens, Kilian McDonnell, René Laurentin, Simon Tugwell, John Gunstone을 포함하여) 많은 이들이 "오순절적" 체험들을 세례 시에 (혹은 견신례 때에) 부여되는 성령이라는 선물의 나중의 "꽃피어남" 혹은 "풀려남"으로 해석하려고 시도했다는 사실은 전혀 놀랍지 않다.[30] 이 패러다임은 방금 전에 설명했던 문제점들 몇 가지를 공유하고 있다. 그리고 리덜리(Lederle)가 지적하고 있듯이 이에 더해서 다음과 같은 문제점이 있다.

이제 방금 강력한 갱신을 경험한 어떤 사람에게 그 특별한 순간에 신학적으로 아무것도 일어나지 않았다거나 성령이 전혀 새롭게 임하지 않았다고 말하는 것, 그리고 발산된 모든 것은 세례 때에 받았던 성령이 경험적으로 "해방되는 것"(released)이라고 말하는 것에는 어떤 비현실적인 느낌이 있다.…나는 이것을 "시한폭탄"이라고 말하고 싶은 유혹을 받는다. 그렇게 말함으로써 많은 고교회(High Church) 신학자들이 다른 어떤 것보다도 성례전에 대해 갖는 끊임없는 집착에 대한 좀 더 개혁주의적인 입장에서의 참을 수 없음을 표현하지 않을 수 없다.[31]

4. 성령 세례에 대한 "통합적" 진술의 강점

리덜리의 조사에 의해 이런저런 면에서 확인된 카리스마적 갱신에 대한 남아 있는 다양한 접근 방식들은 고전적 오순절주의의 (두 단계) 모델이나 성례전주의적 모델에 호소하지 **않으면서** 역사적인 기독교 신앙과 자신들의 카리스마적인 체험을 통합시키고자 시도한다. 신학적으로 가장 맛깔스럽고 정교한 시도들로는 아놀드 비틀링거(Arnold Bittlinger), 헤리버트 뮐

---

30 성령 세례에 대한 성례전주의적 해석들에 대해서는 Lederle, *Treasures*, ch. 3을 보라.
31 앞의 책, 223.

렌(Heribert Mühlen), 프란시스 설리반(Francis Sullivan), 그리고 헨리 리덜리 자신의 시도가 있다.[32]

주요 "통합적" 견해들(integrative views)은 전부 카리스마적 체험을 다시 새롭게 해주며 지속적으로 확장되어나가는 경험으로 혹은 회심-입문 때에 모든 그리스도인에게 주어진 성령의 한 차례의 선물에 대한 전유(appropriation)로 해석한다. 이 견해들은 방언, 예언, 치유를 포함하는 기적적 은사들 가운데서 교회 안에, 그리고 교회를 통해 일어나는 하나님의 개입에 대한 생생한 기대를 갖고 있다는 점에서 좀 더 전통적인 형태들의 기독교와는 다르다. 그렇지만 그 견해들은 다음과 같은 의미심장한 점들을 인정하고 있기 때문에, 이를테면 여러 가지 중요한 점에서 고전적인 오순절주의와도 다르다.

(a) 오순절주의가 두 번째 단계의 성령 세례에 뿌리를 내리고 있는 역동적인 영적 생활은 두 단계 패러다임들을 채택하고 있는 은사주의 운동의 분파들 바깥에서도 널리 발견된다.

(b) 치유와 예언적 발언과 같은 카리스마타(은사들)는 그러한 은사들에 들어가는 문으로서, 어떤 식의 "성령 세례" 체험의 유형을 꼭 주장하지는 않는(그리고 스스로를 은사주의적 갱신 운동이라고 묘사하지 않는) 기독교 운동들 가운데서도 발견된다. 반면에 다른 신자들도 어떠한

---

32 앞의 책, 제4장은 여기에 언급된 접근 방식들을 포함해서 약 15가지의 약간 다른 접근 방식들을 약술하고 있다. 어떤 접근 방식들은 다른 것들보다 현저히 성공적이지 못한데, 그 이유는 예를 들어 그 접근 방식들이 카리스마적 갱신의 경험을 기독교 입문의 최종적 단계로 그리기 때문이다(그렇게 해서 방언이나 예언과 같은 어떤 직접적인 카리스마적 사건을 아직 경험하지 않았기 때문에 그들의 회심-입문이 미완결인 상태가 되는 엄청난 수의 그리스도인들이 있다는 모순을 만들어낸다). 이러한 접근 방식들 가운데 유니테리언 오순절주의자들(oneness Pentecostals)인 David Watson, *One in the Spirit* (London: Hodder, 1973), 그리고 David Pawson, *The Normal Christian Birth* (London: Hodder, 1989)라는 꽤 다른 입장도 포함시킬 수 있을 것이다. "통합적" 접근 방식에 대한 Leaderle 자신의 수정적 입장을 좀 더 자세히 보려면, *Treasures*, ch. 5 (특히, 227-40)을 보라.

위기 체험(결정적 체험) 없이도 오순절주의적 영성이나 다양한 카리스마타(은사들)의 활용으로 서서히 성장해 들어갈 수 있다. 다시 말해서, 오순절주의자들이 후속적으로 발생하는 "성령 세례"라고 이해하고 있는 것이 실제적으로는 "카리스마적인" 생활에 어떤 식으로도 "필수적"인 것으로 보이지 않는다는 것이다.

(c) 어떤 신자들의 경우에는, 회심에 뒤이어 후속적으로 체험된 성령에 대한 어떤 중요한 "순간"이 존재한다. 회심을 넘어서서 그들은 고린도전서 12:8-10에 묘사되어 있는 종류들의 은사 중 한 가지나 여러 개를 체험하게 되었다. 그러나 그러한 경험들에 대한—이를테면, 그 순간이 방언과 더불어 일어나는 것인지 또는 어떤 다른 감동을 받은 언사와 더불어 일어나는 것인지, 아니면 아무것도 부수적으로 일어나지 않는지에 대한—규범적인 패턴이라 부를 수 있는 것을 발견하기는 어렵다. 우리가 말할 수 있는 것은 한 사람이 하나님에 대해 기대하는 바와 그 사람이 하나님에 대해 경험하는 것 사이에 어떤 상관 관계가 있다는 것이 전부이다.

(d) 고린도전서 12:8-10에 묘사되어 있는 카리스마타(은사들)와, 두 단계 성령론을 고백하는 교회들 내부와 외부에서 널리 발견되는 새로운 영적 이해와 가르침 등의 좀 덜 극적인 다른 체험들을 예리하게 구별하기란 매우 어렵다. 또한 많은 (이를테면) 전통적인 복음주의자들은 그들의 은사에 대하여 오순절주의적이거나 은사주의적인 갱신 식의 해석에 근접하는 것을 피하면서도 "증거에 대한" 성령의 "권능"을 분명하게 소유하고 있다.[33]

(e) 회심을 넘어서서, 어떤 종류의 위기적인 "성령 세례"를 경험한 사람들이 또다시 때때로 권능을 부여받는 더 극적인 체험을 가질 수

---

33 전통적 복음주의가 오순절주의자들과 비교하기 위한 그룹으로 선택된 이유는 다른 모든 면에서는 그 신념들과 실천들이 오순절주의자들의 신념들, 실천들에 가장 가깝기 때문이다.

있다. 그러나 이런 경험이 성령을 세 번째, 네 번째, 다섯 번째 단계로 "받음"에 대한 오순절주의 신학들의 기반을 제공해주지 않는다.[34] 이와 마찬가지로, 어떤 "두 번째 축복" 체험은 확정된 두 단계 성령론을 신학적으로 낳거나 보장해주지 않는다. (c)-(e)에 이르는 요점들을 결합시켜보았을 때, 만일 실제적으로 단독적인 정상적 "두 번째 축복" 체험이라는 것이 전혀 존재하지 않는다면, 그리고 만일 그러한 체험들이 (아마도 방언을 제외하고는) (예를 들어) 좀 더 전통적인 복음주의자들 사이에서는 발견되지 않는, 어떤 예리하게 구별되는 영적인 은사들이나 권능 부여로 들어가는 출입문을 제공해주지 않는다면, 우리에게는 성령 받음에 대한 엄격한 두 단계 패러다임에 대한 아무런 경험적 근거들이 없는 것이다. 그럴 경우 "오순절적" 경험들은 회심-입문 시에 허락된 단 한 차례의 성령 주심에 속하는 잠재적으로 여러 차례 발생하는 일련의 갱신이나 권능 부여의 경험들의 단일 사건들이라 설명하는 것이 더 좋다.

(f) 성령 세례에 대한 성경의 언어는 오순절에 제공된 교회의 집단적인 입회를 언급하는 것으로 가장 잘 설명된다. 그리고 그 언어는 성령에 대한 후속적인 회심-입문 경험들을 (이 경험들에 뒤따르는 것을 포함해서) 표현하기 위한 것이다.

그래서 리덜리는 "그리스도인들의 삶과 믿음이 지니고 있는 체험적 혹은 은사주의적 차원은 모든 형태의 생동하는 기독교의 특징이다"라고 주장

---

34 분명히 F. A. Sullivan, *Charismas and Charismatic Renewal: A Biblical and Theological Study* (Dublin: Gill and Macmillan, 1982)는 신자가 여러 차례 성령의 주어짐과 받음을 경험할 수 있음을 인정한다. 그러나 그는 이 사실을 신적 위격의 각 사명이 그 위격이 이전에 없었던 자리로의 이동이 아니라 새로운 활동이나 관계 가운데 현존하게 됨이기 때문이라는 아퀴나스의 이해에 근거를 둔다. 그러나 이런 구분은 성령이 신자에게 계속해서 여러 차례 더 "오실" 수 있는 가능성을 도입함으로써 그 성령론을 뒤엎지 않는 한, 고전적 오순절주의의 두 단계 성령론을 지지할 수 없다.

한다.[35] 그 차원은 단지 고린도전서 12:8-10에 시사되어 있는 그런 종류의 은사들에서만이 아니라 즐거운 축하와 교제, 신뢰의 기도, 예언적 증거, 영적인 가르침, 순종적이며 희생적인 봉사 행위 등을 통해서도 표현된다. 방언을 받는 경험이나 고양된 하나님의 임재에 대한 느낌에 수반되는 어떤 다른 은사를 받는 경험이란, 성령의 어떤 다른 영역에 들어감을 표시하거나 신학적으로 구별되는 어떤 새로운 성령 수납을 표시하는 것이 아니라, 단지 그리스도인 생활의 시작부터 다양한 성령의 열매와 은사들 가운데서 신자가 경험하는 갱신과 재창조의 종합적인 역사의 일부분일 뿐이다. 따라서 오순절주의자들이 일종의 두 번째 단계로서 "성령 세례"라고 경험했던 것은 결정적으로 새로운 어떤 성령의 영역으로 들어가는 규범적인 양식이라기보다는 그저 회심-입문 때에 주어진 카리스마적 성령 가운데 속하는 많은 "성장 경험들"의 하나일 뿐인 것으로 이해되어야 한다.

5. 성령 받음에 대한 일원화된 모델의 소위 실천상·목회상의 약점

성령 받음에 대한 일원화 모델은 교회 안에서의 영적인 권능 부여에 대한 기대와 선교적 방향을 위축시킬 위험이 있는가? 이것이 바로 멘지즈가 걱정하는 바이다. 이 점에 대해 세 가지 논평을 하도록 하겠다.

(1) 바울이 활발한 "카리스마적인" 교회를, 그 안에서 그리스도인의 생활과 사역의 모든 분야가 성령에 대한 체험적 인식을 통해 깊이 형성되는 교회를 꿈꾸었음이 분명하다. 그렇지만 바울은 이 점을 뒷받침하고 강화하기 위해 어떠한 두 번째 축복의 신학(second-blessing theology)을 제시해야 할 필요를 전혀 못 느꼈던 것으로 보인다. 이 열정적인 기대와 체험을 유지한 것으로 보이는 것은—그 자신의 목

회적 모범과 감독과 격려가 함께 결합되어 있는—성령에 대해 지속적으로 열려 있고, 다양한 은사들 가운데서 하나님의 개입을 일정하게 경험하는 한 몸으로서의 교회에 대한 그의 비전이다.

현대적인 비교는 시사적일 수 있다. 분명 신자들 앞에서 분명한 시작의 증거가 있는 두 번째 축복에 대한 약속을 견지하는 것이 많은 이들을 그들 자신의 영적 체험의 결핍에 대한 자기만족으로부터 권능의 하나님과의 어떤 직접적인 만남에 대한 추구로 몰아갔음이 사실이다. 그러나 오순절 교회와 은사주의 교회의 후기 "성령 세례" 분파(post-"baptism in the Spirit" sector) 가운데에도 죽은 형식주의가 존재한다. 성령과 방언에 대한 체험만으로는 쉽게 "도달했다는" 자기만족으로 이어질 수 있다. 형식주의를 더 잘 피할 수 있게 해주는 것은 성령 받음에 대한 두 단계 패러다임이 아니라 카리스마적 몸인 교회에 대한 일반적인 비전과 세심한 목회적 감독과 격려이다. 이미 지적했듯이, 은사 운동의 많은 분파들이 그리고 심지어 전통적인 오순절 교단들 내부의, 작지만 영향력 있는 리더들과 교사들의 그룹이 어떠한 두 번째 축복의 신학 없이도 생생한 카리스마적인 영성을 유지하고 있다.[36]

(2) 마찬가지로, 선교적 방향과 열정을 두 번째 축복의 신학과 묶어야 할 하등의 이유가 없다. 바울의 교회들은 성령이 각 교회에 증거를 위한 권능의 부여로서 허락된다는 견해를 바울이 표현하지 않아도 급속도로 성장했던 것으로 보인다. 성령과 선교 사이의 가장 강력한 **신학적** 연결은 누가가 아니라 요한에 의해서 만들어졌다. 요한에게 있어, 보혜사이신 성령의 일차적인 과업은 우주적인 재판정에서 모든 불신자에게 대항해 예수의 입장을 변호하는 것이다. 그렇지만 성령은 교회를 그리스도 안에서 성육한 진리 가운데로 인

---

36 여러 가지 예로는 앞의 책, chs. 3-4을 보라.

도해주시고, 그렇게 해서 교회를 아버지와 아들 사이의 사랑을 반영하는 사랑의 공동체로 만들어가시는 성령-보혜사의 선물을 통해서 이 일을 할 것이 기대되고 있다. 그러한 공동체로부터 증거의 말씀이 죄에 대한 확신을 주는 권능과 더불어서 분명하게 드러나게 된다. 즉 요한은 교회의 이 선교 지향성을 성령의 제2의 구별된 선물에 연결시키기보다 회심 때에 모든 그리스도인에게 주어진 성령-보혜사에게 연결시킨다.

　다시 현대의 비슷한 점들이 매우 시사적이다. 전통적인 복음주의(그리고 다른 소위 "비은사주의적인") 교회들의 많은 분파들에서 선교에 대한 헌신이 늘어나고 있다. 그렇지만 반대로 은사주의 운동의 어떤 분파들은 전통적인 오순절주의의 성령 "신학"에도 불구하고 내면을 바라보는 경향을 지니게 되었다. (영국의 현실을 관찰해보자면) 누가에게서 도출해낸, 두 번째 은혜를 주장하는 성령론을 지닌 교회들이 성령 받음에 대한 일원적 신학을 갖고 있는 교회들보다 분명히 선교에 더 많이 참여한다는 비판적인 사례를 입증할 수 있는 것처럼 보이지 않는다.

(3) 만일 우리가 주장했듯이 "예언의 영" 개념에 대한 기독교화된 버전이 성령의 선물에 대한 신약성경 개념의 핵심에 자리 잡고 있다면, 회심 때에 그리스도인들에게 주어지는 성령의 선물은 기독교적 실존의 전반적인 카리스마적/체험적 차원의 수단임에 틀림없다. 바울과 관련해서 고든 피가 아주 분명하게 보여주었듯이, 성령은 기독교적 실존의 역동성이며 생명이다. (기도 가운데서든, 예배 가운데서든, 사랑의 교제 가운데서든, 가르침을 통해서든, 예언이나 방언 가운데서든) 아버지나 아들이 "느껴지는" 자리에서는 "예언의 영"의 원형적 선물들인 지혜, 계시적 통찰 혹은 감동을 통해 나오는 언설이라는 선물들의 다양한 형태와 조합들 가운데서, 그리고 그런 것들을 통해서 그들이 인지된다.

사람들이 방언과 예언과 치유를 체험하느냐의 여부에 근거해 은사주의적인 교회들과 "비은사주의적인" 교회들을 분류하는 것이 많은 집단들에서 관행이 되었다. 그러나 이것은 너무 협량한 근거로서, "예언의 영"인 성령으로부터 흘러나오는 훨씬 더 광범위한 은사들을 모호하게 만들고 있다. 이러한 은사들의 타당성을 거부하는 많은 전통적인 복음주의 교회들은 아직도 여전히 매우 영적인 교회들이다. 그러한 교회들 가운데서 카리스마적인 "예언의 영"은 설교에서 성경에 대한 조명을 부여하며, 성경 공부를 통해 지혜와 총명(이해력)을 제공하고, 합심 기도와 개별 기도 가운데서 하나님의 임재와 지도에 대한 깊은 감각을 허락하면서, 다른 은사들을 통해 교회를 살아나게 하고 지시하신다. 이러한 것들은 소위 은사주의 교회들 가운데서 방언과 예언을 주시는 바로 그 동일한 "예언의 영"의 전적인 현시다. 어쩌면 죽은 교회들도 있을 것이다. 그러한 교회에서는 결코 하나님에 대한 어떤 의식을 통해서 일상적인 인간의 가능성들을 초월하는 것을 아무것도 느끼지 못한다. 그러나 하나님이 느껴지는 곳에서는 어느 곳에서든지, 하나님은 "예언의 영" 가운데서만, 그 성령을 통해서만 알려지신다. 모든 진정한 기독교 교회의 생활(생명)—다양한 방식으로 하나님의 임재와 권능을 매개해주는 생명—은 가장 진정한 의미에서 카리스마적이다. 소위 은사주의적 교회와 비은사주의적 복음주의 교회들을(그리고 다른 교회들도) 하나로 연합시키는 "예언의 영"의 선물들과 현시들은, 안타깝게도 그 교회들을 분리시키고 있는 은사들보다 훨씬 더 수가 많으며 아마도 훨씬 더 중요할 것이다.[37]

---

37 이 점에 대한 좀 더 충분한 논의로는 Turner, *Power*, ch. 14, §5.2 (D)을 보라.

11장

오순절 관점에서 본
삼위일체적 성령론을 향하여

성경에 명백한 삼위일체 신학이 없다는 주장은 거의 상투적인 말이 되었다. 물론 그 주장은 정확하다. 신약성경 저자들이 성부, 성자, 성령이 세 위격 가운데서 한 하나님이시라는 점에서 일치했는지는 불명확하다. 성부, 성자, 성령이 그래서 다 동일하게 영원하다고 여겼는지는 고사하고 말이다. 중요한 질문은 과연 신구약성경의 신학이 **함축적으로**(implicitly) 삼위일체적인가 하는 것이다. 현재 성부, 성자, 성령에 대하여 말하는 내용은 우리로 하여금 신약성경 저자들이 주장했던 내용을(그리고 생각했던 내용을) 넘어서서 좀 더 특정하게 삼위일체적 형식에 가까운 어떤 것으로 나아갈 것을 요구하는가? 만일 그렇다면, 삼위일체론은, 비록 순전히 **기술적인**(descriptive) 면에서 다루어지는 신약신학에 의해서는 발견될 수 없다 할지라도, 신약신학의 **규정적인**(prescriptive, 규범적인) 측면이라고 말할 수 있을 것이다.

　잘 알려져 있다시피, 기독교의 모태가 되었던 구약성경의 믿음과 유대교의 믿음은 배타적인 의미에서 유일신론적이었다. 기독교는 그리스도 안에서의 하나님의 계시에 대한 반영일 뿐이었다. 그 계시가 맨 처음으로 믿은 자들을 **내포적인** 유일신론(inclusive monotheism)으로 이끌었다. 그러나 애초에 이 내포적인 유일신론은 대체로 엄밀하게 말해서 삼위일체적 형태가 아니라 이위일체적(binitarian) 형태를 띠었다. 초점은 당연히 예수의 사역과 죽음, 부활-승귀 및 이러한 일들이 지닌 함축들에 맞추어져 있었다.

그러한 성찰은 창조와 구속의 "한 주님"(one Lord)이신 예수의 하나님과의 하나됨(Jesus' unity with God)이라는 명백하게 기독론적인 고백으로 이어졌다(참조. 행 2:33-38; 고전 8:6; 빌 2:6, 9, 10; 골 1:15-20; 히 1:2, 3; 요 1:1-18 등). 예수께 예배가 드려졌으며,[1] 심지어 "하나님"이라는 칭호도 그에게 돌려졌다(히 1:8; 요 1:1, 18[몇몇 사본들]; 20:28; 요일 5:20; 롬 9:5; 딛 2:13; 벧후 1:1)[2] 그러나 성령에 대해서는 그러한 주목이 없었다. 이 사실 때문에 몇몇 사람들은 신약성경의 증거에 관한 한, 가장 초기의 기독교 유일신론은 삼위일체적이라기보다는 이위일체적이었다고 결론을 내리게끔 되었다.[3]

그러나 좀 더 구체적으로 삼위일체적 방향을 가리켜주는 중요한 증거가 있다. 예를 들어, 영(Young)과 포드(Ford)는 (신약성경 이후의) 삼위일체론의 핵심적인 "문법적" 규칙은 "항상 하나님을 말할 때 성부, 성자, 성령을 통해서 말하는 것이며, 그중에서 단 한 위격만 언급되고 있을 때조차도 이 점을 의도한다"는 것이라고 제시했다.[4] 그리하여 그들은 바울이 비록 그 문법에 대한 분석을 제공하고 있지는 않지만, 이 규칙에 따라서 글을 써나간다고 말한다. "그(바울)의 복음은 하나님에 대해서 그가 하는 말에 압력을 가했다. 그 압력에 대해 바울이 직접 분석하지는 않았지만, 그 압력은 하나님 안에 있는 일종의 [삼위일체적] 구분과 관계성(a [trinitarian] differentiation and relationality)과 일치한다."[5] 바울의(그리고 다른 신약 저자

---

1 이 점의 기독론적 의미에 대해서는, 예를 들어 L. Hurtado, *One God, One Lord* (London: SCM, 1988), 11-15과 ch. 5을 보라. 그리고 J. D. G. Dunn은 Hurtado가 예수에 대한 "예배"를 지나치게 강조했다고 주장한다(*Partings*, 203-6을 보라). 그러나 그의 교정은 아마도 반대 방향으로 너무 나아간 것이 아닌가 한다.

2 이 구절들 중 몇 가지는 논란이 되고 있다. 그에 대한 논의로는 M. J. Harris, *Jesus as God: The New Testament Use of Theos in Reference to Jesus* (Grand Rapids: Baker, 1992)를 보라.

3 참조. C. F. D. Moule, "The New Testament and the Trinity", *ExpT* 88 (1976-77), 16-20; 같은 저자, *The Holy Spirit* (London: Mowbrays, 1978), ch. 4.

4 F. Young and D. F. Ford, *Meaning and Truth in 2 Corinthians* (London: SPCK, 1987), 257.

5 앞의 책, 257 (그리고 참조. 255-60).

들의) 성령론의 삼위일체적인 형태에 대해서는 나중에 더 언급하게 될 것이다. 다음에서 좀 더 구체적으로 내가 탐구하기를 원하는 것은, 내가 보기에 오순절이 지니고 있는, 혹은 좀 더 정확하게는 성령을 주시는 예수의 부활과 승천이 지니고 있는, 본질적으로 삼위일체적인 함축적 의미들로 간주될 수 있는 것이다. 앞으로 나는 이 사건이 신약성경의 신적 기독론(즉 전통적인 유대교의 배타적인 유일신론을 깨뜨리고 있는 기독론)의 가장 확실한 기반을 제공하고 있을 뿐만 아니라 강력하게 삼위일체적인 방향으로 성령론을 제공하고 있음을 논증할 것이다. 그 논의를 대략적으로 언급하면 다음과 같다. (i) 유대교에서 "야웨의 영"이라는 표현은 (행동하고 계시는) 야웨 **자신**을 가리키는 한 가지 방식이다. (ii) 이에 비추어서, 예수가 성령을 "보낸다"는 주장은 **오로지** 신적 기능인 것으로 봐야 한다(예를 들어, 어떤 신적인 대리자에게 위임된 것으로 쉽게 생각될 수도 있는, 창조에의 참여나 죄사함을 선포하는 일과는 달리). (iii) 신적 성령은 불가피하게 야웨로부터 어느 정도 차별화되었다(그렇지 않다면, 앞의 주장은 어떤 의미에서 높임을 받은 예수가 성부 위에 군림하는 "주재자"가 되었다는 신성모독적인 주장에 해당하게 될 것이다).

I. 유대교에서의 성령

구약성경의 전통 가운데 있는 유대교는 배타적인 의미에서 유일신론적이었다. 즉 하늘 보좌에는 오직 단 **한** 인물만이 존재했다. 신비주의자인 엘리샤 아부자(Elisha b. Abujah)가 하늘의 "두 권세들"(two powers; 3 Enoch 16:2-4, b. Hag. 15a)에 대해서 말하자, 그는 즉시 배교자라는 언도를 받았다. 분명한 분 하나님 안의 어떤 복수성에 대한 생각을 해본 개인들과 그룹들이 이따금씩 있었음이 사실이다. 그러나 그들은 사변적이거나 오도되었거나 더 나쁜 경우인 것으로 무시되었다.[6] 유대교가 아무리 근접하게 어떤 천사(an angelic being)나 신적 속성(a divine attribute)을 실체화할 정도에까지 갔다 할지라도 어떤 점에서도 하나님의 **영**(God's *Spirit*)의 실체화(hypostatization, 위격화)가 문제로 부상하지는 않고 있다.[7] 하나님의 영은 언제나 하나님 자신의 개인성(personality)이나 생명력 그리고 권능의 연장(extension), 곧 "하나님의 입의 호흡"이지(욥 33:4; 34:14; 시 33:6; 지혜서 11:20 등), 제2의 신적인 인격적(위격적) 존재자(a second divine personal being)가 아니다. 다시 말해서, "야웨의 영"은 현재적으로 임재하시며 활동하시는 하나님 자신을 말하는 한 가지 방식이다. "영"은 사실상 "하나님"을 가리키는 제유법(synecdoche)이다. 이런 이유 때문에 성령은 쉽게 인격화될 수 있었다. 예를 들어, 이사야 63:10은 우리에게 광야 세대가 "반역해서 하나님의 성령을 근심하게 했다"고 말한다. 그러나 이것은 (다음 행이 시사하듯이) 단순히 그들

---

6   랍비들의 공격적인 입장은 유대교의 몇몇 분파들 가운데서 중보자들에 대한 활발한 논쟁이 있었음을 시사해줄 수 있다. 그리고 이 사실은 최소한 비록 그 이전은 아닐 수 있지만 Philo 의 시대로까지 추적될 수 있다(A. F. Segal, *Two Powers in Heaven* [Leiden: Brill, 1977], 여러 곳). 잠 8장과 9장은 지혜라는 인물을 강하게 의인화하고 있다(참조. *Sir.* 24; *Wis.* 10). Philo은 스스로 유일신론자라고 여기고 있지만 로고스(*logos*)에서 하나의 신적 실체를 만들어내고 있는 것으로 보인다(*On Dreams* 1.62-6; 230-3: 참조. Segal, *Powers*, 161 이하.). 그리고 (약간 후대에 속하는) 묵시론자들 가운데서 하나님의 뜻을 집행하는 대천사들(God's chief executive angels, 이를테면 *Apoc. Abr.* 17의 야오엘[Yaoel]; *Apoc. Zeph.* 6의 에레미엘 [Eremiel] 및 *Jos. and Asen.* ch. 14에 나오는 천사장)은 에스겔 1장에서의 엄위로운 신현을 직접적으로 연상하게 해주는 고양된 용어로 기술될 수 있다. 그럼에도 불구하고 Christopher Rowland는 "우리가 이 천사를 가리켜 천상의 세계에서의 두 번째 권력이라고 말할 수 있는지는 의심스러움에 틀림없다"고 결론을 내린다(*The Open Heaven* [London: SPCK, 1982], 111). 그리고 Hurtado (*One Lord*)는 유대교가 어떤 식으로든 "두 번째 권력"을 인정했다는 모든 주장들에 대해서 훨씬 더 단호하게 부정적인 선고를 내리고 있다. 좀 더 최근에 Hayman 과 Barker는 유대교의 다양한 흐름들 가운데서 최고 천사장이 신적인 존재자였다고 주장했다(최고신[엘 엘리욘]이 여러 "아들들"을 두었으며, 그 아들 중 하나가 "야웨"였다는 소위 고대의 견해에서 이끌어낸 견해다). 이 주장에 대해서는 P. Hayman, "Monotheism—A Misused word in Jewish Studies?", *JJS* 42 (1991), 1-15; M. Baker, *The Great Angel: A Study of Israel's Second God* (London: SPCK, 1992)을 보라. 그러나 이러한 자극적인 시도들은 기이하게 여겨진다. 참조. J. D. G. Dunn, "The Making of Christology—Evolution or Unfolding?" in Green and Turner (eds.), *Jesus of Nazareth*, 437-52 (특히 44-7).

7   Max Turner, "Spirit and 'Divine' Christology" in Green and Turner (eds.), *Jesus of Nazareth*, 413-36 (특히 422-3), 그리고 J. D. G. Dunn, *Christology*, 129-36을 보라.

이 하나님 자신을 슬프게 했다는 말의 방식이었다. 하나님은 그의 성령 가운데서, 성령을 통해 임재했다. 실로 랍비 유대교 안에서의 성령에 대한 이러한 종류의 인격화(personification)는 최소한 사용된 인격적 언어의 맹렬함에 있어 때때로 신약성경 어느 곳에서 접할 수 있는 정도를 넘어서기까지 한다. 에이블슨(Abelson)이 지적하듯이, 성령은 성경을 인용할 뿐 아니라, "또한 외치며, 하나님 혹은 어떤 인격자와 대화를 나눈다. 성령은 개탄하고 울며, 즐거워하고 위로한다."[8] 그러나 이러한 사실로부터 랍비 유대교가(혹은 그 점에서 유대교의 어느 다른 분파가) 성령을 야웨로부터 구별되는 독립적인 실체로(위격으로) 생각하게 되었다고 주장하는 것은 전적으로 부적절할 것이다. 그러한 언어는 단순히 비유적인 표현일 뿐이다. 구약도 유대교도 성령에 대한 그들의 견해에 있어 이위일체론적이지 않았다.

이런 이유 때문에 신약성경에서 성령이 "가르친다"거나(눅 12:12), "말이 터져 나오게 한다"거나(행 2:4), "말한다"거나(행 8:29; 참조. 1:16; 10:19; 11:12; 13:2; 20:23; 21:4; 28:25), "보낸다"거나(행 13:4), "금한다"거나(행 16:6), "감독자로 임명한다"거나(행 20:28) 기타 등등을 행한다고 언급되는 곳에서 신약에서의 성령의 신적 인격성(divine personhood, 신적 위격성)을 입증하려고 하는 것은 방법론적으로 상당히 부적절하다. 이 모든 것은 단순히 "**하나님**이 영으로서(as Spirit, 혹은 "자신의 영으로"[by his Spirit]) 말씀하셨다"는 말의 축약형일 수 있다.

---

8   A. Abelson, *The Immanence of God in Rabbinic Judaism* (London: Hermon, 1969 [originally 1912]), 225. 참조. D. Hill, *Greek Words*, 223. 다른 예로는 Turner, "Spirit and 'Divine' Christology" in Green and Turner (eds.), *Jesus of Nazareth*, 422을 보라.

II. 삼위일체를 드러내는 성령의 부어짐

복음서들에 따르면, 예수는 그의 사역 가운데서 아브라함보다 앞서 존재
했으며, 죄를 용서하며, 하나님 나라를 출범시키며, 아버지와 하나이며, 종
말론적 인자로서 인류를 심판하시며, 하나님 우편에 앉게 될 자라는 주장
을 포함하는 어떤 높은 지위에 대한 주장들을 했다. 이러한 주장들이 기독
론적으로 중요하기는 하지만, 이 주장 중 어느 것도 그 말하는 자가 높은
지위의 신적 대리자임을 말하는 것 이상을 요구하지 않는다. 다시 말해서,
다양한 이 주장들은 어떤 천사들도, 다른 천상적 존재자들 혹은 (에녹, 엘리
야, 아벨과 같이) 하늘에 올림을 받은 인간들조차도 할 수 있는 것이었다.[9] 그
러나 높아진 예수에 의해 성령이 부어짐은 다른 종류의 노출을 구성한다.
왜냐하면 여기서 예수는 신적 성령에 대한 어떤 종류의 주재권을 행사하
는 것으로 그려져 있기 때문이다. 이 점은 각별히 주목할 만하다. 왜냐하면
이미 살펴보았듯이 성령은 유대교에서 행동중이신 하나님 자신이나 (천사
들처럼 하나님이 사용하시는 어떤 대리자들과는 달리) 하나님 **자신의** 인격적인 권
능과 생명력인 것으로 이해되고 있기 때문이다. 내가 (다른 곳에서) 주장했
듯이, 예수가 성령을 부어주신다는 바로 이 주장이 바로 신약성경에 있는
"신적" 기독론의 가장 중요한 뿌리들 중 하나이다.[10] 먼저 이 노출에 대한
주요 증거인 누가, 요한, 바울의 증거를 간단히 살펴보도록 하겠다.

1. 누가-행전의 증거

제3장에서 보았듯이, 베드로의 오순절 설교는 예수의 승천을 예수가 하나

---

9 Hurtado, *One Lord*, chs. 2-4을 보라.

10 Turner, "The Spirit of Christ and Christology" in Rowdon (ed.), *Christ*, 168-90; 더 자세하
게는, Turner, "Spirit and 'Divine' Christology", 413-36.

님 우편에 즉위(enthronement)한 것으로 해석한다. 이제는 메시아가 누가 복음 1:32, 33에 약속되어 있는 대로 다윗의 보좌에 앉아 그곳에서부터 영원한 다스림을 시작한다. 베드로는 자신의 설교의 절정부인 2:36에서 "그런즉 이스라엘 온 집은 확실히 알지니 너희가 십자가에 못 박은 이 예수를 하나님이 주와 그리스도가 되게 하셨느니라"고 결론을 내린다. (누가의 독자들은 말할 것도 없고) 어떻게 모든 이스라엘이 이 사실을 알 수 있었는가? 그들은 그곳에서 예수를 그들의 눈으로 볼 수 없었다. 그리고 예수가 하늘로 올리워졌다는 사실은 그 자체로 예수가 그곳으로부터 다스린다는 사실을 함축하지 않았다(에녹, 모세, 엘리야와 같이 하늘로 올려간 다른 인물들에 대해 언제나 바로 그런 결론을 내릴 수 없었다). 요구된 "증거"가 2:33에 제공되어 있다. 베드로는 거기에서 군중의 이목을 맨 먼저 끌었던 그 성령의 선물들을 부어준 이가 바로 **예수**라고 주장한다. 물론 이 나중의 확언을 신뢰할 필요가 있었다. 하나님의 성령을 부어준 이가 바로 예수였다는 것은 그 단계에서는 그가 하나님 우편에 앉으셨다는 것만큼이나 더 이상 "눈에 보이는" 것이 아니었다. 그러나 누가의 독자들은 다른 상황 가운데 있었다. 그들은 교회 안에서의 성령에 대한 기독론적인 체험에 대해 성찰하고 하나님의 성령이 또한 "예수의 영"이 되었다는 사실을 이해하기에 훨씬 더 좋은 위치에 있었다(참조. 행 16:7).[11]

이 사실이 지니고 있는 기독론적인 함의들은 누가에게는 비교적 명확하다. 사도행전 2:17에서, 누가는 편집상으로 (요엘서에서) **하나님**이 "내가 내 영을 내 남종과 여종들에게 부어줄 것이다"라고 약속하셨음을 강조한다. 그 말에 대해서 아무도 놀라지 않았을 것이다. 왜냐하면 이미 우리가 살펴보았듯이, 유대교에서는 하나님의 성령이 하나님 **자신**의 "생명"이며, 권능과 활력이기 때문이다. 오직 하나님**만이** 자신의 성령을 통해서 행동하실 수 있다. 그 이유는 하나님의 성령은 활동중인 하나님 **자신**이기 때

---

11 앞의 제3장, IV, §3과 Turner, *Power*, ch. 10을 보라.

문이다. 유대인으로서는, 하나님이 아닌 다른 누군가가 하나님의 성령을 부어주시고 성령에 대해서 그리고 성령을 통해서 자신의 주재권을 행사한다는 말이 이해되지 않았을 것이다. 그런 말은 해당되는 그 인물이 하나님 자신의 자기 계시적인 생명력에 대해 주재하고 지시하게 되었다는 사실을 함축한다고 볼 수 있다. 그런데 이것이 정확히 베드로가 실질적으로 예수에 대해 주장하고 있는 내용이다. "너희가 보고 듣는 이것을 **하나님이 부어주신 것**"이 아니라 요엘의 약속을 시행할 집행 권한을 받은 예수가 "너희가 보고 듣는 이것을 부어주셨다"는 것이다. 이 사실은 예수가 어떤 의미에서 누가복음 24:49에 예견되어 있는 대로("볼지어다. 내가 내 아버지께서 약속하신 것[즉 성령]을 너희에게 보내리니…") "성령의 주"(Lord of the Spirit)가 되셨음을 함의한다. 따라서 우리가 사도행전을 읽어나갈 때에 그 성령은 아버지와 아들 둘 모두의 자기 현시적이며 권능을 부여해주는 임재인 것으로 나타난다(그 "권능"은 예수가 다윗의 보좌에서 그의 통치를 행사하는 그 권능이다). 기독론적인 용어로 누가는 사실상 한 "주"(one Lord)로서의 예수를 요엘 2:28-32의 주 하나님인 것으로 확인하고 있다.[12]

2. 요한복음의 증거

우리는 (제5장에서) 요한이 어떻게 보혜사를, 예수가 아버지 곁으로 올라가신 후에, 제자들과 함께 거하시는 예수와 아버지의 자기 현시적 임재로 그리고 있는지를 관찰했었다(참조. 요 14:16-26). 보혜사 성령의 근본적인 "역사"는 제자들을 예수에 관한 진리로 들어가게 지시해주어 예수를 영화롭게 하는 것이다(16:13-15; 참조. 14:26). 물론 이것은 대단한 주장이다. 어떤 유대인이 성령에 대해 말하면서 성령이 지상의 유대인들에게 (마치 똑같은 조건에서) 아버지 하나님과 모세의 임재를 가져다주는 것으로 말하는

---

12 자세한 논의는 Turner, *Power*, chs. 10, 11 (§2), 13 (§3), 그리고 앞에 인용된 기고문들을 보라.

것을 그 누구도 상상조차 할 수 없을 것임이 분명하다. 그러나 아마도 더욱 놀라운 것은 요한복음의 고별 강화에 나오는 두 개의 대목일 것이다. 15:26에서 예수는 "내가 아버지께로부터 너희에게 보낼 보혜사 곧 아버지께로부터 나오시는 진리의 성령이 오실 때에 그가 나를 증언할 것이요"라고 진술한다(참조. 14:26). 마찬가지로 요한복음 16:7에서 예수는 "…내가 떠나가지 아니하면 보혜사가 너희에게로 오시지 아니할 것이요, 가면 내가 그를 너희에게 보내리니"라고 말씀하신다. 여기서 누가-행전에 있는 유사한 구절들에서처럼, 예수는 어떤 식으론가 하나님의 성령의 주이신 것으로 묘사되고 있으며, 다시 그 성령은 그리스도 중심적 목표들에 기여하고 있다. 다시 말해서, 하나님의 성령은 단지 성부의 집행력일 뿐 아니라 높임을 받은 주님의 집행력인 것으로 그려져 있다.

3. 바울 서신의 증거

바울의 성령론은 이 점에서 비슷하다.[13] 본질적으로 바울은 부활 이후의 선물인 성령을 "하나님과 그리스도를 대신해서 활약하시는 대사로, 따라서 교회에서 자신의 주재권을 행사하는 그리스도의 권능인 것으로" 간주한다.[14] 이 사실에 비추어볼 때, "그리스도의 영"(롬 8:9), "그의 아들의 영"(갈 4:6), "예수 그리스도의 영"과 같은 표현은 "하나님의 영" 혹은 "야웨의 영"이라는 표현의 유비에 따라서 이해되어야 한다. 즉 그 표현들은 "성령이 하나님과 그리스도를 대신해서, 그 둘의 주권 아래서 활동하셨다는

---

13 앞의 제8장(특히 VI)을 보라. 더 길게는 Turner, "Spirit and 'Divine' Christology", 424-34를 보라. 철저한 연구로는 Mehrdad Fatehi, "The Spirit's Relation to the Risen Lord in Paul: An Examination of its Christological Implications", 박사학위 논문, LBC /Brunel University, 1998 (Tübingen: Mohr, 2000).

14 Turner, "Spirit of Chrisit and Christology", in Rowdon (ed.), *Christ*, 188.

믿음을 표현하기 위해 사용되었다."[15] 단지 부활-승귀를 통하여 성령이 (이런저런 면에서) 그리스도의 "성품"을 취하여 그 성품을 신자들에게 가했음(impressed)을 제시하는 것이 아니다. 이 점은 분명 바울이 의미하는 바의 일부이긴 하지만, 던은 성령의 이 그리스도화하는 일이 또한 예수가 어떤 식으론가 "…성령을 인수하셨으며…성령의 주가 되셨음"도 함축한다는 사실을 받아들인다.[16]

4. 삼위일체적인 신론의 결과

지금까지 우리는 이 구절들 가운데 있는 주장들이 성령을 통한 그리스도에 대한 교회의 경험 가운데 반영되어 있었으며, 그 주장들은 충분한 신적 기독론을 낳는다고 논의했다. 즉 이 주장들은 아무리 높여졌다 할지라도 단지 피조물에 대해서만 유대교가 주장할 수 있는 것을 넘어서고 있다. 우리는 즉시로 어떻게 해서 하나님이 본래 신적인 어떤 기능들을 높임을 받은 대리자들에게—예를 들어, 아벨에게 종말론적 심판과 죄악을 용서할 권한을 부여하심으로써—위임할 준비가 되어 있는 것으로 생각될 수 있었는가를 이해할 수 있을 것이다(Testament of Abraham 12-13의 경우). 그와 같은 기능들이라 할지라도 피조물로서 신적으로 권능을 부여받은 대리자에게 위임해주는 일은 유대교에서도 생각할 수 있는 일이다. 왜냐하면 그 대리자가 하나님의 주재권 아래 있기 때문이다. 그러나 예수의 성령에 대한 그리고 성령을 통한 "주재권"은 아주 다른 문제이다. 그 이유는 그 일이 예수에게 **하나님 자신 안의** 주재권을, 즉 활동중이신 하나님 자신의 인격적인 임재인 성령에 대한 주재권을 부여하는 것으로 나타나기 때문이다. 그

---

15 앞의 글.

16 J. D. G. Dunn, "Jesus—Flesh and Spirit", 40-68 (68). Dunn의 나중 글들은 이 점을 등진 것으로 보였다. 그러나 Turner, "Spirit and 'Divine' Christology", 424-34, 특히 429-30을 보라.

점에서 예수가 성령의 주시라는 주장은 최소한 이위일체 신학을 함축하고 있다. 즉 예수에 의해 하나님의 성령이 부어짐은 성부와 성자가 함께 한 하나님이시라는 사실을 낳는다. 여기서는 이 점을 더 설명하지 않고,[17] 성령론이 지닌 함축적 의미들에 주목하도록 하겠다.

나는 예수의 승귀와 성령에 대한 주재권이 또한 성령의 구별되는 신적 위격성을 함축한다고 제안한다. 그와 같은 가능성에 대해서는 다만 두 가지 대안만 있는 것으로 보이는데, 그 두 대안 중 어느 것도 그리 가능성이 있어 보이지 않는다.

(1) 그리스도인들이 유대교의 이해를 그대로 보유했다고 가정할 수 있을 것이다. 그 이해란 (인간의 "인격"과 그의 "영" 간의 유비를 거의 따라서) "성령"을 말하는 것이 다름 아닌 행동 가운데 계신 성부 자신의 인격적인 활력과 "생명"을 말하는 것이라는 것이다. 그럴 경우 어떻게 해서─성자의 임재와 주권이 성부의 성령의 활동을 통해 지상에서 느껴질 정도로─높임을 받은 주님이 성부와 아주 밀접하게 하나가 된 것으로 이해될 수 있는가를 이해하기가 어렵지 않을 것이다. 그러나 그러한 견해는 예수가 성령에 대한 어느 정도의 주재권을 행사한다는 주장들이 갖는 맹렬한 문제점을 맞게 된다. 다시 말해서, 그런 가정은 예수가 "내가 그를 너희에게 보낼 것이다"라고 하신 말씀(요 16:7; 참조. 눅 24:49; 요 14:26; 15:26)을 설명할 수 없다. 만일 이것이 예수가 행동중이신 성부와 다르지 않은 "성령"을 보내실 것이라는 뜻이라고 한다면, 예수가 성부에 대하여 그 위에 군림하는 주재가 되었다는 불경스러운 주장에 가깝게 된다. 그것은 예수가 이 성령을 아버지"로부터" 보내실 것(15:26)이라는 엄호용 주장에 의해서만 겨우 조금 완화될 수 있는 신성모독이다. 간단히 말해

---

17 참조. Turner, "Spirit and 'Divine' Christology", 특히 419-424.

서, 우리가 하나님의 성령을 (행동하고 계시는) 성부와 더욱더 강하게 동일시하면 할수록, 성령에 대한 예수의 주재권을 말하는 것, 혹은 성령을 "예수 그리스도의 영"으로 말하는 것, 혹은 아버지께서 **자기 아들의 영**을 보내신다(갈 4:6)고 말하는 것이 신학적으로 더욱 이상하게 된다. 우리가 이러한 언명들을 어느 정도 신학적으로 편안하게 들을 수 있으려면, 성부와 성령 사이에 어떤 신론상의 "공간" 혹은 "거리"가 있어야 한다. 실로 "아버지로부터" 아들에 의한 성령의 "보내심"(15:26)은 그 자체가 성부로부터 성령의 어떤 차별화를 함축한다.

(2) 그러한 "공간"을 제공하는 한 가지 길은 성령론에 대한 초기 기독교의 이해에 성령을 실체화하고 성령을 하나님을 대신해서 활동하는 대리자로 강등시켜버렸던 어떤 수정이 있었을 것이라고 가정하는 것일 것이다. 성령이 수행한다고 언급되는 기능들(말씀, 가르침, 장로들을 임명함, 보냄, 뜻대로 은사들을 분배함, 중보함 등)[18]과 당시 알려져 있는 세계 전역에 흩어져 있는 신자들 가운데서 동시적으로 이루어지는 그의 활동을 다 설명하기 위해서는 이 "영"이 인격적인 동시에 잠재적으로 편재하는 대리자일 필요가 있을 것이다. 그러나 최소한 그리스도인들이 성령을 어떤 최고의 신적 대리자인 것으로, 그럼에도 불구하고 그 자신은 신성하지 않고 다만 하나님으로 "충만한" 것으로(예를 들어, 3 Enoch에 나오는 메타트론[Metatron]처럼) 생각하게 되었다고 상상하는 것이 가능할 수 있다. 그와 같이 수정된 성령론 가운데서는 성부와 성자가 둘 다 이 강력한 성령을 통해 제자들과 관계를 맺는 것으로 생각될 수 있을 것이다.

---

18 누가-행전에서 성령에게 돌려졌던 "인격적" 활동들의 목록으로는 Turner, *Power*, ch. 2 §1을 보라. 그리고 바울 가운데서의 유사한 목록을 보려면 Fee, *Presence*, 829-31을, 그리고 요한의 경우에 대해서는 뒤를 보고, 좀 더 범위가 넓지만 덜 상세한 목록으로는 A. W. Wainwright, *The Trinity in the New Testament* (London: SPCK, 1962), 200-4을 보라.

그러한 제안의 중심적인 문제점은 그 제안이 1세기 유대적 배경에서는 선택할 수 있었던 사항이 아니었던 것으로 보인다는 점이다. 하나님의 지혜와 의와 이름 등은 실체화되었을 수 있지만, 하나님의 성령의 경우는 결코 그렇지 않았다. 그 이유는 성령이 너무나도 밀접하게 하나님 **자신의** 활동, 즉 행동 중에 있는 하나님 자신과 연결되어 있었기 때문이었다. 실로 "야웨의 영"이라는 용어는 정확히 신적인 활동들을 신적 대리자들을 통해 수행하는 **대신에** 하나님 자신이 수행하시는 활동들과 **대조하기 위해** 신적인 활동들과 연관해서 사용되고 있다. 그리고 좀 더 결정적으로, 신약성경에서도 "하나님의 영"이라는 용어는 하나님의 대리자로서 행하는 강력한 피조물인 영을 의미한다기보다는 오히려 "영으로서의 하나님"이라는 의미를 지니고 있다. 그래서, 예를 들어 성령에게 거짓말을 한다는 것(행 5:3)은 **하나님께** 거짓말 하는 것과 직접적으로 동일시되고 있다(행 5:4). 그것은 만일 성령이 단지 하나님을 닮은 강력한 천사들인 야오엘(Apocalypse of Abraham, chs. 10, 14)이나 에레미엘(Apocalypse of Zephaniah, ch. 6) 혹은 「에녹서」에 나오는 "작은 야웨" 메타트론(3 Enoch)과 유사할 뿐이라고 한다면 일어날 수 없는 방식이다.

물론 「솔로몬의 지혜서」에 나오는 소피아/프뉴마(지혜/성령)의 편재와 (그 대리자로 하여금 신자들에게 자기 현시적인 하나님과 그리스도의 임재와 활동을 충만히 매개해줄 수 있었던) 심오한 인격성을 결합한 신적 대리자에 대한 새로운 개념의 출현을 상상해볼 수 있을 것이다. 그러나 신약성경 안에서 그러한 발전이 있었다는 증거를 전혀 찾아볼 수 없다. 오히려 고린도전서 2:10, 11에서 바울이 어떻게 해서 오직 하나님의 성령만이 하나님의 마음과 생각을 아시는가를 설명하고자 하면서 사용하고 있는 유비는 어떻게 인간의 영만이 그 사람 자신의 가장 깊은 생각들을 아는가 하는 것이다. 즉 하나님의 성령은 하나님의 속으로부터 나오며, 하나님이시라는 것이다. 성령은 하나님을 알아보는 다른 누군가가(그리고 더 낮은 자가) 아니다. 그러므로 이 구절은 성령과 하나님의 하나됨을 증거한다. 그리고 동시에 성령을 어느 정도는 성부와 성자로부터 구별시켜주고 있다.

따라서 처음 이 두 설명은 우리의 기대에 어긋난다. 그래서 최종적인 고려는 그 대신에 제3의 길을 가리킨다. 그것은 삼위일체론에 다가가는 길이다. 유대인 그리스도인들이 성령의 충만한 신적 본성에 대한, 그들이 그리스도인이 되기 이전의 생각들을 유지했다고 보는 것이 아주 자연스러울 것이다. 그러나 예수의 승귀와 성령에 대한 그의 주재권에 비추어볼 때, 그 그리스도인들은 아들이 아버지를 보내신다는 식으로 말하는 것을 피하기 위해서 어떤 식으로든 성령을 아버지로부터 떼어놓을 필요가 있었을 것이다. 이 모든 사실에서, 그 그리스도인들이 계속해서 성령의 신적인 위격성(divine personhood)을 인정했다고 보는 것이 자연스럽다. 물론 유대교는 성령의 위격성에 대한 이 경험을 단순히 성부 자신의 위격성의 연장으로 이해했다. 그러나 그리스도가 성령을 위탁받음으로써 성령이 신론상 성부로부터 분화되었기 때문에, 성령 역시 신적인 위격성을 공유했다고 가정하는 것이 자연스럽게 되었다. 그렇게 될 때 이 사실은 어떻게 성령이 신자들에게 성부와 성자를 매개(중보)해줄 수 있었는지를 곧 바로 설명해준다. 다시 말해서, 성령이 점차적으로 하나님 안에서의 위격성의 좌소로서 인지되되 성부와 성자와는 다른 분으로 인지되는 것이 당연하게 된다는 것이다. 우리는 바울 안에서(예를 들어 고전 2:10, 11; 12:5-7; 고후 3:17-18; 13:13; 롬 8:26-27 그리고 바울의 성령론 나머지 부분의 전반적인 삼위일체적 "형태" 가운데서) 이 점에 대한 강력한 힌트들을 볼 수 있다.[19] 또한 마태

---

19 G. D. Fee, "Christology and Pneumatology", 312-31을 보라. 마찬가지로, Fee, *Presence*, ch. 13을 보라. Gordon Fee는 정확하게 성령이 인격적이며 성부와 구별되지만, 성령은 주로 성부와 관련해서(*Presence*, 829-36) "하나님의 영"으로 남는다고(그리고 그리스도인들 안에 거하시는 하나님의 임재로서 남는다고: 843-5), 그리하여 비록 성령이 또한(그러나 훨씬 더 드

복음 28:19의 증거도 있다(성부, 성자, 성령의 한 이름으로 주는 세례는 우연스럽게 이루어진 삼중 형식이 아니라 성령이 성부 및 성자와 똑같은 존재를 갖고 있음을 시사하고 있다). 아마도 성령의 신적 위격성은 요한복음 14-16장에서 가장 두드러질 것이다. 이제 그 점을 살펴보도록 하자.

5. 요한복음 14-16장에 나타난 삼위일체적 성령론?

전통적으로 요한복음 14-16장에 있는 성령에 관한 삼위일체적 이해에 대한 주장은 두 가지 측면에 집중되어 있다. (1) 성령과 관련해서 남성 대명사 아우토스(autos)="그"(16:7)가, 그리고 남성 지시 형용사 에케이노스(ekeinos)="그 이"(that one, 14:26; 15:26; 16:8, 13, 14)가 사용되고 있다는 점. (2) 성령이 인격이 행하는 기능들을 수행한다고 언급되어 있다는 점. "가르침"(14:26), "증거함"(15:26), "세상에게 죄를 확신시킴"(16:8), "모든 진리 가운데로 인도함"(16:13), "스스로 말하지 않고, 자신이 들은 바를 말함"(16:13b), "그리스도를 영화롭게 함"(16:14).

이 두 가지 논증은 우리가 바라는 만큼 확고하지는 않다. 남성 대명사는 사실상 그 저자에게 성(gender)에 일치하게 남성 명사인 호 파라클레토스(ho paraklētos)를 쓰도록 강제하였다. 그리고 14:17에서는 남성 대명사가 아닌 **중성** 대명사가 사용되어 있다. 소위 인격자가 행하는 기능들에 대해 개별적으로 취해서 보았을 때에 성령이 가르치고 계시를 주고, 이끌어주고, 증거하는 등등의 주제들은 구약성경의 전망을 넘어서지 않는다는 점이 인정되어야 할 것이다. 심지어 성경도 예수에 대해 "증거한다"고 언급되어 있다(5:39). 그렇지만 그렇다고 해서 성경이 신성의 네 번째 일원임이

물게) "그리스도의 영"이라고 언급되기도 하지만(837-8) 분명히 부활하신 주님과도 동일시되지 않는다(831-4, 837-8: Gunkel, Hermann, Berkhof, Dunn 등과는 반대로)고 주장한다. 이 패턴은 본래적으로 삼위일체적이다(839-42).

확인된다고 가정할 것을 기대하지는 않는다.

성령이 신적 인격자라고 생각되게 오신다는 점을 제시하는 가장 설득력 있는 예는 16:13, 14에 나온다. 여기서 제자들은 성령이 자기 임의로 말하지 않을 것이며, 오직 하늘에서 그가 듣는 것만을 말할 것이라고 듣는다(13절). 그리고 14절은 "그가 내 영광을 나타내리니, 내 것을 가지고 너희에게 알리시겠음이라"고 밝히고 있다. 이 모든 것을 단순히 생생한 의인화일 뿐이라고 설명하고픈 유혹에 빠질 수도 있을 것이다. 그렇지만 이러한 유혹은 다음 세 가지 점을 고려해볼 때 개연성이 없어진다.

(1) 우선 (세 장에 걸쳐서 자주 나온, 그리고 비교할 수 있는 경우들로서) **연장된 의인화**(extended personification)는 성령에 대한 전통적인 유대교의 의인화들로부터 결별하는 방향을 가리킨다.

(2) 아마도 요한의 생각이 성령에 대한 구약성경의 견해(즉 성령은 단지 야웨의 임재의 양태일 뿐이라는 견해)를 넘어서서 진행되고 있다는 아주 강력한 시사는 제자들에게, 세상에게, 성부와 성자에게 한결같이 유지된 관계 가운데서 **예수의 병행적 인물**로서의 보혜사에 대한 전체적인 제시일 것이다(제5장을 보라). 이것은 요한이 성령을 공생애 사역 가운데서 예수가 성부 하나님에 대해 가졌던 관계와 마찬가지로 성부에게, 그리고 높임을 받은 성자에게 연결되는 신적인 인물로 바라보고 있음을 요구한다고 주장할 수 있다.

(3) 역시 중요한 것은 제4복음서의 신학에서 성자가 성부를 영화롭게 하며, 성부가 성자를 영화롭게 한다는 사실이다. 즉 그들은 **스스로**를 영화롭게 하지 않는다. 그러므로 성령이 자신을 영화롭게 하지 **않고** 아들을 영화롭게 할 것이라는 말에서 성령은 구별되는 인격자로 그려지고 있다(16:13, 14). 그것이 사실이든지 아니면 (만일 성령이 단지 그리스도의 개인성의 연장이라고 한다면) 결국 따지고 볼 때 그리스

도가 **자기 자신을** 영화롭게 하고 있는 것이 된다.[20] 성령은 요한 공동체로 하여금 예수를 고백하게 하며, 성부를 예배하게 할 수 있다. 그러나 성령은 성부와 성자의 인격성의 단순한 연장에 불과한 것이 아니라 그 둘로부터 구별된다. 이 점은 그 공동체가 성령을 예배하지도 고백하지도 않는다는 사실에서 분명해진다. 역설적으로 성령은 스메일(Smail)이 말하듯 "얼굴 없는 인격자"가 됨으로써 자신을 구별된 위격으로 계시한다.[21]

III. 결론

예수가 높임을 받음으로써 "아버지께로부터" 받아서 주시는 성령이라는 선물은 하나님에 대한 삼위일체적 진술에 다가가는 어떤 것에 대한 실질적인 근거를 제공해준다. 신약성경 저자들이 이 사실의 중요성을 어느 정도까지 전적으로 파악했었는지는 명확하지 않다. 그러나 오늘날의 신학(신론)에 대한 그 의의는 괄목할 만하다. 그것은 람프의 신학과 같은 유니테리언 신학들에 대한 주요 방파제로 서 있다.[22] 그 신학들은 부활하신 그리스도를 제거하고 성령을 하나님 안으로 허물어뜨린다. 그리고 성령을 그리스도로 만들어버리고, 기능론적인 이위일체론으로 끝맺어버리는 베르코프와 여타의 학자들의 견해와 같은 성령 기독론들[23]에 대한 방파제 역할을 감당한다.[24]

---

20   이 논의에 대해서는 T. Smail, *The Giving Gift: The Holy Spirit in Person* (London: Hodder, 1988), 51-3, 84-7을 보라.

21   이것은 Smail의 책, *Gift*, ch. 2의 제목이며 내용이다. 그의 제목은 Yves Congar, *I Believe in the Holy Spirit* (London: Chapman, 1983), vol. 3, 5에 빗지고 있다.

22   G. W. H. Lampe, *God*.

23   H. Berkhof, *The Doctrine of the Holy Spirit* (London: Epworth, 1965).

24 성령에 대한 읽기 쉽고 통찰력 있는 현대 신학들로는 특히 다음 책들을 보라. G. D. Badcock, *Light of Truth and Fire of Love: A Theology of the Holy Spirit* (Grand Rapids: Eerdmans, 1997); Congar, *I Believe*; R. Del Colle, *Christ and the Spirit*; Heron, *Spirit*; G. McFarlane, *Why Do You Believe What You Believe About the Holy Spirit?* (Carlisle: Paternoster, 1998); J. McIntyre, *The Shape of Pneumatology: Studies in the Doctrine of the Holy Spirit* (Edinburgh: T & T Clark, 1997); Moltmann, *Spirit*; C. H. Pinnock, *Flame of Love: A Theology of the Holy Spirit* (Downers Grove: IVP, 1996), Smail, *Gift*; Michael Welker, *God the Spirit* (Minneapolis: Fortress, 1994). 불행하게도 이 책들 대부분은 내가 이 글을 쓰고 있었을 때(1995), 손에 넣을 수 없었던 것들이다. 그렇지 않았더라면 더 자주 언급되었을 것이다.

2부

신약 교회와 오늘날의
성령의 은사들

서언

제2부에서는 "성령의 은사"(영적 은사, spiritual gifts)라는 주제를 다룰 것이다. 신약 교회의 삶에서 그와 같은 은사들의 자리를 살펴볼 것이며, 오늘날의 교회에서 나타나는 현상과 어떻게 부합하는지 질문을 제기할 것이다.

하지만 먼저 근본적인 용어상의 문제를 인식해야만 한다. "성령의 은사"라는 말을 할 때, 그것은 무슨 의미인가? 우리는 그 용어가 모호하다는 것과, 어떤 저자는 다른 저자보다 훨씬 광범위한 의미로 사용하고 있다는 것을 인정할 수밖에 없다. 만약에 우리가 20세기 말을 기점으로 해석학적인 문제에 접근한다면, 그 즉시 우리가 사용하는 용어의 명시적 의미가 무엇인가라는 문제에 부닥치게 될 것이다. 우리가 "성령의 은사"라고 말할 때 그 말이 의미하는 것이, 그 표현이 표면적으로 드러내는바, 현실 세계 속에서의 어떤 활동이나 과정을 의미하는 것일까? 그 대답은 말하는 사람에 따라 크게 달라진다. 오순절 교리에 관한 논문집에 실린 존스(W. R. Jones)의 논문 제목과 내용으로 판단하건대, 그에게는 단 9개의 은사만 존재한다.[1] 그것들은 고린도전서 12:8-10에서 언급하고 있는 것들인데(즉 지혜의 말씀, 지식의 말씀, 영 분별, "믿음", 능력 행함, 치유, 예언, 방언과 방언 통역), 존스는 기꺼이 자신의 교회의 현상들이 바로 이 아홉 가지 구체적인 은사의 지시소(즉 아홉 개의 용어가 가리키는 것들)라고 주장할 것이다. 추측컨대 그는 자신이 기술한 그 유형들만이 "성령의 은사"라는 명칭에 부합한다고 보는 것 같다. 존스의 입장은 오순절 및 은사주의 그룹에 속한 대중적 저술들에 전형적인 것이다. 이들 그룹만이 아니라 다른 곳에서도 마찬가지로 "카리스마타"(charismata) 혹은 "성령의 은사"라는 꼬리표가 붙은 현상의 범위는

---

1   P. S. Brewster (ed.), *Pentecostal Doctrine* (Cheltenham: Brewster, 1976), 47-62; 참조. 95-112.

종종 극적인 현상, 특히 치유, 예언, 방언으로 한정되며, 이것은 (Congar[2]가 제기하듯이) 레오 13세로부터 아브라함 카이퍼(A. Kuyper)와 벤저민 워필드 (B. B. Warfield)에 이르기까지 존경받아 마땅한 학자들의 경우에도 마찬가지다.[3]

오늘날의 또 다른 극단에서는 "성령의 은사" 혹은 "카리스마타"라는 표현에 광범위한 의미를 부여하는 저자들이 있는데, 그들에게 있어 그리스도인의 삶의 영역에 속하는 것은 대부분 다 영적 은사, 곧 카리스마로 표현할 수 있는 정도가 되었다. 결국 그리스도인의 삶의 영역에서 영적 은사나 카리스마가 아닌 것을 구별해내기가 거의 불가능하게 되었다. 초기 교회의 사역에 대한 케제만의 논문은 분명 이러한 입장인 것처럼 보인다.[4] 케제만이 의미하는 영역 너머까지 "성령의 은사"란 개념을 확장한 라너, 듀셀, 몰트만의 입장을 주목해보자.[5] 그들에게 있어 성령의 은사는 교회라는 틀 안에서만 다루어질 수 없으며, 그렇다고 타종교 내에서만도 아니고, 전 세계 즉 정의의 운동 등을 위해 투쟁하는 세속의 영웅들의 출현 속에서도 나타나 있다는 것이다. **모든** 실존적 "은혜"의 체험이 성령의 체험이자 은사인 셈이다. 따라서 교회 밖의 모든 사람이 "익명의 그리스도인"(라너)으로 간주되며, 덤으로 "익명의 은사주의자들"이 되는 것이다.[6] 이렇게 되면 은사가 비록 신학적인 것에 근거한 개념임에도 불구하고, 막스 베버가 사회학적으로 정의한 카리스마에 대한 개념 하에서 최상으로 분류되는 활

---

2 Y. J. M. Congar, *I Believe*, vol 2, 162.

3 최근 T. R. Edgar의 논쟁적인 반은사주의 저서인 *Miraculous Gifts* (New Jersey: Loiseaux, 1983), 14을 보라.

4 E. Käsemann, *Essays on New Testament Themes* (London: SCM, 1964), 63-94; 그의 *Questions*, 188-95과 비교하라.

5 K. Rahner, *The Spirit in the Church* (London: Burns and Oates, 1979), 특히 첫 번째 에세이를 참조하라; E. Dussel, "The Differentiation of Charisma", *Concilium* 109 (1978), 38-55; Moltmann, *Spirit of Life*.

6 (앞에서 언급한) Moltmann에 대한 논평에서 Mark Stibbe가 했던 기발한 조롱이다.

동의 전체 영역(Sohm은 이것을 은사의 세속화라고 부른다)으로 논점이 이동하
게 되는 것이다.[7]

따라서 우리는 시작부터 다음과 같은 한 가지 문제에 봉착하게 된다.
"성령의 은사"에 대해 말할 때 정확히 **무슨** 말을 하고 있는 것일까? 물론
문제는 단순히 연구 범위의 한계를 설정하는 데 있지 않다. 그 난관의 뿌
리는 "성령의 은사"가 가리키는 의미론적(semantic) 유형을 제시해야 하는
문제이다. 다시 말하면, 그 표현이 정확하게 적용될 수 있는 전형적인 특성
에 관한 목록을 제시해야 한다는 것이다.

그 문제는 1세기 말까지 거슬러 올라가는 해석학적 문제라고 엄살을
떠는 것으로, 혹은 신약에서 "성령의 은사"가 의미하는 것이 무엇인지를
질문하는 것으로 그 문제를 회피할 수 있을까? 언뜻 보기에는 이것이 매
력적으로 보이지만, 더 자세히 들여다보면 새로운 문제들이 도사리고 있
음을 알게 된다. 간단하게는 신약성경 기자들은 영어 원어민이 아니었다
는 것이며, 따라서 "성령의 은사"란 영어 단어를 전혀 사용하지 않았다는
사실이다. 따라서 신약의 저자들이 우리가 사용하는 "성령의 은사"에 가장
밀접한 **등가어**로 사용한 단어가 무엇인지를 찾아야만 한다. 물론 그것은
그 과제가 또다시 20세기 말의 해석학적 질문에 붙박인 것임을 의미한다.
오로지 바라기는, 모종의 "지평의 융합"이 그 과정에서 창조적인 자리매김
을 하게 되는 것이다.

그렇다면 어떻게 진행할 것인가? 일반적으로 "성령의 은사"라는 완전
한 의미론적 틀을 제공하는 것이 불가능한 반면, 몇 가지 "원형적인" 예[8]를
밝히는 데에는 아무런 문제가 없을 것이다. 실제로 "성령의 은사"에 대한
모든 현대 신학적 정의에서, 바울이 고린도전서 12:8-10의 (은사) 목록에

---

7   R. Laurentin, "Charisma: Terminological Precision", *Concilium* 109 (1978), 3-12.

8   나는 이 용어를 사전적인 의미로 사용한다. 어떤 속성의 "원형"이란 세계 내에 있는 것(대상,
    활동, 사건 등)으로서, 그 속성에 의해 암시될 수 있는 것들(대상, 활동, 사건 등)의 전형적인
    것이라고 볼 수 있다.

서 열거하고 있는 현상들이야말로, 확신컨대 우리가 "성령의 은사"라고 부르는 것에 대한 개별적인 원형들이다. 예언, 방언, 치유의 은사, 이 세 가지는 한편으로는 오순절 및 은사주의적 교회와 다른 한편으로는 보다 전통적인(그리고 특히 은사중지론을 따르는) 개신교 교파 사이에서 현재까지 이어지는 흥미로운 논쟁거리다. 우리는 제12, 13, 14장에서 각각 이것들에 관한 신약성경의 증언을 살펴볼 것이다. 제15장에서는 고린도전서 12:8-10과 다른 본문으로부터 "성령의 은사"에 대한 바울의 개념을 밝힐 수 있을지의 여부에 관해 좀 더 일반적으로 토론할 것이며, 그러한 연구가 얼마나 광범위한지, 그리고 "자연적 은사", "리더십 은사"와 "성령의 열매" 등과 관련하여 토론할 것이다. 다시 말해서, 우리는 광범위한 용어 분석을 통해 바울 신학과 바울 공동체의 삶에서 차지하는 "성령의 은사"의 위치에 대해 토론할 것이다.[9]

그다음으로 우리는 오늘날 이 문제의 적실성에 대해 관심을 돌릴 것이다. 제16장에서는 은사중지론의 입장을 살펴보고, 그러한 입장을 지지하기 위해 성경 자체에 호소하는 것이 어느 정도 정당화될 수 있는지를 알아볼 것이다. 제17장에서는 계속해서 신약의 방언과 예언, 치유의 은사와 우리가 현대의 상응하는 현상이라고 보는 것이 어느 정도까지 일치하는지를 알아볼 것이다. 그리고 마지막 장에서는 오늘날 교회 생활에서 "성령의 은사"의 자리에 대한 보다 일반적인 질문으로 돌아갈 것이다.

---

[9] 지면의 제한으로 바울에만 집중할 것이다. 누가-행전에 나타난 성령의 은사의 자리매김은 제2-3장과 제12-14장의 누가-행전에 관한 부분이나 보다 자세하게는 *Power*를 참조하라.

12장

신약에 나타난 예언

이 장에서 대다수 독자들은 성경적 예언의 성격과 그 의미에 대해 오늘날 교회 안에서 생생한 토론이 진행되고 있음을 알게 될 것이다. 예를 들어 개혁주의 복음주의자인 패커(J. I. Packer)는 성경적 예언과 현대 설교를 사실상 동일시하고 있다. 패커는 말한다.

> 예언 사역의 본질은 하나님의 백성에게 하나님의 현재적 말씀을 분명하게 전하는 것(forthtelling)이었으며, 진리 위에 무언가를 덧붙인다는 말이 아니라 진리의 말씀을 적용한다는 것을 의미했다. 구약 예언자들이 율법을 선포하였고 이스라엘에게 하나님의 언약에 대해 순종하도록 상기시켰듯이…신약의 예언자들은…회심, 권면, 격려를 위해…복음을 선포했다. 그러므로 유추해보면, 오늘날의 청중들에게 적용했을 때 성경의 가르침을 구두로 전달하는 모든 형태를 오늘날의 예언이라고 부를 수 있는데, 사실상 그것은 맞는 말이다.[1]

반면 다른 사람들은 성경적 예언과 설교 사이를 예리하게 구분하지만, 여전히 신약성경의 예언의 본질과 지속성에 관한 입장은 크게 나뉘어져 있다. 오랜 전통을 자랑하는 은사중지론의 관점은 파넬이 1980년 달라스 신학대학원에 제출한 박사 논문에 자세히 묘사되었으며,[2] 그의 주장의 많

---

1   J. I. Packer, *Keep in Step with the Spirit* (Leicester: IVP, 1984), 215.

은 부분은 폭넓은 청중들을 위해 *Bibliotheca Sacra*(1992-1993)에서 네 개의 긴 에세이로 출간되었다.[3] 파넬의 핵심 주장은 "예언"이란 일종의 계시적 설교로, 성령 충만으로 감동받은 설교이며, 따라서 그것은 **전적으로 진리이며 권위가 있는 것이다**(이 "정의"는 R. L. Saucy에게서 가져온 것이다).[4] 예언은 역사 속에서, 그리스도 사건 속에서 최고치로 계시된 하나님의 "진리"를 규명하고 해명하기 위해 주어진 것이었으며, 모든 필요를 충족시키는 성경적 계시의 완성으로 예언은 중단되었다. 따라서 그는 신약성경의 예언에 관한 찰스 라이리(C. C. Ryrie)의 주장에 완전히 동의하면서 다음의 진술을 인용한다.

> 예언의 은사는 특별 계시를 통해 하나님으로부터 직접 메시지를 받는다는 의미를 내포하고 있었는데, 그 메시지는 백성들에게 선포하기 위한 것이었으며, 하나님이 특정한 방식으로 권위를 부여하신 것이었다.…이것은…필요와 사용에 있어 제한된 은사였는데, 신약성경 저술 기간에 필요했기 때문이며 신약이 완성되었을 때는 쓸모가 사라졌기 때문이다.[5]

파넬의 저서는 대체로 이러한 관점, 그리고 같은 부류의 언어와 개념에 비추어볼 때 신약의 예언이 본질상 및 기능상 구약성경의 예언자들의 예언과 유사하다는 것이 분명하다는 그의 기본적인 주장에 대한 **해명**이었다.

---

2   "The New Testament Prophetic Gift: Its Nature and Duration", 미간행 신학박사 논문, 달라스 신학대학원, 1980.

3   F. D. Farnell, "The Current Debate About New Testament Prophecy", *BSac* 149 (1992), 277-303; 같은 저자, "The Gift of Prophecy in the Old and New Testaments", *BSac* 149 (1992), 387-410; 같은 저자, "Does the New Testament Teach Two Prophetic Gifts?", *BSac* 150 (1993), 62-88; 같은 저자, "When Will the Gift of Prophecy Cease?", *BSac* 150 (1993), 171-202. 비슷한 입장으로는, K. L. Gentry, *The Charismatic Gift of Prophecy* (Memphis: Footstool Publications, 1986과 1989[2])를 보라. 참고 문헌들은 1989년도 판에 있다.

4   "Gift of Prophecy", 387 n.1.

5   C. C. Ryrie, *The Holy Spirit* (Chicago: Moody, 1965), 86.

즉 요엘 2장이 예언을 종말론적 은사로 고대하는 반면에, 사도행전 2장은 사도 교회에서 그것이 성취되었음을 주장한다는 것이다.

전통적인 오순절주의와 복음주의적 은사주의자들은 제3의 입장을 제시한다. 그들은 설교와 예언을 구분하는 반면, 무오한 사도적 가르침과 저술을 일반 회중의 예언과 구분하는데, 이는 회중의 예언들이 훨씬 약한 권위를 가지고 있기 때문이라는 것이다. 이 점에 있어 그들은 웨인 그루뎀(Wayne Grudem)의 저술에서 학문적 지지를 얻고 있다.[6]

구약의 예언에 관한 그루뎀의 최근 입장은 파넬과 약간만 다를 뿐이다. 하지만 그는 신구약 중간기 저자들이 "예언"에 대하여 새롭지만 전보다 약화된 개념을 소개했다고 생각한다. 예언이 여전히 임의적이고도 신적인 기원의 계시의 수용이자 전달[7]인 반면, 필론과 요세푸스에게서 예언은 어떤 사람이나 상황에 대해 하나님이 섬광처럼 주시는 지식만큼 작은 것일 수도 있었다. 또는 하나님으로부터 받은 통찰력이나 분별력 정도로만 이해되었다. 이것으로(또한 고전 14장에 대한 그의 연구로) 인해 그루뎀은 신약에서 **두 가지 독특한 유형**의 예언이 존재한다고 제시하기에 이른다. 사도들에게는 구약의 권위 있는 예언이 완전히 회복되었다. 그러나 보다 일반적으로 회중들 사이에서는 중간기 문헌에서 접할 수 있는 보다 약화된 유형이 존재했다. 전자(구약의 권위 있는 예언)는 신약성경이 기록될 때 근본적인 계시를 제공했으며, 사도들의 시대가 지나면서 중지되었다. 보다 약화된 유형의 예언은 "교리"를 제시하는 것과는 거의 상관이 없었고, 성경이 말하고 있지 않은 특별한 상황에서 교회나 개인을 세우고 그 방향을 설정하는 역할을 했다. (그루뎀은 덧붙이기를) 이런 후자의 예언 유형은 사라지지

---

6   Grudem의 케임브리지 대학교 박사학위 논문은 *The Gift of Prophecy in 1 Corinthians* (Washington: UPA, 1982; 이하 *Gift*로 표기)라는 제목으로 미국에서 출판되었다. 또한 그는 *The Gift of Prophecy* (Eastbourne: Kingsway, 1988; 이하 *Prophecy*로 표기, 『예언의 은사』, 솔로몬 역간)라는 보다 대중적인 책을 출판했다.

7   *Gift*, 135-42.

않았다. 이것은 오늘날에도 많은 교회에서 여전히 살아 있다. 우리는 두 번째 유형의 예언을, 그가 사도 집단 외부의 신약의 예언에 관해 할애한 장의 하나에 포함된 부제목에서 사용한 단어들을 가지고 설명할 수 있을 것이다. 여기서 그는 이것을 "하나님이 마음에 주신 것을 알리기 위해 단순히 인간의 말을 하는 것"이라고 요약한다.[8] 그루뎀에게 있어 오늘날의 예언은 혼합된 은사로, 신적인 통찰이나 계시이긴 하지만 예언하는 사람이 잘못 수용하거나 해석할 여지가 있는 것이다.

20세기의 이러한 세 가지 관점은 각각 어느 정도는 역사적 고찰에 근거하지만, 그것들은 교회론적이며 신학적인 과제와는 별개로 시작된 것이었고(특히 성경의 권위에 관하여), (그루뎀의 초기 주석서를 빼고는) 1세기 세계에서 예언이 무엇을 의미했는지에 대한 역사적·언어학적 고찰을 그다지 중시하지 않았다. 충분한 기초를 다지기 위해 이곳에서 시작해보자.

I. 1세기 배경에서 본 신약의 예언

신약성경에 나타난 예언과 그 개념적 배경에 관한 가장 완벽하고도 미묘한 의미의 차이를 가장 잘 살려주는 역사적 개관은 데이비드 오니(David Aune)의 『초기 기독교와 고대 지중해 세계의 예언』(*Prophecy in Early Christianity and the Ancient Mediterranean World*)과 크리스토퍼 포브스(Christopher Forbes)의 『초기 기독교와 헬라적 환경에서의 예언과 감동된 발화』(*Prophecy and Inspired Speech in Early Christianity and its Hellenistic Environment*)에서 제시된 것들이다.[9] 그들의 책을 보면, 신약에서의 "예언"(혹은 "예언하는 것")이 의미했던 하나의 단순화된 정형을 제시할 수도 있다는 점이 드러

---

8   *Prophecy*, ch. 4.

9   각각 (Exeter: Paternoster, 1983) 그리고 (Tübingen: Mohr, 1995).

난다. 본질적으로, 예언은 일종의 신탁적 담화였다. 즉 **그것은 하나님으로부터 기원하여 영감 받은 인간이란 매개물을 통해 의사소통되는 이해 가능한 언어적 메시지였다.**[10]

이러한 잠정적 "정의"와 관련해서 다섯 가지 사항에 주목해보자.

(1) 우리는 그것을 "정형"(stereotype)이라고 말했다. 그것은 의미론 (semantics)에서 차용한 기술적 용어이다. 그것은 한 부류의 **전형적** (typical) 구성요소로 간주되는 것에 대한 묘사를 의미한다. (의자와 소파 등과 대조되는) 스툴(stool)의 "정형"은 서너 개의 다리를 가지고 있으나 등받이와 팔걸이가 없는 의자이다. 다리가 하나뿐이거나 앞뒤로 짧은 등받이나 팔걸이가 있는 것을 스툴이라고 부를 수도 있다. 하지만 그렇게 생긴 스툴은 그 부류에서 "전형적"인 것이 아니라고 말해야 할 것이다. 우리가 말하는 "예언"의 정형이란 덜 일상적인 특징이 아닌, 전형적인 것에 의해 좌우된다.

(2) 어휘 의미론(lexical semantics)에 의하면, 신약성경이 프로페테 (prophētē, 예언자) 동족어를 사용하는 방법은 당시 그리스어보다는 70인역에 훨씬 가깝다고 할 수 있다. 70인역에서 "예언"이란 명사 (prophēteia)는 영감 받은 연설을 의미하지 않았고, 예언자직의 재임 기간이나 그 직무 자체를 의미했다. "예언하다"(prophēteuein)라는 동사는 예언자 직무를 수행하는 것을 의미했다. 고전 시대의 프로페 테스(prophētēs, 여성형은 prophētis) 자체는 다음 세 가지 중 한 가지를 의미했으며, 세 가지 모두가 어원학적 의미상 "대변인"이나 "통보자"와 관련이 있다. (a) 점쟁이(mantis)의 신탁을 다른 사람들에게 매개해주는 제의 업무 종사자(반드시 영감 받은 자는 아니었다), (b) 신의 뜻을 선포하는 사람으로서의 자질을 갖춘 점쟁이 자신, (c) 보다 일

---

10 Aune, *Prophecy*, 339. 참조. Forbes, *Prophecy*, 219.

반적인 종류의 공식적인 대변인. 헬레니즘 시대에 이 용어는 거의 신탁의 기능을 수행하지 않았던 이집트 사제들에게 일종의 직함으로 사용되기도 했는데, 그들은 아폴론 신의 제사를 위한 명예로운 재정 집행자들이었다. 그리고 헬레니즘 시대의 이 용어에는 "영감이 예언자들(προφῆται)의 필수 자격으로 여겨졌다는 것을 믿게 할 만한 내용이 아무것도 없다."[11] 그렇기 때문에 구약의 예언 현상에 대해서 70인역이 사용한 단어군은 다소 놀라울 정도이다(성지/성전의 신탁 예언자를 제외하고). 구약의 대부분의 "예언"은 앞에서 임시적으로 정의한 의미에서는 신탁을 받은 연설이었고, 이에 대한 보다 자연스러운 그리스어 동의어는 만티케(μαντική, mantikē)일 것이다.

(3) 70인역과 신약의 "예언하다"(prophēteuein)와 "예언"(prophēteia)은 다른 형태의 자연적 점술 행위(natural divination, 예를 들어 제비뽑기, 신탁 구역에서 잠자는 동안 본 환상), 또는 새들의 비행 방식이나 거룩한 숲(sacred grove)에서 나뭇잎들의 바스락거리는 소리, 제물들의 체내 상태, 꿈이나 징후에 대한 해석 등을 통해 신의 뜻이 결정되는, 전문적인 점술 행위의 반대 개념으로서 고정적으로 신탁적 **담화 행위**에 적용된다[12](이들 다른 유형의 점술은 신탁적 담화보다는 그리스-로마의 예언과 보다 많은 공통점을 가지고 있다). 예언은 기록될 수도 있다(성경적 전통 속에서는 그것이 "성경"이 되었다). 하지만 그것이 반드시 전형적인 것은 아니었다.

(4) 정형적으로 "예언"(그리고 동의어 mantikē)은 **이해할 수 있는 연설**로, "방언"을 포함한 다른 유형의 영감 받은 연설과는 다른 것이다.

---

11 Forbes, *Prophecy*, 199; 참조. 이 요약에 대한 광범위한 증거로는 chs. 5과 8을 보라.

12 "자연적" 점술 행위란 직접적인 접촉이나 즉각적인 영감을 통해 신의 뜻이나 인도를 파악하는 것을 의미했으며, 학습된 기술과 전통을 필요로 한 "전문적" 점술과 반대되는 개념이다.

많은 학자들에 의하면, 초창기의 델포이 신탁(*promantis*)은 무아지경 속에서 이해할 수 **없는** 말을 했다. 그러나 그 진술을 이해할 수 있는 형태(그리고 시적 운율)로 **해석하는 것**이 신탁 "예언자"의 의무였다. 이러한 재구성은 폰텐로즈(Fontenrose)와 포브스에게는 전혀 설득력이 없는 것으로 보였으며, 그들은 영감 받은 신탁(*promantis*)은 알아들을 수 있게 말하는 것이며, 이것이 신탁의 최종 형태가 되어야 한다고 주장했다.[13] 어떤 식으로든 요점은 "예언"의 최종 형태는 그 자체가 이해할 수 있었다는 것이다. 물론 이렇게 말한다고 해서 예언적 신탁이 일반적으로 신비적이며, 모호하고 애매한 은유들로 가득 차 있음을 배제하는 것은 아니다. 리디아의 크로이소스(Croesus of Lydia, 기원전 560-546년)는 그가 키로스에 반대하여 전진할지를 묻기 위해 델포이 신탁을 요청했을 때, 만일 그가 페르시아에 대항하여 군대를 파견한다면 거대한 제국을 파괴할 수 있을 것이란 대답에 위안을 받았다. 얄궂게도 그것은 그의 자작극으로 판명되었다(Herodotus, i.53). 하지만 요점은 그러한 신탁들은 **언어적으로** 이해할 수 있는 것이었지, 무아지경의 횡설수설이 아니었다는 사실이다.

(5) 정형적으로 (유대-기독교 전통 안에서) 예언은 독특한 메시지로서, 그 내용은 하나님으로부터 직접 영감을 받은 것으로 여겨졌는데, 이런 점은 그리스-로마의 신탁적 담화도 마찬가지였다. 그 메시지 내용은 종종 짧았으며 주로 구체적인 상황에 대한 것이었다.

크니도스인들(Cnidians)이 운하를 파면서 어려움을 겪었을 때, 그들은 델포이의 신전에 가서 물어보았고, 신탁의 대답을 받았다.
"이 지협은 탑으로 울타리를 치거나 파서는 안 된다. 왜냐하면 제우스

---

13 J. Fontenrose, *The Delphic Oracle* (Berkeley: University of California Press, 1978); Forbes, *Prophecy*, chs. 5 and 8.

가 이 섬을 만들었고, 그렇기에 그것이 그의 뜻이기 때문이다."(Herodotus i. 174).[14]

이와 유사하게, 루키아노스는 글리콘-아스클레피오스(Glykon-Asklepios)가 한 질의자(사케르도스)에게 준 다음의 규범 신탁에 대해 말해준다. "레피두스를 믿지 말라. 그의 운명이 암울하기 때문이다"(Lucian, *Alexander*, 43).[15] 그리고 필로스트라투스는 키프셀루스에게 주어진 다음의 뒤섞인 신탁 축복을 이야기하고 있다.

"내 신전에 온 자는 복이 있나니,

코린토스의 유명한 왕 에이테스의 아들 키프셀루스,

그와 그의 아들들, 그러나 그의 아들의 아들들은 아니니라"(Apollonius, i.10).[16]

(비록 많은 신탁들이 교훈적 자료를 포함하고 있지만) 이것은 고대인들이 이해했던 "예언"이 본질적으로 우리가 보통 의미하는 "설교"나 종교적 "가르침"과 다른 것임을 보여준다.

가르침이나 설교는 일종의 "설명체적 강화"라고 부르는 것들이다. 설명체적 강화란 남자나 여자가 어떤 개념이나 아이디어를 설명하고자 노력하는 일종의 강화로서, 대체로 그들이 자료의 내용이나 배열을 스스로 통제한다(예를 들어 정치적 연설, 금속공학에 대한 대화, 구멍을 수리하는 방법에 대한 설명 등). "가르침"과 "설교"는 성경이나 전통 속에서 **이미 주어진** 계시에 대한 교사의 준비된 설명을 의미한다. 예언은 하나님이 직접 주신 계시와 관련된 것으로, 그 내용이나 구조는 대개 하나님에 의해 보다 직

---

14 Aune, *Prophecy*, 59.

15 Aune, *Prophecy*, 59를 보라.

16 그리스-로마의 예언 신탁의 많은 사례들로는 Aune, *Prophecy*, chs. 2-3을 보라.

접적으로 그리고 상황적으로 영감 받은 것으로 간주된다.

물론 우리가 말한 정형에는 변형들이 있으며, 특히 그중에서도 구약을 읽는 유대교와 유대 기독교 안에서 더욱 그러하다. 이제 이것을 좀 더 자세히 살펴볼 차례다.

1. 구약과 신구약 중간기의 예언

구약과 중간기의 다양한 예언이 앞에서 발전시킨 유형에 대체로 어떻게 맞아떨어지는지를 보는 것은 어렵지 않다. 구약의 예언은 기본적으로 수세기 이후에 다가올 일들에 대한 세부적인 예측(prediction)을 제시하는 것, 교리에 대한 새로운 계시, 새롭고도 일반적인 또는 특별한 신학적 사실들을 제공하는 것과는 관계가 없다. 전반적으로 예언은 이스라엘의 하나님이 자신의 백성들에게 그의 **직접적인** 뜻을 보여주시는 것으로 이해되었다. 예를 들어, 아모스의 예언(기원전 783-742년 웃시야의 통치)은 기본적으로 유다와 이스라엘 국가에 대한 심판을 경고한다. 그 당시 이스라엘은 하나님의 축복을 받을 수밖에 없다고 스스로 믿었다. 왜냐하면 그들은 하나님의 선택된 백성들이었고, 하나님이 다른 나라들과 동일한 방식으로 그들의 죄를 다루실 것이라 믿지 않았기 때문이다. 하지만 아모스는 다음과 같이 선언하였다(2:6-8).

여호와께서 이와 같이 말씀하시되
"이스라엘의 서너 가지 죄로 말미암아
내가 그 벌을 돌이키지 아니하리니,
이는 그들이 은을 받고 의인을 팔며
신 한 켤레를 받고 가난한 자를 팔며
힘없는 자의 머리를 티끌 먼지 속에 발로 밟고

연약한 자의 길을 굽게 하며

아버지와 아들이 한 젊은 여인에게 다녀서

내 거룩한 이름을 더럽히며

모든 제단 옆에서 전당 잡은 옷 위에 누우며

그들의 신전에서 벌금으로 얻은 포도주를 마심이니라."

아모스는 야웨를 대언하여, 만일 이스라엘 나라가 회개하지 않으면, 하나님이 심판을 내리실 것이라 경고한다. 이스라엘은 칼로 삼킨바 될 것이며, 포로로 잡혀가 흩어질 것이다. 오로지 상처입은 자들만이 남게 될 것이다. 비슷하게, 하나님의 대변인으로서 호세아도 이스라엘에게 임할 하나님의 심판은 야웨의 질투하는 신적인 사랑의 발로이며, 이스라엘을 종교적인 간음, 사회적인 불의, 유다에 대한 적대적인 압박에서 돌이키게 하시려는 것이라고 설명한다. 이사야와 그의 제자들을 통해서, 하나님은 자기 백성을 유배지에서 되돌리실 것이며, 그들을 영광 중에 그 땅으로 돌아오게 하실 것이라는 등의 약속을 들려주신다.

간단하게 말해서 이스라엘이 생각하는 예언자에 대한 이해 중 가장 중요한 것은 그들이 **하나님을 백성들에게 대변하는 사람**이라는 것이었다. 따라서 하나님이 예레미야에게 "내가 내 말을 네 입에 두었노라"(1:9)고 말씀하셨던 것이다. 그래서 우리는 같은 유형의 진술을 종종 보게 된다. "주께서…선지자 나단을 통해서 (다윗에게) 말씀을 전하셨다"(삼하 12:25). 이런 상황에서 예언자의 말은 하나님 자신의 말씀으로 간주된다.

따라서 예언은 언약을 보호하는 세 가지 중 하나였다. 나머지 두 가지는 제사장이 가르치는 율법과, 제사장들이 집행하는 제의였다. 구약성경의 저자와 편집자의 관점에서 볼 때, 예언자들은(왕이나 제사장 같은 다른 지도자들과 마찬가지로) 하나님의 영을 받은 자였다. 만약에 백성들이 (율법에 기록된 것을 넘어서거나 그에 준하거나 보충해주는, 그리고 그 율법의 메시지가 현재 민족의 특정한 상황과 관련해서 무엇을 의미하는지 보여주는) 하나님의 뜻을 알아야 할 때, 하나님은 예언자들을 통해 그 뜻을 전달해야 했다. 그들의 예언은 종종 양단간의 결단을 촉구하는 것으로 여겨졌다. 만약에 예언자들이 참된 예언을 했다면, 그 예언자의 말은 하나님의 말씀 그 자체로 여겨졌다. 그래서 선포자 공식이 있었다. "그러므로 주께서 말씀하시기를, '나는…할 것이다.'" 이것은 하나님이 직접 말씀하시고 있다는 말에 다름 아니다. 그렇기 때문에 예언자에게 불순종하는 것은 하나님 자신에게 불순종하는 것이었다(신 18:19). 그러나 동일한 논리로, 어느 누구도 이러한 주장이 거짓이라고 주장할 수는 없었다. 만약에 예언자들이 하나님이 말씀하신다고 **주장했는데**, 그의 말이 진실이 아닌 것으로 판명되었을 때, 그들은 죽임을 당해야 했다(신 18:20-22). 이러한 모습은 종교적 섭리의 차원에서 잠정적인 예언의 심각함을 분명하게 보여준다. 그리고 동시에 예언이 하나님에게서 온 것인지 그렇지 않은 것인지 상대적으로 분명하게 알 수 있었다는 것을 암시해준다. 즉 예언에 의한 계시는 명료하고 구체적일 것이라고 기대한다는 것이다. 에스겔의 경우에 비추어서 판단해본다면, 에스겔은 전형적으로 계시와 신탁의 내용을 백성들에게 전달하기 **전에** 온전하게 받았다. **즉각적으로 영감 받은 설교나 "돌발적인" 예언을 하는 경우는 드물었다.**

만약에 우리가 언급한 것이 일반적인 모습으로 볼 수 있다면, 즉각적으로 진위를 분별하기 위해서는 다음과 같은 네 가지 자격 요건이 필요하다.

(1) 비돌발적인 예언 형태가 가리키는 바와 나란히, 충동적인 카리스마적인 예언이 존재하는데, 그것은 구체적인 신탁적 강화라기보다는 일종의 돌발적으로 터져 나오는 영감 받은 찬양 같은 것이다. 특히 사무엘상 10:5, 6, 10-12, 19:20-24을 보라. 이 구절에 대한 「타르굼 요나단」(*Targum Jonathan*)은 이 각각의 경우를 (준-황홀경적인) 카리스마적인 찬양이라고 주석한다. 이것이 맞든지 틀리든지 간에(그리고 삼상 10장에 나오는 음악이 수반된 모습은 이러한 해석을 지지한다; 참조. 대상 25:1-7), 이러한 경우에 개인들을 대상으로 예언자들이 신중

하게 전달하는 신탁은 해당 사항이 아니라는 점은 변함이 없다. 그리고 NRSV의 번역, 즉 "그들이 열광하면서 예언할 것이다"라는 말은 이 구절이 보여주는 특징과 아주 잘 맞는 것으로 보인다(10:6과 10:10에서 영과 함께 사용된 동사 찰라흐[tsalach], "크게 임한다"는 말은 삿 14:6, 19 등에서 삼손에게 성령이 강하게 임했다는 것을 나타낼 때 사용된 것과 동일한 동사이다). 마찬가지로 민수기 11:25, 26에서 성령이 임했을 때 갑자기 "예언하던" 70인의 장로들의 경우이다. 우리가 제1장에서 "예언의 영"에게 고정적으로 귀속시키던 은사 유형에 입각해서 설명하자면, 이러한 것들은 "돌발적으로 영감 받은 카리스마적 찬양 혹은 경배"인 것이다.

(2) 이와 비슷하게, 이 단락들과 다른 단락들은 고대 이스라엘에 정경 예언자들 **외에도** "예언자들"과 "예언"이 있었다는 것을 상기시켜 준다. 사무엘상의 두 단락들을 보면, "예언자들"이라는 완전한 직군을 볼 수 있다. 우리는 이것과 열왕기하 2장 등에서 엘리사에게 나아왔던 "예언자의 제자들"이라고 불리던 50인의 예언자의 무리들(참조. 왕상 20:35), 그리고 역대상 25:1-7에서 다윗이 제금, 비파, 수금을 잡고 예언하게 했던 여러 인물들과 비교할 수 있다. 이 마지막에 언급한 경우에, "예언"이라고 언급한 것이 문제가 되는데, 이는 이스라엘의 제의적인 집회에서 행해진 카리스마적인 예배를 가리키는 것으로 보인다. 따라서 여두둔이 예언을 했다는 것에 대한 언급은, "수금을 잡고 여호와께 감사하며 찬양하면서 예언하던"(25:3) 그의 은사를 구체적으로 언급하는 것이다.

(3) 모든 예언이 **나라**에 대한 것은 아니었다. 분명하게 **하나님께** 바쳐졌던 영감 받은 영광을 찬양하는 연설도 있었고, 하나님 앞에서의 순전히 개인적인 문제에 대한, **개인을 대상으로 한** 신탁도 있었다. 이에 대한 명백한 사례는 집으로 돌아가는 발걸음을 멈추는 불순종을 저지른 하나님의 사람에게 임박한 심판을 전했던 벧엘의 늙은 예언

자의 사례이다(왕상 13:20, 21). 그리고 사무엘상 10장의 문맥을 보면, 물론 단지 추측할 수 있을 따름이지만, 젊은 사울과 그의 동료들이 처음에 예언자 사무엘에게 나아갔을 때, 사무엘이 **선견자로서** 그들이 잃어버린 당나귀가 어디에 있는지 알려줄 것이라고 기대하고 나아갔다는 점이다(9:3-10). 이 장면에서 분명하게 예상할 수 있는 것은 사무엘이 순전히 실제적인 문제에 대해 답해주는 신탁을 줄 수 있었다는 것이다. 이 단락에서 우리는 그리스에서 흔히 있었던 현상인 가족과 사업의 문제에 대해 직접적으로 충고해주는 상담의 성격을 보이는 신탁과 아주 유사한 평행을 보게 된다는 것이다 ("제가 X와 결혼해도 될까요?", "제가 Y를 믿어도 될까요?", "Z라는 병에서 제가 나을 수 있을까요?" 등. 이와 유사한 구체적인 신탁에 대해서는, 예를 들어 왕하 1:2; 8:7-15 등을 보라).

(4) 구약성경의 여러 곳에서 증언하는 바에 따르면 하나님의 지식이 예언자들을 통해 **중재되는 것**이 이상적인 것이 아니었다. 이상적인 것은 오히려 **모든 사람들이 하나님의 영을 받는 것이다**(참조, 렘 31:33, 34; 겔 36:25-27; 욜 2:28-32). 그 환상은 미래에 모든 하나님의 백성이 "예언의 영"이 이따금씩 국가의 예언자들을 통해서가 아니라 개인들에게 주어짐으로써, 즉각적으로 그리고 은혜로 말미암아 그를 알며, 그의 뜻을 아는 것이다.

신구약 중간기는 이스라엘에서 예언이 사라진 시기라고 널리 인정되고 있다. 그리고 이 시기의 "성령의 부재"와 "예언의 부재" 사상은 고정적으로 「마카베오상」 4:46, 9:27, 14:41, 요세푸스, 「아피온 반박문」, 1.37-41, 「바룩2서」 85:3, 「아자리아의 기도」(Prayer of Azariah) 15, 그리고 특히 「토세프타 소타」(Tosefta Sotah) 13.2-4, 그리고 "마지막 예언자들인 학개, 스가랴, 말라기가 죽고 난 후, 이스라엘에서 성령이 끊겼다"는 주장에 기대곤 했다.[17] 그러나 이제는 이 본문들이 대부분 잘못 이해되어온 것으로 보고 있다.[18]

J. R. 레비슨(Levison)은 「토세프타 소타」 10-15은 "랍비 죠슈아가 사망하자, 이스라엘에서 권면하는 자가 끊겼으며, 잔소리가 끊겼다"(t. Sot. 15.3)는 것과 유사한 말들로 가득 차 있으며, 그런 말들은 단지 그런 사람의 사망으로 인해 이스라엘에서 그들의 놀라운 은사가 사라졌다는 것을 의미할 따름이라고 지적했다. 이러한 예의상 사용하는 수사학적 과장이 문자적으로 그런 은사들이 보편적으로 그리고 영구히 단절되었다는 것을 의미할 리는 만무하다. 여기서는 그런 것이 명시적으로 주장되지 않는다. 「토세프타 소타」 13.2은 학개, 스가랴, 말라기의 죽음으로 인한 성령의 강력한 임재의 상실을 슬퍼한다. 그러나 오랜 기간 동안 그럴 것이라는 암시는 없으며, 성령이 전적으로 부재하다는 암시도 없다. 실제로 바로 이 단락(13.3, 4)은 이어서, 비록 그 세대의 남은 자들은 자격이 없지만, 힐렐과 작은 사무엘(Samuel the Small) 두 사람 위에 성령이 머물고 계시다고 말한다.[19] 사실 예언적 계시가 신구약 중간기에도 존재했다고 하는 수많은 주장들 때문에 성령의 중단을 주장하는 학자들조차도 그 문제를 재고하거나 수정하지 않을 수 없다.[20] 그리고 성령이 중간기에도 존재했다고 하는 가장 중요한 주장들 중 일부는 성령이 이스라엘에게서 사라졌다고 하는 주장들이 기대고 있는 바로 그 문헌들에 나와 있다(요세푸스와 랍비 문헌). 성령 / 예언의 중단과 지속을 주장하는 주장들 간에 뚜렷한 긴장이 존재한다. 그루뎀은 H. A. 올프슨(Wolfson), 거트만(Guttman), 힐(Hill) 등의 주장을 따라서 이러한 긴장을 낮은 수준의 예언의 나타남이라는 관점에서 설명하려고 한다.

---

17 Horn, *Angeld*, 26-32; Farnell, "Gift of Prophecy", 387-90.

18 Aune, *Prophecy*, 103-6; F. E. Greenspahn, "Why Prophecy Ceased", *JBL* 108 (1989), 37-49 (특히 38-40), 그리고 특별히 뒤에서 언급하는 Levinson의 글을 보라.

19 J. R. Levison, "Did the Spirit withdraw from Israel? An Evaluation of the Earlist Jewish Data", *NTS* 43 (1997), 35-57을 보라.

20 R. Meyer, *Der Prophet aus Galiläa* (Darmstadt: WB, 1970 [orig. 1940]), 45-60; 같은 저자, "προφήτης", *TDNT* VI: 812-28; D. Hill, *New Testament Prophecy* (London: MMS, 1979), 21-43; Grudem, *Gift*, 27-32 혹은 몇 가지 사례들로는 Aune, *Prophecy*, 103-52을 보라.

절대적인 신적인 권위를 예언자의 말 그 자체에까지 확대 적용했던, 구약에서 볼 수 있는 그런 예언은 더 이상 없다고 생각했다. 그뿐만 아니라 계시 현상이 드물게 나타난다는 것은 쉽게 수긍할 수 있는 것이었다. 이러한 이차적인 형태의 현상들을 종종 "예언"이라고 부르기도 했고, 또 그것에도 어떤 "일반적인 의미에서의 신적인 권위"를 갖고 있다고 보기도 했다. 그러나 그런 것에는 구약성경의 예언들[의]⋯절대적인 신적인 권위 같은 것은 없었다고 언제나 그렇게 생각했다.[21]

그러나 "구약성경에 나오는 식"의 예언을 "절대적인 신적 권위"를 갖고 있다고 표현한 것은 구약성경의 **정경** 예언자들의 **성문화된** 예언들이 예언에 대한 일종의 "기준"이라는 것을 전제하고 있음이 분명하다. 반면에 우리는 이스라엘에서, 자구의 정확 무오함과는 상관없는, 보다 많은 예언들을 보게 된다.[22] 그루뎀이(다른 사람들과 마찬가지로) 부당하게 성경에 대한 교리와 예언 현상에 대한 분석을 결합하고 있다는 의심이 든다. 이 점에 대해서는 제16장에서 다시 살펴보기로 하겠다. 간단하게 말해서, "신구약 중간기"가 정경 예언자들에게 필적할 만한 예언자를 배출하지 못했다 하더라도, 그것이 예언이 사라졌다는 것을 의미하는 것은 아니다. 하르낙은 심지어 "예언이 찬란하게 만개했으며,⋯예언자들도 그 숫자가 많았고, 추종자와 독자들도 확보하고 있었다"고 주장하기도 한다.[23] 만약에 이러한

---

21 *Gift*, 26. Hill이 보기에, 신구약 중간기 예언의 모습은 새로운 예언이 추가되었다거나 "'그러므로 주께서 말씀하시기를'이라는 선포 형태에서 볼 수 있는, '어전 회의'에서 직접적으로 그리고 즉각적으로 나온 예언"이 아니라 대부분 카리스마적인 해석과/혹은 예고이다 (*Prophecy*, 41. 이 부분은 쿰란 공동체의 의의 교사에 대해서 언급하는 부분인데, 그의 언급은 보다 포괄적인 입장에 대한 그의 생각을 보여주고 있다: 참조. 21-31, 33-43).

22 Grudem은 *Gift* 앞부분에서 이 점에 대해 충분하게 인지하고 있다는 것을 언급한다. 특히 33-42을 보라.

23 A. Harnack, *The Mission and Expansion of Christianity in the First Three Centuries*, vol. 1, 332 (Grudem, *Gift*, 24에서 재인용). 참조. Aune는 예언이 비록 전형적인 구약 예언과는 그 모습이 확연하게 달랐지만, "활발하고 충분하게" 있었다고 판단한다(*Prophecy*, 104; 그리고 Aune

주장이 과장된 것이고, 그래서 상당히 잘못된 것이라고 하더라도, 이 시기에 예언이 "중단"되었다는 주장에 비해서는 진실에 더 가까운 것이다. 요세푸스(참조. *War* 3.351-4, 400-2; *Life*, 42)[24]와 필론조차도 자신들이 카리스마적인 계시를 받고 중요한 예언을 하는 사람들 중에 거하고 있다고 생각했다.[25] 그리고 필론은 은연중에 그런 능력을 모든 의로운 사람들에게까지 확대시키고 있는 것으로 보인다(*Who is the Heir*, 259-60).

신구약 중간기의 예언들은 그 형태도 다양했고 내용도 다양했다. 그러나 대체적으로 앞에서 제시했던 전형적인 형태와 일치하는 것을 볼 수 있다. 따라서 예를 들어 설명하자면, 예슈아 벤 하나니아(Jesus ben Hananiah)를 들 수 있는데, 그는 로마와의 처참한 전쟁이 벌어지기 4년 전에 "예루살렘의 재앙"을 인상적인 방식으로 반복해서 선포했는데, 자신이 로마가 예루살렘을 포위 공격하던 마지막 단계에 죽을 때까지 계속했다(기원후 70년).

동쪽에서 들려오는 울음소리
서쪽에서 들려오는 울음소리
네 곳의 바람에서 들려오는 울음소리
예루살렘과 성전에 대한 울음소리
신랑과 신부에 대한 울음소리
모든 백성들에 대한 목소리(Josephus, *War*, 6.301)

이것을 신탁적 언설로 보아도 아무 문제가 없다. 이와 비슷한 경우인데, 유대인 저술가들이 어떤 예언들을 고대 이스라엘에 살던 인물들이 한 것이라고 헌정하는 경우에, 그들은 대개 하나님이 즉각적으로 영감 받은 사

가 랍비들 말고는 "예언이 끝났다고 보는 견해는 전혀 존재하지 않았다"는 Sandmel의 결론을 인용하는 것에 주목하라).

24 J. Blenkinsopp, "Prophecy and Priesthood in Josephus", *JJS* 25 (1974), 239-62을 보라.

25 Philo에 대해서는, 예를 들어 Aune, *Prophecy*, 147-51을 보라.

람이라는 매개체를 통해 나타내시는, 그리고 결과적으로(혹은 우연의 일치로) 다른 사람들과 관련된 메시지라는 전형적인 방식을 사용한다.[26] 그 예언들은 앞에서 언급했던 "설명해주는 강화"의 형태가 아니다. 후자의 형태에 대해 좀 더 자세하게 설명하자면, 쿰란의 의의 교사의 "예언적" 해설의 경우에 있어서, 그 해설은 의문 나는 점에 대해 일반적인 본문 읽기를 통해서는 전혀 분별할 수 없고, 오직 "감추어진 것들"에 대한 "계시"를 통해서만 성취할 수 있는 것이다(참조. 1QpHab 7.1-5). 그러나 이것은 예언으로 주어지는 것이 아니라, 가르침이다.[27]

2. 영감 받은 설교의 교회적 형태를 나타내기 위해서 사용한 "예언"과 "예언하다"라는 용어 사용에 있어서 바울과 누가의 상호 관계

신약성경의 교회에서 예언은 그동안 많은 연구의 주제였는데, 그중에서 가장 중요한 것으로는 파셔(E. Fascher), 코토네(E. Cothonet), 크론(T. M. Crone), 다우첸베르크(G. Dautzenberg), 뮐러(U. Müller), 파나고풀로스(J. Panagopoulos), 엘리스(E. E. Ellis), 힐(D. Hill), 그루뎀(W. Grudem), 오니(D. E. Aune), 보링(M. E. Boring), 길레스피(T. W. Gillespie), 포브스(C. Forbes)를 들 수 있다.[28] 바울이 "예언"이라는 말을 통해서 카리스마적인 설교를 나타냈다

---

26 Aune, *Prophecy*, 112-21 그리고 148-150은 묵시문헌, Philo 그리고 "Pseudo-Philo"(예를 들면, *Biblical Antiquities*)에 나타난 사례들에 대해서 논한다. 그러나 그런 현상은 아주 많았다.

27 다니엘, 의의 교사, 에세네파 그리고 Josephus 같은 카리스마적인 성경 해석가들은 종종 예언과도 관련이 있다. 예를 들어 R. Meyer, *TDNT* VI: 819-21을 보라. 마찬가지로 Josephus가 자신이 저술한 *Antiquities*를, 하나님이 이스라엘을 다루신 것에 대한 영감 받은 기록이라는 의미에서, 그리고 성경의 역사를 (아주 포괄적인 의미에서) "예언"으로(성령에 의해서 허락된 것으로 간주되기 때문에) 간주하는 것을 따라서 "예언"으로 보았을 수도 있다.

28 E. Fascher, ΠΡΟΦΗΤΗΣ (Giessen: Töppelmann, 1927); E. Cothonet, "Prophétisme dans le Nouveau Testament", *DBSupp* VIII, 1222-1337; G. Friedrich, "προφήτης", *TDNT* VI: 828-61; T. M. Crone, *Early Christian Prophecy* (Baltimore: St Mary's UP, 1973); G. Dautzenberg, *Urchristliche Prophetie* (Stuttgart: Kohlhammer, 1975); U. B. Müller, *Prophetie und Predigt*

고 하는 주장에 대해 다루게 되겠지만(뒤의 II. §4를 보라), 용어 사용만 간략하게 살펴보아도 앞에서 언급한 정형적인 형태와의 연속성이 드러난다.

(1) 프로페튜에인(Prophēteuein, "예언하다")은 교회의 영감 받은 설교를 나타내기 위해서 사용되는 용어인데, 약 21회 사용되었다(복음서의 평행구는 제외). 그중 대다수가 어떤 종류의 설교를 가리키는지 분명하지 않은데, 왜냐하면 문맥에서 얻을 수 있는 단서가 너무 적기 때문이다(마 7:22; 행 21:9; 계 10:11; 11:3).[29] 어느 전승을 보면(눅 22:64//마 26:68, 참조. 막 14:65), 예수는 눈을 가리운 채로 뺨을 맞는다. 그리고 누가 쳤는지 "예언하라"는 괴롭힘을 당한다. 이것은 비록 신탁적 강화의 예외적인 경우라고 하더라도, 여기서 예언이라는 말이 (가해자가 누구인지에 대한) 즉각적인 계시에 근거한 발언을 의미한다는 것은 분명하다. 복음서 전승에 있는 나머지 두 가지 전승도 동일한 의미를 내포하고 있다(눅 1:67과 요 11:51). 전자의 경우에, 사가랴는 성령에 충만했다고 언급되고 있으며, 구원으로 인해 하나님을 찬양하는 신탁(1:68-75)과 세례 요한과 그가 앞으로 해야 할 일에 대한 인지 신탁(1:76-79)이 한데 묶인 사가랴의 찬가(Benedictus)를 "예언한다"고 언급하고 있다. 요한복음 11:51을 보면, 예수의 죽음의 의미에 대해서 대제사장이 (무의식중에) 짧은(그리고 아이러니한) 신탁성 진술

im Neuen Testament (Gütersloh: Mohn, 1975); J. Panagopoulos (ed.), Prophetic Vocation in the New Testament and Today (Leiden: Brill, 1977); E. E. Ellis, Prophecy and Hermeneutics in Early Christianity: New Testament Essays (Tübingen: Mohr, 1978); D. Hill, Prophecy; Grudem, Gift; 같은 저자, Prophecy; Aune, Prophecy; M. E. Boring, The Continuing Voice: Christian Prophecy and the Gospel Tradition (Louisville: Westminster/John Knox, 1991); T. W. Gillespie, The First Theologians: A Study in Early Christian Prophecy (Grand Rapids: Eerdmans, 1994); Forbes, Prophecy.

29 그러나 요한계시록 문맥에서 이사야서와 에스겔서가 암시되고 있다는 것은 신탁적 강화를 나타내는 것으로 볼 수 있는데, 이것은 전체 문맥과도 잘 어울린다.

을 하고 있다. 따라서 바울 이전의 그리고 바울 이외의 모든 경우들은 정형적인 형태와 잘 부합한다. 예언에 대한 바울의 언급들은 모두 고린도전서에 나온다(11:4, 5; 13:9; 14:1, 3, 4, 5[2번], 24, 31, 39). 그리고 아마도 처음 두 구절은 12-14장에서 보다 자세하게 논의하고 있는 것과 동일한 현상인 것으로 추측된다. 바로 그 현상의 성격은 고린도전서 14:29-31을 통해 추측해보는 것이 가장 낫다. "예언하는 자는 둘이나 셋이나 말하고 다른 이들은 분별할 것이요, 만일 곁에 앉아 있는 다른 이에게 계시가 있으면 먼저 하던 자는 잠잠할 지니라. 너희는 다 모든 사람으로 배우게 하고 모든 사람으로 권면을 받게 하기 위하여 하나씩 하나씩 예언할 수 있느니라." 그루뎀이 (장황하게) 설명하고 있듯이, 바울에게 있어 "예언하는 것"은 본질적으로 어떤 자연발생적이고, 신적으로 주어지는 계시(apokalypsis)를 받고 또 전달하는 것이다.[30] 이와 비슷한 모습을 아직 언급하지 않은 신약성경의 사례인 사도행전의 경우에서도 볼 수 있다. 사도행전 2:17, 18은 요엘서를 인용하고 있는데, 하나님이 그들에게 꿈과 환상으로 장차 될 일을 보여주실 것이기 때문에, 이스라엘의 아들들과 딸들이 예언할 것이라고(17b, 18b절) 말하고 있다. 이것은 예언이 그러한 방법을 통해 받는 계시적인 체험을 선포하는 것임을 가정하고 있는데, 이것은 대부분의 구약성경과 상당수의 신구약 중간기 문헌의 내용과 일치한다.[31] 사도행전 19:6을 보면, 누가는 "그들이 방언과 예언을 말하기 시작했다"는 말로 에베소에 있던 열두 명

---

30 참조. Grudem, *Gift*, 115-43, 특히 139-42. 비슷한 정의를 J. Panagopoulos, "Dieurchristliche Prophetie: Ihr Character und ihre Funktion", in Panagopoulos (ed.), *Vocation*, 1-32에서 볼 수 있다: "예언이란 계시를 통해, 특히 꿈과 환상, 환청이나 주님의 계시, 의사소통의 다른 기관을 통해 직접적으로 매개되거나 주어진다. 예언자는 [단순히] 그것을 받아서…전달 한다.…예언자들은 자기 홀로 예언을 말할 수는 없으며 다만 하나님께서 뜻하신 장소에서, 뜻하신 때에만 가능한 것이다"(27; 참조. 벧후 1:21). 참조. 또한 Dunn, *Jesus*, 228.

31 참조. Dautzenberg, *Prophetie*, pt. 1.

의 "제자들"이 성령의 부으심을 받는 장면을 묘사하고 있다. 이 경우에 "예언"은 아마도 "받은 계시를(말씀, 환상이나 꿈을) 전달하는 것"이라는 의미가 아니라, 오히려 보다 일반적인 의미에서 "성령의 갑작스러운 영향 하에서 말하는 것"이라는 의미이다. 이런 유형의 "예언"의 선례는 사무엘상 19:20-24, 10:5-13, 민수기 11:24-30 등에서 볼 수 있다.[32] 그러나 사도행전 19:6의 카이(kai, "그리고")가 설명을 위한 보족어(epexegetic)인지 아니면 (이게 더 가능성이 있는데) 단순히 접속사인지 분명치 않다. 만약에 보족어로 볼 경우에 방언을 말하는 것을 일종의 "예언"의 하나로 간주하는 것이 된다.[33] 어쨌든 우리는 바울이 고린도에서 맞닥뜨린 상황 가운데 예언이라는 말을 사용하는 것에서 분명히 상관은 있지만, 약간 다른 의미를 보게 된다.[34] 누가가 예언하다(prophēteuein)라는 말로 나타내려고 한 것이 정확히 어떻게 다른 현상인지에 대해서는 뒤에서 논의할 것이다.

(2) 프로페테이아(prophēteia, "예언"). 신약성경에는 예언에 대한 언급이 모두 열 번 나온다. 그중 일부는 교회의 영감 받은 담화를 가리킨다 (롬 12:6; 고전 12:10; 13:2, 8; 14:6, 22; 살전 5:20; 딤전 1:18; 4:14; 계 11:6). 그리고 그 외에도 다섯 번은 "예언의 책"(계시적인 신탁과 다른 자료들

---

32 Grudem, Gift, 33-37.

33 Haya-Prats (L'Esprit, 24)는 이것이 일반적인 그리스어의 용례와 부합한다고 주장한다. 그러나 C. Forbes, "Early Inspired Speech and Hellenist Popular Religion", NovT 28 (1986), 257-70을 보라. Forbes는 헬라의 예언 현상 중에서 그러한 연결의 선례가 있다는 것을 부정한다. 그러나 그럼에도 불구하고 누가가 그런 연결을 만들어내고 있다고 본다. 이러한 주장은 주로 베드로의 오순절 설교가 요엘서의 약속을 근거로 즉각적으로 터져 나오는 방언을 "예언"으로 제시하고 있다는 생각에 근거한 것이다(Forbes, Prophecy, 219-21 그리고 252-3 n.2). 그러나 그의 이러한 주장은 베드로가 요엘서를 인용하는 것은 단지 120명이 "예언의 영"을 받았다는 것을 보여줄 뿐이라는 것을 간과한 것이다. 후자는 방언을 설명하되, 앞에서 했듯이 "예언"과 동일시하지 않는다.

34 Aune, Prophecy, 199은 바울이 처음으로 두 현상(방언과 예언)을 구분한 사람이며, 이렇게 한 것은 상황적인 이유 때문이라고 말하는 N. J. Engelsen의 입장에 동의한다. 참조. Crone, Prophecy, 219-22.

이 합쳐진 수집물)인 요한계시록을 가리키기 위해 사용되고 있다.[35]
디모데전서 4:14에 나오는 언급은 일종의 (안수를 동반한) 인준/임
명 신탁을 암시한다. 이것은 디모데에게 임직식에서 하나님의 권
능 부여를 선포했던(그리고 실제로 그렇게 되었던) 신탁이었다. 1:18은
보다 구체적으로 직접적인 그리고/혹은 예언적인 계시가 함께 있
었음을 암시한다. 고린도전서에 나오는 사례들은 분명히 앞에서 언
급했던 고린도전서 14:29-31에 나오는 "예언하다"라는 동사가 가
리켰던 신탁적 담화와 동일한 현상을 가리키고 있다. 로마서 12:6
과 데살로니가전서 5:20의 용례들은 특별한 설명이 필요 없을 정
도로 공통-맥락적 특징(co-textual traits)에 비추어볼 때 아주 유사
하다. 즉 간단하게 말해서, 바울이 언급하는 모든 프로페테스(예언)
는 신탁적 담화로 볼 때 가장 쉽게 설명된다.

(3) 프로페테스(Prophētēs, "예언자"). 이 단어는 의미론적으로 예언하다
(prophēteuein)라는 말과 관련이 있는 것이 분명하다. 그러나 그 관
계는 복잡하게 얽혀 있다. 요세푸스와 필론은 그들 자신이 예언을
한다고 생각했다. 그러나 자신들을 "예언자"라고 부르는 것을 삼
가고 있다. 다른 한편, 헬레니즘 세계에서 프로페테스는 비록 아무
런 신탁을 말한 적이 없더라도 신의 "대변인"으로 간주되었다. 그리
고 분명히 비슷한 발전 과정이 유대교에서도 있었다. 천년왕국 운
동 지도자이자 예언자인 드다(Theudas, 기원후 44-46년)와 "애굽 사
람"(약 52-60년 사이) 그리고 여러 다른 사람들은 광야에서 추종자 무
리를 모으기도 했고, 하나님이 표적을 보여주심으로써 구원을 시작
하실 것이라고 약속하기도 했는데, 이들은 "예언자들"에 가까웠다
고 할 수 있다. 왜냐하면 그들이 예언적 신탁 같은 것을 제시하기
보다는 표적을 행하는 구원자들인 모세와 여호수아의 모습으로 스

---

35 계 19:10에서 "예언의 영"을 언급하는 것이 유일한 예외이다.

스로를 꾸몄기 때문이다.[36] 그리고 신약성경에서 "거짓 예언자(들)"
이라는 용어를 사용할 때, 그 사람들은 겉으로 보기에 예언을 하기
보다는 카리스마적인 지도자-교사인 것처럼 보인다(참조. 막 13:22;
눅 6:26; 마 7:15; 벤후 2:1). 따라서 다음과 같은 문제가 있다. (a) 누가
와 바울이 "예언"을 하는 사람에게 프로페테스라는 용어를 사용하
는가(혹은 어떤 방식으로든 "예언자"라는 칭호 사용을 자제하는가), (b) "예언
자"라는 용어 혹은 이미지가 예언을 하지 않는 사람에게 사용되는
가. 이러한 문제들에 대해서는 후에 충분하게 논의할 것이다. 여기
서는 단지 ([a]와 관련해서) 그루뎀이 주장한 바, 바울은 그 용어를 두
가지 방식 **모두**로 사용하지만, 일반적으로 "예언자"라는 명사를 적
용하는 방식에 있어서는 주관적인 요인(참조. 고전 14:37: "만일 누구든
지 자기를 선지자로 생각하거든…")과 **비공식**적으로 교회의 승인을 받은
것 모두를 포함하는 경우로 제한한다는 주장이 옳다는 것만 지적하
고자 한다.[37]

II. 예언에 대한 신약의 개념

우리는 이제 용어 사용에 대한 논의를 프로페튜에인(*prophēteuein*, 예언하다)
어군이 의미하는 개념(들)에 대한 논의로 옮겨왔다. 우리가 앞에서 언급했

---

36 Aune, *Prophecy*, 124-6; P. W. Barnett, "The Jewish Sign Prophets—A.D. 40-70: Their
Intentions and Origin", *NTS* 27 (1980-81), 681-97; R. A. Horsley, "Popular Prophetic
Movements at the Time of Jesus: Their Principal Features and Social Origins", *JSNT*
26 (1986), 3-27; 같은 저자, "Like One of the Prophets of Old': Two Types of Popular
Prophets at the Time of Jesus", *CBQ* 47 (1985), 435-63, 특히 454-61을 보라. Hosley는 세
례 요한과 예수를 "운동을 이끌던 예언자들"이 아니라 "신탁 예언자들"로 분류한다. 그러나
이 두 가지 유형의 구분이 별 의미 없는 경우가 많다.

37 Grudem, *Gift*, ch. 4, 특히 231.

던 것 외에 신약성경의 예언의 성격에 대해 달리 말할 수 있는 것은 무엇이 있을까? 바울에게 있어서 예언은, 이미 우리가 언급한 바이지만, 영적인 존재("참된" 예언자들/예언들인 경우에, 성령 안에서 하나님 또는 예수)를 통해 전달되는 계시의 선포이다.[38] 일곱 가지 중요한 사항들을 좀 더 상세하게 설명해보도록 하자.

1. 예언의 심리학[39]

신약성경이 말하는 예언이 "황홀경"적인 현상인가에 대한 의문이 정기적으로 제기되어왔다. 일반적으로 인정하는 바는 그리스-로마의 신탁적 담화는 황홀경적인 것이었고, 반면에 유대교와 기독교의 것은 그렇지 않았다는 것이다. 이러한 대조적인 모습은 전자에 대한 대략적인 이해에 근거한 것인데, 그 이해는 거의 한 줌도 되지 않는 빈약한 증거에 근거한 것이었다.[40] 그러다 보니 성경적 전승 안에 나타난 황홀경을 제대로 인식하지 못했고,[41] "황홀경"이 의미하는 바에 대한 철학적/신학적 그리고 행태적 차원의 의미에 혼란이 생길 수밖에 없었다.[42] 그리스-로마 시대의 예언 현상에 대한 논의에서, 관심이 엑스타시스/마니아(*ekstasis/mania*, 황홀경/

---

38 Ellis는 "천사들"에 의한 것은 포함되지 않는다고 본다. Grudem, *Gift*, 120-122을 보라.

39 참조. Grudem, *Gift*, ch. 2부터 계속하여.

40 이에 대한 반대 견해로는, 예를 들어 H. Bacht, "Wahres und falsches Prophetentum", *Bib* 32 (1951), 237-62이 있다. Aune, *Prophecy*, 230-1 그리고 여러 곳에, 그러나 특히 Forbes, *Prophecy*, chs. 5, 8. 그리고 (특히) ch. 11을 보라.

41 R. Wilson, "Prophecy and Ecstasy: A Re-examination", *JBL* 98 (1979), 321-37을 보라.

42 "황홀경이란 용어는 가벼운 해리현상부터 극심한 통제불능의 황홀 상태까지 수많은 단계들을 포괄하기 때문에 명료하게 표현하기 위해서 자세하게 구분하지 않고 그냥 사용하기에는 너무나 애매한 용어이다"(C. G. Williams, "Glossolalia as a Religious Phenomenon: "Tongues" at Corinth and Pentecost", *Rel* 5 [1975], 16-32 [21]). 참조. 같은 저자, *Tongues of the Spirit: A Study of Pentecostal Glossolalia and Related Phenomena* (Cardiff: UWP, 1981), ch. 1을 보라.

열광, "자아 이탈" 상태)에 쏠리는 이유는 일차적으로 그것들을 **통해** 신탁이 오기 때문이다. 즉 말을 지배하는 힘인 신적인 존재에 의해 인간의 정신이 차단될 때 신탁이 오기 때문이다. 필론은 다음과 같이 말하며 그 점을 잘 포착하고 있다(또한 그가, 예를 들면 Plato, *Phaedrus* 244a-245c, *Timaeus* 71, *Ion* 533d-534c에 영향을 받았음을 보여준다).

이것은 예언자들의 무리가 정기적으로 빠져드는 현상이다. [인간의] 정신은 신의 영이 임할 때 물러난다. 그러나 그 영이 떠날 때 정신이 다시 제자리로 돌아온다. 사멸하는 존재의 정신과 불멸의 영은 집을 공유할 수 없다. 그리고 그렇기 때문에 이성의 몰락과 그것을 둘러싼 어둠이 황홀경과 신적인 열광을 만들어낸다(*Who is the Heir of Divine Things* 265; 참조. *Special Laws* 4.49).[43]

그리고 필론이 이것을 통해서 의미하는 것은 예언자가 반드시 무의식 상태가 되거나, 20세기의 관찰자들이 "격앙"(frenzy)과 "열광"(mania)이라고 부르는 것을 보여주어야 한다는 것이 아니지만, 예언자의 말은 전적으로 신의 영감의 영향 아래 있다는 것이다. 중요한 것은 예언자가 의식을 잃어서, 그 혹은 그녀의 정신이 말하는 데 전혀 영향을 끼칠 수 없는 상태가 되는 것이 아니다. 그는 계속해서 다음과 같이 말한다.

왜냐하면 실제로 예언자는, 그가 말하고 있는 것처럼 보이고, 실제로 평안을 유지하는 것처럼 보이고, 그의 발성기관들인 입과 혀를 통제하고 있는 것처럼 보일 때조차도, 자신의 뜻을 내보이기 원하는 타자의 통제 속에 완전히 들어가

---

43 "자신의 생각을 말하는 예언자는 없기 때문이다. 그는 타자에 의해서 고무되어 해석하는 자이다. 따라서 그가 말을 할 때면 자신이 무엇을 말하는지 모르는데, 이는 그가 이성이 물러가고 영감으로 충만해진 것이며, 영혼의 요새를 새로운 방문자와 점유자인 신적인 영에게 넘겨준 때문이다. 그 신적인 영은 발성기관을 통해서 자기 일을 하며 예언적인 메시지를 분명하게 나타내는 말들을 하게 한다."

있는 것이다. 우리는 볼 수 없지만 타자는 능숙한 손재주로 현을 튕기고 있으며, 그들을 모든 화성을 갖춘 아름다운 음악을 연주하는 악기로 사용하고 있다 (266).

그러나 "황홀경"이라는 용어를 현대인들이 사용할 때, 그것은 주로 심리학적인 상태를 가리킨다. 그리고 이것은 가벼운 의식 변용 상태에서 주변에 대한 지각을 완전히 상실하고 자발적인 통제력을 상실한 상태에 이르기까지 그 형태가 다양하다. 사회학적인 그리고 문화인류학적인 분야의 전문가들은 이것의 심리학적 / 행위적인 측면에 초점을 맞추기 위해 "황홀경"(ecstasy)보다는 "트랜스"(trance)라는 용어를 선호한다. 여기서 말하는 "트랜스"는 신적 감응에 의해 발생하는 "의식, 지각, 인격 혹은 심리학적인 다른 기능들의 변용 혹은 단절을 설명하기 위해서" 사용하는 용어이며,[44] "통제 가능한" 트랜스에서 "통제 불가능한" 트랜스에 이르기까지 여러 가지 형태가 있다.

우리가 방금 언급한 내용에서도, 필론이 말하는 엑스타시스와 마니아가 "통제 불가능한 트랜스"를 나타내는 주변에 대한 인식의 상실, 자발적인 행동과 자의식의 상실을 포함하는 것인지를 보여주는 분명한 증거가 거의 없다. 게다가 필론은 예언자가 의식이 온전한 상태에서 하나님이 말씀하시는 것을 듣고 해석하는 형태의 예언에 대해 분명히 알고 있으며, 또한 성령의 감동이 올 때 예언자가 하나님께 질문하고 대답을 받는 형태의 예언에 대해서도 분명히 알고 있었다(참조. *Life of Moses* 2.188-92).[45] 이것은

---

44 Erika Bourguignon, *Possession* (San Francisco: Chandler and Sharp, 1976), 9 (여기서 말하는 "사로잡힘"은 외부의 성령 / 영[S / spirit]에 감응된 상태를 나타내기 위해서 사용된 용어이며, 행위자 자신의 "영"이 "신체로부터 이탈해서" 다른 장면 / 사건으로 여행하는 것을 일컫는 "샤머니즘"과는 대립되는 개념이다). 사회학에서 사용하는 유사한 용어에 대해서는 I. M. Lewis, *Ecstatic Religion: An Anthropological Study of Spirit Possession and Shamanism* (London: Routedge, 1989²; 초판, Baltimore, 1971); R. Wilson, "Prophecy and Ecstasy", 324-8을 보라.

45 D. Winston, "Two Types of Mosaic Prophecy according to Philo", *JPS* 2 (1989), 49-67; J.

단순히 필론이 자신의 유대교 유산에 충실하기 때문이 아니다(강력한 형태의 "트랜스"는 유대교의 예언에 대한 기록 중에서 상대적으로 드물게 나타난다). 플루타르코스(기원후 60-130년)도 마찬가지로 델포이에서의 예언이 (트랜스가 강력하지 않은) 후자 형태의 예언이었으며, 신이 주시는 영감과 계시가 가벼운 트랜스 상태의 여예언자가 인간적인 인식 능력을 갖고 이해하고 풀어 설명한 것으로 설명된다고 주장한다(On the Pythian Oracle, 397c, 404-5; 이것과 대조적인 내용은, On the Failure of Oracles, 432). 비록 그리스-로마의 예언 현상이 대부분 황홀경일 **가능성이 있다고** 하더라도, 그리고 이러한 예언 현상이 강력하게 사로잡힌 트랜스 형태를 동반하는 것으로 훨씬 자주 인정된다고 하더라도(특히 초기의 논의에서), 이러한 특징들이 있다고 해서 그것이 그리스-로마 예언 현상의 보편적인 모습은 결코 아니었으며, 유대교와 이후의 기독교 예언에서는 전혀 발견되지 않는다(특히 「디다케」와 몬타누스주의에서 그러하다).[46]

그런데 우리가 누가-행전과 바울에게서 접하게 되는 예언의 형태(들)는 어떠한가? 엥겔센(E. Engelsen)은 초기 기독교의 예언은 강력한 황홀경 현상이었다고 주장한다. 바울이야말로 (엥겔센이 보기에는) 분명히 황홀경적이고 알아들을 수 없는 방언과 알아들을 수 있는 예언을 구분한 최초의 인

R. Levison, "Two Types of Estatic Prophecy according to Philo", *Studia Philonica Annual* 6 (1994), 83-9을 보라. 후자는 (Philo의 말에 의하면) 모세가 "자신의 인간적인 능력을 상실하는 경험이 아니라 유지되는 '중간 형태의 황홀경 예언'"을 체험한 것이라고 보는 Winston의 주장에 동의한다(86). 참조. 또한 *Life of Moses* 2,188-91에 대한 Levison의 결론을 보라: 여기서 "성령의 영감은 모세의 감정적인 반응으로 시작된 자연스러운 의식의 흐름을 방해하지 않는다. 오히려 반대로 모세는, 발람이나 다른 예언자들과 마찬가지로 하나님을 위한 혼을 상실한 도구가 아니다. 오히려 하나님이 그러신 것처럼, 자신의 인격에서 우러나오는, 그리고 자신의 감정과 정신이 온전한 상태에서 말을 한다." Aune가 Philo이 예언자의 상태를 체험하는 내내 계속해서 의식이 또렷했다는 것을 의미하는 **"취하지 않은 술 취함"**(*sober intoxication*, *Creation* 70-71)으로 설명하고 있다고 본 것은 제대로 본 것이다(*Prophecy*, 150).

46 보다 자세한 논의에 대해서는 T. Callan, "Prophecy and Ecstasy in Greco-Roman Religion and in 1 Corinthians", *NovT* 17 (1985), 125-40을 보라.

물이라는 것이 그 근거라는 것이다(뒤의 제13장을 보라). 그러나 그루뎀, 오니, 칼랜, 포브스는 고린도전서로부터 바울이 "황홀경"적이거나 강력한 트랜스 형태의 **예언**에 대해 말하는 것이 아니라(고전 12:3의 이면에 있는 현상도 이것이 아니다),[47] 대부분 "통제 가능한" 예언적 "트랜스"에 대해 말하고 있다고 추론하는데, 이것이 더 타당해 보인다.[48] 한편 예언자에게 임하는 계시는 명확하면서도 강제적인데, 말하자면 (바울은 이런 경우를 잘못된 것이라 보는데) 예언자가 성령에 저항할 수 없다는 것을 느끼거나(고전 14:32), 혹은 (바울은 이런 경우를 옳다고 보는데) 만약에 계시가 예배 도중에 임했을 경우에, 거의 듣는 즉시 선포해야 한다고 느낄 수 있다는 것이다(고전 14:30). 또 한편 예언하는 사람은 다른 사람이 즉각적인 계시를 받고 있다는 신호가 보이는 경우에 예언을 그칠 수 있을 만큼 자신의 주변 상황을 충분히 지각할 수 있다(고전 14:30).[49] 이뿐만 아니라 집회 시에 계시를 받는 사람이 있는 반면에, 후자에게 양보해주어야 하는 사람들은 집회에 참석하기 **전에** 예언할 내용을 받았던 사람들인 것처럼 보인다. 그런 경우에 예언을 하면서 어떤 의식의 변용 상태가 수반되지 않았을 것이다(신탁의 내용을 전달하기 전에 종종 신탁의 내용을 며칠 동안 받았던 구약의 예언자들과 비슷하다). 신약성경에서 강력한 "트랜스" 체험을 보여주는 예언 담화라고 볼 수 있는 가장 개연성 있는 경우는 사도행전 10:45, 46과 19:6이다. 이 본문을 보면 성령이 극적으로 임하시는 경우에 방언과 예언적인 찬양이 혼합된 갑작스러운 카리스마적인 찬양이 터져 나온다.[50] 그러나 이러한 예외적인 회심 체험들이 표준적인 것이라고 볼 이유는 없다. 그리고 이 본문들에서조차도 그 현

---

47 Grudem, *Gift*, 150-77 (특히 155-72); K. S. Hemphill, "The Pauline Concept of Charisma: A Situational and Developmental Approach", PhD dissertation, Cambridge, 1977, 69-72.

48 Aune, *Prophecy*, 19-21. 참조. G. Friedrich, *TDNT* VI: 851도 비슷하게 판단한다. Forbes는 이러한 견해조차도 지나치게 멀리 나아갔다고 생각한다(*Prophecy*, chs. 9-10).

49 참조. Callan, "Prophecy", 127.

50 참조. 행 10:10; 11:5; 22:17. 그러나 이 구절들은 그런 종류의 예언과는 관련이 없다.

상들이 갑작스럽게 일어났기 때문에 통제 불가능한 것이었다거나, 회심자들이 체험한 것이 자의식 혹은 외부 상황에 대한 의식을 상당 부분 상실한 것이었다고 볼 만한 이유는 거의 없다.

예언에 있어서 계시 체험의 강렬함과 명료함은 아마도 아주 다양할 것이다. 한 극단에는 사도행전 10:10, 22:17 그리고 고린도후서 12장 등에서 볼 수 있는(비록 모두가 예언으로 연결되지는 않지만) 베드로와 바울,[51] 혹은 요한계시록에 나오는 요한(요한이 자신의 사역을 **예언**이라고 보는 것에 주목하라: 계 1:3; 22:18, 19)의 강력한 환상 체험이 있는가 하면, 또 다른 극단에서 아포칼립테인(*apokalyptein*, "계시하다")은 점차적으로 마음에 새겨지는 굳건한 확신을 가리키기 위해 사용될 수도 있다(예, 빌 3:15). 그 동사는 계시의 강력함 및 명료함과 관련해서 중립적이다.[52]

2. 예언적 담화의 내용

예언적 담화의 내용은 점차 넓어졌던 것 같다. 여기에는 인사 문제에 관한 교회의 구체적 방향성(행 13:2, 3), 분쟁 해결(행 15:28, 32?), 선교사들에게 주어진 구체적 인도와 확신(예, 행 16:6-13; 18:10), 기근에 대한 경고(행 11:28)에서부터 바울의 개인적 운명에 대한 예언(행 20:23; 21:4, 11)에 이르기까지 모든 것들이 포함된다. 이들 각각의 예시들은 하나님이 특별한 지식을 계시해주실 필요성과 연관되어 있음을 주목해야 한다. 예를 들어, 그것들은 토라 읽기나 복음 전승, 사도적 교훈(*didache*) 등으로부터 추론될 수 있는 일반적 원리들이 아니었다. 요한계시록 2-3장의 일곱 교회들에 대

---

51 A. T. Lincoln, "'Paul the Visionary': The Setting and Significance of the Rapture to Paradise in II Corinthians XII.1-10", *NTS* 25 (1979), 204-20. 그러나 참조. M. D. Goulder, "Vision and Knowledge", *JSNT* 56 (1994), 53-71은 고후 12:2-5에 나오는 환상의 주인공이 바울이 아니며, 바울은 그러한 환상을 부인하고 있다고 주장한다.

52 Grudem, *Gift*, 134-6.

한 예언적 분석은 동일한 방향을 가리킨다. 또한 바울이, 하나님께서 (고린도 교인들의 예언을 통해서) 하나님의 마음에 있는 비밀들을 드러내시면(고전 14:25) 믿지 않는 자들도 확신하게 될 것이라고 말하는 것에 비추어볼 때, 바울도 그러한 특별한 지식이 주어질 것이라고 생각한 것 같다. 여기서 염두에 두고 있는 것은, 믿지 않는 자들이 오로지 하나님만 드러내실 수 있다고 확신할 수 있는 그런 개인적인 정보를 드러내는 것이다(요 4:16-19 에서처럼).[53]

그러나 예언적 계시가 이것보다 더 발전하고, 신학적인 "신비들"을 가르쳐주지 않는 이상(참조. 고전 13:2), 바울이 예언에 그런 특권적인 지위를 부여할 것 같지는 않다(예언자는 사도들 다음이다; 예언은 고린도 교인들이 선망했어야 할 최고의 은사이다: 고전 12:28, 29; 14:1 등).[54] 오니는 신약성경에 나오는 예언적인 신탁들을 확인하기 위해서, 해당 단락을 "예언"이라고 인정하기 전에 그 전부 혹은 대부분이 충족되어야 하는 다섯 가지 기준들을 사용한다.[55] 따라서 예언은 한 마디의 말이 되었든 강화가 되었든지 간에 의심의 대상이 될 수 있다. (i) 초자연적인 존재에게서 기인한 것인가, (ii) 예고하는 내용이나 특별한 지식이 들어 있는가, (iii) 다른 맥락에서는 예언적인 어법의 흔적이기도 한 공식구(들)로 시작하거나 마무리되는가, (iv) 서두에 화자의 영감에 대한 진술이 붙어 있는가, (v) 문학적인 문맥에 쉽게 맞아떨어지지는 않는가.

이러한 기준들을 사용해서, 오니는 신약성경에 들어 있는 약 59개의 예언들을 찾아낸다(예를 들어 바울 계열 문헌에서만 찾아보자면, 갈 5:21; 살전 3:4; 4:2-6, 16, 17; 살후 3:6, 10, 12; 고전 14:37, 38; 15:51, 52; 고후 12:9; 롬 11:25, 26; 딤전 4:1-3).[56] 여기에 포함된 신탁의 유형은 다음과 같다.

---

53   E. Best, "Prophets and Preachers", *SJT* 12 (1959), 129-50, 146 이하.

54   Dautzenberg, *Prophetie*, ch. 4.

55   *Prophecy*, 247-8; 317-18.

(a) **확신의 신탁**(예를 들어, 행 18:9; 23:11; 27:23, 24; 고후 12:9 등)

(b) **규범의 신탁**(예를 들어, 갈 5:21; 행 13:2; 21:4; 살후 3:6 등)

(c) **구원의 선포**(계 14:13; 19:9 등)

(d) **심판의 선포**(행 13:9-11; 고전 14:37, 38; 갈 1:8, 9)

(e) **인정의 신탁**(예를 들어, 고전 12:3)—그리고 **자기 추천의 신탁**을 포함한다(계 1:8, 17)

(f) **종말론적 신 현현의 신탁**(롬 11:25, 26; 고전 15:51, 52; 살전 4:16, 17 등)

이들 중에서 제일 마지막의 것, 그리고 그 앞의 세 가지 신탁들은 확실히 그 성격이 "교리적"이다.[57]

그렇다면 이제 초기 기독교의 예언의 형태와 내용이 아주 다양했으며, 일부 비예언적인 담화 형태에서 비슷한 것을 발견할 수 있다는 것이 분명해진 것이다. 이러한 관찰 결과로 인해 오니는 다음과 같은 결론에 도달하게 된다. "예언적 담화의 독특한 특징은 그 **내용**이나 **형식**이 아니라, 그것의 (직접적인) **초자연적인 기원**이다."[58]

3. 예언의 목적

이 주제와 관련해서는, 예언은 회중의 덕, 권면과 위로를 위한 것이라는 고린도전서 14:3(참조. 31절)에 나오는 바울의 진술로 시작하는 것이 일반적이다. 하지만 두 가지 점을 반드시 명심해야 한다. 첫째, 바울은 이 명제를 서술어 프로페테이아(*prophēteia*)에 대한 **충분조건**으로 제시하지 않는다. 왜냐하면 예언 이외의 다른 담화 형태, 예를 들어 지혜와 지식의 말씀, 방

---

56 *Prophecy*, ch. 10 그리고 441, n.47은 *Didache*, *Hermas*, Ignatius의 *Odes of Solomon* 및 다른 초기 기독교 문헌에 있는 것들을 포함해서 107개의 신탁 목록을 제시한다.

57 *Prophecy*, chs. 10, 12.

58 앞의 책, 338.

언(통역이 될 때), 설교, 설명과 가르침 같은 것들도 동일한 목적을 위해 사용되기 때문이다(고전 12:8). 이러한 대안들 역시 매우 은사적인 것일 수 있다. 그러나 그렇다고 해서 그것들이 "예언"이 되는 것은 아니다.[59] 둘째, 14:3의 바울의 진술이 프로페튜에인(prophēteuein)의 필수조건이라고 볼 필요도 없다. 바울은 단지 그것이 대체로 회중적 예언의 특징이라고 생각했을 것이다. 확실히 고린도전서 14:3은 회중의 틀 밖에서 개인에게 주어진 예언을 주변적인 것으로 만들기 위해 사용되어서는 안 된다(예를 들어 행 21:11에서 아가보가 바울에게 한 예언처럼).[60] 보다 정확하게 말하자면, 예언의 기능은 확신, 구원, 심판, 인정(legitimation), 권면과 종말론적 신현 등의 신탁과 동일시되는 예언적 담화 형태로 어느 정도는 읽힐 수 있다. 회중 가운데서의 하나님의 이러한 활동은 자기 백성들에 대한 징표의 역할을 한다(참조. 고전 14:22). 하나님이 그들과 함께하심을 나타내는 축복의 징표이며, 하나님이 그들을 친밀하게 알고 계시며, 어떤 위험이 그들을 에워싸고 있는지 알고 계시며, 하나님이 그들을 자기 손 안에 두시고 인도하시며 가르치고 계심을 보여주는 징표이다. 이것은 또한 불신자들에게도 명백한 징표이다(24, 25절).

4. 예언은 카리스마적 해석, 설교, 가르침을 나타내는가?

예언이 교육적(didactic)이고 권면적 요소를 가지고 있으며(앞을 보라),[61] 초기 교회에서 "예언자"로 인정받는 사람들이 설교와 가르칠 수 있는 지도자들(참조. 행 15:32)이었음은 의심할 필요가 없다. 그러나 실질적으로(전체적이건 부분적이건) 영감 받은 설교, 해석이나 가르침들이 신약이 예언이란

---

59 특히 Grudem, *Gift*, 181-5을 보라.

60 Aune, *Prophecy*, 195 이하, 211 이하.

61 그러나 고전 14:32의 *manthanō* ("가르치는 것")에 관하여는 Grudem, *Gift*, 185을 보라.

용어를 통해 **의미하고자 했던** 것이라고 주장하는 것은 분명 또 다른 문제이다. 특히 개혁주의 교단 안에 널리 퍼져 있던 이러한 오해에 대해 (많은 사람들 중에서) 베스트[62]와 그루뎀[63]이 경고해왔다. 그러나 그런 입장에 대한 긍정적인 주장이 최근에 코토네, 엘리스, 힐, 밀러, 보링, 길레스피에 의해[64] 거듭 주장되고 있다. 하지만 그들의 입장은 미심쩍은 논증에 의존하고 있다.

(1) 이 입장에 대한 선례는 없을 듯하다. 결국 유대교에서 예언은 원형적으로 **신탁적** 담화(oracular speech)였다.[65] 더욱이 랍비들 중 약 4분의 1은 중요한 **예언**은 중지되었다는 믿음을 갖고 있었다. 오히려 대신에 **현자들과 서기관들**이 있다고 주장했다(Baba Batra 122ab; 참조. Seder Olam Rabbah 30).[66] 그러한 주장을 제기하는 자들에게 있어, 진술의 요점은 정확하게 하나님이 더 이상 직접적으로 말씀하지 않으시며, 해석되고 설명되는 **성경에 의해서만** 말씀하신다는 것이다. 그러한 진술이 거부되고 예언의 계속성을 주장하는 자들에게 있어 진술의 요점은 예언이란 대체로 초자연적인 존재로부터 화자에게 직접적으로 전해지는 지식의 선포라는 것이었다(예를 들어, 베스파시아누스가 황제로 선출될 것이라는 요세푸스의 꿈 예언; 요하난 벤 자카이[Johanan ben Zakkai]의 예언). 그러면서도 때로는 성경으로 돌아가기도 한다

---

62 "Prophets", 전체.

63 Gift, 139-44.

64 E. Cothonet, "Les Prophètes chrétiens comme Exégètes charismatiques de l'Écriture", in Panagopoulos (ed.), Vocation, 77-107; D. Hill, "Christian Prophets as Teachers or Instructors in the Church", in Panagopoulos (ed.), Vocation, 108-30; Ellis, Prophecy, pt. 2; Gillespie, Theologians, 여러 곳.

65 Aune, Prophecy, ch. 2.

66 보다 충분한 자료와 문헌을 위해서는 Grudem (Gift, 21 이하)과 Aune (Prophecy, ch.5)를 보라.

(Wars 3.351-4에서처럼).[67] 로마서 12:6-8이 하나의 목록 안에 예언, 가르침, 권면을 포함하고 있는 이유가 **다양한** 은사를 보여주기 위한 것이기도 하지만, 동시에 바울이 이 목록을 통해 예언과 다양한 형태의 해설적 강화 사이의 오래전부터 널리 알려진 차이를 드러내고 있는 것일 수도 있다. 고린도전서 12:8-10, 28, 29(이곳에서 예언자들과 교사들이 구분되어 있다)과 14:6, 26에도 이와 유사한 주장들이 있다. 은사적 **가르침**은 회중의 직접적인 필요를 위한 성경과 전통에 대한 설명을 포함하며, 반면 예언이란 성경 연구를 통해 중재되기보다는 초자연적 존재에 의해 **직접적으로** 계시된 내용을 인간이 일차적으로 선포하는 것을 의미한다.

(2) 엘리스는 신약에서 미드라쉬 방식의 주석은 "주께서 말씀하시기를" 이라는 공식구와 함께 나타나며, 그 공식구는 주석자가 자신의 주석이 예언적 지식임을 자칭하기 위해 사용한 것이라고 주장한다(예를 들어, 롬 12:19에서의 신 32:35 인용). 그러나 이것은 오니에 의해 강력하게 비판을 받아왔다.[68] 오니는 다음과 같이 주장한다. (a) 「바나바 서신」에서는 저자가 동일한 현상을 **예언**이 아니라 **가르침**으로 설명하고 있다. (b) 레게이 퀴리오스(legei kyrios, "주께서 말씀하시기를") 형식은 영감 받은 연설임을 주장하기 위한 것(예언적 연설에 결코 사용된 적이 없다)이 아니라, 하나님이 구약성경 본문의 화자임을 드러내기 위해 사용된 것이다. (c) 그러한 "암시적 마드라쉬"와 초기 기독교 예언 간의 (역사적) 연결고리를 보여주는 자료는 존재하지 않는다. 은사적 주석과 예언을 연결시켜주는 아무런 증거가 없으며, 그러한 가르침은 당연히 "교사들"에 의해 이루어질 것으로 기대했다(그리고 "예언자들"에 의해 주어진 경우도 있으나, 그 경우는 "가르침"이었

---

67 Aune, *Prophecy*, 141-3, 144-6.

68 앞의 책, 343-5: 참조. Forbes, *Prophecy*, 225-37.

지 "예언"이 아니었다).

(3) 예언을 설교나 가르침과 동일한 것이라고 주장하는 사람들은 대체로 구약성경에 나오는 예언의 권면적 기능을 근거로 신약의 권면 (*paraenesis*=윤리적 권면)이 예언적이라는 결론을 내린다. 뮐러는 예언이란 권면을 수행하는 것(고전 14:3)이라는 언급을 근거로 이러한 주장을 더 다듬는데, 그는 요한계시록 2-3장에서 교회에 대한 예언이 본질적으로 권면의 효과를 위한 것임을 지적한다.[69] 그런 다음에 그는 (오니와 마찬가지로) 예언적 본문들을 설명하려고 노력하는데, 바울 서신의 권면 부분을 바탕으로 설명하고 있다. 그러나 전체적인 그의 접근 방식은 권면이 구약이나 신약성경의 예언의 **독특한** 특징이 아니라 다양한 장르에서 볼 수 있는 일반적인 특징이라는 사실을 간과하고 있다. 마태복음 5-7장의 산상수훈은 분명하게 편집자가 "예언"이 아니라 "권면적 담화" 유형으로 구성한 것으로 보인다. 이와 유사하게, 회개를 촉구하거나 권면의 내용과 상관없는 "예언"에 대한 주목할 만한 사례들이 있다. 유대에서의 기근과 바울의 예루살렘에서의 임박한 운명에 대한 아가보의 예언이 그 한 예이다. 앞에서 언급했듯이, 고린도전서 14:3은 "예언"의 독특한 특성에 대한 충분한 길잡이가 아니다.[70]

(4) 길레스피가 이 문제에 대한 가장 미묘하고도 광범위한 논증을 했다. 그의 근본적인 논지는 다음과 같다.

 (i) 고린도전서 14:29, 30에 나오는 예언하는 사람은 다른 사람이 계시를 받을 때는 잠잠해야 하며, 둘이나 셋으로 그 수에 제한을

---

69 U. B. Müller, *Prophetie*, 47-108.

70 이와 비슷하게 J. Reiling, "Prophecy, the Spirit and the Church", in Panagopoulos (ed.), *Vocation*, 58-76에서, 그는 고전 14:3이 이 점과 관련해서 "혼란을 줄 수 있다"고 언급한다 (69). 또한 참조. Crone, *Prophecy*, 213.

두라는 바울의 명령은 그것들이 장황한 강화였음을 보여준다.[71]

(ii) 데살로니가전서 5:20과 로마서 12:6과 관련해서 살펴볼 때, 예언을 시험하는 기준은 "믿음의 유비"인데, 그가 생각하는 믿음은 "전승된 복음에 대한 믿음"이다. 그리고 "논리적으로 추론해보았을 때, 적어도 바울에게 있어 예언이란 복음 선포의 형태였으며…초기 기독교 예언자들이 예언할 때 했던 일이 바로 복음을 선포했던 것이다"라고 결론을 내린다.[72]

(iii) 예언의 내용은 고린도전서 14:3에서 언급하고 있는 대로 덕을 세우고, 권면(paraklēsis)하며, 위로(paramythia)하는 것이며, 설교(preaching)하는 것이다. 길레스피는 라일링(Reiling)과 크론이 이것에 반대한다는 것을 알고 있다. 그들이 반대하는 이유는 방언 역시(통역이 되는 경우에는) 교회의 "덕을 세우"는 것이며(14:5), "세운다"는 말이 예언자의 역할("권면"과 "위로"와 비슷한)을 정의하기에는 너무 광범위한 개념이기 때문이라는 것이다. 그러나 길레스피는 이러한 의심을 일축한다. 이 용어들은 바울이 선포 행위를 설명하기 위해 규칙적으로 사용하는 말이라는 것이다.[73] 로마서 15:20(참조. 1:15)에서 오이코도메인(oikodomein, "건축하다")과 유앙겔리제스타이(euangelizesthai, "복음을 전하다")는 상호 교환적으로 사용된다(후자는 직접적으로 그리스도인들을 향한 것이다). "터를 놓는 것"과 "그 위에 집을 짓는 것"은 "유앙겔리제스싸이라는 핵심 용어에 대한 은유인 셈이다.…오이코도메인/

---

71 Gillespie, *Theologians*, 24-25 (Müller의 관점을 확장시키고 있다).

72 앞의 책, 63. (Gillespie는 살전 5:20의 "예언을 멸시하지 말라"는 표현이 당시에 예언을 문제시하던 상황을 반영하는 것이라고 본다. 그리고 그런 상황에서 롬 12:6에서 "믿음의 분수대로 예언하라"는 표현을 믿음이 예언의 기본 바탕이어야 한다는 것으로 해석하고 있다. 따라서 Gillespie는 로마서의 내용이 데살로니가전서의 내용을 보완해준다고 보는 것이다 ―옮긴이)

73 *Theologians*, 142-50.

오이코도메(*oikodomein / oikodomē*)라는 용어는 교회를 향한 복음 설교를 통한 교회의 계속적인 창조(*creatio continua*)를 가리키는 것이다." 그렇기 때문에 예언을 한다는 것은 14:26("모든 것을 덕을 세우기 위하여 하라")의 기준(test)을 충족시키는 것이라고 할 수 있다. 왜냐하면 선포의 행위로서 예언은 교회를 창조하고 세우는 유일한 방법인 복음을 설명해주는 것을 통해 오이코도메(*oikodomē*, 3절)의 결과를 가져오기 때문이다.[74]

(iv) 바울의 케리그마(기독교적 메시지의 [초기] 선포)와 관련해서, 하나님의 지혜에 대해 영감 있게 설명해주는 고린도전서 2:6-16과 그 뒤에 이어지는 교훈은 고린도전서 12-14장에 나오는 예언에 대한 논의와 용어론적으로나 주제적인 면에서 아주 분명한 연관성이 있다. 따라서 2:6-16의 주제는 그 용어가 사용되지 않았다고 하더라도 예언인 것이다.[75] 그리고 바울은 자신의 사도적 사역을 구약성경 예언자의 이미지에 맞추어서 표현한다.

(v) 고린도전서 15장은 12-14장의 주제를 이어받는다. 이것은 바울이 예언을 어떻게 이해하고 있는지 보여주며, 동시에 "죽은 자의 부활이 없다"고 하는 고린도 교회의 예언에 대한 비판이기도 하다(15:12b). 바울에게 있어 기독교의 예언은 "(1) 케리그마가 본래 하나님의 지혜라는 관점에서 케리그마를 설명하는 것이며, (2) 교회의 상황 안에서 역사하시는 성령의 계시 활동에 의해 영향을 받는 것이며(참조. 51, 52절), (3) 성령에 대한 설명과 논리적인 논증을 포함하는 포괄적인 강화로 표현되는 것이었으며, (4) 자료비평의 대상이었다."[76]

---

74 앞의 책, 144.

75 앞의 책, 165-98.

76 앞의 책, 237.

그의 주장을 하나씩 검토해보자.

(i) 바울이 두세 사람의 예언으로 제한한 것에서 그 예언들의 길이가 어땠는지에 대해서는 아무것도 알아낼 수 없다. 왜냐하면 바울은 방언과 방언 통역에서도 동일한 제한을 가하기 때문이며(14:27), 이러한 방언과 방언 통역은 대개 상대적으로 간단한 말이라고 알고 있기 때문이다. 요점은 두 경우 모두 판단하고 숙고할 시간이 필요하다는 것이다. 게다가 바울이 거의 기꺼이 방언과 방언 통역의 **조합**을 예언과 동등한 것으로 보았다는 것은(14:5, 27-31), 바울이 생각하는 예언이 기본적으로 논쟁적인 선언이 아니라, (물론 신탁적 담화에도 해석과 예언의 "적용"이라는 요인이 수반되기는 하지만) 신탁적 담화라는 것을 암시하는 것일 수도 있다.

(ii) 로마서 12:6은 3절에 대한 부연 설명이며, "예언의 은사가 있는 사람들에게 허락된 믿음의 분량에 따른 예언과 관련이 있음이 분명한 것"[77]으로 이해하는 것이 가장 좋을 듯하다. 그러나 12:6에서 말하는 "믿음"을 목적격 속격으로 본다고 하더라도, 길레스피가 제시하는 결론은 논리에 맞지 않는다. 예언이(다른 **모든** 그리스도인의 활동과 마찬가지로) 복음에 대한 전승된 믿음에 **의해** 판단되어야 한다는 말은 예언이란 복음을 **자구 그대로** 선포하는 것이라는 의미가 아니다.

(iii) 바울이 예언과 카리스마적인 설교 모두를 본질적으로 "덕을 세우고", 권면하고, 위로하기 위한 것이라고 보았다는 점은 의심의 여지가 없다. 그러나 그렇다고 해서 설교와 예언이 형식적인 면에서도 일치한다고 볼 수는 없다. 바울이 통역된 방언을 "설교"에 필적하는 것으로 보았다는 것도 동일한 논리로 보아야 한다

---

77 Fee, *Presence*, 604-11 (609)을 보라.

(왜냐하면 14:5은 방언과 통역이 결합되면 교회의 "덕을 세운다"고 말하고 있기 때문이다; 참조. 14:26b은 14:25a에서 언급하는 "모든 것"이 동일한 효과를 나타낼 것으로 기대하고 있다). 그뿐만 아니라 14:4은 통역 **없이** 방언을 말하는 사람은 자신의 "덕을 세운다"고 말한다. 그러나 그로부터 바울이 방언을 자신을 위해서 "복음을 설교하는 것"으로 보았다고 추론해서는 안 된다.

(iv) 바울이 예언과 성령의 능력을 입은 설교와 가르침을 포함한 다른 형태의 영감 어린 강화에서 유사한 점을 보았다는 것은 분명하다. 그러한 유사점에 대한 인식은 아마도 보편적인 것이었을 것이다. 그리고 우리는 이미 필론이 안식일에 대한 모세의 규정에 대해 논하면서, 사람의 마음은 "하나님의 영이 그 마음을 진리로 인도하시지 않으면, 목적을 향해 올바르게 지향할 수 없었을 것"(*Life of Moses* 2.265)이라는 것을 근거로, 영감 받은 지혜 담론과 예언 사이에서 유사점을 어떻게 이끌어냈는지에 대해 살펴보았다. 그러나 필론에게 있어서 그러한 지혜 담론은 단순히 "예언과 비슷한 것"에 불과하다. 그는 이 둘을 동일시하는 실수를 범하지 않았다. 마찬가지로 바울이 비록 자신의 사도적 사명을 구약성경의 예언자들의 사명과 비교하고 있고 자신이 예언을 하고 있다고 거의 확신하고 있지만, 그는 자신의 복음 선포에 대해 언급하면서 결단코 "예언하다" 혹은 "예언"이라는 단어를 사용하지 않는다.

(v) 고린도전서 15장은 뒤이어서 (영지주의적인) 영적인 열광주의 문제, 바울이 서신 전체에 걸쳐서 제기하고 있는 여러 가지 국면들을 언급한다. 따라서 12-14장과 15장 사이에는 자료상의 연관성이 있다. 그러나 15장에서 다루는 주제가 여전히 "예언"에 대한 것이라는 주장을 입증하기에는 근거가 충분치 않다. 뿐만 아니라 바울이 15:12b에서 말하고 있는, 고린도 교인이 말한 것

으로 보이는 예언에 대한 대응 차원에서 15장 전체에 걸쳐 바울의 "예언론"을 다루고 있다는 주장도 거의 지지를 받지 못한다.[78] 고린도전서 15:50-52이 본래의 예언의 한 부분이었을 수 있다는 것에 많은 학자들이 동의하기는 하지만,[79] 그렇다고 해서 신탁의 범위를 53-58절까지 확대시킬 필요는 없다. 왜냐하면 54b절부터 56절은 (길레스피가 주장하는 바와 같이) 이사야 25:8과 호세아 13:14에 대한 카리스마적인 주석임을 암시하고 있기 때문이다. 구약성경의 본문을 그런 식으로 주석하는 것은 바울의 교훈에서 자주 찾아볼 수 있다. 고린도전서 15장은 절대적인 "예언"이 아니라 "예언/계시(와 다른 요인들)를 통해서 제공된 영적인 교훈"으로 분류하는 것이 가장 낫다.

바울이 "예언"이라는 용어를 통해서 신탁적 담화보다 더 포괄적인 것을 가리키려고 했다는 것, 그리고 고린도전서 14:30의 충고가 "예언" 말고도 이야기나 설명, 혹은 적용이라는 것(이것들이 "예언"의 일부로 여겨졌을 수도 있고, 그렇지 않을 수도 있다)을 암시할 수도 있다는 것이 불가능하다는 것은 아니다. 그러나 입증 책임은 카리스마적인 설교와 주석이 **교훈**보다는 **예언**

---

78 만약에 바울이 15:12b("죽은 자 가운데서 부활이 없다")을 어쨌든 영감 받은 말로 생각했다면(바울은 이에 대해서 아무런 암시도 주지 않는다), ("모든 것이 내게 가하다"[6:12]; "우리가 다 지식을 갖고 있다"[8:1]; "우상은 세상에 아무것도 아니다"[8:4]라는 주장들과 마찬가지로) 바울은 아마도 그것을 고린도 교인들이 "지식" 혹은 "지혜"의 말씀을 오해한 것으로 보았을 가능성이 높다. 혹은, 보다 정확하게 말하자면, 핵심적인 말씀 및 그에 대한 설명과 적용이 합쳐져서 "지식/지혜의 말씀"을 이루었을 것으로 보인다. 그리고 그러한 "말씀들"은 그런 말씀들의 특징이기도 한 "주석적인 성격의 말"이 더 많은 부분을 차지하기 때문에 "예언"과 분명하게 구별되었을 것이다(저자는 고전 15:12b이 예언이 아니라 지식/지혜의 말씀이었으며, 따라서 고린도 교인들이 오해한 것은 예언이 아니라 지식/지혜의 말씀을 오해한 것일 가능성에 대해서 말하고 있다—옮긴이).

79 예를 들어 U. B. Müller, *Prophetie*, 224-5; Aune, *Prophecy*, 250-1; H. Merklein, "Der Theologe als Prophet: Zur Function prophetischen Redens im theologischen Diskurs des Paulus", *NTS* 38 (1992), 402-29, 특히 416-18을 보라.

의 일반적인 국면이었다고 주장하고 싶어하는 사람들에게 있는 것으로 보인다. (바울의) 예언에 대한 (위의 [v]에서 언급한) 길레스피의 정의는 사실상 "예언"이라는 분류에서 유대의 기근과 바울의 임박한 운명에 대한 아가보의 신탁 같은 (1세기의 일반적인 관점에서 볼 때) "명백한" 예언 현상의 사례들을 **배제하는** 것이다.

5. 신약성경은 모든 사람이 예언할 수 있다고 말하는가?

우리는 바울이 모든 사람이 예언자가 아니라고 보았다고 확신할 수 있다. 고린도전서 12:29의 질문이 이 점을 확인시켜준다. 그러나 고린도의 모든 교인들이 한 사람씩 예언할 수 있지만(고전 14:31), 바울과 신약의 다른 저자들이 "예언자"라는 명예로운 칭호는 예언에 있어서 인정받은 **전문가**, 특히 은사가 있는 지도자들에게만 사용했다는 것이 일반적인 주장이었다.[80] 여기에 종종 다음과 같은 주장이 덧붙여진다. 누가에게 있어 사도행전 2장에 기술되고 약속된 성령의 선물은 요엘의 예언의 영에 대한 약속이다. 따라서 모든 그리스도인은 예언자이거나 또는 최소한 예언을 할 수 있다는 결론을 내리는 경우가 아주 흔했다.[81] 그러나 우리가 이미 살펴보았듯이, 누가의 관점에서 "예언의 영"은 단순히 예언 자체보다 폭넓은 범위의 은사를(방언, 꿈, 환상, 인도하시는 말씀, 지혜, 복음 전도에서의 권능과 목회적 설교를 포함한) 제시하고 있고, 그런 예언은 모든 사람에게 보장된 것이 아니기 때문에, 후자의 결론은 근거가 약하다. 바울의 증거를 따라 오니는 "한 사람씩 모두 예언할 수 있습니다"(31절)라는 말은 단지 29절의 "예언자들"에게 해당하는 말일 뿐이며, 그 경우에는 예언이 보편적이라는 것을 암시하는 것이 아니라고 지적한다. 그러나 그루뎀처럼 중립적 입장을 취하는 것

---

80 참조. Dunn, *Jesus*, 171-2, 281; Reiling in Panagopoulos (ed.), *Vocation*, 67-8.

81 가장 최근에는 Forbes, *Prophecy*, 219-21, 252-3.

이 더 나을 듯싶다. 즉 예언자들은 검증받은 전문가들이며 지도적 인물들
이다. 그러나 전체 회중은 예언을 추구할 수 있고, 심지어 추구해야 한다는
것(고전 14:1, 5, 39)이다. 비록 하나님이 한 가지 은사를 모든 사람에게 부
여하지 않으실지라도(고전 12:14-30),[82] 그렇다고 해서 모든 사람이 선험적
으로(a priori) 배제되는 것은 아니다. 실제로 그루뎀은, 보다 약한 의미에서,
(하나님이 마음에 전해주시는 것과 관련해서) 프로페튜에인(prophēteuein)이라는
말 속에, **모든 사람**이 각기 다른 경우에 "예언을 할 것"에 대한 기대가 들어
있다고 생각한다.

6. 신약성경의 예언의 권위와 한계

가이(Guy), 프리드리히(Friedrich)와 다른 사람들의 뒤를 이어서, 그루뎀은
(사실상 예언자적 메신저 신탁의 축어적 영감을 주장하는) 권위 있는 예언의 외투
가 정경의 예언자로부터 사도들에게로 이전되었다고 보았다.[83] 반면 데살
로니가전서 5장, 고린도전서 12-14장, 로마서 12장에서 우리가 만나는
보다 일반적인 회중 차원의 예언은 일반적 내용의 권위만을 전달하며, 이
러한 것은 참된 예언이 폐지되었다고 인식하던 초기 유대교의 계시 현상
과 평행을 이룬다고 주장하였다. 즉 보다 약한 권위를 가진, 보다 약한 부
류의 예언이라는 것이다.[84]

　　그루뎀이 이러한 주장의 근거로 삼고 있는 증거로는 다음과 같은 것
들이 있다. (i) 바울의 사도적 자기 인식의 많은 측면들은 구약의 예언자

82　Grudem, *Gift*, 235 이하. 참조. Forbes, *Prophecy*, 250-65은 14:29에서 예언하는 것을 허락받
　　은 "둘이나 셋"은 엘리트 예언자들이며, 반면 바울 자신은 14:31에서 예언의 기회를 "모든 사
　　람"에게로 확장한 것이라고 주장한다.

83　Grudem, *Gift*, ch. 1, 특히 43-54; 비슷한 논지로 D. Hill, *Prophecy*, 예를 들어 116.

84　Grudem, *Gift*, 21 이하, 54-73.

들의 것과 평행을 이룬다.[85] (ii) 바울은 고린도 교회의 예언자들의 권위를 상대화하며 그들을 자신에게 복속시킨다(고전 14:37, 38). (iii) 사도 요한은 요한계시록에서 전하고 있는 말씀들의 신적 권위를 주장한다(계 22:18). (iv) 이와는 반대로, 바울은 **회중적인** 예언이 때로는 너무 마음에 들지 않아서(unprepossessing) 전체적으로 예언이 멸시받을 위험에 처해 있음을 알고 있다(살전 5:19, 20). (v) 데살로니가와 고린도에서 그는 회중적인 예언을 **시험해보아야** 한다고 주장한다.[86] 그러나 이것은 (그루뎀에 의하면, 구약에서처럼) 예언을 전체적으로 참된 예언으로 받아들인다거나 혹은 전체적으로 거짓 예언으로 거부하자는 것이 아니다. 이것은 신약의 예언적 신탁은 질적인 면에서 혼합되었을 수 있으며, 알곡은 가라지와 구분되어야 한다는 것을 전제한다. 예언하는 사람이 순수하게 하나님으로부터 무언가를 받았을지도 모른다(비록 종종 모호하지만). 그러나 "환상"은 부분적이고 시각에는 한계가 있으며, 말하는 사람조차도 그것을 선포하는 과정에서 잘못 해석할 수도 있다(고전 13:9, 12).

그루뎀은, 사도행전에서 아가보가 바울에게 "성령이 말씀하시되 '예루살렘에서 유대인들이 이같이 이 띠 임자를 결박하여 이방인의 손에 넘겨주리라'"(21:11)라고 예언한 것을 언급한다. 그루뎀이 언급하듯이, 바울은 예루살렘으로 갔고, 결국 이방인들의 손으로 넘어간다. 그러나 그를 넘겨준 사람들은 유대인들이 아니었다. 실제로는 로마인들이 그를 죽이려는 유대인 폭도(mob)로부터 바울을 구출해냈다(행 22-23장을 보라). 사도행전 21:4에서 언급하는 예언들은 심지어 엉뚱한 것을 요구하는 것처럼 보인다. 누가에 의하면, 어떤 제자들이 "성령의 감동

---

85 J. M. Myers와 E. D. Freed, "Is Paul also among the Prophets?" *Int* 20 (1966), 40-53; Grudem, *Gift*, 43-49, 그리고 특히 K. O. Sandnes, *Paul—One of the Prophets?* (Tübingen: Mohr, 1991)를 보라.

86 (Dautzenberg와는 반대되는) *diakrinō*의 의미에 대해서는 Grudem, *Gift*, 58-9, 263-88을 보라.

으로" "바울에게 예루살렘으로 올라가지 **말라고** 말하였다." 성령이 그들에게 (다른 많은 사람들처럼, 20:23) 그곳에서 바울을 기다리고 있는 운명을 보여주신 것처럼 보인다. 그러나 그들은 그가 예루살렘에 가서는 안 된다는 식으로 잘못 추측하였고, **그런 추측마저도** 성령으로부터 온 것으로 생각했다. 바울은 다른 식으로 알고 있다. 즉 그가 예루살렘에 가는 것이 하나님의 뜻이라는 것이다(10:21; 20:22, 23). 따라서 예언의 말 속에는 여러 가지 질적으로 상이한 것들이 뒤섞일 수 있는 것이다. 그것들이 모두 흑백으로 구분되는 것이 아니라 다양한 회색 지대가 존재한다. 그루뎀이 아가보의 예를 지나치게 강조한 것일 수도 있다(왜냐하면 행 28:17에서 바울은 자신을 예루살렘에서 결박되어 "로마인들의 손에 넘겨졌다"고 설명하면서, 예언으로 받은 말을 의도적으로 암시하고 있는 것처럼 보이기 때문이다). 그러나 21:4은 더욱 설득력이 있으며, 우리가 바울에게서 보는 것과도 일치한다.

예언하는 사람은 곁에 있는 다른 사람에게 계시가 임하면 그 사람에게 양보해서 그 사람이 예언하도록 해야 한다는 고린도전서 14:30, 31에 나오는 바울의 충고는, 만일 "예언을 한다"는 것이 하나님의 말씀 자체를 전달한다는 의미라면 납득하기가 어렵다.[87] 그런 충고는 오히려 하나님께서 모임 시간에 새로운 계시를 보여주시면, 그 의미가 좀 더 선명하게 다듬어질 수도 있는 인간적인 설명 및 해석과 아마도 적용을 어느 정도 가정하는 것이다.

마찬가지로 고린도전서 14:29에 의하면, **예언은 분별**(sifted)**되어야** 한다. 분별에 해당하는 그리스어 단어 디아크리노(*diakrinō*)는 단순히 예언이 전체적으로 전적으로 옳은지 혹은 그른지를 엄격하게 선택하는 것이 아니라(이를 위해서는 크리노 [*krinō*]가 보다 명확한 선택이 될 것이다), 그것보다는 훨씬 가벼운 의미에서 분류하고 평가하는 것을 의미한다. 데살로니가전서 5:21을 참고하라. 따라서 바울의 충고는 (파넬의 주장과는 반대로) 이스라엘이 참된 예언자의 말을 듣고 있는지 아니면 거짓 예언자의 말에 귀를 기울이는지의 여부를 시험하는 것과 관련된 구

---

87 Farnell, "Two Prophetic Gifts?", 62-88은 이런 주장에 반대하면서, 신약의 모든 "참된" 예언은 구약의 정경적 예언에 필적하는 축자적으로 무오한 수준으로 영감을 받았다고 주장한다.

약의 관행과는 사뭇 다른 것이다. 여기서 관심을 두는 것은, 그것이 **참된** 예언인 지 **거짓** 예언인지를 구별한 다음에, 후자(거짓 예언)의 경우에는 그 예언자를 돌 로 치거나(최소한 쫓아내거나) 하는 문제가 아니라는 것은 분명하다. 중요한 것은 그것이 하나님으로부터 온 것인지를 결정하는 것이며, 어떻게 그것을 적용하고, 그것을 단지 인간적인 추론과 어떻게 분별하는가이다. 참으로 인간적인 요소와 인간적 오류는 아주 분명하게 나타나기 때문에, 데살로니가전서 5:20, 21에서 바울이 회중들에게 "예언을 **멸시하지** 마십시오. **모든 것을 분간하고, 좋은 것을** 굳게 잡으십시오"라고 주의를 주는 것이다.

그렇다면 신약에서 예언은 거의 틀림없이 혼합된 현상인 셈이다.

그루뎀의 사례 발표를 지나치게 단순화시켰지만, 그루뎀 역시 스스로 때 때로 증거들을 너무 도식화하고 있지는 않은지 의심스럽다.

(1) 처음 두 가지 점에 관해 그것들의 방향이 잘못 설정되어 있다는 것 을 주목할 필요가 있다. 다른 누구보다도 칼 샌드네스(Karl Sandnes) 는 바울이 자신을 정통 예언자들과 같은 부류로 간주했음을 아주 광범위하게 탐구했다. 그러나 그는 또한 그 차이도 올바르게 강조 한다. 바울의 "예언자적" 권위의 전체적인 무게감은 그리스도 사건 과 다메섹 도상에서의 계시에 토대를 둔 **복음**(gospel)보다 그 중요성 이 덜한 것이다(참조. 갈 1:12-17; 고후 3-4장). 바울에게 있어 복음이 란 완전한 권위를 지닌 것이다. 그는 다른 복음을 전하는 사람들을 거리낌 없이 저주하며, 우쭐대는 예언자들을 기탄없이 복음에 굴복 시킨다(고전 14:37). 그러나 바울은 그의 전체적인 가르침과 글이 완 전히 권위적인 예언자적 신탁이 되기 위한 긴 과정을 거치고 있다 고 주장하지도 않는다(비록 그런 면들이 일부 있기는 하지만). 따라서 그 는 자녀를 대하는 아버지의 입장에서 논지를 펴고 설명하고 있지, 독자들에게 하나님의 예언자에게 불순종하는 사람들을 향해 저주

가 임할 것이라고 경고하지 않는다! 오히려 바울이 말하고자 하는 것은 그가 가진 신앙과 일치하는데, 그 신앙은 바울이 "일반적인 내용에 대해서 완전한 권위"를 가지고 있는 것이다(즉 그 내용에는 실제로 명제적인 구조가 있다). 그러나 어디에서도 바울이 "실제적인 가르침의 신적 권위"를 주장하고 있음을 암시하지 않는다.[88] 그루뎀의 이러한 날카로운 구분은 그 자체로 의심의 여지가 있다. 의미론적으로 볼 때, 의사소통에서 사용되는 **용어**의 표면적 구조가 반드시 일차적으로 중요한 것은 아니며, 오히려 일차적으로 중요한 것은 포함하고 수반하는 **명제의 의미론적 구조**이다. 따라서 "실제적 어구들의 권위"가 중요한 만큼 "일반적 내용의 신적 권위"도 중요한 것이 될 수 있다.

어떤 사람은 그루뎀이, 바울이 문서화된 형태로 한 말의 무오류를 보장하기 위해 바울에게 "실제 어구들의 신적 권위"를 부여하려 한다고 의심한다. 파넬은 그러한 입장을 노골적으로 지지한다. 그에게 있어 모든 참된 신약성경의 예언은 교회의 신뢰할 만한 가르침을 보장해야 하기 때문에, 성경의 저자들이 무오한 계시를 제공 가능하게 만들기 위해 오류가 없어야 한다.[89] 그러나 전적으로 비역사적인 이러한 접근법은 이 논지에 혼선을 야기한다. 바울 서신들은 "예언"이 아니라, 사도적 가르침이다. 그리고 예언의 은사는 어떤 경우에도 신약성경으로 인정받게 된 것을 쓰기 위해 필수적인 것은 아니었다(참조. 복음서와 사도행전 등).

---

88 Sandnes, *Paul*; 참조. Dunn, *Jesus*, 47 (바울에게 있어 그의 권위는 다메섹 도상에서 그에게 계시되었기에 복음 자체의 권위였다고 주장한다); 참조. J. C. Beker, *Paul the Apostle* (Edinburgh: Clark, 1980); S. Kim, *The Origin of Paul's Gospel* (Tübingen: Mohr, 1981, 『바울 복음의 기원』, 두란노). (Grudem의 주장과는 달리) "나의 복음"이라는 바울의 언급은 바울이 실제 어구들의 신적 권위를 주장했다는 신념을 필요로 하지 않는다. 그것은 그가 지칭하는 그의 복음의 일반적 구조이다.

89 특히 Farnell, "When will the Gift of Prophecy Cease?", 171-202을 보라.

(2) 세 번째와 다음의 요점들 또한 사도적 예언과 다른 예언 사이의 날카로운 구별을 지지하지 못한다. 요한계시록이 축자영감설과 가장 근접한 반면(참조. 22:19), 이곳에서 권위는 **예언**이란 이름(1:3; 22:7, 18, 19)으로 주장된 것이지 **사도직**(apostolicity)을 근거로 한 것이 아님을 주목해야 한다.[90] 이것은 (앞에서 관찰한 내용과 함께) 사도적 예언과 다른 사람들의 예언 사이의 **날카로운** 구분이란 존재하지 않는다는 사실을 의미한다. 오히려 카리스마적인 권위의 범위가 사도적 담화와 예언(사도직 임명으로 지지를 받는다)이라는 한쪽 끝에서, 데살로니가에서 예언을 전체적으로 문제시되게 했던 신탁적 담화에서 나타났던 모호하고 거의 득이 없는 시도라는(살전 5:19, 20) 다른 쪽 끝까지를 포괄하는 것은 아닌지 의심해볼 수 있다. 예언적 담화는 이 스펙트럼의 어딘가에 해당할 것이며, 그러면 평가의 과제는 회중에게 주어지게 된다.[91] 최종적인 분석에서, 바울은 신약의 모든 예언자들이 유리를 통해 희미하게 바라보지만, 사도들은 밝히 본다고 말하지 않는다. 사도들의 예언 역시도 부분적(ek merous)이고 희미(en ainigmati)하다(고전 13:9, 12).[92]

(3) 신약은 어디에서도 정경 예언자들(canonical prophets)에게 임한 영이 돌아왔으나 단지 사도들에게만 돌아왔다고 암시하지 않는다. 따라서 다른 모든 사람들이나 은사들을, 성령이 거의 나타나지 않고

---

90 Aune, *Prophecy*, 206-8의 비판을 보라.

91 바울에게서 회중의 분별력의 중요성에 관하여는 J. D. G. Dunn, "Discernment of Spirits—A Neglected Gift" in W. Harrington (ed.), *Witness to the Spirit* (Dublin: Irish Biblical Association, 1979) 79-96을 보라; 같은 저자, "The Responsible Congregation (I Co.14:26-40)", in L. de Lorenzi (ed.), *Charisma und Agape* (1 Ko 10-14) (Rome: PBI, 1983), 201-36; 참조. J. Martucci, "Diakrisis pneumatōn (I Co. 12,10)", *EgTh* 9(1978), 465-71; J. Gnilka, "La Relation entre la Responsabilité Communautaire et l'Autorité Ministérielle d'après le NT, en tenant Compte Spécialement du 'Corpus Paulinum'", in L. de Lorenzi (ed.), *Paul de Tarse* (Rome: PBI, 1979), 455-70; Forbes, *Prophecy*, 265-70.

92 Grudem 자신도 언급한다. *Gift*, 53-4, 49, n.100.

있다고 생각하던 초기 유대교에서 말하던 식의 현상으로 격하시키지 않는다(행 2:17-38). 파넬과 젠트리(Gentry)는 베드로가 요엘서를 인용한 것(행 2장)은 구약의 정경 예언자들의 충만한 계시의 능력의 귀환을 의미하며, 그것이 사도들과 예언자들에게 주어졌으므로 신약성경 계시를 비교적 믿을 만한 것으로 보장한다고 말한다.[93] 그러나 그러한 주장은 전체적으로 요엘의 약속에 대한 중간기의 해석을 전적으로 오해한 것이며, 베드로가 **모든** 믿는 자들에게 이 은사를 약속한 사실을 설명하지 못한다(2:38, 39: 참조. 앞의 제1장과 제3장).[94]

그루뎀이 표현한 대조 방식이 만족스럽지 못할지라도, 그가 확실하게 중요한 사안을 지적해주었다는 점과 바울이 교회에서 예언적 의사소통의 권위를 상대화시켰다는 것도 충분히 용납할 수 있다. 바울이 평가한 예언의 일시적 한계점에 대해서는 나중에(제16장) 토론하기로 하자. 지금은 신약성경의 신학화 과정 속에서 예언이 하는 역할에 대한 질문으로 잠시 넘어가본다.

7. 신약신학 발전에 예언이 기여한 부분

고린도전서 12-14장(참조. 롬 12장과 엡 3-4장)에서 바울이 "예언자들"과 예언을 중요하게 여긴 것은 사실이지만, 초기 교회의 "신학"의 발전에 예언과 예언자들이 기여한 바가 분명하지 않은 것이 사실이다. 문제를 더욱 복잡하게 만드는 것은 바울이 꼭 예언 때문에 예언자들을 높이 평가하는 것은 아니면서도, "예언자들"을 분명 중요하게 여겼다는 사실이다(그는 하나님의 귀중한 백성들과 관련된 지도력과 가르치는 사역을 동일하게 중요하게 평가한다).

93　Farnell, "Gift of Prophecy", 388-93을 보라.
94　Gentry는 베드로의 보편화를 순전히 과장법에 불과하다고 억지로 설명하고 있다(*Gift*, 7).

은사중지론 입장에 서 있는 사람들은 예언의 공헌에 대한 질문에 쉽게 대답한다. 예언은 **일차적으로** "충분한 자격이 있는 성경"을 유일하게 가능케 했던 신학적 계시를 제공하기 위해 주어진 것이기 때문에, 예언은 신약신학의 기초였다는 것이다. 만일 다른 예언이 있었다면, 정경은 아직까지는 미완성이었기 때문에 야기된 많은 문제들 가운데서 교회를 인도하기 위해서 였을 뿐이다(그리고, 물론 당연한 것이겠지만, 정경의 완성과 더불어서 그 은사는 불필요한 것이 되었다는 것이다).[95] 이러한 입장을 뒷받침하기 위해서, 특히 에베소서 2:20과 3:5에 호소한다.[96] 따라서 개핀에 따르면, 비록 에베소서 4:11이 앞서 언급했던 예언자들이 사도들과 전혀 동일하지 않다는 점을 분명히 하고 있기는 하지만(참조. 고전 12:28도 그렇게 말하고 있다), 그럼에도 불구하고 2:20과 3:5은 예언자들이 복음의 신비를 풀어 설명해주는 중요한 역할을 맡고 있다는 점과 관련해 헨디아디스(hendiadys, 중언법)를 사용해서 예언자를 포함시키는 방법으로 예언이 중요한 역할을 하고 있다는 것을 보여준다고 한다. 그런 다음, 개핀은 2:20이 단순히 이 문맥에만 해당하는 것이 아니라, 예언을 이해함에 있어서 결정적인 역할을 하고 있다라고 하는 독단적인 주장을 하고 있다. "에베소서 2:20은 예언에 대한 다른 **모든** 신약성경의 내용들을 포괄해서 종합해주고 있다."[97] 이런 주장을 하기 때문에 개핀은 불가피하게 고린도전서 14장이 보다 낮은 형태의 예언을 암시하고 있다는 견해를 거부할 수밖에 없다. 즉 그런 생각은

전체 교회를 위한 정경적인 계시와 개인 신자들을 위한 사적인 계시를 구분할 뿐만 아니라…"구원을 위해 필수적인" 계시와 성경 "이외의 것"에 대한, 그리

95 예를 들어 R. B. Gaffin, *Perspectives on Pentecost: Studies in New Testament Teaching on the Gifts of the Holy Spirit* (Phillipsburg: Presbyterian and Reformed, 1979), 특히 99-100을 보라. Farnell, "When Will the Gift of Prophecy Cease?", 171-202 (특히 174-9)과 비교해보라.

96 참조. Gaffin, *Perspectives*, 93-102.

97 앞의 책, 96 (저자 강조).

고 개인의 삶의 정황, 필요와 문제에 대한 계시를 구분한다. 계시에 대한 그러한 이해는 성경 자체가 **모든** 계시가 언약적이며 구속사적인 특징이 있음을 보여주는 것과 불가피하게 마찰을 일으키게 된다. 성경은 특정한 개인들의 필요와 정황에 대한 사적이며, 특정한 것에 국한된 계시를 용납하지 않는다.[98]

이 마지막 주장에 정당성을 부여하기 위해, 개핀은 아가보의 예언에 대해서 "설명한다."[99] 그의 주장은 이렇다. 사도행전 11:28을 보면, 유대인과 이방인 교회(즉 안디옥의 헬라인들과 예루살렘의 유대인들) 사이에서 형성된 지 얼마 되지 않은 형제 관계를 공고히 해주기 위해 예언이 주어진 것을 볼 수 있다. 반면에 21:10, 11에서 예언은 사적인 문제와는 아무 관련이 없다. 오히려 그 예언은 "이방인에 대한 바울의 사도로서의 사역의 전개와 관련이 있다"(참조. 20:23). 그러나 아가보의 예언들을 이런 식으로 이해하는 것은 이런 식의 가설이 말하고 싶어하는 특정한 이론만 부각시킬 뿐이다. 누가는 안디옥 교회가 11:28, 29에서 볼 수 있듯이 이방인들은 소수의 집단에 불과한, 그리고 헬라파 유대인들이 다수인 단계라는 암시를 전혀 하지 않는다. 결과적으로 누가는 그런 식으로 유대인과 이방인 교회들의 견고한 유대관계에 대해서는 아무것도 말해주는 것이 없다. 그리고 사도행전 21:10, 11은 바울의 사도적 사역에 대해 어떤 중요한 신학적 설명을 제공해주지 않는다("구원에 필수적인 것"과는 거리가 먼 것일 뿐이다). (구약과 신구약 중간기 유대교의 수많은 사례들과 마찬가지로) 비록 교회의 지도자와 관련된 것이긴 하지만, 이것은 여전히 사적인 예언일 뿐이다. 우리가 살펴본 바와 같이, **모든** 권위 있는 성경의 예언들이 민족적으로 그리고 언약적으로 중요한 신학적 계시에 대한 것이라는 견해는 구약성경의 자료들을 아무리 검토해보아도 전혀 지지를 받을 수 없다.

---

98 앞의 책, 97-8.

99 앞의 책, 99.

에베소서 2:20과 관련된 주장으로 돌아가보도록 하자. 개편의 주장에 대해 우리가 말할 수 있는 한계는, 이 본문은 예언이 성취한 기능들 중 **하나**를 가리킬 뿐이라는 것이다. 그리고 이 본문이 공통 맥락 본문인 에베소서 3:2-13이 암시하는 것, 즉 사도들이 예언자들과 함께—그리스도 안에서 시작된 만물의 우주적 화해를 축약하고 드러내고 있는 하나의 새로운 몸 안에서 이방인들이 공통 상속자가 되었다는 것을 그들이 확증하고 있다는 의미에서—교회의 "기초를 제공했다는 것" 그 이상을 의미한다고 주장할 수는 없다.[100] 에베소서는 신학의 발전에 예언이 어떤 역할을 했는지를 보다 총체적으로 확증해주는 설명과는 관련이 없다. 예언이 신약성경의 다른 곳에서는 거의 배타적으로 구원론적으로 필수적인 계시를 제공해주는 것과 관련이 있다는 견해와 관련해서, 신약성경의 본문들이 암시하는 모습이, 여러 교회들에서 행해진 여러 예언들로부터, 장차 등장하게 될 "거룩한 문서"에 포함될 가능성이 있다는 이유로 자신들과 가장 친밀한 사도적 "중심부"로 의미심장한 발걸음을 옮기는 "계시들"을 기록하기 위해서 열광적으로 노력하는 모습이라는 주장은 배척되어야 마땅하다.

우리는 신학의 발전에 계시적 예언이 끼친 영향에 대해 보다 진지한 질문을 던질 필요가 있다. 우리는 바울이 복음에 대한 근본적인 판단이 사도들의 위임 하에 성립하는 것으로 간주하는 것을 살펴보았다(갈 1-2장 등). 바울의 신학 중에서 다메섹 도상에서의 체험과 이방인들의 사도라는 그의 사명,[101] 바울의 랍비적 배경, (바울이 교회를 핍박하게 만들었던) 케리그마에 대한 사전 지식, 그리고 관심의 대상이었던 교회의 전승에 대한 점증하는 지식에서 유추된 것으로 설명되지 않는 부분은 상대적으로 거의 없다. 바울 신학의 대부분은 그리스도 사건과 이방인에 대한 자신의 소명

---

100 참조. M. Turner, "Mission", in Billington, Lane, and Turner (eds.), *Mission and Meaning*, 138-66.

101 참조. Kim, *Origin*, 여러 곳과 앞의 주 88에서 언급하고 있는 것들.

을 각기 다른 상황에서 반성적으로 설명해낸 것이다. 이러한 이유로 인해서, 카리스마적인 지혜의 은사는 예언보다 더 중요한 것일 수 있다. 우리가 바울에게서 예언의 존재 혹은 영향을 발견할 수 있는 한, 그것들은 대부분 종말론적인 프로그램의 세부 사항에 대한 예언들이다. 즉 이스라엘의 완악함과 구원의 신비(롬 11:25, 26), 산 자와 죽은 자의 일어남과 변형(고전 15:51, 52; 살전 4:15-17), 하나님 나라에 들어갈 수 없는 자들의 이유(갈 5:21 등), 확증해주는 말씀(고후 12:9), 박해에 대한 경고(살전 3:4), 그리고 그에 따르는 윤리적인 경고(살전 4:2-6; 살후 3:6, 10, 12). 종말론적인 예언을 제외하면, 나머지는 새로운 신학적 계시가 아니라, 이미 알고 있는 신학을 특정한 상황을 위해 상세히 설명해주는 목회적인 "말씀"들이다. 따라서 케리그마적인 계시/전승은 대부분의 경우에 시금석이 된다. 그것을 통해서 카리스마적인 계시가 검증된다. 그 역은 성립되지 않는다. 실제로 비록 바울이 에베소서 2:20에서 하고 있는 말, 그리고 바울이 고린도전서 12:28에서 예언자의 지위를 사도 다음에 두는 것이 일부 기존의 예언자들의 예언적인 말이 교회 안에 선례 및 기준과 전통을 만드는 데 기여할 수 있다는 것을 암시할 수도 있지만, 그럼에도 불구하고 바울은 고린도 교회의 예언 현상의 권위를 분명하게 자신의 권위에 복속시키고 있다(참조. 14:37). 바울은 고린도 교회의 예언자들이 예배에 대한 의제를 결정하도록 하지 않는다. 그러나 그들이 어떤 역할을 해야 하는지에 대해서는 구체적으로 명시하고 있으며, 더 나아가 회중 집회 시에 그들의 예언이 어떤 순서로 변해야 하는지를 요구함으로써 그들의 권위를 상대화한다. 이것은 바울이 고린도전서 12:8-10에서 묘사하는 고린도 교회의 계시의 은사 활용을 신학적 구조를 형성하는 데 일차적으로 중요한 것으로 보지 않았음을 의미하는 것처럼 보인다. 그렇게 하는 목적은 주로 복음과 사도적인 가르침의 대략적인 한계 내에서 사용하도록 하기 위한 것으로 보인다. 즉 복음과 사도적인 가르침을 설명하거나 그것들의 개인적인 차원에서의 의미와 적용을 설명하도록 하는 것이다. 이에 덧붙여서, 바울은 예언이 성경이나 복음 또는 전승조차 방향을 제시할 수 없는 상황에 처했을 때 방향을 제시해주거나, 특별히 하나님의 관점에서 고린도 교회의 사건들 및 관행들 혹은 영적인 상태들을 안정시켜주기를 기대했던 것으로 보인다. 그러한 예언들을 통해 부활하신 주님이 교회의 전체적인 혹은 구체적인 상황에 대해서 어떻게 생각하고 계시는지를 드러내며, 영적으로 지도해주실 수 있을 것으로 기대했을 수도 있다.

요한계시록은 20세기의 독자들에게는 엄청난 신학적 계시의 하나로 비춰질 수도 있다. 그러나 그렇게 보는 것은 잘못이다. 그러한 인상은 주로 이러한 종류의 문학에 낯설기 때문에 발생한다. 사실상 시작과 더불어서 등장하는 일곱 교회에 보낸 편지들은 그 교회들에 대한 예언적이며 영적인 진단서이다(신학적인 계시에 대한 설명이 아니다). 그리고 나머지 부분도 대부분 많은 새로운 사실에 대한 계시가 아니다(많은 유대인들은 이미 재앙, 사탄의 멸망, 천년왕국, 생명나무 등에 대해서 알고 있었다). 오히려 그리스도와 그의 죽음과 하나님의 보좌에 오르심이 어떻게 이 모든 것을 중심인지를 드러내고 있다. 신약성경의 나머지 문헌들은, 자기들 스스로 "예언"이라고 주장하지도 않을뿐더러, 예언의 은사의 실질적인 도움을 입어서 기록되었다고 주장하지도 않는다.

비록 예언이 신학의 발전에 중요한 역할을 했다고 하는 증거는 거의 없지만, 회중에 대한 특별한 지침과 목회적인 통찰을 제공했다는 증거는 어느 정도 있다.[102]

---

102 이것은 부활하신 주님이 부활 이후에 주신 "예언들"이 예수 전승에 반영되어서 복음 전승이 늘어났다는 주장에도 적용된다. 이것과 관련한 Bultmann과 Käsemann의 주장에 대한 비판으로는 D. Hill, "On the Evidence for the Creative Role of Christian Prophets", *NTS* 20 (1974), 262-74; J. D. G. Dunn, "Prophetic 'I'-Saying and the Jesus Tradition: The Importance of Testing Prophetic Utterances Within Early Christianity", *NTS* 24 (1977-78), 175-98을 보라. M. E. Boring은 Bultmann/Käsemann의 주장을 되살리려고 한다. 그러나 그에 대해 신랄하게 비판하는 Aune, *Prophecy*, ch. 9 그리고 Gillespie, *Theologians*, 11-20을 보라. Gillespie의 입장은 예언자들이 최초의 기독교 신학자들이었는데, 이들은 자신들의 정체성을 카리스마적인 설교를 동반한 예언에 지나치게 의존했다는 것이다(앞의 §2.4을 보라).

13장

신약에 나타난 방언

"방언" 현상은 신약에서 사도행전과 고린도전서 두 권에만 언급되어 있다. 하지만 그것은 학문적으로 상당한 관심을 불러일으켜왔다. 주류 신약학자들은 대체적으로 신약에 나오는 현상의 종교적 "배경"에 관심을 가져왔으며, 특히 왜 방언이 "생생한 회중적 문제"로 표면화되었는지에 대한 질문과 그에 대해 바울이 어떻게 반응했는지에 관심을 가져왔다.[1] 현재까지 합

---

1 방언의 신약적 현상에 대해서는 특별히 다음을 보라. E. Lombard, *De la Glossolalie chez les premiers Chretiéns* (Lausanne: Bridel, 1910); J. Behm, "γλῶσσα", *TDNT* I: 719-27; J. G. Davies, "Pentecost and Glossolalia", *JTS* 3 (1952), 228-31; F. W. Beare, "Speaking with Tongues: A Critical Survey of the New Testament Evidence", *JBL* 83 (1964), 229-46; S. D. Currie, "'Speaking in Tongue': Early Evidence Outside the New Testament Bearing on 'Glossais Lalein'", *Int* 19 (1965), 274-94; R. J. Banks and G. Moon, "Speaking in Tongue: A New Survey of New Testament Evidence", *Churchman* 80 (1966), 278-94; R. H. Gundry, "'Ecstatic Utterance' (NEB)", *JTS* 17 (1966), 299-307; J. P. M. Sweet, "A Sign for Unbelievers: Paul's Attitude to Glossolalia", *NTS* 13 (1967), 240-57; Engelsen, "Glossolalia and other forms of Inspired Speech according to 1 Corinthians 12-14", unpublished PhD dissertation, Yale University, 1970; M. D. Smith, "Glossolalia and Other Spiritual Gifts in a New Testament Perspective", *Int* 28 (1974), 307-20; E. Best, "The Interpretation of Tongues", *SJT* 28 (1975), 45-62; Dunn, *Jesus*, 특히 148-52, 242-6; C. G. Williams, "Glossolalia as a Religious Phenomenon: 'Tongue' at Corinth and Pentecost", *Rel* 5 (1975), 16-32; R. A. Harrisville, "Speaking in Tongues: A Lexicographical Study", *CBQ* 38 (1976), 35-48; K. Stendahl, "Glossolalia and the Charismatic Movement" in J. Jervell and W. A. Meeks (eds.), *God's Christ and His People: Studies in Honour of Nils Alstrup Dahl* (Oslo: Univeritesforlaget, 1977), 122-31; T. W. Gillespie, "A Pattern of Prophetic Speech in First Corinthians", *JBL* 97 (1978), 74-98; W. Grudem, "1 Corinthians 14:20-25: Prophecy and Tongues as a Signs of God's Attitude", *WTJ* 41 (1979), 381-96; B.

의된 관점은 방언은 교회에서 흔한 것이 아니었으며, 보다 일반적인, 특별히 헬레니즘적인 황홀경의(그래서 이해할 수 없는) 강화를 배경으로 가장 잘 이해될 수 있다는 것이었다. 그러나 아직까지는 이 분야가 학문적으로 초보적인 단계에 있기 때문에, 여러 가지 연구들이 "일차 자료"와 관련한 오순절 진영의 주장과 관련해서, 또는 방언을 사도 시대에만 나타났던 독특한 "표적" 은사로 보려는, 따라서 현대의 방언과는 전혀 다른 것으로 보려는 은사중지론자들의 시도로 인해 이 주제에 시비가 일고 있다. 후자에 대해서는 두 가지 독특한 접근 방법을 주목할 필요가 있다. (i) 에드가의 주장인데,[2] 신약성경의 방언들은 믿지 않는 자들로 하여금 복음을 받아들이도록 하기 위한 기적적인 외국어였다는 것이다. 그리고 (ii) 개핀의 주장인데,[3] (통역된) 방언의 기능은 (예언과 마찬가지로) 교회에 필요한 계시를 제공하는 것이며(정경이 완성되기 이전에), (통역되지 않았을 경우에는) 믿지 않는 이스라엘 사람들에게 새로운 언약이 시작되었음을 알리는 표적이라는 것이다. 이 장에서는 누가와 바울이 글로사이스 랄레인(glōssais lalein, "방언을 말하다")이라는 말로 의미하고자 했던 것, 즉 그 표현이 가리키고자 했던 것이 어떤 현상이며, 누가와 바울이 이 현상이 그리스도인의 "삶"에서 어떤 역할을 하기를 기대했는지에 대해 살펴볼 것이다. 그런 다음에 이와 유사

C. Johanson, "Tongue, a Sign for Unbelievers?: A Structural and Exegetical Study of 1 Corinthians xiv.20-25", NTS 25 (1979), 180-203; A. C. Thiselton, "The 'Interpretation' of Tongues: A New Suggestion in the Light of Greek Usage in Philo and Josephus", JTS 30 (1979), 15-36; C. G. Williams, Tongues; W. E. Mils, A Theological/Exegetical Approach to Glossolalia (London: Univ. Press of America, 1985); Carson, Showing the Spirit (Grand Rapids: Baker, 1987 and Carlisle: Paternoster, 1995), 특히 77-88, 100-118, 138-58; G. Theissen, Psychological Aspects of Pauline Theology (Edinburgh: Clark, 1987), 267-342; C. M. Robeck Jr., "Tongues", DPL, 939-43; Fee, Presence, 특히 172-4, 184-9, 145-56, 193-204, 214-51, 889-90; Gillespie, Theologians, ch. 4; F. M. Smit, "Tongue and Prophecy: Deciphering 1 Cor 14:22", Bib 75 (1994), 175-90; Forbes, Prophecy, chs. 2-7.

2   Gift, 특히 110-94.

3   Gaffin, Perspectives, ch. 4, §C, and ch. 5, §D.

한 현상들과 그 신학적 의미에 대한 광범위한 문제들에 대해서 살펴볼 것이다.

I. 사도행전에 나타난 방언

1. 사도행전 2:1-13

누가가 오순절 현상, 즉 그가 헤테라이스 글로사이스 랄레인(*heterais glōssais lalein*, "다른 방언을 말한다")이라는 표현으로, 외국어 방언(*xenolalia*, 크세노랄리아), 즉 실제 외국어를 말하는 것을 가리키고 있다는 것은 의심할 여지가 없다.[4] 이것은 일차적으로 헤테라(*hetera*, "다른")에 의해 수식된 글로사(*glōssa*)라는 단어가 암시하기도 하지만, 나아가 6절의 디아스포라 순례자 무리들이 들었던 내용, 즉 "각각 자기의 방언으로 제자들의 말하는 것을 듣고"(*tē*[i] *idia*[i] *dialektō*[i]; 참조, 8, 11절)라는 표현에서도 알 수 있다. 이것을 말의 기적이 아니라 들을 때 발생한 기적이라고 할 수는 없다.[5] 누가가 이 과정에서 이 중요한 은사를 120명의 **신자들에게** 주신 것을 하나님의 역사로 귀속시키고 있다는 점은 의심의 여지가 없다. 여기서 누가가 사도들은 단순히 이해할 수 없는 말로 지껄인 반면에, 불신자들에게는 하나님이

---

4   용어의 의미에 대해서는 N. Bloch-Hoell, *The Pentecostal Movement* (London: Allen and Unwin, 1964), 142-3; C.G. Williams, *Tongues*를 보라. 그는 *xenoglossia*(제노글로시아, 외국어 방언, 이언능력)라는 표현을 선호한다. 두 사람 모두 이것들을 일반적으로 비인지적, 사전적으로 비의사소통적 발언이란 의미의 "glossolalia"(방언)와 구별하여 사용한다.

5   Kremer, *Pfingstbericht und Pfingstgeschehen: Eine Exegetische Untersuchung zu Apg* 2:1-13 (Stuttgart: KBW, 1973) 120-6을 보라. Jenny Everts, "Tongues or Languages? Contextual Consistency in the Translation of Acts 2", *JPT* 4 (1994), 71-80은 행 2장을 군중들의 기적적인 들음을 언급하고 있다는 주장 중에서 가장 최근의 것이다. 그러나 그것이 누가 이전 전승에서는 가능할지 몰라도(참조, Mills, *Approach*, 54-70), 누가 자신은 그러한 해석을 오히려 뒤집는다(Mills, *Approach*, 62, 92, 101-5을 보라).

방언 통역이라는 훨씬 더 큰 기적을 일으키셨다고 말하려고 했던 것은 아
닐 것이다. 군중 가운데 누군가가 "저희가 새 술이 취하였다"(13절)라고 말
했다고 해서 이런 견해에 심각한 문제가 생기는 것은 아니다.[6] 누가는 베
드로가 이것을 설명하고 있을 때 정말로 아주 많은 군중들이 모여 있는 상
황을 생각하고 있다(참조. 2:41). 분명히 누가가 보고하고 있는 모든 종류의
"방언들"이 모두에게 이해되지는 않았을 것이다(8-11절).[7] 어떤 방언은 전
혀 이해되지 못했을 수도 있다.[8] 물론 우리는 누가의 세부 사항들을 인위
적으로 조화시키려고 해서도 안 되며, 누가가 그 장면을 바라본 방식을 임
의적으로 설명하면서 불필요하게 그를 웃음거리로 만들어서도 안 된다.

"방언" 연설의 내용은 무엇인가? 여기서 누가가 단순히 그것을 타 메갈
리아 투 테우(ta megalia tou theou, "하나님의 위대하심" 혹은 "하나님의 능하신 일",
11절)이라고 표현한 것을 주목할 필요가 있다. 단순히 하나님에 대해 찬양
하는 부분인, 10:46과 19:17에서 누가는 동사 형태(megalunō, 메갈루노)를
사용하고 있는데, 이것은 사도행전 2장의 방언을 복음 선포적 소통으로 추
론해서는 안 된다는 것을 암시한다. 그들이 들은 방언은 단지 그들로 하여
금(동정심을 가졌던 자들이든 아니든) 의문과 혼란으로 이끌었을 따름이다. 복
음을 전한 것은 베드로의 **설교**였다. 이러한 결론은 "예언의 영"이 처음 임
했을 때에는 돌발적인 은사적 찬양이 있다는 것은 유대교에서도 쉽게 예
상할 수 있었을 것이라는 관찰에 의해 더욱 지지를 받고 있다.[9]

---

6   반대 의견으로는 Dunn, *Jesus*, 149.

7   참조. Marshall, *Acts*, 71-1.

8   6절과 8절의 헤이스 헤카스토스(*heis hekastos*, "각각")라는 표현을 군중 속의 모든 사람
     이 그들의 언어/방언으로 알아들었다는 의미라고 이해할 필요는 없다. Gundry ("Ecstatic
     Utterance", 304)와 Edgar (*Gifts*, 126)는 주장하기를, 방문객들은 자기 나라 말로 알아들
     었지만, 팔레스타인 사람들은 전혀 이해할 수 없었을 것이라고 한다. 참조. K. Haacker, "Das
     Pfingstwunder als exegetisches Problem" in O. Böcher and K. Haacker (eds.), *Verborum
     Veritas* (Wuppertal: Brockhaus, 1970), 125-31.

9   앞의 제1장과 이 점에 대해 Menzies와의 논쟁하고 있는 *Power*의 ch. 10 §1.2을 보라.

2. 사도행전의 나머지 부분

다음의 두 경우에서 누가는 특별히 방언 사건을 기록하고 있다: 행 10:46
과 19:6. 가이사랴에서 베드로와 그의 동료들은 고넬료가 오순절 때와 같
은 예언의 영을 받았음을 알게 된다. "그들은 이방 사람들이 방언으로 말
하는 것과 하나님을 높이 찬양하는 것을 들었기 때문이다"(행 10:46). 행
19:6에서도 마찬가지로 한때 세례 요한의 제자였던 열두 제자에게 성령
의 부으심이 임하자 "그들은 방언으로 말하고 예언을 하기 시작했다." 이
둘 중 어떤 경우에도 방언이 실제로 청중들이 이해했던 언어였다는 암시
를 찾을 수 없다.[10] 우리는 베드로가 **어떻게** 그들이 (횡설수설한 것이 아니라)
실제로 방언을 말했다는 결론을 내렸는지는 알 수 없다. 누가는 앞서 일어
났던 모든 과정에서 하나님의 역사라는 맥락이 이러한 결론에 도달하게
했고, 오순절 경험과의 명백한 유사성들이 충분히 그러한 결론을 보증해
준다고 생각하고 있다. 방언이 복음 전도에 기여하는지에 대한 암시도 찾
을 수 없다. 믿지 않는 행인들이 탄성과 함께 놀라 믿게 되었다는 경우에
대한 언급도 없다.

이러한 사건들과 관련하여 하나님을 찬양하는 것(10:46)이나 예언하는
것(19:6)이 방언의 **내용**으로 추정될 수 있는지 또는 (좀 더 가능성 있게는) 동
일 사건에서 경험된 서로 연관된 현상이었는지 여부는 불분명하다. 만일
누가가 유대인이나 유대교에 대한 지식을 가지고 있던 경건한 이방인(God-
fearer, 하나님을 경외하는 이방인)들을 독자로 생각했다면, 누가는 독자들이
돌발적인 은사적 찬양이라는 것을 알아들을 수 없는 방언이 아니라 (알아
들을 수 있는) 방언으로 생각했을 것이라고 예측했을 것이다. 10:46의 내러

---

10 Edgar, *Gifts*, 132은, 베드로가 후에 고넬료가 "우리에게 주신 것과 같은" 동일한 은사를 받
   았다고 말한 것에 근거해서(행 11:17), 그 방언들이 이해될 수 있는 것이었다고 말한다. 그
   러나 이것은 "예언의 영"의 은사를 말하는 것이지, 외국어 방언(*xenolalia*)을 말하는 것이 아
   니다.

티브는 단순히 두 가지 유형의 돌발적인 은사적 찬양을 동일시하기보다는 그 둘의 **혼합**을 암시하기 위해 의도된 것일지도 모른다. 비슷한 장면이 19:6에서 예언과 방언(glossolalia)을 결부시키고 있는 장면에서도 관찰된다.

이 구절들을 제외하고는, 우리는 누가가 오히려 (방언에 대해) 놀랄 정도로 침묵을 지키는 것을 보게 된다. 그가 처음으로 성령을 받은 때 **이후에도** 그러한 방언 현상이 있었다는 것을 알고 있었다는 암시가 없다. 사도행전에는 바울이 고린도전서 12-14장에서 묘사하고 있는 **회중적인** 차원의 방언 현상이나, 혹은 그 본문들이 암시하는 바와 같은 사적인 방언에 해당하는 것이 전혀 없다. 하지만 기독교 확장에 대한 그의 설명이 우리에게는 너무 제한된 것이기에, 특히 그의 교회 생활에 대한 "요약"(2:42-47; 4:32-37; 5:12-16)이 매우 제한되어 있기 때문에 이것으로부터 어떤 의미 있는 결론을 도출해내는 것은 불가능하다.

3. 누가는 방언을 성령을 받은 일의 규범적인 최초의 증거로 간주하였는가?

이 질문에 대해 멘지즈는 최근 긍정적인 대답을 제시해왔는데, 그에 의하면 **모든** 그리스도인들은 "예언의 영"을 받았다는 온전한 증표로서 이 표식을 받아들였을 것으로 누가가 생각했다고 주장한다.[11] 이 주장에 대한 반론으로 우리는 다음과 같이 주장한다.[12]

(a) 만일 (멘지즈의 말처럼) "예언의 영"에 대한 유대교적 이해에 호소한다면, 그러한 은사를 받는 것이 반드시, 또는 심지어 일반적으로도 구체적인 외부적 "현상"을 수반하지는 않았을 것이다.

---

11 *Empowered*, ch. 13; 또한 Jon Ruthven, *On the Cessation of th Charismata: The Protestant Polemic on Postbiblical Miracles* (Sheffield: SAP, 1993), 207-12을 보라.

12 *Power*, ch. 10, §1.2과 보다 자세하게는 ch. 12, §2.5, (D)을 참고하라.

(b) 그러한 현상은 성령의 강력하거나 중요한 개입이 있을 경우 혹은 일종의 "증명"이 반드시 필요하거나 바람직한 곳에서만 수반되었을 것이다.

(c) 이 마지막 고찰 사항은 충분히 다음 사항을 설명해준다. (i) 오순절 방언, (ii) 가이사랴에서 있었던 같은 종류의 방언(이것은 하나님이 전혀 기대치 않았던 이방인 신자들에게로도 오순절 성령의 선물을 확대하셨음을 보여주는 것으로 간주될 수 있다), (iii) "외부자"였던 사마리아인들에게로 오순절 성령의 선물이 확대되었음을 나타내주는 사도행전 8:18에 나오는 구체적으로 언급되지 않은 현상, (iv) 성령을 받았는지(또는 오히려 받지 않았는지)에 대한 의문이 제기되었던 에베소에서의 사건.[13] 회심 사건으로 기록된 다른 모든 사건들(심지어 에디오피아인의 경우[8:26-40]와 같이 어느 정도 상세하게 서술된 경우에도)과 바울의 경우(9:1-19)에서 어떠한 형태의 돌발적인 카리스마적 발화(speech)에 대한 암시는 나타나지 않는다.

(d) "최초의 증거"(initial evidence)라는 기대감은 성령의 선물이 회심 이후의 두 번째 축복으로 간주될 때에라야 이해가 되지만, 누가는 성령을 구원에 있어 하나님의 임재의 수단으로 간주하고 있으며, 일반적으로 회심-입문 시에 주어지는 은사로 기대하고 있다. 복음의 강력한 경험, 헌신으로의 반응, 이것들이 불러일으키는 환희는 보통 성령을 받은 증거로서 인정된다(만일 성령이 임하지 않은 증거가 후속적으로 나타나지 않는다면 말이다).

(e) 유대 그리스도인들은, 입증을 기대했다 하더라도, 확실히 성령을 받

---

13 여기에는 누가의 두 가지 다른 하위 주제가 작용한다: 누가는 에베소를 바울 사역의 정점으로 묘사하기를 희망했으며, 그곳에서 그는 특별한 능력을 가지고 사역했다(참조. 행 19:11). 그리고 바울은 메시아가 성령으로 세례를 베풀 것이라는 세례 요한의 약속이라는 주제의 종결로서 이것을 사용하고 있다(이것은 세례 요한의 제자들이 강력한 방식으로 그가 했던 약속이 성취되고 있음을 보여주는 데 아주 적절한 것이다).

은 구체적 증표로서 알아들을 수 있는 외국어 방언(xenolalia)을 기대하지 않았을 것이다(예를 들어, 성령을 받은 자의 모국어로 하는 돌발적 예언이나 돌발적 찬양을 기대하기보다는). 10:46과 19:6에서의 설명은 성령을 받은 **개개인이** 반드시 최초의 증거를 보여주는 것을 의미하는 것은 아니며(누가에게 "모든 사람"이란 그 그룹을 일반화한 것일 수 있다), **각 사람이** 방언을 말했다는 것도 아니다(누가는 어쩌면 다른 사람들이 방언을 했을 때 몇 사람이 돌발적 찬양이나 예언을 경험했음을 의미했을 수도 있다).

요약하면, 누가는 돌발적인 카리스마적 찬양("방언"으로든 또는 성령을 받은 자 자신의 언어로든)을 때때로 회심 때에 성령 받은 것을 나타내는 것이라고 생각한다. 그러나 그가 이것이 통상적인 것이라고 간주하는지는 확실치 않으며, 그것을 "규범적"인 것으로 생각했다는 주장은 입증 불가능하다.[14]

4. 예비적 결론

누가는 분명 오순절 방언을 알아들을 수 있는 외국어 방언(xenolalia)으로 간주하고 있다. 그렇지만 일반적인 주장과는 반대로, 그가 글로사이스 랄레인(glossais lalein, "방언을 하는 것")이 복음 전도 목적으로 사용되고 있다고 생각했다는 증거는 찾을 수 없다. 확신컨대 그가 결단코 오순절 이야기 이후의 나머지 26개의 장에서 알아들을 수 있는 방언을 인식 가능한 언어와 동일시하거나, 그 방언이 복음 전도 시 어떠한 역할을 수행한다는 것을 암

---

14 여기서 나는 G. D. Fee에게 동의한다. *Gospel and Spirit: Issues in New Testament Hermeneutics* (Peabody: Hendrickson, 1991), chs. 6 and 7; Larry W. Hurtado, "Normal, but Not a Norm: Initial Evidence and the New Testament" in G. B. McGee (ed.), *Initial Evidence: Historical and Biblical Perspectives on the Pentecostal Doctrine of Spirit Baptism* (Peabody: Hendrickson, 1991). 189-201; J. Ramsey Michaels, "Evidences of the Spirit, or the Spirit as Evidence? Some Non-Pentecostal Reflections", 앞의 책(202-18).

시하지 않았다.[15] 결과적으로 방언 문제와 관련해서 누가의 역사성에 대한 주요한 두 가지 자주 반복되는 반대 의견은—바울은 방언을 복음 전도 목적으로 생각하지 않았다거나 그것을 이해 가능한 것으로 생각하지 않았다는 의견은—실패로 돌아갈 수밖에 없다. 누가가 오순절 외국어 방언의 인식과 그것의 긍정적인 결론을 "예언의 영"의 시대의 개막을 알려주는 독특하고도 섭리적인 표적이라고 여겼을 것이라는 추론은 합리적인 것이다. 그 일은 다른 곳에서 반복되지 않는다. 우리가 가지고 있는 증거로부터 누가가 **모든** 방언 담화(tongues speech)를, 보다 넓은 의미에서의 방언 담화와는 반대로, 알아들을 수 있는 외국어 방언으로 생각했다는 것을 확증하는 것은 불가능하다(참조. 바울의 게네 글로손[genē glōssōn], "다른 종류의 방언"; 고전 12:10).

II. 방언에 대한 바울의 견해

1. 의미

바울은 무슨 의미로 방언을 말하다(glōssē[i] 또는 glōssais lalein)라는 말을 했을까? 라이제강의 견해를 따라서 대다수 주석학자들은 고린도전서 12-14장과 델포이의 아폴론 신전 무녀의 황홀경 속에서의 발설, 혹은 디오니소스의 종교적 열광(enthysiasmos)에서 유사점들을 발견해낸다(그러나 크론과 포브스는 이러한 유사점들이 일반적으로 생각하는 것보다 그렇게 비슷하지 않다는 사실을 보여주었다).[16] 보다 분별력 있는 저자들은 최소한 방언에 대한 고린

---

15 반대 견해. Edgar (*Gifts*, 198 이하)는 방언의 목적을 복음 전도를 위해 사람들의 마음을 부드럽게 만들어주기 위한 "표적-은사"로 본다.

16 Crone, *Prophecy*, ch. 1과 220-21; Forbes, *Prophecy*, chs. 2-7.

도 교인들의 견해와 바울의 견해 사이에 차이가 있음을 날카롭게 지적하고 있다.[17] 바울의 견해에 있어 방언(glōssai)은 단순히 황홀경 속에서의 외침이나 전(前) 인지적 중얼거림이 아니라[18] **언어**였다. 이것이 글로사(glōssa, 방언)의 일반적 의미이며, 벰(Behm)[19]이나 바우어-아른트-킹그리히(Bauer-Arndt-Gingrich)가 제시한 평행구들 중에서—그 평행구들 속에서 글로사가 나타내고 있는 말이 수수께끼 같고 "불분명"하기 때문에 그렇게 생각할 여지가 없는 것은 아니지만—글로사가 황홀경 속에서의 비인지적 발설을 의미한다는 것을 보여주는 평행구는 하나도 없다.[20] 티슬턴(Thiselton)에 따르면, 필론에게 있어 합성어인 헤르메뉴에인(hermēneuein)은 "통역하다" 혹은 "해석하다"를 의미하기보다는 "말로 옮기다"(put into speech)를 의미할 수 있다고 주장한다. 이러한 관찰에 근거해서, 그는 바울이 헤르메네이아 글로손(hermēneia glosson, 방언 통역)이라고 말할 때, (추측컨대) 비인지적 "방언"을 말로 표현하는 것을 의미하는 것이라고 추론한다.[21] 그러나 이것은 설득력이 없다. 물론 우리는 우리의 생각 등을 (인식 가능한) 말로 표현(hermēneuein)할 수 있다. 그렇지만 글로세(이) 랄레인(glosse[i] lalein, 방언을 하다)과 나란히 쓰인 헤르메뉴에인(hermēneuein, 해석하다)은 "통역하다" 또는 보다 광범위하게는 "해석하다"를 의미하는 것이 보다 자연스러울 것이다.[22] 이것은 바울이 글로사이스 랄레인(glossais lalein)과 이사야 28:11의 헤테로

---

17 Dunn, *Jesus*, 그렇지만 "다음과 같은 결론은 거의 피할 수 없게 되어버리고 말았다: 고린도 교회…에서 실시된 알아들을 수 없는 방언(glossolalia)은 황홀경 속에서의 발설, 곧 영적인 황홀경 상태에서 발설되는 소리, 울부짖음, 말의 형태였다"는 주장(243)은 방법론적으로 정당화될 수 없다는 것을 분명히 짚고 넘어가야 한다.

18 바울이 후자의 방식으로 방언을 마음에 둘 수도 있었다는 견해에 대한 반대로 Forbes, *Prophecy*, 53-72를 보라(가장 중요한 부분에서 그의 견해는 우리의 견해와 아주 유사하다).

19 *TDNT* 1:719-27.

20 Edgar, *Gifts*, 110-21; Forbes, *Prophecy*, 60-64을 보라.

21 Thiselton, "Interpretation", 15-36.

22 Thiselton에 대한 보다 충분한 반대 견해로는 Forbes, *Prophecy*, 65-72을 보라.

글로소이(*heteroglossoi*, 외국어; 고전 14:21, 22)를 바로 연이어서 평행시켰다는 사실(단지 실례가 아니라)과 잘 맞아떨어진다. 더욱이 이것은 영적 은사로서 나타나는 현상의 우선순위(고전 12:8-10, 28), 바울이 부드럽게 장려하고 있는 올바른 사용법(고전 14:5), 개인적으로 경험했으며 감사하고 있는 것(고전 14:18)과도 조화를 이루고 있다.

바울이 염두에 두고 있었던 것은 인간의 언어였을까, 아니면 천사의 언어, 곧 "천사의 방언"(고전 13:1)이었을까?[23] 던은 건드리(Gundry)가 그 언어를 지상의 언어와 동일시한 것은 틀렸다고 생각한다.[24] 던은 주장하기를, 첫째, 13:1의 "사람의 방언"은 (설교에서 예언에 이르기까지) 자국어로 말하는 영감 받은 연설이며 천사의 방언과 대조를 이룬다고 한다. 둘째, 핵심적인 주제는 "비밀"(mysteries; 13:2)―천국에서만 알고 있는 종말론적 비밀―이며, 그래서 사용된 언어는 천상의 언어일 것이라고 주장한다. 셋째, 바울이 방언을 인간의 언어가 아니라고 생각했다면, 방언과 실제로 외국어(14:10, 11, 16, 19-25)를 말하는 것을 **비교할 수밖에** 없었을 것이다.[25] 그러나 이러한 주장 중 어떤 것도 결정적인 것은 없다.

(1) 14:10, 11에서 바울은 그와 같이 언어의 유형을 대비시키지 않고도, 고린도 교인들이 영적 영역에서 보지 못한 세속적 영역에서 나타나는 명백한 결과를 지적할 수 있었다. 그들은 다른 사람들이 이해하지 못하는 자신들의 "방언"을 자랑스러워한다. 바울은 그들이 "영적인 사람들"로 칭송받기보다는 얼마나 그들이 "야만인들"로 조

---

23 우리가 지금 다루고 있는 방언이 학습되는 외국어이며, 고린도에서의 문제는 외국어 실력을 보여주는 것이라는 견해는 전적으로 신뢰할 수 없는 것으로 무시하는 것이 당연하다. Forbes, *Prophecy*, 57, n. 28을 보라.

24 Dunn, *Jesus*, 243-4 (Gundry에 반대하여, "Ecstatic Utterance", 여러 곳).

25 앞의 책, 244: C. G. Williams, *Tongues*, ch. 2 (Gundry에 반대하여, "Ecstatic Utterance", 306).

롱받기 십상인지를 지적한다.

(2) 성령 안에서 말하는 비밀이 반드시 천상의 방언으로 말해져야 한다고 생각할 필요는 없다. 왜냐하면 바울은 이 서신에서 한 장 이상의 분량에 걸쳐 그리스어로 하늘의 비밀을 선포하고 있으며(고전 15:51, 52), 그의 첫 번째 설교의 핵심은 복음의 "비밀"이었기 때문이다!(2:1, 7; 4:1)

(3) 만일 바울이 모든 방언이 천사의 언어라고 생각했다면, 그 방언이 부활 이전의 "어린 아이 상태"(고전 13:11)에만 해당하는 것이며, 지나갈 것이라고 주장하지 않았을 것이다.[26] 그러나 이것을 감안할 때 바울이 어떤 유형의 "방언"(참조. *genē glōssōn*; 12:10)을 천사의 방언으로 생각했다는 것까지 부정할 필요는 없다(예를 들어, *Test. Job* 48-50; *Apoc. Zeph.* 8, 이것들에 대해서는 뒤를 보라).[27]

바울이 (방언을) 실제 언어로 파악했다는 결론에 반대하는 보다 심도 있는 주장들이 있었지만, 논리가 아주 빈약한 것들뿐이었다. 다음과 같은 질문들이 제기된다. (i) 왜 우리는 인지 가능한 방언에 대한 보다 오래된 고대의 기록을 가지고 있지 않은가? 그러나 이 질문은 누가가 방언(xenolalia; 외국어 방언)을 이해되는 것으로도, 그래서 복음 전도를 준비하기 위한 것으로 기대했다는 오해에 근거한 것처럼 보인다. (ii) 만일 방언을 말하는 것(*glōssais lalein*)이 "외국어를 말하는 것"(xenolalia)이라는 믿음이 초기 교회에 널리 퍼져 있었다면, 왜 이레나이우스와 켈수스는 방언을 중얼거림이나 "옹알거림"(lalling)으로 간주했는가? 이에 대한 대답으로, 커리(Currie)[28]

---

26 예를 들어 Thiselton, "Interpretation", 32.
27 또는 고린도 교인들이 천사의 방언을 말하고 있다고 생각했던 것일 수 있다: 참조. Hemphill, "Concept", 123.
28 "Speaking", 290.

와 티슬턴[29]이 이런 질문을 성립시키려고 사용한 본문(*Adv. Haer* 3.xiii; *Adv. Celsus* 7.ix)이 사실은 글로사이스 랄레인(*glōssais lalein*)에 대한 것이 전혀 아니라는 지적으로 족할 것 같다. 그것들은 모순적인 **예언적** 담화의 결과에 대한 것일 뿐이다(개별 단어들이 이해되지 않기 때문이 아니라, 그것들이 수수께끼 같고, 암호문 같고, 단지 모호하기 때문에 모순적인 것이다. 이는 쓸데없는 신탁에 대한 고대 세계의 일반적인 비판이다).[30] (iii) 바울이 방언을 참된 언어의 기적이라고 생각했다면, 왜 고린도전서 12-14장에서처럼 방언을 그렇게 얕잡아보고 있는가? 이와 관련하여 티슬턴은 바울이 방언을 경시하고 있다고 생각하는 일련의 학자들을 인용하고, 베스트의 다음 글을 인용하는 것으로 마무리 한다. "바울은…방언이 복음 전도에 아주 유용했기 때문에, 그리고 오로지 하나님께만 드려지는 말이라고 설명할 수 있는 것이 아니었기 때문에, 방언을 좀처럼 비판하지 못했을 것이다."[31] 그러나 우리는 다시 한번 방언과 복음 전도의 관계에 관한 오해를 만나게 된다. 하지만 보다 광범위하게 보면, 바울이 방언 그 자체(*per se*)를 비판하지 않았다는 것이 대답이 될 것이다.[32] 바울 자신이 방언을 더 많이 사용했고, 그 때문에 감사했으며(고전 14:18), 심지어 방언을 권장했다(14:5).[33] 그가 반대하고 심하게 비판한 것은 **통역되지 않는** 방언이 **회중**을 지배하는 것이었다.

우리는 바울이 방언 말하는 것을 외국어 방언과 (아마도) 하늘의 언어로 생각했을 것이라고 결론 내릴 수 있다. 만일 그가 사도행전 2장에 삽입되어 있는 전승과 접촉이 있었더라면-그것은 불가능한 것도 아니다-이것

---

29 "Interpretation", 29.

30 Aune, *Prophecy*, 51 등. 특히 Forbes가 *Adv. Celsus*의 본문에 대해 자세히 다루고 있는 것을 보라(*Prophecy*, 165-8).

31 Best, "Interpretation", 47.

32 Hemphill, "Concept", 123; Fee, *Presence*, 889-90.

33 반대 의견 Hemphill, "Concept", 127. 5a절에 나오는 방언에 대한 긍정적인 인정이 5b절의 수사적 기능을 평계로 완전히 무효화되어서는 안 된다.

이 그의 견해를 확증시켜주었을 것이다.

2. 바울에게 있어서 방언의 목적

비록 바울이 하나님께서 방언의 은사를 주신 이유를 명료하게 말하고 있지 않을지라도, 그는 내친 김에 방언의 기능에 대해 몇 가지 방식으로 말하고 있다.

(1) 표적으로서의 방언?

고린도전서 14:22에서 바울은 다음과 같이 말한다. "그러므로 방언은 신자들에게 주는 표징이 아니라 불신자들에게 주는 표징이고, 예언은 불신자들에게 주는 것이 아니라 신자들에게 주는 것입니다"(새번역). 바울이 만일 누가의 오순절 방언(xenolalia)을 자신의 모델로 삼았다면, 이 말이 그것을 직접적으로 지목하는 것으로 보면 의미가 잘 통한다. 그렇다면 우리는 바울이 방언(xenolalia)을 설득력 있는 표적-은사요 복음 전도에 일차적으로 도움이 된다고 생각했다는 주장에 근접하고 있는 것이다. 사실 에드가는 다른 모든 대안적 주석들을 거부한 채 순진무구하게 다음과 같이 말하고 있다. "오직 이 견해만이 완전무결하다!"[34] 그러나 이 주제에 대해 바울이 말하려고 했던 것이 방언이 복음 전도적 표적-은사라는 것이었다면(에드가는 이것이 방언의 유일한 목적이라고 주장한다), 그는 그것을 설명하기 위해 왜 세 장에 걸쳐 아주 난해한 말을 하고 있는 것일까? 방언이 회중을 위한 은사가 **전혀 아니라면**,[35] 왜 하나님은 회중에게 방언을 허락하셨을까? 그리고 보다 정곡을 찌르는 질문으로, 하나님은 왜 이론상으로는(ex hypothesi) 불필요한 "방언 통역" 은사를 주셨을까?(12:10) 방언은 회중을 위해 의도된

---

34 *Gifts*, 202, 그리고 201-13을 보라.

35 앞의 책, 199.

것이 아니라 이방인들을(그 언어를 알고 있는 사람들을) 놀라게 함으로써 믿음을 갖게 하기 위한 것이라고 하지 않았는가? 왜 바울은 이 문맥에서 믿지 않는 자들(outsiders)이 (통역이 없다면) 방언을 이해하지 **못할** 뿐만 아니라 오히려 "너희가 미쳤다"(14:23)는 고백이나 불평을 할 것이라고 정확하게 예상하고 있는 것일까? 대다수 주석가들이 에드가가 상상했던 것보다 바울이 수사학적으로 더 미묘하고 반어적이라고 생각하는 것은 놀랄 일도 아니다.

23-25절에서 바울이 22절에서 자신이 말한 것을 뒤집는 것처럼 보인다고 생각한 요한슨(Johanson)은 22절이 실제로 바울이 반대하고 있는 고린도 열광주의자들의 견해를 요약한 수사학적 질문이라고 주장한다.[36] 그들이 방언을 사도적-복음 전도적 은사로 (잘못) 간주하고 있기 때문에 방언을 과장하고 있다는 것이다. 그러나 보다 개연성 있는 주장은, 이전의 (예를 들어 스위트가 전개한) 토론을 취하여 발전시킨 그루뎀의 해석이다.[37] 그루뎀은 세메이온(sēmeion, 표적)이란 단어가 70인역에서 이중적 의미를 가지고 있다고 주장한다. 즉 그것은 하나님의 언약 백성에 대한 하나님의 축복의 "표적"이면서 (또는) 불신자들에 대한 심판의 "표적"을 나타낼 수 있다는 것이다. 이사야 28:11을 보면, 하나님이 분명하게 말씀하셨을 때 이스라엘이 듣지 않았고, 따라서 하나님이 이제 침략자들의 외국어를 통해 말씀하실 것이라는 점이 강조되고 있다. 바울은 고린도 교인들에게 (통역 없이) 방언을 말하지 말라고 할 때, 이 구절을 암시 및 활용하고 있다. 왜냐하면 하나님이 말씀하시는 방식이 부적절한 것이 될 수 있기 때문이다. 곧 ("너희가 미쳤도다"라는 말을 들을 것이기 때문에) 확실히 복음 전도에 도움이 되지 않으며, (하나님이 외국의 이해할 수 없는 언어로 말씀하시는 것에 비추어 볼 때) 오히려 심판의 표적이기 때문이다. 반면 예언은 (방언과는 대조적으로) 하

---

36 "Tongues", 193 이하.

37 Grudem, "Prophecy", 여러 곳; *Gift*, 185-201.

나님이 자신을 계시하시고 자신의 현존을 말씀하시는 것이기 때문에, 자기 백성에 대한 축복의 표적으로 적합하다. 양심에 찔린 믿지 않는 자들(outsiders)이 이것을 보고 "참으로 하나님께서 여러분 가운데 계십니다"(25절)라고 말할 것이다.[38] 만일 그루뎀의 해석이 옳다면, 바울은 그들이 하고 있는 방언이 불신자들에게 긍정적인 표적이라고 주장하지 않았을 것이다(그러나 방언이 통역되어 이해된다면—바울은 이 상황을 설명하지 않는다—그는 의심의 여지없이 그것들에 긍정적인 가치를 부여할 것이다). 그루뎀의 견해에 따르면, 방언이 불신자들에 대한 표적의 기능을 하는 것으로 오해될 수도 있다. 그러나 그런 경우에도 오직 부정적인 표적의 역할을 하는 경우일 뿐이다. 하지만 바울은 이것이 방언의 올바른 목적이 아니라고 생각하고 있으며, 그래서 그는 방언이 통역이 될 때에만 사용할 것을 명하고 있고, 그럴 때 방언은 긍정적인 표적의 역할을 하는 예언의 가치와 비슷해진다고 본다. 따라서 우리는 바울이 방언을 일차적으로 믿지 않는 사람들을 위해 의도된 것으로 보았다는 견해를 배제해야 한다(막 16:15-17의 마지막 종결 부분도 그런 견해를 지지해주지 않는데, 에드가는 위험천만하게도 이 구절들에 지나치게 의존하고 있다). 여기서 바울의 주장이 복잡하게 보이는 것은, 그가 오직 구약에서 (통역되지 않는) 방언이 하나님의 백성에 대한 특별한 축복의 표적이 아니라 불신앙에 대한 심판의 표적이라는 논지(고린도 교인들의 방언에 대한 자랑에 반대하여)[39]를 위해 구약을 인용하고 있기 때문이라는 것에 주목할 필요가 있다. 이것은 이사야 28:11이 특정한 목적을 위해서 사용되고 있다고 해서(그리고 문제의 불신자들이 거의 확실히 이방인들이라는 문맥 속에서), 그것이 바울이 (통역되지 않은) 방언을 일차적으로 **이스라엘**의 불신앙에 대한 표적으로 여기는 것이라고 주장하는 개펀의 견해를 지지해주는 것이 아니며,

38 Forbes는 바울이 예언을 신자들을 위한 표적이라고 생각하는 이유가 예언이 신자들로부터 신앙고백을 이끌어내며, 사 45:14과 슥 8:23의 종말론적 성취를 가리키기 때문이라고 주장한다(*Prophecy*, 179-81). 그러나 두 가지 의미는 보완적이다.

39 Hemphill, "Concept", 141.

어느 곳에서도 그러한 견해를 지지하고 있다는 증거를 찾아볼 수 없다.[40] 그러나 만일 방언이 실제로 불신자들에 대한 표적으로서나 신자들에 대한 표적으로서도 역할을 하는 것이 아니라면, 방언의 목적은 무엇일까?

(2) 교회의 덕을 세우기 위하여?

바울은 방언 자체가 교회의 덕을 세우지 않는다고 너무나 완강하게 주장했기 때문에, 적지 않은 바울 해석자들은 바울이 적어도 집회 중에서는 (방언) 현상을 억누르려 했다고 주장했다. 이러한 견해는 바울이 특히 방언을 말하는 사람은 "비밀"을 말하는 것(14:2)이며, 통역과 함께 하는 방언은 예언만큼이나 교회의 덕을 세우는 데 유용하다(고전 14:5b)고 분명하게 허락하고 있다는 사실을 간과하고 있다.[41] 방언 혹은 이해할 수 있는 연설 중에서 선택해야 했다면, 바울은 오직 후자를 선택했을 것이다(14:9). 그러나 그것은 선택 사항이 아니다. 방언 통역은 이해할 수 있는 연설이고, 따라서 통역이 있는 방언은 공중 예배에서도 기대할 수 있는 것이며(고전 14:25), 적절하게 사용되기만 한다면 권장되기도 한다(14:27, 28, 39). 그러나 지금까지 살펴본 단서들은 아직까지 우리가 바울이 생각했던 방언의 주된 목적을 제대로 지목하지 못하고 있음을 보여준다.

---

40 Gaffin, *Perspectives*, 103-6. 그에 대한 반대 견해로는 Edgar, *Gifts*, 204-6 (Gaffin보다 앞서서 그러한 신념을 가진 사람들에 대해서는 n.31을 참고하라)과 Grudem, "Should Christians Expect Miracles Today? Objections and Answers from the Bible" in G. S. Grieg and K. S. Springer (eds.), *The Kingdom and the Power* (Ventura, CA: Regal, 1993), 71-74을 보라.

41 Forbes는 내가 방언에 대한 설명에서 통역을 배제하고 있으며, 따라서 바울이 (통역된) 방언을 기대하는 공공의 예언적 기능에 대한 충분한 설명을 제시하지 못한다고 이상하게도 비난하고 있다(*Prophecy*, 97 n.56). 후자에 대해서는 그가 옳을지도 모르지만, 그것은 내가 "통역"을 배제했기 때문이 아니다. 앞(§2.2)의 전체 문단은 약간의 수정을 거친 이전의 에세이로부터 취한 것이다. Forbes의 보다 가능성 있는 입장에 대해서는 *Prophecy*, 94-97을 보라.

(3) 개인 경건에 도움을 주는 방언?

오순절주의자들 및 은사주의자들과 대다수 신약학자들[42]이 이 문제에 대해 제시하는 이러한 일반적인 설명(방언이 개인 경건에 도움을 준다는 견해—옮긴이)은 에드가에 의해 완강하게 거부되어왔다. 그는 다음과 같이 주장한다. (i) 그러한 견해는 고린도전서 14:22, 마가복음 16:15-17에서 진술되었고, 사도행전 2:1-13에서 암시된 "표적"으로서의 목적과 상충된다. (ii) 개인의 은사는 교회의 덕을 위한 것이 아니며 그 자체로 고유한 가치가 있는 것이다. (iii) 그러한 은사는 자기중심적일 수도 있다.[43] (iv) 만일 방언의 은사가 덕을 세우기 위한 것이었다면 모든 사람에게 주어졌을 것이다.[44] (v) 만일 (방언의) 목적이 하나님을 향한 개인적인 헌신이라면, 왜 통역의 은사가 있어야만 하는가?[45] (vi) 어쨌든 바울은 방언이 믿는 자의 덕을 세우는 것이 아니라고 말한다. 그들의 마음에는 아무런 영향이 없다.[46] (vii) 고린도전서 14:2에서 "하나님께만" 말하기 위해 은사를 사용하는 것은 "허공에다 말하는 것"(14:9)과 동일하다고 말한다.[47] 이것은 바울에게 있어 실행되어서는 안 될 부정적 개념이다. (viii) 14:14-16에서 바울은 영으로만 기도하는 것을 반대하며(이것은 어찌 되었든 방언이 아니다), 마음으로도 기도할 것을 촉구하고 있다.[48]

계속해서 이러한 점에 대해 살펴보도록 하자.

---

42 오순절주의자들에 대해서는 W. J. Hollenweger, *The Pentecostals* (London: SCM, 1972), 342을 보라. 은사주의자들에 대해서는, 예를 들어 M. Poloma, *The Charismatic Movement: Is There a New Pentecost?* (Boston:Twayne, 1982), 50 이하를 보라. 신약학자들에 대해서는 (예를 들어) Robeck, *DPL*, 941; Fee, *Presence*; Forbes, *Prophecy*, 92-3을 보라.

43 *Gifts*, 173.

44 앞의 책.

45 앞의 책, 176.

46 앞의 책, 178-81.

47 앞의 책, 188-89.

48 앞의 책, 192 이하.

(1) 만일 방언이 한 가지 기능(즉 믿지 않는 자들이 수긍할 정도로 기적적인 "표적"을 제공하기 위해서)만을 가지고 있다고 독단적으로 주장하지만 않는다면, 방언이 경건에 도움이 된다는 견해와 고린도전서 14:22, 마가복음 16:15, 사도행전 2:1-13에서 말하고 있는 방언 사이에는 모순이 존재하지 않는다. 에드가가 바로 이것을 주장하지만, 그가 사도행전 10:46과 19:6이 복음 전도 취지의 "표적" 은사를 의미하지 않는다는 것을 인정할 수밖에 없기 때문에 일관성을 잃고 만다.[49] 에드가가 마가복음의 긴 결론 부분에서 진술되었고 사도행전 2장에서 내포되어 있는 방언의 기능에 독보적인 위치 또는 심지어 일차적 비중을 부여한 것은 잘못이다. 이 때문에 그가 바울을 오독하고 있는 것이 거의 분명하다.

(2) 통역과 함께 교회에서 실행될 때 이 은사는 교회의 덕을 세운다. 그리고 만일 개인의 덕을 세우기 위해 개인적으로 사용된다 하더라도, (비록 간접적일지라도) 교회의 덕을 세우는 것이다.[50] 그러나 어떠한 은사도 (그가 섬기는 교회보다는) 수신자/사용자의 유익을 위해 주어질 수 없다는 개념은 아주 독단적(참조. 롬 8:26, 27)이며, 다른 모든 은사들 또한 (배타적으로는 아닐지라도) 은사를 받은 사람의 덕을 세운다는 사실을 간과하는 것이다.

(3) 이 은사를 통해서 하나님께 찬양하거나 기도할 때, 이 은사는 "자기 중심적"이라기보다는 "하나님 중심적인" 것으로 설명하는 것이 더 바람직하다는 것은 충분히 생각할 수 있는 것이다.

(4) 만일 방언이 사람의 덕을 세우기 위해 주어지는 많은 은사들 중 한 가지에 불과하다 하더라도, 이 은사를 받지 못한 사람이 그것 때문에 반드시 피폐해지는 것은 아니다.

---

49 앞의 책, 176.

50 이것에 대한 토론을 위해서는, 예를 들어 Hemphill, "Concept", §44을 보라.

(5) 에드가는 통역의 은사가 필요한 경우는 이례적인 경우일 뿐이라고 생각한다. 그러나 앞에서 살펴본 견해에 따르면, 방언과 통역의 은사를 가진 사람은 교회의 덕을 세울 뿐만 아니라 자신의 덕도 세우게 된다(대개 방언을 말하는 그 사람이 통역해야 한다고 바울이 추정하는 것은 주목할 만하다; 5, 13절).[51]

(6) 에드가의 반명제는 틀렸다. 바울은 실행하는 사람이 인식하지 못하는 영적 활동도 개인의 덕을 세울 수 있음을 인정하고 있다(참조. 롬 8:26).

(7) 확실히 바울은 회중이 모였을 때 (통역되지 않았다면) 방언 현상을 금하고 있다. 그러나 바울은 이것도 순수하게 **하나님께 말하는 것**임을 충분히 인식하고 있다(14:2, 28). 집회 시에 문제가 되는 것은 만일 방언이 통역되지 않는다면 그것은 "오직 하나님께만" 드려지는 것이라는 사실이다. 바울이 여기서 개인적으로 경건에 유익한 방언을 적극적으로 지지하고 있지 않다는 에드가의 말은 옳다. 하지만 그럼에도 불구하고 바울의 말은 그가 방언을 사용하는 것이 정당하다고 여겼다는 사실도 포함하고 있다.[52] 그러나 나중에 고린도전서 14:28에서 바울은 만일 방언이 해석되지 않는 경우라면, 방언하는 자는 교회에서 잠잠해야 한다고 명령하고 있다. "그 사람과 하나님"

---

51 Thiselton, "Interpretation", 32-3이 바로 이렇게 주장한다. Edgar는 이 상황이 예외적인 것이라고 기묘하게 추정한다(*Gifts*, 193). Budgen은 '방언'을 말하는 사람은 그 내용을 완전히 이해했다는 재미있는 주장을 제시한다(*The Charismatics and the Word of God*, Welwyn: Evangelical Press, 1985, 47-54). 그러나 그렇다면 왜 방언을 말하는 사람은 통역이란 기적적 은사를 위해 기도할 필요가 있어야 하고(14:13; 참조. 12:10, 30), 또는 왜 통역의 은사를 가진 사람이 없다면 조용해야 한다(14:28)고 말하는 것일까? Budgen은 그러한 견해가 하나님의 말씀을 정확하고 정밀하게 전달하기 위해서 필요하다고 대답한다. 그러나 이것은 터무니없는 특이한 변명에 불과하다: 회중은 통역의 은사가 없는 경우에 그보다 못한 것이면, 즉 예를 들어 방언 말하는 사람이 그 메시지에 대한 내용을 의역해주면 교훈을 받을 수 없었단 말인가?

52 Hemphill, "Concept", 126, n.258.

은 따로 대화하는 것이 낫다. 바울이 다른 사람이 사역하고 있을 때 교회에서 방언의 개인적 사용을 권면하고 있다는 것은 있을 법하지 않기 때문에, 이것은 개인적 사용에 대한 적극적 금지 명령처럼 보인다.[53]

(8) 성령으로 기도하고 노래하는 것은 거의 확실하게 방언을 가리키는 것인데(또는 최소한 화자가 이해할 수 있는 연설의 형태는 아니다), 이것을 "마음으로"(tō[i] noi, 토[이] 노이) 드리는 기도와 대비시키는 것은 문맥상 의미가 잘 통하지 않는다. 이것은 19절의 엔 글로세(이) / 토(이) 노이 랄레인(en glōssē[i] / tō[i] noi lalein, 방언으로 말하는 것 / 마음으로 말하는 것)의 대조에 의해서도 확인된다.[54] 바울이 "또 마음으로" 기도하라고 권면하고 있다는 에드가의 말에 우리가 아무리 동의한다 할지라도, 바울은 마음으로가 아니라 단지 "방언으로"(glōssē[i], 14:14) 드리는 형태의 기도가 유효한 것임을 확실히 인식하고 있다.

우리는 바울이 방언으로 말미암아 회중에게 송영적인 동시에 계시적인 역할(통역이 수반될 때)을 포함하여 다양한 기능이 성취되는 것을 보고 있지만, 바울은 방언의 주요 역할이 개인적 차원을 위한 것으로 보고 있다고 결론 내릴 수 있다.

3. 바울은 모든 사람이 방언하기를 기대했을까?

고린도전서 12:30을 보면, 분명히 바울이 이 질문에 부정적인 대답을 할 것을 예상하고 있는 것처럼 보인다. 그러나 전통적인 오순절주의자들은 이러한 예상된 "아니오"라는 대답은 교회 회중들이 모인 중에 방언을 하는

---

53 앞의 책, 149.

54 Dunn, *Jesus*, 245; Hemphill, "Concept", 135-36.

경우에만 해당한다고 줄기차게 주장해왔다. 개인적인 방언은 사실상 보편적인 것(거의 모든 신자들이 "성령으로 세례"를 받아왔기에)이었다는 것이다.[55] 이상한 변명처럼 들릴 수도 있겠지만, 앞의 주장에 대해서 이렇게 되물을 수 있다. 그러면 사도들은 항상 교회에만 머물렀단 말인가?(12:28a) 그렇지 않다면, 어떻게 고린도 교인들은 바울이 12:28b에서 하고 있는 말이 일상적인 "방언"이 아니라 "교회에서의" 방언만을 지칭하고 있다고 생각할 수 있었을까? 그리고 만약에 "회중" 방언을 위한 특별하고도 독특한 영감이 있었다면, 왜 고린도 교회에서 그것이 문제가 될 수 있단 말인가? 왜 바울은 그들에게 회중 속에서는 일상적인 방언을 사용하지 말고, 교회 전용의 특별한 방언만 하라고 하지 않았을까? 사실상 바울은 그러한 구분을 하고 있지 않으며, 그런 권면도 하지 않고 있다. 그에게 있어 방언에는 여러 종류가 있을 수는 있지만, 유형의 차이는 개인적인 것과 회중적인 것의 차이가 아니다.

III. 일반적 고찰

사도행전과 고린도전서에서 방언에 대해 개괄했으므로, 이제 우리는 그 은사의 본질에 대해 보다 일반적이지만 관련된 두 가지 사안들을 간략하게 살펴보고자 한다.

---

55 참조. D. J. Bennett, "The Gifts of the Holy Spirit" in M. P. Hamilton (ed.), *The Charismatic Movement* (Grand Rapids: Eerdmans, 1975), 18–19. Menzies는 심지어 다음과 같이 주장한다. "바울은 **모든 그리스도인이 개인적인 방언을 통해 덕을 쌓을 수 있고 그렇게 되어야 한다**고 단언한다"(Menzies의 강조: *Empowered*, 248). 도대체 무슨 근거로 이런 주장을 하는 것일까? 그것은 고전 14:5("나는 너희가 다 방언 말하기를 원하나 특별히 예언하기를 원하노라")이 실현 불가능한 이상에 대한 수사학적이고 큰 의미 없는 진술이라기보다는 실제적 가능성으로 받아들여져야 한다는 (검증되지 않은) 추론에 근거하고 있다(고전 7:7처럼). 충분한 토론을 위해서는 Max Turner, "Tongues: An Experience for All in the Pauline churches?", *Asian Journal of Pentecostal Studies* 1 (1998), 231–53을 보라.

1. 방언의 종교적 "배경"

우리가 먼저 주목해야 할 사실은, "방언"(glossolalia)이라는 것이 고대 헬레니즘 문화에서 보였던 황홀경 상태에서의 인식 불가능한 언어라는 일반적인 관행이 기독교적으로 약간 변이되어 나타난 것이며 이것이 바로 바울이 언급하고 있는 고린도 교회에서 일어났던 방언과 관련된 특별한 문제의 배경이라는 데에 신약학자들이 일치된 의견을 보인다는 점이다.[56] 물론 이것은 "유대교적" 설명이 빠진 가정이라고 볼 수밖에 없다. 이 문제에 대해 해리스빌(Harrisville)은 유대적인 배경이 우리들이 먼저 다루어야 할 내용이라고 주장해왔는데, 그러나 그것은 오로지 "(다른) 방언으로 말하는 것"과 유사한 현상이 다른 곳에서는 발견되지 않는 경우에만 타당한 주장일 뿐이다. 그는 인식 불가능한 황홀경적 언어와 방언을 구별하지 않았던 유대교적 묵시문학이 방언의 배경일 가능성이 있다고 상정한다.[57] 그러나 결정적 증거가 결여되어 있다. 첫째, 해리스빌이 황홀경적이며 인식 불가능한 언어의 증거로서 인용한 본문(*1 Enoch* 40; 71:11과 *Martyrdom of Isaiah* 5:14)[58]은, 비록 「에녹1서」 71:11이 강력하게 카리스마적이라 할지라도, 사실상 **인식 불가능성**(unintelligibility)에 대한 아무런 암시도 보여주고 있지 않다(또한 *Martyrdom of Isaiah* 5:18에 대한 언급은 그것이 확실히 그 작품의 기독교적 편집의 일부이기 때문에 어떠한 경우에도 적합하지 않다).[59] 해리스빌이 인용한 것들 중 관련 가능성이 있는 흥미로운 유일한 구절은 「욥의 유언」(*Testament of Job*) 48-50장으로, 그 부분을 보면 욥의 세 딸이 천상의 카리스마적 띠를 두르고 있었는데, 그 띠가 그들을 변모시켰고 천사의 언어로 찬송을 부

---

56 학자들의 비판적 논평에 대해서는 Forbes, *Prophecy*, ch. 2을 보라.

57 "Speaking in Tongues", 42-7.

58 "Speaking in Tongues", 47.

59 동일한 비평이 Forbes에 의해 수행되었다. *Prophecy*, 182-3.

르며 하나님을 찬양할 수 있게 해주고 있다. 불행하게도 이 장들은 유대교적 작품에 덧붙여진 부분인 것처럼 보이며, 아마도 그 추가 부분들은 기독교나 영지주의에서 유래한 것으로 보인다.[60] 이 질문에 적합한 유일한 다른 작품은 「스바냐 묵시록」(Apocalypse of Zephaniah) 8장으로, 그곳에서 선견자는 천사들과 함께 기도하고 있으며 그들의 언어를 알고 있었지만, 여기서 그것은 분명하게 은사적 현상도, 화자에게 인식 불가능한 것도 아니었다(그리고 또다시 저술 시기가 문제가 된다).

이 현상에 대한 분명한 유대교적 배경을 찾을 수 없기 때문에, 대다수가 헬레니즘에 의존해서 설명하고 있다는 것은 놀랄 만한 사실이 아니다. 만일 후자가 예루살렘에서 최초로 발생한 사건을 설명하지 못한다면, 누가의 기록은 의심을 받게 될 것이며, 우리는 황홀경이라는 보다 일반적인 종교적 배경에 호소해야 할지도 모른다.[61] 헬레니즘 배경의 경우는 고린도전서에서, 특히 통역이 필요한 알아들을 수 없는 방언과 예언자들이 통역해주어야 했던 델포이의 여사제들의 황홀경 속에서의 알아들을 수 없는 말이 보여주는 유사성에서 가장 분명하게 나타난다. 그러나 포브스는 유사한 점이라고 보이는 부분들이 모든 점에서 반박되고 만다고 주장한다.[62] (i) 델포이의 여사제가 열광 상태에 있었다는 증거가 빈약하다. 그리고 기본적으로 플루타르코스의 저술에 나오는 두 개의 단락(Moralia, 759 b와 763 a)은 동일한 저자가 다른 곳에서 진술하는 내용이 상호 모순되는 바람에 증거로서의 효력을 상실하고 만다(437 d). (ii) 따라서 이와 관련해서 그녀가 "일관성이 결여된 중얼거림"을 말했던 것이 분명하다는 주장은 실패

---

60 R. P. Spittler는 OTP 1:833-4의 서론 부분에서 46-53장은 몬타누스적(Montanist) 추가라고 주장하고 있다. 그러나 이에 대한 비판으로는 Forbes, Prophecy, 183-6을 보라.

61 후자는 Mill, Approach, 특히 12-20, 54-70이 채택한 것이다(그는 누가가 감정적 탄식이나 간헐적인 짧은 언어로 말하는 현상이 나타나는 성령에 대한 황홀경적 반응을 유창하게 외국어를 말하는 것으로 바꿔놓고 있다고 주장한다).

62 Prophecy, ch. 5.

로 돌아갔으며, 물론 나중에도 항상 그랬던 것은 아니라 할지라도, [고전 시대에는] 그 여사제가 실제로 운문으로 된 신탁들을 내놓았다는 명백한 진술과 전체적으로 모순된다. 그러나 운문으로 된 신탁들을 내놓지 않는 경우에도, 플루타르코스와 스트라보(Strabo)가 주장하기를, 타인들에 의해 표현된 것은 (일관성이 결여된 중얼거림이 아니라) **산문체**(*prose*)였다고 한다. (iii) 이러한 운문화(versification)는 예언자들(*prophētēs*)이 아닌 "시인들"에 의해 수행된 것이었으며, 시인들의 직무나 "예언자"의 직무는 영감을 받아 수행된 것으로 간주되지 않았다. 만일 그 신탁의 결과가 "알아들을 수 없으며" "예언자"에 의해 해명이 필요했다면, 그것은 비밀스러운 말을 사용했거나(cryptic) 수수께끼 형태 혹은 모호했기 때문이지, 언어학적으로 알아들을 수 없었기 때문은 아니었다. 요약하면, 델포이의 신탁이 "영감을 받았거나"(*entheos*) "황홀경에 빠져 있거나" "열광적"(*manic*)이었다고 하더라도, 고대인들에게 있어 이것은 반드시 의식의 상실이나 언어적 일관성의 결여를 의미하는 것은 아니었다.

포브스는 논의의 폭을 넓게 확대하면서 다음과 같은 주장을 하고 있다.

(1) 다른 어떤 제의 장소에서도 영감이나 황홀경(*ekstasis*) 때문에 언어적 이해 불가능성이 발생한 곳은 없다(시적인 신탁이 기준이었다).

(2) 신비 종교와 관련된 열광상태로 말하는 것(구체적으로는 키벨레[프리기아의 대지의 여신—옮긴이] 또는 디오니소스 제의)은 방언에 해당하는 유사 사례를 보여주지 않는다. 여기서 열광이란 전형적으로 (그중에서도) 포도주, 광적인 안무와 다른 형태의 난폭한 신체 활동, 리듬감 있는 주문의 외침과 환호성 등에 의해 유발된 것이었다. 그에 대해 기독교계 문헌들은 사실상 침묵하고 있다. 그리고 카리스마적 담화는 주로 탄원과 절규하는 외침이었지 신탁이 아니었다.[63]

---

63 앞의 책, ch. 6을 보라.

(3) 주술 집단들(알아들을 수 없는 방언과 유사한 사례로 주장되어왔던 신들의 이름 목록은 영감이나 귀신 들림 상태에 빠지기 위한 주문으로 사용되던 것들 이었지, 그러한 상태에서 나온 카리스마적인 담화가 아니었다)이나 다른 유형의 인기 있던 헬레니즘 종교에서도 적당한 유사 사례들을 찾을 수 없다.[64]

포브스의 자세한 연구 결과는 고린도 교인들의 문제에 대한 배경이 될 만한, 황홀경에 빠져 있으면서도 언어적으로는 일관성이 결여된 말이라는, 널리 퍼진 헬레니즘적 현상이 존재하지 않았다는 것이다. 따라서 기독교적 방언은 종교적으로 새로운 현상이었고(최소한 그 운동 자체가 그렇게 인식되었을 것이다), 고린도 교인들은 그것을 바울에게서 배웠을 것이다. 그렇다면 고린도 교회에서의 **문제점**은 예루살렘과 바울 자신에게 있어 중요한 것으로 알고 있던 은사를 자랑하던 엘리트 예언자들이라는 관점에서 설명될 수 있을 것 같다(참조. 고전 14:18). 포브스의 분석은 우리들의 다음 질문에 대한 간단한 토론을 위해 의혹들을 말끔히 제거해주고 있다.

2. 신약의 "방언"은 황홀경적이었던가?

이 질문에 대한 대답은 황홀경이 뜻하는 바에 따라 상당 부분 그 의미가 달라질 수 있다. 많은 신약학자들은 황홀경(ecstasy)라는 말의 사회학적, 인류학적, 심리학적 유형(typology)에 관한 지식이 없는 상태에서 그 용어를 사용하고 있다.[65] 실제로 우리는 신약성경에서 말하는 방언의 심리학적 상태에 대해 잘 모른다. 방언을 황홀경 속에서의 진술이라고 말하는 사람들

---

64 앞의 책, ch. 7을 보라.

65 Williams, *Tongues*, ch. 1을 보라. 참조. 30. Forbes가 다음과 같이 불평하는 것은 어느 정도 타당성이 있다. "'황홀경'이란 단어는 우리 신약학자들이 가장 오용하고 있는 단어 중 하나이다"(*Prophecy*, 53 [또한 일반적으로 53-6]).

은 두 가지 잘못 중 하나를 범하는 경향이 있다. 첫째는 방언을 말하는 것 (glōssais lalein)이 기독교가 아닌 고대 종교에서 볼 수 있었던 영감을 받은 연설 현상의 범주에 속한다고 잘못 추정하는 것이다. 둘째는 신약의 방언 을 오늘날 황홀경적 방언이라고 보고되는 것과 동일시하는 것인데, 이들 은 명백하게 비황홀경적인 현대의 방언이라는 훨씬 큰 흐름을 주목하지 않은 채 그렇게 추정한다. 분명히 현대 신약학자들이 신약의 방언은 **불가 항력적인 힘에 의한**(compelled) 말이었다고 주장할 때, 그들은 그렇지 않다 고 생각한 바울과 충돌하는 것이다(고전 14:28). 바울에게 있어 방언은 예 언에 준하는 "황홀경" 그 이상도 이하도 아니었다(이에 대해서는 제12장, §2.4을 보라).[66]

IV. 결론

요컨대 누가와 바울 두 사람은 방언을, 말하는 사람이 알지 못하는 언어 로 하는 돌발적인 카리스마적인 찬양으로 간주했다. 그들은 방언을 특별 한 복음 전도적 표적-기사로 보지 않았다. 그들은 방언을 새로운 언약이 시작(inauguration)되는데도 **이스라엘이** 믿지 않은 것을 비판하기 위해 특 별히 주어진 일시적인 표적으로 여기지도 않았다. 바울에게, 방언이 심판 표적 역할을 했다는 주장은 방언 은사가 **오용되는** 경우만(즉 방언을 통역하 지 않은 것을) 고려한 주장일 뿐이다. 그뿐만 아니라 바울은 방언이 사도들 을 오류 없는 교리의 전달자(repository)라는 것을 확인시켜주기 위해 주 어진 것이라고 생각하지 않았음이 분명하다. 방언의 긍정적 "표적"으로서 의 가치는 누가가 전해주는 오순절 이야기에서 유추할 수 있다. 이 이야기 는 유대교의 시내 산 전승을 반영하는 것으로,[67] 이 사건(오순절)을 강력하

---

66 따라서 Engelsen이 옳았다. "Glossolalia", 204.

고도 새로운 이스라엘의 변화의 시작을 나타내는 종말론적인 신현으로 제시하고 있다. 그렇다면 누가-행전에서 방언은 하나님의 종말론적인 새로운 현존(renewing presence)의 독특한 표적으로 이해할 수 있으며,[68] 누가(또는 누가 이전의 전승) 역시도 방언을 하나님이 언어와 민족을 재통일시키시는 표적, 곧 바벨탑 사건에서 일어난 소외의 역전으로 이해했으리라는 사실을 암시하고 있다.[69] 하지만 누가는 후자를 분명하게 해명하고 있지 않으며, 그의 내러티브 내에서 방언의 표적으로서의 기능은 일차적으로 하나님의 임재의 회복과 방언이 가져다주는 기쁨을 암시하는 것이다. 보다 구체적으로, 누가는 방언을 이스라엘을 회복하고 변화시키는 "예언의 영"의 메시아적 부으심을 나타내는 독특한(보편적인 것이 아니라) 표적으로 보고 있다.[70]

누가와 마찬가지로 바울도, 방언이 통역 없이 사용된다면 그것이 심판의 표적으로서 부정적인 기능을 할 수도 있다는 것만 말할 뿐, 방언의 긍정적인 "표적"으로서의 가치를 상술하지는 않는다. 바울은 오히려 방언을 (통역이 될 때), 구원의 하나님이 자신이 구속하고 사랑하는 백성을 만나주시고, 도전하시고, 위로하시고, 가르치시는 자기 계시의 표현으로서 예언과 동일한 것으로 평가한다. 따라서 통역이 된 방언은 하나님이 공동체 내에서, 그리고 공동체를 위해 자기를 소통하시는 하나님의 즉각적인 현존에 대한 증언이라는 점에서, 구원이 임했다는 표적이라고 말할 수 있을 것이다. 이것은 "타락"으로 인한 소외의 역전인 셈이다. 그러나 바울은 또한 방언을 개인 기도에서 사용하기 위한 은사로, 즉 영감 받은 카리스마적 찬양으로 이해했고, 그리고 (아마도) 사람이 말로 표현할 수 없는 내면의 탄식

---

67 이러한 의견은 논란의 대상이 되어왔지만, 그럴 필요가 없을 만큼 명백한 사안이다. Turner, *Power*, ch. 10을 보라.

68 F. D. Macchia, "Signs", 47-73, 특히 55-60을 보라.

69 참조. J. G. Davies, "Pentecost and Glossolalia", *JTS* 3 (1952), 228-31.

70 Turner, *Power*, chs. 12-13.

과 바람을 전하는 의사소통의 수단으로 이해했던 것으로 보인다. 바울은 (예를 들어) 정경의 완성 같은 것 때문에 방언의 기능 중 어떤 것도 폐기될 것이라고 생각하지도 않았고, 방언이 재빠르게 사라지거나 하나님이 파루시아 이전에 제거하실 것이라고 암시한 적도 없다. 그러나 이 문제에 대해서는 제16, 17장에서 보다 자세히 토론하기로 하자.

14장

신약에 나타난 치유의 은사

우리가 고린도전서 12:9, 30에서 보게 되는 "치유의 은사"(charismata iamatōn, 카리스마타 이아마톤)라는 현상의 본질적 속성에 대해서는 거의 의문의 여지가 없다. 예수와 사도들 및 다른 사람들(예를 들어 빌립)이 행한 치유 기적의 예는 복음서와 사도행전 전체에 흩어져 있다.[1] 치유의 속성보다는 치유의 의미가 아주 첨예하게 토론되어왔다. 그러나 이 토론을 시작하기에 앞서, 이 연구 주제에 대해 일곱 가지 기초적인 점들을 살펴보도록 하자. (i) 우리는 일반적인 하나님의 치유가 아니라, 개인이 하나님께서 다른 사람을 치유하는 통로(locus)로 나타나는 경우들에 관심을 가질 것이다(참조. "어떤 사람에게는 병 고치는 은사들을 [주신다]"). (ii) 이 구절에서 복수형 "(병 고치는) 은사들"은 아마도 치유의 능력이 모든 경우에 문제의 은사를 가진 사람에게 허락된다기보다는, 각 사건 하나하나가 하나님의 역사임을 강조하는 것이다.[2] (iii) 우리는 누가가 "비일상적 치유"(ou...tychousas, 행 19:11)로

---

1   Wilkinson은 은사에 대한 Bittlinger의 견해를 활용하고 있다(내 생각에는 잘못 사용하고 있는 것으로 보인다). Bittlinger는 고전 12:9에서 언급하고 있는 치유의 은사가 "개별적 상황에서 그리고 개별 환자에게 무슨 일을 해야 옳은지를 아는 능력을 갖춘 동정심을 갖거나 혹은 감정이입을 하는 천부적인 은사"이며, 성령은 단지 이 능력을 향상시켜준다는 것을 암시하는 것으로 이해한다(Health, 109). 만약에 그것이 사실이라면 바울은 고전 12:28-30의 은사 목록에서 가장 먼저 언급했을 것이다. 고린도 교인들이 소중히 여기는 극적인 프뉴마티카(pneumatika, 은사) 가운데서도 고전 12:9의 치유 은사의 위치는 아주 노골적으로 "신적인" 치유 혹은 치유들은 믿음의 기도에 대한 구체적인 응답으로 소개되고 있다.

명시한 (예를 들어) 사도들의 그림자(5:15)나 사도들의 의복 일부(19:12)에 의한 치유보다는, 우선적으로 통상적인 치유에 관심을 갖는다. (iv) 단순히 그러한 치유들이 즉각적이었다고 **추정해서는** 안 된다(이것은 복음서 전승에서도 그렇지 않다: 참조. 막 8:22-26; 눅 17:14; 요 9:6, 7).[3] (v) 기도에 대한 응답으로 받은 치유(예를 들어, 약 5:15, 16)와 "치유의 은사"를 가진 사람이 행한 치유 사이를 날카롭게 구분하는 것은 불가능해 보인다. 특히 후자가 치유받은 사람을 위해 기도하거나 안수하는 곳에서는 더욱 어렵다.[4] (vi) 귀신 축출과 죽은 사람을 일으키는 것은 "치유"의 특별한 유형이긴 하지만 그것들도 치유와 관련이 있으며, 그것들을 보다 원형적인 치유와 함께 생각할 필요가 있다. (vii) 우리는 적어도 한 가지 점에서 치유의 은사를 받은 예수와 제자들을 구분해야 한다. 누가-행전의 저자에게 있어 제자들이 행한 부활절 이후의 기적(예수의 기적과 유사한 것들이다)은 어떤 면에서 (예수의) 공생애 사역의 계속이자 연장으로서, 승귀한 예수에 **의해** 일어난 역사이다(참조. "애니아여, 예수 그리스도께서 그대를 고쳐주십니다"[행 9:34, 참조. 3:12; 14:3; 11:21 등]가 전형적인 사례이다).[5]

I. 치유 은사의 의미

예를 들어, (예언과 방언과 같은 "표적-기적"과 함께) 치유의 은사들은 단순히 (은사중지론자들이 주장하는 것처럼) 예수와 사도들을 정당화시켜주고 그들의

2　Dunn, *Jesus*, 210-11을 보라.

3　고전 12:10의 목록에서 다음 항목은 "능력을 행하는 능력"(="기적")이다. 모든 치유가 즉각적인 것이었다면, 그것들 때문에 이 범주의 구분이 무너지고 말았을 것이다.

4　아픈 사람을 위해 정기적으로 기도하도록 부름 받은 장로들은 곧 "치유의 은사"를 가진 사람으로 간주된다.

5　자세한 설명으로는 Turner, "Luke and the Spirit", 139-46을 보라.

계시가 진실임을 입증하기 위해 의도된 일시적 현상이었을까? 아니면 정반대 방향의 해석이 말하는 바와 같이, ("부와 건강의 복음" 지지자들이 주장하는 것처럼) 치유는 참된 기독교 신앙을 가진 사람들이 **모든** 상황 속에서 **기대해야만 하는 것**으로서 본질적으로 복음 자체에 속한 것인가? 만일 중도(中道)가 있다 하더라도 신약성경이 말하는 바를 어떻게 정의할 것인가?

1. 신성의 증거로서의 치유 기적

전통적으로 예수의 치유 기적은 그의 신성을 입증하고 복음의 정당성을 입증해주는 기적적인 표적으로 이해되어왔다.[6] 아퀴나스 이래로 계속해서, 예수의 신성에 대한 결론은 어느 정도는 "기적"의 의미에 의존한다고 할 수 있다. 아우구스티누스가 경이로움에 사로잡힌 관찰자의 기대와 능력을 초월하는 특별한 사건으로서의 "기적"에 초점을 맞춘 반면(따라서 관찰자의 주관적 평가를 강조하는 반면), 아퀴나스는 기적을 경이로움에 사로잡힌 관찰자의 기대치뿐만 아니라 "자연의 힘을 초월하는" 특별한 사건으로 정의한다. 다시 말해서 아퀴나스는 "그 강조점을 증언하는 사람으로부터 생산된 의미의 본질과 그것의 타당한 원인에게로 확실하게 이동시켰다."[7] 우리는 아퀴나스가 "자연의 힘"을 초월하는 것에 대해 말할 때, 그가 단순히 물질이나 인간적인 것이 아니라 창조된 **모든** 능력의 가능성을 능가하는 무언가를 의미한다는 사실을 이해할 필요가 있다. 이로부터 "기적"은 **하나님만이 행하실 수 있는 사건**이라는 결론이 도출되며, 특별히 예수가 자신의 이름으로 그러한 사건을 행한 것으로 주장될 때, 어떻게 기적이 예수의 신성을 증명하게 되는지 분명해진다.[8] 제16장에서는 어떻게 유사한 이해가

---

6   참조. C. Brown, *Miracles and the Critical Mind* (Exeter: Paternoster, 1984), chs. 1-8. 기적에 대한 개념 정의를 위해서는 제15장(주 31)과 제19장을 보라.

7   R. Latourelle, *The Miracles of Jesus and the Theology of Miracles* (New York: Paulist Press, 1988), 270 (또한 Aquinas에 관해 다룬 전체 부분을 살펴보라; 268-71).

워필드의 핵심 입장이 되었는지를 살펴볼 것이다.

2. 기적을 믿는 1세기의 일반적 배경에서의 예수의 치유 기적

이러한 증거주의적(evidentialist) 이해가 예수의 치유와 다른 능력 사역에 대한 오해였음을 분명하게 밝힐 책임은 원칙적으로 따졌을 때 리처드슨 (Alan Richardson)[9]과 그의 추종자들의 몫이었다. 예수의 축귀, 치유, 그리고 때로 죽은 자를 일으키는 사역은 분명히 그 자체로 동시대인들에게 **신성** 같은 것을 확신시키는 것으로 이해되지 않았다(예언자들과 예수의 동시대인 들도 비슷한 현상을 행한 것으로 주장되었기 때문이다).[10] 또 다른 설명들은 예수 의 능력에 대한 전형적인 반응으로 제시되는 것인데, 훨씬 접하기 쉬운 것 들이다. 어떤 이들은 예수가 하나님의 아들이라는 것을 믿지 못했는데, 이 들은 예수의 능력을 마술과 마법(b. Sanh. 43a),[11] 또는 귀신의 힘(막 3:22과 평

---

8 Latourelle는 Aquinas의 정의가 그 주제에 대해 그가 말하고자 했던 전부가 아니라는 중요한 점을 지적한다: Aquinas는 한편으로 기적을 하나님의 구속적 은혜를 보여주는 표적으로도 보았다.

9 A. Richardson, *Miracle-Stories of the Gospels* (London: SCM, 1941). 잘 요약된 비평으로는 C. Brown, *Miracles*, 253-62을 보라.

10 갈릴리 은사주의자들, "표적 예언자들", Apolloninus of Tyana, Vespasian와 다른 사람들 이 행했다고 하는 유사한 주장들에 대한 간결하지만 세심한 고찰로는 J. P. Meier, *A Marginal Jew: Rethinking the Historical Jesus* (Vol 2: New York: Doubleday, 1994), 576-601을 보라: 또한 C. A. Evans, "Jesus and Jewish Miracle Stories" in *Jesus and His Contemporaries* (Leiden: Brill, 1995) 213-43; "Jesus and Apollonius of Tyana", 245-50에 관한 부록을 참조하라.

11 M. Smith, *Jesus and Magician* (San Francisco: Harper and Row, 1978)과 D. Crossan, *The Historical Jesus* (Edinburgh: Clark, 1991), 137 67, 303-32. 두 사람은 모두 예수가 마술 사로 설명될 수 있으며, 현상학적 수준에서 예수의 사역과 마술사들의 사역 간의 차이를 구 분할 수 없다고 주장했다. 마술(승인된 종교 체제 밖에서 능력을 행하는 것)에 대한 보다 중 립적인 사회학적 정의를 가지고 작업을 한 David Aune조차도 예수가 마술을 사용했다(그 러나 그를 마술사라기보다는 천년왕국 운동의 메시아적 예언자로서 그 특징을 보다 제대로 설명할 수 있다)고 설명했다. "Magic in Early Christianity", ANRW II / 23.2, 1507-57, 특히 1523-39. 반면 Meier는 "마술"이라는 범주는 거의 전적으로 부적절한 개념이라고 주장한다. 순수한 "기적"(궁지에 처한 사람을 위해 단순히 이해할 수 있는 명령으로 수행되어 하나님

행구절들 등)으로 설명했다. 그러나 보다 많은 사람들이 예수를 성령의 사람
이자 기적을 행하는 사람들인 엘리야와 엘리사처럼 능력의 예언자(눅 7:16;
막 6:15; 8:28과 평행구절들; 참조. 눅 13:32, 33; 요 6:14; 9:17)로 보려고 했다. 이
런 점에서 요세푸스가 예수를 교사이자 "기적을 행하는 사람"(Antiquities
18:63-64)이라는 특징으로 설명한 것은 주목할 만하다. 반면에 소위 "표적
예언자들"에 대해서는 그들이 단순히 백성들에게 구원의 표적을 그저 약
속하기만 했다고 비난한다.[12] 아주 작은 집단에 불과했던 제자들은 예수가
"하나님의 아들"이라는 결론에 이르게 되었다(막 8:29과 평행구절들). "하나
님의 아들"은 오순절 이전에 신성을 나타내는 칭호로 사용된 것이 아니라,
이스라엘 왕이 하나님의 아들이라는 고대의 개념을 나타내기 위해 사용되
었다(참조. 시 2:7 등). 후자의 경우와 관련해서라면, 우리는 예수가 예수 이
전과 이후의 사람들과 마찬가지로 하나님의 능력의 대리인일 수 있다는,
여러 가지 전형적인 형태의 유대인들의 추론을 볼 수 있는데, 실제로 제자
들도 비슷한 기적들을 오순절 이전(눅 10:9-11, 17)과 그 이후에 행한 것으
로 보고된다.[13]

을 향한 믿음/회개를 이끌어내도록 유도된 자유케 하는 행위나 임시적 능력)과 순수한 마술
(바라던 구체적인 "유익"[대적을 향한 해롭고도 응보적인 것들을 포함해서]을 얻기 위한 기
술적인 조정이나 초자연적인 인물의 강제력이나 주문, 주술 등에 의한 비인격적 힘) 사이에
서, 비록 때로는 마술의 흔적(침의 사용 등)이 있을지라도, 예수의 사역의 특징을 "기적"으로
설명하는 것이 더 바람직하다. Marginal Jew, 2:537-52을 보라.

12 Meier, Marginal Jew, 2:592을 보라.

13 혹자는 소위 "자연 기적들"은 유사한 사례가 없다고 주장할지도 모르지만, 그것들이 과연 신
    성을 나타내주는 것일까? 다음과 같은 경우들이라면 가능성은 없어 보인다. (a) 무화과나무
    의 저주(막 11:12-14,20, 21 // 마 21:18-20), (b) 기적적으로 물고기를 잡은 사건(눅 5:1-
    11과 요 21:1-14), (c) 물로 포도주로 만든 기적(요 2:1-11), (d) 오천 명을 먹인 기적(막
    6:32-44과 평행구절들; 이는 왕하 4:42-44에서 엘리사의 기적과 평행을 이룬다). 혹시 천사
    만이 그러한 일을 할 수 있다고 생각했던 것은 아닐까? 보다 가능성 있는 기적으로는 (e) 폭
    풍우를 잠재운 기적(막 4:35-41과 평행구절들)과 (f) 물 위를 걸으신 사건(막 6:45-52과 평
    행구절들)을 들 수 있는데, 이것은 실제로 구약의 신현을 나타내는 구절을 환기시키는 방식
    으로 언급되고 있다(욥 9:8b; 38:1; 합 3:15; 시 77:19; 사 43:16 등). 그러나 마지막 두 가지
    는 있는 그대로의 사건이 주는 의미보다는(즉 유대인이라면 누구라도 강력한 천상의 존재가

이러한 능력을 행한 목적은 무엇인가? 예수가 주저하는 사람들로부터 믿음을 이끌어내기 위해서 기적을 행한 것이 아님은 곧바로 분명해진다. 오히려 마가복음 8:11, 12(그리고 평행구절들)을 보면, 예수는 그가 하나님께 부여받은 권한을 "입증"할 수 있는 기적을 보이라는 요구를 단호하게 거절하고 있으며, 다른 곳에서도 자신이 행한 기적에 관해서 말하지 말 것을 명령했다. 실제로 믿음은 치유의 **목적**이라기보다는 **조건**이었음이 더 자주 분명하게 드러난다. 마가복음 6:5, 6을 마태는 다음과 같이 바꾸어 표현한다. "예수께서는 **그들의 믿지 않음으로 말미암아** 거기서는 많은 기적을 행하지 않으셨다"(13:58). 이것과 함께, 우리는 기적을 찾아 예수에게로 온 사람들의 믿음이 칭찬을 받는 장면들을 비교해볼 수 있다(예를 들어, 눅 7:1-10[Q]; 막 2:1-12과 평행구절들; 막 5:25-34과 평행구절들, 특히 34절, "네 믿음이 너를 구원하였으니 평안히 가라"; 참조. 막 10:52과 평행구절들; 눅 17:19). 나중에 믿음과 기적의 연관성에 대한 질문으로 돌아갈 필요가 있겠지만, 치유는 "메시아적 증거"를 목적으로 의도적으로 사용되지 않았다.

3. 유대교의 종말론적 희망이라는 배경에서의 예수의 치유와 축귀 사역

리처드슨(칼라스[Kallas]와 반 더 루스[Van der Loos]가 그 뒤를 따르고 있다)은 치유 기적들이 예수의 종말론적 메시지의 중요 부분임을 제대로 보여주었다.[14] 그것들은 부수고 들어오시는(inbreaking) 하나님의 통치에 대한 구체적인 표현이었다. 이것은 전부는 아니더라도 대부분의 질병, 신체장애, 정신병, 귀신 들림과 죽음을 사탄의 행위이자 능력으로 보았던 유대인들

물 위를 걸었을 것이라는 것을 믿기 어렵다고 생각하지 않았을 것이며, "유령"(막 6:49)은 단지 많은 가능성 중 한 가지에 불과했다는 것을 의미한다), 사건에서 보다 큰 의미를 발견했던 믿음을 반영하고 있다.

14 J. Kallas, *The Significance of the Synoptic Miracles* (London: SCM, 1961); H. van der Loos, *The Miracles of Jesus* (Leiden: Brill, 1965).

의 믿음을 배경으로 해서 보아야 한다. 직접적이든 간접적이든 간에[15] 그 것들은 이 세상에서 사탄이 지배하는 영역에 속했다(하나님으로부터의 소외, 타자로부터의 소외와 함께). 하나님 나라—하나님의 통치—에 대한 열망은 모 든 드러난 형태의 사탄의 통치의 파괴와 악의 파멸에 대한 열망, 바로 그 것이었다. 그것은 피조물의 새로운 변화, 죽음 및 질병과 마귀의 개입으로 부터의 자유에 대한 희망이었다. (대부분 기독교 이전에 저술된)「열두 족장의 유언」(The Testaments of the Twelve Patriarchs)은 전형적인 방식으로 이것을 표 현하고 있다.

> 그리고 그 후에 주께서 네 위에 떠오르실 것이며, 치유하는 의로움의 빛을 비 추고, 그의 날개로 긍휼을 베풀 것이다. 그가 벨리알(Beliar)로부터 포로 된 모 든 사람의 자녀들을 해방할 것이며, 모든 오류의 영(spirit of error)이 짓밟힐 것 이다(Test. Zebulon 9.8).[16]

---

15 유대인들이 모든 질병을 마귀적인 것으로 간주한 것은 아니다: 참조. E. Yamauchi, "Magic or Miracles? Diseases, Demons and Exorcisms" in D. Wenham and C. Blomberg (eds.), *Gospel Perspectives 6: The Miracles of Jesus* (Sheffield: JSOT, 1986), 89-185. 의술에 대한 유대교/기 독교적 유형론에 대한 입문서로는, P. Borgen, *Paul Preaches Circumcision and Pleases Men, and Other Essays on Christian Origins* (Trondheim: Tapir, 1983), 115-30; H. C. Kee, *Medicine, Miracle and Magic in New Testament Times* (Cambridge: CUP, 1986)를 보라.

16 비슷한 표현들이 그 책 곳곳에서 발견된다: 참조. *Test. Jud.* 18:12, "그리고 벨리알이 그에 의 해 결박될 것이다. 그리고 그가 그의 자녀들에게 악한 영들을 짓밟을 권한을 부여할 것이다"; *Test. Sim.* 6.6, "그때 모든 오류의 영들이 발아래 짓밟히도록 넘겨질 것이다. 그리고 사람들이 악한 영들에 대한 지배권을 쥐게 될 것이다"; *Test. Dan* 5.9-11, "[9] 그러므로 네가 주께로 돌 아올 때, 너는 자비를 받게 될 것이며, 그가 너를 거룩한 곳으로 인도할 것이며, 너에게 평화 를 선포할 것이다. [10] 또한 너를 위해 주님의 구원이 유다 족속과 레위 (족속)으로부터 너 를 위해 일어날 것이다. 그는(하나님? 또는 메시아?) 벨리알과의 전쟁을 일으킬 것이다… [11] 그리고 그는 벨리알로부터 포로 된 자들, 즉 성도의 영혼들을 취할 것이다. 그리고 그는 불순종하는 백성들의 마음을 하나님께 돌이키게 할 것이다…." 쿰란에서의 유사한 견해에 대 해서는, 예를 들어 4Q525와 11QMelchizedek을 보라. 모든 구절들이 이스라엘의 최종적인 회복에 관한 것이다.

만일 우리가 이 내용들을 순수하게 또는 심지어 우선적으로 개인주의적인 차원의 의미로 이해한다면, 그것은 이 내용을 오해하는 것이다. 이것은 하나님이 이스라엘의 죄를 용서하시고 통일된 백성으로 회복하셔서, 세계의 빛으로서 하나님의 평화와 그분의 축복 아래서 살아가게 하실 것이라는 보다 폭넓은 소망의 일부분이었다. 이 구원론에 대한 또 다른 중요한 표현은 "이사야적인 새 출애굽"(Isaianic New Exodus)의 소망이라고 불리는 것으로, 성령으로 기름 부음 받은 다윗/모세와 같은 종이 이스라엘을 "유배생활"/"포로기"로부터 해방하여 광야를 변화시켜 길을 내며, 광야로부터 하나님이 통치하시는 시온/예루살렘에 이르는 길로 인도할 것이라는 소망이다. 이에 대해서 4Q521은 다음과 같이 주장한다.

> 하늘과 땅이 그의 메시아에게 복종할 것이며 2 그들 안에 있는 모든 것이 [복종할 것이다]…6 온유한 자에게 성령이 운행하시며, 신실한 자를 그의 능력으로 회복하실 것이다. 7 그는 경건한 자들을 그의 영원한 왕국의 보좌 위에서 영화롭게 하실 것이다. 8 그는 포로 된 자들을 해방하실 것이며, 눈먼 자들을 보게 하며, 짓밟힌 자들을 일으켜 세우실 것이다.… 12 그 후에 그분이 병든 자를 고치시고, 죽은 자를 다시 살리시며, 온유한 자들에게 기쁜 소식을 선포할 것이다.[17]

이러한 기대감에 찬 분위기를 고려해볼 때, 예수의 청중은 예수의 설교와 그의 치유 및 축귀와 죽은 자들을 일으키는 것들의 연관성을 어렵지 않게 이해했을 것으로 보인다. 만일 예수가 하나님께서 오래도록 염원했던 통치를 시작하셨다고 설교했다면(막 1:14, 15 등), 예수는 자신의 다양한 능력

---

17 열두 번째 행의 기적이 메시아에 의한 것인지, 여섯 번째 행에서 언급된 주(하나님—옮긴이)에 의해 일어난 역사인지는 분명치 않다: 다른 책에서는 아마도 두 가지 모두를 의미할 것이라고 주장했었다(하나님의 대리자로서 해방적 변혁을 일으키는 메시아의 행위): Power, ch. 4 §3을 보라.

사역을 당연히 약속한 왕국이 동트고 있다는 **상징**으로서만이 아니라, **바로 그 왕국의 첫 열매로서** 이해했을 것이라고 기대할 수 있다. 예수의 관점에서 볼 때 그의 축귀 사역은 사탄의 집을 약탈하는 것이며, 포로 된 자들을 해방하는 것이었다. 따라서 이러한 사역은 하나님이 통치하기 시작하셨다(참조. 눅 11:20[Q])는 좋은 소식의 **구체적인 표현**이었다. 다른 치유 기적들도 이와 비슷하다. 예를 들어 하비(A. E. Harvey)는, 눈먼 자가 보고, 벙어리가 말을 하고, 귀머거리가 듣게 되고, 저는 자와 마비된 자가 걷게 되는 것같이 예수가 행하신 기적들은 대체로 동시대의 유대교의 기적과 견줄 수 없는 것이었음을 주목했다.[18] 하지만 이것들은 (4Q521에 나오는 몇몇 죽은 자들을 일어나는 기적과 함께) 이사야 35:5, 6과 61:1, 2에서 새 출애굽 또는 해방과 회복의 "새 시대"를 예고하는 기적이다. 복음서 저자들이 예수를 사람들이 기적의 의미를 이해하기를 바라는 모습으로 묘사하는 것은 놀라운 일이 아니다. 예수의 공생애 기간에 제자들이 방문한 동네, 마을, 도시는 사람들이 병 고침 받는 것을 목격했고(눅 10:9—제자들에게 행한 예수의 명령), 그런 까닭에 하나님의 나라가 동터옴(눅 10:9-11)을 이해할 수 있었기 때문에, 만일 그들이 회개하지 않는다면 그들의 죄는 더욱 커지는 것이다(10:11-15[Q]). 대체로 예수의 능력 사역과 그의 선포 사이의 관계에 대한 이러한 견해는 널리 수용되고 있는데, 이런 것을 비판적 정통주의(critical orthodoxy)라고 부른다.[19] 또한 그것은 복음서 저자들의 신학적 구조에 깊이 박혀 있다.

---

18 A. E. Harvey, *Jesus and the Constraints of History* (London: Duckworth, 1982), ch. 5.

19 복음서의 예수의 기적에 대한 보다 일반적인 재고를 위해서는 C. Brown, *Miracles*, ch. 11을 보라; 같은 저자, *That You May Believe: Miracles and Faith Then and Now* (Exeter: Paternoster, 1985); W. J. Bittner, *Heilung — Zeichen der Herrshaft Gottes* (Neukirchen-Vluyn: Aussaat Vlg., 1984); B. Blackburn, "Miracles and Miracle Stories", *DJG*, 549-60; 같은 저자, "The Miracles of Jesus" in Bruce Chilton and Craig A. Evans (eds.), *Studying the Historical Jesus* (Leiden: Brill, 1994), 353-94; Blomberg, "Healing", *DJG*, 299-307; M. Brown, *Israel's Divine Healer* (Carlisle: Paternoster, 1995), ch. 5; Dunn, *Jesus*, §§8-9, 12; L. P. Hogan, *Healing in the Second Tempel (sic) Period* (Göttingen: Vandenhoeck & Ruprecht, 1992), 232-55; Latourelle, *Miracles*; Meier, *Marginal Jew*, 2: chs. 14-16, 20-23 (또한 참고 문헌으

4. 기적이 예수의 계시를 정당화해주는가?

고대 세계에서는 예언자가 (최소한 부분적으로는) "기적"으로 권위가 입증되는 것은 흔한 일이었다.[20] 그러나 예언자나 계시자임을 정당화해주는 능력을 행하는 것에 대한 두 가지 다소 다른 방법을 구분할 필요가 있다. 곧 외연적인 정당화와 내연적인 정당화가 그것이다.[21] 외연적인 정당화의 경우는, 이른바 정당화 행위와 그것이 승인하고자 하는 메시지/계시의 내용 사이에 필연적 연관성이 존재하지 않는다. 한 예로서, 아합 앞에서의 미가야와 시드기야의 충돌에 대한 요세푸스의 설명을 생각해볼 수 있다 (Antiquities 8:408, 참조. 왕상 22:24; 대하 18:23). 성경의 내러티브와 달리 요세푸스는 거짓 예언자가 아합에게 미가야의 자격에 대한 테스트를 허락해줄 것을 요청하도록 했다. "그러나 당신(아합)은 그(미가야)가 진실로 참된 예언자인지, 성령의 능력을 가지고 있는지를 알게 될 것입니다. 지금 당장, 내가 그를 칠 때에, 야돈이 여로보암 왕의 오른손을 마르게 한 것처럼 그가 내 손을 못 쓰게 하는지 보겠습니다(즉 왕상 12:32-13:10)." 이 사건에서 시드기야의 팔을 말라비틀어지게 할 수 있었던 힘은—비록 아합의 운명에 대한 예언의 내용과 시드기야에 대한 응징적인 기적 사이에 자료상의 연관성이 없다 할지라도—미가야를 예언자로 정당화해주는 것으로 이

로는 522-24 [n.4]을 보라); H. K. Nielsen, *Heilung und Verkündigung* (Leiden: Brill, 1987); G. Theissen, *The Miracle Stories of the Early Christian Tradition* (Edinburg: T. and T. Clark, 1983); Van der Loos, *Miracles*; J. Wilkinson, *Health and Healing: Studies in New Testament Principles and Practice* (Edinburg: Hansel, 1980). 이들 중 많은 부분은 G. H. Twelftree, *Jesus the Miracles Worker* (Downers Grove: IVP, 1999)에 의해서 폐기되었다.

20 이 연구에 대해서는 Anitra B. Kolenkow, "Relationships between Miracle and Prophecy in the Greco-Roman World and Early Christianity" in W. Haase (ed.), *ANRW* 23.2 (Berlin: de Gruyter, 1980), 1471-1506을 보라.

21 이 구분에 대해서는 예를 들어 R. E. Brown, "The Gospel Miracles" in R. E. Brown *et al.* (eds.), *The Jerome Biblical Commentary* (London: Chapman, 1968), 784-8, 특히 787; Ruthven, *Cessation*, 116; M. Brown, *Healer*, 225-7을 보라.

해되었을 것이다. 유일한 연결 고리는 중개념(middle term, 중개념이란 정언적 삼단 논법에서 대전제와 소전제 양자 모두에 포함되어 있는 것으로서, 대개념과 소개념 을 연결해줌으로써 결론을 성립시키는 개념을 말한다—옮긴이)인 성령인데, 만일 미가야가 능력의 영을 가지고 있다면, 그는 "예언의 영"을 가지고 있는 것 이라는 논리이다. 이 경우에 메시지와 정당화하는 행위 사이의 관계는 내 가 **외연적인** 것이라고 지칭한 것에 의해서다. 그러나 잠시 미가야의 메시 지가 시드기야를 향한 것이었으며, 하나님이 아합에게 한 시드기야의 거 짓 예언에 대해 심판을 내리실 것이라는 경고였다고 생각해보자. 그리고 만약 시드기야가 동일한 시험을 제안했고, 그리고 그의 팔이 말라버렸다 면, 이것은 **내연적인** 방식으로 미가야의 메시지를 정당화해주는 것이다. 즉 그 행위는 그 메시지의 직접적인 표현인 셈이다.

은사중지론자의 입장은 예수의 기적과 그의 계시의 관계를 전적으로 또는 대체적으로 외연적 방식으로 해석하는 경향이 있다.[22] 즉 기적은 능 력의 하나님이 예수와 사도들에게 충만한 중에 내주하고 있었음을 단번에 입증해주는 것이며, 이것은 외연적으로는 그들의 구원론적 계시도 동일하 게 (하나님에 의해) 충만했음을 입증한다는 것이다. 그리고 이후로는 구원론 적 계시는 더 이상의 기적이 없어도 받을 수 있다는 입장이다.

그러나 예수와 복음서 저자들의 입장은 전혀 그렇지 않다. 예를 들어, 누가-행전은 예수의 메시지와 그것을 정당화하는 행동 사이의 **내연적** 관 계를 묘사하고 있다. 누가에게 있어 "구원"은 단순히 죄의 용서, 영혼의 만 족, 밝은 미래의 소망만이 아니다. 그것은 전인적인(holistic) 해방이자, 하 나님의 백성의 사회적 갱신이었다. 그것은 사가랴의 예언에서 묘사된 일 종의 이스라엘의 변혁(눅 1:68-79)이자, 새로운 공동체에서 성취되는 것이

---

22 Gaffin의 보다 미묘한 은사중지론은 치유 기적이 선포된 구원에 대해 보다 많은 내연적 관계 를 가지고 있지만, 오직 그것들은 종말론적 부활을 통해서 성취될 완전한 치유의 표적이라는 의미에서만 인정하고 있다. 참조. *Perspectives*, 45. 그러나 이러한 관점은 하나님 나라의 현존 에 대한 예수의 가르침의 취지를 놓치고 있는 것처럼 보인다. 참조. Deere, *Surprised*, 285-6.

었다.[23] 예수의 계획은 누가복음 4:18-21에서 새 출애굽(New Exodus) 본 문인 이사야 61:1, 2을 인용하고 적용한 것에서 요약된다. 이 계획에서 악한 권세로부터의 구원과 병자들의 치유는 단순히 외연적 요소일 뿐만 아니라 그 자체로 공포된 구원의 아주 큰 부분이다. 따라서 예수는 소경 바디매오를 명령을 통해 고치셨다. "눈을 떠라"(18:42, 새번역; 마가복음과 다르다)라는 명령은 4:18의 "눈먼 사람에게 눈뜸을 선포하고"의 계획적인 (programmatic) 내용과 일치한다. 이와 유사하게 예수의 치유는 전형적으로 그의 축귀만큼이나(눅 11:14-22; 10:18-20) 사탄의 포로상태에서의 해방을 의미하며(참조. 눅 13:10-17),[24] "억압받는 자"를 풀어주는 것(눅 4:18, 19; 행 10:38)을 의미한다. 누가의 예수에게 있어 (안식일에) 치유를 보류하는 것은 "살인하는 것"을 의미한다(비록 그 사람이 사망의 위험에 놓여 있지 않더라도). 그러나 치유는 "선을 행하는 것"이자 "구원하는 것"(6:9)을 의미한다. 세례 요한이 예수께 그의 제자들을 보내서 그가 기대했던 "오실 그분"인지를 질문했을 때, 예수는 (눅 7:20-22; 마가복음 평행구절에 의해서) 기적을 증거로 제시하시면서, 그와 관련된 해석의 말씀을 가지고 대답하셨는데, 그것들은 모두가 앞에서 언급했던 이사야의 새 출애굽의 희망을 직접적으로 떠올리

---

23 참조. 제3장, IV, §3. "구원"에 대한 누가의 관점에 대해서는(제3장에서 언급된 것 이외에도), 그리고 치유와의 관계에 대해서는 Turner, *Power*, chs. 5-14 (ch. 9)을 보라; Green, *Theology*, chs. 4 and 6, 특히 134-5; Hogan, *Healing*, 238-56; J. T. Carroll, "Jesus as Healer in Luke-Acts" in E. H. Lovering (ed.), *Society of Biblical Literature 1994 Seminar Papers* (Atlanta: Scholars, 1994) 33, 269-85 (또한 보다 폭넓은 설명을 위해서는 그의 "Sickness an Healing in the New Testament Gospels", *Int* 49 [1995], 130-42을 보라); L. T. Johnson, "The Social Dimensions of *Sōtēria* in Luke-Acts and Paul" in E. H. Lovering (ed.), *Society of Biblical Literature 1993 Seminar Papers* (Atlanta: Scholars, 1993), 32, 520-36.

24 "누가복음에서 치유와 귀신을 쫓아내는 것 사이의 날카로운 구분이 존재하지 않는다", Hogan, *Healing*, 247 (또한 247-50); Böcher, *Dämonenfurcht und Dämonenabwehr. Ein Betrag zur Vorgeschichte der christliche Taufe* (Stuttgart: Kohlhammer, 1972), 117. 또한 J. B. Green, "Jesus and a Daughter of Abraham (Luke 13:10-17): Test Case for a Lucan Perspective on Jesus' Miracles", *CBQ* 51 (1989), 643-54; D. Hamm, "The Freeing of the Bent Woman and the Restoration of Israel: Luke 13.10-17 as Narrative Theology", *JSNT* 31 (1987), 23-44 을 보라.

게 하는 것이었다. "맹인이 보며, 못 걷는 사람이 걸으며, 나병 환자가 깨끗함을 받으며, 귀먹은 사람이 들으며, 죽은 자가 살아나며, '가난한 자'에게 복음이 전파된다"(참조. 사 61:1, 2). 이러한 기적들은 메시지를 정당화해주는데, **기적 또한 그 메시지의 일부분이며**, 그 메시지란 다름 아닌 예언자들이 예언했던 악으로부터의 해방의 시간이 동터오고 있다는 것이며, 그 소식을 가져오는 자가 바로 이사야가 예언했던 예언자의 모습을 한 종-해방자(prophetic Servant-liberator)라는 것이 드러나기 시작했다는 것이다. 기적을 행하는 이유는 단순히 설교를 예시하기 위한 것이 아니며, 말하는 사람에 대한 외적인 증거를 위해서는 더더욱 아니다. 오히려 기적이야말로 메시지에 대한 구체적인 표현이기 때문이다. 즉 동터오는 왕국의 첫 열매이자, 이사야적 새 출애굽 그 자체이기 때문이다.

우리가 이것 이상의 이유를 찾아낼 수 있을까? (앞에 나오듯이) 믿음을 요구하는 기적 모티프와 함께, 선포되는 하나님 나라를 기적이 구현하기 때문에 기적들이 사람들을 믿음으로 이끄는 다른 부분들을 살펴보았다(예를 들어, 제자들의 선교에서와 표적에 반응하지 않았던 도시들에 대한 저주의 말씀이 함의하는 내용에서). 마찬가지로 기적은 흔들리는 믿음을 굳건하게 해주기도 한다(예를 들어, 세례 요한). 요한복음은 바로 이러한 신학적 입장에 기초하고 있다. 요한복음 기자는, 독자들이 하나님의 아들 그리스도가 바로 예수라는 것을 믿게 하기 위해, 그리고 그러한 믿음으로 그들이 "생명"을 발견하게 된다(20:30, 31)는 것을 믿도록 하기 위해 표적이 기록되었다고 말한다. 어떻게 그들이 그러한 믿음에 이를 수 있을까? 의심할 여지없이 그 대답의 일부는 표적이 예수가 구원의 메시아적 담지자이며, 성부로부터 보냄을 받았음을 입증해준다는 것이다. 그러나 이것은 확실히 외연적인 정당화로서만 해석될 수 있는 것이 아니다(하나님이 그와 함께하시며, 따라서 그를 믿어야 한다는 것을 증명하는 것으로 보기에는 투박하다). 예수는 단순히 자신이 행한 표적을 보았다는 이유로 그를 믿는 사람들에게 자신을 의탁하지 않았다(2:23, 24; 3:2; 6:14, 15). 요한복음에서 우리가 보아왔듯이, "구원"

은 빛이요 생명 되신 하나님과의 계시적 만남을 **의미한다**. 이것은 예수가 행한 오병이어의 기적(요 6장), 소경을 고쳐주신 기적(요 9장), 나사로를 살리신 기적(요 11장)이 (또한 그런 기적을 경험한 자들에게 그리고 그런 기적이 일어난 시점에) 바로 그러한 만남을 만든다는 주장이 의미하는 바에 대해서 아주 날카로운 의문을 제기하는 것이다. 그러한 기적이 성부 하나님이 성자와 완전하고도 상호적인 계시의 일치 가운데 있음을 나타내는 것은 어떤 조건 아래서인가?(14:7-11; 참조. 10:37, 38) 또는, 바꿔 말해서, 예수의 오병이어의 기적(요 6:11-14)이 그가 생명의 떡(6:35, 51)이라는 결론으로 이어지게 되는 것은 무엇 때문일까? 어떻게 나사로의 소생이 예수가 부활이요 생명(11:25)임을 암시하는 것일까? 그것은 단순히 물질적 영역에서의 은사가 영적인 은사를 공급하는 예수의 능력을 확증해주기 때문이 아니다 (엘리야가 죽은 자를 살렸지만, 그 결과 그를 "부활이요 생명"으로 고백한 사람은 없었다). 분명히 십자가와 부활에 나타난 예수의 영광스런 모습이 한 가지 조건이라고 할 수 있다. 그 이전에는 제자들은 이 표적들을 "꿰뚫어" 보지 못했다. 그러나 십자가와 부활 이후로 (성령에 의해 조명 받아서) 예수의 표적은 **"우리가 그 가운데서 생명을 주시는 하나님의 성품을 분별할 때, 그리고 생명의 중재자인 예수에게 반응할 때 우리를 (진정한) 믿음으로 인도하게 된다."**[25] 광야에 있을 때 하나님이 이스라엘에게 생명을 위한 떡을 주셨던 것처럼, 이제 또다시 창조주이자 모든 생명의 유지자이신 하나님은 예수를 통해서 기적적으로 물질적인 떡을 공급해주신다. 또한 예수의 자비로운 주도권을 통한 하나님의 선물은 성부가 성자와 함께하심을 보여주시는 것(self-revealing)이며, 훗날 십자가에서 절정에 이르게 될 자기를 내어주시는 행위(self-giving)이다. 이것은 치유의 은사와 소생(resuscitation)의 경우에도 본질적으로 동일하다(*mutatis mutandis*). 이러한 섬세하고도 통찰력 있는 의

---

25 Marianne Thompson, "Signs and faith in the Fourth Gospel", *BBR* 1 (1991), 89-108, 96
   (또한 동시에 107).

미에서 볼 때, (예수의 말씀에 의해서 해석되고 보혜사 성령에 의해서 조명된) 예수의 기적은 공관복음의 기적 이야기에서 표현되고 있는 것보다 훨씬 더 깊은 차원에서의 예수에 대한 "정당화"를 제공해주며, 결국 우리를 고(高) 기독론으로 인도한다. 그러나 이러한 생각은 기적이 그 임무를 완수한 이후에는 폐기되어야 한다는 증거주의(evidentialism)의 입장과는 아주 멀리 벗어나 있다는 것을 인정할 수밖에 없다. 그러나 바로 기적에 대한 이런 식의 요한신학적인 이해는 예수의 이름을 믿고 기도하는 사람들을 통해서 수행되는 계속적인 치유를 신학적으로 정당한 것으로 인정한다. 14:7-11로부터 12-14절로의 전환은 우연한 것이 아니다. 예수의 이름으로 행한 제자들의 사역들은 (보다 적을지라도) 창조와 구속의 과정에서 나타난 성부와 성자의 일치의 "표적"을 반향한다.

5. 사도행전의 부활 이후 교회에서의 치유 은사

예수의 사역에서 "구원"이 전인적(holistic)으로 이해되고 있는 것이 예수의 제자들, 그리고 그들의 증거로 인해 출현한 교회에 주는 의미는 분명했다. 유대인으로서 그들은 영혼의 중요성에 대한 보다 플라톤적인 견해를 이유로 육체적 차원의 존재성을 포괄하는 구원론을 포기할 수 없었다. 그뿐만 아니라 그들은 축귀를 통해서 마귀로부터 구원받을 가능성도 무시할 수 없었다. 이스라엘 땅에서 선교하던 시기의 특징이던 치유 명령(참조. 막 6:7-13과 평행구절들; 특히 눅 9:6; 10:9, 17 [Q])이 제자들에게 하달된 부활 이후의 명령(마 28:19; 눅 24:47-49)에서는 구체적으로 반복되지 않는다고 주장하는 일부 은사중지론자들의 시도는 대체적으로 부적절하다. (1) 누가복음을 보면, 예수가 다가올 선교(22:35, 36)의 조건 중에서 한 가지는 상당히 변할 것을 암시하시긴 했지만(이전에는 허락되지 않았던 전대와 배낭과 검을 가지라는 명령을 말한다—옮긴이), 예수는 아무것도 폐지하지 않았다(근본적으로 유대교적 구원론의 전인적 요소를 폐기한 것도 아니다). (2) 마태복음 28:19에서 부여되는 임무가 가정하는 것은 "제자" 삼는 일은, 분명하게 변화가 필요한 것을 제외하고는, 대체적으로 초기 제자들이 공유했던 제자도의 유형을 따른다. (3) 마가복음과 Q에서 제자들을 향한 명령 이야기들이 기독교적 선교를 위한 패러다임으로 여겨졌기 때문에 초기 교회에서 그것들을 보존했을 것이라고 일반적으로 생각된다. (4) 누가는 의도적으로 교회의 선교를 (축귀와 죽은 자들을 살리는 것을 포함해) 치유와 관련해서 예수의 사역과 **연속선상에 있는 것으로** 묘사하고 있다. 누가는 예수의 기적과 베드로의 기적, 그리고 바울의 기적을 정교하게 평행시킴으로써 이 일을 완수하고 있다.[26] 누가에게 있어 교회의 기적들은 예수가 그의 구원론적 역할을 계속해서 하고 있으며, 마귀의 권세 아래에 있는 사람들을 치유하고 계심을 입증해주는 것이다(행 10:38; 참조. 1:1, 2; 3:16; 9:34, "애니아여, 예수 그리스도께서 그대를 고쳐 주십니다"—새번역). 누가가 교회에서의 기적이 본질적이지 않은 메시지를 정당화해준다고 생각하고 있다고 믿을 아무런 이유가 없다. 즉 (누가)복음 이야기에서 볼 수 있는 것과 마찬가지로 누가는 사도행전에서도 하나님의 "구원"이 어떻게 기쁨이 충만한 현실로 침투해 들어오는지에 대한 중요한 면들을 역동적으로 예시해주고 있는 것이다. 이러한 점은 분명히 이스라엘의 희망에 대해 거의 알지 못하는 사람들보다는 유대인들이 더 잘 이해하곤 했다. 사도행전 3장에 나오는 성전에서 있었던 절름발이 치유 사

---

26 예를 들어, A. J. Mattill, "The Purpose of Acts: Schneckenburger Reconsidered" in W. W. Gasque and R. P. Martin (eds.), *Apostolic History and the Gospel: Biblical and Historical Essays Presented to F. F. Burce on his 60th Birthday* (Exeter: Paternoster, 1970), 108-22; C. H. Talbert, *Literary Patterns, Theological Themes and the Genre of Luke-Acts* (Missoula: Scholars, 1974); R. F. O'Toole, "Parallels between Jesus and His Disciples in Luke-Acts: A Further Study", *BZ* 27 (1983), 195-212; F. Neirynck, "The Miracle Stories in the Acts of the Apostles. An Introduction" in J. Kremer (ed.), *Les Actes des Apôtres* (Gembloux: Duculot, 1979), 169-213 (특히 172-88); Susan M. Praeder, "Jesus-Paul, Peter-Paul, and Jesus-Peter Parallelisms in Luke-Acts: A History of Reader Response" in H. K. Richards (ed.), *Society of Biblical Literature 1984 Seminar Papers* (Chico: Scholars, 1984), 23-49; Carroll, "Jesus as Healer", 282-83을 보라.

건은 주제적인 면에서나 어휘적인 면에서 사도행전 3-4장의 구원의 선
포와 관련되어 있으며,[27] 사도행전 8장을 보면 사마리아에서 빌립이 기적
을 행한 것이 말씀 선포라는 문맥 안에, 즉 (8:12에서 분명하게 밝히고 있듯이)
"하나님 나라와 예수 그리스도의 이름에 관한 기쁜 소식"이라는 문맥 안에
견고하게 위치하고 있음을 볼 수 있다(8:6). 치유 기적이 메시지의 실례라
는 사실을 루스드라와 같은 이교도 지역 및 배경에 있는 이방인들이 이해
하기는 쉽지 않았을 것이다(행 14:8-18). 여기서 그 기적들은 바울과 바나
바를 정당화해주기 위한 것으로 이해되는데, 그런 방식의 이해는 워필드
가 바라던 방식은 아니었다! 이제 애매한 기적은 케리그마에 의해서 명료
해져야 한다. 그러나 바울의 설교는 창조와 구속을 통해서 하나님이 인류
를 위해 자비로운 "선한 일"(14:17)을 하신다는 것에 대한 하나님의 증언
이라는 배경 속에 기적을 두고 있음을 주목해야 한다.[28] 예수의 경우와 마
찬가지로 제자들이 행한 기적은 메시지 내용을 표현해줌으로써, 동시에
하나님이 메신저와 "함께"하신다는 사실을 보여줌으로써 일정 부분 메시
지가 사실임을 확인해주고 있다(참조. 행 10:38). 그런 식으로, 누가는 그 기
적들이 (강요하지 않으면서) 믿음을 고무시키며, 마술을 그만두게 한다고 생
각했다(참조. 2:43; 3:1-4:22, 30; 5:12, 13; 8:6-13; 9:35, 42; 13:12; 14:3; 16:30,
33; 19:17).[29] 당연히 그것들은 제자들의 믿음을 도전하고 위로하며 강화시
켰다(예를 들어, 2:43; 20:12).

---

27 Wilkinson, *Health*, 90-91을 보라.
28 여기에 나오는 *agathourgeō* (아가투르게오)라는 동사는 눅 6:9의 *agathopoiēsai* (아가토포이
에사이, "선을 행하는 것")와 행 10:38의 *euergeteō* (유에르게테오, 선한 일)와 조화를 이루고
있다.
29 J. Achtemeier, "The Lucan Perspective on the Miracles of Jesus: A Preliminary Sketch",
JBL 94 (1975), 547-62, 특히 part II; 또한 Dunn, *Jesus*, 163-70과 189-93, 그리고 Hogan,
Healing, 254을 보라. 치유, 표적과 기사(wonders)는 복음 전도에 도움을 주기 위해 행해지
지 않았다고 학자들은 주장한다. 그것들(기적)은 대중 앞에서 행해진 것이 아니라, 신자들

6. 서신서에 나타난 치유

(1) 바울 서신

놀랍게도 바울은 육체적 치유라는 용어를 거의 사용하지 않는다. 그러나 우리는 바울의 전인적인 구원 개념으로부터 바울이 치유를 하나님의 구원하시는 개입의 표현으로 보았을 것이라는 점을 유추할 수 있다. 그가 고린도 교인들 가운데 있었던 질병과 죽음을 죄에 대한 하나님의 심판으로 본다는 사실(고전 11:30)은 또한 고린도 교인들이 건강과 생명력을 기대했으며, 회개가 치유로 이어진다고 생각했을 것이라는 자연스러운 유추로 이어진다(우리는 뒤에서 바울이 이러한 추론의 한계를 지적하고 있음을 살펴볼 것이다).[30] 바울은 자신의 사역에 대해 이야기할 때, 그가 말과 행위로, "표적과 기사의 능력으로, 성령의 능력으로" "그리스도의 복음을 편만하게 전하였노라"고 말하고 있다(롬 15:18, 19; 참조. 살전 1:5). 마찬가지로 고린도전서 2:2-5에서 바울은 그의 복음이 단지 말로만이 아니라 성령의 능력의 증거를 통하여 된 것임을 고린도 교인들에게 상기시키고 있다(참조. 갈 3:1, 5). 다양한 치유들이 "표적과 기사"라는 말이 가리키는 (물론 유일한 것은 아니지는 않지만) **주된** 내용일 것이라는 점은 거의 확실하다. 그리고 이것은 특히 우리가 사도행전에서 "표적과 기사"라는 표현이 사용되는 용례를 고려한다면 더욱 분명해진다. 사도행전에서 이 표현, 혹은 그와 유사한 표현들

을 위해서, 즉 그 사람들이 "진짜 사도들"이었으며, 오류가 없는 계시의 담지자요 성경의 기록자임을 그리스도인들이 확인하도록 도와주기 위해서였다(*The Healing Epidemic* [London: Wakeman Trust, 1988], 71-4, 74-81, 133 등). 그러나 이러한 주장은 신뢰하기 어렵다: 누가가 (특히) 스데반(행 6:8)과 빌립(행 8:6, 13)이 대중 앞에서 표적과 치유의 기사를 행하였다고 보았다는 것은 틀림없다(행 6:8, 13은 더욱 분명하다). 그리고 누가가 기적이 불신자들 가운데서 믿음을 이끌어내기 위한 것으로 보았다는 것도 분명하다(특히 8:6). 반면에 오류 없는 계시의 담지자로서 신뢰할 만한 사도들임을 확증하기 위해 그와 같은 기적들이 일어난 것이라는 주장을 뒷받침해주는 최소한의 암시도 찾아볼 수 없다.

30   G. H. Twelftree, "Healing, Illness" in *DPL*, 378-81.

을 자주 볼 수 있다.[31] 그리고 이것들이 "성령의 능력의 증거"라는 표현이 의미하는 것일 가능성이 가장 높다. 결국 "복음" 선포라는 맥락에서 언급된 다른 "증거들"은 거의 없다. 그리고 구속적 치유야말로 복음의 내용을 입증하는 데 아주 적절한 것이다. 바울은 고린도후서 12:12에서, 비록 그런 점들에 대해 침묵하고 있기는 하지만, 자신도 "표적과 기사와 능력"을 행했음을 고린도 교인들에게 상기시키고 있다. 그 구절 앞부분에서 바울이 "참된 사도의 표징"으로서 동일한 현상들을 언급하고 있다고 해서, 그러한 활동이 순전히 그의 (사도로서의) 소명에 대한 외적인 "정당화"를 위한 것이라거나, 사도만이 할 수 있는 독특한 기적이라는 의미로 언급하고 있는 것으로 받아들여서는 안 된다. 설사 사도들이 특히 치유라는 면에서 두드러졌다고 하더라도, 그것은 사도들이 예수의 죽음과 부활을 가장 탁월하게 드러내기 때문이었다(고후 4:10-12; 고전 4:9-13 등). 그러나 모든 그리스도인이 예수의 죽음과 부활을 드러내는 일과 관련이 있으며, 그렇기 때문에 바울은 사도들 이외에 다른 사람들도 기적과 치유를 행할 것을 예상하는 것은 당연하며 놀랄 만한 일이 아님을 피력하고 있는 것이다(고전 12:28-30).

(2) 야고보서

야고보서 5:14-18에서 야고보는 "믿음의 기도는 병든 자를 구원하리니 주께서 그를 일으키시리라"(5:15)고 기대하고 있다. 여기서 흥미롭게도 다시 한번 치유와 구원이라는 용어가 의미심장하게 연관되어 등장하고 있으

---

31 구약과 유대교에서 이 용어는 가장 대표적으로 출애굽의 구속이라는 문맥 속에서 행해진 기적을 설명하기 위해 사용된다(참조. 행 7:36). 그러나 누가-행전(참조. 행 2:22, 43; 4:16, 22, 30; 5:12[참조. 15절]; 6:8; 8:6, 7, 13; 14:3[참조. 8-11절]; 15:12)과 요한복음(4:48, 54; 6:2; 9:16 등)에서는 새 출애굽이라는 주제를 통해 "표적"(종종 "기사" 혹은 그와 동일한 용어와 짝을 이루어 사용된다)이란 표현은 특히 극적인 구속적 치유(축귀를 포함하여)를 의미하는 것으로 나타난다. Gary S. Grieg, "The Purpose of Signs and Wonders in the New Testament: What Terms for Miraculous Power Denote and their Relationship to the Gospel" in Grieg and Springer (eds.), *Kingdom*, 133-74을 보라.

며, 반면에 치유를 위한 명시적인 조건은 거의 표현되고 있지 않다. 일단 얼른 보기에는 죄의 문제가 다루어지고 있으며, 기도에 대한 응답으로서의 치유를 기대하고 있는 것으로 보인다. 아마도 부분적으로 그것은 구원받은 공동체에 속해 있음을 의미하는 것일지도 모른다.[32] 그러나 한 번 읽는 것만으로는 우리를 엉뚱한 방향으로 인도할 수도 있다. "믿음의 기도"가 단순히 신실한 자들의 열정적인 기도를 가리키는 것이 아니라, 예로 제시된 엘리야의 기도 같은, 하나님의 구체적인 뜻과 때를 들여다보는 은사적 통찰력으로 충만한 기도라고 생각할 필요가 있다(5:17, 18).[33] 따라서 야고보가 장로들에게 이러한 믿음이 없을 때가 있을 수 있다는 것을 인정하고 있다는 것은 충분히 가능한 일이다. 이러한 가능성을 전제로 하고, 우리는 어떤 상황에서 신약성경에서 치유가 예상되는지를 질문해볼 것이다.

II. 신약에 나타난 치유에 대한 기대

지금까지 우리들이 해온 논증은 다양한 유형의 치유가 신약성경 저자들이 생각했던 구원의 전인적(신체적·사회적·영적) 유형에 필수적인 요소라는 것이었다.[34] 그런 다양한 유형의 치유들은 단순히 아직은 영혼의 차원에서만 유효한 구원을 상징하기 위해서 육체에 시행되는 외적인 정당화의 기적이

---

32 J. C. Thomas, "The Devil, Disease and Deliverance: James 5:14-16", *JPT* 2 (1993), 25-30 (필자는 이 논문을 복사할 수 있게 해준 저자에게 깊이 감사드린다).

33 Keith Warrington, "The Significance of Elijah in James 5:13-18", *EvQ* 66 (1994), 217-27 을 보라. 참조. 또한 Tim Geddert, "We Prayed for Healing...But She Died" in J. R. Coggins and P. G. Hiebert (eds.), *Wonders and the Word: An Examination of Issues Raised by John Wimber and the Vineyard Movement* (Winnipeg: Kindred Press, 1989), 85-91, 특히 87-88.

34 이원론적 플라톤주의 구원론과 반대되는 개념으로 유대교적 구원론의 전인적 유형에 대해서는 G. E. Ladd, *The Pattern of New Testament Truth* (Grand Rapids: Eerdmans, 1968), ch. 1을 보라.

아니다. 신약성경이 제기하는 문제는 "왜 예수와 사도들 말고 다른 사람들도 치유를 행하는가?"가 아니었다. 오히려 "만일 치유가 하나님의 종말론적 회복의 일부라면, 왜 그리스도인들 가운데서 치유가 보편적 현상이 아닐까?"라는 것이다. 그 질문에 대한 답은—이 장의 범위를 넘어서는 것이긴 하지만—하나님 나라의 "이미"와 "아직" 사이에 놓여 있는 종말론적 긴장 속에서 찾을 수 있다. 그러나 우리는 (종말론적) 긴장이 다양한 형태의 치유에 부여하는 다양한 유형의 기대를 간략하게 고찰해보고자 한다.

1. 죽은 자의 소생

예수가 죽은 자를 살리신 사건들(막 5:21-43과 평행구절들; 눅 7:11-17; 요 11:1-46; 참조. 마 11:5//눅 7:22에서의 요약)[35]이 어떻게 그가 선포한 하나님의 통치의 임재의 종말론적 표적으로 여겨졌는가 하는 것은 너무도 명백하다. 이 시대를 살고 있는, 죄가 만연한 인류는 죽을 수밖에 없다. 하나님 나라, 구원과 생명의 충만은 이러한 상태와 대립한다. 따라서 마태복음 10:8에 따르면 죽은 자를 살리는 것은 하나님 나라가 도래했다는 증거로서 제자들을 위한 선교 프로그램 안에 포함된다. 이것을 근거로 하나님 나라가 임하는 곳 어디에서나 죽은 자가 보편적으로 다시 살아나야 한다는 잘못된 결론을 이끌어내기 쉽다. 그러나 그런 결론은 놀라운 표적과 첫 열매들(다시 죽을 생명으로의 소생)을 그에 상응하는 종말론적 실재(새로운 피조물로의 생명의 부활)와 제대로 구별해내지 못한다. 이 두 가지는 상호 관련되어 있기 때문에, 하나님 나라가 강력하게 임하는 곳에서는 그와 같은 소생이 간헐적으로 일어나기를 소망할 수 있을 것이다. 그러나 그러한 일은 예수 자신의 사역 가운데서도 많이 일어나지 않았으며, 사도행전에서는 겨우 두 번만 언급되어 있을 뿐이다(9:36-42와 20:7-12). 이 마지막 사건

---

35 이에 대한 비판적 토론으로는 Meier, *Marginal Jew*, 2:773-873을 보라.

들은 예외적인 것으로 간주되었음이 분명하다. 우리가 아는 한, 어느 누구도 스데반이 순교 이후에 다시 살아났다고 말하지 않았다. 그는 매장당하고 사람들은 통곡했다(8:2). 요한의 형제 야고보가 칼로 죽임을 당한 이후에(12:2), 다시 살아나서 열두 제자 중 한 사람으로 자신의 사역을 계속해 나갔다고 말한 사람은 아무도 없다. 제8장(V)에서 보았듯이, 바울에게 있어 육체의 죽음은 인류가 아담 안에서 죄와 손잡은 일의 열매로서, 비록 하나님께서 자신이 부활, 생명, 소망의 하나님(고후 1:8-10)이심을 보여주기 위한 표적으로 죽음으로부터 간헐적으로 구원해주실지라도, 육체의 죽음은 그리스도인에게도 당연한 일이며 또한 하나님이 정하신 경험으로 남아 있다.

2. 귀신 축출

우리는 예수가 자신의 축귀를 사탄의 포로에서 풀어주는 것이며, 하나님의 미래의 종말론적 통치의 현재화(눅 11:17-23과 평행구절들)로 설명했음을 보게 된다. 트웰프트리(G. H. Twelftree)가 관찰한 바와 같이, "예수에게 있어 축귀 사역은 하나님 나라에 들어가는 준비 과정도 아니요, 하나님 나라의 표적이나 하나님 나라가 도래했다는 지표가 아니라 **실제로 실행중인 하나님 나라 그 자체이다**."[36] 마찬가지로 1세기 성도에게 있어서도 그 관계는 명백하다. 즉 악한 영에 의한 육체의 습격, 그리고 그 결과로 인한 포로됨(전통적으로 교회는, 외부로부터의 손상으로 인한 고통인 "억압"[oppression]에 대한 반의어로, "귀신 들림"[possession]이라고 지칭했다)은 개인의 삶에 대한 사탄의 완전한 통치를 나타냈다. 하나님 나라(또는 새 출애굽의 해방)는 단순히 사

---

36 G. H. Twelftree, "Demons, Devil, Satan" in *DJG*, 167-72 (이 부분은 168에서; 저자 강조). 그러나 보다 세부적인 논지를 위해서는 그의 책 *Jesus the Exorcist* (Tübingen: Mohr, 1993, 『귀신 축출자 예수』, 대장간 역간)를 보라.

탄의 통치와 적대하는 반대 세력이 아니라, (1 Enoch 10:4-6에서 언급하고 있
듯이, 최소한 종말론적 심판 이전의 단계에서) 사탄의 나라의 완전한 궤멸을 의
미했다. 즉 강한 자의 비유(막 3:27 // 마 12:29; 눅 11:21, 22)는, 이사야 49:24,
25을 기초로 한 것인데, 벨리알에게 사로잡힌 것에서 해방되기를 바라는
유대인들의 새 출애굽의 소망이 성취되었음을 선언한다(참조. 눅 10:18). 복
음서 저자들에게 있어 귀신 들린 사람들이 발견되는 곳마다, 그리스도께
로 돌아선 자들에게서 귀신이 완전히 떠나가는 것은 당연히 예상되던 하
나의 **법칙**(norm)이었다. 마찬가지로 바울에게 있어 어떤 형태로든 마귀와
의 "친교"나 영적인 권세와 동맹을 맺는 것은 과거 그리스도인 이전의 삶
에 속하는 것으로서 절대적으로 피해야 할 것이었다(고전 10:14-22). 심지
어 당시에 아주 편만했던 귀신들에 대한 망상과 "영향력"은 마땅히 멀리해
야 할 것으로 알고, 저항해야 했다(참조. 롬 8:38, 39; 엡 2:1-3; 6:10-18).[37] 신
약성경 저자들이 지속적인 "귀신 들림" 상태를 육신의 죽음과 마찬가지로
그리스도인에 대한 하나님의 뜻으로 간주했을 것이라는 것은 도무지 상
상할 수 없는 일이다(그리고 우리는 초기 교회 때부터 축귀를 세례자들을 위한 교
리문답서[catechumenate]에 포함시킨 것과, 그리고 후에 유아 세례를 주면서 "불어쫓
기"[exsufflatio, 기원후 3세기부터 기독교에 입문하는 초신자들에게 사제들이 얼굴에 입
김을 불어서 귀신들을 쫓아내던 관례이다 —옮긴이]를 실시한 것에서 귀신 들림에 대
한 혐오감을 발견할 수 있다).

3. 육체의 질병의 치유

만일 하나님의 자비로운 은혜로 죽은 자들이 다시 살아나는 일은 좀처럼
기대하기 어려운 드문 일이었고, 귀신 들림에서 구원받는 것은 항상 기대

---

37 예를 들어 D. G. Reid, "Principalities and Powers", DPL, 746-52; 같은 저자, "Satan, Devil",
DPL, 862-7 등을 보라.

할 수 있는 일이었다면, 치유 은사에 대한 기대는 어느 정도였을까? 몇 가지 관찰은 그러한 기대가 높았음을 암시한다.

(a) 오순절 계열의 학자들이 빼놓지 않고 주장하는 바와 같이, 복음서 이야기에 나오는 요약구들을 보면 한결같이 예수가 그에게 나아온 **모든** 사람들을 치유했다고 말하고 있다(예. 마 9:35, "예수께서는 모든 도시와 마을을 두루 다니시면서…천국 복음을 선포하며, **온갖** 질병과 온갖 아픔을 고쳐주셨다"[참조. 4:23, 24; 14:35, 36]). 즉 치유가 실패했다는 이야기는 등장하지 않으며(믿음이 없던 경우를 제외: 막 6:5, 6과 평행구절들), 치유 청원자를 거절한 사례도 등장하지 않는다. 마태는 신실한 자들의 치유에 대한 보편적 기대를 갖고 있었음을 추론할 수 있다. 하지만 이런 유형의 논증이 전적으로 설득력 있는 것은 아니다. 우리는 사람들을 치유하는 데 **실패한** 예수(실제로 그런 경우가 있었다), 또는 그들을 거절하는 예수에 대한 복음서 이야기들을 기대하기란 거의 불가능한데, 이유는 그러한 이야기들이 교회 구전 전승에서 존속될 만한 가치를 거의 혹은 전혀 갖지 못했을 것이기 때문이다. 요약하면 그들은 자연적으로 예수의 성공을 강조하는 데 초점을 맞추었을 것이며, 따라서 앞에서 "모든"(every)으로 번역된 형용사 파스(πας, "전부")가 반드시 절대화될 필요는 없다. 그 형용사가 "예외 없는 모든 경우"를 의미할 수도 있지만, 그것은 보통 "왓포드(Watford)의 모든 시민들이 여왕을 보기 위해 참석했다"와 같이, 보다 약한 형용사적 의미인 "대다수"나 "상당한 비율"의 의미로 사용된 것이다(참조. 마 3:5; 8:34 등). 요약구에 사용된 말투도 예수가 치유하는 범위와 다양성에 대한 경외감을 분명하게 보여주고 있다. 그러나 한 사람, 한 사람을 **개별적으로** 치유했으며, **모든** 질병을 치유했다는 것을 확증하기에는 부족할 수도 있다. 그 경우는 형용사적인 표현인 헤이스 헤카스토스(εἰς ἔκαστος, "하나하나")가 더 낫기 때문이다.

다른 구절들은 예수가 치유할 사람들을 선택했다는 것을 암시해 준다. 요한복음 5:3을 보면, **많은** 사람들이 베데스다 연못에서 하나님의 치유를 헛되이 바라고 있었는데, 예수가 상태가 특별히 고질적인(5:5-9) 단 한 사람만 긍휼히 여기고 치유를 베풀기로 결정하셨다는 내용이 나온다. 이와 비슷하게 마가복음 1:37은 전날 저녁에 있었던 치유에서 제외되었던, 가버나움에서 온 무리들이 다시 몰려들고 있음을 넌지시 내비치고 있다(1:32-34). 그러나 마가는 예수가 더 많이 치유해주시기를 바라는 그 사람들의 열망을 예수의 우선적인 사역을 포기하라는 유혹으로 이해하고 있는 것처럼 보인다. 그리고 결국 예수는 그들 중에서 계속해서 사역하시기를 거절하시는 것으로 나온다.[38] 따라서 치유가 비록 예수의 사역이 갖는 자비로운 화해와 구속의 의미를 나타내는 주요한 수단이긴 하지만, 복음서의 이야기들은 모든 사람의 몸, 그리고 모든 질병의 치유가 예수가 가장 우선시하는 사명이라고 전혀 암시하지 않는다. 그뿐만 아니라 우리는 (복음서 저자들과 처음 독자들이, 교회 내의 다른 구성원들을 통해서 주님이 역사하실 것이라는 기대를 가졌던 것보다 사도들과 스데반과 빌립 같은 사람들을 통해서 주님이 역사하실 것이라는 기대가 더 높았던 것처럼 [참조. 행 6:8; 8:6-13]) 부활하신 주님이 치유 은사를 받은 사람들을 통해 그들의 공동체 안에서 역사하실 것에 대해 가졌던 기대보다, 예수의 지상 사역에 대해 오히려 더 높은 기대를 갖고 있지 않았겠는지 질문을 던져볼 필요가 있다.[39]

---

38 W. L. Lane, *The Gospel According to Mark* (London: MMS, 1974), 78-83을 보라.

39 대중적으로 인기 있는, 오순절주의 설교자들은 이러한 차이를 메우기 위해 히 13:8에 호소하곤 한다. 그러나 그런 호소는 무시해야 한다. 이 구절은 오늘날도 예수가 그에게로 와서 간구하는 모든 자들을 치유하신다는 것을 입증해주는 구절이 아니라, 오히려 예수는 지금도 우리와 동일하게 고난을 겪고 계시고, 혹은 영원히 십자가에 달려 계신다는 것 등을 증명하기 위한 구절이다. 핵심은 오히려 부활하시고 높여지신 대제사장에게 있으며, 비록 그들을 믿음으로 인도했던 지도자들은 사라져갔을지라도, 독자들은 그들이 본래 들었던 ("어제의") 그 선

(b) 마태복음을 근거로 삼아 고정적으로 제기되는 또 다른 문제는 마태 복음 8:17에서 이사야 53:4, 5이 특별히 치유와 관련해서 사용되는 것에 초점을 두고 있다. 오스본(T. L. Osborn), 토레이(R. A. Torrey), 해 긴(K. E. Hagin), 그리고 다른 여러 사람들이,[40] 이 구절에서 말하는 치 유는 "속죄 안에" 포함된 것이었으며, 그래서 "죄의 용서"로서 현 시 대의 모든 사람에게 보편적으로 확실한 것이라고 주장했다. 그러나 이러한 주장은 벌써 오래전부터 오해라는 것이 드러났다. 신약성 경 저자들의 관점에서 볼 때, (생명의 부활을 포함해서) 그리스도의 **모 든** 은혜는 신학적으로 말해 "속죄 안에(혹은 속죄를 통하여)"서 이루어 진다고 할 수 있다. 그러나 그렇다고 해서 신약성경 저자들이 모든 은혜들이 현 시대의 모든 사람들에게 온전히 유용한 것으로 생각 했다는 뜻은 아니다.[41]

(c) 훨씬 더 중요한 문제는, 앞에서 이미 언급했던 것이기도 한데, 치유 가 예수의 등장과 함께 선포된 전인적인 구원의 한 국면이라는 것 이다. 치유와 건강은 구약성경 거의 모든 부분에 걸쳐서 하나님의 은혜와 연결되고 있다. 그리고 질병과 질환은 (욥 같은 뚜렷한 예외적 인 경우가 있기는 하지만) 거의 대부분 하나님에게서 멀어짐과 죄에 대 한 하나님의 진노하심을 나타내는 것으로 이해되었다.[42] 약속된 시 대는, 정확하게 말하자면 놀라운 화해의 날이어야 하기 때문에, 본

포를 통해서, 여전히 예수의 성품과 제사장 됨은 ("오늘" 그리고 영원히) 참되다는 것을 알게 된다는 데 있다.

40 J. Wimber and K. Springer, *Power Healing*, 165-8, 그리고 291-2에 있는 각주들을 보라.

41 D. Moo, "Divine Healing in the Health and Wealth Gospel", *TrinJ* 9 (1988), 191-209, 그 리고 J. Wilkinson, "Physical Healing and the Atonement", *EvQ* 63 (1991), 149-67을 보라. 또한 이러한 견해에 대한 반대 의견과 2차 문헌에 대해서는, 예를 들어 Wilkinson and Springer, *Power Healing*, 164-71을 보라. 나는 논쟁의 초창기에 벌써 (현재도 유용하다는 것 을 의미하는) 속죄 "안에"와 속죄를 "통하여"를 구분했다는 사실을 잘 알고 있다. 그러나 이런 전치사를 통한 구분이 무슨 도움이 되는지는 모르겠다.

42 M. Brown, *Healer*, chs. 2-4을 보라.

질적으로 새로워진 창조 세계 안에서 (육체적·사회적·신앙적으로) 온전한 안녕(full well-being)을 누리는 때가 될 것으로 기대했다. 이러한 전망의 범주 내에서라면 신약성경의 저자들도 (고려해야 할 몇 가지 요인들이 있기는 하지만) 치유가 중단되지 않고 계속될 것이라고 보는 것이 당연할 것이다. 누가-행전은 아마도 이러한 전망과 관련해서 가장 긍정적인 내용을 보여주고 있는 것으로 보인다. 성전 미문 앞의 앉은뱅이 사건에서처럼(행 3:6-8), 치유는 주님께서 우리에게 주실 것으로 기대하는 "새롭게 되는" 혹은 (고난에서) "쉬게 되는" 때를 널리 알리는 사건이다(3:20, 우리말 성경에서는 3:19). 치유는 또한 하나님 나라가 역사하고 있다는 표현이기도 하다(참조. 8:4-12). 그러나 누가가 그런 기적들을 그리스도를 통한 하나님의 통치를 나타내는 데 있어서 신학적으로 **반드시 필요한** 것이라고 생각했을지는 의문이다(오히려 하나님의 통치를 나타내는 데 있어, 누가에게는 믿음, 기쁨, 하나됨, 예배, 그리고 성령의 능력으로 증거하는 변화된 공동체가 훨씬 더 중요했다). 도리어 반대로 현재는 하나님 나라가 임하기까지 **고통받는** 시기로 정의할 수도 있다(14:22). 비록 "고통"이 반드시 "질병"을 의미하는 것은 아니지만(물론 포함되는 것은 분명하다), 그럼에도 불구하고 고난이 있다는 것은 현 시대에 구원이 "총체적으로" 완성되는 정도와 관련해서 어느 정도 종말론적인 한계가 있음을 암시한다. 여기에는 분명한 신학적인 긴장이 있다. 그러나 우리가 이미 바울의 구원론에서 살펴보았던 것과 다르지는 않다. 간단하게 말해서 누가는 치유에 대한 긍정적인 **기대**를 권면하는 것으로 보인다. 치유는 믿는 자의 (육체적·정신적·사회적·신앙적) 삶의 모든 국면들을 포괄하는, 하나님의 구속의 통치를 생생하게 증명해준다. 그러나 누가의 신학은 의인들에게조차도 치유를 보편적으로 보장해주지 않는다.

복음서들과 사도행전이 치유에 대한 기대감을 한껏 고조시켜주는 반면

에, 바울에게서는 그 승리의 분위기가 조금 덜하다는 점에 주목할 필요가
있다.[43]

(a) 바울의 동역자 세 사람에 대해 말하는 것을 보면, 그들이 교회 공동
체에서 확고한 위치를 점하고 있었고, 전략적인 면에서도 교회에
유익한 사람들임에도 불구하고 모두 "치유 은사"의 혜택을 받지 못
한 것처럼 보인다. 빌립보서 2:27을 보면, 에바브로디도는 "병들어
거의 죽게 되었다"고 나온다. 그러나 "하나님께서 그를 긍휼히 여기
셨고…나의 근심 위에 근심을 덜어주셨다"고 말하고 있는데, 이는
그가 치유의 기적을 체험했다는 것이 아니라 하나님의 은혜로 질병
을 이기고 "살아남았다"는 의미인 것으로 보인다. 디모데전서 5:23
에서 바울은 디모데에게 "네 위장과 **자주 나는 병**을 위해 포도주를
조금씩 쓰라"고 충고해야 했다. 그리고 디모데후서 4:20에서 바울
은 "드로비모는 병들어 밀레도에 두었다"고 말하고 있다.

(b) 보다 중요한 것은 바울 자신의 경험이다. 갈라디아서 4:13, 14에서,
바울은 독자들에게 "내가 처음에 육체의 약함으로 말미암아 너희
에게 복음을 전한 것을 너희가 아는 바라. 너희를 시험하는 것이 내
육체에 있으되 이것을 너희가 업신여기지도 아니하며 버리지도 아
니하였다"고 상기시켜주고 있다. 이와 더불어서 고린도후서 12:7-9
도 함께 살필 필요가 있는데, 여기서 바울은 "육체의 가시"를 제거
해달라고 주님께 세 번 간구했다고 언급하고 있다. 이와 관련해서
불확실한 부분이 없지 않지만, "가시"가 (바울을 대적하는 사람들이나 성
적인 유혹, 또는 다른 어떤 것이라기보다는) 육체적인 질병을 가리킬 가능
성이 가장 높은 것으로 보인다.[44] 어떤 사람이 이 주석학적으로 난

43 참조. Hogan, *Healing*, 286-90.
44 예를 들어 Wilkinson, *Health*, ch. 11 혹은 V. Furnish, *II Corinthians* (New York: Doubleday,

해한 퍼즐에 대해 또 다른 해답을 내놓는다 하더라도 한 가지 변하지 않는 것은, 주님은 바울을 겸손케 하시기 위해 사탄이 획책한 전략을 허락하셨다는 것이고, 그로 인해서 바울은 심하게 고통스러워했으며, 그를 통하여 그리스도의 능력이 더 잘 드러나게 하는 그런 연약한 상태에 자신을 두게 되었다는 것이다. (특히 자신이 당한 많은 고난에 대한 바울의 노골적인 자랑을 고려한다면: 고후 11:23-33) 그러한 설명이 가리키는 것은 바울이 자신의 "온전함", "평화", "안녕"을 그가 즐거워하는 구원의 핵심으로 보지 않았다는 것이다. 오히려 자신의 고난과 "수많은 **죽음**의 위기"(고후 11:23)가 다른 이들에게 "생명"을 가져다준다고 믿고 있음을 보여주고 있다(고후 4:10-12).[45] 이러한 것은 오히려 불가피하게 육체적 치유의 은사의 중요성과 기대를 어느 정도 주변화시킬 수밖에 없다.

요약하자면 신약성경의 저자들이 증언하는 바에 따르면, 하나님은 실제로 기적적인 치유의 은사를 허락하시며, 이러한 치유는 하나님이 종말론적 구원의 전인적인 본질과 다가올 종말의 때에 있을 첫 열매에 대한 즐거운 체험이고, 또한 그것이 어떤 것인지를 미리 보여주는 것이다. 신약성경의 관점에서 볼 때, 치유는 **특별히** 그리스도인 공동체를 위한 것이었으며, (물론 이것은 변화된 그리고 활력이 넘치는 공동의 삶과 예배라는 상황일 때에만 가능

1984), 548-551; Martin, 412-16을 보라. Peter Masters는 이 문제는 전혀 애매하지 않다고 말한다. 그는 가시가 바울의 대적자들이라고 주장하는 사람들은, 질병으로 고통당하는 그리스도인은 있을 수 없다는 것을 입증해야 한다는 염려 때문에 억지스러운 주석이라는 곳에에 매몰된 자들이라고 말한다(*Epidemic*, 160). 비록 그가 수많은 주석적인 판단들을 살펴보기는 했지만, 안타깝게도 완고한 신약학자들의 땀과 눈물은 보지 못한 것 같다. 이 학자들에 비해 Martin은 이 문제에 대해서 조심스러운 결론을 내린다: "우리는 아마도 진실이 무엇인지 영원히 알 수 없을 것이다"(416). Masters가 그런 식으로 장담하고 있는 다른 많은 주석적인 논란이 있는 주제들과 관련해서도, 그는 신약학자들이 (복음주의자든 그렇지 않든) 전체적으로 Masters가 제시하는 결론과 대립된다는 것을 모르는 것 같다.

45 Dunn, *Jesus*, 326-38; Hafemann, *Suffering*을 보라.

한 것이긴 하지만) 믿지 않는 자들에 대한 교회의 복음 증거를 위한 것이라
고 할 수 있다. 그러나 누가와 바울 모두에게, 현재는 모든 그리스도 사건
을 경험하는 때이다. 곧 부활만이 아니라 십자가도 경험하게 된다. 그리고
이 두 가지 그리스도 사건이 육체적으로 경험될 뿐만 아니라 사회와 공동
체의 영적인 삶에서도 경험되는 것이다.[46]

---

46 신약성경의 치유에 대한 가장 충실하고 세밀한 설명을 J. C. Thomas, *The Devil, Disease and Deliverance: Origins of Illness in New Testament Thought* (Sheffield: SAP, 1998)에서 찾아볼 수 있다. 불행하게도 이번 개정판에서도 Thomas의 책에 담긴 지혜를 포함시킬 수 없었다.

15장

바울 계열 교회의
삶에 나타난
하나님의 은사와 성령

I. 바울이 말하는 대표적인 "성령의 은사들"을 향하여?

우리는 고린도전서 12:8-10에서 바울이 열거하는 세 가지 대표적인 은사들에 대해 살펴보았다.[1] 그렇다면 이제 우리가 그 세 가지 은사들을 하나로 묶어주는, 그리고 "성령의 은사들"(spiritual gifts, 영적인 은사들)이라는 표현으로 나타낼 수 있는 같은 부류에 속하는 또 다른 은사들을 확증해주는 전형적인 특징들의 목록을 (최소한 잠정적으로나마) 제시할 수 있을까?

우리가 언급한 세 가지 은사들은 각기 성격이 아주 다른 것들이다. 그렇다면 치유, 예언, 방언을 묶어주는 것은 무엇일까? 그 은사들의 공통점은 무엇일까? 바울은 고린도전서 12:1-7에서 여섯 가지 중요한 특징들에 관심을 보인다. 그리고 매 경우마다 문제가 되는 현상들을 볼 수 있다.

(1) 하나님의 "사역들"(*energēmata*) (6절),

(2) 주님이 주신 "여러 가지 직분들"(*diakoniai*) (5절),

---

[1]　신약성경이 말하는 다른 은사들의 의미와 중요성에 대한 개략적인 내용에 대해서는 A. Bittlinger, *Gift and Graces: A Commentary on I Corinthians 12-14* (Grand Rapids: Eerdmans, 1967); Dunn, *Jesus*, 209-58; Carson, *Showing the Spirit*, 31-42과 77-100; Fee, *Presence*, 164-75; R. P. Martin, *The Spirit and the Congregation: Studies in I Corinthians 12-15* (Grand Rapids: Eerdmans, 1984)을 보라.

(3) 성령을 "나타내심"(*phanerōsis*) (7절) 그리고 그로 인한 결과,

(4) "신령한 것"(*pneumatika*),[2] 성령이 주시거나 가능하게 하신 일들(1절, 참조. 14:1),

(5) 공동의 유익을 위해: 즉 교회의 유익을 위해(7절)

(6) 성령이 허락하신 "은사들"(*charismata*) (4, 8절).[3]

12:1-10의 모든 논의를 관통하고 있는 핵심적인 주제는 바울이 열거하고 있는 현상들이 성령께서 나타나는(*phanerōsis*, 현시되는) 사건들로 간주된다는 것이다. 즉 성령의 활동이 비교적 분명하게, 심지어 극적으로 표현되고 있다. 이 현상들은 하나님의 역사이며, 그것이 하나님의 능력의 임재와 역사인지 아닌지가 즉각적으로 판별 가능하다. 성령의 역사의 나타남은 천부적인 인간의 달란트와 이 세상에서 갈고 닦은 능력에서는 찾아볼 수 없는 것이다.

그렇다면 바울에게 있어 프뉴마티카(*pneumatika*, 신령한 것)와 카리스마타(*charismata*, 은사)는 오순절 운동과 은사주의 운동이 "초자연적인 성령의 은사들"(supernatural spiritual gifts; 물론 그러한 표현의 외연의 경계를 정확하게 규정하는 것에 문제가 있기는 하지만)이라고 부르는 것을 가리키는 준-전문적인 용어들이라고 볼 수 있는 것일까? 성령이 명시되며, 그리스도가 공동의 유익을 위해서 자신의 몸인 교회로 하여금 능히 감당케 하시는 사건들, 즉 하나님의 역사라고 즉각적으로 알아볼 수 있는 그것들을 그냥 단순하게 대표적인 "성령의 은사들"이라고 말할 수 있지 않을까? 그러한 견해를 제일 능숙하게 설명하는 이가 던 교수다. 그러나 우리는 바울이 고린도 교인들에게 전달하려고 했던 것을 이런 식으로 잘못 해석하는 것에 대해서 논

---

2   복수 속격인 *pneumatikōn*은 이곳에서처럼 남성(*pneumatikos*, "성령의 [사람]", 참조. 2:15; 3:1; 14:37)이나 중성(*pneumatikon*)에서 유래한 것으로 보인다. 그러나 일반적인 의미의 "성령의 은사"라기보다는 넓은 의미를 나타내는 것으로 이해된다.

3   Dunn, *Jesus*, 337-8.

박할 수밖에 없다(뒤의 III). 그러한 식의 설명은 바울 자신의 것이라기보다는 고린도 교인들의 견해에 더 가까운 것이며, 바울이 고린도 교인들의 견해를 교정해주기 위해서 취했던 출발점에 불과할 뿐이다. 그러나 던 교수의 논증의 실질적인 힘은 주로 바울이 카리스마(χάρισμα)라는 단어를 통해 의미하려던 것에 대한 보다 합의된 견해에서 나온다. 그리고 우리가 가장 먼저 살필 것도 이것이다.

II. 바울에게 있어 카리스마의 의미

카리스마(χάρισμα)라는 단어가 바울 이전에도 사용되었다고 하는 확실한 문헌상의 증거가 없으며, 신약성경 17권 중에서도 이 단어는 단 한 번(벧전 4:10)을 제외하고는 모두 바울계 문헌에서 발견된다(바울이 이 단어를 독자들에게 설명 없이 사용하는 것을 보면 바울이 이 단어를 만들어냈을 것 같지는 않다). 그렇기 때문에 이 단어의 의미를 판단하기 위해서 우리는 다음과 같은 분석에 기댈 수밖에 없다. (a) 단어의 형태는 무엇을 말해주고 있는가? (b) 형태가 말해주고 있는 사항들은 "선물"을 가리키는 다른 단어들과 어떤 관계가 있는가? 그리고 (c) 바울은 이 단어를 어떻게 사용하고 있는가?

지그리트 샤츠만(Siegried Schatzmann)은 "카리스마는 카리스(χάρις, "은혜")라는 어원에서 유래한 것"이라고 주장하는데, 이는 아주 널리 인정받는 가설이다.[4] 이전에 던이 그랬던 것처럼,[5] 샤츠만은 바울 서신에 나타난 카리스에 대해 요약하고, "따라서 카리스를 이런 식으로 이해하는 것은 이 단어와 연관된 카리스마의 이해와 이어진다"라고 결론 내린다.[6] 던도 이와

---

4   S. Schatzmann, *A Pauline Theology of Charismata* (Peabody: Hendrickson, 1987), 1.

5   Dunn, *Jesus*, 199-256.

6   Schatzmann, *Theology*, 2.

비슷하게, "카리스마는 카리스라는 독특한 표현을 통해서만 이해되었다"[7]라거나 "카리스마는 은혜에 의한 **사건**"이며,[8] "정의하자면 카리스마는 은혜(*charis*)의 현시이자 구체화를 의미한다"고 주장한다.[9] 이러한 카리스마의 "사건"적인 특징이라고 주장되는 것이 "성령의 은사" 및 그 은사와 목회와의 관계에 대한 던의 전반적인 신학에 상당히 중요하다. 전자와 관련해서 보자면, 카리스마라는 용어를 사용하는 것 자체가 성령의 은사가 단기간에 성령이 주도하는 사역이 폭발적으로 터져 나오는 것임을 암시하는 것이다. 그리고 "목회"(ministry)는―던은 바울에게 있어 목회란 언제나 카리스마를 활용하는 것이었다고 생각한다―하나님의 성령이 드러내는 구체적인 행동이나 말씀인 것이다(이것은 단기간에 나타나는 **기능들**이며, 절대로 사람의 능력이나 재능이 아니다).[10] 이러한 이유로 해서, 던은 바울이 교회의 "직

---

7   *Jesus*, 253 (Dunn의 강조). 여기서는 Dunn의 입장을 너무 간략하게 요약했다. 좀 더 상세한 연구로는 Max Turner, "Modern Linguistics and New Testament" in Joel B. Green (ed.), *Hearing the New Testament: Strategies for Interpretation* (Carlisle: Paternoster, 1995), 156-8을 보라.

8   *Jesus*, 254.

9   J. D. G. Dunn, "Ministry and the Ministry: The Charismatic Renewal's Challenge to Traditional Ecclesiology" in C. M. Robeck (ed.), *Charismatic Experience in History* (Peabody: Hendrickson, 1985), 81-101 (82). 내가 알고 있기로는, 카리스마가 하나님의 은혜로 인한 단기간에 일어나는 사건을 표현하기 위한 전문적인 용어로 사용된 것은 F. Grau, "Der Neutestamentliche Begriff Χάρισμα'", unpublished PhD dissertation, Tübingen, 1946부터. 이에 대한 비판에 대해서는, U. Brockhaus, *Charisma und Amt: Die paulinische Charismenlehre auf dem Hintergrund frühchristlichen Gemeindefunktionen* (Wuppertal: Brockhaus, 1975³), 128-39을 보라. 많은 사람들이 바울이 카리스마라는 말을 사용한 것이 카리스("은혜")에 대한 바울 자신의 이해에 근거한 것이라고 주장하면서도, 이 말이 바로 단기간에 일어나는 카리스마적인 "사건"을 가리키는 것이라는 견해에는 반대한다. 그중에서도 특히 Fee(Fee는 카리스마라는 명사가 카리스에서 유래된 것이며, "은혜의 구체적인 표현"을 의미한다고 말한다[*DPL*, 340]. 그러나 이것이 불가피하게 단기간 동안만 나타나는 것이라는 견해에 대해서는 분명하게 반대한다)와 Hemphill("Concept", 여러 곳에)을 보라. Turner(나는 카리스마가 카리스와 관련이 있다고 본다["Spiritual Gifts: Then and Now", *VoxEv* 15 〈1985〉, 30-32]. 지금은 입장이 점점 변하고 있다)는 언급되지 않는다.

10 Dunn, *Jesus*, 253.

임"이라는 개념을 허용했을 것이라는 점을 받아들이기 어렵다고 본다. 던에게 있어, 카리스마는 제도화할 수 없는 것이기 때문이다. 그리고 던은 (장로와 집사를 임명하는 데 관심을 보이는) 목회서신들이 바울의 비전을 쇠퇴시키는 "초기 가톨릭"을 나타내는 것으로 본다.[11] 엄청난 신학적인 부담을 순전히 언어학적인 주장과 가정의 등에 얹어놓고 있는 게 뻔히 보인다!

나는 전에 다른 곳에서 사전적인 의미상으로는 이 문제에 대해 단정적인 주장이 완전히 불가능하다고 주장한 바 있다.[12]

(1) 카리스마라는 단어는, 카리스가 아니라, 동사 카리조마이(*charizomai*, "은혜로 베풀다")에서 유래한 것이다(예외적인 경우가 있다고 하더라도, 우리는 바울의 은혜 신학 전체를 카리스마라는 어휘로 풀어내려는 유혹을 이겨내야 한다!).

(2) 동사 어근에 붙은 접미사 -(*s*)*ma*는 "~의 사건"이 아니라 "~의 결과"라는 의미가 있다. 따라서 카리조마이에서 유래한 결과를 나타내는 명사인 카리스마라는 단어의 구성은 "은혜의 사건"이 아니라 "(은혜로) 준 것" 혹은 "호의로 베푼 것"이라는 의미의 "선물"을 의미함을 암시한다.

(3) 카리스마를 "선물"을 나타내는 동일한 부류의 다른 관련 단어들(상대적으로 중성적인 도마[*doma*], 혹은 도론[*dōron*]과 "공짜"[선물]라는 특징을 강조하는 듯한 도레아[*dōrea*], 혹은 훨씬 형식에 맞는 도레마[*dōrēma*] 같은)과 구분해주는 것은 화자가 카리스마를 선택하는 경우에는 "은혜롭고 풍성한 선물들, 그리고 주는 사람의 선의이자 호의의 표시"라

---

11 Jesus, §57. Käsemann의 아주 비슷한 주장에 대한 비판에 대해서는 R. Y. K. Fung, "Charismatic versus Organized Ministry. An Examination of an Antithesis", *EvQ* 52 (1980), 195-214; 같은 저자, "Function or Office? A Survey of the New Testament Evidence", *ERT* 8 (1984), 16-39을 보라.

12 Max Turner, "Modern Linguistics", 146-74 (155-65).

고 수식되는 바로 그것(들)을 훨씬 더 부각시키는 경향이 있다는 점이다. 당연한 것이지만, 바울이 이 단어를 사용할 때에 배후에 숨어 계시며 베푸시는 분은 언제나 하나님이시다. 그러나 그렇다고 해서 바울이 카리스마라는 단어 자체를 "하나님의 선물"이라는 의미로 이해하고 있다는 것은 아니다. 의미와 지시 대상을 헷갈려서는 안 된다. 내 생각에, 바울이 다른 사람에게 카리스마타를 베푸는 사람이나 혹은 그것이 재무부서이든, 널리 알려진 부서이든, 다른 구호 기관이든 간에, 카리스마타를 베푸는 공적인 기관들에 대해서 언급하지 않아야 할 **언어학적인** 이유는 없는 것으로 보인다.

(4) 지금까지 언급한 대략적인 의미가 로마서 5:15, 16과 잘 들어맞는다. 이 본문에서 바울은 죄 많은 인간을 의롭다 하시는 하나님의 크신 은혜를 부각시키려고 한다. 여기서 바울은 같은 문맥 속에서 카리스마를 "선물"을 가리키는 다른 단어(도레아, 도레마, 카리스가 여기에 포함된다)와 서로 바꾸어 쓰고 있다. 같은 의미가 6:23에서도 발견되는데, 바울은 이 구절에서 카리스마라는 단어를 가지고 영생이라는 하나님이 주시는 은혜로운 선물을 나타낸다(단기간의 "사건"이 아니길 바란다!). 로마서 11:29에서 바울은 이스라엘의 취소될 수 없는 언약적 은혜를 가리키기 위해 카리스마타라는 단어를 선택한다(참조. 9:4). 이는 아마도 이러한 것을 베푸시는 하나님의 자비로우심을 부각시키고, 그에 따른 이스라엘의 책임을 강조하기 위한 것으로 보인다. 이와 비슷하게 바울은 혼자 살 수 있는 신자들에게 "하나님으로부터 오는" 카리스마인 정숙한 상태에 머물라고 권면한다(고전 7:7; 이 또한 오랜 기간 동안 나타나는 능력이며 비록 이 단어가 항상 "하나님의 선물"이라는 것을 의미하기는 하지만, "하나님께서" 더해주신 것이지 달라고 요청한 것이 아니다). 로마서 서두에서 바울은 어떤 신령한 카리스마를 로마의 그리스도인들에게 나누어줄 수 있기를 바란다는 소망을 피력한다(1:11). 여기서 말하는 은사는 방언이나 그

와 비슷한 다른 어떤 것이 아니라, 더 나은 영적인 가르침을 의미하는 것일 가능성이 가장 높다. 그리고 그 영적인 가르침이란 다름 아닌 바울을 통해 로마의 성도들이 하나님의 은혜로운 선물을 깨닫게 되기를 바란다는 것이다. 바울이 이런 말을 하는 이유는 **로마의 성도들이** 바울의 스페인 선교를 후원하기를 바라기 때문이다. 따라서 여기서는 카리스마라는 단어가 그 자체로는 "성령의 은사"를 의미하기 어렵다는 것에 주목해야 한다. 바울은 그런 의미를 이끌어내기 위해서 "신령한"(프뉴마티콘)이라는 형용사를 **덧붙인다.** 마찬가지로 고린도후서 1:11에서, 문제의 카리스마는 "바울을 죽음의 위기에서 그리고 살 소망이 없던 상황에서 그를 구하신 하나님의 은혜로운 역사"이다.[13]

(5) 앞에서 언급한 각각의 경우에 비추어볼 때, 카리스마가 "성령의 초자연적인 나타남"(supernatural manifestation of the Spirit) 같은 **의미를** 갖고 있다는 주장은 받아들일 수 없다(그리고 우리가 살펴 본 것은 카리스마라는 단어의 용례 중 절반에 해당한다). 아직도 바울이 카리스마라는 단어를 그런 식으로 사용했다고 주장하고 싶은 사람들은 바울이 한 가지 단어를 갖고 전혀 다른 두 가지 의미를 구분했다는 것을 논증해야 한다. 왜냐하면 앞에서 언급한 사례들을 감당해야 할 일반적인 것이 하나 있어야 하고, 고린도전서 12-14장과 로마서 12장에 나오는 "성령의 나타남"을 위한 "전문적인" 것이 또 하나 있어야 하기 때문이다(샤츠만은 심지어 바울 서신에는 네 가지 각기 다른 의미가 있다고 제안한다).[14] 물론 다의어는 언어에서 흔히 있는 현상이다. 그리고 바울이 특별한 의미를 개발했을 것이라고 추측하는 것도 본질적

---

13 Fee, *Presence*, 286.

14 Schatzmann, *Theology*, 4-5, 참조. 15-22. 그러나 Turner, "Modern Linguistics", 160-65에 나오는 이런 주장에 대한 비판을 보라.

으로 문제가 되지 않는다. 그러나 그런 의미의 개발이라고 주장하는 것은 어떤 사람이 이미 알려진 혹은 "일반적으로" 예상할 수 있는 의미로는 합리적으로 설명이 안 되는 특정 단어의 일련의 언어학적인 용례를 발견한 경우에 국한되어야 한다. 앞으로 보겠지만, 나머지 모든 사례들은(고전 1:7; 12:4, 9, 28, 30, 31; 롬 12:6; 딤전 1:14; 딤후 1:6) 앞에서 언급한 의미의 범주 내에서 쉽게 그리고 충분히 설명된다.[15]

그렇다면 도대체 어떤 근거로 그렇게 훌륭한 학자들이 고린도전서 12-14장과 로마서 12장에서 "전문적인 의미"(="성령의 은사들")를 도출해낸 것일까? 의심이 되기로는, 어떤 단어의 "의미"와 그 단어가 "지시하는 대상"을 헛갈려 하는 신약학계에 아주 흔한 경향 탓인 것으로 보인다.[16] 바울이 고린도전서 12:4에서 카리스마라는 단어로 우리가 "성령의 은사"라고 알고 있는 현상을 **지칭하고 있다**는 것은 분명하다. 그러나 그렇다고 해서 바울이 그 단어 자체가 그런 의미라고 생각한다는 말은 아니다. 결국 같은 방식으로, 바울은 에네르케마타(energēmata, "역사함"), 디아코니아이(diakoniai, 섬기는 일들), 파네로시스(phanerōsis, "나타남")라는 단어들을 가지고 동일한 현상을 가리킨다. 그러나 이 단어들도 마찬가지로 성령의 은사들을 가리

---

15 이 중에 첫 번째 것은(고전 1:7) 아래에서 다루지 않을 것이다. NRSV는 이렇게 번역한다. "너희가 모든 신령한 은사에 부족함이 없이 우리 주 예수 그리스도의 나타나심을 기다림이라." 한편 5, 6절의 문맥을 보면 분명히 바울이 말하는 은사는 (a) 하나님으로부터 말미암는 것이며, (b) 원칙적으로 보자면, **우리가** "성령의 은사"라고 부를 수도 있는 것이다. 그러나 Fee (Presence, 86)가 주장하는 바와 같이, 여기에 "신령한"(spiritual)이라는 단어가 부가된 것은 어쨌든 불필요하다는 데 동의한다(본문에는 이 단어에 해당하는 그리스어 단어가 없다). 그러나 물론 바울이 여기서 doma, dōron 혹은 "선물"에 해당하는 다른 단어들을 사용하지는 않지만, 그렇다고 해서 여기에 사용된 카리스마라는 단어 자체에 "성령의 은사"라는 의미가 있는 것은 아니다.

16 Cotterell and Turner, Linguistics and Biblical Interpretation (London: SPCK, 1989), chs. 3 and 5을 보라.

키는 "준 전문적인 용어"라고 주장하는 사람은 아무도 없다. 이런 상황에서는 가장 간단한 설명이 가장 좋다. 즉 바울은 문제되는 현상을 **카리스마타라는 단어의 통상적인 의미로** 언급한다는 것이다. 내가 생각하기로는 바울이 그렇게 한 이유가 고린도 교인들이 예언, 방언, 그리고 그 외의 은사들을 자신들이 영적인(*pneumatikos*) 성향을 갖고 있다는 표지로 이해하는 경향이 있었으며, 이러한 경향 때문에 이러한 은사들을 체험한 사람들이 거만한 우월주의 쪽으로 쉽사리 흐를 수도 있었기 때문이었던 것으로 보인다. 그래서 바울은 이러한 경향을 교정해주기 위한 방법으로 그러한 현상을 가리키기 위해서 카리스마타와 디아코니아이를 택했던 것이다. 카리스마타를 택한 것은 예언, 방언, 카리스마적인 지혜 등을 하나님께서 자기 백성에게 주시는 많은 "은혜로운 선물"(이 중 일부는 보다 "영적"이며, 어떤 것은 보다 "자연적"이다)의 실례로 **해석하기 위한 것**이다. 따라서 그 은사들은 교만의 근거가 아니라, 겸손히 감사해야 하며, 올바르게 사용해야 하는 것들이다. 다음으로 디아코니아이를 택한 것은 이러한 성령의 나타남을 어떻게 "사용"하는 것이 "올바른" 것인지를 나타내기 위한 것이다. 즉 은사들은 그리스도 안에서 교회를 세우기 위한 섬김을 위해 사용되어야 하는 것이다. 이 두 가지 점이 모두 12-14장에서 확실히 발전된 모습으로 나타난다.

요약하자면 바울에게 있어 카리스마라는 단어는 아마도 단순히 "(은혜로운) 선물"이라는 의미 그 이상이 아니었던 것으로 보인다. 따라서 이 단어는 일차적으로 바울이 말하는 은혜의 개념과 연결되는 것이 아니라, "선물"을 나타내는 의미의 영역에 속하는 다른 단어들과 연결되는 것이다.[17]

---

17 있을 수도 있는 오해를 피하기 위해서, 내가 의미하는 것은 단지 언어학적으로 *charisma*가 *charizomai*에서 유래한 것이며, 그렇기 때문에 "은혜"에 대한 바울의 개념을 극단적으로 단순화한 것이라고 혼동해서는 안 되는, *charis*라는 어휘와는 단지 이차적인(그리고 이미 바울 이전의) 연관성만 있을 따름이라는 것을 분명하게 해두고자 한다(Cotterell and Turner, *Linguistics*, ch. 4을 보라). 물론 바울이 고전 1:4, 7과 롬 12:6에서 카리스마를 하나님의 은혜와 아주 직접적으로 연결시키고 있다는 것을 잘 알고 있다. 그건 놀랄 일이 아니다. 하나님으

또한 이 단어는 "성령"과 어떠한 특별한 (언어학적인) 연관성도 없다. "성령의 은사들"을 가리키는 경우에도 어떤 특별한 의미가 있는 것은 아니다.[18] 마지막으로 단어의 외형이나 용례는 이 단어가 "사건들"에 적용된다는 것 말고는 아무것도 말해주지 않는다. 그리고 바울이 이 단어를 "단기간"의 사건을 의미하기 위해서만 제한적으로 사용하지 않는다는 것도 충분히 설명이 가능하다. 우리는 이러한 일반적인 이해가 해당 구절들을 검토해보았을 때에도 확증되는지 살펴볼 필요가 있다.

II. 고린도전서 12-14장과 로마서 12장에 나타난 하나님의 은사들 그리고 그 은사들과 성령의 관계

제목은 이렇게 거창하게 달긴 했지만, 우리는 몇 가지 중요한 논쟁 분야에 대해서 간략하게 그리고 요약하는 식으로 짚고 넘어가는 수밖에 도리가 없다.[19] 우리는 먼저 바울이 고린도전서 12-14장과 로마서 12장에서 카리

로부터 오는 "은혜로운 선물"을 하나님의 은혜라고 밖에 달리 어떻게 표현하겠는가? 그러나 그렇다고 해서 바울이 카리스마라는 어휘 그 자체가 의미론적으로 "은혜의 표현"을 의미하는 것으로 생각하고 있다고 볼 이유는 없다. 그리고 바울은 롬 5:15, 16; 고후 9:15, 그리고 가장 놀라운 것은 (고전 12:7과 더불어) 롬 12:6과 아주 유사한 근접한 평행인 엡 4:7, 8에서 했던 것과 똑같이 이 구절들에서 대체 용어인 dōrea, dōrēma 혹은 doma를 적절하게 사용하지 않았을 수도 있다. 간단하게 말해서 charisma는 "선물"을 나타내는 의미의 영역에 속하는 다른 단어들에 비해, 명백하게 음이 유사하다는 점과 charizomai와 서로(그러나 다른 방식으로) 어휘적으로 연결되어 있다는 점을 제외하고는 charis에 비중 있고 보다 밀접하게 연결된 것이 아니다.

18 "경험에 비추어보건대, 이 단어가 성령의 활동을 가리키고 있다는 것을 우리에게 납득시키려면 일반적으로 몇 가지 문맥상의 이유는 제시되어야만 한다." Fee, *Presence*, 286.

19 이 주제에 대한 문헌은 엄청나게 많다. 그리고 주제들을 요약한 문헌들과 2차문헌들이 독자에게는 손쉬운 지침이 되기도 한다. 다음의 것들을 보라. Bittlinger, *Gifts*; H. Schürmann, "Die geistlichen Gnadengaben in den paulinischen Gemeinden", *Ursprung und Gestalt* (Düsseldorf: Patmos, 1970), 236-67; Dunn, *Jesus*, part III; S. Schulz, "Die Charismenlehre des Paulus" in J. Friedrich, W. Pöhlmann and P. Stuhlmacher (eds.), *Rechtfertigung:*

스마/타(charisma/ta)를 어떻게 사용하고 있는지 각 본문의 논쟁 전략과 관련해서 살펴볼 것이다.

1. 고린도전서 12-14장에 나타난 바울의 교훈[20]

12:8-10에서 바울이 열거하고 있는 은사들의 목록은 아무 생각 없이 제시된 것이 아니라 (1) 특별히 고린도 교인들의 관심을 반영하고 있고, (2) 고린도전서 13-14장에 있는 은사들에 대한 태도와 실천 방법에 대한 특별한 목회적 차원의 권면을 하기 위해 바울이 예비적인 차원에서 제시한 것이다. 이 은사들에 대한 문제는 고린도 교인들이 바울에게 보낸 서신을 통해서 부각된 것들이다. 이뿐만 아니라 바울이 마음속으로 중요하게 생각하는 문제는 특별히 (통변되지 않는) "방언"을 지나치게 대단한 것, 즉 아마도 영적인 지위를 나타내는 표지로 생각하는 것이었다(고린도 교인들이 이런 맥락에서 방언을 "신자의 표지"로 생각했던 것으로 보이는데, 바울은 14:22에서 이러한 견해를 뒤집는다).[21] 바울이 14장에서 이 문제를 직접 다룰 것이기는 하지만 12:10(통변과 함께)과 12:28의 목록 끝부분에 방언을 조심스럽게 언급함으로써 미리 예비하는 방식을 택하고 있다. 바울은 12:1-3에서 교회에서 누가 "신령한 사람"인가에 대한 고린도 교인들의 좁은 시야를 넓혀주는 것으로 시작한다(영감 어린 말, 특별히 방언의 은사를 받은 사람이 신령한 사람인가?). 바울은 "예수를 주"라고 고백하는 사람은 누구나 성령으로 그렇게 고백하는

Festschrift für Ernst Käsemann zum 70. Geburtstag (Tübingen: Mohr, 1976), 443-60; R. Y. K. Fung, "Ministry, Community and Spiritual Gifts", *EvQ* 56 (1984), 3-20; Martin, *Spirit*; Carson, *Showing the Spirit*; Schatzmann, *Theology*, 여러 곳; Fee, *Presence*, 여러 곳, 특별히 ch. 15; 같은 저자, "Gifts of the Spirit", *DPL*, 339-47 (간략한 서론 중에서는 최고일 것이다).

20 이 장들과 관련된 문제들의 개략적인 내용에 대해서는 J. Dupont의 개론적 논문인 "Dimensions du problème des charismes dans 1 Co. 12-14" in De Lorenzi (ed.), *Charisma*를 보라.

21 참조. 예언 우월주의가 핵심적인 문제였는지에 대해서는 Forbes, *Prophecy*, 175-81 그리고 260-65을 보라.

것이라고(그리고 그렇기 때문에 가장 중요한 의미에서 신령한 사람들이라고) 주장함으로써 반-엘리트주의적인 대답을 위한 중요한 토대를 놓고 있다.[22] 그러고 나서 바울은 고린도 교인들이 말하는 신령한 사람(pneumatikos)이라는 용어를 재해석하고, 하나님의 "은혜로운 선물"과 "직임들"(diakoniai)은 그리스도의 몸인 교회의 유익을 위한 것이라는 보다 넓은 틀 안에서 모든 논의를 진행함으로써(12:4-7, 그리고 앞의 II을 보라), (12:8-10에 나오는 것과 같은) 성령의 활동이 겉으로 드러나는 것에 관심을 두던 고린도 교인들의 시선을 바꾸어준다. 그러한 논의의 틀을 택함으로써, 보다 눈에 띄는 성령의 역사를 오만함과 교만함 혹은 불화를 조장하는 엘리트적인 버릇의 핑계로 삼을 수 없게 한 것이다.

4-7절에서 성령의 은사들의 특징을 간략하게 소개하고, 8-10절에서 첫 번째 목록을 제시한 다음에, 바울은 성령이 자기 뜻대로 각자에게 **다양한** 은사들을 나누어주신다는 점을 다시 언급한다. 한편 7절과 11절의 헤카스토(이)(hekastō[i], "각자에게")는 아직도 의미가 분명치 않다(성령이 카리스마적인 엘리트에게 여러 가지 은사를 주신다는 것인가? 아니면 **모든 신자들이** 어떤 은사를 받는다는 말을 하고 있는 것인가?).[23] 지금까지 언급한 것만 가지고 본다면, 고린도 교인들은 카리스마타/프뉴마티카라는 말이 8-10절에서 열거하는 은사들만 가리키는 것으로, 그리고 바울이 성령의 역사가 프뉴마티코이(신령한 자들)라는 제한된 사람들에게만 해당되는 것으로 말하고 있다고 생각하며 서신을 읽었을 수도 있다. 그러나 바울이 그런 의미로 말하지 않는다는 것은 12:12-31을 보면 분명하게 알 수 있다. 이 단락에서 주로 주장하는 것이 한 몸에는 **여러 가지** 은사가 필요하다는 것이지만, 몸 전체

---

22 예를 들어 Grudem, *Gift*, 156-73, 특히 170-3; K. S. Hemphill, *Spiritual Gifts Empowering the New Testament Church* (Nashville: Broadman, 1988), 55-8; 같은 저자, "Concept", 68 이하; Fee, *Presence*, 151-8.

23 바울은 모든 자들이 은사를 받는다고 보지 않는다는 견해에 대해서는 Brockhaus, *Charisma*, 204 n.3에 있는 저자들의 명단을 보라.

가 신령한 것이며, 하나님의 "은사"의 범위가 12:8-10에서 집단적으로 언급하고 있는 것들을 훨씬 넘어선다는 것을 부차적으로나마 다시 한번 강조하고 있다(참조. 12:1-3). 따라서 바울은 성령으로 말미암아 모든 신자들이 한 몸이 된다는 것을, 즉 **모두가** 한 성령을 마시게 된다는 것을 강조하는 것으로 시작한다(12:13). 바로 이어서 구체적으로 발전시키는 몸의 유비를 통해 바울은 하나의 온전한 몸을 이루기 위해서는 다양한 지체가 필요할 뿐만 아니라 다른 지체에 비해서 더 약하고, 보잘것없고, 덜 드러나는 지체가 사실은 없어서는 안 되며, 더 소중한 지체일 수도 있고(22-24절), 하나님은 "부족한" 지체에게 귀중함을 더하신다고 주장한다. 이러한 주장을 통해 바울은 고린도 교인들이 보잘것없는 것으로 평가절하 하는 하나님의 일들 중에 어떤 것들이 사실은 8-10절에서 높게 평가되는 것들보다 더 중요한 것이라고 말할 준비를 하고 있다.

다음에 이어지는 28-31절에는 함정이 숨어 있다. 18절에서 바울은 하나님이 "원하시는 대로" 몸에 여러 지체들을 "두신다"(etheto)고 말했다. 이 말은 의도적으로 이전 단락의 결론(12:11), 즉 성령이 "그의 뜻대로" 다양한 은사들을 주신다는 것을 내비치는 것이다. 다만 "지체"와 "은사들"의 정확한 범위는 아직 분명치 않다(12:13이 이미 일반화하는 쪽으로 암시를 주고 있기는 하다). 그러나 28-31절에서는 그 점에 대해서 밝히고 있다. 바울은 하나님이 신령한 몸인 교회를 위해서 첫째는 사도들, 다음은 예언자들, 다음은 교사들을 "세우셨다"(etheto)고 말한다(28절; 참조. 18절). 이 목록을 보면 고린도 교인들이 평가절하 했던 지도력에 보란 듯이 우선권을 부여하고 있음을 볼 수 있다(참조. 고전 1-4장; 16:15, 16). 바울은 이러한 직임 역시 서로 돕는 영적인 몸을 위한 하나님의 은사들이며, 마찬가지로 교사들이 제 역할을 감당할 수 있게 해주는 능력들은 자칭 신령하다고 하는 사람들(pneumatikoi)이 자랑하는 것보다 "영적으로" 못하지 않다는 것을 지적하고 있는 것으로 보인다. 같은 맥락에서 보자면, 고린도 교회의 열광주의자들이 "하나님의 역사" 혹은 "은사들" 중에서 전혀 중요한 것으로 여기지 않았을 것 같은, ("섬기는 일들"[12:5]에 대한 언급 때문에 고린도 교인들이 주저했을지도 모르지만) "돕는 일"(*antilēmpseis*)과 "다스리는 일"(*kybernēseis*)도 마찬가지이다. 앞에서 바울이 몸의 유비에서 "덜 귀해 보이고" "약한" 지체들을 언급할 때(22-24절) 이런 것들을(그리고 그들에 대한 고린도 교인들의 태도를!) 염두에 두고 있었을 가능성이 있다.[24] 이 점에 대한 바울의 전체적인 주장이 보여주는 수사학은 의도적으로 성령의 역사의 범위를 넓히고, 동시에 "은사들"의 범위도 교회에까지(혹은 "교회에 속한 것으로") 확대하는 것으로 보인다. 바울은 바로 이러한 보다 넓은, 그리고 보다 다양하고 협력하는 것을 강조하는 분위기 속에서, "더 큰 은사를 사모하라"는 권면으로 끝맺는다. 여기서 말하는 더 큰 것의 의미에 대해 바울은 13-14장에서 자세하게 설명한다.

바로 뒤에 이어지는 13장에 나오는 사랑에 대한 권면은 12:8-10에서 개략적으로 설명하고 있는 성령의 나타남을 **대체하기 위한** 것이 전혀 아니다. 오히려 진정으로 신령한 자가 그 은사들을 활용하는 방법—사랑 안에서, 교회의 다른 지체들의 유익을 위해서(그리고 우리가 마땅히 추구해야 하는 "더 큰" 은사들 중에서 가장 비중이 큰 것이 바로 지적인 은사[*charismata*]이다)[25]—을 설명해주는 것이며,[26] 이 점은 14장에서 구체적인 말로 설명되고 있다.[27] 그리고 14장은 성령이 주시는 것들, 특별히 예언을 사모하라는 권면으로 시작하고 있는데(14:1), 이는 12:31을 상기시킨다.

---

24 참조. Hemphill, "Concept", ch. 3; 같은 저자, *Spiritual Gifts*, ch. 2, 67-69.

25 Hemphill, "Concept", 97-122.

26 Carson, *Showing the Spirit*, 56-57이 이 점을 잘 설명하고 있다; 참조. Hemphill, "Concept", 100; S. Lyonnet, "Agapè et Charismes selon 1 Co 12,31" in De Lorenzi (ed.), *Charisma*, 509-27.

27 14장에 대한 논쟁에 대해서는 L. Hartman, "I Co. 14, 1-25: Argument and Some Problems" in de Lorenzi (ed.), *Charisma*, 149-69; Carson, *Showing the Spirit*, chs. 3-4; Fee, *Presence*, 214-71을 보라. Fee는 14장에 나오는 엘리트주의의 문제가 방언과 상관이 있다는 점에 대해서 확신하지 못한다. 그러나 예를 들어 Gillespie, *Theologians*, 156-60; Forbes, *Prophecy*, 170-81 그리고 260-65을 보라.

요약하자면 이 논증은 카리스마타라는 용어가 특정한 현상, 즉 극적인 성령의 나타남에 국한된 것이라는 느낌을 주면서 시작한다. 그러나 마지막 부분에 가서 바울은 전혀 다른 시각을 제시한다. 즉 그리스도의 신령한 몸 안에서 행하는 하나님의 역사인 완전히 "평범한" 섬김과 영적인 은사를 동일한 것으로 보아야 한다는 것이다.[28] 따라서 바울은 "다스림"이나 "돕는" 사역들 중에서 제일 인상적인 것들만 은사라고, 즉 성령의 역사를 강력하게 증거하는 것들이라고 부를 수 있다고 말하지 않는다. 오히려 영적인 사람이라면 "존중받지 못하는" 비교적 평범하고 "연약한" 섬김들도 동일한 하나님의 역사로 볼 수 있다는 것이다.

마지막으로 이 단락에서 카리스마/타라는 단어가 사용되는 것에 대해 보다 구체적으로 살펴보고자 한다. 우리는 12:4에 대해서 살펴보았다. 여기서는 이 단어가 카리스마타 이아마톤(charismata iamatōn, "치유의 은사들": 12:9, 28, 30)이라는 복수형으로 세 차례 사용되고 있다. 때에 따라서 치유하는 능력이 "초자연적인 성령의 은사"라고 불리기도 했음은 분명한 사실이다. 그러나 그런 일이 단지 보다 넓은 의미에서 자비를 베푸는 은사들의 일부분이라면(그리고 바울이 본질적으로 그 의미를 손상하지 않고 domata iamatōn 이라는 다른 어휘로 쉽게 대체할 수 있는 것이었다면), 카리스마라는 단어를 사용했다고 해서 이 단어에 새로운 전문적인 의미가 있다고 주장할 이유는 없다. 12:31에 나오는 더 큰 은사를 사모하라는 권면(zēloute de ta charismata ta meizona)에 있는 카리스마타의 경우에도 동일한 결론이 적용된다. 14장에서 드러나는 바와 같이, 바울이 무엇보다도 가장 관심을 기울이는 은사는 예언이다(14:1). 그리고 그다음이 방언 통변(14:5)이고, 그다음이 12:8-10에서 언급한 지적인 은사들(intelligible charismata)이다. 따라서 본문에 공통적으로 나타나는 (논증의) 내용들을 볼 때, 바울이 언급하고 있는 은

---

28 Hemphill, "Concept", 82-92: Brockhaus의 요약, "Die Korinther engten den Kreis der Pneumatiker ein; Paulus weitet ihn aus" (Charisma, 204).

혜로운 선물들은 하위 집단에서 나타나는 현상을 가리키는 것인데, 바로 그것을 20세기의 오순절 운동에서는 "초자연적인 성령의 은사들"이라고 부르는 것들이라는 것을 알 수 있다. 그러나 그렇다고 해서 바울이 여기서 그리스어 사전에 새롭게 추가할 전문 용어—χάρισμα[1](="[은혜로운] 선물들")의 하위어인 χάρισμα[2](="성령의 초자연적인 현시에 나타난 하나님의 은혜")—를 만들고 있다고 주장할 만큼 충분한 증거가 있는 것은 아니다. 이 경우는 일반적인 의미가 특정한 용례에 아주 잘 어울리는 경우이며, 고린도 교인들도 바울이 아주 일반적인 의미에서 카리스마라는 단어를 사용하고 있다는 것을 잘 알고 있다. 왜냐하면 바울은 7:7에서도 그렇게 하고 있고, 12:28까지 이르는 본문상의 전략도 그것을 암시하고 있기 때문이다.

2. 로마서 12:6-8

곧바로 핵심적인 문제로 들어가도록 하자. 고린도전서 12장에서는 때로는 날카롭게, 때로는 미온적으로 제시했던 교훈을 여기서는 보다 중립적으로 제시하고 있다. 다시 한번 바울은 은사(charismata)를 하나님의 은혜(charis)와 연결시킨다(12:3, 6). 그리고 다시 한번 하나님의 다양한 "은사들"의 실천 문제를 윤리적인 구조 속에서 제기한다(여기서 바울은 이 주제를 해결하기 위해 윤리적/권면적인 교훈으로 가득 채우고 있다, 12:1-3, 9-21). 그리고 또다시 바울은 한 몸 안에 있는 지체들의 통일성과 다양성이라는 유비를 주로 사용해서 설명한다(12:4, 5). 그리고 고린도전서에서와 동일하게 바울은 전체를 섬기기 위해서는 각 지체의 역할을 올바르게 이해해야 한다는 것을 암시한다(12:3-5). 6절에서 바울은 이렇게 말하고 있다. "우리에게 주신 은혜대로 받은 은사가 각각 다르다." "우리에게 주신 은혜대로"라는 표현은 하나님이 은혜(charis)로(여기서는 "하나님께서 은혜로 주신"이라는 역동적인 의미를 나타낸다) 각기 다른 은사들(charismata)을 주심으로써, 각 지체를 각기 다른 (그리고 다양한) "모습"을 갖게 하시거나 각기 다른 특징을 갖게 하신다는 의미이다(3절), 신자들은 하나님이 신자들에게 주권적으로 제한하신 영역에 부합하도록, 그 안에서 자신들의 은사들을 나타내거나 사용해야 한다는 권면이 이어진다. 뒤이어 나오는 은사 목록은 여기서 카리스마타라는 어휘가 어떤 의미를 갖고 있는지를 가르쳐준다. 그 목록에는 (순서대로 보자면) 예언, 섬기는 일(diakonia), 가르치는 일, 위로하는 일, 구제하는 일, 다스리는 일(proistamenos, 또는 "다른 사람을 돕는 일"?), 긍휼을 베푸는 일이 있다. 이 목록에 들어 있는 것 중에서 어떤 것들은 그 정확한 내용이 무엇인지에 대한 논란이 있다. 그러나 이 목록이 여러 가지 성격의 것들을 한데 담아내고 있다는 데는 논란의 여지가 없다.[29] 한 가지는 분명하다. 여기서 사용된 카리스마타라는 어휘는 우리가 이미 대략적으로 살펴본 일반적인 의미인 "(은혜로운) 선물"을 의미한다는 것이다. 피는 이 점에 대해서 다음과 같이 말한다.

> 로마의 성도들이 6-8절을 "성령의 은사들"로 이해하기란 불가능했을 것으로 보인다. 6절의 인접 문맥과 로마서에서 χάρισμα라는 단어가 사용된 다른 모든 경우가 다 사실상 정반대 방향을 가리키고 있다. 즉 로마의 성도들은 이…단어가 성령과 특별히 관련이 있는 것이 아니라, 하나님의 선물로 생각했을 것이라는 말이다. 1:11을 보면 이 단어에 πνευματικόν이라는 형용사가 붙어서 이 단어의 의미를 **"영적인 선물(Spirit gifting)"**로 볼 수 있게 했으며, 나머지 다른 모든 용례들은 하나님으로부터 오는 선물과 관련이 있다(5:15, 16; 6:23; 11:29)…. 따라서 "성령의 은사들"에 대한 신학을 전개하기 위해서 이 "목록"을 고린도전서 12-14장과 나란히 사용하는 것은 아마도 합리적인 주석의 한계를 과도하게 넘어서는 것이 될 것이다.[30]

---

29 반대 입장은 다음과 같다. Dunn, Jesus, §42; Hemphill, "Concept", 189ff; J. S. Bosch, "Le Corps du Christ les charismes dans l' épître aux Romains" in L. de Lorenzi (ed.), Dimensions de la vie chrétienne (Rome: PBI, 1979), 51-72.

좀 더 깊이 생각해보자. 만약에 고린도전서 12:4과 31이 바울이 카리스마라는 말을 언급하는 유일한 곳이었다면, 카리스마라는 단어는 (이론적으로라도) "성령의 기적적인[31] 나타남을 통한 하나님의 은혜"라는 특별한 의미를 갖게 되었을 것이다. 그리고 그것이 (용례를 완벽하고도 자연스럽게 보다 넓은 의미에서 설명하기 위해) **필요해서 만들어낸 의미가 아니라면, 바울이 별도로 구분되는 기적적인 영적 은사들을 표현하기 위해 카리스마(χάρισμα)라는 하위어를 만들어냈다는 주장은 한꺼번에 무너지게 된다.**

에베소서 4:7-16의 내용은 앞서 언급한 것들과 일치한다. 이 단락은 고린도전서 12장과 로마서 12장의 연속선상에 있다. 그러나 몇 가지 주제들은 전체적인 서신의 관점을 따라서 특별한 방식으로 전개되고 있다. 우리는 여기서 다시 한번 윤리적인 구조를 보게 된다(4:1-3, 5, 16). 그리고 앞에서와 비슷하게, 각 신

---

30 (*Presence*, 606). Dunn은 롬 12:6-8을 예로 들면서, 여기서 열거하고 있는 인간적인 활동들이 공동체 내에서 그리고 공동체를 위해서 수행된 덕목들이라는 이유만으로 은사라고 할 수는 없다고 주장한다. Dunn은 이렇게 말한다. "은사란 오로지 성령의 역사라는 것이 인정되는 경우에만 비로소 제대로 사용되는 것이라고 할 수 있다. 왜냐하면 은사란 사람의 능력이나 재능을 발휘하는 것이 아니라 오로지 하나님에 대한 무조건적인 의존과 복종을 통해서만 가능한 특별한 것이기 때문이다"(*Jesus*, 256). 이런 식으로 Dunn은 자기 입장을 보완하고 있다. 그러나 이러한 주장은(그리고 §43 전체를 아우르고 있으면서 통찰력 있는 논증은) 사실상 바울을 (아마도 바울의 주장을 더 섬세하게 다듬는) 이상적인 방향으로 밀고 가는 것이다. 바울은 사람들을 돌보고, 돕고, 권면하고, 가르치는 등의 활동들이 성령으로 능력 충만하게 되었다는 것을 의식한 상태에서 수행될 때에만 비로소 은사가 **되는 것이라고**, 혹은 다른 사람들에게 "성령의 나타남"으로 인식될 때에만 비로소 "올바른" 은사가 되는 것이라고 말하지 **않는다는** 것이다.

31 나는 여기서 그리고 다른 곳에서도 "기적"이라는 말을 다음과 같은 특징들을 보여주는 사건을 의미하는 준 전문적인 용어로 사용한다. (1) 예외적이거나 놀라운 가시적인 사건, (2) 인간의 능력 혹은 이 세상에 존재하는 다른 어떤 힘이라는 개념으로는 합리적인 설명이 불가능한 것, (3) 하나님의 직접적인 개입이라고 인정되는 것, (4) 일반적으로 상징적인 혹은 표지로서의 가치가 있다고 인정되는 것(예를 들면, 하나님을 구원자이자 심판자로 나타내는 것). 보다 자세하게 설명된 비슷한 정의들에 대해서는 Latourelle, *Miracles*, 276-80; Meier, *Marginal Jew*, 2:512-15을 보라. 이 특징들 중에서도 (1)과 (2)는 (예언의 경우에서와 같이) 사람으로서는 전혀 알 수 없는 지식을 전달하는 것도 인정할 수 있을 만큼 충분한 여지를 두어야 한다.

자들은 한 성령을 통해서 그리스도의 몸의 지체가 되며, 각 신자들은 그리스
도께서 나누어주시는 하나님의 은혜를 받는다고 하는 동일한 주장을 접하게
된다(4:5-8; 참조. 고전 12:5). 그러나 은혜(charis)는 은사(charismata)가 아니라 선물
(domata)이라는 것을 볼 수 있다. 에베소서 저자가 선물이라는 용어가 나오는 시
편 68:18을 인용하는 바람에 이 단어를 사용하게 된 것으로 보인다. 그리고 문
제가 되고 있는 그리스도의 선물은 사도, 예언자, 복음 전도자, 목사와 교사들인
데, 이들의 역할은 성도들을 온전케 하고, 그들과 함께 종말론적인 하나됨을 위
해서 교회를 섬기는 것이다.[32] 간단하게 말하자면 에베소서 저자가 선물(domata)
을 "전문적인 용어"로 만들었다고 주장하지 않는 한, 고린도전서 12장과 로마서
12장에 있는 은사(charismata)의 쓰임새와 선물의 쓰임새가 일치한다는 것에 비
추어보았을 때, 먼저 기록된 두 서신에서 전문적인 표현을 만들어냈다는 이론
을 다시 끄집어낼 필요는 없다.

IV. 바울이 말하는 은사와 성령

몇 가지 언어상의 혼란을 제거할 수 있었다는 소망을 지니고서 다시 신학
적인 문제로 돌아가도록 하자.

1. 일반적인 고찰

(1) 우리는 바울에게 카리스마라는 용어가 성령과 관련해서 그 자체로
는 중립적이라고 지적했다. 그러나 성령과 하나님의 "(은혜로운) 선
물" 중 일부와의 관계가 본문 간의 연관성(롬 1:11에 pneumatikon이 추
가된 것 같은)이나 성령의 역사에 대한 구체적인 주장들(예를 들면 고

---

32 Turner, "Mission", 149-51을 보라.

전 12:4, 7, 8-10 그리고 14장에서 예언과 방언을 빈번하게 언급하는 것)을 통해서 나타난다. 이것 말고도, 우리는 성령이 주시는 다른 신적인 "은사들"이 있었다는 것을 보다 일반적인 신학적 근거를 바탕으로 추론해볼 수 있다. 로마서 12:7에 있는 "가르치는 일"과 "위로하는 일"은 지혜와 통찰력을 주고 대화의 기술을 높여주는 "예언의 영"과 최소한 부분적으로라도 의존 관계가 있다고 볼 수 있다. 반면에 로마서 12:8에 나오는 보다 인간적인 기능들은 성령의 회복하는 역사와 성령의 열매라고 부르는 것에 깊이 뿌리를 내리고 있음이 분명하다(참조. 갈 5:22). 따라서 카리스마가 그 자체로는 "기적적인 성령의 은사"를 **의미하는 것**은 아니며, 또 어떤 것들은 전혀 기적적이지도 않으며, 성령과 직접적으로 상관이 없다고 강조했다 하더라도 바울이 어떤 은사들은 "기적적인 성령의 은사"라고 보았으며(고전 12:8-10에서 열거하고 있는 것들의 대부분이 여기에 포함된다), 다른 것들은 "기적적"이지는 않을지라도 성령이 **가능케 하시는** 은사라고 보았음이 분명하다.

(2) 많은 사람들이 지적했던 바와 같이 ─ 던보다 더 명확하게 지적했던 사람은 아무도 없었지만 ─ 고린도전서 12:8-10과 로마서 12:6-8에는 들어 있지 않지만, 성령을 통해 주시는 하나님의 "은사들"은 그 외에도 많이 있다. 전자(고린도전서의 목록)는 문맥상 볼 때 고린도 교인들의 기대에 맞춰서 선택한 한정된 목록이고 후자(로마서의 목록)는 임의적인 것인데, 예를 들어 설명하기 위해서 언급한 것들이다. 이 목록에 들지 않은 것으로는, 예를 들어 성령의 "기적적인 은사들" 중에서 (바울이 인정하고 있는데도) 언급되지 않은 것으로 로마서 8:26, 27[33]에 있는 말할 수 없는 탄식으로 간구하는 카리스마

---

33 물론 이것이 "개인적인" 방언이 아니어야 한다. E. Käsemann과는 달리, Fee는 (Presence, 579-86) 이것을 방언을 통한 공적인 표현이라고 보며("The Cry for Liberty in the Worship

적인 중보기도와, 고린도후서 12:1에 나오는 주의 환상과 계시 등을 들 수 있다. 더 중요한 것은, 바울에게 있어 그리스도인의 모든 삶은, 별로 "기적적"인 모습이 아니더라도 아주 영적이며, 여러 가지 많고 다양한 성령 체험들을 모두 하나님의 "은사"라고 부를 수 있다는 것이다. 특히 그것들이 교회를 섬기는 것들이라면 더더욱 그렇다. 따라서 문제는 "성령의 은사"라고 하는 애매모호하고 상투적인 문구를 대신할 것이 무엇인가라는 것이다.

(3) 우리는 이 마지막에 언급한 문제를 (던과 그라우[Grau]가 그렇게 하는 것처럼) 간단하게 "성령의 은사"는 에네르게마(*energēma*, 사역, 고전 12:6) 또는 프라시스(*praxis*, 기능, 롬 12:4)라는 용어를 기준으로 엄격하게 정의해야 한다고 억지로 제한할 수는 없는 일이다.[34] 던은 바울에게 있어 은사들(*charismata*)은 "…잠재된 가능성이나 숨겨진 재능이 아니라 구체적인 행동, 실제 사건"이라고 본다.[35] 그렇다면 결과적으로 가르치는 일, 다스리는 일, 목회 등과 같은 것 중에서 특별한 경우들 또는 예언, 방언 같은 특별한 사건들만, 그리고 분명하게 성령으로 인한 사건들인 경우에만 카리스마타가 될 수 있다. 카리스마타라는 그리스어 단어를 사용하는 것과 관련해 우리가 앞에서 제기한 주요한 사전상의 문제들 말고, "영적인 은사들"을 "분명한" 초자연적인 나타남이 있는 경우로 제한하기 위해서는 반드시 해결

---

of the Church", *Perspectives on Paul* [London: SCM, 1971] 122-37); E. A. Obeng은 이것을 **침묵의** 중보기도라고 본다("The Origins of the Spirit Intercession Motif in Romans", *NTS* 32 [1986], 621-32). Fee와 Käsemann의 주된 차이점은 형용사 "말할 수 없는"(*alalētos*)에 대한 것이다. Fee는 이것을 "이해할 수 없는"이라는 의미로 이해할 수 있으며, 그 단락의 다른 특징들에 비추어보았을 때 고전 14:14, 15에서 말하는 "성령으로" 기도하는 것 / "자기도 모르는" 방언과 문제의 중보기도가 연관성이 있다고 하는 그럴듯한 주장을 편다. 참조. A. J. M. Wedderburn, "Romans 8:26—Towards a Theology of Glossolalia", *SJT* 28 (1975), 369-77.

34 Grau에 대한 반대 의견으로는 Hemphill, "Concept", 187 n.77을 보라.

35 Dunn, *Jesus*, 209.

해야 하는 두 가지 서로 연결된 장애물이 있다.

(i) 기적적이며 초월적인 형태로 성령이 갑작스럽게 나타나는 것과 성령이 보다 "조용하게" 임재하고 활동하는 것(예를 들어, 교회에서 나타나는 열매를 **되짚어볼 때** 비로소 알 수 있는 것들)의 차이를 뚜렷하게 구분하는 기준이 없다. 성령의 나타남은 대부분 어중간한 지점에 귀착될 수밖에 없다. 그런 기준으로 "은사"를 구분하는 문제를 해결하려면 설교 때마다 청중들에게 설교에서 성령의 "나타남"이 있었는지 물어보는 수밖에 없다. 더 심각한 문제는 아닐지 몰라도, 에베소서 저자가 1:17, 3:16-19에서 기도하고 있는 그런 종류의 영적인 지혜와 통찰의 은사를 받았다고 말할 수 있는 시점을 정확하게 언제로 잡는 것이 적절한지를 가리는 것도 비슷한 문제라고 할 수 있다.

(ii) 헴필(Hemphill)은 현재 나타나고 있는 성령의 활동과 잠재적인 가능성 또는 숨겨진 재능을 대비시키는 던의 도식을 제대로 비판했다. 이 둘 사이에는 중간 지대가 존재한다. 특히 지도력이나 목회 같은 폭넓은 능력이 필요한 사역들은 더욱 그렇다. 정말로 바울이 하나님께서 주신 것임을 알고 하나님을 위해 사용하고 있으며, 교회를 세우기 위해 사용되고 있는(궁극적으로 우리를 모태에서 조성하신 하나님의 역사라고 볼 수 있는) 우리가 가진 능력을 하나님께로부터 말미암은 것이며, 성령이 사용하시고 더 능하게 해주시는 "선물"이라고 부를 수 없었을까? 그리고 그것을 카리스마라고(참조. 고전 7:7), 또 "성령의 은사"라고 표현하는 것이 당연하지 않았을까? 헴필이 지적하듯이 만약 바울이 성령의 은사가 단지 성령의 일시적 활동이라고 생각했다면, 그는 아무도 은사를 소유할 수 없다고 말함으로써 고린도 교인들의 자랑을 효과적으로 잠재울 수 있었을 것이다. 그러나 실제로는 바울은 사

람들이 은사를 "가지고 있다"고 거리낌 없이 말하고 있으며, 그
들이 "가지고 있는" 은사를 사용하는 것에 대한 실제적인 교훈을
제시해주고 있다(14장). 사실 은사가 공동체에 위협을 주는 경우
는, 은사를 "갖고 있는 자"가 성숙치 못해서 그 은사를 오용하는
경우인데, 그것도 그 은사를 "청지기직에 있는 자가 소유한" 경
우뿐이다(참조. 벧전 4:10).[36]

2. 신자마다 한 가지 은사만 갖고 있는가?

고린도전서 12:7-11은 바울이 몸의 각 지체가 오직 한 가지 성령의 은사
만 받는다고 말하는 듯한 인상을 준다. 고린도전서 7:7이 말하듯이, 각 지
체는 하나님께 받은 자기만의 은사를 갖고 있다는 것이다(문맥과는 상관없이
인용한 것이다!). 그러나 이러한 견해는 바울을 오해하는 것이다. 왜 그런지
세 가지로 나누어서 살펴보도록 하자.

(1) 고린도전서 12:7-11(참조. 29-31절)이 말하는 것은 **집회 중에** 발생
하는 성령의 **나타남**과 관련된 은사들만 해당되는 것이다. 즉 12:8-
10에서 예로 들고 있는 은사들, 특히 방언, 방언 통변과 예언 같은
것들을 말한다. 바울은 이 은사들에 대해 14장에서 자세하게 언급
하고 있으며, 이를 위해 12장에서 미리 준비하고 있다.

(2) 분명히 바울은 교회에 다양한 은사들이 있기를 바라고 있으며, 각
각의 그리스도의 지체들이 서로가 서로에게 도움을 줄 수 있도록
이 은사들이 골고루 나누어지기를 바라고 있다. 그러나 이것은 한
사람이 오직 한 가지 성령의 사역만 맡아야 한다는 말은 아니다. 이
뿐만 아니라 성령의 은사가 회중이 모일 때마다 성령의 나타남의

---

36 Hemphill, "Concept", 78 n.92.

모습이 각기 다르게 나타나는, "둥글게 둥글게" 식의 끝없는 천상의 게임처럼 성령의 은사를 나누어준다는 식으로 생각하는 것은 더더욱 아니다. 내가 생각하기로는, 핵심은 바울은 은사를 각기 다른 수준에서 사용하도록 그에게 허락하시는 것으로 넓은 의미에서 본다는 점이다. 비록 바울이 실제로는 개별적인 치유의 사례들을 카리스마타 이아마톤(chariamata iamatōn, "치유들의 은사들", 고전 12:9)이라고 부르고 있기는 하지만, 바울은 "또 다른 (허락하신) 치유(들)의 은사"라고도 말할 수 있었다. 즉 단수로 표현함으로써 하나님의 은혜로 일어나는 모든 특별한 사례들을 뭉뚱그려서 나타내고 있는 것이다. 비슷하게 바울은 어떤 사람이 예언 혹은 방언 통변의 은사들(charismata)을 받는다고 거리낌 없이 말하기도 하고(각각의 경우를 다 하나님의 은사로 본 것이다), 하나님이 방언 통변의 은사(charisma)를 주신다고 아무렇지도 않게 말하기도 한다(12:10—특별한 경우가 아니라 이 은사를 정기적으로 사용하는 것을 가리킨다: 참조. 고전 14:28 diermeneutēs="통변하는 사람"). 혹은 하나님이 "예언자"를 주신다고 말하기도 한다(예를 들어 엡 4:11; 참조. 고전 12:28, 29). 은사는 어떤 개별적인 사례를 지칭하기도 하고, 때로는 동일한 능력의 일련의 사례들을 총괄적으로 가리키기도 한다.

(3) 그러나 마찬가지로 바울은 집회 때에 "성령의 나타남"과 관련해서도 한 사람이 한 가지 이상의 은사를 가질 수 있다고 본다. 예를 들면 이런 식이다. 바울은 방언으로 기도하는 사람이 방언 통변의 은사를 구하기를(고전 14:13), 그리고 모든 사람들이(개인적으로 혹은 다 같이 함께?) 예언하기를 바란다(14:1).

집회 가운데 성령의 "나타남"에 대한 논의에서 좀 더 일반적인 내용으로 시각을 돌려보면, 바울이 목사, 복음 전도자, 교사, 다스리는 자를 하나님이 교회에 주신 선물로 보고 있다는 점에 주목할 필요가 있다(고전 12장; 롬

12장; 엡 4장). 우리가 이런 것들을 직위로 보든 혹은 임무로 보든 간에, 각각의 "은사"가 은사들 전체와 서로 연결되어있다는 점은 변함이 없다. 예를 들어 가르치는 자는 성경과 전통에 대한 이해, 회중에 대한 개인적인 통찰, 권면(*paraklēsis*, 참조. 롬 12:8)의 능력 등 여러 가지가 있어야 한다. 그리고 바울은 자신의 사도직이 하나님의 "역사"(갈 2:8)이며, 하나님의 선물(*charis*: 롬 1:5; 15:15)이라고 말한다.[37] 바울은 간단하게 이것이 하나님의 카리스마(*charisma*, 선물)였다고 말하기도 한다(참조. 엡 4:11에서는 *doma*가 사용된다). 그러나 이 사도직에는 능력 행함, 방언, 예언, 가르침 등의 은사들이 포함되는 것 같다. 하나님께서 사람이 교회를 위해 할 수 있도록 능하게 하신 모든 것은 (개별적으로) 은사들이자, 동시에 (은혜로 말미암아 가능했던 개별적인 사례들을 집합적으로 하나로 보았을 때) 은사인 것이다. 앞의 (1)을 참조하라.

3. 신자들의 은사는 "고정된" 것인가?

고린도전서 12장은 여러 가지 은사를 원하시는 대로 나누어주는 분이 성령 혹은 하나님이시기 때문에(12:6-11, 18, 28, 29), 자랑하거나 질투하거나 열등감을 느낄 여지가 없다고 강조한다(12-30절). 이 때문에 적지 않은 수의 주석가들이 바울을 은사를 나누어주는 면에 있어서는 운명론자로 묘사했고, 몸의 유비는 신자들의 모든 개별적인 은사의 본질이 신체 기관의 기능과 일치하는 것으로 해석하기도 했다.[38] 그루뎀은[39] 바울이 31절에서 그와 같은 입장에 반대하고 있다고 보는데, 타당한 지적으로 보인다. 즉 바

---

37 *charis*의 의미들 중에서 ("주어진 사건"이든지 "주어진 것"이든지 간에) 두 가지는 단순히 "선물"이라는 뜻이다. Turner, "Modern Linguistics", 165을 보라.

38 마지막 것은 Schürmann, "Gnadengaben", 248이 주장한 것이다. 그러나 Schatzmann, *Theology*, 78-79의 반론을 보라.

39 *Gift*, 54-57, 259-61.

울은 "더 큰 은사들을 구하라"고 권면하고 있다(참조. 14:1, 39).[40] 하나님의 지혜로운 은사 분배는 전적으로 그분의 선택에 달려 있다. 물론 하나님은 모든 사람이 동일한 성령의 나타남을 받기를 바라시지는 않는다. 그러나 하나님의 선택이 신자들이 겸손하게 기도하며 간구하는 것과 전혀 무관한 것도 아니다.[41] 은사를 주시는 분의 주권은 인간의 책임을 부정하지 않는다. 어떤 학자들은 이 구절에 있는 바울의 신적 주권에 대한 말을 지나치게 강조하는 바람에 젤룬(zēloun)을 전통적 의미인 "구하다"로 해석하기보다는 "열심히 실천하다"로 해석해야 한다고 주장한다.[42] 이런 해석은 그들이 난점이라고 인정하는 문제를 실제로 해결하지 못한다. 왜냐하면 바울은, 우리가 이미 살펴본 바와 같이, 결정적으로 14:13에서 방언을 하는 자는 방언을 통변할 수 있기를 구하라고 권면하고 있기 때문이다. 게다가 젤룬은 의미론적으로 볼 때(14:1에서) "구하라"로 해석하는 것이 가장 자연스러워 보인다. 왜냐하면 이 단어는 "특별히 예언하기를"이라는 말을 수식하고 있기 때문이다(그리고 바울은 분명히 이것을 명령하고 있다).

4. 성령의 은사와 자연적 재능

바울에게 있어 하나님은 구약에서와 마찬가지로 세상을 다스리시는 분이며, 이것은 하나님이 인간에게 허락하시거나 가능케 하시는 모든 것이 하나님의 "선물들"이라는 의미이다(참조. 롬 11:29; 고전 7:7). 그렇다고 해서 바울이 그 모든 것들을 "성령과 관련된" 선물들이라고 말하려는 것은 아니다. 우리가 살펴보았던 세 가지 대표적인 은사들(예언, 치유, 방언)의 경

---

40 이 구절의 권면적인 성격이나 14:1과의 평행 관계를 고려할 때 zēloute는 직설법이 아니라 명령형으로 보아야 한다. Grudem, Gift, 56이 그렇게 주장한다. R. P. Martin, Spirit, 18, 57은 직설법을 주장한다. 그러나 이 문제의 난점에 대해서는 Fee, Presence, 196-97을 보라.

41 Hemphill, "Concept", 124.

42 Edgar, Gift, 319 이하.

우에, 바울이 이 세 가지를 자연적인 능력과 어떤 방식으로든 결부될 수 있다고 생각하지 않았다는 점은 아주 분명하다. 고린도전서 12:8-10에서 열거되는 나머지 다른 은사들도 마찬가지다. 그러나 바울이 여러 가지 방법으로 하나님의 카리스마타/도마타 목록에 사도직, 가르침, 목회, 다스림과 섬김을 포함시킨 것을 고려한다면, 자연적(natural, 천부적) 능력과 성령의 은사의 관계를 묻는 것이 보다 합리적이라는 점은 분명하다. 바울이 고린도전서 2:11-13에서 말하는 것들을 모두 살펴보았을 때, 바울이 교훈하고 있는 기본적인 구조의 상당 부분이 다메섹으로 가는 길에서의 신현을 통해서 그리스도 중심적으로 재조정, 재구성, 구체화된 것이며, 그것들이 후에 바울의 사도적 권위가 실린 교훈으로 발전하게 된 것이 분명하다. 그리고 바울이 유대교에서 배운 것들이 바울의 수사적인 그리고 의사전달 기술에 최소한 어느 정도는 도움이 되지 않았을까? 고린도전서 12:28, 29에서 말하는 "교사", "다스리는 자", "지도자"에 대해서도, 그리고 로마서 12:8에서 언급하는 돌보는 역할을 하는 사람들에 대해서도 동일한 질문이 제기될 수 있다.[43] 결국 바울이 말하는 "선물/선물로 주심"(gift/gifting)은 "자연적 능력"에 대한 문제와 관련해서는 중립적이다. 이 자연적 능력이라는 말은 "내 어머니의 태로부터 나를 택정하신…하나님"이라고 말할 수 있는 사람에게 해당되는 말이다(갈 1:15).[44]

5. 성령의 "은사"와 "성령의 열매"

갈라디아서 5:22, 23은 ("육체의 일"과 대조되는, 5:19-21) 신자 안에서 역사하시는 성령의 역사의 결과인 덕목들을 열거하기 위한 특별한 목적으로 "성

---

43 참조. Bittlinger, *Gift*, 70-2.

44 하나님이 능하게 하신 것과 자연적인 능력에 대한 다양한 의견들에 대한 개략적인 소개로는 Schatzmann, *Theology*, 73-76을 보라.

령의 열매"[45]라는 은유를 사용한다.

성령을 통해 역사하시는 하나님의 **은사**들과 성령을 통해 맺는 **열매**의 차이는 언뜻 생각되는 것만큼, 특히 우리가 고의로 카리스마타를 특정한 단기간의 성령의 나타남으로(또는 그런 단기간의 섬김을 위해서 능력을 주시는 것으로: 예를 들어 롬 5:15, 16; 6:23; 11:29 등은 **정반대** 현상을 보여준다) 제한하지만 않으면, 그렇게 뚜렷하지 않다. 우리는 로마서 12:8에서 말하는 돌보는 "은사"와 갈라디아서에서 말하는 성령의 "열매"의 사회적인 성향이 서로 겹친다는 것을 이미 언급했다. 왜 바울이 개별적인 예언들을 성령의 "열매"라고 언급하지 않았는지, 왜 에베소서 4:10, 11의 다양한 사역들을 마찬가지로 성령의 "열매"로 언급하지 않았는지 그 본질적인 (의미론상의) 이유는 전혀 분명치 않다. 그리고 마찬가지로 갈라디아서 5:22, 23에 나오는 윤리적인 자질들도 성령의(혹은 하나님의) "열매"라고 언급하지 않는지에 대해서는 그저 의도적인 것은 아닐 것이라고 말할 수밖에 없다.[46] 한 가지 차이점이 바울의 선택에 영향을 주었을 수도 있다. 누구든 동일한 원천(예를 들면, 나무)에서 생성된 열매들로 전혀 다른 것들이 나올 것이라고 기대하지는 않을 것이다. 그리고 이것은 아마도 바울이 각기 다른 그리스도인들을 능하게 하시는 성령의 역사의 여러 가지 **다양성**과 상호 보완성을 강조하는 상황에서 그들의 "열매" 없음을 빗대기 위한 것일 수도 있다(고전 12:7-30; 롬 12:3-8의 요점이 그것이다). 물론 갈라디아서 5:20-22은 여러 가지 각기 다른 덕목들을 열거하고 있다. 그러나 그 덕목들에는 보다 큰 개념상의 일관성이 있다. 즉 성도의 방언을 다 알아듣는 사람이 방언 통변을 못한다는 것을 쉽게 납득할 수 없듯이, 마찬가지로 신자가 모든 것을 "절제"하면서도 "인내"가 부족하다는 것은 쉽게 이해되지 않는다! 그뿐만 아

---

45 바로 이 제목으로 된 D. S. Dockery, *DPL*, 316-19에 있는 논문을 보라.

46 바울이 "열매"에 어떤 것을 포함시킬지 선택한 것이 의도되지 않았다는 점은 열매에 포함된 자질들이 인간의 참여나 노력 없이 성령으로 말미암아 "자동적으로" 생성되는 것이 아님을 암시한다. 앞의 제8장을 보라.

니라 바울은 **모든** 신자들이 모든 열매를 맺어야 하며, 또 맺기 위해 애써야 한다고 촉구하고 있다(왜냐하면 열매가 없다는 것은 "육체를 따라" 산다는 의미이기 때문이다).

6. 성령의 은사와 교회의 직무

지면의 제약 때문에 여기서는 좀(R. Sohm, 1892)[47]이 제기하는 카리스마적인 사역과 교회의 직무의 관계에 대한 질문에서 비롯된 치열한 논쟁에 대해서는 추적하지 않겠다.[48] 내 목적은 던의 입장에 대해 몇 가지 논평을 하는 것인데, 던은 좀으로부터 시작해서 케제만, 폰 캄펜하우젠(von Campenhausen) 그리고 슈바이처를 거쳐 오늘에 이르기까지 (굴곡이 있기는 하지만) 넓게 뻗어 있는 흐름의 끝부분에 자리 잡고 있다.[49]

던에게 이 문제들은 비교적 명료하다. 바울은 "카리스마타"라는 개념을 성령이 나타나는 사건이라는 의미로 사용한다. 즉 "특정한 경우에 주어진 은사들"이라는 것이다. 언제든지 사용할 수 있도록 준비가 되어 있는 재능이 아니라는 말이다. 이 말은 공식적으로 임명된 교회의 직책은 바울의 생각 속에 들어 있지 않았다는 뜻이다. 따라서 카리스마적인 지도력은 특정한 개인(예를 들면 예언자나 교사)이 규칙적으로 행하는, 그리고 정확하게 규정되지 않은 사역에서 수행되는 기능일 뿐이다. 먼저 후자의 내용을 살펴보되, 던의 말을 직접 들어보자.

---

47   R. Sohm, *Kirchenrecht*, Leipzig 1892.

48   충분한 설명을 위해서는 Brockhaus, *Charisma*를 보라. 보다 간략한 설명으로는 다음의 것을 보라. H. A. Lombard, "Charisma and Church Office", *Neotestamentica* 10 (1976), 31-37, 그리고 Schatzmann, *Theology*, ch. 4의 논의를 참고하라.

49   H. von Campenhausen, *Ecclesiastical authority and Spiritual Power in the Church of the First Three Centuries* (London: Black, 1969, 1965년 독일어 판의 영역본); Käsemann, "Ministry and Community in the New Testament", *Essays*, 63-94; E. Schweizer, *Church Order in the New Testament* (London: SCM, 1961); Dunn, *Jesus*, §§44-57; 같은 저자, *Unity*, §§29-30.

그러한 은사들에는 설교, 다양한 영역의 섬김, 다스림 또는 모종의 지도력과
바울의 동역자로서 교회를 대표하는 일 또는 이방 선교에 종사하는 일이 포함
된다(특히 롬 12:7-8; 16:1, 3, 9, 21; 고전 12:28; 16:15-18; 고후 8:23; 빌 1:1; 2:25; 4:3;
골 1:7; 4:7; 살전 5:12을 보라). 이러한 다양한 형태의 사역들은 서로 분명하게 구
분되지 않는다. 예를 들면 권면하는 사역은 예언 사역과 겹친다(롬 12:6-8). 그
리고 "구제하는" 사역(고전 12:28)은 로마서 12:8의 "나누고, 돌보고, 베푸는" 사
역과 겹친다. 이러한 다양성에 대한 설명이 의미하는 바는 분명하다. 즉 카리
스마적인 공동체에 속한 모든 개별적인 구성원들이 행하는 모든 형태의 섬김
은 성령에 의해 정기적으로 유발되었던 것들이며, 교회에 유익을 끼치는 것들
로서 교회가 정기적으로 사역해야 한다고 여기던(혹은 여하튼 여겨야만 했던) 것
들이었다(살전 5:12 이하; 고전 16:16, 18). 그렇기 때문에 결과적으로 이러한 사
역들은 확정된 혹은 공식적인 사역이라고 생각해서는 안 되며, 교회에서 임명
받은 것이나 교회의 직책은 분명히 아니었다. 실제로 스데바나와 그의 집안이
"성도 섬기기로 **작정했다**"고 하는 구체적인 사례가 있다(고전 16:15). 빌립보서
에 나오는 "감독들(주교들)과 집사"가 후대에 나타날 직책의 시효라고 볼 수 있
는 유일한 사례이다(빌 1:1). 그러다가 언젠가 앞에서 언급한, 아직 제대로 규정
되지 않은 다스림과 섬김의 사역들 중에서 일부가 서로 묶이거나 보다 분명한
사역의 형태로 응집되는 일이 생겼을 것이다. 그 결과, 정기적으로 그 사역에
참여했던 사람들이 그와 같은 이름(감독과 집사)으로 알려지게 되었을 것이다.

에베소서 4:11에 나오는 "복음 전도자"와 "목사"도 훨씬 명확하게 규정된 사역
들을 가리키는 것으로 볼 수 있다. 그러나 에베소서에 나타난 (공교회적) 교회
는 후대(바울 이후?)의 관점을 반영하는 것일 수도 있다.…하지만 여기서 사용
된 용어들도 직책이라기보다는 기능을 가리키는 것으로 보이며, 아직 확정된
칭호가 아닌 것으로 보인다.[50]

---

50 Dunn, *Unity*, 112-13.

던은 더 나아가 바울 서신에서 언급하고 있는 사역에 회중도 책임이 있다고 강조한다. 이 모든 것들과 대조적으로, 던은 목회 서신이 바울보다는 이그나티우스에게 더 가깝다고 본다. 목회서신에서는 이미 장로, 감독, 집사가 교회의 직책으로 언급되고 있으며(딤전 5:17-19; 딛 1:5; 딤전 3:1-13; 딛 1:7-9), 카리스마에 대한 바울의 개념이 협소해졌고 정규화되었다. 카리스마는 독립적인 은사가 되었고, 임명 과정에서 단번에 주어지고 영속적인 효과를 갖게 되었으며, 직책이 주는 권력과 권위로 변하였다(딤전 4:14; 딤후 1:6). 이것은 바울 계열의 성향과 유대-기독교적 성향이 혼합되었기 때문에, 그리고 바울이 카리스마를 통해 꿈꾸었던 것이 쇠퇴했기 때문에 발생한 결과인 것으로 보인다.[51]

이 구조에서 우리는 다음과 같은 점들을 볼 수 있다.

(1) 전체 구조는 카리스마가 오로지 사건이나 혹은 특정한 상황을 위해 은사가 주어진 것만 가리킨다는 아무 근거가 없는 주장에 의존하고 있다. 그것도 후자는 짧은 기간만 지속되는 것으로 본다(아주 독단적이다). 이런 견해는 바울의 생각과 전혀 맞지 않는다. 예를 들면 바울의 사도권과 관련해서도 그렇다.[52]

(2) 던은 바울이 호 디다스콘(ho didaskōn, "가르치는 [사람]"), 호 파라칼론(ho parakalōn, "권면하는 [사람]", 갈 6:6), 호 프로이스타메노스(ho proistamenos, 롬 12:7, 8: 참조. ho katechoumenos, "훈육하는 [사람]") 같은 분사들을 선호하는 이유가 바울이 카리스마타를 직책이 아니라 기능으로 이해하고 있다는 점을 보여주는 것이라고 주장한다. 그러나

---

51 Dunn은 이것이 목회 형태의 변화에 주는 의미를 강조한다. 특히 Dunn이 "성직 임명된 사역"이라는 의심스러운 범주로 간주하는 것과 관련해서는 더욱 그렇다. Dunn, "Ministry and the Minisrty", 81-101.

52 앞을 보라. 그리고 F. Fraikin, "'Charismes et ministères' à la lumière de 1 Co 12-14", *Église et Théologie* 9 (1978), 455-63을 보라.

던이 주장하는 것은 옳지만 부정하는 것은 틀렸다. 이 분사들은 실제로 기능을 강조한다. 그러나 그것은 로마서 12장의 논의의 문맥과 주제가 윤리와 실천에 대한 것이기 때문에, 그리고 하나님이 능하게 해주시는 것은 무엇인지와 그러한 카리스마타들을 어떻게 사용해야 하는지에 대한 것이기 때문에 그런 것이다. 바울은 교회 정치 그 자체에 대해서는 세세하게 논의하지 않는다.[53] 던이 부정하고 있는 것은 다음 두 가지 이유 때문에 틀렸다. (a) 예를 들어 로마서 12장에서 바울은 가르치는 자가 어떻게 가르쳐야 할 것인가에 대해 신경을 써서 강조하고 있으며, 하나님의 은혜로 그런 일을 할수 있는 것임을 강조하고 있지만, 던은 여기서 바울이 디다스칼로이(*didaskaloi*, "교사들"; 참조. 고전 12:29; 엡 4:11)라는 명칭을 사용하는 것을 승인했다는 점을 전혀 제시하거나 암시하지 않는다고 말한다. 그러나 그렇다고 해서 바울이 "교사"라는 "직책"을 전혀 몰랐을 것이라고 생각할 수는 없다(던은 그렇게 생각한다). 그리고 동일한 이유로, 다른 지도자 역할을 가리키기 위해(핵심적인 역할을 하는 역할들인 경우에) 분사가 사용된다고 해서 바울이 그런 "직책들"에 대해 전혀 모르고 있었다는 것을 의미하는 것은 아니다. (b) 던의 주장은 카리스마적인 기능과 교회의 직책은 필연적으로 대립될 수밖에 없다는 것을 암시한다. 그러나 (던의 가설을 인정한다고 하더라도) 목회 서신의 저자들과 누가-행전의 저자는 분명히 그렇게 생각하지 않는다.[54] 그리고 그 "필연성"도 논리적이지 못하다.[55]

---

53 H. A. Lombard, "Charisma", 47이 이 점을 잘 지적했다.

54 M. Dumais, "Ministères, charismes et Esprit dans l'oeuvre de Luc", *Église et Théologie* 9 (1978), 413-53을 보라. V. C. Pfitzner, "Office and Charism in Paul and Luke", *Colloquium* 13 (1981), 28-38은 누가와 바울이 직임과 은사의 관계에 대해서 동일한 입장을 보인다고 주장한다.

55 Käsemann의 글에서도 비슷한 대립을 볼 수 있는데, 이에 대한 반론으로는 R. Y. K. Fung, "Charismatic versus Organized Ministry", 195-214을 보라.

(3) 사실 바울에게 있어 일부 카리스마적인 기능들이 동시에 교회의 "직임"이라는 점을 받아들이지 않을 수 없다(최소한 초보적인 차원에서는 그렇다). 만약에 "직임"이라는 말이 (a) 지속적인 성격을 갖는 것이고, (b) 교회의 인준을 받는 것이며(예를 들어, 명칭과 관련해서), (c) 어떤 방식으로든 권위가 부여되고 신성한 것으로 인정받는 것이며, (d) 공식적으로 위임되는 것이고(예를 들어, 안수를 통해서), (e) 합법적인 요건을 갖춘 것이며(예를 들어, 문서를 통한 추천), (f) 보수가 지급되는 것이라면 그렇다는 것이다.[56] 그래서 브록하우스(Brockhaus)와 홈버그(Holmberg)는, 그 실제 사례로 바울이 데살로니가전서 5:13에서는 지도자들에게, 그리고 고린도전서 16:15, 16에서는 스데바나와 그의 집안에게 합법적인 권한을 부여하고 있으며(바울은 그들에게 "순종"[hypotassesthai]하라고 회중에게 당부한다), 교사들에게 보수를 지급하는 것(갈 6:6), 그리고 그 직책의 정확한 성격을 규정하기란 아주 어렵겠지만, 여하튼 직책을 가리키기 위해서 디아코노이(diakonoi), 에피스코포이(episkopoi) 등과 같은 명칭을 사용하는 것(빌 1:1 등)을 지적한다.[57] 던이 왜 바로 앞에서 언급한 것들을 직책이 아니라 기능이라고 생각하는지는 분명치 않다. 그의 결론은 아마도 고린도 교회의 혼란이 진정되지 않았다는 사실에 근거한 것으로 보인다(고전 5, 6, 10, 12-14장). 물론 이런 점이 고린도 교회가 제도적인 지도력과는 정반대되는 은사적인 지도력을 갖고 있었다는 것을 보여주는 것은 아니다. 이것은 단순히 고린도 교회가 비효율적인 지도력을 갖고 있었다는 것을 보여줄 뿐이다. 그러나 비효율적인 지도력을 갖게 된 원인에는 다음과 같은 것을 포함해서 여러 가지 이

---

56 Brockhaus, *Charisma*, 24-25는 기본적인 "직임"의 기준들을 제시한다; 참조. B. Holmberg, *Paul and Power* (Lund: Gleerup, 1978), 110-11.

57 Holmberg, *Paul*, 110-23을 보라.

유가 있었을 것이다. (i) 개인적으로 문제 있는 사람들이 있었고, (ii) 초기 단계였기 때문에 감독들(episkopoi)이 안내할 만한 선례나 기준들이 없었으며, 특히 (iii) 지도자들 간에 역할-책임의 분담이 명확하지 않았다. 그리고 회중 가운데 또 다른 강력한 영적인 요소들이 있었다. 뚜렷한 교회 정치 조직을 갖고 있으면서도, 자신들의 직책과 교회 안에 존재하는 강력한 은사적 요소들을 서로 어떻게 연결할 줄 몰라서 어려움을 겪는 교회 지도자들이 요즘에도 있지 않은가? 감독들(episkopoi)의 역할에 대한 명확한 정의가 없었다는 것을 감안할 때, 가장 초기 단계의 바울의 교회들에는 때로 심각한 혼란이 있었을 것으로 보인다. 이 시기에 감독은 전혀 특별한 칭호가 아니었으며, 신학적인 의미나 조직 체계상의 의미가 없었고, 아마도 장로(presbyterioi)와 연결되어 있었을 것이다(최소한 바울의 사역이 끝나는 시점에 이르기까지는 그러했을 것이다).[58]

(4) 초기 바울 서신과 목회서신에 목회와 관련해서 대립이 있다는 말은 지나친 표현이다. 흥미롭게도, 보쉬(J. S. Bosch)는 처음에 바울 서신에 나타난 목회적 카리스마에 대해 논문을 쓰면서 목회서신이 바울 서신에 속하지 않는다는 확신을 갖고 시작했지만, 논문을 써가는 과정에서 생각이 바뀌고 말았다고 고백한다. 바울이 가장 초기 서신에서 그 주제에 대해 언급하고 있는 것과 목회서신에서 언급하고 있는 것의 (심층 구조의 차원에서의) 유사성 때문에 결국 저자 문제가 아직 종결된 것이 아님을 인정하게 되었다는 것이다.[59] 목회서신에 나오는 카리스마 문제(딤전 4:14; 딤후 1:6)에 대한 던의 입장은 아주

---

58 그러나 이것이 누가가 바울이 장로들(presbyteroi)을 세웠다고 말하는 것이 오류라는 말은 아니다. 예를 들어 행 14:23. 누가 당시에 presybyteros ("장로")와 episkopos (감독)는 사실상 동의어였다.

59 J. S. Bosch, "Le Charisme des Pasteurs dans le Corpus Paulinien" in de Lorenzi (ed.), Paul, 363-97.

부적절해 보인다. 왜 카리스마가 직책상의 권력과 권위여야만 하는가? (디모데에 대해서는) 사실은 어떤 직책도 언급되지 않는다. 던이 이 서신들을 2세기의 목회 형태의 시각으로만 읽고 있는 것은 아닌가? 예를 들면 바울이 예배하는 동안에 예언이 임하는 것을 보여주는 사도행전 13:2, 3의 방식과 동일하게 하나님께서 디모데를 따로 구별해 권한을 부여하라고(참조. 딤전 4:14), 그리고 그에 맞게 디모데를 특별한 목적을 위해 안수하라는 예언이 있었을 것이라고 상상하는 것이 전혀 불가능해 보이지 않는다. 바울 자신도 (처음 회심 사건에서) 하나님의 명령을 받았고, 그 명령을 수행할 능력을 받지 않았는가? 디모데후서 1:6, 7에 있는 유사한 내용을 보면, 문제가 되고 있는 은혜로운 "은사"가 성령의 능력을 받아서 할 수 있게 되는 것임이 분명하게 나타난다. 그러나 그 은사가 제의적이거나 전통적인 "직책"에 종속된 것이라든가, 교회의 권위와 은사가 단순히 동등한 것이라는 것을 나타내는 암시는 티끌만큼도 없다.[60]

(5) 홈버그와 롬바르드의 말 몇 마디를 인용하는 것으로 결론을 대신하고자 한다. 홈버그는 이렇게 쓴다. "카리스마란 그리스도인이 하나님께로부터 능력을 받아 전체 교회를 위해서 행하는 어떤 은사, 임무, 혹은 유익을 끼치는 일을 의미하기 때문에, 바울은 카리스마와 직책이, 혹은 카리스마와 제도가 대립한다고 전혀 생각하지 않는다."[61] 롬바르드는 자신의 생각을 한 단락으로 정리한다.

> 우리는 성경 어느 곳에서도 카리스마와 교회의 직책이, 성령과 교회의 정치가, 이방인 중심의 바울계 카리스마적인 교회와 예루살렘에 있는 유대인 중심의 제도화된 팔레스타인 교회가 대립된다고 주장하는 구절

---

60 예를 들어 Fee, *Presence*, 772-76; 785-89을 보라.

61 Holmberg, *Paul*, 123.

을 단 한 개도 발견할 수 없다. 카리스마타는 전혀 교회의 직책이 아니었고 지금도 아니다! 성령의 은사들인 카리스마타는 성도들에게 능력을 주어서 그리스도와 그리스도의 교회를 섬길 수 있게 해준다. (직책, 법, 정치 체제를 갖춘) 제도화된 교회도 성령으로 능력을 받지 않고는, 즉 카리스마타를 받아서 사용하지 않고는 교회의 의무를 수행하고 성취할 수 없다는 점은 예나 지금이나 마찬가지임을 분명하게 이해해야만 한다.[62]

케제만과 던이 말하는 대립 공식보다, 이것이 선물들과 성령의 은사가 교회의 직책과 어떤 관계에 있는지에 대한 바울의 교훈에 좀 더 근접해 있는 설명이다.[63]

V. 결론

바울은 아주 다양한 실체들을 카리스마타라고 말한다. 그중 어떤 것들은 즉각적으로 알아볼 수 있는 방식으로 성령의 임재와 활동을 나타내는 카리스마적인 폭발의 모습을 보인다. 반면에 이와는 달리, 성령이 보다 "내재적인" 경우가 있고, 또 어떤 경우는 성령이 아무것과도 직접적인 연관이 없는 경우도 있다. 두 번째 그룹은, **비록 바울이 여기에 대해 카리스마라는 단어를 특별히 따로 사용하지는 않지만** 성령이 그리스도를 섬기기 위해서 주어진 어떤 재능들을(여기에는 예를 들면, 복음을 이해하는 능력, 그리고 복음을 어떻게 적용하고 전달할지에 대한 지혜가 포함된다) 강화해준다고 바울이 언급

---

62 H. A. Lombard, "Charisma", 48; 참조. Brockhaus, *Charisma*, 210-18도 그렇게 말한다.

63 Fung, "Charismatic versus Organized Ministry", 195-214; 동일 저자, "Function or Office?", 16-39; 같은 저자, "Ministry", 3-20을 보라.

하는 경우에 당당하게 속할 수 있다. 바울이 "성령의 은사들"에 대한 특정한 "개념"을 갖고 있었던 것 같지는 않다(최소한 누구든 쉽게 구분할 수 있는 별도의 것들이라는 의미는 아니다. 그리고 이 단어는 복수 형태로는 단 한 번만 사용되는데, 나머지는 모두 단수로 사용된다: 롬 1:11). 그럼에도 불구하고 우리는 바울이 이런저런 방식으로 성령과 연관 짓는 모든 성령의 나타남과 재능들을 "성령의 은사들"이라는 표현을 사용하는 것이 적당할 것이다. 비록 바울이 모든 신자들이 개인적으로 고린도전서 12:8-10에서 말하고 있는 그런 성령의 나타남 같은 것들을 경험하기를 바란다고 생각할 필요는 없지만, 신자들 모두가 넓은 의미에서 "카리스마적"인 사람이 되기를 바란다는 것은 분명하다.[64] 자, 이제는 신약성경이 이에 대해서 어떻게 말하는지 살펴볼 차례이다.

---

64 Fee가 언급하고 있듯이, 우리는 고전 12:8-10에 나오는 카리스마타를 정확하게 회중의 몇 퍼센트가 경험했는지 말할 수는 없다. 바울이 "공동의 유익을 위해서 각자에게 성령의 나타남이 주어진다"고 말할 때, 요점은 **모든** 신자들이 그러한 은사들을 받는다는 데 있는 것이 아니라, 은사를 받은 사람 각자가 다른 신자들이 받은 은사를 통해서, 그리고 모두의 유익을 위해서 서로 도움을 받는다는 것이다.

16장

은사중지론과 신약의 입장

이 장에서 우리는 은사중지론자들의 주장들을 본격적으로 다룰 것이다. 우리는 먼저 벤저민 워필드에서 출발하는 현대 개신교 은사중지론의 입장에 대해 간략하게 비평할 것이다. 은사중지론의 입장은 세 가지 논거에 기대고 있다. (i) 신약성경 자체가 기적적인 은사들의 중지를 예고했다. (ii) 그 기적적인 은사들은 사실상 교회사 속에서 사라졌다. (iii) 신약성경에 나오는 기적적인 은사들에 해당하는 것이 현대에는 없다. 이 장의 II과 III은 이 논거들 중 처음 두 가지에 대해 논하고, 세 번째 논거는 다음 장에서 이어서 논할 것이다.

I. 현대 개신교의 은사중지론

워필드의 은사중지론 논거들이 청천벽력처럼 느닷없는 것은 아니었다.[1] 이미 교부들 중 일부는(페투아의 빅토리아누스, 크리소스토무스, 아우구스티누스, 교황 그레고리우스 1세), 초창기 교회 당시에는 기적적인 은사들이 예를 들면 교회의 메시지를 확증하기 위해서라도 더욱 특별히 필요했겠지만, 그 교부들 당대에는 기적적인 은사들이 상대적으로 희귀하다고 말했다. "기

---

1 Warfield가 취하고 있는 입장의 선례들에 대해서는 J. Ruthven, *Cessation*, ch. 1을 보라.

적"을 모든 자연의 힘을 능가하는 사건이라고 규정하는 아퀴나스는 사실상 기적이야말로 기적이 하나님에게서 기원한 것이라는 "증거"이자 그리스도와 그분의 제자들이 가르쳤던 기독교의 원리들이 참되다는 것을 입증해주는 "증거"로 삼았다. (아퀴나스가 보기에) 이것이 기적의 목적이기 때문에, 아퀴나스는 자연스럽게 기적들이 이제 제 몫을 다했으므로 더 이상 필요 없다는 쪽으로 기울었다. 칼뱅은 이런 주장에 동의했다. 그리고 바로 그 주장을 로마 가톨릭에 대항하는 논증에 사용했다. 즉 로마 가톨릭의 교훈을 정당화하는 근거로 사용되는 성인들과 성인들의 유물을 통해 나타났다고 주장하는 기적들이 가짜 기적들이 아닌지 의심해보아야 한다는 것이다. 과학적인 법칙의 지배를 받는 자연에서 발생하는 사건들과 초자연적인 "기적"을 날카롭게 구분하는 것은 계몽주의의 영향 때문이다. 이런 것들이 바로 워필드의 입장을 형성케 한 핵심적인 내용들이다. 그러나 (아퀴나스와 칼뱅과는 달리) 워필드는 이러한 내용들을 가지고 사도 시대 이후에는 더 이상의 참된 기적은 없다고 하는 "강력한" 은사중지론을 만들어냈다.

철두철미한 칼뱅주의자였던 벤저민 워필드(1855-1921년)는 1887년에 프린스턴 신학교의 변증학 교수가 되었는데, 그때는 자유주의가 밀물처럼 밀어닥치던 때였다. 그는 기독교를 위한 강력한 변증을 추구했다. 그리고 이것이, 많은 복음주의자들이 워필드 최고의 저술이라고 말하는, 『성경의 영감과 권위』(The Inspiration and Authority of the Bible)[2]를 저술했던 당시의 정황이었다. 그러나 그보다 9년 전에 그는 다른 책을 출판했는데, 그 책은 오늘날까지도 보수적인 복음주의 진영에서 상당한 영향력을 행사하고 있다. 그가 저술한 『기독교 기적론』(Counterfeit Miracles)[3]은 (가톨릭이나 크리스천사이언스 혹은 다른 어떤 것이라도) 사도들 이후의 기적들 혹은 사도들이 행

---

2 이 책은 Warfield 사후에 S. G. Craig가 편집해서 1927년에(New York: OUP) 출판되었다.

3 New York: Scribners, 1918.

했던 것과는 다른 기적들이 신앙의 교훈들을 입증하기 위한 도구로 사용
될 수 있다고 하는 모든 주장들에 대한 선전 포고였다. 워필드가 당시에
떠오르고 있던 오순절 운동(Pentecostalism)을 거의 다루지 않았음에도 불
구하고,[4] 그 이후로 워필드의 『기독교 기적론』은 전통적인 복음주의자들이
(무엇보다도) 치유, 방언, 예언이 오늘날의 교회에서도 일어날 수 있다고 소
망해야 한다고 하는 오순절 운동과 은사주의 운동의 주장들과의 전투에서
즐겨 사용됐다.

한편 워필드의 변증학의 발전 과정에 강력한 영향을 준 또 다른 중
요한 흐름이 있었는데, 스코틀랜드 상식 철학(Scottish Common Sense
Philosophy)[5]이 바로 그것이다. 계몽주의는 지식의 무게 중심을 계시된 진
리에서 인식하는 주체로, 곧 탐구하는 비판적 정신으로 바꾸어놓았다. 그
러나 계몽주의 운동 초기의 신념은 흄의 회의주의(Humean Scepticism)로,
심지어는 현상학적인 관념론(phenomenalist idealism)으로 세분화되었다
("내가 확신할 수 있는 유일한 실체는 내가 갖고 있는 자료에 대한 [주관적인] 감각뿐
이다"). 그러한 주관주의 철학은 철두철미한 칼뱅주의자가 확고한 철학적
변증론을 구축할 수 있는 토대를 모두 제거해버렸다(반면에 주관주의 철학
은 슐라이어마허의 전혀 다른 구상에 대해서는 여지를 남겨 두었다). 이러한 분위기
속에서 18세기 중반에서 후반기에 스코틀랜드의 신학교 교수들이 개발
한 일종의 실재론(Realism)인 스코틀랜드 상식 철학이 완고한 장로교인들
을 살려낸 것이다. 스코틀랜드 상식 철학은 하나님이 인간의 지적인 구조
안에 일련의 자명한 원리들과 객관적인 지식 및 실제 세계에 대한 참된 인
식을 가능케 하는 논리적 능력을 심어놓으셨다고 주장함으로써 인식론적
인 난제(Gordian knot)를 단칼에 근본적으로 해결해버렸다. 예를 들면 이런

---

4 그러나 그는 오순절 운동보다 훨씬 고상하면서도 사회학적으로는 자매관계에 있던 어빙파
   운동(Irvingite movement)에 대해서는 다루고 있다(*Counterfeit Miracles*, 131-53).

5 이것이 Warfield에게 준 영향에 대해서는 Ruthven, *Cessation*, ch. 2, 특히 44-52을 보라.

식이다. 내가 "보는" 고양이는 외부의 실체와 일치할 수도 있고, 일치하지 않을 수도 있는 (내 정신이) 주관적으로 구성한 시각적 자료의 산물에 불과한 것이 아니다. 즉 나라고 하는 주체는 확고하기 때문에(I am so built), 나는 고양이를 실제로 보는 것이며, 내가 보았다는 것을 실제로 "인식"할 수 있다. 이와 같이 증거를 실체와 일치하게 객관적으로 구성하고, 그것과 다른 실체의 영역들과의 논리적 연관성을 인식하는 이러한 능력이 인간의 "상식"(common sense)이라는 것이다. 그러나 이런 논리를 근거로 기독교에 대한 경험적으로 믿을 만한 증거들을 제대로 모아놓기만 하면 "상식"은 반드시 그 주장이 참이라는 결론에 도달할 것이라고 주장하는 것은 역부족이다.

바로 이 마지막에 언급한 내용에 비추어볼 때, 기적에 대한 워필드의 접근 방법을 가장 잘 이해할 수 있다. 아퀴나스의 견해를 따라서 워필드는 기적을 단순히 하나님께서 자연의 힘을 장엄하고 섭리적으로 사용하는 것도 아니며, 우리가 이해할 수 없는 또 다른 자연의 힘으로 인해 나타나는 결과도 아니라, 우리가 눈으로 볼 수 있는 초자연적인 사건이라고 설명한다. 그리스도와 사도들의 기적이 보여주는 (예를 들면, 루르드[Lourdes, 프랑스 남부에 있는 지역으로 성모 발현지로 유명한 곳이다—옮긴이]나 크리스천 사이언스에서 주장하는 부분적인 치유와는 대조적으로) 그 엄청난 양과 완벽함에 비추어보았을 때, 그리스도와 사도들이 행한 기적이 그 기원과 성격에 있어 하나님께서 주도하신 것임은 일반적 인식의 차원에서도 자명하다는 것이다. 워필드의 주장의 핵심적인 내용들은 여섯 가지로 함축된다.

(1) 성경에서 "기적은 계시의 표시와 확증이라는 차원에서 계시와 불가분리의 관계"에 있다. 따라서 기적은 다음과 같이 계시가 주어진 시기에 집중되어 있다. (i) 출애굽과 땅 정복, (ii) 엘리야-엘리사 시대의 참된 종교와 거짓 종교의 싸움, (iii) 하나님이 다니엘을 통해서 이방신들에 대한 하나님의 주권을 보여주셨던 포로기, (iv) 기독교

의 탄생기.[6]

(2) 그리스도와 사도들의 기적은 하나님의 계시하시는 능력에 대한 상 징이자, 후에 성경에 포함될 메시지를 확실하게 믿게 하기 위한 것 이었다.

(3) "그리스도를 통해서 하나님의 계시가 나타나고, 성경과 교회 속에서 우주의 구성 요소로 자리 잡았을 때, 또 다른 시대가 시작되었다."[7] 즉 사도들의 마지막 계시와 함께 기적들은 당연히 중지되었다.

(4) 이러한 은사중지론의 신학적인 근거는 (바빙크도 말했듯이) 성경의 완성과 동시에, "하나님의 성령이 그다음의 사역을 수행하셨는데, 그것은 새롭고 불필요한 계시를 세상에 주는 것이 아니라 이 완결 된 계시를 세상에 두루 퍼뜨리는 것이며, 인류를 그 구원의 지식으 로 인도하는 것이었다"는 것이다.[8] 즉 증명해야 할 더 이상의 계시 가 존재하지 않기 때문에 더 이상의 기적은 그리스도와 사도들이 행했던 기적의 독특성을 혼잡케 할 따름이라는 것이다.

(5) 기적에 대한 모든 차후의 주장들은 성경의 기적들이 진실인 것만큼 이나 명백하게 (비판적인 이성에게는) 거짓이다. 이 거짓 주장들은 (하 나님의 기적이 아니라는 것이 자명한 경우에는) 이단 교설과 결부된 것이 거나, 천박하거나, 운이 좋은 경우와 자연 현상인 경우이거나, 경솔 한 주장들을 내세우는 것들이다.

(6) 신약성경이 완결된 이상 신약성경에서 열거하고 있는 하나님의 기 적들은 이후 영원토록—"상식"의 차원에서 보아도—객관적인 증거

---

6 Warfield, "A Question of Miracles" in *Selected Shorter Works of B. B. Warfield II*, J. E. Meeter (ed.) (Nutley, NJ: P & R, 1973), 167-204; 같은 저자, "Miracles" in J. D. Davis (ed.) *Dictionary of the Bible* (Grand Rapids: Baker, 1954), 505; 참조. *Counterfeit Miracles*, ch. 1을 보라.

7 *Counterfeit Miracles*, 27 (Bavinck의 책에서 재인용).

8 Ruthven, *Cessation*, 76에서 재인용.

이고 실제로 복음서를 인정하지 않을 수 없도록 만든다. 하나님이 자신의 계시를 계속해서 "낱낱이…모든 개인들에게" 인정하게 하실 필요는 없다.

워필드의 주장이 은사중지론의 가장 초기의 모습과 어떻게 다른지를 여러 가지 효과적인 방식으로 부각시켜보도록 하자.

첫째로, 대 그레고리우스와 그 이후의 대부분의 사람들이 하나님께서 교회가 세상 속에 확고하게 자리를 잡을 때(3세기에서 4세기)까지 감사하게도 정기적으로 기적을 교회에 "물 붓듯이 부어주셨다"고 보았지만, 워필드는 그런 식의 은사중지론에는 뚜렷한 논리적 근거가 없다고 보았다(그런 식의 가정이라면 최소한 복음이 아직 전해지지 않은 곳—칼뱅은 이런 경우에 기적이 일어날 수 있다고 인정했다—과 교회가 미약한 곳에서는 기적을 기대할 수 있기 때문이다).[9] 오히려 워필드는 코니어스 미들턴(Conyers Middleton)과 마찬가지로[10] 사도 시대 이후에는 기적에 대한 충분한 증거가 없다고 주장했다. 또는 보다 정확하게 말하자면(케이 주교[Bishop Kaye]와 마찬가지로),[11] 기적들은 사도들이 (사도의 상징인) 기적의 은사를 증여하기 위해 손을 얹었던 사람들에게 나타났던 것 말고는 이제 더 이상 나타나지 않고 있다는 것이다. 이 최종 한계선은, 예를 들자면 폴리카르포스, 이그나티우스, 파피아스, 클레멘스, 헤르마스로 설정된다.[12]

둘째로, 기적들은 이전보다 훨씬 더 견고하게 "특별 계시"와 결부된다. 이미 살펴본 바와 같이, 이 논리는 후대의 은사중지론 저술가들인 파넬과 개핀이 발전시킨 것이다. 그들에게 예언의 은사는 (한편으로는 정경이 완성되

9   Warfield, *Counterfeit Miracles*, 35-36을 보라.
10   *A Free Enquiry* (London 1749).
11   *The Ecclesiastical History of the Second and Third Centuries* (London 1825).
12   *Counterfeit Miracles*, 22-31.

기 전까지 교회를 인도하는 역할을 하기도 했지만) **원칙적으로는 기록된 계시의 무
오류성을 확증하기 위해서** 허락된 것이었다. (증거주의적 입장에서 보자면) 방
언, 치유 그리고 다른 이적들은 순전히 특별 계시에 수반되는 사도적인 징
표로 허락된 것이었다(참조. 고후 12:12; 히 2:3b-4).

셋째로, 워필드의 "강력한" 은사중지론은 (만약에 워필드에 대한 루스벤
[Ruthven]의 설명이 공정하다면) 영감 받은 말, 혹은 투시, 성령의 내적 증언
또는 성령의 보호라는 뚜렷한 사건들이 나타나는 카리스마적인 순간조차
도 인정하지 않는 것으로 보인다. 워필드는 이러한 것들을 신비주의자의
몽상(mystic dream)이 다른 형태로 나타난 것에 불과하다고 치부해버린다.
이런 식으로 그는 (예를 들면) 그러한 체험을 상당 부분 인정하던 청교도나
경건주의 영성과 결별하고 만다. 대부분의 은사중지론자들은 이 점에 대
한 워필드의 주장을 지지하지 않았다. 그들은 보다 완화된 입장을 취했다.
예를 들면 패커는 오순절 운동의 방언이 영성에 도움이 되기 때문에 심지
어 권장할 수 있다고 말하기도 한다. 또한 패커는 현대의 현상들이 치유,
예언, 방언, 방언 통역의 회복을 신약성경에 상응하는 수준의 계시적인 권
능과 "표적"으로 보려고 하는 태도에 반대하는 것에 주로 관심을 기울이는
것으로 보인다.[13]

그렇다면 우리는 이러한 주장들을 어떻게 평가해야 하는가? 워필드의
주장은 많은 비평 앞에 그 약점을 드러내고 있다.

> (1) 워필드의 접근 방법을 뒷받침해주고 있는 스코틀랜드의 상식 철
> 학은 더 이상 유효하지 않다. 문제가 되고 있는 "상식"이 그다지 일
> 반적이지 않다고 하는 치명적인 약점이 드러났다. 즉 일반적으로

---

13 Packer, *Keep in Step*, ch. 5. 그리고 W. Grudem (ed.), *Are the Miraculous Gifts for Today: Four
Views* (Leicester: IVP, 1988)에 있는 중요한 논문들, 그리고 특별히 V. S. Poythress, "Modern
Spiritual Gifts as Analogous to Apostolic Gifts: Affirming Extraordinary Works of the
Spirit Within Cessationist Theology", *JETS* 39 (1996), 71-101을 보라.

다른 관찰자들이 동일한 증거에 대해 정반대되는 결론을 내리고 있다. 만약에 기적의 신적인 특징이 정말로 명백하다면, 그리고 워필드가 상상했듯이 만약에 하나님이 주신 "상식"이 그 기적들로부터 자연스럽게 도출될 수 있다면, 세상에는 불신자가 아무도 없어야 한다.[14] 사실상 우리가 이미 살펴본 바와 같이(제14장), 워필드가 기적에 대한 "상식"에 근거한 이해라고 부르는 것이 실제로 그 기적들이 일어났던 1세기의 집단들의 생각과는 전혀 달랐을 수도 있다!

(2) 기적이 특별 계시의 시대, 그리고 무엇보다도 정경화 과정과 결부되어 있다는 주장도 오류임이 입증 가능하다. 이러한 주장은 예언 현상이 이 시기에 한정되지 않는다고 하는 예언 현상의 성격을 간과하고 있다. 또 한편으로 이러한 주장은 창세기, 사사기, 사무엘 상·하 등 전반에 걸쳐서 등장하는 일련의 수많은 기적들을 외면하고 있으며,[15] 다른 한편으로 포로기 이전 예언자들의 저술에는 그러한 "입증해주는 기적"(substantiating miracles)이 **없다는 점**을 보지 못하고 있다. 그뿐만 아니라 루스벤이 지적하는 바와 같이 기적의 시기에 대한 그러한 제한은 특히 예레미야 32:20 때문에 반대에 부딪히게 되는데, 그 구절은 출애굽 당시부터 예언자 예레미야의 시대까지 이르는 동안에 오히려 표적과 기사들이 **계속해서 나타났음을**

---

14 이 점에 대한 자신의 논지를 방어하기 위해 Warfield는 죽은 자의 영혼(불신자)은 증거에 반응할 수 없다고 애써 주장한다. Darwin이 믿음을 상실한 것을 설명하기 위해서, 그는 Darwin이 자신의 과학적 열정에 지나치게 탐닉한 까닭에 그의 마음의 다른 부분이 쇠퇴하게 방치했다는 주장을 편다. 그리고 자신의 주장과 경쟁 관계에 있는 동료 그리스도인들의 신학 모델들과 운동들에 대해 설명하기 위해 그는 열광주의와 이성주의라는 정반대되는 위험들 때문에 "상식"이 억압되고 있다고 호소한다(참조. Ruthven, *Cessation*, 49-52: 혹자는 Warfield가 발견한 "상식"이 오로지 칼뱅주의자들의 동호회에서나 통할 것이라고 생각하기도 한다). 이러한 전략은 "상식"이 변증론자들에게 견고한 토대를 제공해주지 않는다는 것을 효과적으로 인정하는 격이 되고 말았다.

15 J. Deere, *Surprised by the Power of the Spirit* (Eastbourne: Kingsway, 1994), 253-66을 보라. 그는 J. MacArthur, *Charismatic Chaos* (Grand Rapids: Zondervan, 1992)의 비슷한 주장에 대해서 자세하게 대답하고 있다.

보여주기 때문이다.[16]

(3) 기적들이 하나님의 말씀을 전하는 자들의 신적 권위를 증명해준다는 것에는 의심의 여지가 없다. 그러나 그것이 정말로 그 기적들의, **유일한** 목적은 아니지만, **가장 우선적인** 목적인지에 대해 워필드는 아무런 설명도 하지 않는다(워필드의 은사중지론 추종자들도 마찬가지이다). 우리가 이미 살펴본 바와 같이, 예수의 복음 선포 사역에 있어 치유와 귀신 축출은 구원 선포의 한 가지 방법으로 볼 수 있다. 이와 비슷하게 사도 시대 교회의 예언과 방언은 정경화의 준비 과정과 상관없으며, 증거주의적인 입장에서 말하는 "표적 은사"로 보아서도 안 된다. 그것들은 교회 및 개인적인 제자도와 관련해 여러 가지 면에서 유익한 기능을 했다. 오히려 (은사중지론자들이 주장하듯이) 정경의 완성으로 "필요했다"(혹은 덜 바람직했다)는 주장은 아무래도 전혀 무의미한 것이라고 밖에 볼 수 없다.[17] 모든 사람들이 읽을 수 있도록 기적이 성경에 기록된 이상, 교회의 지속적인 생명력과 선교를 위해서 더 이상의 표적이나 이적들, 예언, 방언, 치유가 필요 없다고 하는 진부하고 공허한 논리를 감동적으로 선언하는 합리주의, 완고한 증거주의와 순수한 성경주의가 뒤섞인 주장 앞에 그저 놀랍고 망연자실할 수밖에 없다.

(4) 은사중지론의 주장 중에서 한 가지 중요한 논리는 표적과 기사와 치유가 사실은 사도들의, 그리고 사도들이 그런 능력을 증여해주기 위해 안수한 소수의 사람들의 전유물이었다는 것이었다. 케이 주교, 워필드 그리고 대부분의 현대의 은사중지론자들이 이런 논리를 지지한다.[18] 그렇기 때문에 사도들에게 안수받은 사람들의 경우에

---

16 Ruthven, *Cessation*, 73.

17 위의 제12장과 제13장을 보라.

18 Warfield, *Counterfeit Miracles*, 23 (Kaye의 이론에 의지하고 있다). 가장 최근에는 Masters, *Epidemic*, 69-70 (그는 그러한 사람들이 거의 빌립, 스데반, 바나바에 국한된 것으로 본다).

도 "사도들의 표적"이라는 표제 하에 복속되는 것이 (장담하건대) 타당한 것이 된다.[19] 그러나 사도들이 **누군가에게** 손을 얹는 경우는 **언제나** 기적을 일으키는 능력을 증여하기 위해서라고 하는 것을 보여주는 증거는 없다. (케이 주교가 말했던 것처럼) 사도행전 8:14-17에 나오는 사마리아인들이 "사도들의 안수를 통해서 모두 표적을 행하는 능력을 받았다"고 말하는 것과 이것이야말로 전형적인 사례라고 말하는 것은[20] 누가의 의도를 완전히 오해하는 것이다. 분명히 그 본문에는 안수하는 장면이 있고 표적도 있다. 그 두 가지가 동시에 일어났을 수도 있고 혹은 하나가 후에 일어났을 수도 있다. 그러나 누가는 사마리아 사람들이 모두 사도행전 2장(17-21, 33, 38, 39절)에 나오는 약속된 성령을 받았다는 것을 설명하는 데 집중하고 있다. 사도들을 통해 인증된 표적들을 행하는 특별한 성령의 은사에 대해서 설명하고자 하는 것이 아니다![21] 또한 이것은 사도들과 그들의 대리인들이 행한 "기적들"만 기록되었다고 하는 은사중지론자들의 주장에 부합하는 사례도 아니다. 워필드는 아나니아(행 9:17, 18)와 고넬료(10:44-46)의 명백한 예외적인 사례도 포함시키려고 애를 썼다.[22] 그러나 분명히 훨씬 많은 사람들이 예언, 방언, 방언 통역, 치유, 혹은 다른 "기적적인" 은사들을 경험했다는 증거들이 있다. 그러나 이들이 사도들의 안수를 통해 이러한 것들을 체험하게 되었다고 추정하려면 전 세계적인 차원의 침묵으로부터의 논증밖에는 달

그리고 E. M. Gross, *Miracles, Demons and Spiritual Warfare: An Urgent Call for Discernment* (Grand Rapids: Baker, 1990), 46-49이 그 논리를 지지한다.

19 그러나 Deere가 언급하고 있듯이, 이 주장에는 논리적인 문제가 있다. 만약에 기적이 엄격하게 권위 있는 사도들에게 귀속되는 것이라면, 타인에게 전이된 기적은 다만 권위 있는 사도들의 기적의 고유한 가치만 떨어뜨리는 격이 되고 만다(*Surprised*, 230-3).

20 Warfield, *Counterfeit Miracles*, 22.

21 앞의 제3장을 보라.

22 *Counterfeit Miracles*, 21-22.

리 방법이 없다.[23] 특히 우리는 워필드가 신약성경의 기적에 대해 논하면서, 바울이 고린도 교회의 경우에서처럼 분명하게 모든 회중 속에 널리 퍼져 있다고 생각하고 있는, 예언의 은사에 대해서는 거의 언급하지 않는다는 것을 주목할 필요가 있다(참조. 앞의 제12장).[24]

(5) 은사중지론자들은 기적이 유일하게 사도들을 통해서만 나타났으며, 기적의 유일한 기능은 복음을 확실하게 입증하는 것이라는 자신들의 주장 때문에, 종종 히브리서 2:3, 4에 호소한다. 그러나 그루뎀이 언급하고 있듯이, 히브리서 2:3은 "그(예수)에 대해 들은 자들"을 사도들로 국한시키지 않고 있고, 그리고 더욱 중요한 점은 2:4이 예수에 대해서 들은 자들의 소식에는 표적과 기사들이 따랐다고 확인해주고 있지만, 다른 사람들의 선포에는 그런 표적과 기사를 통한 확증이 없었다고 말하는 것은 아니라는 점이다.[25]

보다 자세한 분석을 위해서 또 다른 두 가지 중요한 비평에 대해 살펴볼 필요가 있다. 첫째로, 신약성경의 저자들은 분명히 치유, 예언, 방언 그리

---

23 Deere, *Surprised*, 230-33을 보라.

24 그리고 보다 포괄적인 관점에 대해서는 제15장을 보라. 우리가 이미 살펴본 바와 같이, 후대의 은사중지론 계열의 저술가들은, "예언"으로 인해서 성경이 저술되기도 하고, 또 "예언"이 성경 저자들을 입증하기도 했다고 주장함으로써, 이런 논리적 결함을 메꾸려고 노력했다. 따라서 정경이 완성되었으므로 더 이상 예언이라는 현상이 나타날 여지는 단언컨대 없으며, 이미 그런 시기는 지나갔다는 것이다. 그러나 제12장에서 이런 주장에 대해 이미 반박한 바 있다: 그 가설이 근거가 없는 이유는, 구약의 저자들이나 신약의 저자들을 막론하고, 예언을 성문화와 동일한 것으로 본 사람은 아무도 없으며, 신약의 성문화와 예언은 큰 관련이 없기 때문이다.

25 W. Grudem, "Should Christians Expect Miracles Today? Objections and Answers from the Bible" in Greig and Springer (eds.), *Kingdom*, 55-100 (특히 67-8)을 보라. K. L. Sarles ("An Appraisal of the Signs and Wonders Movement", *BSac* 56 [1988], 57-82)는 *ebebaiōthē* ("확증되었다")의 부정과거 용법에서부터 복음에 대한 확증은 더 이상 없다는 결론을 이끌어낸다 (75-6). 그러나 이러한 그의 주장은 부정과거의 성격에 대한 최근의 연구에 대해서 그가 잘 모르고 있다는 것을 드러내줄 뿐이다(이에 대해서는, 예를 들어 S. E. Porter, *Verbal Aspect in the Greek New Testament: With Reference to Tense and Mood* [New York: Lang, 1989]를 보라).

고 그와 관련된 다른 은사들이 파루시아 때까지 지속될 것이라고 보았다. 둘째로, 모든 종류의 기적이 속사도 시대에 중단되었다고 하는 워필드의 주장은 역사를 개작한 것(re-writing)에 근거한 것인데, 그 자체가 논란이 많을 뿐만 아니라 기적에 대한 워필드의 개념조차도 심각한 비일관성을 드러내고 있다. 우리가 이어서 살펴보려고 하는 것이 이 두 가지 비평에 대한 것이다.

II. 카리스마적 은사의 지속성에 대한 신약의 견해

1. 치유

이미 살펴본 바와 같이(제14장), 신약성경은 치유가 중단될 것이라는 말을 전혀 하지 않는다. 치유의 기능을 사도들에 대한 확증에 국한시키려는 워필드의 시도는 근거 없는 축소주의에 불과할 뿐이다. 신약성경 저자들에게는, 치유가 외적으로 나타나는 어떤 것을 입증하기 위한 표적이 아니라, 단순한 영적인 것을 넘어서 정신적이며 육체적인 데까지 이르는, 구원이 선포되는 영역의 한 부분이었다. 통전적인 관점에서 보자면, 구원의 도래는 사탄이 억압하던 것들을 해방시키는 것으로 시작했다(눅 4:18-21; 7:20-22; 행 10:38 등). 이와 같이 예수와 사도들에게 있어 치유는 적절한 역할을 담당하는 것이었다(예수와 사도들의 주변에서 유독 기적이 많이 나타났다). 그러나 본질적으로 귀신 축출과 치유는 하나님 나라의 첫 번째 열매에 속하는 것이었다. 그렇기 때문에 교회가 선포했던 구원의 소식에 포함될 수 있었던 것이다.[26] 그래서 야고보는 만약에 교회에 병자가 있으면 장로들의 믿

---

26 Ruthven, *Cessation*, 115-23을 보라. Ruthven은 하나님 나라와 예수를 통해서 하나님 나라가 시작된다고 하는 성경의 입장이 은사중지론과 충돌한다고 주장한다.

음의 기도가 낫게 할 것이라고 생각한 것이다(약 5:15). 치유가 하나님 나라의 도래에 대한 케리그마를 확증해주는 이런 관계는 신약성경의 저자들이 이 두 가지가 결코 분리되지 않을 것이라고 보았다는 것을 암시해준다.

2. 방언과 예언: 고전 13장과 바울의 증언

(1) 고린도전서 13장

바울은 예언, 방언, 지식이 그치거나 폐기될 것이라고 분명하게 말한다(고전 13:8-12).[27] 그리고 그 은사들이 중단되는 이유에 대해서, 바울은 그것들이 "부분적인 것"(ek merous)이기 때문에 "온전한 것"(to teleion)이 올 때에는 필요 없게 되어 폐기될 것이라고 말한다(9-10절). 이 구절에 대해서는 대체적으로 세 가지 해석이 통용된다.

(1) 첫째로는 바울이 토 텔레이온(to teleion)이라는 용어를 가지고 정경의 완성을 의미했다는 것이다. 즉 정경이 완성되면 단순한 지식에 해당하는 은사는 폐기된다는 것이다. 이러한 주장은 주석학적으로 설득력이 없다. 그뿐만 아니라 진지한 신약학자들 중에 아무도 이런 주장을 지지하지 않는다.[28] 이러한 주장은 강력한 반론에 부딪힌다. (a) 바울이 사도들의 사후에 정경이 형성될 것이라고 보았다는 증거가 전혀 없다. 오히려 바울은, 비록 확신할 수는 없지만, 자신이 파루시아 때까지 생존할지도 모른다는 생각을 갖고 있었던 것

---

27 동사 pausontai가 방언이 저절로 중단될 것이라는 것을(그리고 파루시아 이전에 예언과 "지식"도 마찬가지로 "그치게 될 것이다"라는 것을) 의미한다는 주장의 해석학적 오류에 대해서는 D. A. Carson, Exegetical Fallacies (Grand Rapids: Baker, 1984), 77-79, 그리고 Ruthven, Cessation, 137-36을 보라.

28 이 점을 시인하는 (Farnell과 Gaffin을 포함하는) 보다 지성적인 은사중지론자들은 아래의 두 번째 설명을 선택한다. 그러나 R. L. Thomas, "Tongues...Will Cease", JETS 17 (1974), 81-89은 (아래의 설명에서 볼 수 있듯이) 아직도 이 주장의 가능성을 옹호하기 위해서 노력한다.

으로 보인다(살전 4:15,16: 고전 15:51). (b) 바울이 토 텔레이온이라
는 말을 사용할 때, 고린도 교인들이 그 말이 성경을 가리킨다고 생
각하기를 기대했다고 볼 수 없다(그렇다고 해서 바울이 다른 누구를 염
두에 두고 서신을 저술한 것도 아니다). (c) 여하튼 정경의 완성이 고린도
교인들에게 (예언 및 방언과 함께) **"부분적인" 지식이 지나갔고**, "온전
한 지식"이 이르렀다는 것을 의미했다고 볼 수 없다. 왜냐하면 고린
도 교인들은 이미 구약성경을 갖고 있었으며, (아마도) 복음서 전승,
그리고 (거의 확실히) 상당량의 바울의 교훈들을 갖고 있었지만 그것
들이 완벽하게 정경의 형태를 갖춘 것은 아니었기 때문이다. (d) 그
러나 이보다 더 중요한 것은 12b절에서 바울이 ("온전한 것"이 올 때
에는) 우리의 "부분적인" 지식이, (하나님이) **우리를 아시는** 그러한 방
식과만 일치하는 지식의 방법에 자리를 넘겨주게 된다고 말한다는
것이다.[29] 토 텔레이온이 이르기 이전과 이후의 고린도 교인들의 지
식의 차이는 바울이 "지금 우리는 희미하게 보지만, 그때에는 얼굴
과 얼굴을 대하여 보게 될 것이다"(21a절)라고 표현하는 것보다 더
큰 것이다. 이 마지막 문장은 사실상 신현(theophany)을 가리키는
표현이다.[30] 그리고 바울은 지금 파루시아를 말하고 있음이 거의 확
실하다. 그렇기 때문에 칼뱅은 다음과 같이 말할 수 있었다. "이 모
든 논의를 현 시대(intervening time)에 적용하려는 사람은 어리석은
자이다." 그러나 만약에 여기서 바울이 의미하고자 하는 것이 정경
의 완성이었다면, 성경을 너무나 존중하는 우리로서는 다만 바울
이 12절에서 터무니없는 과장을 하고 있다고 원망하는 수밖에 없
을 것이다. (e) 마지막으로 우리는 이러한 주장이 예언이 정경보다
낮은 수준의 임시적인 교리에 대한 계시라고 하는 가정에 부분적으

---

29 참조. G. Bornkamm, *Early Christian Experience* (London: SCM, 1969), 185.
30 Grudem, *Gift*, 213 n.57.

로 의존하고 있다는 것에 주목하게 된다. 그러나 우리가 이미 살펴본 바와 같이 예언은 본질적으로 신학에 대한 권위 있는 계시가 아니었다. 오히려 보다 광범위한 내용과 역할을 하는 것이었으며, 대부분의 예언들은 정경의 완성에 조금도 영향을 받지 않았다.

(2) 많은 지지를 받는 해석 중에서 두 번째 것은 토 텔레이온이 "성숙"을 의미한다는 것이다. 그리고 방언, 예언은(그리고 다른 은사들은) 교회가 사랑과 하나님을 아는 지식에서 성숙하게 되면 그치게 된다는 것이다. 사전적인 의미로는 이것이 가능하다. 그리고 때로는 11절의 내용이 그것을 확증해준다고 해석하기도 한다.[31] 그러나 이것이 파루시아 이전의 성숙한 교회에 적용될 수 있다고 주장하는 것은, 다시 한번 10절과 12절의 표현을 너무 가볍게 판단하는 것에 불과하다.[32] 이러한 것들 말고도 우리는 다음과 같은 것에 주목해야 한다. (a) 바울이 예언자들과 예언을 아주 높게 평가하고 있는 것에 비추어볼 때, 바울이 가장 성숙한 교회의 모습에서 예언자와 예언을 배제했으리라고는 상상하기 어렵다(참조. 고전 14:1, 39). 그리고

---

31 그뿐만 아니라 ("사랑"과 함께) "믿음"과 "소망"은 방언, 예언, "지식"과는 달리 "남게"(13절에 따르면) 되겠지만, 그것이 파루시아 이후의 상황에는 해당되지 않는다고 주장한다. 그것들이 "보는 것"("sight")으로 대체되기 때문이라는 것이다(R. L. Thomas, "Tongues...", 83-4; E. Miguens, "1 Cor 13:8-13 Reconsidered", *CBQ* 37 [1975], 76-97). 그러나 이러한 주장은 여러 가지 이유로 인해 신뢰하기 힘들다. (1) C. K. Barrett (*A Commentary on the First Epistle to the Corinthians* [London: Black, 1971], 308-11) 그리고 Carson (*Showing the Spirit*, 74-76)은 비록 인간이 유한한 존재이기는 하지만, 파루시아 **이후에도** 하나님과의 인격적인 관계 속에서 "믿음"과 "소망"은 항상 (사랑과 함께) 남아 있게 될 것이라고 주장한다. (2) "이제"라고 하는 표현이 논리적인 의미에서 사용된 것이 아니라 시간적인 의미로 사용되었다는 주장은 다소 불확실하다. 그리고 (3) "남는다"는 말이 "*to teleion*이 이르러도 계속해서 존속한다"는 의미인지, 아니면 그저 단순히 "카리스마적인 은사보다 더 중요하다는 것이 분명해진다"는 의미인지도 명확하지 않다.

32 또한, Forbes가 언급하듯이, *anēr teleios* ("성숙한 사람")가 되기까지 교회가 성숙한다는 사상과 가장 가까운 평행 본문은 엡 4:13이다. 엡 4:13은 파루시아 이전의 지상 교회의 성숙이 아니라 종말론적인 상황을 나타내고 있다(*Prophecy*, 88-91: 엡 4:13이 지상에서의 성숙을 의미한다는 견해에 대한 반대 주장으로는, 예를 들어 Turner, "Mission", 150-51을 보라).

(b) 바울은 분명히 고린도전서 1:7에서 카리스마적인 은사들이 주님의 다시 오심을 기다리는 교회를 견고하게 해준다고 보고 있다. 그리고 13:11에서 바울이 말하는 것은 사도들이 세운 교회에서는 지식이 더 이상 부분적이지(ek merous) 않기 때문에, 지상에서 가장 성숙한 교회가 된다는 말이 아니다. 도래하고 있는 파루시아의 관점에서 볼 때, 오히려 지상에 존재하는 모든 교회들이 (예언과 마찬가지로) 부분적인 지식을 가질 수밖에 없다는 것을 말하는 것이다. 바울이 말하는 핵심은 "이 시대의 영적인 상태는, (고린도 교인들이 보기에) 겉으로 볼 때 얼마나 대단한가와는 아무 상관없이, 하나님 나라가 완전하게 구현될 때 비로소 갖게 되는 온전함과 비교해볼 때 어린아이의 수준"이라는 것이다.[33] 그때에도 사랑은 영원할 것이지만, 부분적인 계시의 성격을 띤 모든 현상들이 보다 나은 것으로 대체될 것이다. 따라서 이전에 있던 것들은 이제 나중의 것을 위한 토대가 되고, 은사들은 그리스도를 기다리는 교회를 더욱 아름다운 모습으로 변화시키는 데에 사용되어야 하는 것이다.

(3) 유일하게 8-12절에 대한 종말론적인 세 번째 해석만이 바울이 말하고자 하는 것을 충분하게 설명해준다.[34] 이 세 번째 해석이 어떤 식으로든지 간에 바울이 예언, "지식" 그리고 (아마도) 방언이 지속될 것이라고 보았다는 추론을 가능케 한다(10절에 있는 역접 접속사인 de에 주목하라). 그 이전의 어떤 진부한 사건이나 조건 때문이 아니라, 오로지 파루시아가 도래해야만 예언이 폐기되는 상황이 발생하는 것이다(참조. katargēthēsetai; 8, 10절).

---

33 Hemphill, "Concept", 116.

34 Grudem, Gift, 210-21; Hemphill, "Concept", 113-20; Carson, Showing the Spirit, 66-76; Fee, Presence, 204-14; Ruthven, Cessation, 138-51; Forbes, Prophecy, 85-91을 보라.

(2) 다른 바울 서신의 구절들

루스벤은 파루시아 때까지 카리스마적인 은사들이 지속될 것이라고 예상하는 근거로 상당히 많은 다른 바울 서신들의 본문에 호소한다.[35] 그러나 이 구절들에 대한 분석에서는 루스벤이 그의 책의 앞부분에서 보여주었던 예리한 비판이 변함없이 유지되지 않는다는 것도 받아들일 수밖에 없다.

따라서 예를 들면, 데살로니가전서 1:5-8에 대한 부분에서 그는 "너희가 우리를 본받았다"는 바울의 주장이 데살로니가 교인들이 (바울이 1:5에서 말하는 것처럼) 성령의 능력을 가진 카리스마적인 사람들이 되었고, 그래서 마케도니아와 아가야에 있는 다른 믿는 자들의 본이 되었다는 것을 의미한다고 주장한다.[36] 데살로니가전서 5:11-24에 대한 부분에서, 루스벤은 바울이 예언에 대해 교훈하면서, 그 교훈과 동일선상에서 종말론적인 언급(참조. 23절: "그리고 예수께서 오실 때에 흠 없이 보전되기를")을 하고 있다는 것을 근거로 예언이 마지막 때까지 지속될 것이라고 가정한다.[37] 그러나 예언에 대한 언급은 12-22절의 권면 단락에 속한 것인 반면에, 종말론적인 언급은 23절에서 시작하는 분리된 단락, 즉 서신을 마무리하는 기도, 권면, 축복을 담고 있는 23-28절에 속한 것으로 보인다. 그리고 이것과 동일한 맥락인데, 데살로니가후서 1:11, 12을 보면, 하나님이 믿는

---

35 Ruthven, *Cessation*, 151-79은 다음과 같은 구절들을 언급한다. 엡 4:11-13; 1:13-23; 3:14-21; 4:30; 5:15-19; 6:10-20; 빌 1:5-10; 골 1:9-12; 살전 1:5-8; 5:11-23; 살후 1:11-12. 바울 서신 바깥에서는 벧전 1:5; 4:7-12; 요일 2:26-28; 유 18-21절을 언급한다(*Cessation*, 179-86). 그러나 바로 앞에서 언급한 베드로전서와 유다서의 구절들은 너무 일반적인 것들이다(물론 둘 다 계시적인 혹은 예언의 은사의 존재를 암시하고 있고, 둘 다 임박한 종말에 대해서 언급하고 있기는 하지만, 그 구절들은 그러한 은사들이 과연 향후 오랜 세월 동안 교회의 역사가 지속될 것을 예고하고 있는지의 여부에 대한 문제와는 아무런 관련이 없다). 마찬가지로 요일 2:26-28은 성령이 제자들을 가르치신다고 말하고 있는데, 이것이 (비록 Warfield는 그렇지 않은 것으로 보이지만) 대부분의 은사중지론자들이 기꺼이 그 지속성을 인정하는 일종의 복음에 대한 영적인 "조명"을 가리키는 것일 수도 있다.

36 *Cessation*, 173-74.

37 앞의 책, 174-78.

자들의 "모든 선한 뜻과 믿음의 행위"를 "그의 능력으로" 이루게 해주신다는 내용이 나온다. 루스벤이 이것이 기적을 일으키는 카리스마적인 은사를 가리키는 것이라고 생각하는 것은 조금 의외이다. 그러나 이 내용을 보다 일반적인 의미로 이해해야 한다는 점은 거의 확실하다(동일한 입장을 골 1:9-12과 엡 1:17-21에 대한 분석에서도 볼 수 있다). 에베소서 1:3, 14은 분명히 성령이 믿는 자들의 종말론적인 상속에 대한 보증이라고 말하고 있다. 그러나 루스벤은 에베소서 저자가 종말이 올 때까지 기적을 일으키는 카리스마적인 은사를 통해서 성령을 체험할 수 있을 것이라는 뜻으로 그 구절을 쓴 것이라는 결론을 내린다. 그러나 그 결론은 입증되지 않은 가정에 근거한 것이다(그리고 그는 6:17에 나오는 "하나님의 말씀"/"성령의 검"이라는 표현이 예언을 가리키는 것이라고 추측하는데, 역시 아무런 근거가 없다).[38] 에베소서 4:7-13은 그리스도께서 주신 은사가 다양한 사역에서 교회로 하여금 종말론적인 일치에 이르기까지 성장하도록 인도하실 것이라고 말한다. 그러나 (루스벤과는 정반대로) 그 구절들이 사도들과 예언자들의 계보가 종말까지 이어진다는 것을 반드시 보장해주는 것은 아니다(2:20과 3:5에서 분명하게 그것을 배제하고 있는 바와 같다). 사도들과 예언자의 역할이, 그들이 닦아놓은 터 위에 세워진 건물인 다른 사람들(복음 전도자, 목회자 그리고 교사)을 통해서 지속될 수 있다는 것은 최소한 잠정적으로나마 가능성이 있다. 루벤은 "은사들이 어떤 별도의 집단 속에서 지속되거나 단절된다"라고 하는 자신의 주장을 입증할 만한 "주석학적인" 근거를 전혀 제시하지 않는다.[39]

루스벤이 언급하는 본문들 중에서 일부(특히 골 1:9-12; 엡 1:17-21; 3:14-21에 나오는 기도문들)는 워필드의 강력한 은사중지론을 효과적으로 반박한다. 그 구절들은 복음을 위해 필요한 것이, 사도들의 기적을 "상식"적으로 이해해서 그 결과 사도들의 가르침의 진실성을 이성적으로 믿는 것이 아님

---

38 앞의 책, 200, 그러나 참조. 169.

39 앞의 책, 156.

을 보여준다. 오히려 그 구절들은 성령을 통해 이해하게 되는 것에 대해서 말하고 있다. 그러나 이것이 워필드에 대한 반론으로는 사용될 수는 있지만, 바울의 기도에 기꺼이 함께 참여하고 그에 부합하는 성령의 조명을 기대하는 다른 온건한 은사중지론자들과의 논쟁에는 그런 기여를 하지 못한다. 루스벤이 사용하는 본문들(특히 고린도전서의 본문들) 중에는 특히 기적과 관련된 은사들인 예언, 방언, 방언 통역, 치유 혹은 그 밖에 그와 유사한 은사들이 지속된다고 볼 수 있는가를 물어오는 온건한 은사중지론자들의 질문에 대답할 수 있는 것은 하나도 없다. 앞의 제12-13장에서 우리는 예언과 방언이 사도성(apostolicity), 성문화(inscripturation) 혹은 바울이 복음의 진정성을 판별하는 기준과 전혀 특별한 관계가 없다고 주장했다. 그러한 은사들은, 여러 가지가 동시에 혹은 개별적으로, 그것들이 교회에 가져다주는 다른 유익한 점들 때문에 사랑을 받았던 것이다. 그 유익한 점들에는 하나님의 특별하신 뜻을 드러내는 것, 성경이 답해주지 않는 질문들에 대한 판단 혹은 안내(예를 들어 계 2-3장에 나오는 교회를 진단해주는 예언들, 즉 각각의 회중의 상황에 해당하는 예언들), 개인의 기도에 힘을 실어주는 것 등이 포함된다. 따라서 바울이 그러한 은사들이 파루시아가 (여하튼 바울이 알고 있던 "부분적"이고 흠이 있는) 그 은사들을 폐기하기 전에 사라져버릴 것이라고 볼 만한 아무런 이유가 없는 것이다.

3. 방언과 예언: 행 2:16-39의 증거

베드로가 주의 이름을 부르는 **모든** 자들에게—심지어는 청중들의 자녀들에게까지—약속한 성령의 은사의 본질(행 2:38, 39)은 요엘이 약속한 "예언의 영"인데, 사도행전의 본문은 그것을 기독교식으로 표현한 것이다. 이 예언의 영의 원형은 계시, 지혜, 예언, 카리스마적인 찬양의 은사들이다(제1장과 제3장을 보라). 누가—행전의 저자가 이러한 것들이 중단될 것을 **예상했다**고 주장하는 것은 말 그대로 완전히 터무니없는 생각일 뿐이다. 만약에 그러한 은사들이 실제로 중단된다면, 누가-행전의 저자는 그야말로 엄청나게 놀라운 일을 겪는 셈이 된다. 즉 요엘이 성령에 대해 약속했던 모든 것들이 핵심적인 부분부터 실패한 것이라고 밖에 볼 수 없는 것이다.

III. 예언, 방언, 치유가 속사도 시대에 중단되었는가?

불행하게도 우리가 논의하기로 선택한 이 세 가지 은사들 중 어느 것에 대해서라도 그 역사를 비판적으로 연구한 연구물이 없다. 물론 그렇다고 해서 어느 정도 대중적이거나 아주 당파성이 농후한 개론적인 연구들이 없다는 것은 아니다. 세부적인 연구를 수행한 거의 대부분의 경우는 지나치게 신앙고백적이든가 아니면 이론적으로 편향적이든가 해서 그 가치가 떨어지곤 한다. 이러한 신앙고백적인 혹은 이론적인 편향성들 중 일부에 대해 콜린 브라운(Colin Brown)이 『기적과 현대 정신』(*Miracles and the Modern Mind*)이라는 책에서 잘 보여주고 있다. 그리고 워필드의 책보다 그런 편향성을 더 잘 드러내는 것도 없다. 워필드의 책은 사도 시대의 기적을 다룸에 있어서는 신앙고백주의자 혹은 약간은 순진한 증거주의자의 모습을 보이지만, 사도 이후 시대 교회의 기적에 대해서는 코니어스 미들턴의 이론에 의존하는 것이 아주 분명한데, 어떤 가능성도 용납하지 않는 극단적인 회의주의자로 급격하게 전환한다.[40] 워필드가 신약성경의 기적에 대해 논할 때 보여주었던 것과 같은 개방성을—어떤 사람은 고지식함이라고 말하기도 한다—사도 이후 시대의 기적에 대해서도 보여주었더라면, 성인들의 기적에 대해서 찬성은 아니더라도 변호해주지는 않았을까? 그리고 만약에 사도 이후 시대의 저자들을 다루면서 보여준 그런 정도의 회의주의를 신약성경의 내용에 대해서도 보여주었다면, 사도들의(혹은 주님의) 기적

---

40 C. Brown, *Miracles*, 64-8; 198-204을 보라. 참조. 또한 Ruthven, *Cessation*, 82-92.

들 중에서 워필드의 날카로운 분별력과 비판을 견뎌낼 기적들이 과연 얼마나 되겠는가!(워필드는 기적이 성경의 진정성을 입증하는 만큼 성경도 기적을 입증한다고 보았다)⁴¹ 확실한 것은, 세계의 모든 교회가 이구동성으로 치유의 은사가 중단되었다고 주장한 적이 없다는 것이다. 워필드 자신도 인정하듯이 3세기와 4세기에 기적이 증가했다는 수많은 주장들이 있다.

루스벤은 워필드가 성경의 기적을 다루는 것과 후대에도 기적이 있었다는 주장에 대해 부정적인 반응을 보이는 것을 비교해본 결과, "기적"에 대한 워필드의 견해의 핵심적인 부분에서 인식론적인 비일관성이 나타난다고 지적한다.⁴² 즉 한편으로는 성경의 기적이 "상식"의 검증을 통과한다고(즉 그 기적들이 어떤 조작에 의한 능력이 아니라 하나님의 역사임이 "분명하다"고) 보면서도, 다른 한편으로는 루르드 지방(Lourdes)에 사는 피에르 드 뤼데(Pierre de Rudder)의 험악하게 골절된 다리가 완벽하고도 자연적으로 치유된, 확실하게 입증된 사건조차도 아직까지 우리가 모르는 신비한 자연의 힘 때문에 치유된 것으로 밝혀질 수도 있다는 이유로 "기적"이라고 부르는 것을 거부했다.⁴³ 그런 식으로라면 두대체 어떤 근거로 "상식"이 날 때부터 걷지 못하던 미문에 앉은 사람(행 3:2-8)을 치유해서 자유롭게 해준 능력이, 신비한 미지의 자연적인 힘이 운 좋게도 작용한 것이 아니라 하나님이 홀로 그리고 손수 하신 일이라는 것을 판별할 수 있다고 가정할 수 있단 말인가? 물론 대답은 그런 것을 구분할 만한 **별도의** 방법이 없다는 것이다.⁴⁴ 워필드가 생각하는 의미에서 "기적"이 일어났다고 하는 모든 주장은, "상식"을 통해 전체적으로 관찰한 결과로 나온 것이 아니라 신앙주의의 선입견(a priori)이 작용한, 궁극적으로는 신앙고백적이며 신학

---

41 Ruthven, *Cessation*, 67-71을 보라.

42 앞의 책, 63-71.

43 *Counterfeit Miracles*, 119-20.

44 바로 이러한 이유 때문에 Meier는 역사가는(역사가의 입장에서는) 어떤 기적도 일어났다고 단언할 수 없다고 주장한다. *Marginal Jew* 2: ch. 17을 보라.

적인 주장인 것이다.[45] 말하자면 워필드는 성경 이후 시대의 "기적들"을 전체적으로 무시하는 태도를 완전히 다시 검토할 필요가 있다. 그리고 마이어(Meier)가 예수가 행한 기적의 역사성을 분석하면서 제시한 기준들을 사용해서 기적이라고 주장하는 것들을 하나씩 면밀하게 살필 필요가 있다.[46] 기적이라고 주장하는 것들 중 대부분은 분명히 떠도는 풍문이거나 미신이나 성인전(hagiographical)의 내용들을 뒤섞어서 만들어낸 이야기들일 것이다. 그러나 그런 것에 속하지 않는 것들(특히 치유와 귀신 축출)에 대한 증거들이 훨씬 더 많다. 그리고 종종 어떤 것들은 교부들이나 혹은 다른 사람들의 믿을 만한 직접적인 증언에 근거한 것들도 있다.[47]

그렇다면 방언과 예언은 각각 다른 사안으로 다루어야 하는 것일까? 전자에 대해서 미들턴은 언젠가 용기를 내서 과감하게 이렇게 말한 적이 있다.

그리고 이 한 가지 때문에 지금까지 내가 애써 논증한 수고가 위태로워질지도 모른다. 즉 사도 시대 이후에는 증언이 충분하든지 혹은 자주 입에 오르내리든지, 어떤 특별한 인물이 이 은사를 전에 사용한 일이 있든지 아니면 사용한

---

45 Meier, *Marginal Jew*, 2: ch. 17에 있는 예수의 기적과 관련된 주제들에 대한 신중한 논의를 보라.

46 앞의 책, chs. 18 and 19을 보라.

47 초기 교회 시대에 대해서는 R. N. Kydd, *Charismatic Gifts in the Early Church: An Exploration into the Gifts of the Spirit in the First Three Centuries of the Christian Era* (Peabody: Hendrickson, 1984); G. S. Shogren, "Christian Prophecy and the Canon in the Second Century: A Response to B. B. Warfield", *JETS* 40 (1997), 609-26을 보라. Warfield는 기적이라고 하는 주장들 중에서 대다수의 출처가 Jerome, Gregory of Nyssa, Athanasius, Chrysostom, Augustine 같은 주도적인 신학자들이라는 점에 대해 비통스럽게 생각한다 (*Counterfeit Miracles*, 38). Warfield는 그들의 주장에 맞서서 철저한 회의주의라고 하는 중화기(heavy gun)를 그들에게 들이댄다. 그러나 Warfield가 그들의 주장 속에서 충분한 증거를 거의 찾을 수 없었던 가장 큰 이유는 사도 시대 이후로는 기적이 "일어날 수 없다"고 하는 것을 선입견에만 근거해서 "확신"하고 있었기 때문이다. 4세기에서 5세기 교부들의 증언에 대한 보다 균형 잡힌 설명에 대해서는 M. T. Kelsey, *Healing and Christianity* (London: SCM, 1973), ch. 8을 보라.

척했든지, 어느 시대나 어느 나라를 막론하고 전 역사를 통틀어서 단 한 건도 없다는 것이다.[48]

그러나 존 웨슬리(John Wesley)는 아주 신속하게 반박했다. 웨슬리는 그런 현상들이 우리가 사는 집에서 가까운 곳에서, 그것도 아주 최근에 카미자르들(Camisards, 프랑스 남부의 바랑그도크와 세벤 지방에 근거지를 두고 있던 개신교도들을 일컫는 말. 이들은 로마 가톨릭의 잔혹한 박해에 대항해 무장 항쟁을 일으켜서 정부군과 거의 한 세기 동안을 싸웠는데, 카미자르 무리들 중에서 예언이나 방언 현상이 빈번하게 나타났다고 한다—옮긴이) 가운데서 있었다는 것을 기억하라고 촉구한다.[49] 그리고 역사학자들은 웨슬리의 반론에 대한 예시를 다른 시대에도 찾을 수 있음을 보여주었다.[50] 물론 이런 주장들이 사실이라는 보장은 없다. 그러나 그렇다고 해서 마치 그런 현상들이 전혀 없었던 것처럼 교회의 역사를 보려고 하는 미들턴식의 태도를 그저 진실인 양 받아들일 수는 없다. 그런 현상들은 분명히 존재했다. 그리고 이를 뒷받침해주는 초기 교회 시대의 결정적인 증거는 최소한 테르툴리아누스, 노바티아누스(기원후 240년에 저술), 그리고 아마도 파코미우스(290-346년)와 암브로시우스(339-397년) 당시까지만 해도 방언이라고 하는 현상이 있었다는 것이다.[51]

---

48 *Free Enquiry*, 120 (M. P. Hamilton [ed.], *Charismatic Movement*, 78에서 재인용).

49 Middleton에게 보낸 서신(1749년 1월 4일)에 이런 언급이 있다. 더 자세한 내용은 Hamilton (ed.), *Charismatic Movement*, 78-9을 보라. Camisard에서 있었던 현상에 대해서는, G. H. Williams and E. Waldvogel, "A History of Speaking in Tongues and Related Gifts" in Hamilton (ed.), *Charismatic Movement*, 75-80; D. Christie-Murray, *Voices from the Gods: Speaking in Tongues* (London: RPK, 1978), 47-50을 보라.

50 역사적인 연구의 목록에 대해서는 R. Laurentin, *Catholic Pentecostalism* (London: DLT, 1977), 94-6; 213-22, 그리고 Williams and Waldvogel, "History", 61-113; Christie-Murray, *Voices*, chs. 4-5; H. Hunter, "Tongues-Speech: A Patristic Analysis", *JETS* 23 (1980), 125-37을 보라.

51 그러나 Chrysostom는 같은 시기에 안디옥에서 있었던 현상에 대해서는 모르고 있다. Forbes, *Prophecy*, 75-84의 간략하지만 신중한 검토를 보라.

크리소스토무스, 아우구스티누스, 교황 대 레오(Pope Leo the Great)는 방언이 중단되었다고 주장하면서, 신학적인 근거를 대려고 했던(즉 사도 시대와 그 후세대의 방언은 교회가 열방으로 확장되는 것을 상징적으로 나타내던 것이었지만, 이제는 그 확장이 성취되었다는 것이다) 최초의 인물들이었다.[52] "예언"의 경우에도 (특히 "설교"와 관련해서) 용어의 의미를 재정의하는 문제 때문에 단어 그 자체가 수난을 받았는데, 아무래도 예언 현상에 대한 역사를 저술하기가 특히 더 어려울 것 같다.[53] 그러나 뒤에서 우리는 예언이 지속되었다는 몇 가지 증거를 보게 될 것이다(제18장과 제20장을 보라).

대표적인 은사들은 어쨌든 중단되었지 않느냐는 질문에 대답하는 것이 불가능할 것 같다는 생각이 들기도 한다. 이 질문에 대해 우리가 할 수 있는 대답은, 상대적으로 드물기는 하지만 그런 기적들이 있었다는 주장이 있다고 말하는 것이 고작이다. 이런 입장에서 볼 때, 초기에 비해 후대의 교회에서는 어쨌든 이러한 은사들이 덜 두드러졌지 않느냐고 볼 수도 있다. 그렇다면 그렇게 보는 것이 주는 신학적인 의미는 무엇일까? "사도 시대 직후에 깜짝 놀랄 만한 모든 은사들이 중지되었다"고 하는 단호한 주장이 입증되기만 했다면, 그것은 분명히 은사중지론자들의 은사 이해를 뒷받침해줄 수 있었을 것이다. 그러나 그런 입장을 내세우기 위해서는 순교자 유스티누스 당시에도 예언, 방언, 치유가 있었다고 하는 그리스도인들의 입에서 나오는 모든 신뢰할 만한 주장들에 대처할 수 있는 뭔가 뾰족한 묘안이 있어야 한다. 그러나 교부들이 제시하는 증거들을 그런 식으로 읽어내려고 하는 세대주의자(dispensationalist)는 하나도 없을 뿐더러, 그들이 주장하는 것의 객관성을 확보한다는 것은 쉬운 일이 아니다.[54] 이쪽에 확실한 기준이 있는 것도 아니고, 그렇다고 다른 쪽에 그런 기

52　G. H. Williams and Waldvogel, "History", 77-8; Hunter, "Tongues-Speech", 여러 곳을 보라.

53　예를 들어 Packer, *Keep In Step*, 229을 보라.

54　그런 입장에 대한 비판에 대해서는 Hunter, "Tongues-Speech", 여러 곳을 보라.

준이 있는 것도 아니다. 그러나 여하튼 신약성경은 이러한 은사들이 단순히 "표적"이었을 뿐이라거나, 혹은 정경이 완성되기 이전에 임시로 사용된 대용물에 불과했다는 견해를 옹호하지는 않는다.

확신 있게 내세울 수 있는 유일한 주장은 대표적인 은사들이 점차 주변으로 밀려났다는 것이다. 그러나 예를 들어 사도 시대 이후의 교회가 죄가 만연했다거나 메말라 있었다는 따위의 주장들을 은사들이 주변으로 밀려나게 된 유일한 신학적인 근거라고 내세운다면, 그것은 전혀 지혜롭지 못한 처사일 것이다.[55] 아마도 여러 가지 요인들이 복잡하게 얽혀 있었을 것이다. 예언이 점차 주변으로 밀려난 것에 대해서 오니는 (i) 기독교의 교리, 전승, 규칙들이 점차적으로 자리를 잡아가고, 지역의 교사들과 목회자들의 손에 의해 그것들이 행사되었기 때문이며, (ii) 사회학적으로는 교회가 이전보다 훨씬 더 그 주변 환경과 통합되면서 천년왕국운동의 분파적 성격을 띠던 시절의 역동성이 약화되었기 때문이라고 주장한다. "방언"은 도무지 알아들을 수 없었기 때문에 존속해야 할 가치가 거의 없었다. 그래서 초기 오순절 운동에서 성령 세례의 증표로 인정받기 전까지는, 그리고 후대의 문화적이면서 실존적인 성격의 요인들 때문에 방언이 카리스마적인 집단 내에서 부각되기 전까지는 방언이 변두리로 밀려난 것은 당연했다. 몸의 치유는, 복음을 추상화하기 시작하면서(by platonizing), 곧 복음에서 완전히 떨어져나가고 말았다. 그로 인해 쇠퇴하게 되었고, 교회의 인가(accreditation)라고 하는 전혀 다른 신학적 의미를 갖고 나서야 교회에 다시 등장할 수 있었다.

일반적으로 우리가 하나님께 (보다 놀라운 은사를 포함해서) 개인적인 영적 체험을 구하는 것은 교회가 굳건하고 자신만만한 때보다는 오히려 안전하지 않고 자기 반성적이고 역사적으로 불안정하던 시기에 나타나는 전

---

55 참조. 기적을 일으키는 은사들의 후퇴 현상에 대해서 오순절 교회 측에서 제시하는 이유들에 대해서는 C. G. Williams, *Tongues*, 73-4.

형적인 특징이라고 하는, 기껏해야 가능성이 있을까 말까한 정도에 불과한 진부한 가설에 동조하는 경향이 있다. 그뿐만 아니라 하나님을 추구하는 현상(예를 들면 부흥 운동 시기의)은 교회 안에 있는 문화적·신학적 기대감이 어느 정도는 결정적 요인이었던 것으로 생각하기도 한다. 따라서 광범위한 문화적·사회적·신학적인 요인들이 그러한 기대감을 형성하는 데 작용했을 수도 있고, 그 결과로 교회 안에 은사들이 나타났던 것일 수도 있다. 따라서 언젠가 (일시적으로) 나타났던 은사중지 현상이 신학적으로 의미가 있는 것인지 혹은 의미가 없는 것인지를 판단하는 것은 거의 불가능하다.

17장

오늘날의 방언 현상

오순절주의와 은사주의적인 성향의 갱신 운동들은, 마치 자신들의 영성을 나타내는 **독특한** 표지가 별로 중요하게 여겨지지 않는다는 점을 제대로 느끼고 있다는 듯이 현대의 "방언"을 아주 중요한 연구 과제로 만들어놓았다.[1] 그런데 사도행전과 고린도전서에 나오는 방언(glossolalia)과 오늘날의 여러 가지 모습의 "방언 현상"(tongues speech)은 어떤 관계가 있는 것일까? 로렌틴(Laurentin)이 안타까워하듯이, 문제가 "얽히고설켜" 있어서, 이것을 풀어내려면 상당한 노력이 필요하다. 우리는 현대의 상황을 먼저 개관하고(I), 그런 다음에 현대의 방언 현상과 신약성경의 방언의 관계에 접근할 것이다(II).

I. 오늘날 교회의 방언 현상

사회과학에서는 방언이라는 용어를 기독교의 안팎에서 발견되는 다양한 현상에 적용한다. 가장 초기의 연구는 사실상 1910년대의 영매(spiritist)의 방언에만 집중했다. 그러나 곧 연구의 범위가 오순절의 방언만이 아니라 다른 연관된 형태의 발화(utterance)를 포함하는 쪽으로 확대되었다.[2] 방언

---

1   예를 들어, Laurentin, *Pentecostalism*, 60을 보라.

의 여러 가지 형태를 구분하려는 초기의 시도들 중 롬바르드(Lombard)의
것이 가장 중요하다. 롬바르드는 언어적 "능력"이 상승하는 단계인 소위 무
의미한 소리(*Phonations frustres*)라고 부르는 것(거친 소리, 분절되지 않은 외침, 중
얼거림 혹은 더듬거림)으로 시작해서, 그다음에는 "유사-언어"(말하는 것을 흉내
내는 소리인데, 그 소리에 맞는 개념이 무엇인지 분명치 않다) 단계로 넘어간다고 말
한다. 그리고 마지막으로는 가장 높은 단계인, 다양한 형태의 이언능력(異
言能力, *xenoglossia*, 외국어를 구사하는 능력)이라고 말한다.[3] 메이(L. C. May)는 후
에(1956년) 무당들이 사용하는 말들(parallel shamanistic utterances)을 설명하
기 위해서 여섯 가지 분류법을 개발했다. 그는 (i) 영들의 언어, (ii) 사제의
언어, (iii) 동물의 언어, (iv) 무의미한 소리(*Phonations frustres*), (v) 이언능력,
(vi) 방언에 대한 해석으로 구분했다.[4] 이런 구분법들이 우리가 방언에 대해
언급할 때 아주 다양한 수많은 현상들에 관해서 말하고 있다는 것을 우리
에게 일깨워주기는 했지만, 이런 유형들이 우리의 논의에 직접적으로 어떤
도움이 될지는 확신할 수 없다. 그 대신에 번 포이트레스(Vern Poythress)의
제안을 일부 완화시킨 두 가지 분류법을 선택하는 것이 나을 것 같다.[5] 첫
번째는 좀 더 포괄적인 "자유 발성"(free vocalization)이고, 두 번째는 보다 종
교적인 맥락에 부합하는 "방언 현상"이다.

2　H. N. Malony and A. A. Lovekin, *Glossolalia: Behavioural Science Pespectives on Speaking in
　Tongues* (Oxford: OUP, 1985)는 전반적인 주제를 다룬 권위 있는 연구서이다. 성령 운동가
　들의 방언에 대한 초기의 연구들에 대해서는 앞의 책, 13-16 (그리고 아래의 May에 대한 부
　분)을 보라.

3　E. Lombard, *Glossolalie*. 그의 견해에 대한 전반적인 내용에 대해서는 Malony and Lovekin,
　Glossolalia, 16-19을 보라.

4　L. C. May, "A Survey of Glossolalia and Related Phenomena in Non-Christian Religions",
　American Anthropologist 58 (1956), 75-96, reprinted in W. E. Mills (ed.), *Speaking in
　Tongues: A Guide to Research on Glossolalia* (Grand Rapids: Eerdmans, 1986), 53-82. 이 논문
　에 대한 비평은 Malony and Lovekin, *Glossolalia*, 19-21을 보라.

5　V. S. Poythress, "Linguistic and Sociological Analyses of Modern Tongues-Speaking:
　Their Contributions and Limitations", *WTJ* 42 (1980), 367-88 (특히 369-70).

(a) "자유 발성"(free vocalization)은 말하는 소리가 연달아서 나오는 것을 가리키는 용어이다. 그런데 그 소리는 발화자 자신이 알지 못하는 언어이고 어휘도 분명치 않은 데다가, 발화자 자신도 (아주 작은 단락 말고는) 반복할 수 없다. 그리고 그 소리는 보통의 청중들에게는 미지의 언어처럼 들린다. 그러므로 이제는 "방언 현상"을 정의함으로써 (발달 단계에 따라 사용되는 무의미한 소리, 유사 언어 등을 배제해서) 우리의 관심을 보다 좁게 한정할 필요가 있다.

(b) "방언 현상"은 모국어에 유창한 어떤 사람이 종교적인 목적을 위해 행하는 "자유 발성"이다.[6] 이런 정의가 몇 가지 기독교의 방언 현상, 특히 롬바르드와 메이가 무의미한 소리, "거친 소리" 혹은 몇 가지 음절을 반복하는 것 등으로 분류한 형태의 현상을 배제한다는 것이 곧 드러나게 될 것이다.

오늘날의 "방언 현상"은 어떤 것이며, 교회에서 볼 수 있는 방언 현상과 신약성경에 나오는 방언을 말하는(*glōssais lalein*) 현상은 어떤 관계가 있는가? 현대의 여러 가지 방언 형태들, 그리고 특히 기독교의 "방언 현상"은 인기 있는 연구 대상이었다.[7] 기독교의 "방언 현상"과 관련해서, 우리는 최근의 결론을 다음과 같이 간략하게 요약해볼 수 있다.

(1) 초기의 주장과는 정반대로, "방언 현상"이 낮은 지능, 빈약한 교육, 낮은 사회적 지위 혹은 병리학적인 심리학과 관련 있다는 것은 증

---

6   Poythress는 발화자가 그리스도인인지의 여부를 기준에 포함시킨다. 그러나 이런 기준은 유용한 용어를 다른 종교 집단의 아주 유사한 현상에 적용시킬 수 없게 만든다. 실제로 우리는 기독교 내에서의 "방언 현상"에 대해서만 다룰 것이다. 그러나 보다 개방적인 개념 정의의 여지가 있었으면 한다.

7   이에 대한 가장 간략한 설명이 C. G. Williams, *Tongues*에 있다. 그러나 표준적인 연구는 Malony and Lovekin, *Glossolalia*이다.

거가 없다. 그 분포 형태는 일반적으로 심리학적인 유형과 관련하여 전형적이다.[8] 커튼(Cutten), 토머스(Thomas) 등이 진행했던 초기의 연구들은 이와는 정반대 방향의 것이었다.[9] 이들의 연구는 반-은사론 진영에서 권위 있는 것으로 널리 인용되고 있다. 이들의 연구들은 정신병원에 있는 정신병 환자, 그리고 심지어는 (토머스의 경우에는) 자살방지병원의 환자들을 대상으로 한 것이었다.[10] 그런 병원에서 방언을 검증해보았는데, 여러 가지 형태의 방언들이 불안 심리와 상당히 밀접한 관련이 있다고 한들 뭐가 놀랍겠는가? 마찬가지로 여러 가지 형태의 방언을 최면성의 암시, 사회 전염, 낮은 자아 통제력과 연결시키려는 시도들은 대부분 "연구자 쪽의 선입견 혹은 편견이 작용한 결과이거나 종교적인 표현을 왜곡해서 폄하하려는 시도"로 보인다.[11]

(2) 심리학적으로 볼 때, "방언 현상"은 (황홀경 상태에 들어갈 때 부수적으로 나타나는 경우도 있기는 하지만) 흔히 말하는 "황홀경" 때문에 발생하는 것이 아니다.[12] "방언 현상"을 유창하게 사용하는 탁월한 은사주의자들은 마음대로 방언을 시작하거나 멈출 수 있다고 주장한다. 그

---

8 다음의 것들을 비교해보라. E. M. Pattison, "Behavioural Science Research on the Nature of Glossolalia", *JASA* 20 (1968), 76, 그리고 J. P. Kildahl, "Psychological Observations", in M. P. Hamilton (ed.), *Charismatic Movement*, 124-42은 C. G. Williams, *Tongues*, 126-35과 Malony and Lovekin, *Glossolalia*, chs. 3-5에서 보다 긍정적인 평가를 받는다; 같은 저자, "Debunking Some of the Myths About Glossolalia" in C. M. Robeck (ed.), *Experience*, 102-10, 그리고 S. E. Gritzmacher, B. Bolton, and R. H. Dana, "Psychological Characteristics of Pentecostals: A Literature Review and Psychodynamic Synthesis", *Journal of Psychology and Theology* 16 (1988), 233-45.

9 G. B. Cutten, *Speaking with Tongues: Historically and Psychologically Considered* (New Haven: Yale UP, 1927); K. Thomas, "Speaking in Tongues", unpublished paper, Berlin Suicide Prevention Center, 1965.

10 참조. C. G. Williams, *Tongues*, 126-7.

11 Malony and Lovekin, *Glossolalia*, 93.

12 앞의 제12장, II, §1과 제13장, III, §2을 보라. 참조. Hollenweger는 ("탈아" 상태는 아니더라

리고 대개의 경우는 주변 상황에 대한 인식을 놓치지 않고 그대로 유지하거나 심지어 다른 활동(책을 읽고, 운전을 하는 등)에 대한 집중력을 놓치지 않는다고 주장한다.[13] 이러한 주장들은 상세한 연구들을 통해서 이제는 분명하게 입증된 것으로 보인다.[14]

펠리시타스 굿맨(Felicitas Goodman)은 방언이 어느 정도의 황홀경 상태와 상관이 있다는 것을 보여주는 강력한 사례를 제시했다. 보다 정확하게 말하자면, 그녀는 일곱 개의 전혀 다른 문화적인 상황과 심지어는 네 가지 다른 토착어를 사용하는 사람들 사이에서조차도, 방언의 말투에 공통적인 언어적 유형이 있다고 주장했다. 모든 (가장 작은 소리의 단위인) 펄스(pulse)가 자음으로 시작하고, 초성에서 자음이 겹치는 경우는 없으며, 펄스는 거의 항상 열려 있고(즉 자음으로 끝나지 않고), 각 소절들(쉼표로 분리되는 펄스의 집단)은 대개 똑같이 반복되고, 각 소절들의 첫 번째 펄스에 첫 번째 악센트가 붙어 있으며, 끝부분이 흐려진다는 등.[15] 그녀에 따르면, 이러한 교차 문화적이며 교차 언어학적인 항구성은, 예를 들어 영어나 스페인어의 통상적인 말에서 나타나는 자연적인 특성은 아니며, 방언이 일종의 특정한 정신 상태가 신체에 반영된 것일 경우에 가장 잘 설명된다. 따라서 그녀의 현장 조사는 (그녀의 견해에 의하면) **"방언을 말하는 사람은 자신이 해오던 방식을 따라서 말한다. 왜냐하**

도 황홀경 상태인) "열정적인" 방언과 (황홀경 상태라는 단서는 전혀 없고, 오히려 라디오에서 외국어가 들리는 것과 같은) "냉정한" 방언을 구분한다(Pentecostals, 344).

13 Kilian McDonnell은 "모든 오순절주의자나 은사주의자들은 방언이 대개의 경우에 황홀경 상태에서 나온다거나 황홀경 상태의 결과라는 주장을 거의 이구동성으로 받아들이지 않을 것이다"라고 말한다. K. McDonnell, *Charismatic Renewal and the Churches* (New York: Seabury, 1976), 82. Malony and Lovekin, *Glossolalia*, 105에서 재인용.

14 참조. C. G. Williams, *Tongues*, 135-46.

15 그녀가 분석했던 방언류의 발화에 나타난 언어학적/음성학적 특징들에 대해서는 F. Goodman, *Speaking in Tongues: A Cross-Cultural Study of Glossolalia* (London: University of Chicago Press, 1972), 121-22을 보라.

면 그의 말하는 습관은, 종종 황홀경 상태라고 말하는 특정한 정신 상태에서 그가 스스로 자처한 입장에 맞게, 그의 몸이 반응하는 방식에 의해서 통제를 받기 때문이다. 즉 다른 말로 하자면…방언식의 말투는 최고로 고조된(hyperaroused) 정신 상태의 산물[이다]…비언어적 심층 구조의 표층 구조이고, 의식변성상태(altered state of consciousness)에서 나타나는 것"이라고 하는 자신의 가설을 확증해준다.[16] 그녀는 이 후자의 상태를, 예를 들면 운율에 맞춰서 노래하거나 손뼉을 친다든가, 갑자기 환호하거나 소리를 지르는 것 등을 통해서 유추할 수 있다고 말한다.[17] 그러나 팔머(G. Palmer)가 구성한 광범위한 심리학적인 검증은 방언이 황홀경의 산물이라고 하는 이전의 주장에 대해서 압도적으로 부정적인 판정을 내린다. 방언을 하는 동안에 피부전도성(skin-conductivity), 뇌파 패턴(EEG pattern), 혈압 그리고 심박동수(heart rate) 검사를 수행한 결과 사실상 통제 집단과 동일한, 혹은 영어로 놀이를 한 집단과 동일한 수치가 나왔다.[18] 이와 비슷하게, 스파노스(Spanos)와 히윗(Hewitt)은 방언을 하는 동안에 주변부를 의식하는 수준과 정신적인 과제를 수행하는 능력을 검증했는데, 방언을 하는 사람은 외부의 정보를 받아들일 수 있었고, 방언을 하는 동안에 (예를 들어) 그 혹은 그녀가 영어로 된 짧은 이야기를 큰 소리로 읽을 때 방언을 하면서도 그 말뜻을 알아듣고 거기에 반응을 보일 수 있다는 결론을 내렸다.[19] 이 모든 것이 의미하는 바는 비록 "방언 현상"이 황홀경 상태를 동반할 수 있기는 하지만, 방언 현상이 나타나기 위해서 어떤 심각한 의식변형상태나 (예를 들어 홍차를 어떻게 할

---

16 앞의 책, 8.

17 앞의 책, 60, 74-9, 90-2.

18 G. Palmer, "Trance and dissociation: A cross-cultural study in psycho-physiology", 미간행 석사학위 논문, University of Minnesota 1966.

19 N. P. Spanos and E. C. Hewitt, "Glossolalia: Test of the trance and psychopathology hypotheses", *Journal of Abnormal Psychology* 88 (1979), 427-34.

지를 생각하면서도 자동차를 몰고 가는 것에 열중하는 정도를 넘어서는 상태인) 해리상태(dissociation)가 **필요한 것은** 분명히 **아니라는 것**이다. 사마린(W. J. Samarin)은 말하는 것 속에 담긴 특징들에 주목했다. 그중에서 어떤 것들은 본래부터 오순절 운동의 하부 문화 고유의 것이었고, 반면에 어떤 것들은 개인적으로는 알아들을 수 없는 말에 해당하는 비정상적인 형태의 말이 공통적으로 보이는 특징이라고 설명할 수 있는 것들이었는데 (예를 들어, 신앙이 없는 대학생이 사마린의 실험에서 "자유 발성"을 실험 삼아 해보고 있었다), 그 와중에도 사마린은 말하는 것에서 흔히 볼 수 있는 몇 가지 특징들을 포착해서 그것들을 근거로 음성과 억양 패턴에 나타난다고 하는 유사성을 설명할 수 있었다.[20]

(3) 형태상으로 보자면, 대부분의 "방언 현상"은 외국어 방언(xeno-lalia, 실제 "외국어")이 아니다.[21] 오순절 운동이 촉발되면서 "방언 현상"이 봇물처럼 터져 나왔을 때, 사실상 모든 관련자들이 이것은 복음 전파의 목적을 위해서 받은 외국어의 은사라고 생각했다. 그리고 찰스 파함(Charles Parham)은 1929년 죽을 때까지, 반대 증거들이 산처럼 쌓여도, 그런 믿음을 계속해서 갖고 있었다.[22]

(i) 알아들을 수 있는 외국어 방언이 이 시대에 있었다는 일부 주장

---

20 Goodman과 Samarin 간의 후속 논쟁에 대해서는 Malony and Lovekin, *Glossolalia*, 105-9을 보라.

21 가장 탁월한 요약을 위해서는 C. G. Williams (*Tongues*, ch. 8) 그리고 Malony and Lovekin (*Glossolalia*, ch. 2)을 보라. 참조. (Malony and Lovekin이 최신 정보를 담고 있긴 하지만) 보다 자세한 토론을 위해서는 W. J. Samarin, *Tongues of Men and Angels: The Religious Language of Pentecostalism* (London: Collier-Macmillan, 1972), chs. 4-6을 보라.

22 J. R. Goff, "Initial Tongues in the Theology of Charles Fox Parham" in G. B. McGee (ed.), *Evidence*, 57-71; 그리고 앞의 책에 있는 C. M. Robeck, "William J. Seymour and 'the Bible Evidence'", 72-95을 보라.

이 있지만, 그 주장들 대부분이 잘못된 자료인데다가, 종종 2차 혹은 3차 자료들인 경우도 있다. 그리고 사람들이 "알아들었다"고 하는 입증된 언어들이 있다고 하는데, 그 알아들었다는 사람들이 그 문제되는 방언을 능숙하게 구사하는 사람들도 아니었고, 단순히 자기들이 단어 몇 개를 알아들었다고 생각했던 것에 불과하다.

예를 들어 헤럴드 브레데센(Harold Bredesen)은 자신의 방언 현상을 들은 청중들이 폴란드어로 혹은 (또 다른 경우에는) 콥트 이집트어로 알아들었다고 주장한 적이 있다. 그러나 언어학자에게 그 표본을 제출했지만 인정받지 못했다.[23] 사마린은 포(Poe)의 이야기인 "모르그 가의 살인 사건"(The Murders in Rue Morgue)을 빗대서 놀려댔다. 그 내용은 이렇다. 목격자들은 모두 "살인자"의 소리를 들었다. 그런데 "그 소리가 마치" 스페인 사람에게는 프랑스 사람처럼, 프랑스 사람에게는 아일랜드 사람처럼, 독일 사람에게는 영국 사람처럼, 영국 사람에게는 스페인 사람처럼, 그리고 나머지 사람에게도 그런 식으로 들렸다. 그런데 진짜 범인은 오랑우탄으로 밝혀졌다.[24]

테이프에 녹음된 "방언 현상" 중 그 출처가 확실한 것들을 골라서, 많은 사례들을 유능한 언어분석가에게 보냈는데, 그중에서 알아들을 수 있는 외국어 방언으로 밝혀진 경우는 하나도 없었다.[25] 그렇다고 해서 손쉽게 얻을 수 있는 자료들 중 외국어 방

---

23 Malony and Lovekin, *Glossolalia*, 28 (그리고 참조. Christie-Murray, *Voices*, 248-52)을 보라; 그리고 템네어(Temne, 시에라리온의 언어)를 방언으로 한다고 주장하던 두 영국인의 사례가 있었다. 그러나 그들의 주장은 결국 원어민에 의해서 퇴짜를 맞았다. *Glossolalia*, 29을 보라.

24 Samarin, *Tongues*, 114-15, 그리고 Laurentin, *Pentecostalism*, 67이 이 내용을 다시 사용했다.

25 따라서 외국어 방언의 사례 중에서 가장 확실하게 입증된 사례들은 기독교 운동 외부의 것들

언으로 들렸다고 하는 꽤 믿을 만한 증언들이 없었다는 것은 아니다. 그리고 그런 주장들을 믿을 만한 것으로 보이게 하는 증인들도 신뢰가 가는 인물들이다.[26] 그러나 이런 것들조차도 외국어 방언이라고 과학적으로 입증되었다고 판단하기 위해 요구되는 아주 엄격한 기준들(즉 충분한 분량이 테이프에 잘 녹취될 것, 생존하는 권위자들이 그 언어를 인증할 것, 방언을 말하는 사람이 이전에 무의식중에라도 그 언어에 접촉했을 가능성이 없다고 하는 그 사람의 생애에 대한 충분한 자료 등)을 충족시키지는 못한다.[27] 그리고 외국어 방언의 가능성이 있는 사례들은 아주 드물다.

(ii) 언어분석가에게 제출된 "방언 현상"을 녹음한 많은 테이프 중, 언어적인 구조나 문법을 보여주거나 혹은 사람의 말인 것처럼 보이는 것들조차도 거의 없다. 게다가 자음들을 자주 반복하는 것을 들어보면 (항상은 아니지만) 대개의 경우는 말하는 사람의 본토 언어처럼 들린다. 그리고 모음들은 그 혹은 그녀의 모국어에 있는 구개모음(open vowel)처럼 들린다. 다시 말해서 "방언 현상"을 진지하게 언어학적으로 연구하는 분야의 개척자인 사마런에 따르면, 표본들을 분석해본 결과 "이미 화자가 알고 있는 것들

이라고 할 수 있다(영매들의 모임들 중에서 그런 사례들이 있다: Christie-Murray, *Voices*, ch. 19; Malony and Lovekin, *Glossolalia*, 28-29을 보라).

26 Poloma, *Charismatic Movement*, 65과 더불어 자료들에 대해서는, 예를 들어 Laurentin, *Pentecostalism*, 67-70; C. G. Williams, *Tongues*, 180-3; Poythress, "Analyses", 374 n.17; Malony and Lovekin, *Glossolalia*, 26-29을 보라.

27 나의 대학 친구들 중 하나인 J. Modha는 최근에 힌두교에서 개종했는데, 한 가지 우연한, 그러나 그에게는 중요한 사건이 있었다고 한다. 그 사건은 기포드(Guildford)에 있는 Millmead 침례교회에서 일어났다. 그 친구 뒤쪽에 있던 한 영국 사람이 방언을 하고 있었는데, 반복해서 같은 말을 했다고 한다. "평화가 너와 함께할 지어다, 너에게 평화가 임할 지어다." 그런데 그 말이 Modha의 고향 방언이었다는 것이다. 그러나 단 하나 혹은 두 개의 어휘만 사용된(구주라티어, Gujurati), 그런 우발적인 사건을 "우연의 일치"라고 설명하는 수밖에는 없었을 것이다. 외국어 방언이 있었는지에 대한 한층 회의적인 연구를 충족시키기 위해서는 알아들을 수 있는 외국어 방언으로 하는 좀 더 긴 대화가 필요할 것이다.

중에 있던 소리들을 가지고 다소 우연히 서로 뒤엉키게 된 일련의 음절들"로 입증되었다는 것이다.[28] 이러한 판정은 아마 지나치게 단순한 것인지도 모른다. 몇 가지 반대 증거들이 있기 때문이다. 즉 (a) 굿맨 자신이 제시한 증거(방언 소리가 화자가 자신들의 모국어를 말하는 것 같지 않았다는 증거)는 "방언 현상"이 약간 다른 형태의 언어라고 하는 견해를 지지하는 것으로 볼 수 없다. 그리고 (b) 방언을 하는 사람들 중 일부는 각기 다른 형태의 방언을 할 수 있는 것으로 보인다. 그리고 그 방언들 중에서 이것 혹은 저것이(혹은 둘 다가) 그들의 본토 언어가 아니라 음성 구조를 들어볼 때 다른 언어와 아주 밀접한 연관이 있는 것처럼 보인다.[29] 그러나 다시 한번 말하지만 언어학자들은 그것이 **언어인지 아닌지**를 판정할 수 있을 만큼(설혹 그들이 판정할 수 없을지라도) 충분한 분량의 "방언 현상"이 제공될 때 그에 부합하는 확신을 갖게 된다. 피터 코트렐 박사(Dr. Peter Cotterell, 언어학 연구소의 연구원)는 개인적인 면담 자리에서, 유능한 언어학자라면 언어학적 구조라고 볼 수 있는 충분한 근거가 있는지의 여부를 판단하는 데 대략 20분이 채 걸리지 않을 것이라고 지적했다. 하지만 테이프에 녹음된 표본들 중에는 판정을 내릴 만한 분명한 사례들이 없었다.

당연히 많은 은사주의 운동 지도자들은 제출된 증거들이 방언이 (과거나 혹은 현재의 인간의 언어가 되었든, 천상의 언어가 되었든) 대개 이언능력의 기적이라고 하는 견해에 반한다는 것을 인정한다. 특히 그런 점은 "자유 발성"이 (종교적인 환경을 포함해) 기독교적 환경의 안팎에서 볼 수 있는 학습된 현상일 수도 있다는 점

---

28 Samarin, *Tongues*, 81.
29 보다 긍정적인 증거로 Malony and Lovekin, *Glossolalia*, 34-38을 보라.

에서 분명하게 드러난다. 은사주의 운동 지도자들은, 모국어로 말하는 것이 성령의 은사가 될 수 있는 것과 비슷하게, 오히려 그런 자연 현상의 방향이 주님 쪽으로 향하게 될 때 손쉽게 성령의 은사로 변할 수 있다고 설명한다.[30]

(4) 기능적인 면에서 보자면 "방언 현상"은 모종의 의미를 전달해준다. 상당히 적대적인 분석가들도 "방언 현상"이 운율성 굴곡(prosodic contour, 박자, 강세, 발성 등)을 통해 의미를 전달해주며, 호소하고, 애통해하고, 감사하고, 찬양하는 "방언 현상" 등을 구분할 수 있다는 것을 인정한다. 그렇지만 어떻게 "방언 현상" 안에 그렇게 많은 정보들이 전인식적으로 암호화될 수 있었는가(precognitively coded) 하는 것은 직접적으로 연구할 수 있는 범위를 넘어선다. 그러나 "방언 현상"은 일반적으로 인류의 언어가 아니기 때문에 굳이 언어로 **사용할 수 없다**고 말할 필요도 없다.[31] 따라서 이렇게 주장해도 좋을 듯하다. "방언 현상"을 통해 성령은 잠재의식의 차원에서 사람과 상호 작용하며(참조. 바울은 "내 영이 기도한다"고 말한다), 의사소통은 "자유 발성"이라고 하는 또 다른 자연의 방법을 통해 비어휘적으로 "암호화된"("encoded" non-lexically) 상태에서 이루어진다.[32] 한편 루이스(C. S. Lewis)는 그가 "치환"(transposition)이라고 부르는 개념을 사용해서 방언을 설명한다. 그가 말하는 "치환"이라는 것은 훌륭한 도구만 있으면 형편없는 것을 가지고도 완벽한 수준을 이끌어낼 수

---

30 예를 들어, H. Mühlen, *A Charismatic Theology* (London: Burns and Oates, 1978), 152-26; F. A. Sullivan, *Charisms*, 143-4; Laurentin, *Pentecostalism*, 93-94.

31 Poythress, "Analyses", 374-75; Carson, *Showing the Spirit*, 85-87.

32 은사주의 운동에 속한 일부 저술가들의 주장을 들어보면, 이제는 의미 있는 내용이 암호화되어 있다고는 보지 않고 분위기만 전달해주는 것으로 받아들이는 것처럼 보인다. 참조. Sullivan, *Charisms*, ch. 8, 특히 133-4.

있다는 뜻이다. 이것은 마치 (본래의 오케스트라 연주를 충분하게 알고 있
는 사람에게는) 모든 오케스트라의 악기들을 단 한 대의 피아노로 표
현할 수 있다는 것과 같은 것이며, 혹은 2차원의 설계도에서 3차원
의 구조물이 나오는 것과 같은 것이다.[33] 이러한 견해는 (하나님의 은
혜 안에서, 그리고 사랑의 마음으로 하나님께 영광의 찬송을 돌릴 수 있다면)
"학습된 행동"이나 일차적으로 심리학적인 것이라고 유추할 수 있
는 종류의 말조차도 ("기적적인" 은사는 아닐지라도) "초자연적인" 하나
님의 은사가 될 가능성이 있다는 것을 분명하게 보여준다. 동일한
방식으로, 어느 개인이 천부적으로 갖고 있는 가르치는 은사도 능
력 있는 설교를 통해서 청중들에게 "천상의 모든 것들을 가져다주
는" 성령의 은사로 쓰임 받을 수도 있는 것이다.[34]

(5) (메시지라는 뜻으로서의) 의미 전달의 차원을 넘어서, 그리스도인은
"방언 현상" 때문에 자신과 주님의 관계가 더욱 깊어지고, 예배에
큰 영향을 미친다고 주장하기도 한다. 그뿐만 아니라 그리스도의
영이 자기와 함께 거하신다는 것을 더욱 분명하게 깨닫게 해주고,
그로 인해 보다 온전한 헌신을 할 수 있도록 자신을 이끌어준다고
생각한다. 아무리 방언 그 자체가 다른 사람들이 보기에는 (비록 환
원주의적이기는 하지만) 자연주의적인 근거에 입각해서 "설명할 수 있
는" 것이라고 하더라도, 그러한 주장들은 사실임이 분명하다. 왜냐
하면 어떤 개인에게 있어 "방언 현상"과 하나님의 새롭게 하시는 체
험이 밀접한 관련이 있는 것일 수도 있기 때문이다. 방언 현상의 경
우에 하나님이 자신의 삶 속에서 역사하시며, 자기를 통하여 나타

---

33 C. S. Lewis, *Transposition and Other Addresses* (London: Bles, 1949), 9-20.

34 다양한 성향의 반-은사주의 저술가들은 심리학적인 설명만으로 방언이 성령의 은사라는
주장을 논박할 수 있다고 너무 쉽게 생각한다. 참조. A. A. Hoekema, *What About Speaking
in Tongues?* (Grand Rapids: Eerdmans, 1966), 132; MacArthur, *Charismatic Chaos*, 176;
Budgen, *Charismatics*, ch. 4.

나는 성령의 말할 수 없는 탄식도 들으신다는(참조. 롬 8:26, 27) 믿음
이 회복되는 "순간"이 될 수도 있는 것이다.[35] 이러한 "말할 수 없는
탄식"은 케제만이 "자유를 향한 부르짖음"이라고 부르는 것일 수도
있고,[36] 또 기쁨에 찬 부르짖음일 수도 있다.[37]

(6) 말로니와 러브킨(Malony and Lovekin)은 마지막 두 가지 접근 방법
(기능적인 면과 신앙적인 면)을 통합해서 이 문제에 접근하려고 한다.
이들은 방언과 기타 "성령의 은사"의 사용에 대한 트뢸치(Troeltsch)
의 분석을 끌어들여서, 치환이라는 개념으로 방언을 설명하는 루이
스의 방법을 더욱 발전시켰다.[38] 트뢸치는 영적인 은사들을 베버가
세 번째 유형으로 분류한 종교 집단의 특징이라고 보았다. 이 유형
을 베버가 "교회"(church)와 "분파"(sect)로 분류하는 범주와 견주어
볼 때, 그가 "신비주의"라고 부르는 것과 동일한 종류의 것이었다.
그리고 그 핵심은 신성과의 **접촉**(contact)을 통해서 의미와 생명력을
추구하는 것이며, 심지어 괜찮은 종교 조직에 속해 있다고 하더라
도 초월에 대한 **체험**을 통해서 갱신을 추구하는 것이다. 대부분의
오순절주의자들과 은사주의자들이 "방언 현상"을 바로 이런 맥락
속에서 평가하고 싶어할 것이다. 왜냐하면 도널드 기(Donald Gee)나
칼 브럼백(Carl Brumback)같은 초기의 오순절주의 저술가들은 방언
이 즉각적인 하나님의 임재 체험이라는 의미에서 특별히 중요했다

---

35 Poythress, "Analyses", 377-80.

36 Käsemann, *Perspectives*, 122-37: 참조. Theissen, *Aspects*, 315-20, 332-41에 있는 상세한
연구를 보라.

37 참조. F. D. Macchia, "Sighs", 47-73에 나오는 상세하면서도 도발적인 분석을 보라. 영성에
있어 방언의 위치에 대한 최근의 신학적인(그러나 비판적이지 않은) 평가에 대해서는 J. R.
Williams, *Renewal Theology: Salvation, the Holy Spirit, and Christian Living* (Grand Rapids:
Zondervan, 1990), ch. 9, 특히 part. V를 보라.

38 Malony and Lovekin, *Glossolalia*, ch. 14을 보라.

고 보았기 때문이다.[39] 그들의 이런 주장은 방언 현상이 틀림없이
기적적인 은사라는 생각에서 단순하게 추론해낸 것이 아니다. 그들
은 방언 현상을 하나님의 임재 체험이라는 관점에서 평가했다. 왜
냐하면 방언 현상이 시작되는 순간과 그 이후의 순간에 아주 빈번
하게 신비한 존재와 조우한다는 직접적인 느낌이 들었기 때문이다.
그렇기 때문에 방언은 신현의 느낌 그리고 신비한 느낌을 만나는
지점이다.[40]

(7) 방언에 대한 대부분의 연구들이 개인 방언 체험에만 집중되어 있
지만, 초기의 오순절 운동은 방언의 은사가 회중 전체에 (가장 큰 도
움은 아니지만) 많은 도움을 준다고 평가했다는 것을 기억할 필요가
있다. 이제 우리는 방언의 두 가지 다른 용도에 주목하려고 한다.
(a) 한 가지는 상대적으로 예배 시간에 흔하게 볼 수 있는 것인데,
서로 화답하듯이 화성에 맞추어서 방언으로 찬양하는 것이다. 이
런 일은 회중 전체가 하나님이 은혜 중에 "임재"하고 계신다는 어
떤 특별한 느낌을 갖게 되는 경우에 나타난다. 이런 경우에 (대개 30
초 미만에서 최대 2-3분 정도 밖에 지속되지 않는데) 방언은 통변되지 않
는다. 그러나 그런 방언 찬양은 영감 받은 자유로운 찬양이라고 여
겨진다. 신약성경에 방언 찬양의 직접적인 선례는 없다. 하지만 구
약성경과 유대교에서 볼 수 있는 갑작스럽게 터져 나오는 카리스마
적인 찬양에서 그런 선례를 찾을 수도 있다(앞의 제1장, II, §1을 보라).

---

39 1952년 세계 오순절 회의 때 했던 D. Gee의 연설을 보라(Macchia, "Sighs", 49에서 볼 수
있다). 그리고 C. Brumback, *What Meaneth This? A Pentecostal Answer to a Pentecostal Question*
(Springfield: Gospel Publishing, 1947), 131을 보라.

40 참조. 방언을 "소리 신비주의"(mysticism of sound)라고 묘사하기도 한다(C. G. Williams,
Tongues). W. Mills도 신약성경의 방언의 본질이 성령의 역동적인 임재를 나타내는, 유일한
표적은 아니지만, 가시적인 표적이라고 말한다. 그리고 Mills는, 방언은 그 겉모습이 오늘날
의 많은 신자들이 보기에 도움이 될 것 같은 모습은 아니고, 오히려 하나님의 임재의 상징으
로 다른 형태의 은사를 원할 것이라고 본다(*Approach*, ch. 5, 특히 118-26).

어떤 이들은 바울이 고린도전서 14:27, 28(참조. 23절)에서 갑작스럽게 끼어드는 것에 대해 교훈하고 있는 것을 근거로 그런 현상을 비판한다. 그러나 그 교훈들은 오히려 방언의 두 번째 용도에 더 잘 맞는다.[41] (b) 사람들이 방언을 하면서 하나님이나 회중에게 (예를 들어 회중이 예배를 드리면서, 하나님을 고대하는 때에) 뭔가 말해야 한다는 강한 충동을 느끼는 경우가 있다. 그럴 때 그 사람은 이것이 하나님께서 재촉하시는 것이라는 것을 알고 있으며, 그때 나오는 방언은 (바울이 고전 14:13, 27, 28에서 권면하는 것을 따라서) 통변된다. 즉각적으로 통변되는 방언은 회중들에게 예언과 같은 역할을 한다(뒤의 제18장을 보라). 그러나 이런 영적인 유익을 고려하면, 방언이 통변되는 순간이 더 중요하다고 할 수 있다(참조. 고전 14:4, 5, 13). 그렇다고 해서 방언을 무효로 만드는 것은 아니다. 역동적인 회중의 모임에서 방언은 하나님의 임재와 주님의 뜻을 회중에게 알려주는 역할을 한다. 그리고 이러한 카리스마적인 하나됨이 주는 해석학적인 국면 때문에 하나님에 대한 기대감이 높아지고, 하나님을 더욱 의지하게 된다.[42] 회중 방언(congregational tongues)의 이러한 두 가지 쓰임새를 살펴본 결과, 방언은 상대적으로 하나님의 즉각적인 임재를 나타내는 강력한 상징의 역할을 하는 것을 볼 수 있다. 그리고 두 회중 방언 모두 하나님과 인간의 "거리"를 여전히 남겨두면서(하나님께서 회중이 이해할 수 없는 말로 말씀하신다는 것은 인간의 근본적인 소외를 나

---

41 14:23, 27, 28에서 바울이 절제시키고 있는 이유는 성령주의자들이 방언을 자랑하면서 회중을 압도하려는 것을 방지하기 위해서이다. 그들의 방언은 함께 찬송하는 짧은 순간에 하는 그런 방언이 아니다.

42 고딕 양식의 대성당이 "하나님은 장엄하시다"고 말하듯이, (약간 다른 문맥이기는 하지만) 방언은 "하나님이 이곳에 계신다"고 말한다고 주장하는 Samarin의 말과 비교해보라. *Tongues*, 154, 232 (Macchia, "Sighs", 53에서 재인용). M. B. McGuire의 사회학적인 연구는 이런 주장의 확고한 토대가 되고 있다. "The Social Context of Prophecy: "Word-Gifts" of the Spirit among Catholic Pentecostals", *Review of Religious Research* 18 (1977), 134-47을 보라.

타내는 것이다), 동시에 하나님의 구원하시는 은혜를 느끼게 해준다 (왜냐하면 하나님은 그의 백성에게 말을 건네심으로써 그분의 임재를 나타내시기 때문이며, 그 방언을 이해할 수 있게 해주시기 때문이다. 그리고 방언은 그 자체로 종말론적인 갱신의 표적으로 이해되기 때문이다).[43]

II. 방언 현상과 신약의 방언

그렇다면 이 모든 것이 신약성경과 어떻게 연결되는 것일까? 방언 현상이 오순절에 임했던, 복음 전파만을 목적으로 하는 표적과는 현격한 차이가 있음은 분명하다. 그리고 그런 점을 근거로, 에드가와 패커는 (특히 더) 현대의 방언은 우리가 신약성경에서 볼 수 있는 것과 동일한 현상이 아니라고 주장한다. 그러나 우리가 이미 논한 바와 같이 신약성경의 방언에 대한 해석은 전반적으로 문제가 있다. 오순절은 신약성경의 통상적인 기준에 비해서 예외적인 경우이다. 그렇기 때문에 어느 정도 예외적인 경우인 오늘날의 알아들을 수 있는 외국어 방언과 비교되었어야 한다. 그러나 이미 언급한 대로 누가와 바울은 어느 곳에서도 방언을 복음 전파를 위한 표적 은사라고 설명하지 않는다. 고린도전서 14:22, 23을 그런 식을 해석하는 것은 바울의 역설적인 표현(irony)을 완전히 오독하는 것이다. 전체적으로 (에드가와는 반대로, 우리가 이미 주장했던 바와 같이) 바울은 "방언 현상"을 주로 (물론 절대적인 것은 아니지만) 개인적인 예배를 위한 은사로 본다. 그리고 누가가 사도행전의 다른 곳에서 언급하는 것도 이러한 견해를 허용하는 범위 내에 있다. 신약성경에 대한 이러한 이해는 오늘날의 현상과 일치한다. 방언과 방언 통변이 현대의 회중 예배의 특징으로 또렷하게 나타나는 곳에서는 고린도전서 14장에서 상상하고 있는 그런 관계가 한 눈에 보기에

---

43 Macchia, "Sighs", 55-60을 보라.

도 보다 투명하게 나타난다(그러나 우리는 아직 현대적인 상황에서 "방언 통변"의 진정성을 검증할 적절한 기준들을 결정하지 못했다).[44]

하지만 신약성경의 현상과 오늘날의 "방언 현상"을 일치시키는 것은 여전히 문제점을 내포하고 있다. 바울이 말하는 것을 보면, 아주 당연하다는 듯이 방언을 이언능력이라고 생각하고 있는 것으로 보인다. 그리고 이것만 보더라도 바울이 언급하고 있는 것과 오늘날의 "방언 현상"이 최종 분석에서 각기 다른 현상으로 밝혀질 것이라는 견해를 충분히 입증하고도 남음이 있다고 생각할 수 있다. 그러나 신중해야 한다. 바울이 이언능력인 "방언 현상"과 기능면에서는 비슷한 역할을 하는 비-이언능력인 "방언 현상"을 구분했다고 보는 것은 사실상 불가능하다. 우리가 두 가지 다른 형태의 "방언 현상"이라고 보는 것을, 현상적인 차원에서, 바울은 단순하게 함께 뭉뚱그려서 말했을 수도 있기 때문이다. 그것이 아니라면, 다소 애매모호한 게네 글로손(genē glōssōn, "[다른] 방언")이라는 표현이 이언능력과 천사의 말만이 아니라, 현대의 연구를 통해서 집중 조명을 받은 형태의 "방언 현상"도 포함하는 것일 수도 있다. 분명한 점은 오늘날의 방어이 바울이 알고 있던 것과 동일한 현상이 아니라는 교조주의가 들어설 여지는 없다는 것이다.

설혹 바울이 다른 현상에 대해 말하고 있는 것이라 하더라도, 그것 때문에 오늘날의 "방언 현상"이 기준에 못 미치는 "성령의 은사"라는 의미는 결코 아니다. 이미 앞에서 우리가 언급한 바와 같이, 루이스, 포이트레스, 그리고 말로니와 러브킨의 말마따나 문제는 결국 오늘날의 "방언 현상"의 역할이 하나님께 영광을 돌리는 것인지, 그리스도 중심적인 것인지, 믿음

---

44 어느 연구에서 알게 된 것인데, 테이프에 녹음된 방언들을 여러 방언 통변가들에게 보내서 "통변"을 부탁했다. 그리고 그 속에 아라비아와 오스트레일리아 국가를 거꾸로 돌려서 녹음한 통제 표본을 섞어 넣었다(!). 통변해서 보내온 것들은 서로 맞지도 않았고, 통제 표본의 내용과도 아무런 상관도 없었다. 그러나 검증 작업이 교회의 영향력의 범위 내에서 진행되었다면, 그리고 방언이 아닌 통제 표본들이 포함시키는 것을 주의해서 검증 작업을 진행했더라면 보다 적절하고 면밀한 작업이 되었을 것이다.

을 돕는 것인지(예를 들어 인격의 통전성, 일관성, 분노의 감소)에 달려 있는 것이며—아마도 바울이 글로사이스 랄레인(*glōssais lalein*)이라고 말한 것을 단순하게 따르는 방식일 텐데—진행해나가는 방식에 대한 것이다. 방언의 은사를 받았다고 주장하는 자들의 증언은, 그리고 보다 최근의 전문적인 정신의학적 분석들 중에서 상당수의 증언은 이것이 앞에서 말한 바로 그런 역할을 한다는 것이다(그리고 실제로 고린도 교인들에게서 나타났던 현상처럼, 충분히 오용될 가능성도 있다).[45] 그러나 이 분야에는 여전히 더 깊이 있는 실험적인 연구를 해야 할 부분이 많이 남아 있다.

---

45 C. G. Williams, *Tongues*, ch. 7 (특히 163); Malony, "Debunking", 107-8, 그리고 Malony and Lovekin, *Glossolalia*, 10-12을 보라. 방언 현상의 신앙적인 기능에 대한 긍정적인 평가로는 Laurentin, *Pentecostalism*, 79-82, 그리고 Samarin, *Tongues*, chs. 7-10을 보라.

18장

오늘날의 예언

I. 서론

오순절 운동과 은사주의적 갱신 운동 진영에서 교회가 치열하게 토론해야 할 논제로 "예언"이라는 문제를 들이밀었다.[1] 놀랍게도 현대 교회에서는 예언 문제에 대해 포괄적이고 비판적인 논의를 한 적이 없다. 기독교의 "신탁"(神託, oracular speech) 현상, 즉 신도들이 생각하기에 성령이 "말씀"이나 환상으로 직접 어떤 남자나 여자에게 위탁한 메시지를 전달하는 것은 "방언"의 경우처럼 진지한 학술적인 관심을 끌지도 못했고 현장 조사 연구도 없었다. 그런데 마크 카트리지(Mark J. Cartledge)가 최근에 쓴 석사학위 논문과 그 후에 쓴 소논문들이 결국 의미심장한 출발이 되었다.[2] 그의 연구 결과와 다른 관찰 결과를 토대로, 신약성경에서 말하는 예언과 오늘날의 다양한 오순절 운동과 은사주의적 갱신 운동에서 말하는 예언을 비교해보고자 한다.

---

1   대중적인 혹은 거의 대중적인 수준에서 저술된, 교회사 속에서 논의된 "예언" 문제를 신속하게 훑어보려면, D. Pytches, *Prophecy in the Local Church* (London: Hodder, 1993), chs. 14-20 (참고 문헌 목록도 있다)을 보라.

2   M. J. Cartledge, "Prophecy in the Contemporary Church: A Theological Examination", unpublished MPhil dissertation, Oak Hill, 1989; 같은 저자, "Charismatic Prophecy and New Testament Prophecy", *Themelios* 17 (1991), 17-20; 같은 저자, "Charismatic Prophecy: A Definition and Description", *JPT* 5 (1994), 79-120; 같은 저자, "Charismatic Prophecy", *JET* 8 (1995), 71-88. 이 소논문들 중에서 일부를 제공해준 저자에게 감사한다.

1. 자료들

다음에 나오는 현대의 예언 현상에 대한 묘사는 세 가지 각기 다른 자료들을 바탕으로 한 것이다. (i) 예언 체험의 일화들을 싣고 있는 대중적인 혹은 거의 대중적인 수준의 연구서들이 많이 있다. 여기에 나오는 일화들은 1차 자료나 2차 자료들이고, 여러 믿을 만한 출처에서 나온 것들이다. (ii) 종종 「오늘날의 예언」(Prophecy Today) 같은 잡지에서는 입증된 "예언"들을 싣는다. 이런 기사를 보면 어김없이 관심 있는 메시지의 **내용**(예언)이 나온다. (iii) 마지막으로, 런던 교구에 거주하는 성공회 교인들을 대상으로 한 카트리지 본인의 현장 조사가 있다. 이 현장 조사는 예언을 체험했다고 주장하는 34명의 사람들을 대상으로 한 것인데, 모두 약 아홉 군데의 성공회 교회에서 표본 추출을 했다. 연구는 질문지와 면담을 통해서 진행했다.[3] 당연한 것이겠지만, 그런 식의 직접적인 현장 조사는 (교리적인 데에 더 많은 관심을 보이는) 문헌에 나오는 일련의 주장들을 검증하는 데 있어 굉장히 중요하다.

II. 신약의 예언과 오늘날의 예언의 유사성

이런 분석을 진행하다 보면 아주 까다로운 문제들을 만나게 된다. 일반적으로 "정규" 회중 예배에서 듣는 말투와 은사주의적이고 오순절적인 공동체들이 "예언자"라고 아주 폭넓게 인정하는 사람들이 하는(대개의 경우 아주 대단히 특별한) 예언은 차이가 있다. 그런데 또 후자의 집단들 간에도 방법, 초점, 내용 면에서 차이가 있다. 즉 클리포드 힐(Clifford Hill)은 보다 국

---

3 자세한 내용을 보려면, *JET* 8 (1995), 77-8; "Prophecy" (1989), 84-92 (질문지의 내용과 분석 결과가 부록으로 실려 있다, 208-222)을 보라.

가와 관련된(그리고 국제적인 것과 관련된) 예언을 하고, 캔자스 시의 예언자들(Kansas City Prophets)은 보다 개인적이고 교회와 관련된 예언들을 한다.[4] 이러한 다양성에도 불구하고, 오늘날의 예언은 아래와 같은 점에서 신약 성경의 예언 양태와 대략적으로 일치한다.

(1) **신탁은 계시 사건 혹은 충동을 통해 알게 된 것을 바탕으로 하기 때문에, 예언은 해석되어야 한다.** 성격상 말을 통해서 전달되는 신탁은 대부분, "주께서 말씀하시기를…" 같은 몇 가지 정해진 양식을 사용하는 특징을 보인다. 혹은 그런 정해진 양식 뒤에 이어서 신탁의 내용을 드러내는 직접화법이나 (보다 드물게는) 간접화법으로 전달하는 말이 나오거나 환상 현상에 대한 묘사가 나오는 특징이 있다.

계시 사건이나 충동이 문제가 되는데, 이것은 (특히) (a) "심상"(picture: 정지된 것이든 움직임이 있는 것이든 간에 마음에 떠오르는 인상), (b) 꿈이나 환상(후자는 단순한 "심상"이 아니라 훨씬 뚜렷한 "조망"에 사용되는 개념이다), (c) "말씀"(한 마디 혹은 한 문장, 혹은 짧은 메시지), (d) 어떤 인물이나 사건과 관련된 "전반적인" 정보를 받는 것(예를 들어 앞에서 언급한 것들 중 여러 가지를 통해서), (e) 성경 구절이 마음에 떠오르는 것(예를 들어 어떤 거부할 수 없는 느낌으로), (f) 신체상의 감각들(예를 들어 자신의 것이 아니라 다른 사람의 것이라고 생각되는 통증 혹은 슬픔), (g) 아무에게도 알리지 않고 어떤 "내용" 같은 것을 말하거나 써야 한다는, 단순하면서도 점차 강해지는 강박감 혹은 충동.[5] 이러한 계시 사건

---

4 이런 일반화는 다소 투박한 면이 있기 때문에, 심각하게 겹치는 부분은 없다는 인상을 받아서는 안 된다.

5 이런 유형들은 거의 대부분 Cartledge의 것을 따른 것이다. *JET* 8 (1995), 80-2. Cartledge는 현장 조사를 근거로 이러한 분석을 내놓았다. 이러한 분석을 동일한 주제를 다룬 문헌에 나오는 다른 사람들의 분석과 비교해보는 것도 필요하다 (그 비교한 내용에 대해서는 Cartledge, *JPT* 5 [1994], 82-6을 보라). 처음 계시 충동이 받는 사람에게 다가오는 여러 가지 방식들은 "예언"과 "지혜의 말", "지식의 말", 방언 통변, 영 분별 등의 은사들이 밀접한 관

들 혹은 "충동들"은 그것들이 주님으로부터 온 것이며, 지금 전달되고 있다는 확신과 동시에 온다. 그런 사건들이나 충동들은 예언을 하기 직전에, 즉 아주 조금 전에나, 혹은—(g)의 경우는 예외이지만—며칠, 몇 주 혹은 몇 달 전에 온다. 중간기 유대교나 신약성경과 비교해보면 (b)와 (c) 형태가 갑작스럽지 않은 예언의 일반적인 형태이고,[6] (g)가 갑작스러운 예언의 일반적인 형태라는 것을 쉽게 알 수 있다.[7] 다른 형태들은—(a), (d), (e) 그리고 아마도 (f)까지도—다른 방식으로 (b) 혹은 (c)와 연결된 형태인 것으로 보인다.

계시가 임하는 "명료성"에 대한 문제에 답하자면, 대답의 범위는 상대적으로 희미한 "심상"이나 침묵 속에 주시는 "말씀"부터 계시를 받는 사람에게 (말한 사람을 찾으려고 고개를 돌릴 만큼) 아주 큰 목소리로 들리거나, 혹은 충격적이게도 "객관적이고" 손에 잡힐 것 같은 환상에 이르기까지 다양하다. 그러나 계시 사건의 "명료성"과 관련해서 짚고 넘어갈 필요가 있는 두 가지 사안이 있다. (i) 계시 현상에 대한 많은 보고들에 따르면, "격렬한 것이 감지"되는 느낌 때문에 뭔가를 "받고 있다"는 것은 "분명"한데 반해서, 심상이나 말씀은 너무 단편적이기 때문에 그 **의미**가 무엇인지 그 단계에서는 애매하다고 한다. 어떤 이들은 계시 사건 초기 단계에서는 종종 그런 불확실한 정보들을 받기 때문에, 그 문제를 더 진전시키기 전에 더 분명하고 자세한 것을 알려달라고 혹은 이해할 수 있게 설명해달라고 기도(혹은 요청)해야겠다는 생각이 든다고 말한다. (ii) 그런 다음에

계가 있다는 것을 보여준다(Cartledge가 이 점을 잘 지적하고 있다: *JPT* 5 [1994], 88-98).

6　행 2:17b에서 욜 2:28을 인용하는 것을 보면 계시를 받는 방법이 꿈이나 환상이 일반적이었다는 것을 알 수 있다. 반면에 눅 3:2을 보면 "하나님의 (어떤) 말씀"이 광야에서 요한에게 임했다고 말하고 있는데(물론 요한이 즉각 선포했던 메시지나 특별한 신탁이었다는 말은 아니다), 다른 구약성경의 말투를 반영하고 있음을 알 수 있다.

7　(단순히 갑작스러운 카리스마적인 찬양이 아닌) 갑작스러운 예언의 사례로는, 참조. 눅 1:41, 67을 보라.

계시를 받은 사람은 대개의 경우 그 문제가 언제 그리고 무엇에 대한 것인지 더 구체적인 판단을 내리게 된다.

예를 들면 클리포드 힐 박사가 예루살렘에 있을 때 있었던 일이라고 한다. 금요일 아침 이른 시간에 "위험하다! 4월 16일 월요일을 조심하라"는 말씀 때문에 깼다고 한다. 이 말씀이 자기 가족에 대한 것이라고 생각한 그는 더 분명하게 말씀해달라고 기도했고, "4월 16일 월요일에 시리아가 이스라엘에 대한 공격을 시작할 것이며, 너는 반드시 나라에 경고해야 한다"는 말을 받게 되었다고 한다. 그런 다음에 그는 그 말을 전할 적당한 사람을 찾아내는 문제에 직면했다 등.[8]

카트리지가 든 (현장 조사와 문헌 자료에서 얻은) 예를 보면 예언들은 대부분 "그러므로 주께서 말씀하시기를" 혹은 "아이야"(My children)라는 말로(혹은 그 비슷한 표현으로) 시작하는, 그리고 직접화법으로 된 최종 "메시지"를 전달했다.[9] 그러나 이것이 계시 사건에 포함되어 있었다기보다는 예언을 전달하는 사람이 선택한 수사적인 방법이나 그 혹은 그녀가 알고 있는 "예언 관습"을 나타내는 것일 수도 있다. 그리고 만약에 계시 사건이 말씀이 아니라 시각적인 것일 경우에는 더욱 그렇다. 20세기 예언 운동 초기 역사를 보면 예

---

8   그는 계속해서 그 상황이 어떻게 진행되어서 경고를 전달하게 되었는지, 그리고 대규모의 시리아 군대가 유월절(월요일)에 갑작스럽게 공격하려고 준비중이던 것을 이스라엘 정보부가 발견해서 그 위험이 결과적으로 해결되었다는 것을 기록한다. 더 자세한 사건 내용과 결과는 C. Hill, *...And They Shall Prophesy: A New Prophetic Movement in the Church Today* (London: Marshall Pickering, 1990), 29-34을 보라. 비슷한 경우에 대해서는 38-39, 61-71; 그리고 M. Bickle (with M. Sullivant), *Growing in the Prophetic* (Eastbourne: Kingsway, 1995), 194-98 그리고 200-203을 보라.

9   D. Atkinson, *Prophecy* (Bramcote: Grove Books, 1977), 3; Cartledge, JPT 5 (1994), 89 그리고 108-114을 보라.

언들이 일정하게 고풍스러운 킹제임스 역에 나오는 말투를 사용하고 있다. 그러나 이것은 예언 그 자체에 속하는 것이 아니라 예언자의 언어적인 선택이라고 여겨졌다. 그리고 설교자들은 그러지 말라고 가르쳤다.[10] 마찬가지로 비커(Bicker)와 그루뎀은 (각기 다른 이유들로) 오늘날에는 예언할 때 "그러므로 주께서 말씀하시기를"이라는 표현과 일인칭 화법을 사용하지 말라고 권면한다.[11] 그리고 이런 권면에 따라서 점차적으로 간접화법을 사용하든가 아니면 다른 형태의 "거리두기" 화법이 늘고 있다(예를 들어 대상 청중에게 그에 맞는 "적용"을 제시하면서 "메시지"를 어떻게 받게 되었는지 설명하는 식).

(2) 일반적으로 **예언을 하는 사람의 심리 상태는 "정상적인" 상태에서 가벼운 해리상태에 이르기까지 다양하다.** 예를 들자면 예언하는 사람이 예언을 해야 한다는 "충동"이 일어나는 것을 경험하든가(이런 경우 종종 "성령의 기름 부음"이 일어나고 있다고 하기도 한다), 그것과 동시에 가벼운 흥분상태나 과민상태(예를 들어 약간 맥박이 빨라지면서 강해지고 몸이 떨리는 것) 같은 생리적인 영향이 함께 나타나기도 한다. 때에 따라서는 이것이 "가벼운 황홀경"(controlled trance) 상태로 진행되기도 한다. 그러나 그런 사례는 서구 중산층 문화의 은사주의적 갱신 운동에서는 보기 드문 현상이다. 계시가 임하는 (가장) 초기의 심리 상태는 일반적으로 정상적인, 즉 계시의 수신자가 기도하거나 명상하거나 혹은 상담을 하거나 하는 일상적인 상태이다. 물론 계시가 갑자기 오는 경우에는 여러 가지 부수적인 일들이 일어나기도 한다. 달리 말하자면 계시의 수신이 일어나게 해주는 특별한 심

---

10 참조. B. Yocum, *Prophecy: Exercising the Prophetic Gifts of the Spirit in the Church Today* (Ann Arbor: Sevant Books, 1976), 81-83; Grudem, *Prophecy*, 164-65; Bickle, *Growing*, 115-17.

11 Grudem, *Prophecy*, 167-68 (그는 그런 말투가 성경의 예언자들이나 신약의 사도들에게만 해당된다고 생각한다); Bicker, *Growing*, 116 (그는 그런 말투는 경험이 많은 사람이 사용하거나 "예언"이 전과는 달리 분명하게 혹은 강력하게 임할 때 사용되어야 한다고 생각한다).

리적인 상태는 없다는 말이다. 계시의 수신은 때로는 전혀 기대하지 않았던 순간에, 그리고 완전히 세속적인 상황에서 일어나기도 한다.

존 윔버(John Wimber)의 경우를 예로 들어보자. 존 윔버가 한번은 편안하게 비행기 객실 내에서 주위를 아무 생각 없이 바라보다가 어떤 승객의 얼굴에 "간음"이라는 글씨가 쓰여 있는 "광경"을 뭔가에 사로잡힌 듯이 바라본 적이 있었다고 한다. 그런 다음에 윔버는 그 승객의 이름과 그 남자가 회개하지 않으면 살 수 없을 것이라는 경고를 계시중에 받았다고 한다(자신의 죄가 마치 폭탄이 터지듯이 폭로되자, 그 사람은 회개하게 되었다).[12]

(3) **예언으로 선포되는 내용에서 (항상 그런 건 아니지만) 교리적인 내용이 두드러진 경우는 거의 없다.** 오히려 예언의 내용들은 개인적이며 각각의 경우에 따라 다르다. 그래서 오순절주의와 은사주의 운동은 성경의(그리고 보다 넓게는 근동과 헬레니즘 권역의) 예언을 현대의 상황에 접목시키려는 경향이 있다. 즉 그들은 (특히) 다음과 같은 것에 대해 기능상의 동등성을 주장한다.

  (i) 확증 신탁("내가 내 백성과 함께…" 형태의 대다수).
  (ii) 금지 신탁(특정한 개인, 모임, 회중, 교단 등에 권면하는 것. 이 권면에서 다루는 문제들은 죄가 침투해 들어오고 있는 특정한 상황에 대해 어떻게 말을 해야 할지, 미처 살피지 못한 문제에 대한 교회의 다른 집단의 제안 혹은 몇 가지 관련된 위험 요소들, 선교를 지도하는 문제, 심지어는 [예를 들어] 교회 건물 공사를 계속해야 하는지에 대한 문제들을 어떻게 처리해야 하는

---

12 J. Wimber, *Power Evangelism* (London: Hodder, 1985), 44-46을 보라.

지에 관한 것이 포함된다).[13]

(iii) 심판 그리고 / 또는 구원 신탁(예를 들어 개인적인 혹은 여럿이 관계된 죄에 대한 특정한 심판을 경고하는 것. 종종 회개할 경우에 오는 축복에 대한 약속을 함께 준다.[14] 이러한 유형의 신탁은 정기적으로 검증된 예언 "사역"을 하는 사람들에게서 기대할 수 있다).

(iv) 임명 신탁과 개인적인 예언 신탁(예를 들면 특정한 지도자들 또는 다른 개인들에게 하나님이 특별한 역할/사역을 위해서 그들을 부르신다는, 그리고/또는 그들이 부닥칠 특별한 어려움들에 대한 경계의 "말씀"을 전하는 것. 이런 신탁은 상대적으로 드물다. 그러나 캔자스 시 예언자들은 이런 신탁을 자주 했다).[15]

다시 말해서 오늘날의 예언 은사는 주로 성경의 교훈이 직접적으로 언급하지 않는, 그리고 특별한 지식이나 안내가 필요한 영역에서 활용되는 것으로 보인다.[16]

---

13 D. McBain, *Eyes That See* (Basingstoke: Marshall, 1981), 98이 제시하는 이 형태에 속하는 사례들을 보라. Cartledge, *JPT* 5 (1994), 112에서 재인용.

14 참조. 캔터베리 대성당의 Tony Higton이 성공회 회중에게 전한 예언(1978), 그리고 10년 후에 Patricia Higton이 같은 장소에서 했던(타종교와 발전된 관계를 추구하는 것에 대해 경고하는) 예언: 둘 다 C. Hill et al., *Blessing the Church?* (Guildford: Eagle, 1995), 16-18에 들어 있다.

15 Kansas City Prophets 대한 소개서로 인기 있는 것으로는, 예를 들어 D. Pytches, *Some Say It Thundered* (London: Hodder, 1990)를 보라. (몇 가지 점에서는 비판적이기는 하지만) 같은 사역을 하는 진영에서 나온 견해를 위해서는 Bickle, *Growing*을 보라. 비판적인 반응에 대해서는 Hill, *They Shall Prophesy*; Hill et al., *Blessing*을 보라.

16 Clifford Hill은 Paul Cain이 (최소한 암시적으로라도) 전체적으로 의심스러운 "늦은 비" 교훈(모든 기적적인 능력으로 무장된, 주님의 무시무시한 전사들의 세대가 일어날 것이라고 하는)을 예언을 통해서 지지했다고 비난했다: Hill, *They Shall Prophecy*, ch. 6; Hill et al., *Blessing*, 127-32을 보라. 그러나 그가 인용하는 문장들은 예언 신탁이라기보다는(물론 *Blessing*, 162을 보면 그 단락들을 예언 신탁이라고 언급하고 있기는 하지만) Cain이 가르치는 내용인 것으로 보인다. 캔자스 시 예언자들 출신인 Bickle은 강력한 예언 은사가, 성경과 전통에 대한 인간적인 차원에서의 이해일 뿐, 예언자의 주장을 보장해주는 것은 아니라고 주장한다(*Growing*, 71-74을 보라).

(4) **오늘날의 회중 예언은** (보다 전문화된 "예언자들"과는 반대로) **특별히 고린도전서 14:3에서 말하는 교회에서 덕을 끼치고 위로하며 격려하는 역할을 성취하는 것처럼 보인다.**[17] 예를 들면 미국 로마 가톨릭 은사주의 운동에 대한 메러디스 맥과이어(Meredith McGuire)의 사회학적인 연구는 (특히 방언과 방언 통변을 통해서 전달되는) 예언이 하나님에 대한 기대감을 높여줄 뿐만 아니라 그런 예언 활동을 하는 집단들의 결속, 확신, 일치에 상당한 영향을 준다는 것을 보여준다.[18]

(5) **오늘날의 예언 신탁에도 고린도전서 14장과 데살로니가전서 5장이 보여주는 것과 동일한 복합적이고도 신비한 권위가 있다.** 이와 관련한 세 가지 입장을 살펴볼 필요가 있다.

　(i) 카리스마적인 지도자들과 교사들은 예언 활동을 각기 다르게 구분한다. 조이스 허기트(Joyce Huggett)는 예언이 전달되는 각각의 구체적인 경우를 구분하는데, 일반적인 권면을 하는 "낮은 차원"의 예언과 보다 구체적인 지도를 하는 "높은 차원"의 예언, "사람들이 "주님께서 말씀하신다"는 것을 깨닫고⋯그로 인해서 끓어 엎드려 하나님을 경배하게 하는" "가장 높은 차원"의 예언을 구분한다.[19] 비클(Bickle)은 예언을 하나님의 계시를 인지하는 것과 단순한 인간적인 해석이 혼합된 현상이라고 보는데, (인간적인 요소가 지배적인) 약한 예언 말씀과 (인간적인 요소가 아주 약

17　David Hill은 오순절주의의 예언도 주로 권면이라고 생각한다(*Prophecy*, 210, Hollenberger의 주장을 따르고 있다). 그러나 Poloma는 이런 주장이 오순절 진영에서는 낯선 것이고, 보다 은사주의적인 신-오순절 운동과 은사주의 모임 쪽의 생각에 가깝다고 본다(*Charismatic Movement*, 57). 물론, 둘 다 캔자스 시 예언자들이 등장하기 전에 저술된 책이다.

18　McGuire, "Social Context", 134-47.

19　J. Huggett, *Listening to God* (London: Hodder, 1986), 133 (Cartledge, *JPT* 5 [1994], 90에서 재인용). Huggett의 이 구분은 Alex Buchanan의 것을 활용한 것이다. 다른 비슷한 구분에 대해서는 Cartledge, 앞의 책 n.55를 보라.

한) 강한 예언 말씀 사이에 존재하는 다양한 편차들을 구분하려고 한다. 그는 이것을 네 가지 유형과 결합시키는데, 여기에는 일반적인 권면을 주는 "간단한 예언" 말씀인 단계 I부터, (구약의 예언자들과 동격이고 표적과 기사가 따르는, 물론 오류의 가능성도 있는) "예언자"(prophetic office)에 해당하는 단계 IV까지 있다. 이 두 단계 사이에서 비클은 (일반적인 은사인데, 보다 구체적인 내용은 있지만 예언을 어떻게 적용해야 하는지에 대한 깊은 이해는 없는) "예언의 은사"를 단계 II로 정하고, (계시되는 예언을 받고 교회 안에서 그것을 활용할 줄 아는) "예언 사역"을 단계 III으로 정한다.[20] 물론 어떤 구분도 절대적인 것은 없다. 그러나 이런 구분 유형들은 최소한 오늘날의 "예언"이 단순하게 옳은가 그른가만 가지고 판단할 문제가 아님을 보여준다. 오히려 많은 편차가 있는 문제라는 것이다. 그리고 이런 인식이 신약성경에서 말하는 예언을 분별하라는 명령과 오늘날의 예언 현상을 만나게 하고, 얕잡아볼 위험이 있는 "약한" 예언들에서도 선한 것을 취할 수 있게 해준다(앞의 제12장을 보라). 은사 중지론자들은 하나님이 흠이 있는 방법으로 자기 자신과 자신의 뜻을 "계시"하실 수 있다는 가능성을 이해하지 못하는 것처럼 보인다. 좀 이상한 얘기 같지만 이 말은 교회에서 가르치고 설교하는 바로 그 사실과 아주 잘 맞아떨어지는 유비이다. 그리고 이 말 속에는 교회를 하나님께서 "이끄셨던" 그 모습 그대로 내버려두면 하나님이 엄청나게 다양한 질적 수준의 영적인 은사들을 통해서 자신을 스스로 알리실 수 있다는 것이 아주 강력하게 암시되고 있다.

(ii) 예언이란 성경과 동일한 권위가 있는 개인이 소유한 지식이 아

---

20 Bickle, *Growing*, 133-42. Bickle은 세 가지 단계들은 (뚜렷하게 구분할 수 있는 단계들이 아니라) 단순한 지침일 뿐이라고 본다. 그도 단계 IV인 예언자는 드물다고 본다. 그러나 그는 Paul Cain이 여기에 속한다고 본다(참조. *Growing*, 141).

니다. 회중이 예언에 대해 카리스마적인 권위가 부족하다고 평가하는 경우, 때로는 설명도 없이 아주 신속하게 무시되기도 한다. 보다 충격적인 신탁의 경우에는 대체적으로 성경과 전통을 근거로, 그 예언이 무엇을 말하는 것인지, 그리고 어떤 부분에 해당하는 것인지 토론하거나 지도자가 지시하는 식의 실제적인 반응이 나타난다. 그런 다음에, 만약에 예언이 어떤 명령을 내리는 것이라면(또는 어떤 행동을 암시적으로 요구하면서, 진단을 내리는 것이라면) 교회는 그 신탁이 구속력이 있는 것인지 판단해야 한다. 그러나 보다 전통적인 교회들은 하나님이 어떤 특별한 결정을 하도록 "이끄신다"는 것을 느낄 때만 그런 판단을 하고, 그 신탁을 받아들인다. 일부 교회들은 (우발적으로) 오늘의 세계를 향한 예언의 말씀에 대한 열정 때문에 성경의 교훈을 제쳐두기도 한다. 그러나 나는 어떤 회중이 카리스마적인 권위가 성경과 동등하다거나 혹은 성경 보다 약간 우위에 있다는 취지의 주장을 공식적으로 받아들였다는 것에 대한 신빙성 있는 말을 들은 적이 없다. 성경이―최소한 이론적으로라도―절대적인 권위를 갖고 있다는 것은 거의 변함이 없다. 반면에 예언의 말씀은, 때로는 상당한 권위를 갖기도 하지만, 오직 상대적인 권위만 허용될 뿐이다.[21] "사도성"을 주장하는 운동들 내부에서도, 사도라

---

21 Clifford Hill이 예언을 통한 계시를 "성경과 동등한 권위가 있는, 직접적인 하나님의 말씀"으로 간주하는 은사주의 운동을 비난했는데, 약간 의외의 일이었다(Blessing, 112). 그러나 그가 그 말을 입증하지는 않았다. 그리고 그가 그 동안 주장했던 것을 뒤집어서, (그가 받아들이는 것을) 명백하게 부정하는 입장을 주장한 것도 아니다. 그러나 사도적 갱신운동 진영에서는 모든 rhēma/logos를 구분했다. 이런 구분에 따르면, 성경에 나오는 하나님의 말씀인 logos는 변개할 수 없으며, 최종적인 권위를 갖는다. 그러나 하나님의 예언의 말씀인 rhēma는 특수하고, 상황적인 것이고, 이차적인 권위를 갖는다. "말씀"을 가리키는 두 그리스어 단어에 대한 이 같은 설명이 의미론적으로 의심스럽다는 것은 전혀 상관없었다. 다만 중요한 것은 이런 구분이 하나님의 권위와 목적을 각기 다른 두 가지 수준으로 설명해준다는 점이다. 한편 주류 은사주의 운동에서도 성경의 일차적인 권위와 예언의 말씀의 이차적인 권위를 비슷하게

는 칭호를 가지고 자신들의 예언의 말씀이 정경 수준의 권위가 있다는 것을 암시하려고 사용하지는 않는다.[22]

(iii) 오순절 운동과 은사주의 운동에 속한 교회에서 예언의 권위가 보조적이라는 것은, (참 예언이냐 거짓 예언이냐를 가리는 단순한 구분을 넘어서서) 예언을 분별하는 일이 흔하게 일어나고 있으며 예언의 복잡한 성격에 대해 가르치는 일이 점차 늘어가고 있다는 것만 보아도 확연하게 알 수 있다. 전자와 관련해서, 대체적으로 성경과 일치하는가의 문제가 예언의 내용을 가장 확실하게 "검증"하는 것이라고 생각한다는 것에 주목할 필요가 있다.[23] 후자와 관련해서는, 특별히 계시적 사건(들)에서부터 (가능한 한 상당히 늦게) 계시를 공개하는 일련의 과정 속에서 특별히 중요한 해석의 단계에 관심이 맞춰졌다. 우리는 이미 이러한 "계시 사건들"이 아주 단편적일 수 있으며, 설명이 필요하다는 것을 언급한 적이 있다. 따라서 "예언자"가 잘못된 결론을 추론해낼 수 있다는 점은 이론적으로는 충분히 가능한 일이다.

비클은 어떤 개인에 대한 예언의 사례를 소개하는데, 그 예언에는 "당신은 음악 목회자다. 당신은 찬양 사역자로 부르심을 받았다"고 하는 확언이 들어 있었다고 한다. 그런데 그 남자는 연주나 찬양에 전혀 관심이 없었다. 비클이 이 문제를 자세하게 조사해본 결과, "예언자"는 단순히 악보가 그 남자 주위를 둘러싸고 있는 "환상"을 본 것뿐인데, 예언자가 그 문제를 분별하려는 노력도 하지 않고 결론을 발설하는 쪽으로 건너뛴 것이었다. 사

구분한다. Cartledge, *JPT* 5 (1994), 90-91을 보라.

22 M. M. B. Turner, "Ecclesiology in the Major "Apostolic" Restorationist Churches in the United Kingdom", *VoxEv* 19 (1989), 83-108을 보라.

23 카리스마적인 진영에서 예언을 분별하는 방법의 전반적인 내용을 소개해주는 Cartledge, *JPT* 5 (1994), 114-20을 보라.

실 그 남자는 음반 가게를 운영할지 고민하고 있었다고 한다. 추측컨대 비클과 힐은 문제의 그 "예언자"가 자기 일을 반밖에 하지 못한 것이라거나, 예언의 내용을 좀 더 중립적으로 설명했어야 한다는(예를 들어 "당신 주위를 음악이 둘러싸고 있습니다") 반응을 보일 것 같다.[24]

디어(Deere)는 폴 카인이 케빈(Kevin)과 레지나 포레스트(Regina Forest) 부부에게 한 예언을 소개해준다.[25] 예언에는 이 부부가 결혼 생활을 하면서 겪었던 사건들을 자세하게 드러내는 내용이 있었는데, 그 안에는 그들의 딸이 최근에 죽었다는 내용도 있었다고 한다(케빈은 사실 딸의 죽음 때문에 하나님을 원망하게 되었고, 바로 그 때문에 이전에 갖고 있던 신앙을 잃어버린 상태였다). 그리고 레지나의 남동생도 최근에 사망한 일, 케빈이 간음한 일과 다른 곳으로 도망가서 전혀 다른 사람으로 가장해서 살아갈까를 고민했던 것도 있었다고 한다. 예언은 계속해서 이 모든 것이 가공할 만한 사탄의 공격 때문이며, 사탄은 케빈이 서른 살이 되기 전인 스물여덟 살 때 케빈을 죽이려고 왔다는 말까지 하기에 이르렀다(케빈은 실제로 이미 도망가는 대신에 자살하는 것을 심각하게 고려하고 있었다). 그러나 만약에 케빈이 회개하고 레지나도 독한 마음을 버리고 케빈을 용서하면, 하나님께서 이 모든 것을 복으로 바꾸실 것이라고 말했다. 하나님이 아니라 사탄이 그들의 딸을 죽였다는 것이 카인의 주장이었다. 이런 자신들의 상황에 대한 카인의 자세한 통찰을 접하고서, 깊은 회개(포레스트에게는 없었다)와 화해, 그리고 혼인 서약의 회복이 있었다. 어떤 이

---

24 이 사건과 다른 비슷한 실수에 대해서는 Bickle, *Growing*, 194-203을 보라.

25 Deere, *Surprised*, 209-12. Deere가 아주 상세하게 소개하고 있어 불가피하게 간략히 요약해서 소개한다.

들은 이 예언에서 모종의 "계시적인 요소들"을 쉽게 찾아낼 것이고, 반면에 어떤 이들은 "사탄이 너의(케빈의) 생명에 대한 청부를 맡았다"는 주장이나, "사탄이 하나님께서 너와 레지나에게 하신 일을 알고 있기 때문에, 너를 죽이려고 한다"는 설명에 들어있는 사탄에 대한 다소 노골적인 이원론적인 견해를 우려할 수도 있다. 존경받는 신학자들로 구성된 예언 분별 집단이 있다면 이 마지막 입장은 단순히 카인 자신의 신학적 전 이해를 반영할 뿐이라고 의심할 수도 있다. 카인은 그러한 전 이해를 예언을 하기 위한 "무대"로 삼고 있었을 것이라고 추정될 것이다.

예언이 발설되는 과정의 이런저런 단계에서 많은 요인들이 영향을 준다. 분명한 사실은 "계시 사건들" 중에서 어떤 것들은 뚜렷하게 전달되고 (단순히 사탄의 속임수 중 하나가 아니라) 여러 가지 가능성들이 분명하게 드러나는 것이 아니라 예언자의 정신에 **어렴풋한** 혹은 **일시적인** 인상만 남긴다. 그런 인상들 중 어떤 것들은 밤 늦게 음식을 너무 많이 먹어서 생기는 것도 있고, 혹은 인간 정신의 심연에서 올라오는 것일 수도 있고, 텔레파시에 가까운 내적이면서 자연적인 반응이나 공감에 의한 것일 수도 있다(예를 들어 회중들이 모인 상황에서).[26] 그리고 순전히 내적인 신학적 확신에 의한 것도 적지 않다. 많은 예언들이 데이비드 왓슨(David Watson)이 그를 괴롭히던 암으로 사망하지 않을 것이라는

---

26 참조. N. Wright in Smail, Walker and N. Wright, *Renewal*, 82-3, 그리고 D. C. Lewis in Wimber, *Power Healing*, 26 (여기서는 오순절 진영에서 "지식의 말씀"이라고 하는 유사한 현상에 대해서 언급한다)이 제시하는 해법들은 시사하는 바가 있다. 그러나 Lewis의 입장이 변했다는 것을 언급할 필요가 있다. 그는 이제 더 이상 "자연적인" 텔레파시 능력과 비교하는 것이 필요하다고 생각하지 않는다. 그는 "지식의 말씀"과 예언을 통해서 얻게 된 정보는 자연적인 ESP / 텔레파시로 얻는 것과 통계적으로 비교해볼 때 훨씬 구체적이고 상세할 때가 많다고 주장한다. D. C. Lewis, *Healing: Fiction, Fantasy or Fact?* (London: Hodder, 1989), ch. 3을 보라. 그리고 Grieg and Springer (eds.), *Kingdom*, 327-28에 나오는 그의 간단한 설명과 비교해보라.

취지의 말을 했다. 그런 예언들의 대다수가 주님은 바로 그런 하나님의 사람을 치유하실 수밖에 없다는 확고한 **믿음**에서 비롯된 것이 아닌가 하는 의구심이 생긴다. 비록 우리가 성령이 이러한 "자연의" 구조(mechanism)를 활용하는 것을 막을 수는 없지만(앞의 제13장을 보라), 그것들 때문에 오히려 점점 오류의 가능성이 높아지고 있다. 이것은 특히 기독교 공동체가 혼란과 갈등에 빠져 있을 때(어떤 경우에는 "주님이 인도하신다!"는 것을 확실하게 느낀다고 서로 주장하면서 싸우고, 또 어떤 경우에는 서로 정반대의 예언을 주고받으면서 싸우는 경우가 자주 일어난다. 예를 들어 "토론토 축복"의 경우), 혹은 예언자의 평판이 위태로울 때 그럴 수 있다.[27] 오늘날 계시되는 예언을 영적으로 분별하는 일이 복잡 미묘한 문제가 될 수밖에 없다는 점은 분명하다.[28]

---

27 참조. Bickle, *Growing*, 160-65에 나오는 서로 경쟁하는 예언자들의 사례를 비판한 것을 보라.

28 그런데 C. Hill에게는 이 문제가 그리 복잡한 문제가 아닌 것 같다. Hill은 자기가 최소한 엄청난 초자연적인 축복을 준다고 하는 승리주의 예언들은 모두 쓸모없는 것으로 만들어버릴 수 있다고 생각한다. "하나님은 한 번도 이스라엘에게 축복을 선포하기 위해서 예언자들을 보내신 적이 없다. 그분은 한 번도 예언자들을 평화와 번영의 때에 보내신 적이 없다. 이런 메시지를 들고 오는 예언자들은 전부 가짜다." 이것이 Hill의 근본적인 입장이다(Hill et al., *Blessing*, 105 [그리고 ch. 4 여러 곳]). 하지만 이런 주장은 구약성경의 예언(참조. 사 40-66장)과 그가 공격하는 사람들의 예언(축복만 예언하지는 않는 사람도 있다)을 지나치게 단순하게 처리한 것이다. Hill은 초기 저술에서 Paul Cain과 캔자스 시 예언자들의 예언에 의구심을 보인다. 그 이유는 (a) 그들이 "늦은 비"에 대한 믿음을 지지한다는 것이고, (b) 진짜 예언자들은 비단 개인들에 대해서만이 아니라 국가(들), 그리고 교회 전체에 대해서 예언한다는 것이다(참조. *They Shall Prophesy*, chs. 4-6; 참조. 같은 저자, *Prophecy Past and Present* [Crowborough: Highland Books, 1989]). Hill은 캔자스 시 예언자들의 사역 방법을 비판했는데, 그중 많은 부분에 대해서 동의할 수 있다. 그러나 그런 기준은 분별의 문제를 지나치게 단순화시킨 것이다. 때로는 신학적인 신념이, 예언을 전체적으로 무시하지 않고도, 얼마든지 예언을 오염시킬 수 있다. 그리고 성경의 예언자들도 이스라엘이나 민족에 대한 예언만이 아니라 사적이고 개별적인 예언도 했다(제12장을 보라). 그리고 실제로 우리가 어떻게 보든지 간에, Cain의 예언 중에는 넓은 의미에서 교회나 국가의 문제들에 대해서도 예언한 것들이 있다.

III. 신약의 예언과 오늘날의 예언의 차이점

차이점의 문제로 눈을 돌려보자. 다음과 같은 점들을 언급할 수 있다.

(1) 어느 정도 상투적인 여는 말과 (훨씬 드물게 있는) 끝말을 제외하면, 오늘날의 신탁에는 독특한 예언 양식이라고 할 만한 것이 상대적으로 적다(고풍스러운 말투는 예전에 유행했다).[29] 그러나 이러한 차이는 실제보다 부풀려진 것으로 보인다. 왜냐하면 (a) 초기 문헌을 보면 "재발견되는" 경향이 있는 형식을 잘 갖춘 신탁이 분명히 나오기 때문이다. (b) 신약성경에도 이미 구약성경의 형식들을 혼합하는 경향과 (오니의 주장처럼) 형식을 무시하는 경향이 있다.[30] (c) 신약성경 시대의 신탁 중에서 어떤 것들은 계시를 단순히 선포하기만 하는 것이 아니라 예언자의 반응을 섞어 넣기도 했다는 증거가 있다(예를 들어 행 21:4를 보면, 바울은 "성령께서 예루살렘으로 가지 말라고 하신다"는 말을 듣는다. 이것을 종종—나는 옳다고 생각하는데—바울의 운명에 대한 계시와 예언자들의 반응이 서로 뒤섞여서 바울이 그 운명을 피해야 한다고 촉구했던 것이라고 해석하기도 한다[제12장, II, §6을 보라]). 이와 비슷한 경우를 고린도전서 14:30에서 볼 수 있다. 그 본문은 한 사람이 예언하고 있을 때 다른 사람이 계시를 받고 있다는 신호가 보이면, 먼저 예언하던 것을 멈추어야 하는 상황에 대해 말해주고 있다. 이런 상황은 먼저 예언하던 사람이 중단한 것이 자신이 받은 계시를 선포하던 것을 중단한 것이 아니라 계시에 대한 자신의 해석이나 부연 설명을 중단한 경우일 때, 의미가 가장 잘 통한다. 만약에 계시가 간접화법으로 선포되었고 또 예언자의 반응과 뒤섞여 있었다면, 전형

---

29 그러나 Poloma, *Charismatic Movement*, 58이 제시하는 사례들은 분명한 양식을 보여준다.

30 Aune, *Prophecy*, ch. 10.

적인 신탁 발화 양식은 상실된 것이라고 보아야 한다.

(2) 일부 오늘날의 "예언"이 예전에 개인적으로 주님께 받았던 말씀에 근거를 두지 않는다는 데서 또 다른 차이를 발견할 수 있다. 오늘날의 예언은 신탁이나 환상을 받는 즉시 전달하는 식으로 진행된다. 구약성경의 예언자들은 "내가…을 보았다"는 말을 하는 반면에 오늘날의 예언은 "내가…을 본다"라는 말을 자주 사용한다.[31] 그러나 이러한 차이는 중요한 것이 아닐 수도 있다. 필론은 후자의 예, 즉 성령의 은사가 임하는 동시에 전달되는 사례를 보여준다(*Life of Moses* 2, 280-81 그리고 예를 들어 250-52과 비교하라). 또한 스데반의 경우도 그랬다(행 7:55, 56).[32] 이뿐만 아니라 우리는 (예언이 되었든 찬양이 되었든) 이미 갑작스러운 카리스마적인 발화의 유형이 갑작스럽지 않은 예언보다 드물기는 하지만 그럼에도 불구하고 유대인들이 이해하는 "예언의 영"의 전형적인 모습이었음을 살펴보았다. 그렇다면 오늘날 아주 흔히 볼 수 있는 성령의 "충동" 때문에 회중이 모인 자리에서 어떤 내용을 전달한다는 생각 없이 예언하는 행위가 뜬금없는 것이 아니라 성경의 예언 현상에서 어느 정도 믿을 만한 선례를 발견할 수 있다는 말이다. 그러나 한 가지 꼭 지적할 수밖에 없는 것은, 이러한 형식의 예언은 예언을 선포하기에 앞서서 "말씀"을 먼저 앞세울 수 있는 가능성조차 없애버리며, 인간의 간섭과 오류의 위험이 그 어느 때보다 높아지는 결과를 초래하고,[33] 그뿐만 아니라 대개 가장 약한 수준의 예언으로 취급되던 것이 나온다는 것이다.

따라서 차이점이라는 것이 그다지 큰 것 같지는 않다. 그리고 우리는 최소

---

31 물론 항상 그런 것은 아니다. Poloma, *Charismatic Movement*, 59을 보라.
32 이런 현상에 대해서는 Aune, *Prophecy*, 148-51을 보라.
33 Grudem, *Gift*, 261의 경고를 보라.

한 오늘날의 "예언" 중에서 **몇 가지** 형식들은 구조, 내용, 기능, 목적에 있어 신약성경에 나오는 예언의 **몇 가지** 유형들과 잘 연결된다고 조심스럽게 결론 내려도 좋을 것 같다. 교회 지도자들이 사용할 수 있는 신학적인 자원과 지침들이 엄청나게 증가하는 것과 함께, 초기 교회에서 예언을 점차 주변으로 밀려나게 했던 바로 그 요인들이(제16장, III을 보라), 오늘날에도 예언이 그리스도인들을 가르치고 성숙시키고 도전하는 일에서 기껏해야 부수적인 역할밖에 하지 못하게 하고 있다. 만약에 누군가가 어떤 계시 체험을 핑계로 신학의 기본 구조에 뭔가 첨가하거나 어떤 부분을 변경하려고 한다면, 모르긴 몰라도 경악할 게 분명하다(그런데 사실은, 신학자인 우리가 별로 신성하지도 않은 권위를 핑계로 종종 그런 변경을 하고 있다!). 실제로는 예언을 핑계로 하는 그런 조정은 분파적인 운동에서 말고는 진지하게 시도된 바가 없다. 그러나 "기존의" 신학이라고 하는 넓은 틀에서 볼 때, 여전히 설명이 필요하고, (본래의 의미를 20세기의 상황에 적용시킨다는 의미에서) 해석이 필요한 부분들이 있으며, 복음의 진리와 사도들의 실천을 새롭고도 시의적절하게 "제시"할 필요가 있다. 또한 개인과 회중을 그리고 여러 가지 실천적인 문제에 대한 특별한 지침을 심도 있게 영적으로 진단해볼 필요가 있다. 그리고 이런 일들은 고린도전서 12:8-10에 나오는 예언을 비롯한 계시적 은사들이 여전히 오늘날에도 적용되어야 마땅한 영역들이다.

물론 오늘날의 지혜로운 목회자, 지도자, 해석자들은 수백 년의 교회사와 그에 대한 반성 속에 저장된 선례들과 모범적인 사례들의 도움을 무한정으로 많이 받을 수 있다. 그러나 궁극적으로 하나님께서 교회를 세우시고 자라도록 지도하시는 것은 아직도 오직 성령의 역사로만 가능하다. 그리고 우리는 성령의 역사를 목회자들의 순수하기 그지없는 마음에서 일어나는 자연스러운 작용들과 동일시할 수 없다. 성령의 역사는 하나님의 사람의 마음에서, 그들이 그것을 꼭 의식하지 않고도 주권적으로 일어난다(참조. 고전 2:16). 이것을 부인할 필요는 없다. 성령은 우리가 갈고 닦은 연구를 통해서 열매를 거두신다. 그러나 신약성경은 우리에게, 우리가 성령의 지시를 즉시 깨닫게 하는 방식으로도 성령이 역사하신다는 것을 일깨워준다. 오늘날의 목회자나 지도자들은 이전보다 더 그렇게 즉각적으로 임하는 카리스마적인 지혜, 명령, 천상의 지식이 필요하다. 때로는 목회자나 지도자들이 간구하던 것에 대한 특별한 응답이 오거나 혹은 기도하는 가운데 주권적으로 응답하시는 것을 체험할 때, 주님의 은혜와 인도라는 사건을 통해 이러한 일들이 그들의 실존적인 차원에서 시작되고 있다는 것을 깨닫기도 한다. 보다 전통적인("비은사주의적인") 그리스도인들이 이런 방식으로 주님을 구할 때, 신학과 계시 사건들의 관계라는 문제에 있어 그들과 오순절/은사주의 운동 사이의 차이는 아주 작아진다.

19장

오늘날의 치유

"조지 갤럽(George Gallup)이 1989년에 출판한 여론 조사에 의하면 82퍼센트의 미국인이 '오늘날에도 하나님의 권능을 통해서 기적이 일어난다'고 믿는다에 표를 던졌다고 한다."[1] 바로 이런 믿음이 널리 퍼져 있는 맥락의 연장선상에서, 그리스도인들 및 다른 신앙을 갖고 있는 많은 사람들이 각기 다른 종류의 영적인 치유를 믿고 있다. 그러나 비록 대부분의 그리스도인들이 하나님께서 최소한 가끔씩은 기도에 대한 응답으로(물론 반드시 신속하게 되는 것은 아니지만) 치유하신다고 믿고 있기는 하지만,[2] 그 외에 서로 연결된 다른 문제들에 대해서는 엄청난 논쟁이 벌어지고 있다.[3]

1　Meier, *Marginal Jew*, 2:520도 비슷한 말을 한다. 오직 6퍼센트만이 그 입장에 반대했다. 그리고 "전기불과 무선을 사용하면서…그리고 동시에 신약성경에서 말하는…기적을 믿는다는 것은 불가능하다"고 하는 유명한 Bultmann의 주장을 잠정적으로 지지하는 사람들도 여론 조사 항목에 포함시켰으면 좋았을 뻔했다.

2　대부분의 교회들은 하나님께서 오늘날에도 치유하신다고 고백한다(Robert Dickinson이 연구에서 가져 온 표제인데[뒤를 보라], 아마도 가장 포괄적이고 쓸 만한 표제인 것 같다).

3　현재 진행되고 있는 논쟁의 다양한 국면에 대해서는 다음을 보라. N. Baumert, "Evangelism and Charismatic Signs" in Harold D. Hunter and peter D. Hocken (eds.), *All Together In One Place: Theological Papers from the Brighton Conference on World Evangelization* (Sheffield: SAP, 1993), 219-26; W. J. Bittner, *Heilung* (Neukirchen-Vluyn: Aussaat Vlg., 1984); D. Bridge, *Power Evangelism and the Word of God* (Eastbourne: Kingsway, 1987); 같은 저자, *Signs and Wonders Today* (Leicester: IVP, 1985); Brown, *That You May Believe*; H. R. Casdorph, *The Miracles* (Plainfeild: Logos, 1976); J. R. Coggins and P. G. Hiebert (eds.), *Wonders*, 109-52; Robert Dickinson, *God Does Heal Today* (Carlisle: Paternoster, 1995); V. Edmunds and C. G.

우리는 정기적으로 오순절 운동과 은사주의 진영으로부터 예수와 사도들의 치유 사역이 교회에 규범적인 것이라는 주장을 듣는다. 이와 더불어 귀신 축출과 치유 기적이(심지어 죽은 자가 살아나는 것까지도) 대중적이거나 거의 대중적인 문헌에서, 그리고 부흥사들의 설교와 다른 치유 사역자들의 설교에서 그러한 주장을 쉽게 접할 수 있다. 그러나 정반대 진영인 은사중지론자들은 신약성경에 나오는 치유 **사역들**은 단지 새로운 계시를 전달하는 자들을 인증해주기 위해 허락된 것이었을 뿐 정경이 완성되면서 사라진 것이라고 주장하면서 정면으로 맞선다.[4] 은사중지론자들은 오늘날에도 기적이 있다는 주장을 경솔한 믿음이든가 아니면 오컬트 사기(occult counterfeit)라고 치부해버린다. 한편 의학 전문가들은 다른 각도에서 이 문

Scorer, *Some Thought on Faith Healing* (London: IVP, 1956); Ann England (ed.), *We Believe in Healing* (London: MMS, 1982); G. D. Fee, *The Disease of the Health and Wealth Gospels* (Costa Mesa: Word for Today, 1979); R. Gardner, *Healing Miracles* (London: DLT, 1986); J. Goldingay (ed.), *Signs, Wonders and Healing* (Leicester: IVP, 1989); W. Grudem, *Power and Truth: A Response to Power Religion*, Vineyard Position Papers 4 (Anaheim: Vineyard Churches, 1993); M. Israel, *The Quest for Wholeness* (London: DLT, 1989); P. Jensen and A. Payne (eds.), *John Wimber: Friend or Foe?* (London: St. Matthias, 1990); D. Kammer, "The Perplexing Power of John Wimber's Power Encounters", *Churchman* 106 (1992), 45-64; M. T. Kelsey, *Healing*; Latourelle, *Miracles*; D. C. Lewis, *Healing*; D. M. Lloyd-Johnes, *Healing and Medicine* (Eastbourne: Kingsway, 1987); F. MacNutt, *Healing* (Notre Dame: Ave Maria Press, 1974); 같은 저자, *The Power of Heal* (Notre Dame: Ave Maria Press, 1977); M. Maddocks, *The Christian Healing Ministry* (London: SPCK, 1987); D. McConnell, *The Promise of Health and Wealth: A Historical and Biblical Analysis of the Modern Faith Movement* (London: Hodder, 1990); Masters, *Epidemic*; L. Monden, *Signs and Wonders: A Study of the Miraculous Element in Religion* (New York: Desclée, 1966); Moo, "Divine Healing"; W. A. Nolan, *Healing: A Doctor in Search of a Miracle* (New York: Random House, 1974); J. Richards, *The Question of Healing Services* (London: DLT, 1989); L. Sabourin, *The Divine Miracles Discussed and Defended* (Rome: Catholic Book Agency, 1977); K. L. Sarles, "Appraisal"; D. J. West, *Eleven Lourdes Miracles* (London: Duckworth, 1957); Wilkinson, *Health*; Wimber, *Power Evangelism*; 같은 저자, *Power Healing* (London: Hodder, 1986); F. Wright, *The Pastoral Nature of Healing* (London: SCM, 1985).

4 Masters는 이렇게 주장한다. "기적과 치유는 하나님의 권능에 의해서, 그리고 기도 응답으로 오늘날에도 여전히 일어난다. 그러나 하나님의 권위를 입증하기 위해서, 은사를 받은 자의 손을 빌려서 기록되었던 표적-기적은 사도 시대에만 국한된 것이다"(*Epidemic*, 133).

제에 접근한다. 우리 입장에서는 실제로 많은 (혹은 어떤) 기적이라고 할 만한 것들이 있었는지 아니면 아무 일도 없었고 별 것도 아니었는지, 어쨌든 그들의 전문가다운 객관성이 이 문제를 단번에 진정시켜주기를 기대했다. 그러나 슬프게도 의사들은 양쪽의 손을 다 들어주었다.[5] 그 논쟁 말고도 우리가 논구해야 할 더 많은 질문들이 있다. 치유는 정확하게 어떤 상황에서 일어나는지(부흥회 때인지 교회 예배 시간인지 아니면 장로들이 둘러선 침대에서인지), 어느 정도를 치유라고 볼 수 있는지(그 기준은 무엇인지), 그리고 질병과 치유는 귀신론과 어떤 관계가 있는지가 그것이다.

이 질문들을 단 한 장으로 해결하기에는 벅차다. 본래 우리의 일차적인 관심은 제14장에서 이 문제를 논의했던 신약성경에 나오는 성령의 치유 은사에 필적할 만한 것이 오늘날의 교회에도 있다고 하는 주장의 타당성을 검토하는 것이다. 따라서 이제 우리는 오늘날의 오순절 운동/은사주의 교회 안에 하나님이 기적적으로 육신을 치유한 믿을 만한 사례가 있는지 묻는 것으로 시작해야 한다(I). 분량을 고려하지 않을 수 없는 관계로, 안타깝게도 "귀신 축출과 풀어주는 사역"(exorcism and deliverance)[6] 그리고

---

5 기적적인 치유 보도에 대해서 주로 부정적인 판단을 내리는 쪽으로 돌아선 사람들로는, 가장 최근에 Verna Wright 교수(in Masters, *Epidemic*, ch. 11; 그러나 Wright가 자료로 사용한 견해들이 대부분 2차 보고에 근거한 것이라는 D. C. Lewis의 비판도 보라: *Healing*, 163-65) 그리고 Peter May (in Goldingay [ed.], *Signs*, 75-81)가 있다. 기적에 대해서 긍정적인 판단을 내리는 사람들로는 Rex Gardner (*Miracles*)와 Tony Dale (in Goldingay [ed.], *Signs*, 53-74) 이 있다.

6 귀신과 악령은 John Richard의 *But Deliver Us From Evil* (London: DLT, 1974)이 출판되기 전까지는 학술적이거나 진지한 목회 신학적 논의에서 빠른 속도로 사라지고 있었다. Richard 는 귀신 축출에 대한 Exeter 주교 위원회의 회원이었고, 두 해 전에 출판된 Dom Robert Petitpierre (ed.), *Exorcism: The Findings of a Committee Convened by the Bishop of Exeter* (London: SPCK, 1972)의 조사 위원이었다. 그러나 오순절 운동과 은사주의 진영에서 점차로 많은 관심을 보였던 책은 Jesse Penn-Lewis, *War on the Saints* (New York: Thomas Lowe, 1973)와 Frank and Ida Mae Hammond, *Pigs in the Parlour* (Missouri: Impact Books, 1973) 였고 그런 관심은 그 이후로도 계속되었다. 특별히 관심을 끌었던 문제는 그리스도인들도 어쨌든 귀신 들리거나 귀신의 세력에 "눌릴 수 있다"는 것, 그래서 "풀어주는 사역"을 통한 "간략한" 귀신 축출이 필요하다는 주장이었다. 이런 주장 자체가 (예외적인 사례들을 인정하기

"내적 치유"에 대한 비교 연구는 제외하기로 한다. 그런 다음에 오늘날의 기적 치유라고 주장하는 것들과 신약성경에 묘사된 것을 간략하게 비교할 것이다(II). 마지막으로 뚜렷하게 치유라고 할 만한 것이 없는 원인의 의미에 대해서 부담스럽지만 간략하게나마 언급해보도록 애써보겠다(III). 그러나 우리는 논쟁의 또 다른 주요 분야인 "표적과 기사"로서의 치유와 복음 전도의 관계에 대한 논쟁에 뛰어들 만한 여력은 없다.[7]

때문에) 보다 전통적인 기독교와의 관계를 끊지는 못할 것이다. 그러나 그리스도인들의 귀신들림이라는 문제가 Ern Baxter, Don Basham, Derek Prince (이들은 소위 Fort Lauderdale Five의 구성원들이다)의 주요 사역이 되었고, (Ellel Grange 소속의) Bill Subritzky와 Peter Horrobin의 사역과 저술의 주된 내용이 되었다. 이런 흐름은 Andrew Walker의 과대망상적인 우주관(Paranoid Universe)에서 절정에 달했다. 즉 우주가 귀신들로 온통 오염되었다는 개념이다. 사람들의 머리 위에(혹은 그 머리들을 관통해서) 귀신들이 병졸들처럼 떼를 지어 몰려 있고, 그 귀신들은 모든 방법을 동원해서 유혹하는 능력이 있고, 소외된 사람들은 더 약하게 만드는 힘이 있다고 말한다. 대부분의 그리스도인들이 풀어주는 사역이 필요하다고 인정하면, 우리도 과대망상적인 우주관을 갖고 있는 것이다(Walker, "The Devil You Think You Know" in Smail, Walker and N. Wright, *Renewal*, ch. 6을 보라). Walker의 개괄적인 설명에 추가해서, 이런 주장이 일어나게 된 것에 대한 간략한 설명으로는 S. Hunt, "Deliverance: The Evolution of a Doctrine", *Themelios* 21 (1995), 10-13을 보라. 신학적인 차원에서의 설명으로는, 참조. N. Wright, *The Fair of Evil* (London: Marshall Pickering, 1989)을 보라. Richards와 Subritzky / Horrobin 사이의 중간 지대에 Wimber (*Power Healing*, ch. 6을 보라)와 D. C. Lewis (*Healing*, ch. 2를 보라)가 있다.

7   신약성경의 입장(들)에 대한 견해에 대해서는 앞의 제14장을 보라. 짧게 말하자면 보다 확실한 치유가 복음을 효과적으로 설명해주며, 부분적으로나마 복음을 전하는 사람을 인증해준다는 것이다. 그런 식으로 해서 치유가 메시지에 관심을 기울이게 하고 받아들이도록 하는 촉매 역할을 하기는 하지만(이런 점은 사도행전에서 아주 강력하게 그리고 제대로 드러나 있다), 치유가 복음을 받아들이도록 강제하거나 또 효과적인 복음 전도에 필수적인 것은 아니다(참조. 행 8:26-39; 16:14; 17:1-4, 11, 12; 18:5-8; 19:8, 9). 전통적인 복음주의는 오순절 운동과 은사주의 운동이 복음 전도에서 "표적과 기사"를 지나치게 강조한다고, 그리고 특히 Wimber가 이 두 가지를 지나치게 결부시킨다고 공격했다(*Power Evangelism*, 여러 곳을 보라). Packer가 분명하게 언급했듯이, "복음 전도가 특별한 기적들이 수반되기 전까지는 복음 전도가 아니라고 말하는…일련의 생각은…지나친 것이며, 정확하게 말하자면 오류이다"(in Greig and Springer [eds.], *Kingdom*, 213). 그러나 Packer도 인정하고 있듯이, "그럼에도 불구하고 사람들에게 깊은 인상을 심어주고 축복을 주는 방법으로 복음이 전파되기를 바라는 것은 잘못된 것이 아니다. 왜냐하면 그런 방식이 하나님의 권능을 통해 우리가 그리스도 안에서 새로운 삶을 갖게 된다는 말들이 모두 사실이라는 확신을 그들에게 심어줄 수 있기 때문이다"(앞의 책). 그리고 Packer는 변화된 삶을 통한 증거야말로 최고의 "능력 대

I. 오늘날의 육체적 치유에 대한 주장의 신빙성

존 윔버의 말에 따르면, 치유 기적은 아주 많다고 한다. 자기 단체에서 일어난 일을 말할 때 그가 자주 인용하는 말이 있는데, 이런 내용이다.

> 오늘날 우리는 매달 빈야드 크리스천 펠로십 센터에서 수백 명의 사람들이 치유되는 것을 봅니다. 우리가 기도할 때 더 많은 사람들이 병원에서, 길거리에서, 가정에서 치유됩니다. 눈먼 자가 눈을 뜹니다. 절름발이가 걷습니다. 귀머거리가 듣습니다. 암이 사라지고 있습니다!

그리고 다른 모임에서도 비슷한 말들이 선포된다. 그러나 그런 주장들은 많은데 입증할 만한 증거라고 제시되는 것들은 왠지 근거가 빈약해 보이는 것들뿐이다. (은사주의 운동에 호의적인) 앤드류 워커(Andrew Walker)가 경고하는 말을 들어보자.

> 오순절 운동들이 아주 초창기부터 주장해온 기적들에 대해 아주 엄밀한 조사가 필요하다. 부흥 운동이 주는 행복과 흥분에 젖어서, 기적이 일어났다는 간증들이 봇물 터지듯이 쏟아져나왔지만, 입증된 것은 거의 없다. 간증이란 것이 개인적인 생각을 직접적으로 훌륭하게 전달하는 수단이기는 하지만, 간증은 아무래도 과장하기 쉽고, 제대로 된 평가를 내리기가 어려울 수밖에 없다. 회

결"이라고 생각하고 있지만, 그는 동시에 개혁주의자들이 하나님의 백성 가운데 역사하는 초자연적인 것을 반대하는 반응을 보인 것을 비판한다. 그리고 그는 그런 초자연적인 능력이 탁월한 결과를 가져오는 것은 올바르며, 치유나 능력 있는 설교 등과 관련해서 그리스도인들의 기대가 높아지는 것 또한 정당하다고 주장한다(210-12). 같은 책에 있는 W. Grudem, "Should Christians Expect Miracles Today?" (Kingdom, 56-110), 그리고 (잠재된 오해를 분석하고 있는) Gary S. Greig, "Purpose" (Kingdom, 133-74)는 살펴볼 가치가 충분한 논문들이다. 그러나 이 말은 (초자연적인 능력과 관련해서) 더 이상 설명이 필요 없다든가 수정의 여지가 없다는 말은 아니다!

중들은 감정이 격해진 상태에서 소문과 추측과 풍문에 파묻혀버린다. 우리가 하나님이 치유하신다고 할 때, 우리는 어떤 경험적인 증거를 찾는 게 아니라 기적에 대한 긍정적인 보고서나 사건들의 재구성이나 놀라운 이야기로 가득 차 있는 책을 통해 우리가 믿고 있는 것을 암묵적으로 확정해줄 것을 찾기 쉽다.[8]

물론 여기서 말하고자 하는 핵심은 그런 주장을 하는 자들이 사기꾼들이라는 말이 아니다. 도대체 어떤 증거가 치유 기적이 일어났다는 주장을 입증해주는 것이냐고 묻는 것이다. 성령의 도우심으로 치유 사역을 하고 있는 사람들에게는 신체의 아픈 부분에 어떤 변화가 있다는 느낌과 하나님이 치유하신다는 확신만으로 충분할지도 모른다. 그러나 전문가로서의 평판을 잃고 싶지 않은 의사가 조사하는 경우에는 좀 다르다. 치유받기 이전의 상태에 대한 해당 분야의 문서화된 진료 기록이 필요하다. 그리고 단순히 일시적이거나 우연한 진정 상태라는 개념으로는 설명할 수 없는 분명한 변화의 증거가 있어야 한다. 다른 결과가 나왔으면 좋았겠지만, 솔직히 철저한 의학적 분석을 견뎌낼 만한 사례는 상대적으로 거의 없다고 밖에 말할 수 없다. 최근에는 훨씬 복잡 미묘한 요소들을 집어넣어, "기적"이라는 말을 여러 가지 다른 의미로 사용한다.[9] 기도했더니 두통이 사라졌다거나 하는 따위의, 하나님이 하셨다고 생각하는 거의 모든 일에 "기적"이라는 말을 갖다 붙이는 것이 유행이지만, 보다 비평적인 검증을 하려는 사람들은 보다 높은 기준을 요구한다. 이 책에서 (라투렐[Latourelle]과 마이어와 함께) 우리는 문제가 되는 것들 중 다음과 같은 기준들을 충족시키는 현상만을 기적으로 한정하려고 했다.

---

8   T. Smail, A. Walker and N. Wright, *Charismatic Renewal: The Search for a Theology* (London: SPCK, 1995), 125.

9   Meier, *Marginal Jew*, 2:524-25에 개략적인 내용이 나온다.

(a) 예외적인 혹은 놀랄 만한 사건이 목격되었는가.

(b) 인간의 능력이나 세상에 존재하는 다른 힘이라는 개념으로는 합리적인 설명이 불가능한가.

(c) 직접적인 하나님의 역사하심으로 볼 수 있는가.

(d) 상징적인 혹은 표적으로서의 가치가 있다고 일반적으로 인정되는가(예를 들어 하나님을 구원자이자 심판자로 드러내는가).[10]

물론 이런 정의에 입각해서 볼 때, 치유 기적이라고 주장하던 것들 중 대부분이 두 번째 단계에서 탈락하고 말 것이다. "정신신체의학적인"(psychosomatic) 관점에서 "설명"이 가능한 치유들은 모두 배제되어야 하기 때문이다. 치유 기적들이 대부분 자연적인 구조에 의한 것이라는 생각이 여전히 많다. 치유 기적이라고 주장하는 경우의 대부분이 기관 장애가 아니라 기능 장애의 범주에 속한다는 것만 보더라도, 의사들이(그리스도인이든 그렇지 않은 상관없이)[11] 진짜 "기적"의 증거를 거의 발견하지 못하는 것과,[12] 일부에서는 점차 확실한 증거가 전혀 없을 수도 있다고 우려하는 것은 당연하다.[13] 혹시 치유 기적이라고 했던 주장들이 전부 다른 방식으로 설명할 수 있었던 것은 아닐까? 예를 들면 정상적인 생리학적 과정일 뿐이었는데 잠시 오해했다가 나중에 건강한 것으로 판명된 것이든가,

---

10 이런 특징들 중에서, 처음 두 가지는 사람으로서는 달리 알아낼 도리가 없는 지식을 갖고 있는 것을 암시적으로나마 인정하고 있는 것으로 보아야 한다(예를 들어 예언을 통해서 알게 된 지식). 비슷한 분석이지만 좀 더 구체적인 것으로는 Latourelle, *Miracles*, 276-280; Meier, *Marginal Jew*, 2: 512-515을 보라.

11 무신론자들이나 급진적인 불가지론자들은 자연스럽게 배제되었는데, 그들은 모두 세 번째 단계에 대해서 문제를 제기했기 때문이다.

12 Casdorph (*The Miracles*)는 Kathryn Kuhlman의 사역에서는 기적이 있었다고 인정한다. 그러나 그래도 확실하게 강력한 사례라고 제시한 것이 열 가지밖에 되지 않는다.

13 예를 들어, West는 루르드(Lourdes)의 기적 중에서 가장 유명한 것 중 몇 가지에 대해서 회의적인 반응을 보인다(*Miracles*, 여러 곳). 반면에, 예를 들어 Sabourin, *Miracles*, 156-59의 반응을 눈여겨보라.

병환(disease cycle)이라는 자연적 흐름이 완결됨과 동시에 치유된 것이라든가, 흔히 볼 수 있는 일시적인 증세의 완화 현상이라든가,[14] 애초에 진단이 잘못되었던 경우라든가(의학적으로 무지한 환자이든 심지어 유능한 전문가의 도움을 받은 환자이든 상관없이), 최면으로 통증을 제거한 경우이든가, 혹은 정신신체의학적인 효과이든가 말이다.[15] 상대적으로 확실히 많은 "간증들"이 앞에서 언급한 방식으로 설명되는 경우였다고 볼 수 있다.

그러나 공정하고 철저한 방법론적인 회의와 견고한 의학적 증거가 학술적으로 "입증된 기적"이라는 판정을 안전하게 내리기 위해서 필요하기는 하지만, 이런 비판적인 접근이 회의주의자들을 손톱만큼이라도 인정하는 것이라고 생각하는 사람은 분명 거의 없을 것이다. 렉스 가드너(Rex Gardner)는 직접 분석해본 결과, 확실하게 "치유 기적"이라고 볼 수 있을 만큼 충분히 입증된 사건들이 있다고 말한다. 예를 들면 앤 타운젠트(Anne Townsend) 박사가 "불치의" 청각장애 소녀를 완전히 치유한 사건을 들 수 있다(치유 전날 측정한 청력도가 그 상황을 입증해주는데, 이틀 후에 측정한 청력도는 완벽하게 치유된 것을 보여주었다).[16] 그러나 그는 동시에 의사들이, 예를 들면 생소한 일시적인 증상 완화나 혹은 초기 진단 오류라고 주장할 수 있는 많은 사례들에 있어서, 그것들을 "설명"하는 것이 아니라, 그저 더 개연성 있는 의학적인 설명이 아직 나타나지 않았다는 말을 용인한 것에 불과하다고 주장한다.[17] 가드너는, 특정한 상황 하에서라면 그리스도인이 이런 사례

---

14 Edmund and Scorer, *Thoughts*는 통계학적으로 그리스도인들이 비그리스도인들에 비해서, 예를 들면 암인 경우에 특별히 더 높은 "증상 완화" 비율을 보이지는 않는다고 말한다.

15 Wright 교수가 그런 경우에 대해서 설명해준다. Wright in Masters, *Epidemic*, 204-14을 보라. 그러나 Gardner, *Miracles*, ch. 2에 나오는 그런 방식의 설명에 대한 중요한 재론도 보라.

16 Gardner, *Miracles*, 202-5.

17 참조. Greig and Springer (ed.), *Kingdom*, 326에 나오는 D. C. Lewis의 언급을 보라. Lewis는 특별히 유아기 섬유육종(infantile fibrosarcoma)이 치유된 사례를 인용한다. 이 치유에 대해서 자문 의사는, 의학 문헌에서도 이런 형태의 종양이 그런 식으로 치유된 사례가 없음에도 불구하고, "자연적인 완화 현상"이라고 명명했다.

들을 "치유 기적"이라고 보는 것은 당연하다고 주장한다. 예를 들면 치유 모임에서 하나님이 "만지셔서" 치유하신다는 강렬한 육체적 느낌을 받거나 치유에 뒤이어 "지식의 말씀"이 이어지거나, 혹은 의심이 드는 상황에서 치유를 구하는 기도에 하나님이 응답하고 계시다는 어떤 다른 징후가 있는 경우에 문제의 "자연적인 완화 현상"이 일어났다면 특히 더 그렇다.

몇 가지 비슷한 사례들 중에서, 가드너는 어느 젊은 신참 일반의(General Practitioner)가 1975년에 수막염 구균성 패혈증(meningococcal septicaemia)으로 거의 다 죽어가는 상태로 병원에 들어왔던 사례를 든다(그 병원에서는 단 한 사람도 이 질병에서 회복된 사례가 없었다). 릴(Rhyl), 란두드노(Llandudno), 카나번(Caernarfon), 뱅거(Bangor)에서 모인 기도 모임에서 저녁에 중보기도를 드렸는데, 각 지역마다 독립적으로 그러나 동시에 그녀가 완전히 치유될 것이라는 믿음이 왔다. 같은 날 저녁 8시 30분에 그녀는 극적으로 상태가 호전되었고, 나흘 뒤에는 의식이 회복되었다. 그러나 출혈로 인해 왼쪽 눈이 실명되었고, (의학적으로) 치유될 전망은 전혀 없었다. 그러나 그 눈도 완전하게 회복되었다. 이 사례에서 진단을 의심할 만한 여지는 전혀 없다. 그리고 완전히 회복된 경우는 "유일"했다. 혹자는 이것은 설명할 수 없는 자연적인 완화 현상이라고 볼 지도 모른다. 그러나 가드너는 그녀가 치유될 것이라는, (각기 다른 기도 모임에서 받은) 하나님이 주신 초기의 확신이 중요하다고 제대로 지적한다. 순전히 "자연에 기댄" 설명인 우연의 일치가 성립되려면, 그런 확신은 없어야 한다.[18]

본인 자신이 고참 의료 행정관인 가드너는 "치유 기적"이라는 판정이 난 것으로 기록해도 좋을 만한, 국제적으로 수집한 오늘날의 약 스물한 가지 "사례들"(죽은 자가 일어난 두 사례를 포함해서)[19]을 자료로 제시한다. 이러한 사

---

18 Gardner, *Miracles*, 20-1.
19 앞의 책, 137-41. 이 사례들은 명백한 의료사적인 기록이라기보다는 직접적인 증언에 훨씬

례들 말고도 "기적"인지 아니면 하나님이 자연의 방법을 섭리적으로 사용하신 것인지(예를 들어 정신신체의학적인 치유들)를 구분하기가 아주 애매모호한 바로 그 지점에, 기도 응답으로 치유된 것으로 분류되는 훨씬 많은 사례들이 존재할 것이라고 충분히 미루어 짐작할 수 있다.

그렇다면 우리는 이 모든 것들을 어떻게 받아들여야 할 것인가? 아마도 우리는 처음 시작하면서 인용했던 존 윔버의 말이, 빈야드 모임에서 나타났던 빈야드 특유의 수많은 치유들을 정확하게 알려주기 위한 것이 아니라 오늘날에도 예수가 치유하실 수 있다는 열정적이고도 체계적인 고백임을 기억할 필요가 있을 것 같다. 언젠가 한번은 윔버가 다운증후군에 걸린 아이를 위해 기도할 때 200명 중에서 한 명 꼴로 상태가 호전되는 경우를 본다고, 그리고 그 호전되는 것도 아주 미약한 정도일 뿐이라고 거리낌 없이 인정한 적이 있다.[20] 같은 맥락에서 윔버는 여러 가지 각기 다른 종류의 실명 상태(blindness)를 위해 기도하는 경우에 3퍼센트에서 8퍼센트 정도만 성공한다고 말한다. 그 중간인 약 5퍼센트를 잡는다고 하더라도, 이것은 분명히 치유가 일반적인 것이 아니라 예외적인 것이며 드문 현상임을 의미한다. 윔버를 비판하는 사람들 중 어떤 이들은 윔버의 치유가 대부분 사소한 질병들을 정신신체의학적인 요법으로 고친 것이며(이해할 수 없는 "요통"과 "두통"), 이런 사람들은 단순히 플라시보 효과라는 개념으로 설명할 수 있을 것 같다고 주장한다.[21] 그러나 이런 비난이 어떤 분석의 결과인 것 같지는 않다. 사회 인류학자인 데이비드 루이스(David Lewis)는 1986년에 있었던 윔버의 해러게이트 집회(Harrogate Conference)에서 기도했던 사

많이 의존해 증거 능력이 많이 떨어지는 자료에 속한다. Deere, *Surprised*, 203-6과 비교해 보라.

20 1990년에 시드니에서 열렸던 영적 전쟁대회(Spiritual Warfare Conference) 직전 세 명의 주요 부흥사들과 인터뷰하던 도중에 이런 말을 했다.

21 가짜 알약들(플라시보)을 실제로 조제한 약이라고 믿는 환자들에게 처방했을 때, 환자들의 기대치에 따라서 상당한 개선 효과가 나타나기도 한다. Jensen은 "Wimber의 치유가 '설탕으로 만든 가짜 약' 수준이라고 주장한다"(Jesen and Payne [eds.], *Wimber*, 8).

람들을 대상으로 광범위하고도 철저한 연구를 수행했다. 그 결과 치유 기도를 받은 867명 중에서 약 32퍼센트가 아주 높은 수준의 치유를 경험했고, 42퍼센트는 거의 변화가 없거나 전혀 없었고, 26퍼센트는 그 중간 정도인 "상당한 정도의" 치유를 경험했다고 보고했다. 이것은 약 58퍼센트가 어느 정도 몸으로 느낄 만한 증세의 개선이 있었다는 것을 의미한다. 더 중요한 것은, 무작위로 선정한 100명을 대상으로 거의 1년 이후에 재조사를 했더니, 57퍼센트가 치유 효과가 지속되고 있으며, 심지어 기도받았던 때보다 더 나아졌다고 주장했다는 점이다.

27명에 대해서는 좀 더 자세하게 설명하고 있다. 루이스는 두 명의 상태호전이 "거짓"으로 밝혀졌다고 말한다. 즉 치유된 것으로(혹은 나아진 것 같다고) 말했던 사람을 의학적으로 검사한 결과 전혀 변화가 없었다는 것이다(심지어 질병 상태가 악화된 경우도 있었다). 그중 네 명의 사례는, 의학적인 검사에서는 질병(예를 들면, 경추 강직증[cervical spondylosis, 나이가 들면서 척추가 약해지는 현상])에 아무런 변화가 없었지만, 만성 통증 혹은 다른 복잡한 증세들이 사라진 경우가 있었다. 몇 가지 다른 사례들은 평범해 보이지만, 사실은 오히려 더 충격적일 수도 있는 것들이었다. 순전히 증언에만 의존하자면, 치유된 경우인데 의학적으로는 어떤 질병에도 속하지 않는 경우가 있었다.[22] 세 가지 사례는 억지로 (드문) 기적으로 분류한 경우로 볼 수 있다. 하나는 고통스러운 치통에서 치유된 사례이고, 또 하나는 다리가 약 4센티미터가 늘어난 경우이고(우연한 사고 때문에 생긴 뼈에 있는 문제 때문에 림프액 순환이 좋지 않았는데, 회복된 경우이다), 그리고 세 번째는 은퇴한 선교사의 청력이 좋아진 경우이다.[23]

---

22 예를 들어 머리 옆쪽에 종양의 징후가 있었던 간호사의 경우인데(융기로 인한 통증이 있었고, 머리 왼편에 두통도 함께 있었고, 왼쪽 눈에도 통증이 있었으며, 귀에서는 귀울림 현상이 있었다고 한다), 겁이 난 나머지 아무에게도 그것을 말하지 않았다고 한다(D. C. Lewis, *Healing*, 40-44). 그 간호사는 자궁 후굴증(retroverted uterus)도 나았다고 주장했다.

23 D. C. Lewis, *Healing*, 37-43.

이런 다양한 치유들은 우리가 이 단락을 시작할 때 인용했던 윔버의 확신에 찬 말과 완벽하게 부합하는 것은 분명히 아니다. 그리고 치유된 비율이, 이적과 기사를 위한 집회에 참석했던 사람들의 경우 말고, 병원의 환자들을 대상으로 혹은 일반 교회를 대상으로 조사했을 때 훨씬 덜하다는 것도 분명하다. 그렇지만 다른 한편으로는 예상치 못했던 많은 다양한 치유들이 일어났음을 보여주는, 그리고 어쨌든 소수일망정 우리가 정의했던 차원에서 "기적적인" 것에 가까운 사례들이 있었다는 것을 보여주는 증거들은 충분히 있다.

II. 신약의 치유와 오늘날의 치유 비교

두 가지 중요한 차이점을 지적할 수 있다. (1) 우리가 이미 언급했던 바와 같이, 특히 야고보서 5:13-16의 권고에 비추어보았을 때 심지어 온건한 은사중지론자들도 하나님께 치유하실 주권적인 자유와 능력이 있다는 것을 인정할 의향을 보인다. 가장 문제가 되는 것은 치유할 수 있는 **자격**(mandate)과 치유 **사역**을 할 수 있는 가능성에 대한 것이다. 그리고 다음으로는 (2) 양과 질에 대한 문제이다. 사도 시대의 교회에서는 사도들과 그리스도가 불가피하게 치유의 모범일 수밖에 없었다. 그들의 치유는 즉각적이었고 시각적으로 충격적이었으며, 실패란 전혀 없었고, 비가역적이었으며(irreversible), 그 횟수도 엄청났고 모든 종류의 질병을 다 치유했을 뿐만 아니라, 환자의 믿음이 아니라 치유자의 카리스마에 의한 것이자 복음을 믿지 않는 자들을 위한 표적이기도 했다. 그러나 오순절 운동과 은사주의 운동의 치유자들에게는 그런 궤적이 없다.[24] 그러나 이 두 가지 차이점

---

24 예를 들어 Packer, *Keep in Step*, 213-14; 참조. MacArthur, *Charismatic Chaos*, 215은 기적을 일으키는 은사를 가진 자들은 그 은사들을 자유자재로 사용할 수 있었다고 말한다. 어떤 대

은 다시 검토할 필요가 있는 듯 보인다. 역순으로 그 차이점과 논쟁해볼 것이다.

(1) 신약성경의 치유 사역들과 오늘날의 치유 사역들이 뚜렷하게 차이가 난다고 하는 생각은 전자에 대한 일부 입증되지 않은 가정에 기댄 것이다. 따라서 예를 들면 (a) 우리는 솔직히 말하자면 예수의 모든 기적들이 즉각적인 것이었는지 알 수 없다(가장 눈에 띄는 것들만 기록으로 남겼다고 보는 것이 자연스럽다. 그러나 오로지 요약구로만 남아 있는 더 엄청나게 많은 사례들에 대해서는 알 수 없다. 그리고 막 8:22-25; 눅 17:11-19과 요 9:2-7은, 주목할 만한 경우이기는 하지만, 반드시 즉각적인 경우라고 볼 수 없는 치유에 대한 구절들이다).[25] 또한 우리는 그 기적들이 "비가역적"이었는지에 대해서도 알 수 없다(복음서들은 치유된 사람들의 이후의 상황에 대해서는 관심이 없고, 마 12:44, 45과 요 5:14에 나오는 예수의 경고를 보면 그 반대의 가능성을 암시하고 있다). 예수의 기적이 환자의 믿음과는 상관이 없었고, 오로지 예수 자신의 능력으로만 치유했다[26]는 추론도 마찬가지로 예수의 치유의 성격과 목적에 대한 심각한 오해일 뿐이며, 분명히 복음서에 나오는 수많은 이야기들과도 충돌하고 있다(참조. 막 6:5, 6; 막 5:34과 평행구절들; 막 10:52과 평행구절들, 그리고 눅 17:19 등). (b) 우리가 예수의 기적에 대해 말할 수 있는 것은 그대로 사도들에게도 적용되는데, 특히 치유 사역에 있어서는 더 그렇다. 사도들의 치유 중 어떤 것들이 즉각적이었고 주목할

상을 믿고 안 믿고는 상관이 없었다는 것이다. 이런 유사 마술(quasi-magical)로 보는 견해에 반대하는 입장으로는 Deere, *Surprised*, 58-64을 보라.

25 Packer는 막 8:22-25에 나오는 기적이 두 단계로 진행되었는데, 그러나 각 단계 마다 치유는 즉각적이었다고 주장한다(*Keep in Step*, 213). 이것은 현대의 은사들이 여러 단계에 걸친 치유를 하는 것에도 비슷한 설명을 적용할 수 있는 특별한 근거가 될 수 있다.

26 예수가 성령의 능력을 통해서 그들을 치유하셨다고 말하는 것이 더 정확할 것이다. 마 12:28과 눅 4:18-21.

만한 "표적과 기사"였다는 데는 이견이 없다. 그러나 사도들이 행한 모든 기적들이 다 그랬다고 주장하는 것은 아주 경솔한 것이다. 요약구들을 보면 그런 주장을 생각만큼 뒷받침해주지 않는다는 것을 볼 수 있다. 마가복음 9:18, 28, 29(그리고 평행구절들)은 오히려 어떤 귀신 축출에서는 시간이 걸릴 것을 미리 예상하고 있음을 암시한다. 그리고 실제로 사도들이 치유하지 못한 것이 분명한 사례들도 있었다(갈 4:13, 14; 빌 2:27; 딤전 5:23; 딤후 4:20 등: 참조. 제14장 II).

(c) 예수가 행하셨던 가장 놀라운 기적들이 고린도전서 12:9, 29, 30에서 언급하는 "치유 은사들"이 항상 따라야 할 유형이라는 가정은 전혀 근거 없다. 우리가 가지고 있는 증거들이 바울이 세운 교회에서 있었던 이러한 은사들에 대해 어떤 실제적이고 명확한 결론을 내리기에는 부족한 것일 수도 있다. 그러나 어떤 경우라고 하더라도 "기적"을 행하는 자들과 은연중에 비교하는 것을 보면(고전 12:10, 29), 치유가 상대적으로 덜 주목받고 있음을 알 수 있다. 그리고 비록 스데반이 "큰" 표적과 기사를 행했고(행 6:8), 바울이 에베소에서 "놀라운" 기적을 행했지만(행 19:11), 그것은 드러난 현상을 점층법으로 표현한 것에 불과했다. 오히려 특정한 시간과 장소에서, 다른 무엇을 통해서가 아니라 어떤 사람들을 통해서(능력 있는 설교, 가르치는 은사 같은 다른 성령의 은사의 경우에도 분명하게 나타나듯이) 하나님의 가장 위대한 능력으로 역사하셨다는 데 의미가 있다. 요약하자면 신약성경의 증거는 예수가 행하신 치유가 제자들이 행했던 많은 치유보다 훨씬 탁월한 것이었으며, 또 제자들의 치유는 "치유의 은사"를 받은 보다 넓은 부류의 사람들이 행한 것에 비해 질적으로나 수적으로 차이가 있을 가능성과 잘 맞는다.[27] 디어는(그리고 현재는 웜

---

[27] 요 14:12에 있는, 예수를 따르는 사람들이 "더 큰일을 행할 것"이라는 예고를 불신자를 회심시키는 것으로 축소시켜서는 안 된다(Greig and Springer [eds.], *Kingdom*, 393-97을 보라).

버도) 특별히 고린도전서 12:9, 10, 30에 나오는 보다 일반적인 치
유 은사를 예수와 사도들의 치유와 구분한다. 그리고 오늘날의 은
사주의 진영에서 나타나는 치유를 후자가 아니라 전자와 직접 비교
한다.[28]

(2) 부활절 이전의 선교에 포함되어 있던 치유 명령이 복음서의 마지막
명령에서 변경되지 않았다는 견해에 대해서는 앞에서 이미 다룬 바
있다.[29] 야고보서 5:13-15이 사도 시대 이후의 유일한 치유 형식이
며 "치유 은사"는 더 이상 존재하지 않았다고 하는 주장도 있지만,
그러한 호언장담은 독단적인 것에 불과하고 "치유 은사"를, 복음에
권위를 부여하기 위한 증거주의적인 치유가 목적인 유사 마술 행위
같은 것으로 보는 잘못된 이해에 근거한 것일 뿐이다.[30] 진지한 신
약학계에 그런 견해가 발붙일 자리는 없다.

이러한 고찰에 비추어볼 때 신약성경의 치유와 오늘날의 치유의 관계가

그 구절의 구문과 문맥을 보면, 큰일이라는 말에는 14:11에서 암시하고 있는 그런 종류의 일
들이 포함된다. 그러나 그 큰일이라는 말에서 "더 큰"이라는 표현은 더 볼 만하고 놀라운 것
이라는 뜻이 아니다. 우리는 기적의 목적이 아들을 통해서 아버지의 영광을 드러내는 것이라
는 점을 기억할 필요가 있다. 공생애 사역 기간 동안에 예수가 행하신 능하신 역사의 의미
가 다 충분히 드러난 것은 아니다. 왜냐하면 예수가 아직 영화롭게 되지 않으셨고, 보혜사가
아직 예수가 행하신 것들을 사람들에게 "가르쳐" 주실 수 없었기 때문이다(앞의 제4-5장을
보라). 예수가 승천하신 이후에는, 덜 놀라운 일일지라도, 그것이 예수의 이름으로 아버지
께 기도한 것에 대한 응답으로 나타난 결과라면(14:13), 그 일들은 아버지와 아들이 하나임
을 더욱 강력하게 드러내게 될 것이다(참조. 14:11-14). 일차적으로 이 후자의 의미에서 제
자들이 "더 큰일"을 할 것이라는 뜻이다.

28 Deere, *Surprised*, 64-71. 이 점에 대한 Wimber의 생각이 변한 것에 대해서는(Wimber의 초
기 저술들을 보면 예수와 사도들이 오늘날 치유의 직접적인 모델로 등장한다), Jensen and
Payne (eds.), *Wimber*, 8을 보라.

29 제14장, I, §5을 보라. 참조. 또한 Greig and Springer (eds.), *Kingdom*, 393-97, 399-403에
있는 (요 14:12과 마 28:18-20에 대해서 논하고 있는) 부록 2와 3을 보라.

30 이에 대한 반대 견해에 대해서는 Deere, *Surprised*, 58-64, 그리고 Greig and Springer (eds.),
Kingdom, 405-11에 있는 부록 4를 보라.

일부에서 생각하는 것처럼 그렇게 심각하게 다른 것 같지는 않다. 그리고 믿을 만한 문헌 자료들도 꽤 있고, 또 유능한 전문가들이 분석한 것을 보더라도 그리스도인들이 (앞에서 정의한 의미로 보자면) "기적"이라고 부를 만한 사건들이 있는 것으로 보인다. 비록 그런 사례들이 상대적으로 드물기는 하지만 그런 사례들이 드물기는 초기 교회도 마찬가지였다. 훨씬 "낮은 수준"의 치유가 더 많았다. 오늘날의 치유를 예수와 사도들의 치유와 양적인 면에서나 질적인 면에서 직접 비교할 수는 없지만 몇 가지 부분에서는 사도들의 치유와 비교할 수 있는 부분도 있는가 하면, (이게 더 근접하다고 생각하는데) 바울이 세운 교회에 산재해 있던 "치유 은사"를 받은 자들의 치유와 비교할 수도 있을 것이다. 마지막에 언급한 부분도 사실 확정적으로 말할 수 없는 것이기는 하지만, 오늘날의 치유가 예수와 사도들의 치유와 **신학적인 연속성**이 있는 성령의 은사라는 주장은 여전히 타당하다고 할 수 있다. 즉 오늘날의 치유는 어떤 경우는 아주 약하기도 하고 또 어떤 경우는 아주 강력하기도 하지만, 그 모두가 분명한 해방의 역사이며 우리의 삶 속에 하나님 나라가 새롭게 침투해 들어오는 은혜의 체험인 것이다. 그러한 치유로 말미암아 우리는 그리스도가 성령을 통해서 우리의 삶 속에 함께 계심을 새롭게 깨닫게 되며, 그로 인하여 기쁨으로 충만하게 된다. 이뿐만 아니라 그러한 치유는 예수의 자비와 영광을 새롭게 보여주는 것이며, 또한 우리가 그분의 부활을 통하여 새로운 피조물이 되는 온전한 구원을 새롭게 나타내주는 것이다. 어떤 사례를 보면 어떤 성도가 바로 그 치유로 인해서 자유롭게 되었으며, 그로 인해서 치유가 없었으면 불가능했을 (혹은 아주 어려웠을) 새로운 봉사를 할 수 있게 된 경우도 있다. 그리스도인이 기도해서 믿지 않는 자가 치유받은 경우, 상대적으로 사소한 치유임에도 불구하고 치유받은 사람이 하나님의 살아 계심에 직면하는 모습이 발견된다. 그로 인해서 그 사람은 복음에 대해 결단하게 된다. 좀 더 놀라운 치유들은, 마치 사도행전에 나오는 "기사들"처럼, 온 집안과 이웃들, 혹은 다른 공동체에 "표적"의 역할을 한다. 종종 치유는(심지어 가장 놀라운 치유의 경우에도) 야고보서 5:13-15의 가르침을 따라서 행한 개인이나 작은 집단의 기도에 대한 응답으로 나타난다. 그러나 대부분의 사람들은 특별한 인물들의 사역에 관심을 쏟는다(캐서린 쿨만, 오랄 로버츠, 아사 알렌, 스미스 위글스워스, 제프리 형제, 로미스 세룰로, 콜린 어쿼트, 존 윔버, 라인하르트 본케 등). 이 사람들이 치유자라는 것을 강하게 부정하면서도, 반면에 하나님께서 때로는 이 사람들을 통해서 치유하실 수도 있다고 주장하는 사람들이 있다. 어쩌면 이 사람들처럼 이들을 "치유 은사를 받은 사람들"이라고 묘사하는 것이 가장 좋은 방법이라는 쪽으로 생각할 수도 있다. 이런 식으로 보자면 오늘날의 치유 현상이 신약성경의 치유와 어쨌든 비슷하다고 주장하는 것이 합리적이라고 할 수 있다.

III. 치유가 일어나지 않는 경우는 왜 그런 것일까?

오순절 운동과 그 운동의 영적인 후예들은 케리그마란 (회복되어야 하는 육신을 지닌 피조물의 일부인) 전인(全人)으로서의 남성과 여성에 대한 것이지, 플라톤식으로 혹은 아리스토텔레스식으로 신체에서 분리된 "영혼"에 대한 것이 아니라고 강력하게 주장한다.[31] 그들은 치유를 반드시 있어야 할 영적인 것으로 부각시켰으며, 치유가 죄 용서(속죄)라는 주제 안에 포함된다는 것을 확실하게 천명한다(참조. 마 8:17; 사 53:4). 죄 사함이야말로 치유와 뗄 수 없는 관계라는 것이다. 사실 죄 사함에서 출발하지 않은 구원이 무슨 유익이 있겠는가? 그럼에도 불구하고 우리는 아직까지 그 모든 축복

---

31 치유에 대한 오순절 운동의 입장에 대해서는 Hollenweger, *Pentecostals*, ch. 25을 보라; 신-오순절 운동과 은사주의적 갱신 운동의 입장에 대해서는 Poloma, *Charismatic Movement*, ch. 5을 보라. 물론 오순절 운동 외부에서 나타난 치유들도 있다. 이에 대해서는 Hollenweger, *Pentecostals*, 353-54; C. E. Hummel, *Fire in the Fireplace* (London: Mowbray, 1979), 197-99; Kelsey, *Healing*, 232-42; 그리고 Taylor, "Historical Perspective", 뒤의 각주 36에서 언급하는 부분을 보라.

을 누리지 못했다. 오순절 운동은 여태까지 단 한 번도 경험하지 못한 삶에 대한 이상(ideal)을 천명했다. 그것은 다름 아닌 하나님은 분명히 (믿음이 있는) 모든 사람을 바로 지금 치유하시길 원하신다는 것이다.[32] (치유를 향하여) "앞으로 전진"을 외치는 사람들 중에 실패한 사례들이 많이 있었다. 솔직히 말하자면 대다수가 실패했다.[33] 이제 문제는 이런 사례들을 어떻게 해석하는 것이 최선이겠느냐는 것이다.[34]

첫 번째 대안은, 케네스 해긴(Kenneth Hagin), 케네스와 글로리아 코플랜드(Kenneth and Gloria Copeland), 프레드 프라이스(Fred Price)가 선동하는, 소위 말하는 "부와 건강의 복음"을 완전히 거부하는 것이다.[35] 간략하게 설명하자면 이들은 그리스도 안에서 모든 신자들이 이미 치유되었다고 주장한다. 질병은 사실은 단순히 착각일 뿐이라는 것이다. 따라서 그리스도인들이 치유를 구하는 것은 단순히 옳지 않은 것일 뿐만 아니라 구해서는 안 된다는 것이다. 믿음은 하나님께 지목을 받는 수단이며, 적극적인 신앙고백은 능력이고, 이 능력을 통해 영원불변의 법칙이 세속의 육신을 성령으로 치유하신다는 것이다. 한편 사탄은 (예를 들면) "육체의 증상"이라는 의심의 씨앗을 뿌리며 부정적인 고백("나는 아프다")을 하게 만들고, 이런 부정적인 고백 때문에 아픈 것이 결국 "현실"이 된다는 것이다. 그리고 믿음이

---

32 그렇다고 해서 모든 오순절 운동이나 은사주의 운동의 치유자들이 하나님이 반드시 오늘날 모든 사람을, 오직 믿음에 의해서만 치유하신다고 믿는 것은 아니다. 경고의 목소리를 내는 사람들도 있다. 예를 들면, Hummel, *Fire*, 203-7; MacNutt, *Healing*, ch. 18; Wimber, *Power Healing*, ch. 8; Deere, *Surprised*, ch. 11을 보라.

33 Lewis가 소개해주는 사례를 보면, 상당한 정도로 치유되었다고 주장하는 비율이 58퍼센트라고는 하지만 이것은 어느 정도 예외적인 경우에 속한다는 것을 기억할 필요가 있다(그중에서 32퍼센트만이 조금 나아진 수준 이상의 치유 효과가 있었다고 주장한다).

34 은사주의 진영의 불협화음 최소화 노력에 대해서는 Poloma, *Charismatic Movement*, 98-100 을 보라.

35 이 운동에 대한 간략한 소개로는 Thomas Smail, Andrew Walker, and Nigel Wright, "'Revelation Knowledge' and Knowledge of Revelation: The Faith Movement and the Question of Heresy", *JPT* 5 (1994), 57-77 (그리고 Smail, Walker and N. Wright, *Renewal*, 134-51, 171-75)을 보라.

바르게 사용되기만 하면 사람은 120년 동안 살기로 되어 있으므로 그 이전에는 죽지 않는다는 것이다(참조. 창 6:3). 이러한 견해는, 케년(E. Kenyon)과 에머슨 집단의 신사고 운동 철학(에머슨은 크리스천 사이언스의 초창기 멤버이다)의 합작품인데,[36] 그 주된 주장들은 이단적이다. 그들이 주장하는 물질과 영의 철저한 이원론은 본질적으로 영지주의적이다. 그런 교리는 십자가의 능력을 부인하는 쪽으로 흐른다(예수의 육체적인 죽음이란 있을 수 없다. 죄와 가난과 질병이라는 영적인 문제를 해결하시기 위해서, 겟세마네에서든 보다 이전에든 후에 지옥에서든 예수는 영적으로 죽으실 필요가 있었다고 주장한다). 그리고 어느 순간엔가 삼위일체가 이위일체가 되어버리는 모순된 견해가 은연중에 나타난다. 이들이 말하는 "믿음"은 긍정적인 고백을 하나님과 상관없는 절대적인 힘으로 만들어 버린다(불신자들도 동일한 영적인 법칙을 적용할 수 있다). 이들에게 믿음이란 하나님께 의존하는 부모 자식 간의 관계를 나타내는 방법이 아니다. 따라서 이들의 주장에 따르면 사람이 치유되지 않는 경우는 전적으로 그 사람의 잘못이다. 그 사람들이 부정적인 고백을 했기 때문이라는 것이다. 즉 그 사람들은 "믿음"을 적용하지 않았다는 것이다. 그리고 당연한 것이지만, 이러한 신학적인 분석은 엄청난 목회적 재앙을 낳게 된다. 래리 파커(Larry Parker)는 해긴의 교리가 자기 어린 아들이 치유받은 경험에서 도출해낸 논리적인 결론이라고 본다. 그리고 해긴은 막내인 웨슬리가 인슐린 혼수상태로 죽기 전까지는 "사탄의 증상"을 믿지 않았다고 말한다. 해긴은 이 역시도 사탄의 속임수였다고 생각했으며, 하나

---

36 McConnell이 보여주는 바와 같이, Hagins는 Kenyon에게서 상당히 많은 부분을 표절하고 있다(Promise, 6-14). 그러나 Malcom Taylor는 한 중요한 논문에서 "긍정적인 고백"이라는 교리의 대부분이 이미 초기 오순절 운동 내부와, 오순절 운동 이전에 있었던 그리스도인 믿음-치유 운동에도 있었던 것이며, Kenyon의 첫 번째 책이 출판되기 이전에 있던 것이라고 주장한다. 그리고 크리스천 사이언스식의 사고에서 중요한 것들은 후에 오순절 운동과 (A. A. Boddy가 발행한 잡지, Confidence가 주장한) 긍정적 고백 교리로 계승되었다고 말한다. M. Taylor, "A Historical Perspective on the Doctrine of Divine Healing", Journal of the European Pentecostal Association 14 (1995), 54-84을 보라.

님이 그 아이를 살리셔서 자기와 아내가 아이를 땅에 묻는 일은 없을 것이며 부활의 은혜가 있을 것이라고 믿었다는 것이다. 그러나 웨슬리는 살아나지 못했다. 비극적이게도 해긴 부부는 죽음이 단지 속임수일 뿐이며 하나님이 일 년 안에 자기들의 아들을 무덤에서 일으키실 것이라는 "믿음"을 포기하지 않았다고 한다![37]

두 번째 "대안"은 모든 사람이 치유받는 것은 죄 사함 가운데 가능하게 되었으며, 예를 들어 회개하지 않은 죄가 있지 않다면 언제나 치유를 받을 수 있다고 보는 것이다. 이런 견해는 상대적으로 많은 지지를 받고 있는데, 여기에는 물질과 영의 이원론 같은 것은 없다. 오히려 훨씬 더 정통에 가까운 기독론과 속죄론에 근거하고 있다. 여기서 "믿음"은 적극적인 사고의 힘이 아니라 하나님과 하나님의 치유에 대한 약속을 신뢰하는 것이다. 이러한 견해에 의하면 불순종은 믿음을 저버리는 것이기에 치유에 방해물이고, 고린도전서 11:30은 어떤 질병은 하나님의 심판이라는 것을 암시한다는 주장을 자연스럽고 당당하게 할 수 있는 것이다. 그러나 그런 설명에서도 심각한 문제가 발견되는데(일부는 다음 세 번째 해석에서도 나타난다), 다음 두 가지를 지적할 수 있다. 첫째는, 죄 사함의 유익은 보편적이어서 **지금** 우리에게 "유익"을 끼친다는 것이다.[38] 둘째는, 앞서 언급한 것에 의하면 바울, 에바브로디도, 디모데, 드로비모는 계속해서 병이 있었기 때문에 이 사람들의 믿음이 충분하지 않았다든가 혹은 철저하고도 충분히 회개하지 않았다는 결론을 내릴 수밖에 없다. 그런데 정말로 그 사람들이 예수가 공생애 사역을 하시면서 치유하셨던 모든 사람들보다 믿음이나 헌신이 진실하지 못했던 것일까? 그리고 만약에 바울과 그의 동역자들이 그런 필수적인 조건들에 미달되는 사람들이었다면, 우리는 현실적인 가능성을 따져서 이렇게

---

37 그들이 비로소 무슨 일이 일어났는지 받아들이게 되었을 때, Larry가 그들의 이야기를 *We Let Our Son Die* (Irvine, California: Harvest House, 1980)라는 책으로 저술했다.

38 이러한 견해에 대한 반대에 대해서는 제13장 II을 보라.

묻지 않을 수 없다. 도대체 그런 조건을 충족시킨 자로는 누가 있는가?

세 번째 입장은 신학적으로 "비정상적인" 상태인 질병과 훨씬 "복잡한 요인들"을 예상해볼 수 있는 질병을 구분하는 것이다. 이것이 윔버의 능력 치유(Power Healing)의 본질적인 입장이다. 그는 하나님 나라의 현존은 치유의 핵심이라는 것에 입각해서 지속적인 질병을 본질적으로 비정상적인 것으로 본다. 그리고 예수의 공생애 사역은 질병이 본질적으로 귀신으로 인한 것이며, 하나님의 뜻은 질병에서 해방되는 것임을 드러낸다고 말한다. 만약에 치유되지 못한다면 그것은 대부분 인간에게 그 원인이 있다는 것이다. 그의 주장에 따르면, "사람들이 기도해도 치유받지 못하는 데는 여러 가지 원인이 있다. 그 원인들을 보면 대부분 몇 가지 죄와 불신 때문인 것을 알 수 있다."[39] 그러나 윔버는 이러한 원인들 중에, 예를 들면 당 짓는 것, 만성 질환인 경우에 기도로 이기지 못한 것, 불완전하거나 부정확한 진단으로 인한 잘못된 기도, 노쇠로 인한 죽음에 이르는 마지막 질병 등을 포함시킨다. 오히려 좀 놀라운 것은 **심각하지 않은** 질병의 경우에 거의 항상 윔버는 "이미"와 "아직"이라는 종말론적 긴장이라는 개념을 사용한다는 점이다. 그는 이렇게 말한다.

> 에바브로디도, 디모데, 드로비모, 바울의 사례들, 그리고 저의 상황은 우리의 구원의 완성이 아직 나타나지 않았다는 것을 겸허한 마음으로 되새기게 해줍니다.…비록 하나님의 치유하심을 받기에 족한 죄 사함을 이미 받았지만, 우리는 하나님이 모든 질병들을 치유하시지 않으실 때라도 우리의 믿음과 하나님의 신실하심에 뭔가 문제가 있는 것은 아닌지 의심할 권리가 없습니다.[40]

그러나 윔버는 곧바로 이 말에 이어서 실패의 원인에 대한 분석과 함께 치

---

39 Wimber, *Power Healing*, 164.
40 앞의 책, 169.

유에 실패하는 가장 근본적인 원인은 지속적으로 기도하지 않은 것임을 암시하는 말을 덧붙인다. 그리고 윔버는 이렇게 결론을 내린다. "만약에 우리가 하나님을 계속해서 구하기만 한다면…하나님의 치유는…더 많이 늘어날 것이다."[41] 따라서 이 모든 대안들은 결국 종말론적인 긴장을 떨어뜨리는 경향이 있다. 반면에 윔버가 자신의 논리적 근거로 사용하려고 하던 래드(Ladd)의 입장은 종말론적 긴장을 더 강조하는 것이다.[42] 한편 윔버의 동료인 디어는 하나님은 구원을 위해서 고통과 육신의 질병을 허락하시기도 하시며(고후 12:8-10에 나오는 사탄의 사자 / 육체의 가시), 하나님은 역사 속에서 각기 다른 장소와 때에 (단순히 치유만이 아니라) 은혜를 부어주시는데, 그 베푸시고 거두심이 자유로우시며 많은 특별한 경우에 하나님의 주권적인 뜻은 인간이 살펴서 알 수 있는 차원을 간단히 넘어선다는 것을 깨닫고 있기 때문에 훨씬 미묘한 차이를 보인다.[43] 덧붙이자면 나이젤 라이트(Nigel Wright)는 사회적·환경적 요인들로 인한 질병의 "더 복잡한 요인"을 언급했다. 이런 상황에서 치유는 질병의 인간적인 원인을 개조하지 않고는 불

---

41 앞의 책, 171.

42 하나님 나라에 대한 Ladd의 견해를 Wimber가 사용한 것에 대해서는, 예를 들어 Sarles, "Appraisal", 57-82, 특히 71-76을 보라. Wimber의 입장에는, 사탄과 하나님 간의 이원론을 지나치게 과장하는 것을 포함해서, 보다 신중하게 고려해야 할 필요가 있는 명백한 문제점들이 있다. 이런 식으로 이원론을 과장할 경우에 하나님의 주권을 훼손할 위험이 있다. 또한 Wimber가 주장하는 모든 사람을 치유하기 원하시는 하나님의 뜻과 하나님이 누구를 치유하실지 특별히 선택하시는 것 사이의 긴장도 역시 신중하게 고려할 필요가 있다(하나님이 치유할 자를 선택하시는 것에 대해서는 *Power Healing*, 164을 보라. 요 5:1-9을 근거로 제시한다). 그리고 윔버가 믿음이 부족해서 실패하는 주요 원인에 대해 주장하는 것과 치유가 일어나지 않았다고 해서 환자의 믿음 없음을 한 번도 비난하지 않았다는 주장 사이에도 또 다른 긴장이 있다(*Power Healing*, 186). Wimber의 주장에 나타난 긴장들에 대한 논의로는, N. Wright, "The Theology and Methodology of 'Signs and Wonders'" in Smail, Walker and N. Wright, *Renewal*, 71-85을 보라.

43 Deere, *Surprised*, 155-59. 또한 Henry H. Knight III, "God's Faithfulness and God's Freedom: A Comparison of Contemporary Theologies of Healing", *JPT* 2 (1993), 65-89과 비교해보라. Kathryn Kuhlman도 치유에 관한 한 하나님의 주권적인 자유를 강조한다 (Knight, "God's Faithfulness", 74-78을 보라).

가능할 수도 있는 것이다. 따라서 천식을 치유하는 경우에도, 진짜 문제는 힘든 노동과 경제적인 부담에 산업 시설로 인해 대기 환경이 극악해진 것이 겹쳐진 것인데, 일시적으로 증세만 나아지게 하는 것에 그칠 수도 있는 것이다. 천식이나 혹은 다른 질병들은 구조적인 원인이 처리되지 않으면 언제든지 재발할 수 있다.[44]

우리의 입장은 치유와 치유의 부재를 다른 시각에서 이 시대의 "일반적인" 것으로 보기 때문에 윔버의 입장과는 다르다. 죽음의 파괴와 생명의 부활은 믿는 자들에게 아주 중요한 상징적 의미가 있다.[45] 전자에는 모든 고통과 더불어 복음을 받아들이고 전파하게 됨으로써 겪게 되는 어려움들만이 아니라 믿는 자들이 살아가는 타락한 사회에 본래부터 있던 여러 가지 형태의 아픔들, 자연 재해들, 그리고 노화에 따라서 점점 힘과 능력이 쇠퇴해가는 것, 그리고 전염병이나 혹은 유전질환이든지 혹은 그 무엇이 되었든지 간에 각종 질병들이 포함된다.[46] 부활과 생명에는 위험에서의 구원과 모든 형태의 치유 그리고 재해로부터의 구원이 포함된다. 이뿐만 아니라 모든 개인과 공동체가 그리스도가 임재를 드러내시는 체험과 변화시켜주시는 축복, 그리고 험악한 상황에서도 감사하면서 인내할 수 있게 하시는 은혜의 선물들 및 우리가 고난당하는 것이 고난받으신 그리스도와 교제하는 것임을 깨닫는 것이 여기에 포함된다. 우리는 예수의 치유 사역이 궁극적으로 하나님의 **구원하시려는** 뜻과 의지를 분명하고도 독특하게

---

44 N. Wright, "Theology and Methodology", 80-82.

45 제8장, V과 제14장, II을 보라.

46 따라서 우리는 P. G. Hiebert가 (Wimber의 입장을 비판하면서) "우리에게는 질병, 상처, 고통과 죽음에 대한 신학이 필요하다. 죄로 인한 이러한 결과들은 서로 뗄 수 없는 관계에 있다. 늙어가고 또 죽어간다는 것은 잉태되는 순간부터 시작되는 인간의 운명이다. 인생의 부수적인 현상이 질병과 육체의 고통이다. 비록 하나님이 가끔 자연을 통해서, 그리고 특별한 방법을 통해서 우리를 치유하시지만, 우리의 완전한 구원은 오직 죽음 이후에야 가능할 뿐이다. 그때 우리는 새로운 몸을 입게 될 것이다"라는 주장에 동의한다. 참조. "Healing and the Kingdom" in Coggins and Hiebert (eds.), Wonders, 109-52, 특히 138-39을 보라.

나타내는 것이라는 점에서 (예를 들면) 존 윔버와 나이젤 라이트의 생각에 동의한다. 또한 우리는 예수의 사역과 사도들이 세운 교회들의 사역이, 종말론적 구원의 전인적인 모습이 **하나님께서 역사 속에서 보여주시기 원하시는 모습임**을 강하게 암시하고 있다는 점에서 두 사람과 전적으로 일치한다. 이렇게 주장하면 마치 우리가 그리스도를 통해 시작된 하나님의 구원하시는 다스림의 새로운 차원을 계속해서 입증하기 위해서라도, 하나님이 치유를 통해서 개입하시기를 적극적으로 기대해야 한다는 것처럼 비춰질 수도 있다. 그러나 그렇게 기대한다고 해서 그와 동시에 우리의 죄로 가득 찬 현재 우리의 모습이 하나님의 진노와 심판을 나타내는 것이라는 성경의 가르침을 훼손시키는 것은 아니다. 비록 하나님의 궁극적인 뜻이 "생명"이라고 할지라도, 이러한 심판으로 인해서 우리의 현재의 육신과 시간의 제약을 받는 우리의 존재는 무너질 수밖에 없다. 바울은 이런 역설을 로마서 8:10에서 적절하게 설명한다. 이 역설의 전반적인 문맥은, 믿는 자들은 하나님의 구원하시는 개입에 대한 참으로 그리스도 중심적이고도 생생한 기대를, 그리스도가 약함, 고난, 죽음을 십자가를 통해 긍정하신 것과 하나로 연결시킬 수 있다는 것이다. 그리고 마지막에 언급한 그 죽음이 궁극적으로 그리스도 안에서의 부활로 우리를 이끌 것임을 안다는 것이다. 신자들의 공동체는 각기 다른 방법으로, 개인적으로, 각기 다른 시간에, 바로 그 "역설"의 양쪽 측면을 모두 경험한다. 신자들이 갖고 있는 종말론적인 소망은 언제나 신자들이 현재 갖고 있는 기대에 생명력을 공급해주며, 신자들의 믿음이 하나님께서 공동체 안에서 "구원"을 이루시기 위해 개입하시기를(치유해주시기를) 바라는 데까지 자라날 수 있게 한다. 그러나 (어쨌든 이론적으로는) 신자들은 (질병을 포함해) 여러 가지 형태의 고난으로 인해서 좌절할 수 없다. 그 고난들은 신자들이 일정 부분 그리스도의 고난을 공유하는 것이기 때문이다. 신자들은 자신들의 각기 다른 "운명"을 변덕스러운 하나님 때문이라고 생각하지 않는다. 오히려 그 각기 다른 운명을 개인적으로, 그리고 보다 넓은 의미에서는 공동체적인 차원에서 서로 연결되어 있는 것으로 받아들이며, 역사적 맥락 속에서 이해한다. 하나님과의 화해를 통해서 새로운 인류를 창조하시기 원하시는 하나님은 어떤 사람에게 질병을 허락하시기도 한다. 예를 들면 기도, 후원, 사랑을 함께 나누는 것을 통해 더 큰 목적을 공동체에서 이루시기 위한 경우가 있다. 그런 경우에 하나님의 이름에 기쁨과 영광을 돌리기 위해서 아주 쉽게 치유되기도 한다. 훌륭한 "치유" 신학이라면 모름지기 이 시대에 나타나는 하나님의 궁극적인 은혜의 역사가 다양하고 복잡하다는 것을 온전히 받아들이는 것이어야 한다. 그러한 죽음과 부활의 신학은 하나님이 어떤 사람에게 아무런 영적인 상황의 변화가 없음에도 불구하고 때때로 그를 치유하기도 하시며, 때때로 바로 그 사람을 치유하지 않으시기도 한다는 프로스트(Frost)의 생각을 가장 잘 설명할 수 있다.[47] 이것은 또한 디어가 말하는 치유의 은혜가 역사 속에서 "존재하는 것과 부재하는 것"을 가장 잘 설명해주기도 한다. 그러나 이것은 비단 루이스가 말하는 치유와 치유되지 않음만이 아니라, 성경 속에서 그리고 세상 속에서 볼 수 있는 하나님의 치유가 가난한 자와 젊은 사람에게 편중되는 것처럼 보인다는 루이스의 면밀한 관찰도 설명해준다.[48] 간단하게 말해서 복음은 신자의 치유에 대한 기대감을 높여줄 수도 있다. 그리고 신자로 하여금 하나님의 개입을 위해 기도하도록 확신을 심어줄 수도 있다. 그러나 복음은 모든 경우에 다 치유된다는 것을 보장해주지는 않는다. 하나님의 뜻을 구별하고 의지하는 것이 믿음이 해야 할 바인 것이다. 여기서 말하는 믿음이란 단순히 고난받는 자 개인의 믿음만이 아니라 교회 공동체의 연합된 믿음도 함께 의미한다.

---

47 Henry Frost, *Miraculous Healing* (London: MMS, 1951)은 여전히 대부분의 문제에 대해서 가장 균형 잡힌 설명을 해주는 책 중 하나이다.

48 D. C. Lewis, *Healing*, 63-68을 보라.

20장

결론적 고찰

: 오늘날 교회의 삶에 나타난
성령과 "성령의 은사"

1909년 9월, 56명의 그나다우 연맹(Gnadau Alliance, 독일 복음주의 개신교의 경건주의-성결 운동) 지도자들이 악명 높은 "베를린 선언"(*Die Berliner Erklärung*)을 출판했다. 이 선언은 오순절 운동은 "위로부터 말미암은 것이 아니라, 아래로부터 온 것"이며, 악마가 그 내부에서 역사하고 있다고 주장했다. 오명을 뒤집어씌우기 위한 핑계들을 보면, 아주 이상한 현상들(특히 방언)이 나타난다거나, (누가 그러는데) 하나님의 말씀에 순종하는 대신 예언을 따른다거나 하는 것이 있었다. 1990년에 오순절 교회들은, 그들의 영적 후손들인 은사주의 갱신 운동, 새 교회 운동을 포함했을 경우에 전체 WCC 회원 교회의 23.4퍼센트를 차지했다(게다가 개신교 중에서는 가장 큰 집단이다).[1] 오순절 교단들은 현재 여러 복음주의 연맹들의 존경받는 회원이며,[2] 은사주의 흐름도 전통적인 교단들로부터 비슷한 평가를 받는다. 이 운동을 악마화하던 초기의 해석은, 전혀는 아니더라도 훨씬 괴팍한 극단주의자들을 빼고는 거의 동의를 얻지 못했다.[3] 갱신 운동의 여러 부분에서

1   D. B. Barrett, "Statistics, Global" in S. M. Burgess and G. B. McGee (eds.), *Dictionary of Pentecostal and Charismatic Movements* (Grand Rapids: Zondervan, 1988), 811-30을 보라.

2   점점 오순절 교단들이 존중받고 있다는 한 가지 상징적인 증거는, 두말할 나위 없이 Sheffield Academic 출판사에서 *Journal of Pentecostal Theology*를 발행한다는 것이며, 그와 더불어서 관련 연구 논문 시리즈를 발행한다는 것이다.

3   그러나 독일에서는 베를린 선언이 오순절/은사주의 운동들에 대한 차단벽이자 심각한 의심의 눈길을 보냈던 유산으로 남아 있다. 베를린 선언의 영향사에 대해서는 L. Eisenlöffel, …

나타나는 "성령의 은사들"의 정당성을 의심하던 사람들은 기적이라는 것이 확연하게 두드러지는 특징을 보이는 신약성경에 나오는 은사들과 빈약해 보이는 오늘날의 현상을 대비시키곤 했다. 이런 뚜렷한 차이점을 무기로 삼아서, 그들은 오늘날의 은사 현상이 대부분 자기기만에 빠진 것이거나 히스테리, 텔레파시, 의식변형상태 혹은 이것들이 어느 정도 뒤섞인 상태 또는 "자연의" 힘에 의한 것이라고 비판한다.

앞에 나오는 세 개의 장에서 우리는 이러한 엄격한 대조를 의심할 만한 이유가 있다고 언급한 바 있다. 이런 주장은 오늘날의 주장과 신약성경의 내용의 관계에 대한 의심의 해석학과 결합된, 신약성경에 나오는 현상(특히 예언과 방언과 관련해서)에 대한 경솔한 이상화에 의존하고 있다. 여하튼 은사중지론을 주장하는 비판가들은 오늘날의 현상과 관련해서 중간 지대의 가능성을 충분하게 고려하지 않는다. 즉 오늘날의 예언과 치유는 신약성경 시대의 확실하고 완벽한 은사들과 비교할 수 없다고 주장하면서, 오늘날의 현상들이 비록 신약성경에 나타난 것에 비해 미약하기는 하지만 그럼에도 불구하고 실제로 (신학적인 면에서나 기능적인 면에서) 신약성경의 현상들과 연속성이 있을 가능성을 탐구하지 않는다. 바로 이 점이 우리가 반드시 필요하다고 주장하는 점이다.

이어지는 내용에서 우리는 두 가지 문제에 정면으로 부딪혀보려고 한다. 첫째는, 우리는 우리가 그동안 관심을 기울였던 성령의 은사들이 오순절 운동과 은사주의 성향의 기독교에만 나타나는 독특한 것이었는지 물어보아야 한다. 둘째로, 우리는 이러한 혹은 다른 "은사"를 회심 이후의 위기 체험을 통해서 받는다고 하는 가정의 성경적·신학적 혹은 경험적인 이유가 있는지 물어야만 한다.

---

bis alle eins werden: Siebzig Jahre Berliner Erklärung und ihre Folgen (Erzhausen: Leuchten, 1979)을 보라.

I. 오순절 운동이나 은사주의 성향의 교회에만 나타나는 전형적인 성령의 은사가 있는가?

최소한 우리가 연구해본 전형적인 은사 세 가지 중 두 가지와 관련해서는 "아니다"라고 대답할 수밖에 없다.[4] 방언은 오순절/은사주의 성향의 교회 바깥에서는 비슷한 현상이 나타나지 않는 유일한 현상이다. 그러나 이 경우에도 확실히 오순절 운동에서만 나타나는 "특유의" 방언을 구분할 필요는 있다. 우리가 앞에서 살펴본 바와 같이,[5] 과거에 어떤 집단들에서 방언이 나타난 경우도 있다.[6] 게다가 방언은 어쨌든 일종의 갑작스러운 발화이며, 예를 들면 오순절/은사주의 진영의 외부에서 아주 흔하게 볼 수 있는, 갑자기 능력 있는 설교를 한다든가 혹은 증언을 하는 것과도 관련이 있다.

치유나 예언을 한다는 주장들은 오순절/은사주의 진영 외부의 교회에서도 상대적으로 일반적인 현상이다. 치유는 은사주의 전통 외부에서도 볼 수 있으며, 은사주의와 상관없는 곳에서도 발견되는데, 예를 들면 성공회에 있는 "건강을 위한 길드"(the Guild of Health)와 "성 라파엘 길드"(the Guild of St. Raphael), 루르드의 아이오나 공동체(Iona Community) 등이 대표적인 경우이다.[7] 그리고 훨씬 전통적인 교회들 중에서 (은사를 행하는 것에 자극을 받은) 많은 교회들이 가끔씩 치유 사역을 하기 시작했는데, 그 교회들에서도 치유 현상을 볼 수 있다. 치유와 관련된 주장들이 오순절이나 은사주의 전통에 속한 교회들에 비해 훨씬 덜 확산되어 있고 덜 강조된 것이

---

4   Packer는 오순절/은사주의 운동이 "영적인 은사들"은 사실상 오로지 이 운동들에 참여하는 교회에서만 "회복"되었다고 주장하는 것을 비판한다. *Keep in Step*, 197 이하.

5   제16장, §III을 보라.

6   은사주의자들은 경솔하게도 방언 현상이 방언을 하는 사람이 "성령의 세례를 받은" 으뜸가는 오순절주의자(arch-pentecostalist)임을 가리키는 증거로 보는 경향이 있다.

7   Kelsey, *Healing*, ch. 9; Gardner, *Miracle*, chs. 3-4; Taylor, "Historical Perspective", 54-56을 보라.

사실이지만, 그런 교회들을 무시할 수는 없다.

마찬가지로 예언도 제대로 이해되는 경우에는, 전체가 다 그렇지는 않지만, 복음주의 계열과 경건주의 전통에 속한 많은 교회들에서 나타난다. 그렇다고 해서 예언이라는 말이 하나님이 힘을 주신 설교, 가르침 혹은 "오늘날 모든 청중들에게 적용되는 말로 전달되는 모든 성경적 교훈들"[8]이라는 수준으로 일반화하는 걸 용인하자는 뜻은 아니다. (바울이 우리에게 가르쳐주고 있듯이) 이런 것들은 사실상 성령의 은사들이며, 여러 가지 방식으로 예언 운동(prophetism)과 연결되어 있다. 그러나 신탁적 담화(oracular speech)와는 연결되어 있지 않다(참조. 앞의 제12-18장). 그러나 신탁적 담화 현상 그 자체에는 몇 가지 형식이 있는데, 오순절 운동 외부에서와 그들의 후손들을 포함한 많은 신자들이 행하는 것을 볼 수 있다. 영적으로 민감한 많은 그리스도인들이 자신이 결정을 내릴 수 있도록 하나님께서 인도해주시기를 종종 바란다. 그들이 보기에 성경은 만족스럽지 못하기 때문이다. 그리고 많은 사람들이 하나님이 어떤 때가 되면 그 문제에 대한 "주님의 말씀"은 이러하니라 하는 식으로, 구체적이고 직접적인 명령을 내려주실 것이라고 믿고 있다.[9] 그런 직접적인 명령과 다른 사람과 관련된 직접적인 명령이 체험되는 곳에서, 우리는 신약성경이 말하는 "예언"과 은사주의 진영에서 부르는 "예언"의 역동성을 보게 된다. 예를 들면 많은 전통

---

8   Packer, *Keep in Step*, 215이 이렇게 주장한다.

9   Gentry는 성경의 평이한 의미를 통해서가 아니라 성령이 직접적으로 지시하시든가 아니면 감동을 주실 수 있다는 가능성을 무시하는 수많은 "정통" 개혁주의 목회자들의 명단을 제시한다(이들은 그런 주장들은 성경 외에 다른 새로운 계시를 주장하는 것과 다를 바 없는 것이며, 성경의 권위의 유일성을 위협하는 것이라고 본다: *Gift*, 91-94). 그러나 이러한 견해는 일반적인 견해가 아닐뿐더러, 신뢰할 만한 것도 아니다. 오늘날의 예언(그리고 그와 관련된 현상들)에 성경과 동등한 권위를 부여하는 사람은 없다. 그 이유는 18장에서 설명한 바와 같다. 게다가 Gentry는 빌 3:15에서 바울이 특별히 호소하고 있는 모든 주장이, 그리고 엡 1:17-19(3:15-19도 마찬가지로)에서 말하는 모든 기도가 오직 사도 시대에만 해당하는 것이며, 그러한 "[하나님]을 알게 하는 지혜와 계시의 영"은 교회로부터 사라졌고, 그 대신에 성경이 주어졌다고 주장한다(참조. Gentry, *Gift*, 60-61, 반면에 62에서는 달리 설명하고 있다).

적인 복음주의자들은, 만약에 목사가 교회 성도에게 다가가서 이런 식으로 말한다고 하더라도 크게 놀라지 않을 것이다. "내가 당신을 위해 기도하고 있었는데, 주님이 나에게 말씀하시기를 당신이 사역에 참여하는 것에 대해 말해야 한다고 하신다는 생각이 들었습니다. 주님은 당신을 위해 앞으로 큰일을 예비하고 계십니다." 나는 이런 경우도(이런 경우가 보통인데) 예언(우리가 정의한 의미로는)에 속한다고 본다. 이와 비슷하게 같은 전통에 속한 설교자들이나 목회자들(가르치는 자들)이 드물지 않게 하나님이 회중을 위해 자기들에게 특별한 메시지를(혹은 어떤 특별한 지적을) 주셨다고 주장한다. 여기서 우리는 다시 한번 신약성경의 예언과 본질적으로 같은 **역동성**을 보게 된다. 이런 경우에 사람들은 우선 하나님이 특별한 문제에 대해 말씀하시길 원하신다는 것을 알게 된다. 그런 다음에는 자신들이 이해한, 하나님이 회중에게 말씀하시길 원하시는 것을 풀어 설명하려고 한다. 이를 위해서 그들이 인도하심을 받는다고 생각되는 성경 구절을 통해 설명하거나 혹은 다른 방법을 사용하기도 한다. 설교자/목회자가 설명해주는 것에 의존하는 경우에는, 정도에 따라서 어떤 사람은 그것을 "예언"(하나님으로부터 "들었다"고 생각하는 것에 근접한 경우)이라고 부르기도 하고, 혹은 "예언적인 설교/교훈"(하나님께 받은 "메시지"를 설교를 통해서 충분하게 설명하고 적용한 경우)이라고 부르기도 한다. 은사주의자들과 (예를 들면) 전통적인 복음주의자들이 "예언"이라고 부르는 영적인 실체 간의 차이는 실제로 본질적인 차원의 것은 아닐 것이다. 오히려 **의미상**의 문제이거나("예언"이라는 용어를 각기 달리 이해하는 경우), **기대치**의 문제(은사주의자들/오순절주의자들은 그러한 현상이 훨씬 더 빈번하게 일어나기를 기대하고 추구한다), 그리고 **설명**의 문제(은사주의자는 "주께서 이 모습을 나에게 보이셨습니다"라고 말하는 반면 복음주의자는 "주께서 내 마음에…를 두셨습니다"라고 말할 가능성이 높다)일 것이다. 또한 내용의 범위나 전달되는 힘에서도 차이가 있을 수 있다. 그러나 보다 전통적인 복음주의자의 체험이 은사주의자의 체험과 뚜렷하게 구분될 수 있는 것은 아니다. 그들은 모두 아주 오래된 방식의 신탁적 담화의 범주에 포함되기 때문이다. 초창기의 계시 체험에서 나타났던 명료한 이해와 마찬가지로 양쪽 진영이 반드시 달라야 하는 것은 아니다. 어떤 복음주의자들은 문제가 있을 경우에 (종종) 상당히 강력하고 명료한 "말씀"을 주장하거나 혹은 다른 방식의 인도하심을 주장한다(그렇지만 환상을 통한 인도하심은 아주 드물다). 반면에 많은 은사주의자들은 어떤 예언들은 아주 흐릿하게 "온다"고 고백한다. 오히려 이러한 예언 현상과 관련해서 아주 분명한 구분선이 복음주의/은사주의 사이의 경계를 가로지르고 있는 것이 아니라, 오순절/은사주의 진영 내부를 가로지르고 있다. 즉 무엇이 오고 있는지에 대해 아무 생각 없이 입을 열어서 "예언"을 하는 사람들(이런 경우는 신약성경적인 근거가 약한 것으로 보인다)과, 최소한 예언을 말하기 전에 메시지에 대한 어떤 개념을 갖고 말하는 사람들의 차이를 말한다.[10] 만약에 전통적인 복음주의자들이나 다른 어떤 사람들이 우리가 설명한 이런 종류의 현상에 "예언"이라는 용어를 붙이는 것을 꺼려한다면, 그것은 아마도 신약성경에서 말하는 예언을 잘못 이해했기 때문일 것이다. 즉 예언을 성경의 권위와 동일한 최고의 권위가 있는 교리적인 계시로 본 것이다. 이 점과 관련해서 회중에게 주어진 예언은 복잡한 현상이었으며, 그 예언의 계시적인 요소는 인간적이며 오류의 가능성이 있는 해석이 혼합된 것이라는 그루뎀의 주장은 오순절주의자들/은사주의자들과 보다 전통적인 형태의 기독교 간의 장벽을 허무는 것일 수도 있다.

우리가 대표적인 성령의 은사에 대한 오순절 혹은 은사주의의 체험이 독점적이지 않으며, 다른 교회에서도 그런 체험이 발견된다고 말할 때, 어떤 면에서 그런 교회들이 성경적인 혹은 이상적인 기준에 맞는 교회들이라는 것을 암시하려는 것은 당연히 아니다. 만약에 오순절적인 그리고 은사주의적인 교회들이 다른 교회들에 비해 성령의 은사들을 과도하게 강조할 위험이 있다고 한다면, 보다 전통적인 교회들에게는 성령의 은사들

---

10 Yocum, *Prophecy*, 75-79을 보라.

을 주변으로 밀어내고 지나치게 무시할 위험이 있는 것이다.

II. 회심 이후의 결정적 체험으로 인해서 대표적인 은사들을 받게 되는가?

방언, 방언 통변, 예언, 치유의 은사 같은, 그런 카리스마적인 은사들을 받는 것이 회심 이후의 결정적 체험(crisis experience, 위기 체험)을 통해서 능력을 경험하는 것에 달려 있다고 가정하는 것은 어떤 성경적이거나 신학적이거나 경험적인 근거가 있기 때문인가?

1. 성경적/신학적 근거?

우리가 이미 살펴본 바와 같이, 바울의 입장에서 그런 견해는 아무 근거가 없다.[11] 바울은 은사를 특별히 "성령 세례를 받은" 집단에 한정시키지 않는다. 고린도전서 12-14장(그리고 롬 12장)에 나오는 바울의 교훈을 보면, 그리스도의 몸 전체가 각기 다른 서로 도와주는 역할을 함으로써 섬기는 일을 한다고 말하고 있다. 그리고 바울의 요지는 고린도전서 12:8-10에서 언급하고 있는 은사를 받은 자들이 그렇지 않은 자들과 분리될 수 없다는 것이다. 그들은 영적인 특별한 집단으로 택함 받은 것이 아니라는 말이다. 오히려 바울은 각기 다른 은사들이 기도하며 구하는 자에게 하나님의 뜻에 따라 주어지기를 바라고 있다(참조. 고전 14:1, 13). 더 중요한 것은 바울에게 있어(요한도 마찬가지로)[12] 종말론적인 자녀됨이라는 새 언약의 삶을 위해서 반드시 필요한 그리스도의 영은, 무엇보다도 아버지와 아들을

---

11 앞의 제7-8장, 제10장, 제15장을 보라.

12 제4-6장을 보라.

제자들에게 드러내며 신자로 하여금 복음의 의미를 깨닫게 하고 보다 깊은 곳으로 인도하시는 "예언의 영"이라는 점이다.[13] 이것은 "예언의 영"의 선물이 **두 번째** 또 다른 선물 혹은 두 번째 축복(*donum superadditum*, Second Blessing)일 수 없다는 의미이다(비록 이 선물로 말미암아 결과적으로 **새롭게 부각된 쓰임새**, 예를 들면 새로운 사역의 영역이 생기기는 했지만).

오순절 운동과 신 오순절 운동에서는 누가-행전을 **자신들의** 이야기라는 특별한 의미로 읽고 싶어한다. 그들은 사도들이 점차적으로 예수에 대한 진정한 부활 신앙을 향하여 나아가는 것과, 사도들이 예수와의 점점 깊은 관계에 들어가는 모습을 각각 회개하는 믿음과 구원받음을 가리키는 것으로 본다. 그리고 그들은 오순절 날 성령 받은 것을 그들이 말하는 성령 세례(사명을 위해 능력을 부어주심)의 모범이라고 생각한다. 사도행전 8장에 나오는 사마리아인의 체험이 바로 그러한 방식을 확증해주는 것이라고 생각한다. 그러나 우리가 이미 살펴본 바와 같이 이러한 해석에는 심각한 문제가 있다.[14] 오순절주의자들이 "구원"을 복음이 죄 사함을 준다는 것을 믿게 되는 것 이상이라고 생각하는 것은 분명히 옳다. 구원이란 "타락"의 소외됨에서 돌이키는 것과 더 많은 관련이 있다. 그렇기 때문에 오순절주의자들이 구원을 근본적으로 아들 안에서 그리고 아들을 통해서 아버지와의 실존적 관계 속으로 들어오는 것이라고 강조한 것은 옳다. 그러나 이러한 견해가 오순절주의적 해석의 문제의 핵심으로 우리를 데리고 들어간다. 예수가 승천하시기 이전에, 아마도 제자들은 성령을 받지 않고도 주님과 깊은 관계로 들어갈 수 있었을 것이다. 왜냐하면 예수가 그들과 함께 계셨으며, 그들은 예수를 보고 만지고 들을 수 있었기 때문이다(요한이 우리에게 분명하게 보여주는 바와 같이, 바로 그렇기 때문에 아버지 하나님이 아들을 통해서 보이시는 이러한 특별한 자기 계시를 제자들이 깨닫는 것이 부활절 이전에는 매

---

13 제7-8장을 보라.

14 앞에 있는 제3장과 제10장을 보라. 혹은 Turner, *Power*, 여러 곳 중 특히 ch. 14을 보라.

우 제한되었던 것이다). 그러나 승천 이후의 입장에서 보자면 이제는, 예를 들면 계시, 조명, 지혜, 영감 있는 설교라는 은사를 통해 **자기를 드러내시는 "예언의 영"을 통하지 않고는 부활하신 주님과 실존적 혹은 체험적인 관계에 들어갈 수 없다.** 그렇기 때문에, 사도행전 2장에서 약속하고 있는 성령의 선물은 능력을 주시는 두 번째 축복이 아닌 것이다. 그것은 오히려 요엘이 약속했던 "예언의 영의 선물"인 것이다. 즉 하늘에 계시는 부활하신 주님과 아버지, 그리고 땅에 있는 제자들 사이의 의사소통 기관(organ)인 것이다. 이 선물이 아니고는, 제자들은 우리가 알고 있는 그런 그리스도인으로서의 의미 있는 삶을 지속할 수 없었을 것이며, 다른 사람들을 그리스도의 주권과 통치로 이끌지도 못했을 것이다. 바로 이것이 사도행전 2장 이후에서 줄곧 성령의 선물이 규칙적으로 회심-입교 시에 함께 나타나고 있는 이유이며, (행 8장에서와 같이) 세례를 받았는데도 성령을 아직 받지 못한 것이 가능한 한 빨리 시정되어야 할 비정상적인 것으로 간주된 이유인 것이다. "예언의 영"이 오심으로 해서 다른 사람들보다 우월한 영적인 은사를 받은 그리스도인들이라는 특별한 계층이 생기는 것은 아니다. 오히려 이러한 은사를 받음으로 해서 참된 그리스도인의 삶의 표지인 하늘에 계신 주님과의 인격적인 관계를 시작 및 지속할 수 있게 되는 것이다. 성령을 받는다는 것은 일반적으로 생각하는 바와 같이, "주님과 의사소통" 할 수 있는 도구가 생겼다는 것만이 아니라 천상의 지혜와 지식이라는 선물을 확실하게 구분할 수 있는 도구가 생겼다는 것을 의미한다. 그러므로 예언의 영은 목회자에게 활력을 주고 선교사를 안내하며 개인의 판단을 돕고 목사의 진단을 도우면서 설교자에게는 "감당할 수 없는 지혜"와 능력을 주거나 회중이나 다른 개인들에 대한 예언을 하게 한다. 사도들이 받았던 "능력"은(참조. 행 1:8) 요엘이 약속했던 은사에 부수적으로 딸려 있던 것이 아니라 정확하게 말하자면 요엘이 약속했던 "예언의 영"인 성령의 활동의 일부인 일종의 강력한 은사 체험인 것이다.[15]

사마리아인들이 그리스도를 믿는 것과 별도로 나중에 성령을 받았지만,

누가는 그것을 비정상적인 믿음이라고 비난하지 않는다. 던도 그렇게 보고 있다. 그러나 그런 분리 현상을 모범적인 것으로 보는 것은 아니다. 빌립 혹은 사도들은 그 상황을 시정하지 않은 채 떠났지만, 빌립의 설교로 믿게 된 사마리아인들의 믿음은 매일매일 역사하시는 예수의 주권 아래 있는 그리스도인의 삶 속에서 성숙할 수 없었을 것이다.[16] 이 점에 있어 우리는 사마리아인들의 체험에 대한 오순절 진영의 해석이 무엇인지 묻지 않을 수 없다. 많은 오순절주의자들은 8:4-16에 나오는 사마리아인들과 오순절/은사주의 운동에 속하지 않은 교회들의 대부분의 신자들을, 심지어는 경건하고 열정적인 복음주의자들조차도 노골적으로 동일시한다. 이러한 입장은 분명히 누가의 의도와 정 반대되는 입장이다. 만약에 사마리아 신자들이 존경받는 윌리엄 스틸(William Still)처럼 영적으로 깊이 있고 영감 어린 기도를 했다면, 혹은 존 스토트(John Stott)나 딕 루카스(Dick Lucas)처럼 영적인 지혜 및 능력과 감화력 있는 설교를 하고 가르쳤거나 복음에 대한 넘치는 기쁨과 그리스도에 대한 사랑의 본보기처럼 살았다면, 사도들이나 누가가 아직까지 "예언의 영"이 사마리아인들에게 임하지 않았다고 판단했을 리가 만무하다. 그런 판단은 하나님의 자기 계시를 입증하는 성령의 표적이 전혀 없는 경우에, 예를 들면 부활하신 주님과 인격적으로 만나고 있다는 분명한 느낌이 전혀 없으며 생명력 넘치는 영적인 지혜와 이해도 없고, 하나님의 사랑이나 그들 안에서 역사하시는 하나님의 역동적인 은혜를 직접적으로 느끼지 못하거나 넘쳐나는 찬양의 화답이 없는 경우에만 내릴 수 있다. 한편 우리는 그런 경우들을 대부분의 일반적인 교회들에서도 발견한다. 그리고 그런 사람들에게 사도행전 19:2에서 누가가 바울의 말이라고 소개하고 있는 "너희가 "믿을" 때에 성령을 받

---

15 앞의 제3장, 그리고 *Power*, chs. 10-14을 보라.

16 Dunn, *Baptism*, ch. 5의 입장에 대한 반론은 Turner, *Power*, ch. 12 (특히 §2.2)과 ch. 13을 보라.

았느냐?"라고 따져 묻는 것이 옳을지도 모른다. 그러나 그런 도전을 건강하고 열정적이며 복음의 증인의 일을 감당하는 교회에 적용하는 것은 **적절하지 않다**. 비록 누가가 성령의 역사는 바로 소외된 자들을 위해서 그리고 교회를 위해서 능력 있는 선교를 하는 것이라고 아주 강하게 강조하는 것을 알면서도, 유능한 부흥사나 혹은 생동감 넘치고 성장하고 있는 교회의 신령한 목사가 누가가 말하는 성령의 은사를 받지 않았을지도 모른다고 주장하는 것은 분명히 앞뒤가 맞지 않는다(참조. 앞의 제2-3장).[17]

은사주의 운동에 속한 학자들이 요한, 바울 그리고 누가-행전에서 승천 이후에 성령을 받는 것을 두 번째 축복이 아니라 그리스도인으로서의 삶의 출발점으로 인정하는 경향이 있다는 것은 당연한 것이다. 성령으로 "가득 차게 되었다" 혹은 성령으로 "충만"하다는 표현이 두 번째 축복 신학과 잘 연결되지 않을 수밖에 없다.[18] 결과적으로, 특히 로마 가톨릭 은사주의 진영에서는 입교와 관련이 있는 신학적이며 객관적인 성령 세례/성령

---

17 David Pawson은 성령을 받는 것은 확인 가능한 체험이라고 주장하는데(일반적으로 분명한 청각이나 시각적인 현상이 수반된다), 바로 그것이 이런 함정에 제대로 빠지는 것이다. 그리고 만약에 성령을 받는 "순간"을 기억하지 못한다면, 성령을 받지 않은 채로 예수를 믿고 있다고 주장할 뿐이라고 많은 부흥사들이 잘라 말한다. *Fourth Wave* (London: Hodder, 1993), ch. 9; 같은 저자, *Birth*, 특히 ch. 35을 보라. 한참 뒤에 가서는 "회개했고 믿음도 있는 사람이 세례를 받았고 계속해서 여러 해 동안 그리스도인으로 살고, 은혜와 성결 안에서 자라나고, 신뢰와 복종 안에서 성숙하고, 섬김에 있어서 충성스럽고 열매도 있으며, 성품도 헌신적이고 믿을 만한" 모범적인, 그러나 아직 "성령의 세례"라고 부르는 것을 받지 체험하지 않은 사람에 대해서 말한다(291). Pawson은 그런 사람은 아직 성령을 받지 못한 사람이라고 결론 내린다. 그러나 분명한 것은 이런 주장이 바울의 말과는 전혀 맞지 않는다는 점이다. 왜냐하면 앞에서 언급한 그런 모습은 성령의 은사로 인해서 할 수 있는 은혜이기 때문이다. 문제는 성령이 사람에게 임하는 순간 반드시 확실하게 인식할 수 있어야 한다고 가정하는 것에서부터 비롯된다. 그러나 정말로 검증해야 하는 것은 회심하고 입교할 때 성령을 받는다고 처음 느끼는 체험을 했느냐가 아니라, 성령의 활동이 그 이후로 그 사람의 삶 속에서 분명하게 나타나고 있는가이다. 그리고 Pawson이 "아바"라고 기꺼이 부르는 것, 하나님의 거룩하심이 임재하고 있다는 경이로운 느낌, 새로운 관계를 형성케 하는 넘쳐흐르는 사랑, 끊임없는 기도 등을 성령의 활동에 포함시키고 있듯이, 그는 비록 성령을 받는다는 것을 **처음** 인식하는 경험을 하지 않았다고 하더라도 그러한 것을 체험한 신자들을 기꺼이 인정해야만 할 것이다. Pawson의 견해에 대한 비판적인 분석에 대해서는 Turner, "Receiving Christ and Receiving the Spirit—in Dialogue with David Pawson", *JPT* 15 (1999)을 보라.

받음과 신자를 은사의 세계로 인도하는 주관적인 성령 체험을 구분하는 경향이 생겼다.[19] 그러나 반면에 이런 주장을 내세울 만한 이론적 혹은 성경적인 별도의 근거가 없다는 즉각적인 반응이 나타날 수밖에 없다. 사실 이런 반론은 경험에 근거한 주장을 신학화한 것인데, 다음에서 우리가 살펴볼 것이 바로 이 부분이다.

2. 경험적인 근거?

경험에 비추어볼 때, 오늘날 그리스도인들은 오로지 어떤 낯선, 그렇지만 의식적으로 인식할 수 있는 영적인 체험을 한 다음에 능력과 카리스마적인 은사를 받을 수 있다는 주장이 종종 제기된다. 항상 그런 것은 아니지만, 이런 영적인 체험에는 방언이 같이 온다고 생각한다. 오순절주의자들과 신 오순절주의자들은 이 영적인 체험과 방언이 함께 오는 현상이 사도행전의 내용과 일치한다고 생각한다. 그리고 자신들의 체험을 능력을 부어주시는 "성령 세례"라고 해석한다. 반면에 성례전주의자들(sacramentalists)은 그러한 체험을 "잠기도록 부어주시는(혹은 견진의) 은혜"라고 설명하는 것을 보다 선호한다. 현실은 이론보다 훨씬 더 복잡한 것 같다. 특정한 형식에 맞추기를 좋아하는 사람 중에 포함되는 나로서는 최소한 세 가지 형태가 있는 것으로 보인다.[20]

(i) 아주 소수의 사람들은 성령의 강력하고 극적인 체험이 강하게 나타나는 것을 체험했다고 주장한다. 이에 대한 증언이 없는 것은 아

---

18 앞의 제10장을 보라.

19 Hummel, *Fire*, 171; T. Smail, *Reflection Glory* (London: Hodder, 1975), chs. 6 and 10; L. J. Suenens, *A New Pentecost* (London: DLT, 1975), 80-1; Lederle, *Treasures*, chs. 3-4를 보라.

20 나는 단지 이것을 격식을 차리지 않는 토론과 학생들과 교회 구성원들의 질문을 위한 토대로 제시하는 것뿐이다. 공식적이고 철저한 관찰에 의한 탐구가 필요하다는 것은 분명하다.

니다. 그런 사람들은 스스로를 "성령 세례를 받은 자"라고 부른다.

(ii) 예를 들면, 오순절 혹은 은사주의 집회에서 기도하는 훨씬 많은 사람들은 주관적으로 느끼기에는 강력한, 그러나 특별히 강력하게 드러나지는 않은 체험을 했는데, 거의 무의식적으로 방언을 하기도 하고, 심지어는 "입신"(slain in the Spirit)이나 혹은 그런 비슷한 종류의 경험을 하기도 한다.

(iii) 또한 많은 사람들이, 기도할 때 자동적으로 어떤 체험을 하는 것은 아니다(약간의 도취감은 빼고). 그러나 다른 한편으로는, 이 사람들은 방언을 시작해야 한다는 압박감을 느끼기도 했다. 그리고 방언을 하면서 자신들이 (i)과 (ii) 형태와 동일한 일련의 현상(same package)을 경험하고 있다는 것을 (믿음으로) 받아들였다. 그러나 이들이 경험한 것을 글로 표현하라고 한다면 기록할 만한 것이 없어서 실망할지도 모른다.

이 세 가지 유형들 모두 대체적으로 "결정적 체험" 이후에 나타나는 영성의 형태를 각각 보여준다. 아마도 대부분이 (i) 유형의 특징을 나타내겠지만, 반드시 그런 것만은 아니다. 한편 일반적으로는 주님에 대한 엄청난 깨달음, 더 깊고 더 많이 기대하는 믿음, 큰 기쁨, 그리고 새로운 은사의 영역이 개발되는 것이 나타난다고 주장한다. 언뜻 보면 이런 현상들은 결정적 체험이 주는 두 번째 축복이 고린도전서 12:8-10에서 묘사하고 있는 일련의 은사들을 받기 위한 열쇠라는 견해를 강력하게 입증해주는 것으로 보인다. 그러나 이에 대한 심각한 반론들이 있다.

(1) 우리는 (i) 유형의 체험에 대한 간증들이 (ii)와 (iii) 유형의 체험에 대한 간증들의 전형이 되는 경향을 보이며, 그뿐만 아니라 이런 경향이 (예전에는 거의 혹은 전적으로 죄, 의심, 연약함뿐이었지만 지금은 거의 혹은 전적으로 믿음, 능력, 승리뿐이라는) 과장된 경험적 이원론을 설교

하고 가르치게 만든다는 느낌을 받지 않을 수 없다. 그런 가르침을 용납하면 당연히 자칫하다가는 자기 충족적(self-fulfilling)으로 될 수 있는데, 이는 "결정적 체험"을 하지 않고는 "은사들"을 받을 가능성이 없다고 생각하는 사람들을 만들어낸다. 가장 나쁜 점은 과장된 개인적인 경험적 이원론이 (예를 들면) 카리스마적인 그리스도인과 전통적인 그리스도인 사이의 구분을 강조하는 경향이 있다는 점이다. 그 때문에 상대적으로 능력이 없는 전통적인 그리스도인에게는 은사가 없고, 은사주의자들은 승리와 능력을 경험하며 살아가고, 은사도 풍성하게 갖고 있다는 식의 경험적인 이원론에 입각한 주장이 나온다는 것이다. 이 마지막에 언급한 이원론이야말로 "성령 세례", "성령 충만", "성령의 방출" 혹은 다른 어떤 것이든 회심 이후의 극적인 성령 "체험"을 추구하는 "경험에 의한 논증"을 공공연하게 뒷받침하는 것이다.

(2) 경험에 의한 논증이 직면하는 가장 큰 문제는, 검증을 해보면 이원론이 무너지고 만다는 점이다. 치유가 비록 오순절/은사주의 성향의 교회에서 더 자주 나타나곤 하지만, 그 교회들에만 있는 은사는 아니다. 마찬가지로 우리는 "주님의 말씀" 혹은 "계시"(전문적인 조직신학적 의미에서가 아니라 일반적으로 신약성경에서 말하는 의미에서)가 오순절주의자들과 은사주의자들에게만 주어지지 않는다는 것을 살펴보았다. 그 은사들은 아주 광범위하게 (각기 다른 언어를 사용함에도 불구하고) 복음주의, 경건주의, 청교도, 퀘이커 그리고 전통적인 신비주의 문헌에서도 발견된다. 다시 말해서 자세하게 검토해본 결과, 오순절/은사주의의 체험과 많은 다른 형태의 활기찬 교회의 체험의 경계를 분명하게 구분할 수 없다는 것이다. "자연스러운 분위기의 기독교의 영토를 떠나서", 성령 세례라는 문을 통과해, 흔히 말하는 "초자연적인 기독교"로 들어가는 것은 문제될 것이 없다. 마찬가지로 은사가 없는 기독교를 떠나서 은사가 있는 기독교로 가는 것

도 문제될 것이 없다. 기본적인 차이는 정도의 차이일 뿐이지 종류의 차이가 아니다. 그리고 강조의 차이일 뿐 절대적인 것은 아니다. 오순절 운동과 그 영적인 후손들은 은사를 향유 및 강조하고 있지만 수많은 은사들이 기독교의 또 다른 영역인 다른 교단에서, 그리고 은사에 별로 관심이 없는 곳에서 활용된다. 경험적 이원론에서 주장하는 입장을 억지로 받아들이거나, 푸른 초장으로 가는 길이라고 하는 "성령 세례"를 억지로 추구하는 것이 보다 전통적인 교회에서 은사적인 교회로 가는 한 가지 방법일 수도 있다. 그러나 반드시 이런 방법이어야만 하는 것도 아니고 올바른 방법은 더더욱 아니다. 왜냐하면 이것은 어떤 특정한 부류의 그리스도인의 체험에서 나타났던 것을 다른 부류의 그리스도인에게도 있어야 한다고 주장하는 것과 다르지 않기 때문이다.

(3) 사람들이 예언의 은사 같은 것들을 어떤 직접적인 결정적 체험 없이도 받는다고 하는 증거가 있다. 이런 맥락에서 보자면 우리가 처음에 "(iii) 유형"의 결정적 **체험**이라고 불렀던 큰 집단이 실제로는 그런 체험이 전혀 없었으며, 단지 어떤 특정한 종류의 영성이 다른 종류의 기대와 체험으로 확실히 바뀌었을 뿐이라는 것에 주목할 필요가 있다. 또한 어떤 특정한 "체험"이 없었는데도, 영적인 부분에 전념하고 있던 순간에 처음으로 방언을 하게 되었다거나 그들을 통해서 방언이 조용히 "흘러나오는" 것을 느꼈다고 하는 간증들이 상당히 많다.

(4) 우리가 이미 살펴본 대로, 방언, 방언 통변, 예언, 지식의 말씀 등의 은사들은 그 성격과 영적인 역동성 면에 있어 영감 어린 설교, 가르침, 그리고 오순절 / 은사주의 진영 외부에서 최근에 폭넓게 인정되는 분별과 지혜의 은사 같은 목회적인 은사들과 크게 다르지 않다. 한편 오순절 / 은사주의 진영에서는 후자(일반적 영성)의 영성에서 전자(오순절 영성)를 포함하는 영성으로 가기 위해서는 반드시 어떤 결

정적 체험이 있어야 한다고 주장하고 싶어할 것이다. 만약에 복음적인 그리스도인이 진심으로 "카리스마적인"(우리는 아주 일반적인 의미에서 단지 "변화"의 방향만 언급하는 것뿐이다) 그리스도인이 되고 싶어한다면, 반드시 안수를 받거나 결정적 체험이 있어야만 하는 것이아니라 단지 "카리스마적인" 교회에서 제공하는 "은사를 개발"하기위한 방법인 "새롭게 성령으로 세례 받음"에 대해 일종의 교육을 받으면 된다. 오순절 교회의 목회자들은 새로운 자원자가 어떤 "은사들"을 잠재적으로 가지고 있다고 간주한다. 그리고 어떻게 그것들을 발견하고 사용할 것인지에 대해서만 배우면 된다고 생각한다. 그런 성향의 교회들에서 그리스도인들은 성령 세례를 받은 덕분에이런 잠재적인 은사들을 갖게 된 것으로 간주된다. 이에 대한 우리의 반론은 간단하다. 어떤 두 번째 "성령 세례"의 덕분이 아니라 누가가 약속한 "예언의 영"인 성령을 처음 받을 때부터 그런 잠재적인 은사들을 갖는 것이며, 따라서 모든 그리스도인이 다 그런 잠재적인 능력을 갖고 있다는 것이다. 실제로 보다 전통적인 형태의 교회의 신자들이 이미 동일한 성령의 은사들 중에서 많은 것들을 체험하고 있으며, 만약 그들이 "카리스마적인" 그리스도인이 되고 싶다면 단 한 가지, 하나님을 더 많이 추구하고 기대하는 쪽으로 자신들의 삶을 재조정하면 된다.

요약하자면 (어떤 이름으로든 간에) 성령을 받기 위해서는 두 번째 결정적 체험이 실제로 **필요하다는** 경험적인 차원에서의 논증은 오해에 근거한 것이다. 이 문제의 핵심은 일련의 잘못된 경험적인 이원론을 만들어내서 그중의 하나를 절대화하고, 그럼으로써 "오순절 운동"의 체험은 근본적으로 다른 종류의 체험이라고, 즉 (예를 들면) 전통적인 복음주의 교회의 체험과는 다른 영역의 것이라고 주장하는 것이다. 그런 견해는—그러나 오로지 그런 견해만이—두 번째이자 수단으로 성령을 "받거나" 혹은 "소유"해야

한다고 주장한다. 물론 이것은 하나님이 때로는 "결정적" 체험을 통해 (요단강의 예수처럼) 영적인 능력을 부어주심으로써 전혀 새로운 영역의 사역을 할 수 있도록 신자를 구비시키신다는 것을 부인하지 않는다. 그러나 내가 하고 싶은 말은 그런 체험이 영적인 능력을 받는 **유일한** 길은 아니라는 것이며(많은 사람들에게는 이런 일이 오히려 일련의 점진적으로 성장하는 체험을 통해서 온다), 또한 신자들에게 모범적이고 규범적인 방법은 아니라는 것이다.

III. 간략한 결론적 논평

우리가 이 연구에서 온 힘을 기울였던 과제는 오순절 운동의 영성과 보다 전통적인 형태의 기독교의 영성 사이의 중간 지점(via media, 중도)을 제시해보는 것이었다. 성령의 은사들은 참으로 다양하며, 그 정도의 차이도 하나님의 영감과 인간의 해석 혹은 기술에 따라서 굉장히 다양하다. 논란의 양쪽 측면을 다 긍정적으로 강조하는 것도 어느 정도는 옳다. 오순절 운동을 통해 우리는 구원이 본질적으로 전인적인 성격의 것이라는 것과 그 구원이 (예를 들면) 귀신 축출과 치유를 통해서 나타난다는 것, 그리고 예언과 그와 관련된 은사들을 통해 하나님이 직접적으로 인도하시는 것이 가능하다는 것을 확인하게 된다. 그리고 (은사중지론자들을 포함하는) 기독교의 또 다른 진영을 통해 우리는 영감 어린 설교와 교육이 엄청나게 중요하다는 것과 그리스도 사건을 믿을 수 있도록 설명함에 있어서 그리고 사도들의 가르침이 오늘날 우리에게 어떻게 적용될 수 있는지를 보여주는 데 있어서, 성령의 역사가 근본적으로 중요하다는 것을 확인하게 된다. 이러한 진영에서 오순절/은사주의의 공헌이 직접적인 "체험"에 열중하다가 복음에 대한(그리고 복음을 오늘날의 세계에 적용하는 것에 대한) 사려 깊은 이해에 질적인 저하를 가져오는 쓸모없는 것으로 전락하지 않을까 염려하는 것은 당연하다. 기독교의 복음에 대한, 또한 복음과 제자도 그리고 복음과 세상과의 관계에 대한 철저한 연구와 심도 깊은 분석이 없으면 교회는 그저 더 많은 목회적 재앙과 충분히 피할 수 있는 오해로 인해 발생하는 더 심각한 교회의 분열을 경험하고 세상에서 교회의 신뢰성을 더 많이 상실하게 될 것이 뻔하다. 마찬가지로 오순절/은사주의 진영에서 강조하는 것들은 기독교가 단순히 지성인들이 이해할 수 있는 하나님에 대한 일련의 이성적인 전제들이 아니라는 사실을 교회에게 제대로 지적해주고 있다. 개별적인 존재이자 연합적인 존재인 교회의 모든 차원이 다 기독교에 포함된다. 그리고 오순절 운동은 보다 전통적이며 "이성적인" 형태의 기독교에서는 종종 쉽게 눈감아버렸던 계시의 여러 가지 형태에 대해 신자들의 눈이 열리는 것과 같은 식의, 오늘날의 하나님 "체험"이 성경적인 계시와 공통점이 있을 수도 있다는 사실을 올바르게 지적해주었다. 교회가 앞으로 나아가야 할 긍정적인 길은, 종종 거만을 떨기만 하고 사이만 멀어지게 하는 둘 사이의 논쟁에 있는 것이 아니라 양쪽 진영의 지혜를 하나로 통합하는 데 있다. 이런 맥락에서 우리는 에베소서 4:2-6의 권면을 인용하는 것으로 결론을 대신하는 게 좋을 듯싶다. 이 구절은 예수, 바울, 요한의 신학의 핵심을 보여주고 있다.[21]

모든 겸손과 온유로 하고 오래 참음으로 사랑 가운데서 서로 용납하고, **평안의 매는 줄로 성령이 하나 되게 하신 것을 힘써 지키라.** 몸이 하나요 성령도 한 분이시니 이와 같이 너희가 부르심의 한 소망 안에서 부르심을 받았느니라. 주도 한 분이시요 믿음도 하나요 세례도 하나요 하나님도 한 분이시니 곧 만유의 아버지시라, 만유 위에 계시고 만유를 통일하시고 만유 가운데 계시도다.

---

21 이런 주장의 정당성에 대해서는 Turner, "Mission", 여러 곳을 보라.

참고 문헌

⌒

Atkinson, W., "Pentecostal Responses to Dunn's Baptism in the Holy Spirit: Pauline Responses", *JPT* 7 (1995), 49-72

Aune, D. E., *Prophecy in Early Christianity and the Ancient Mediterranean World* (Exeter: Paternoster, 1983)

von Baer, H., *Der Heilige Geist in den Lukasschriften* (Stuttgart: Kohlhammer, 1926)

Barclay, J. M. G., *Obeying the Truth: A Study of Paul's Ethics in Galatians* (Edinburgh: T. & T. Clark, 1988)

Barrett, C. K., *The Holy Spirit and the Gospel Tradition* (London: SPCK, 1966)

Beasley-Murray, G. R., *Gospel of Life: Theology in the Fourth Gospel* (Peabody: Hendrickson, 1991)

Belleville, L. J., *Reflections of Glory. Paul's Polemical Use of the Moses-Doxa Tradition in 2 Corinthians 3.1-18* (Sheffield: JSOT Press, 1991)

Best, E., "The Interpretation of Tongues", *SJT* 28 (1975), 45-62

_____, "Prophets and Preachers", *SJT* 12 (1959), 129-50

_____, "Spirit-Baptism", *NovT* 4 (1960), 236-43

Betz, O., *Der Paraklet* (Leiden: Brill, 1963)

Bickle, M. and M. Sullivant, *Growing in the Prophetic* (Eastbourne: Kingsway, 1995)

Billington, A., T. Lane and M. Turner (eds.), *Mission and Meaning: Essays Presented to Peter Cotterell* (Carlisle: Paternoster, 1995)

Billington, A., "The Paraclete and Mission in The Fourth Gospel", in A. Billington, T. Lane and M. Tunner (eds.), *Mission and Meaning*, 90-115

Bittner, W. J., *Heilung—Zeichen der Herrschaft Gottes* (Neukirchen-Vluyn: Aussaat,

1984)

Boring, M. E., *The Continuing voice: Christian Prophecy and the Gospel Tradition* (Louisville: Westminster /John Knox, 1991)

Bovon, F., *Luke the Theologian: Thirty-three Years of Research (1950-1983)* (Allison Park: Pickwick, 1987)

Breck, J., *The Origins of Johannine Pneumatology* (Crestwood: St. Vladimir's Seminary Press, 1991)

Brockhaus, U., *Charisma und Amt: Die paulinische Charismenlehre auf dem Hintergrund frühchristlichen Gemeindefunktionen* (Wuppertal: Brickhaus, 1975³)

Brown, C., *Miracles and the Critical Mind* (Exeter: Paternoster, 1984)

_____, *That You May Believe: Miracles and Faith Then and Now* (Exeter: Paternoster, 1985)

Brown, M., *Israel's Divine Healer* (Carlisle: Paternoster, 1995)

Brown, R. E., "Appendix V: the Paraclete" in *The Gospel According to Saint John* (2 vols.; London: Chapman, 1971), 1135-44

_____, "The Paraclete in the Fourth Gospel", *NTS* 13 (1966-67), 113-32

Budgen, V., *The Charismatics and the Word of God* (Welwyn: Evangelical Press, 1985)

Burge, G. M., *The Anointed Community: The Holy Spirit in the Johannine Community* (Grand Rapids: Eerdmans, 1987)

Burgess, S. M. and G. B. McGee (eds.), *Dictionary of Pentecostal and Charismatic Movements* (Grand Rapids: Zondervan, 1988)

Carroll, J. T., "Jesus as Healer in Luke-Acts" in Lovering (ed.) *Society of Biblical Literature 1994 Seminar Papers* 33 (Atlanta: Scholars, 1993) 269-85

Carson, D. A., *Showing the Spirit* (Grand Rapids: Baker, 1987 and Carlisle: Paternoster, 1995)

Cartledge, M. J., "Charismatic Prophecy", *JET* 8 (1995), 71-88

_____, "Charismatic Prophecy: A Definition and Descreption", *JPT* 5 (1994), 79-120

_____, "Prophecy in the Contemporary Church: A Theological Examination", unpublished Mphil dissertation, Oak Hill, 1989

Casdorph, H. R., *The Miracles* (Plainfield: Logos, 1976)

Chevallier, M. A., "Luc et l'Esprit, à la Mémoire du P. Augustin George (1915-77)", *Recherches de Science Religieuse* 56 (1982), 1-16

_____, "《Pentecôtes》 lucaniennes et 《Pentecôtes》 johanniques" in J. Delorme and J. Duplacy (eds.), *La Parole de Grâce: Études lucaniennes à la Mémoire d'Augustin George* (Paris: Recherches de Science Religieuse, 1981), 301-14

Childs, B. S., *Biblical Theology of the Old and New Testaments* (London: SCM, 1992)

Christie-Murray, D., *Voices from the Gods: Speaking in Tongues* (London: RKP, 1978)

Coggins, J. R. and P. G. Heibert (eds.), *Wonders and the Word: An Examination of Issues Raised by John Wimber and the Vineyard Movement* (Winnipeg: Kindred Press, 1989)

Congar, Y., *I Believe in the Holy Spirit*, vols. 1-3 (London: Chapman, 1983)

Cotterell, P. and M. Turner, *Linguistics and Biblical Interpretation* (London: SPCK, 1989)

Crone, T. M., *Early Christian Prophecy* (Baltimore: St Mary's UP, 1973)

Dautzenberg, G., *Urchristliche Prophetie* (Stuttgart: Kohlhammer, 1975)

Davies, J. G., "Pentecost and Glossolalia", *JTS* 3 (1952), 228-31

Deere, J., *Surprised by the Power of the Spirit* (Eastbourne: Kingsway, 1994)

Dunn, J. D. G., *Baptism in the Holy Spirit: A Re-Examination of the New Testment Teaching on the Gift of the Spirit in Relation to Pentecostalism Today* (London: SCM, 1970)

_____, *Christology in the Making* (London: SCM, 1980)

_____, *Jesus and the Spirit* (London: SCM, 1975)

_____, *The Partings of the Ways* (London: SCM, 1991)

_____, *The Theology of Paul's Letter to the Galatians* (Cambridge: CUP, 1993)

_____, *Unity and Diversity in the New Testament: An Enquiry into the Character of Earliest Christianity* (London: SCM, 1977) 『신약성서의 통일성과 다양성』(솔로몬)

_____, "Baptism in the Spirit: A Response to Pentecostal Scholarship on Luke-Acts", *JPT* 3 (1993), 3-27

_____, I Corinthians 15:45—Last Adam, Life-giving Spirit' in B. Lindars and S. S. Smalley (eds.), *Christ and Spirit*, 127-42

_____, "Jesus—Flesh and Spirit: An Exposition of Roman I. 3-4", *JTS* 24 (1973), 40-68

_____, "Ministry and the Ministry: The Charismatic Renewal's Challenge to Traditional Ecclesiology" in C. Robeck (ed.), *Experiences*, 81-101

_____, "Spirit and Fire Baptism", *NovT* 14 (1972), 81-92

Edgar, T. R., *Miraculous Gifts* (New Jersey: Loiseaux, 1983)

Ellis, E. E., *Prophecy and Hermeneutic in Early Christianity: New Testament Essays* (Tübingen: Mohr, 1978)

Engelsen, N. I. J., "Glossolalia and other Forms of Inspired Speech according to 1 Corinthians 12-14", unpublished PhD dissertation, Yale University, 1970

Ervin, H. M., *Conversion-Initiation and the Baptism in the Holy Spirit: A Critique of James D. G. Dunn "Baptism in the Holy Spirit"* (Peabody: Hendrickson, 1984)

Evans, C. A., *Jesus and His Contemporaries* (Leiden: Brill, 1995)

Farnell, F. D., "Does the New Testament Teach Two Prophetic Gifts?", *BSac* 150 (1993), 62-88

_____, "The Gift of Prophecy in the Old and New Testament", *BSac* 149 (1992), 387-410

_____, "When Will the Gift of Prophecy Cease?" *BSac* 150 (1993), 171-202

Fee, G. D., *The Desease of the Health and Wealth Gospels* (Costa Mesa: Word for Today, 1979) 『탐욕의 복음을 버려라』(새물결플러스, 1-3장)

_____, *God's Empowering Presence: The Holy Spirit in the Letters of Paul* (Peabody: Hendrickson /Carlisle: Paternoster, 1994) 『성령』(새물결플러스)

_____, "Christology and Pneumatology in Romans 8:9-11—and Elsewhere: Some Reflections on Paul as a Trinitarian" in J. Green and M. Turner (eds.), *Jesus of Nazareth*, 312-31

Forbes, C., *Prophecy and Inspired Speech in Early Christianity and its Hellenistic Environment* (Tübingen: Mohr, 1995)

Franck, E., *Revelation Taught: The Paraclete in the Gospel of John* (Lund: Gleerup, 1985)

Franklin, E., *Luke: Interpreter of Paul, Critic of Matthew* (Sheffield: SAP, 1994)

Fung, R. Y. K., "Charismatic versus Organized Ministry. An Examination of an Alleged Antithesis", *EvQ* 52 (1980), 195-214

_____, "Function of Office? A Survey of the New Testament Evidence", *ERT* 8 (1984), 26-39

_____, "Ministry, Community and Spiritual Gifts", *EvQ* 56 (1984), 3-20

Gaffin, R. B., *Perspectives on Pentecost: Studies in New Testament Teaching on the Gifts of the Holy Spirit* (Phillipsburg: Presyterian and Reformed, 1979) 『구속사와 오순절 성령 강림』(부흥과개혁사)

Gardner, R., *Healing Miracles* (London: DLT, 1986)

Gentry, K. L., *The Charismatic Gift of Prophecy* (Memphis: Footstool Publications, 1986 and 1989²)

George, A., "L'Esprit Saint dans l'Oeuvre de Luc", *RB* 85 (1978), 500-42

Gillespie, T. W., *The First Theologians: A Study in Early Christian Prophecy* (Grand Rapids: Eerdmans, 1994)

Green, J. B. (ed.), *Hearing the New Testament: Strategies for Interpretation* (Carlisle: Paternoster, 1995)

_____, *The Theology of the Gospel of Luke* (Cambridge: CUP, 1995)

_____, and S. McKnight (eds.), *Dictionary of Jesus and the Gospels* (Leicester: IVP, 1992) 『예수 복음서 사전』(요단출판사)

_____, and M. Turner (eds.), *Jesus of Nazareth* (Grand Rapids: Eerdmans / Carlisle: Paternoster, 1994)

Grieg, G. S. and K. S. Springer (eds.), *The Kingdom and the Power* (Ventura, CA: Regal, 1993)

Grieg, G. S., "The Purpose of Signs and Wonders in the New Testament: What Terms for Miraculous Power Denote and their Relationship to the Gospel" in G. Grieg and K. Springer (eds.), *Kingdom*, 133-74

Grudem, W., *Are the Miraculous Gifts for Today: Four Views* (Leicester: IVP, 1996)

_____, *The Gift of Prophecy in 1 Corinthians* (Washington: UPA, 1982; short title *Gift*)

_____, *The Gift of Prophecy* (Eastbourne: Kingsway, 1988; short title *Prophecy*) 『예언의 은사』(솔로몬)

_____, "1 Corinthians 14:20-25: Prophecy and Tongues as Signs of God's Attitude", *WJT* 41 (1979), 381-96

_____, Should Christians Expect Miracles Today? Objections and Answers from the Bible' in G. Grieg and K. Springer (eds.), *Kingdom*, 55-110

Gundry, R. H., "'Ecstatic Utterance' (NEB)", *JTS* 17 (1966), 299-307

Gunkel, J., *The Influence of the Holy Spirit: The Popular view of the Apostolic Age and the Theology of the Apostle Paul* (Philadelphia: Fortress, 1979)

Hafemann, S. J., *Suffering and the Spirit: An Exegetical Study of II Cor 2.14-3.3 Within the Context of the Corinthian Correspondence* (Tübingen: Mohr, 1986)

Hamilton M. P. (ed.), *The Charismatic Movement* (Grand Rapids: Eerdmans, 1975)

Hamilton, N. G., *The Holy Spirit and Eschatology in Paul* (Edinburgh: Oliver and Boyd, 1957)

Harrisville, R. A., "Speaking in Tongues: A Lexicographical Study", *CBQ* 38 (1976), 35-48

Hatina T. R., "John 20.22 in its Eschatological Context: Promise of Fulfilment?", *Bib* 74 (1993), 196-219

Haya-Prats, G., *L'Esprit Force de l'Église* (Paris: Cerf, 1975)

Hemer, C. H., *The Book of Acts in the Setting of Hellenistic History* (Tübingen: Mohr, 1989)

Hemphill, K. S., *Spiritual Gifts Empowering the New Testament Church* (Nashville: Broadman, 1988)

_____, "The Pauline Concept of Charisma: A Situational and Developmental Approach", PhD dissertation, Cambridge, 1977

Hermann, I., *Kyrios und Pneuma: Studien zur Christologie der paulinischen Hauptbriefe* (Munich: Kösel, 1961)

Hill, C., *Blessing the Church?* (Guildford: Eagle, 1995)

_____, *...And They Shall Prophesy: A New Prophetic Movement in the Church Today* (London: Marshall Pickering, 1990)

_____, *Prophecy Past and Present* (Crowborough: Highland Books, 1989)

Hill, D., *Greek Words with Hebrew Meaning* (Cambridge: CUP, 1967)

_____, *New Testament Prophecy* (London: MMS, 1979)

_____, "On the Evidence for the Creative Role of Christian Prophets", *NTS* 20 (1974), 262-74

Hogan, L. P., *Healing in the Second Tempel (sic) Period* (Göttingen: Vandenhoeck & Ruprecht, 1992)

Hollenweger, W. J., *The Pentecostals* (London: SCM, 1972)

Holmberg, B., *Paul and Power* (Land: Gleerup, 1978)

Holwerda, D. E., *The Holy Spirit and Eschatology in the Gospel of John* (Kampen: Kok, 1959)

Horn, F. W., *Das Angeld des Geistes: Studien zur paulinischen Pneumatologie* (Göttingen: Vandenhoeck & Ruprecht, 1992)

_____, "Holy Spirit" in D. N. Freedman (ed.), *The Anchor Bible Dictionary*, vol.3 (New York: Doubleday, 1992), 265-78

Hunter, H. D., *Spirit-Baptism: A Pentecostal Alternative* (Lanham: UPA, 1983)

_____, "Tongues-Speech: A Patristic Analysis", *JETS* 23 (1980), 125-37

Hurtado, L. W., *One God, One Lord* (London: SCM, 1988)

_____, "Normal, but Not a Norm: Initial Evidence and the New Testament" in G. McGee (ed.), *Evidence*, 189-201

Isaacs, M. E., *The Concept of Spirit* (London: Heythrop Monographs, 1976)

Johnston, G., *The Spirit-Paraclete in the Gospel of John* (Cambridge: CUP, 1970)

Käsemann, E., *Essays on New Testament Themes* (London: SCM, 1964)

_____, *New Testament Questions of Today* (London: SCM, 1969)

_____, *Perspectives on Paul* (London: SCM, 1971)

Kelsey, M. T., *Healing and Christianity* (London: SCM, 1973)

Kim, H. S., *Die Geisttaufe des lukanischen Doppelwerks* (Berlin: Lang, 1993)

Kydd, R. N., *Chrismatic Gifts in the Early Church: An Exploration into the Gifts of the Spirit in the First Three Centuries of the Christian Era* (Peabody: Hendrickson, 1984)

Lampe, G. W. H., *God as Spirit: The Bampton Lectures* (Oxford: Clarendon, 1977)

_____, "The Holy Spirit in the Writings of Saint Luke" in D.E. Nineham (ed.), *Studies in the Gospels: Essays in Memory of R. H. Lightfoot* (Oxford: Blackwell, 1955), 159-200

Latourelle, R., *The Miracles of Jesus and the Theology of Miracles* (New York: Paulist, 1988)

Laurentin, R., *Catholic Pentecostalism* (London: DLT, 1977)

Lederle, H. I., *Treasures Old and New: Interpretations of "Spirit-Baptism" in the Charismatic Renewal Movement* (Peabody: Hendrickson, 1988)

Levison, J. R., "Did the Spirit withdraw from Israel? An Evaluation of the earliest

Jewish Data", *NTS* 43 (1997), 35-57

Lewis, D. C., *Healing: Fiction, Fantasy or Fact?* (London: Hodder, 1989)

Lindars, B. and S. S. Smalley (eds.), *Christ and Spirit in the New Testament* (Cambridge: CUP, 1973)

Lombard, E., *De la glossolalie chez les premiers chrétiens et des phénomènes similaires* (Lausanne: Bridel, 1910)

Lombard, H. A., "Charisma and Church Office", *Neotestamentica* 10 (1976), 31-52

de Lorenzi, L. (ed.), *Charisma und Agape (1 ko 10-14)* (Rome: PBI, 1983)

_____, *Paul de Tarse: Apôtre de Notre Temps* (Rome: PBI, 1979)

van der Loos, H., *The Miracles of Jesus* (Leiden: Brill, 1965)

Ma, W. and R. P. Menzies, *Pentecostalism in context: Essays in Honor of William W. Menzies* (Sheffield: SAP, 1997)

MacArthur, J., *Chrismatic Chaos* (Grand Rapids: Zondervan, 1992) 『무질서한 은사주의』(부흥과개혁사)

MacNutt, F., *Healing* (Notre Dame: Ave Maria Press, 1974) 『치유의 영성』(아침영성지도연구원)

McConnell, D., *The Promise of Health and Wealth: A Historical and Biblical Analysis of the Modern Faith Movement* (London: Hodder, 1990)

McGee, G. B. (ed.), *Initial Evidence: Historical and Biblical Perspectives on the Pentecostal Doctrine of Spirit Baptism* (Peabody: Hendrickson, 1991)

McGuire, M. B., "The Social Context of Prophecy: 'Word-gifts' of the Spirit among Catholic Pentecostals", *Review of Religious Research* 18 (1977), 134-47

Macchia, F. D., "Sighs too Deep for Words: Towards a Theology of Glossolalia", *JPT* 1 (1992), 47-73

_____, "The Spirit and Life: A Further response to Jürgen Moltmann", *JPT* 5 (1994), 121-7

Mainville, O., *L'Esprit dans l'Oeuvre de Luc* (Montreal: Fides, 1991)

Malony, H. N. and A. A. Lovekin, *Glossolalia: Behavioural Science Perspectives on Speaking in Tongues* (Oxford: OUP, 1985)

Malony, H. N., "Debunking Some of the Myths About Glossolalia" in C. Robeck (ed.), *Experiences*, 102-10

Martin, R. P., *The Spirit and the Congregation: Studies in I Corinthians 12-15* (Grand Rapids: Eerdmans, 1984)

Masters, P., *The Healing Epidemic* (London: Wakeman Trust, 1988)

Meier, J. P., *A Marginal Jew: Rethinking the Historical Jesus*, vol. 2 (New York: Doubleday, 1994)

Menzies, R. P., *The Development of Early Christian Pneumatology with Special Reference to Luke-Acts* (Sheffield: SAP, 1991, short title *Development*)

_____, *Empowered for Witness: The Spirit in Luke-Acts* (JPTS 56; Sheffield: SAP, 1994, short title *Empowered*)

_____, "Luke and the Spirit: a Reply to James Dunn", *JPT* 4 (1994), 115-38

_____, "Spirit and Power in Luke-Acts: A Response to Max Turner", *JSNT* 49 (1991), 11-20

_____, "Spirit-Baptism and Spiritual Gifts" in W. Ma and R. Menzies (eds.) *Pentecostalism*, 48-59

Mills, W. E. (ed.), *Speaking in Tongues: A Guide to Research on Glossolalia* (Grand Rapids: Eerdmans, 1986)

_____, *A Theological / Exegetical Approach to Glossolalia* (London: UPA, 1985)

Moltmann, J., *The Church in the Power of the Spirit* (London: SCM, 1975)

_____, *The Spirit of Life: A Universal Affirmation* (London: SCM, 1992) 『생명의 영』(대한기독교서회)

Montague, G. T., *The Holy Spirit: Growth of a Biblical Tradition* (New York: Paulist, 1976)

Moo, D. J., "Divine Healing in the Health and Wealth Gospel", *TrinJ* 9 (1988), 191-209 『탐욕의 복음을 버려라』(새물결플러스, 5장)

Morgan, R., *The Nature of New Testament Theology* (London: SCM, 1973) 『신약신학이란 무엇인가』(CH북스)

Müller, U. B., *Prophetic und Predigt im Neuen Testament* (Gütersloh: Mohn, 1975)

Packer, J. I., *Keep in Step with the Spirit* (Leicester: IVP, 1984) 『성령을 아는 지식』(홍성사)

Panagopoulos, J. (ed.), *Prophetic Vocation in the New Testament and Today* (Leiden: Brill, 1977)

_____, "Die urchristliche Prophetic: Ihr Character und ihre Funktion" in J. Panagopoulos (ed.), *Vocation* 1-32

Pawson, D., *The Normal Christian Birth* (London: Hodder, 1989)

Poloma, M., *The Charismatic Movement: Is There a New Pentecost?* (Boston: Twayne, 1982)

Porsch, F., *Pneuma und Wort. Ein exegetischer Beitrag zur Pneumatologie des Johannesevangeliums* (Frankfurt: Knecht, 1974)

Poythress, V. S., "Linguistic and Sociological Analyses of Modern Tongues-Speaking: Their Contributions and Limitations", *WJT* 42 (1980), 367-88

Price, R. M., "Contribution and Charisma", *SLJT* 33 (1990), 173-88

Räisänen, H., *Beyond New Testament Theology* (London: SCM, 1990)

Reiling, J., "Prophecy, the Spirit and the Church" in J. Panagopoulos (ed.), *Vocation*, 58-76

Robeck, C. M. (ed.), *Charismatic Experiences in History* (Peabody: Hendrickson, 1985)

Rowdon, H. H. (ed.), *Christ the Lord* (Leicester: IVP, 1982)

Ruthven J., *On the Cessation of the Charisma: The Protestant Polemic on Postbiblical Miracles* (Sheffield: SAP, 1993)

Samarin, W. J., *Tongues of Men and Angels: The Religious Language of Pentecostalism* (London: Collier-Macmillan, 1972)

Sandnes, K. O., *Paul — One of the Prophets?* (Tübingen: Mohr, 1991)

Sarles, K. L., "An Appraisal of the Signs and Wonders Movement", *BSac* 56 (1988), 57-82

Satterthwaite, P. E. and D. F. Wright (eds.), *A Pathway into Holy Scripture* (Grand Rapids: Eerdmans, 1994)

Schatzmann, S., *A Pauline Theology of Charismata* (Peabody: Hendrickson, 1987)

Schlatter, A., "The Theology of the New Testament and Dogmatics" in R. Morgan, *Nature*, 117-66 『신약신학이란 무엇인가』(CH북스)

Schürmann, H., *Ursprung und Gestalt* (Düsseldorf: Patmos, 1970)

_____, "Die geistlichen Gnadengaben in den paulinischen Gemeinden" in H. Schürmann, *Ursprung*, 236-67

Schweizer, E., *The Holy Spirit* (London: SCM, 1981) 『성령』(대한기독교서회)

_____, "πνευμα", *TDNT* 6: 389-455

Shelton, J. B., *Mighty in Word and Deed: The Role of the Holy Spirit in Luke-Acts* (Peabody: Hendrickson, 1991)

Shepherd, W., *The Narrative Function of the Holy Spirit as Character in Luke-Acts* (Atlanta: Scholars, 1994)

Smail, T., *The Giving Gift: The Holy Spirit in Person* (London: Hodder, 1988)

_____, *Reflected Glory* (London: Hodder, 1975)

_____, A. Walker and N. Wright, *Charismatic Renewal: The Search for a Theology* (London: SPCK, 1995)

Stronstad, R., *The Charismatic Theology of Saint Luke* (Peabody: Hendrickson, 1984)

Sullivan, F. A., *Charisms and Charismatic Renewal: A Biblical and Theological Study* (Dublin: Gill and Macmillan, 1982)

Talbert, C. H., *Literary Patterns, Theological Themes and the Genre of Luke-Acts* (Missoula: Scholars, 1974)

Taylor, M., "A Historical Perspective on the Doctrine of Divine Healing", *Journal of the European Pentecostal Theological Association* 14 (1995), 54-84

Theissen, G., *Psychological Aspects of Pauline Theology* (Edinburgh: T. & T. Clark, 1987)

Thiselton, A. C., "The 'Interpretation' of Tongues: A New Suggestion in the Light of Greek Usage in Philo and Josephus", *JTS* 30 (1979), 15-36

Thomas, R. L., "Tongues... Will Cease", *JETS* 17 (1974), 81-9

Turner, M., *Power From On High: The Spirit in Israel's Restoration and Witness in Luke-Acts* (Sheffield: SAP, 1996)

_____, "Jesus and the Spirit in Lucan Perspective", *TynB* 32 (1981), 3-42

_____, "Luke and the Spirit: Studies in the Significance of Receiving the Spirit in Luke-Acts", unpublished PhD dissertation, Cambridge, 1980

_____, "Mission and Meaning in Terms of 'Unity' in Ephesians" in A. Billington, T. Lane and M. Turner (eds.) *Mission and Meaning*, 138-66

_____, "Modern Linguistics and the New Testament" in J. B. Green (ed.), *Hearing the New Testament*, 156-8

_____, "The Significance of Receiving the Spirit in John's Gospel", *VoxEv* 10 (1977),

24-42

_____, "The Spirit of Christ and 'Divine' Christology" in J. Green and M. Turner (eds.), *Jesus of Nazareth*, 413-36

_____, "Spirit Endowment in Luke-Acts: Some Linguistic Considerations", *VoxEv* 12 (1981), 45-63

_____, "The Spirit of Christ and Christology" in H. Rowdon (ed.), *Christ the Lord*, 168-90

_____, "The Spirit and the Power of Jesus' Miracles in the Lucan Conception", *NovT* 33 (1991), 124-52

_____, "The Spirit of Prophecy and the Power of Authoritative Preaching in Luke-Acts: A Question of Origins", *NTS* 38 (1992), 66-88

_____, "Spiritual Gifts: Then and Now", *VoxEv* 15 (1985), 7-64

_____, and G. M. Burge, "The Anointed Community: A Review and Response", *EvQ* 62 (1990), 253-62

Twelftree, G. J., *Jesus the Exorcist* (Tübingen: Mohr, 1993) 『귀신 축출자 예수』(대장간)

Warfield, B. B., *Counterfeit Miracles* (New York: Scribners, 1981)

West, D. J., *Eleven Lourdes Miracles* (London: Duckworth, 1957)

Wijngaards, J., *The Spirit in John* (Wilmington: Glazier, 1988)

Wilkinson, J., *Health and Healing: Studies in New Testament Principles and Practice* (Edinburgh: Hansel, 1980)

_____, "Physical Healing and the Atonement", *EvQ* 63 (1991), 149-67

Williams, C. G., *Tongues of the Spirit: A Studies of Pentecostal Glossolalia and Related Phenomena* (Cardiff: UWP, 1981)

Williams, G. H. and E. Waldvogel, "A History of Speaking in Tongues and Related Gifts" in M. P. Hamilton (ed.), *Charismatic Movement*, 75-80

Wilson, R., "Prophecy and Ecstacy: A re-examination", *JBL* 98 (1979), 321-37

Wimber, J. and K. Springer, *Power Healing* (London: Hodder, 1986) 『능력치유』(나단)

Wimber, J., *Power Evangelism* (London: Hodder, 1985) 『능력전도』(나단)

Wrede, W., "The Task and Methods of 'New Testament Theology'" in R. Morgan, *Nature*, 68-116 『신약신학이란 무엇인가』(CH북스)

Wright, N., "The Theology and Methodology of 'Signs and Wonders'" in T. Smail, A.

Walker and N. Wright, *Charismatic Renewal*, 71-85"

Wright, N. T., *The New Testament and the People of God* (London: SPCK, 1992) 『신약성서와 하나님의 백성』(CH북스)

_____, "Reflected Glory: 2 Corinthians 3:18" in L. D. Hurst and N. T. Wright (eds.), *The Glory of God in the New Testament: Studies in Christology in Memory of George Bradford Caird* (Oxford: Clarendon, 1987), 139-50

Yates, J. E., *The Spirit and the Kingdom* (London: SPCK, 1963)

Yocum, B., *Prophecy: Exercising the Prophetic Gifts of the Spirit in the Church Todays* (Ann Arbor: Servant Books, 1976)

York, J. O., *The Last Shall Be First: The Rhetoric of Reversal in Luke* (Sheffield: SAP, 1991)

- 좀 더 조직적-신학적 지향성을 지닌 다음 세 권의 주목할 만한 책은 내가 이 책에 포함하기에는 너무 늦게 발견되었다. 내가 이 책들을 좀 더 빨리 알았더라면 본서에서 여러 번 참조되었을 것임이 틀림없다.

John McIntyre, *The Shape of Pneumatology* (Edinburgh: T. & T. Clark, 1997)

Clark H. Pinnock, *Flame of Love: A Theology of the Holy Spirit* (Downer's Grove: InterVarsity Press, 1996)

Michael Welker, *God the Spirit* (Minneapolis: Augsburg / Fortress, 1994)

성경 색인

6:69 150

7:27-28 134

7:37-39 118n.12, 119, 139, 170, 171, 174, 175

8:12 133

8:19 134

8:21-36 133

8:28-29 126, 134, 136, 144

8:31-36 127, 135

9:2-7 558

9:5 133

9:6,7 405

9:17 408

10:30, 38 134

10:37-38 417

11:1-46 424

11:25-26 133, 417

11:51 335

12:23, 27 137, 144

12:32 137, 144

12:36-43 144

13-20 144

13:1 134, 144

13:8-10 135, 170, 179

13:13-14 150

14-16 171, 173, 175, 177, 306

14:6 133, 150

14:7-14 126, 134, 417

14:12 134, 559n.27, 550n.29

14:14-28 145, 151, 152, 172, 299

14:17 150, 151, 158

14:26 145, 146, 148, 150, 152, 153, 157, 175, 299, 300, 302, 306

15:18-27 126, 134, 150

15:26-27 145, 146, 150, 152, 158, 160, 175, 273, 300, 302, 303, 306

15:3 135, 179

16:7 145, 146, 150, 152, 171, 174, 300, 302, 306

16:7-11 158, 160

16:7-15 145, 273

16:25 154

16:27-28 150

17:3 134, 163, 183, 273

17:5 173

17:9 135

17:17-18 135, 159

18:37 150

19:34 170

20 177

20:17, 19, 27 170, 173

20:19-23 139, 159, 166, 168-173, 175-182

20:26-29 173, 175

20:30-31 117, 172, 416

21 176

사도행전

1:1-2 419

1:3-8 90, 103, 274

1:5 90, 104

1:8 82, 83, 95, 96, 97n.39, 103, 104, 107, 582

로마서

고린도후서

갈라디아서

Horsley, R.A. 339n.36

Horton, H. 281n.29

Huggett, J.(허기트) 532

Hui, A.W.D. 107n.57

Hultgren, A.(홀트그렌) 133

Hummel, C.E. 562n.31, 563n.32, 585n.19

Hunt, S. 548n.6

Hunter, H.D. 216n.17, 270n.16, 498n.50, 499nn.52,54, 546n.3,

Hurst, L.D. 101n.45, 208n.2

Hurtado, L.W. 293n.1, 295n.6, 297n.9, 379n.14

I

Isaacs, M.E. 31n.4, 158n.27

Israel, M. 546.3

J

Jensen, P. 546n.3, 555n.21, 560n.28

Jervell, J. 107n.56, 372n.1

Johanson, B.C.(요한슨) 386

Johansson, N. 148

Johnson, L.T. 415n.23

Johnston, G. 149

de Jonge, H.J.(드 종) 62

K

Kallas, J.(칼라스) 409

Kammer, D. 546n.3

Käsemann, E.(케제만) 94n.33, 113, 226, 313, 369n.102, 440n.11, 455n.33, 464, 467n.55, 471, 516

Kasper, W. 153n.20

Kee, H.C. 410n.15

Keener, C.S. 57n.9

Kelsey, M.T. 497n.47, 547n.3, 562n.31, 576n.7

Kildahl, J.P. 507n.8

Kim, H.S.(김희성) 93n.32, 104nn.50,51, 108n.60, 109

Kim, S.(김세윤) 362n.88, 367n.101

Knight III, H.H. 567n.43

Kolenkow, A.B. 413n.20

Kreitzer, L.J. 214n.13, 222n.25

Kremer, J.(크레머) 90, 374n.5

Krust, C. 279n.27

Kubina, V. 156n.25

Kuhlman, K. 552n.12, 567n.43

Kümmel, W.G.(큄멜) 249

Kuss, O. 170n.8

Kuzmic, P. 278n.25

Kydd, R.N. 497n.47

L

Ladd, G.E.(래드) 243n.7, 423n.34, 567

Lampe, G.W.H.(람프) 82n.4, 84n.13, 92, 231, 232, 263, 308

Lane, A.N.S. 254n.25

Lane, W.L. 428n.38

성령과 은사

신약은 성령에 대해 무엇을 말하고
오늘날 성령의 은사는 어떻게 나타나는가

Copyright ⓒ 새물결플러스 2011

1쇄발행 2011년 8월 24일
개정 1쇄발행 2018년 4월 16일

지은이 막스 터너
옮긴이 김재영, 진남식
펴낸이 김요한
펴낸곳 새물결플러스

편집 왕희광 정인철 최율리 박규준 노재현 한바울 신준호 정혜인
　　　김태윤 이형일 서종원
디자인 이성아 이재희 박슬기 이새봄
마케팅 박성민 조광수
총무 김명화 이성순
영상 최정호 조용석 곽상원
아카데미 유영성 최경환 이윤범

홈페이지 www.holywaveplus.com
이메일 hwpbooks@hwpbooks.com
출판등록 2008년 8월 21일 제2008-24호
주소 (우) 07214 서울특별시 영등포구 양평로 11, 4층(당산동5가)
전화 02) 2652-3161
팩스 02) 2652-3191

ISBN 979-11-6129-056-0 93230

책값은 뒤표지에 있습니다.

이 도서의 국립중앙도서관 출판예정도서목록(CIP)은 서지정보유
통지원시스템 홈페이지(seoji.nl.go.kr)와 국가자료공동목록시스템
(nl.go.kr/kolisnet)에서 이용하실 수 있습니다. CIP2018008551